U0906704

北京画院美术馆年鉴

（2009）

北京画院　编

文化艺术出版社
Culture and Art Publishing House

图书在版编目（CIP）数据

北京画院美术馆年鉴.2009／北京画院编.—北京：
文化艺术出版社，2010.9
ISBN 978-7-5039-4714-8
I.①北… II.①北… III.①美术馆-北京市-
2009-年鉴 IV.①J12-28

中国版本图书馆CIP数据核字（2010）第174175号

北京画院美术馆年鉴（2009）

编　　者　北京画院
责任编辑　吴士新
责任校对　崔建文　张　莉
设计指导　海　洋
设计制作　北京锦绣东方图文设计有限公司
出版发行　文化艺术出版社
地　　址　北京市东城区东四八条52号
邮　　编　100700
网　　址　whyscbs.com
电子邮箱　whysbooks@263.net
电　　话　010-64813345　64813346（总编室）
　　　　　010-64813384　64813385（发行部）
经　　销　全国新华书店
印　　刷　深圳雅昌彩色印刷有限公司
版　　次　2010年10月第1版
印　　次　2010年10月第1次印刷
开　　本　787×1092毫米　1/8
印　　张　54
字　　数　480千字
书　　号　ISBN 978-7-5039-4714-8
定　　价　310.00元

目 录

管 理

展 览

研　究

研讨会

典 藏

教 育

讲 座

纪 事

序　一

王明明

美术馆是人类文化遗产展示荟萃的窗口，是一块可以令观者洗眼洗心的圣地，同时它还是艺术传播的平台、审美教育的载体，具有不可或缺的文化与精神价值。因此，美术馆的建馆理念和运营模式对于丰富公众文化生活、引导大众审美趣味、弘扬经典艺术魅力等方面起着极为重要的作用。北京画院美术馆在建馆以来的四年多时间里始终坚持一个信念：传承经典、呈现经典。只有这样，才无愧于我们的职责，无愧于我们的心。如今，北京画院美术馆策划举办的“二十世纪中国美术大家系列展”、“北京画院秘藏齐白石作品系列特展”等学术展览已成为圈内外颇享美誉的文化品牌，这见证了我们的努力，更见证了传统文化沁人心脾的幽香和蕴蓄深厚的丰藏。

当今中国画坛的发展如火如荼，同时也导致了艺术家心情的浮躁。我们强调形式、观念，感觉已经超越了前人所没有的思想，但却忽略了艺术最根本的要素，那就是情感、对生活的体验还有用心去作画。很多人都说北京画院美术馆是喧闹京城中的一片雅致之地，能够让人的心沉静下来，去思考很多问题。的确，长期以来，我们不追逐利益得失，不跟随市场沉浮，潜心于对传统精华的梳理。抱着将冷门做热的决心，让那些被岁月风沙湮没、被记忆浮尘遮目的老一辈艺术家重新走入公众的视野，走进研究的课题，在美术史上留下他们应有的印迹。一位艺术家能有作品流传于世，可以让人们时常去怀念，是很不容易的事情，因为好的艺术作品才能经得起历史的检验。北京画院美术馆举办“二十世纪中国美术大家系列展”，目的就是为了让人们有机会去回顾这些老先生为艺术倾注的心血，学习他们甘于寂寞、为艺执著的品格，思索他们对传统营养的汲取，对艺术风貌的创新。这些艺术家均是中国美术史上的丰碑，相信通过对他们的研究，必将能够找出有益于我们创作的艺术规律，并从中获得启示。

北京画院美术馆作为一个公共文化服务设施，其责任就是要做好艺术的传承与传播，把艺术经典的脉络梳理清晰，把艺术前辈的思想记录存印。唯有传承才是中华文明繁衍不息的根本，也唯有传承才是中国民族文化发展的规律。虽然对经典的研究与传承需要我们花费一定的气力，但倘若现在不付诸于实践，今后的路将更加艰辛。

序　二

吴洪亮

2009年是北京画院美术馆将研究性展览推向成熟的一年。美术馆的展览是一种认知的呈现，也是以艺术为载体的文化态度的表达。北京画院美术馆以研究性个案展览为基点推出的“二十世纪中国美术大家系列展”，通过美术馆这一平台凝固某些认知，重树一些艺术家、一些艺术风格其应有的地位。

自2007年开始，北京画院美术馆在《二十世纪北京绘画史》的学术框架下，基于院内各项资源，有计划、有步骤地启动了“二十世纪中国美术大家系列展”活动。2009年，我们相继举办了李斛、李苦禅、李可染、吴作人、董希文、庞薰琹、周思聪七位艺术家的展览。如今，这项活动已成为北京画院美术馆的品牌展览。这一系列展览致力于在21世纪的今天，呈现上世纪艺术家的风格流变，追溯艺术家风格形成的社会、文化背景，重新审视这些前辈及其作品的当代价值。通过此系列展，一批艺术家的存世作品以及文献资料得到汇聚与整理，并以展览、图书出版和学术研讨等形式展现出来。同时，我们还尝试从不同角度出发，挖掘艺术家及其作品尚未被社会所认识和接受的新价值。如今将这些研究成果进行纵向拼接，已经能够触摸到20世纪中国美术史发展的一些基本线索。现以几例个案对“二十世纪中国美术大家系列展”的展览内容与影响进行阐述。

李斛作为20世纪中国美术史上著名的艺术家，他继承并实践了徐悲鸿先生的中国画变革思想，把西方绘画技法借鉴到中国画创作之中，对中国画风格的转型具有重要作用。然而目前学术界对李斛的研究相对滞后，对他在美术史中的评价尚未作出充分阐述。展览通过梳理李斛的艺术风格转变，向公众展示了这位画家的艺术成就，推进了其美术史地位的确立。此后，北京画院美术馆又从写生概念出发，相继策划了吴作人与董希文两位艺术家的展览，向观众展示了画家外出写生中最鲜活的作品，同时在现场还展示了画家写生时的画箱、画架、画笔、调色板等工具，复原了画家进行艺术创作时的情景。周思聪的展览则主要突出艺术家的写生与绘画手稿，通过作品与图稿的对照，展示艺术家风格演变背后的酝酿和构思过程。值得一提的是2009年10月15日—11月10日在北京画院美术馆举办的“地之子——庞薰琹二十世纪三四十年代作品展”，展览集合了庞薰琹的白描、水彩、工艺设计等诸多作品，并以文献陈列的形式打造了一条《中国历代装饰画研究》的写作之路。展览期间，我们举办了两场公众讲座，组织大、中、小学生免费参观，并在搜狐网与80后艺术家进行了对话。通过一系列的活动与推广，不仅使公众了解了这位曾被忽视的艺术大师，还进一步明确了庞薰琹作为中国现代艺术的开拓者、中国工艺美术教育的奠基人在当下的艺术价值与深远影响。《艺术界》杂志对此展给予很高评价，将其列入2009年值得关注的展览，并指出："北京画院美术馆所举办的'二十世纪中国美术大家系列展'，庞薰琹已经是第十二位，之前还有李苦禅、吴作人、周思聪、李斛等人。以学术性展览论，北京画院美术馆在中国小型美术馆中首屈一指，应完全归功于这个系列展的举办。"

在齐白石艺术作品的陈列方面，2009年也有新特点。10月，北京画院美术馆迎来了"华彬论坛"(2009年全球艺术品收藏论坛)中来自全球的重要学者、藏家，我们特别举办了"齐白石作品精品展"。他们对齐白石的艺术表现出极高的兴趣，并在与馆内工作人员的沟通中表示，齐白石的作品非常精彩，尤其是工笔草虫不可思议。此外，"心诗自书——齐白石笔下的书法意蕴"成为继草虫、人物、山水、梅兰竹菊、水族、花卉之后的第七个"齐白石作品系列特展"。书法是齐白石艺术成就的一个重要方面，是白石老人精心哺育的"诗、书、画、印"艺术园地中的奇葩。展览遴选出50余幅书法作品，辅以具有长跋和故事情节的40余件绘画作品，梳理了白石老人在书法领域的探索和追求，展示了老人在书法方面的探寻。

齐白石作品分专题的长期陈列的价值和意义就在于：让喜欢和研究齐白石的人随时可以看到他的作品，随时可以与之对话，感受大师的精品力作。我们希望能够借现出齐白石的艺术全貌。经过几年时间的积累，已取得了一定学术成果。为此北京画院计划在2010年出版一套《北京画院藏齐白石全集》，将这些成果同社会各界人士进行交流与共享。

与此同时，北京画院计划于2010年10月14日举办"齐白石艺术国际论坛"，面向海内外传播齐白石艺术成就，以齐白石为典型，促进国际上对20世纪中国美术史的了解和认知。活动面向全球征集齐白石学术研究成果，在论坛期间开展学术研讨活动。力图建立以齐白石为首，囊括20世纪美术大家的国际研究与交流平台，吸引全球学术视野的普遍关注，从而实现齐白石研究在深度上的挖掘和广度上的拓展。这些工作与努力都在向社会说明，作为公共文化服务重要设施的公益性美术馆，我们的功能性和社会价值是什么。

学术研究方面，在王明明院长的主持下，北京画院美术馆与学术研究部共同努力，配合展览推出了"北京画院学术丛书"、"二十世纪中国美术大家系列"与"二十世纪中国美术研究系列"，介绍艺术家多方面的成就，补充与深化展览的意义。经过长期的接触与研究，我们发现一些艺术家撰写的早期出版物及未发表的书札、手稿等材料具有极高的文献价值，但是由于出版时间早，或者当时受到诸方面条件的限制而未能发表，未能发挥其应有的价值。为了增加展览的学术分量，北京画院计划整理再版一批20世纪美术大家的文字著述。目前我们已根据庞薰琹的手稿增补并再版了《中国历代装饰画研究》一书，从艺术展览的层面，进一步深入推广庞薰琹的美术理论思想成果。在2010年，这一工作将进一步推进。从文献梳理的层面，完善对20世纪艺术的研究工作。

回顾这段从个案细节研究入手的展览历程，"二十世纪中国美术大家"系列展以不同的策划理念，独立构成了新的系统，同时它又是整体框架下的单体，通过个体间的结合，从而渐次勾勒出20世纪中国艺术风格演变的整体风貌。这种工作方式在2009年得到了充分呈现，也使北京画院美术馆的形象更为鲜明。2010年，我们将迎来建馆五周年以及"齐白石艺术国际论坛"。因此，2010年将是北京画院美术馆的交流年，我们期待通过一系列的展览活动将北京画院美术馆带入一个更高的发展平台。

2009年工作总结

北京画院美术馆作为一个建馆不足五年的新馆，2009年在更新办馆理念，明确定位的基础上，努力打造精品展览，提升学术品质，开展公共教育，完善基本职能及体制建设，各项工作逐步规范化，社会影响力日渐增强。

一、成功策划举办系列展览及交流展览

2009年，北京画院美术馆共举办各种类型的展览19个，成功推出“北京画院秘藏齐白石精品展”系列展览、十世纪中国美术大家”系列展览等展览，其中年度内举办“二十世纪中国美术大家”系列展7个，使2009年成为一个“二十世纪中国美术大家系列展年”，成为北京画院美术馆新的品牌展览。

自2007年开始，美术馆整合院内各项资源，有计划、有步骤地启动了“二十世纪中国美术大家系列展”活动。在2009年隆重推出了李斛、李苦禅、李可染、吴作人、董希文、庞薰琹、周思聪等美术大家的展览，这些展览致力于呈现艺术家风格流变脉络，追溯艺术家风格形成的文化背景，整理汇聚了艺术家的存世作品以及文献资料，并以书籍出版和学术研讨会的形式将艺术家个案研究推向深入。如今，将这些展览研究成果进行纵向拼接，已经能够触摸到20世纪中国美术史发展的基本线索和概念，一些美术家的艺术地位也借此得以确立，这是站在21世纪对于20世纪美术一次重要的回望。这项工作推进了20世纪中国美术史研究的同时也产生了重大的综合社会效益，在社会上产生了重要的影响，逐渐形成为一个富于特色的主导文化品牌，牵动了一系列文化活动。

贾庆林主席多次参观“二十世纪中国美术大家系列”专题展，并给予很高评价。众多影视媒体以及报刊杂志相应举办相关活动，中央电视台、《中国文化报》给予重点报道，《中国书画》、《荣宝斋》等国家级艺术类重要核心期刊开办相应的“近现代大家”专题栏目，网络媒体进行专题访谈，中央美术学院、中国传媒大学等艺术院校组织学生团体参观，中国美术家协会、中央文史馆等众多的文化机构团

体、文物收藏部门积极参与，大力配合，甚至举办相关展览，在全社会范围内形成为一股文化潮流，充分显示了这一系列展览活动的社会意义。

为了庆祝中华人民共和国成立60周年，反映北京60年来在历史、社会、人文等方面所发生的巨大变化和独特的地域风采，北京画院美术馆成功策划并参与筹办了在中国美术馆举行的"华彩北京美术作品展"，此次展览从北京画院连续六年组织的"北京风韵"系列活动所创作的800余幅作品中精选出150余幅，具有鲜明的代表性和艺术性。年度内还举办了"地球的红飘带——沈尧伊连环画艺术"在上海以及常熟地区的展览，"天机自得——齐白石作品展"武汉美术馆开馆展、"华彬论坛精品展"，邀请了贺友直、费明瑶等外地艺术家的展览，还有与韩国、日本等国家的交流展等形式多样，内容丰富，而其他一些专题展、邀请展览进一步丰富了美术馆的展示内容。

二、学术研究工作逐步扩展

配合展览的策划举办，美术馆组织专业人员大力开展相关学术研究工作，召开学术研讨会，共同探讨艺术家艺术生平及风格，编辑出版了《李斛画集》、《我爱平凡的人——周思聪创作及写生作品集》两部20世纪中国美术研究著述，再版了《中国历代装饰画研究》。在编辑过程中，我们力求突破继承规格模式，使用了大量访谈文字，撰写了多位艺术家的艺术专论，体现了北京画院学术研究工作成果。在编辑层面包括文字校对、搜集资料，直到编撰成书保证了图书的品质。此外还完成了《开篇大作——人民英雄纪念碑落成五十周年纪念集》一书的资料采集及书稿编辑工作。年度内加强与画院友好学术媒体的合作，配合展览撰写了关于李斛、李可染、李苦禅、庞薰琹以及周思聪等艺术家的研究论文10余篇，在《荣宝斋》、《中国书画》等国家级艺术类核心学术期刊发表10余万字。北京画院美术馆还编辑出版了第一本《年鉴》，对全部活动资料进行整理归档，使美术馆的档案收集工作进一步完善。

此外，我们还启动了"齐白石艺术国际论坛"，现已开始着手论坛、文集出版以及相关活动的策划工作，并取得了阶段性的进展，为2010年国际论坛的顺利举办，奠定了一定的基础。

三、公共教育事业取得全新局面

2009年，美术馆以展览为主要动力，不断整理画院珍藏的新中国建立以来的画作，力图打造一个服务于公众的公共文化平台。让齐白石等名家作品在美术馆常年与大众见面，旨在提高城市大众审美素质和文化素养方面发挥积极作用。

与展览相随的是美术教育，北京画院美术馆逐步开设了结合美术展览的普及型美术讲座，吸引更多的大、中、小学生参加，传授、传播、传承民族艺术。结合展览，相继邀请了李燕、袁运生、刘巨德等著名艺术家在美术馆学术报告厅举办《涉先河者——庞薰琹》、《庞薰琹的艺术人生》、《谈董希文的艺术》等讲座，吸引了众多美术院校的学生前来参加，产生了一定的影响力。从2009年8月17日开始，北京画院美术馆和中山音乐堂共同举办了两期"打开艺术之门"活动，通过让孩子们到音乐厅及美术馆参观，亲身感受艺术的多种魅力。在北京画院美术馆，孩子们不仅观看了齐白石等大师的作品，还在老师的指导下，将欣赏、观察、感悟和动手体验相结合，让孩子走进了绚烂的艺术世界，体验了绘画的无穷魅力，为创造一种全方位的美术馆教育模式进行了有益的探索和尝试。

四、基础设施建设不断完善

为了配合2010年的“齐白石艺术国际论坛”并进一步推广宣传北京画院，增加画院的国际影响力，美术馆于2009年8月开始策划建设英文版网站，并于2009年11月正式上线。英文版网站在中文版的基础上，完整地介绍了画院的历史、机构设置、画家资料和部分藏品信息，以及美术馆建馆以来筹办的历次展览。随着对网站内容的不断完善，中文和英文版网站将会更加符合画院推广宣传的要求，让更多的人和更广泛的群体通过这一平台，了解画院，了解画院美术馆，同时也为更多的人提供一个了解美术、美术史以及中国美术事业的公共教育平台。为了使观众在展厅中能够进一步了解展览背景和画院历史，画院美术馆在展厅内设立了与网站同步的触摸屏。

为了满足长卷等展品的展示以及提高展示效果，2009年，北京画院美术馆购买了可连接型展柜，可将柜体连接在一起，并使用冷光源，在满足展示需要的同时，尽量减少对展品的损害。在外观上和使用的玻璃方面，更加符合现代展览的需要和要求。2009年底，美术馆使用了新制作的标牌，标牌的格式更加规范，准确了英文说明，为2010年“齐白石艺术国际论坛”这一国际化活动做好了充分的准备。11月底，美术馆楼顶处设置一个长、宽为2.5米的灯箱，上有“大匠之门”的印章图案，这样人们从较远的地方就能够看到这一标识，进一步提高北京画院和画院美术馆的知名度。

五、不断加强体制建设，提升专业品质

2008年岁末，由国家文化部开展了全国重点美术馆评估工作，为了使北京画院美术馆进入首批国家重点美术馆的队伍，着手准备全国重点美术馆申报材料，我们对美术馆章程、基础设施建设、美术馆管理和服务等内容进行了重新梳理编写，以提升北京画院美术馆在业界内的地位，实现其知名度的推广。

总之，2009年的工作使北京画院美术馆软硬件建设全面提升，职能进一步完善，能够策划筹办大规模、高品位的艺术展览以及学术活动，逐步与国际接轨，这些工作业绩也使北京画院美术馆对外树立了高品位专业美术馆的形象。

北京画院美术馆

2010年1月

2010年工作计划

北京画院美术馆建馆五年多以来，相继策划筹办了一系列在专业领域以及社会公众中具有重要影响的大型展览，为了弘扬我国传统文化，推进首都美术事业发展，丰富北京地区群众文化活动做出了积极贡献。五年来的工作实践中，北京画院美术馆不断更新工作理念，转换工作模式，完善工作体制，逐渐形成了成熟的办馆理念和准确的学术定位，打造出富于特色的文化品牌，在专业领域的影响力已基本形成。

2010年正值北京画院美术馆成立五周年，是北京画院美术馆事业发展蒸蒸日上的关键之年，也是北京画院美术馆事业发展全新的时期。这个时期北京画院美术馆工作的总体目标是把北京画院美术馆建设成为以齐白石为核心，以北京其他艺术家为基础，对20世纪中国美术作品展示与学术研究的中心。指导思想是继续推进基本陈列，提升学术品味，打造精品展览品牌，健全完善职能制度，锤炼一支专业美术馆工作队伍，为将来的北京美术馆建设奠定良好的基础。北京画院美术馆制定了如下工作目标，拟开展以下几个方面的工作：

一、进一步树立展览的品牌

紧扣北京画院基本学术定位，围绕国家重大政治时事需要，依托北京画院的藏品资源，持续推进院藏专题展览，强力打造齐白石文化品牌，使北京画院美术馆成为齐白石艺术收藏、展览、研究的重镇。继续组织策划“北京画院秘藏齐白石精品展”，拟于年内筹办 “齐白石果蔬题材绘画”、“齐白石篆刻”以及“齐白石手札”等艺术专题展，举办“齐白石艺术国际论坛”以及“齐白石艺术大展”。同时实行“走出去，请进来”的方针，广泛开展与国内外齐白石作品收藏机构及个人的交流与合作，从多个角度开发组织，联合举办齐白石艺术展览。计划在2011年实现与捷克布拉格国家美术馆互访项目，通过展览、出版活动推进齐白石艺术的深入探索，不断更新展览理念，拓展展览模式，提升展览质量，为社会提供鉴赏齐白石艺术的渠道，扩大齐白石艺术的社会影响力。

不断拓展完善“二十世纪中国美术大家系列展”的策划工作以及展览模式理念，拟于2010年举办王雪涛、田世光、徐燕孙、刘凌沧、黄胄等20世纪重要美术大家的专题艺术展览。围绕国家重大政治活动举办相关主题展览，组织院藏重要作品到各地展览，拟举办“地球的红飘带”等红色题材艺术作品巡展。

二、深入开展学术研究工作

通过深入扎实的学术研究工作来提升展览的质量与水准，为展览提供有力的保障。组织学术力量开展齐白石艺术专题研究、20世纪中国美术大家研究，配合展览出版研究专著，再版胡佩衡、秦仲文、于非闇等20世纪中国美术大家的文字著述。举办学术研讨会、讲座活动强化展览效果，在重要期刊配合发表研究专论、开办艺术史话专栏提升学术品味，把这两个系列打造成为北京画院的重点学术品牌，保持在国家级核心期刊发表研究成果的数量和质量。对于这一系列展览及时总结，举办“二十世纪中国美术”专题研讨会，出版论文集。

同时保持学术研究活动的独立性，通过整理汇聚艺术家的存世作品以及文献资料，梳理艺术家风格流变脉络，追溯艺术家风格形成的文化背景，将艺术家个案研究推向深入，逐步建构20世纪中国美术史发展的基本线索和概念。在实践中形成自己的研究方向与特色，形成专门的力量与机构，形成展览与学术并重的格局。

三、通过完善美术馆相关职能来强化公益性质

广泛开展馆际交流合作，丰富展览品类，举办当代艺术家的展览，丰富展览类型，积累办展经验。

建立加强与重点学术期刊、收藏机构、研究机构、文物部门、艺术院校、新闻媒体之间的文化交流活动，通过互相成为学术支持单位、共同组织筹办展览，从而增强与相关机构之间的互动，联合北京市文化系统其他艺术院团，建立美术普及网络，整合多方资源，拓展活动空间。继续深入开展美术馆教育活动，与中山音乐堂合作开展“打开艺术之门”小学生暑期艺术教育活动，继续推进与雅昌公司的合作，推进“艺术进校园”活动，拓展北京画院美术馆在专业领域的影响力度。同时建立健全美术馆志愿者队伍以及VIP卡制度，开展“美术馆之友”活动，深化美术馆与社会的联系，参与“北京美术馆联盟”，增强综合社会影响力，丰富观众文化生活，开发衍生产品，发挥北京画院美术馆综合性社会职能，彰显北京画院社会公益性质。

四、加强体制队伍建设与硬件设施建设

进一步加强内部体制队伍建设，在实践中完善各项工作体制，健全岗位设置，提高人员工作能力素质，吸纳培养业务骨干，引进专业精尖人才，做好新进人员的培训工作，锻炼一支美术馆工作队伍，奠定坚实的组织基础。同时进一步优化美术馆展览设施，强化专业品质，为观众提供更好的鉴赏条件。

未来的一年，北京画院美术馆将巩固现有成果，继往开来，奋发有为，使各项工作再上新台阶，充分发挥社会公益职能。

北京画院美术馆

2009年12月

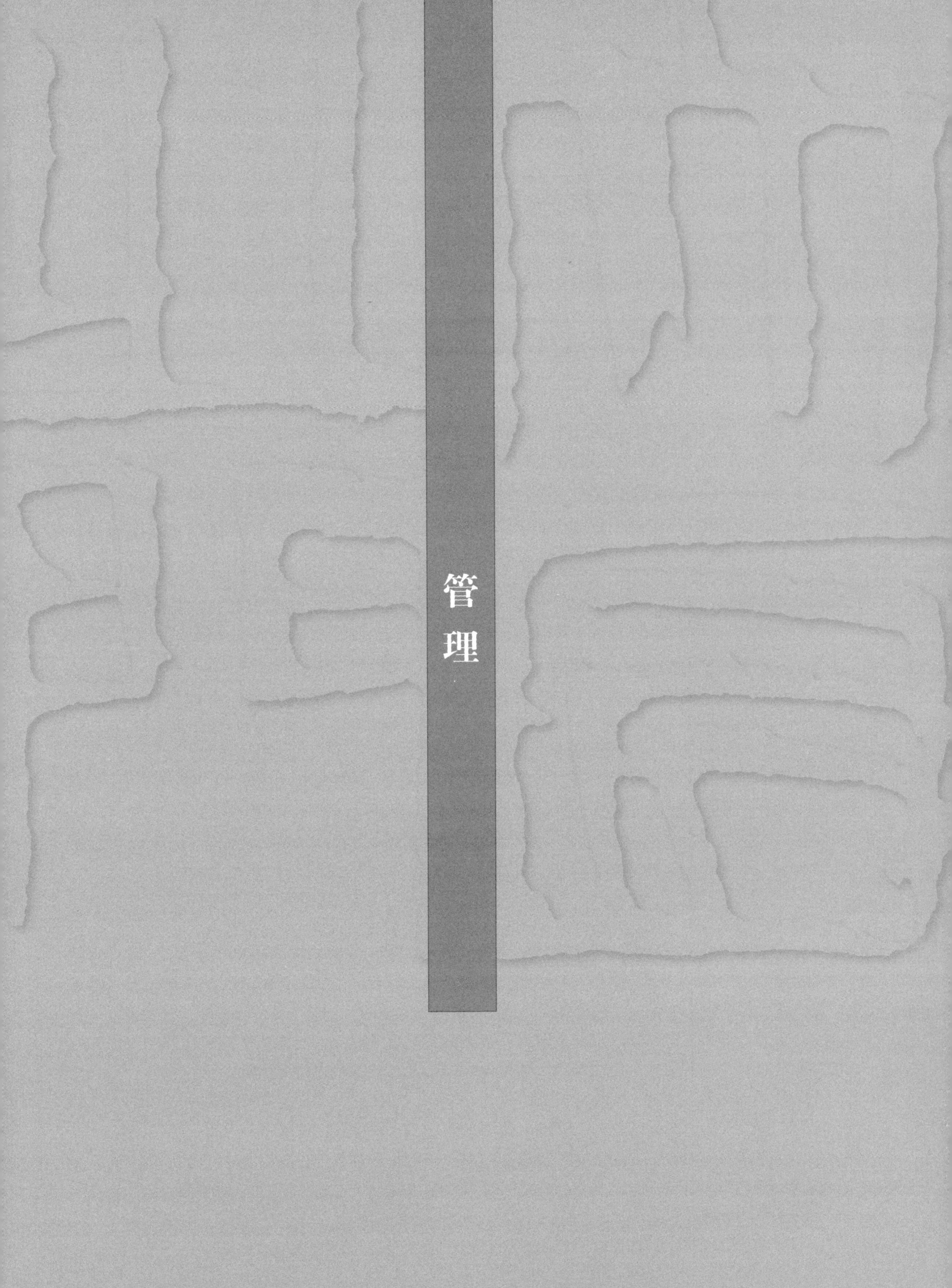

管理

展览策划与实施管理规定

第一章　总则

第一条　展览由展览编辑负责策划与实施，展览编辑/负责人在展览实施的每个环节中都承担着总协调、总监督的关键作用。

第二章　展览的策划与实施

第二条　展览的策划

（一）展览的策划：展览编辑根据北京画院的学术定位和方向负责策划展览，并将展览主题、结构、展览的学术意义、艺术家、参展作品、相关学术活动、展览进程、经费来源及预算内容以策划书的方式清晰、详尽地呈现出来，并报馆长和上级领导批准。

（二）展览合同的签定：展览合同规定了北京画院美术馆与馆外供展方之间的权利与义务，是确保展览顺利实施的书面依据，具有法律效力。

（三）展览编辑负责收集或者落实以下展览材料：

1．展览内容：展览编辑需落实和了解全部展览内容，包括展览主题、学术水准、学术意义；

2．参展艺术家信息：包括艺术家简介或艺术简历、照片、创作自述、评论文章、新闻报道等；

3．展览作品信息：包括作品图片、作品名称、作品组号或编号、作者、创作年代、尺寸、媒材、实施方案、展览方案、作品阐释文字等；

4．展览所需文案文件：包括展览名称（中英文）、主协办及鸣谢机构、展厅、展期、展览导读文字、前言等；其中前言等相关文字须对展览进行客观的介绍和评价，并达到一定的学术水平，符合学术规范。

5．展览所需图片文件：用于海报的图片需为300dpi且60M以上的jpg或tif格式文件；用于画册的需

30M以上；LOGO需为500K以上jpg或tif格式文件。

在将上述材料交给各部门制作或者使用之前，展览编辑必须先认真、仔细地对所有材料进行审核，使之符合艺术部的专业规范要求。

第三条　展览的报批

海外展览（包括港澳台地区）需要在开幕前三个月向北京市文化局或者文化部报批。展览编辑须准备报批材料：展览合同、作品清单及图片、展览简介、艺术家简历、展览策划人简介等。若为国内巡回展览，首站馆需同时为巡回展的其他场馆报批。

第四条　展览的宣传与推广

展览负责人应通过以下方式提前宣传展览、出版物、讲座、研讨会等相关项目：

（一）北京画院网站：展览介绍、图片资料应提前一周交给相关负责人进行资料上传。

（二）传媒：将新闻通稿及图片资料提前一周交给媒体联络人，发放给各媒体。

第五条　展览的来回运输、接收与退件

（一）展品在接收时，展览编辑须在场，并要求接收部门工作人员签字，确认展品的完好状态和展品件数。

（二）展品如在展厅退件，展览编辑须在场，并要求收件人签字确认展品的完好状态和展品件数。展品装箱完毕交运输公司前，展览编辑须监督封箱。

第六条　展览设计

展览编辑应在规定的时间里向设计人员提供符合专业规范的文字及图片资料，并告知设计要求。在所有设计稿正式付印前，展览编辑应认真审查、校对稿件，并由馆长签名确认。

（一）平面设计

1．请柬、海报、招贴、展板的设计资料应在开幕前三周交设计人员。

2．请柬：请柬常规性文字包括展览名称、主协办机构、展厅、展期、邀请文字、美术馆信息、展品图片等，国际性大展或外展必须全部使用中英文。

3．海报：海报设计要求主要信息清晰明显，能体现展览的主体风格，常规性文字包括展览名称、主协办机构、展厅、展期、邀请文字、美术馆信息、展品图片等，国际性大展或外展必须全部使用中英文。

（二）出版物的编辑设计

1．展览编辑负责编辑的展览出版物须坚持和体现北京画院一贯的学术立场和品格。

2．按照一定的编辑体例，遵循发稿齐、清、定的原则，集齐全部资料并对全书稿内容进行初审，责编对书稿的整体成型和书稿技术性环节负主要责任。

3．对责编的要求：

(1) 通读全部书稿，对政治、宗教、民族、边界、色情、暴力等敏感问题把握不准的要及时提出并请示上级领导。

(2) 对书稿语法、错字、标点、数字的使用等做技术性处理，并按照一定的规则统一全书体例。

(3) 栏目及部分的设置要依据一定的逻辑性，编辑好的文件有明确的层次、顺序标识。

(4) 提供除图书正文外的其他所要出现的各种资料、信息，如书名、丛书名、编著者、出版者、版权页、编委会名单及相关展览信息等。

(5) 提供全书的结构清单，按照清单移交资料给设计人员，资料未齐全的要在清单上注明，以便责编追补和设计人员预留位置。

⑹ 向设计人员介绍图册内容，共同商定设计风格；同时明确所涉及的具体要求，如开本、印张等。

第七条　布展与撤展

(一) 布展：展览编辑应尽早提出布展要求，如展厅线路、展品排列顺序、展厅风格等；大型展览需尽早提出布展构思、制作要求，与布展设计人员一起完成布展方案。

(二) 展览期间，展览编辑应不定期到展厅巡视，并与展厅管理员及时沟通，发现问题，及时向领导汇报处理。

(三) 撤展时展览编辑应在现场，检查展品情况，安排退件、收藏事宜。

第八条　开幕式

(一) 展览开幕前两天，展览编辑应准备好领导、嘉宾讲话稿，协助安排开幕式程序，并安排好剪彩嘉宾、主持人及摄影、录像等人员。

(二) 展览开幕前两天，展览编辑应通知办公室等部门，安排好相关事宜。

(三) 展览开幕前一天，展览编辑安排好开幕式场地、音响设备。如同期发放画册，安排好发放事宜。

第九条　讲座、研讨会等学术活动

(一) 展览编辑应在研讨会前一天，应安排好场地、设备等。

(二) 如果同期举办讲座，公共教育负责人应提前一周将讲座信息提交给网站编辑，发布至北京画院网站，并在讲座前一天安排好场地、设备等。

第十条　展览资料的归档

展览结束两个月之内，展览负责人应填写展览资料的归档表格，并将打印版和电子版的展览资料移交资料室保管。

第三章　展览管理

第十一条　展览

编辑应严格遵守职业操守，按照相关规定策划、实施展览、确保展览顺利、成功举办。

(一) 任何人不得在展览中违反国家法律法规，不得有损国家利益，本院、本馆形象以及不道德的言论，确保不出现政治、外交、宗教、社会等敏感问题。

(二) 任何人不得利用本馆展览传播反动、淫秽、暴力、不道德以及其他违反国家法律法规、社会公德的内容。

(三) 展览如非原作，须注明复制品。

2009年4月

展览工作流程图

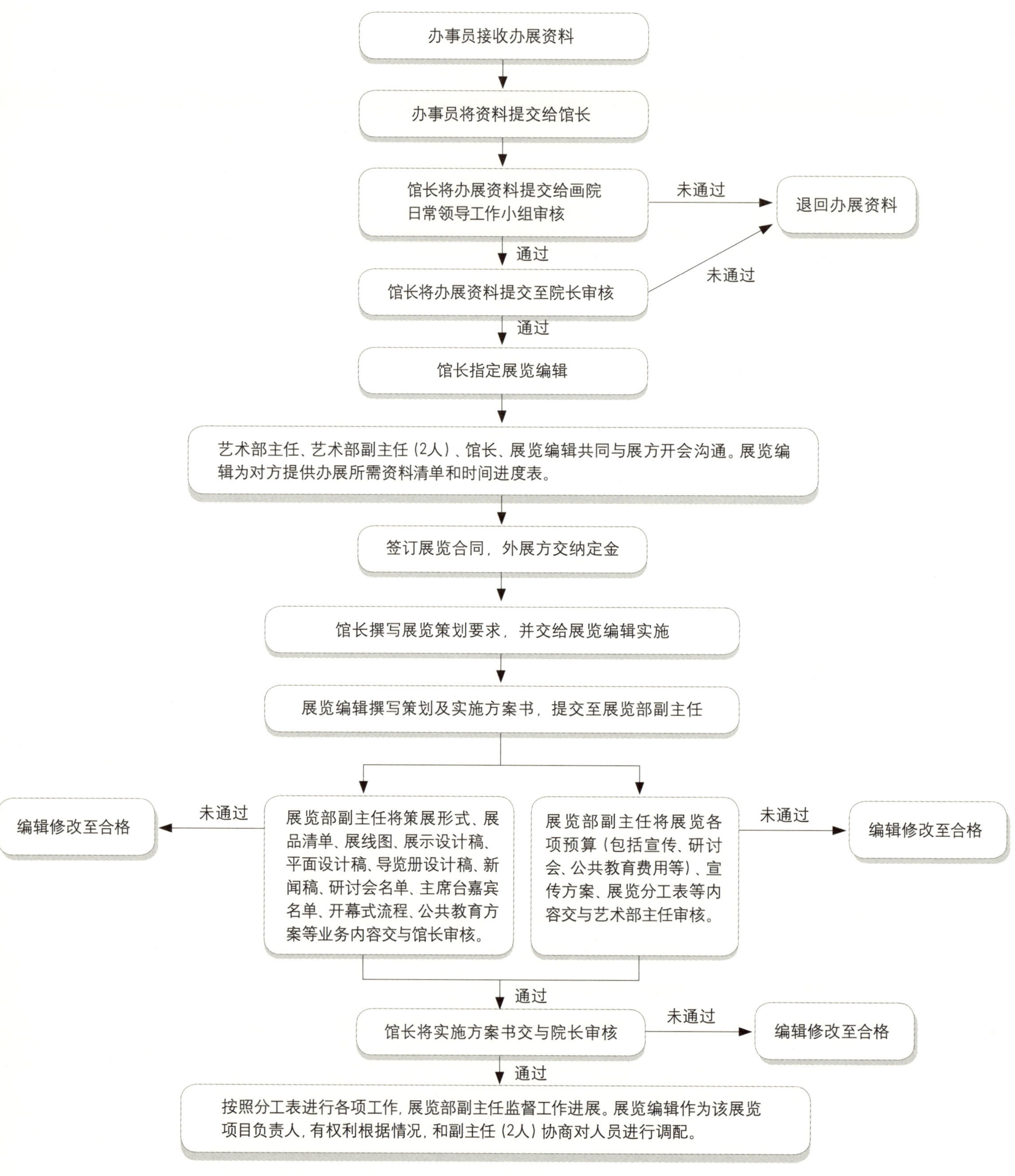

办事员接收办展资料
办事员将资料提交给馆长
馆长将办展资料提交给画院日常领导工作小组审核
未通过
退回办展资料
通过
馆长将办展资料提交至院长审核
未通过
通过
馆长指定展览编辑
艺术部主任、艺术部副主任（2人）、馆长、展览编辑共同与展方开会沟通。展览编辑为对方提供办展所需资料清单和时间进度表。
签订展览合同，外展方交纳定金
馆长撰写展览策划要求，并交给展览编辑实施
展览编辑撰写策划及实施方案书，提交至展览部副主任
编辑修改至合格
未通过
展览部副主任将策展形式、展品清单、展线图、展示设计稿、平面设计稿、导览册设计稿、新闻稿、研讨会名单、主席台嘉宾名单、开幕式流程、公共教育方案等业务内容交与馆长审核。
展览部副主任将展览各项预算（包括宣传、研讨会、公共教育费用等）、宣传方案、展览分工表等内容交与艺术部主任审核。
未通过
编辑修改至合格
通过
馆长将实施方案书交与院长审核
未通过
编辑修改至合格
通过
按照分工表进行各项工作，展览部副主任监督工作进展。展览编辑作为该展览项目负责人，有权利根据情况，和副主任（2人）协商对人员进行调配。

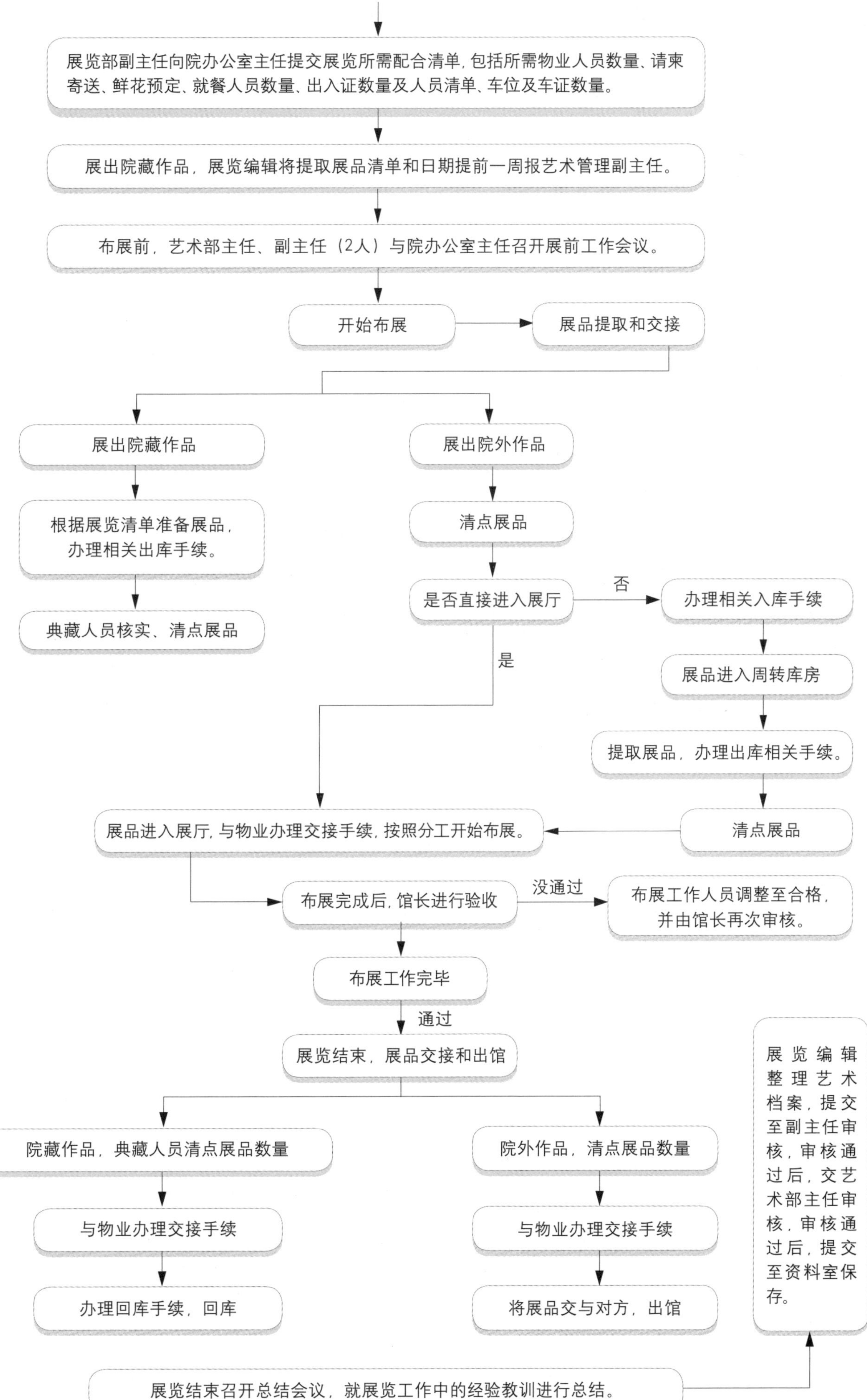
展览部副主任向院办公室主任提交展览所需配合清单，包括所需物业人员数量、请柬寄送、鲜花预定、就餐人员数量、出入证数量及人员清单、车位及车证数量。
展出院藏作品，展览编辑将提取展品清单和日期提前一周报艺术管理副主任。
布展前，艺术部主任、副主任（2人）与院办公室主任召开展前工作会议。
开始布展
展品提取和交接
展出院藏作品
展出院外作品
根据展览清单准备展品，办理相关出库手续。
清点展品
典藏人员核实、清点展品
是否直接进入展厅
否
办理相关入库手续
是
展品进入周转库房
提取展品，办理出库相关手续。
展品进入展厅，与物业办理交接手续，按照分工开始布展。
清点展品
布展完成后，馆长进行验收
没通过
布展工作人员调整至合格，并由馆长再次审核。
布展工作完毕
通过
展览结束，展品交接和出馆
院藏作品，典藏人员清点展品数量
院外作品，清点展品数量
与物业办理交接手续
与物业办理交接手续
办理回库手续，回库
将展品交与对方，出馆
展览编辑整理艺术档案，提交至副主任审核，审核通过后，交艺术部主任审核，审核通过后，提交至资料室保存。
展览结束召开总结会议，就展览工作中的经验教训进行总结。

管理

展览工作流程图

展览流程与分工表

日期	进程	序号	工作内容	工作部门及人员	相关部门及人员
	展览筹备	1	请柬寄送、研讨会邀请函寄送		—
		2	媒体联络		—
		3	展览资料（中英文）上传网站		—
		4	背景音乐、DVD准备		物业
		5	画框准备		画框厂
		6	办理出入证		—
	布展	7	布展 展品、展柜、灯光调试布置	一层展厅： 二层展厅： 展柜布置： 灯光、场景布置：	物业 （一层3人；二层6人。2人一组）
		8	安全保卫		物业
		9	绿植、胸花（20个）、 桌花（2个）准备		—
		10	标签校对		物业
		11	研讨会放置画册（或导览册）、 纸笔。摆放40份，备用10份。		物业
		12	研讨会背景制作、扩音设备调试		物业
		13	剪彩、折叠椅、签到桌等用具摆放		物业
	开幕式准备工作	14	车位安排及协调		—
		15	贵宾室（8：30开放）		—
		16	嘉宾接待（9：00始）		物业
		17	安全保卫		物业
	开幕式 （10:00—10:30）	18	媒体接待（9：00始）		物业
		19	签到台		物业
		20	摄影、摄像		物业
	研讨会 （11:00—12:30）	21	研讨会出席人员签到		—
		22	摄影、摄像、录音		—
		23	用餐引导		物业

报送：____________　抄送：____________　展览总协调：____________　展览编辑：____________

范例："实者慧——邹佩珠、李小可、李珠、李庚捐赠李可染作品展"展览流程与分工表

日期	进程	序号	工作内容	工作部门及人员	相关部门及人员
5月15日——5月30日	展览筹备	1	开幕式及研讨会邀请函寄送	刘亚琴、郑智威	—
		2	媒体联络	李琼	—
		3	展览资料（中英文）上传网站	刘渴	—
		4	背景音乐、DVD准备	郑智威、刘渴	物业
		5	画框准备	郑智威、刘渴	画框厂
		6	办理出入证	办公室	—
5月31日	布展	7	布展 展品、展柜、灯光调试布置	一层展厅：马明宸、刘渴 二层展厅：郑智威、薛良 三层展厅：高原、王亚楠 展柜布置：郑智威 灯光、场景布置：郑智威、刘渴	物业 （一层3人；二层6人。2人一组）
		8	安全保卫	办公室	物业
		9	绿植、胸花（20个）、桌花（2个）准备	办公室	—
		10	标签校对	郑智威	物业
		11	研讨会布置（画册、纸笔）摆放40份，备用10份。	郑智威	物业
		12	研讨会背景制作、扩音设备调试	刘渴	物业
		13	剪彩、折叠椅、签到桌等用具摆放	郑智威	物业
6月1日（8：00全体人员到位）	开幕式准备工作	14	车位安排及协调	办公室	—
		15	贵宾室（8：30开放）	物业	—
		16	嘉宾接待（9：00始）	艺术部	物业
		17	安全保卫	办公室	物业
6月1日	开幕式（10：00—10：30）	18	媒体接待（9：00始）	李琼	—
		19	签到台	高原、王亚楠	物业
		20	摄影、摄像	刘渴、来金	物业
	研讨会（11：00—12：30）	21	研讨会出席人员签到	李琼	—
		22	摄影、摄像、录音	刘渴、来金	—
		23	用餐引导	艺术部	物业

展览档案项目清单

编号	部分	文件内容		形式	格式	相关负责人	提交说明
1	策划	策展方案	*	文字	WORD		1.请在展览开幕式一周后提供相关资料。 2.其中标注“*”的为必须提供资料。 3.其他如批文、协议,如果有也需提供。 4.若配合展览发行出版物,展览编辑需向相关出版编辑索要出版总结,并提供。
2		展览概述		文字	WORD		
3		展览前言	*	文字	WORD		
4		作者简历	*	文字	WORD		
5		展品目录	*	表格	EXCEL		
6		展品说明	*	文字	WORD		
7		展品图片	*	图片	JPEG		
8	展览空间	展线图	*	图片	—		
9		展示设计		效果图	JPEG		
10		展厅照片		照片	JPEG		
11	整体形象	请柬2份	*	图片	JPEG		
12		整体平面设计	*	图片	JPEG		
13		标签	*	图片	JPEG		
14		导览册/画册2份	*	图片	JPEG		
15	宣传	新闻稿	*	文字	WORD		
16		媒体用图片	*	图片	JPEG		
17		邀请媒体名录	*	表格	EXCEL		
18		媒体评估效果	*	表格	EXCEL		
19		剪报	*	—	—		
20		户外招贴		图片	JPEG		
21		招贴投放		表格	EXCEL		
22		宣传片	*	视频	DVD		
23	开幕式	开幕式流程	*	文字	WORD		
24		致辞文稿	*	文字	WORD		
25		现场照片	*	照片	JPEG		
26		录像资料	*	视频	DVD		

27	讲座	讲座人简历	*	文字	WORD		
28		讲座策划案	*	文字	WORD		
29		讲座记录	*	文字	WORD		
30		讲座总结	*	文字	WORD		
31		现场录音		音频	MP3		
32		现场照片	*	照片	JPEG		
33		录像资料	*	视频	DVD		
34	研讨会	嘉宾名单	*	文字	WORD		
35		会议录音		音频	MP3		
36		会议记录	*	文字	WORD		
37		现场照片	*	照片	JPEG		
38		录像资料	*	视频	DVD		
39	学术文章	（ ）篇		文字	WORD		
40	批文	批文		原件	—		
41	协议	办展协议		原件	—		
42	总结	展览总结	*	文字	WORD		
43		出版总结		文字	WORD		
44		观众留言		文字	WORD		
45	其他	工作流程分工表	*	表格	EXCEL		

北京画院美术馆“美术馆之友”章程

第一条　宗旨

北京画院美术馆“美术馆之友”由馆外热心美术馆工作并愿为之做出贡献的各阶层人士组成。“美术馆之友”组织的任务在于联系群众，普及艺术知识，向社会推介北京画院美术馆的展览并及时反馈群众意见及要求；了解社会动态和展览信息，帮助美术馆开展业务工作，增强美术馆的社会基础，以利于北京画院美术馆更好地发展美术馆事业。

第二条　会员权利

北京画院美术馆“美术馆之友”的会员由学生会员和VIP会员组成。

学生会员权利：

1．全年免费参观北京画院美术馆展览。

2．免费获悉北京画院美术馆展览信息及宣传品。

3．邀请参加北京画院美术馆活动（如学术讲座、艺术沙龙等）。

4．与知名艺术家近距离接触。

VIP会员权利：

1．全年免费参观北京画院美术馆展览。

2．免费获悉北京画院美术馆展览信息及宣传品。

3．邀请参加北京画院美术馆活动（如学术讲座、艺术沙龙等）。

4．与知名艺术家近距离接触。

5．免费获得北京画院美术馆全年出版的导览册等印刷品。

6．享受名额有限的内部展览信息通告及会议邀请。

7． 对北京画院美术馆进行捐赠的VIP会员，团体或个人名字将被写入北京画院美术馆支持者名单，并将体现在网站、画册等相关宣传中。

第三条　会员义务

1．参观北京画院美术馆展览后对展览提出反馈意见。

2．积极介绍或组织观众到北京画院美术馆参观。

3．通过各种途径对北京画院美术馆的陈列展览以及各种活动进行宣传。

4．协助美术馆组织临时展览、研讨等业务活动。

5．参加由北京画院美术馆组织的旨在服务观众的活动。

6．本人或介绍他人来北京画院美术馆做志愿者。

第四条　会员申请

详细填写北京画院美术馆“美术馆之友”申请表，通过美术馆办公室或网站申请均可。

学生卡需提供以下材料：

身份证复印件、美术相关专业学生证复印件。

VIP卡需提供以下两种材料中的一种：

1．身份证复印件、美术相关专业工作证明复印件。

2．身份证复印件、美术相关专业学位证书复印件。

第五条　会员资格与会员证管理

（一）　会员资格

会员卡以两年为办理基准，使用期两年，逾期须重新申请。请在卡背面签名，限本人使用，画院美术馆有对所有会员卡的最终解释权。

（二）　会员证管理

会员在享受会员权利时需出示会员证；会员证遗失，由本人向画院美术馆申请补发，收取成本费10元。

第六条　其他

北京画院美术馆“美术馆之友”申请的受理时间为每天上午9：00—下午17：00（不包含周末）。会员的具体活动及日常管理均由本馆负责，各类会员所拥有之会员卡不可为营利使用，一经发现即取消其会员资格并没收会员卡，并保留追究其法律责任的权利。会员卡遗失需补办（一年不超过两次）。

北京画院美术馆拥有对北京画院“美术馆之友”的最终解释权。

北京画院美术馆志愿者章程

第一条　宗旨

为了普及艺术知识，提升国民艺术素养，发挥北京画院美术馆公共教育职能，基于“真诚付出，不计回报”的信念和责任，北京画院美术馆决定组织一支公益性质的志愿者队伍。

第二条　志愿者资质

凡热爱美术馆事业，具有美术基础知识和文博专业常识，能够流畅运用普通话或一门外语表述服务内容、身心健康且自愿利用业余时间为观众提供无偿服务者，通过北京画院美术馆测评后成为北京画院美术馆志愿者。

第三条　志愿者义务

一、热爱美术馆事业，签订“北京画院美术馆志愿者协议”，并履行该协议规定的责任。

二、服务时仪表整洁，言辞文明，佩戴志愿者标识，自觉维护志愿者形象。

三、认真准时完成志愿服务的工作，特殊情况不能到岗应提前一天向管理部门说明。全年志愿服务时间平均每星期不少于四小时。

四、不以志愿者身份从事与志愿服务无关的活动。

第四条　志愿者权利

一、“北京画院美术馆志愿者协议”有效期内免费参观北京画院美术馆展览。

二、接受北京画院美术馆公共教育部对志愿者的管理及相关的培训指导。

三、免费听取北京画院美术馆举办的讲座及优先参与其他教育活动。

四、发现问题向管理部门报告或提出建议和意见。

第五条　志愿者口号

共享艺术的快乐！

第六条　附　则

一、志愿者管理部门

北京画院美术馆公共教育部为志愿者管理部门。

二、志愿者报名手续

1. 递交《北京画院美术馆志愿者申请表》并接受面试，符合条件者登记成为北京画院美术馆志愿者。

2．志愿服务期为一年，具体服务时间签约由双方商定。

3．已获登记的志愿者服务期满可连续签约。

三、志愿者考核表彰

为了不断提高志愿者服务质量，管理部门将定期考核评定志愿者工作情况，考核评定结果将记入北京画院美术馆志愿者信息资料库。

志愿服务结束时发给志愿者由北京画院美术馆馆长签名的“荣誉证书”，优秀者将获得表彰。

第七条　施行日期

本章程自公布之日起施行。

第八条

本章程北京画院美术馆负责解释，并有权利根据实际情况对有关条款进行调整。

北京画院美术馆

2008年10月

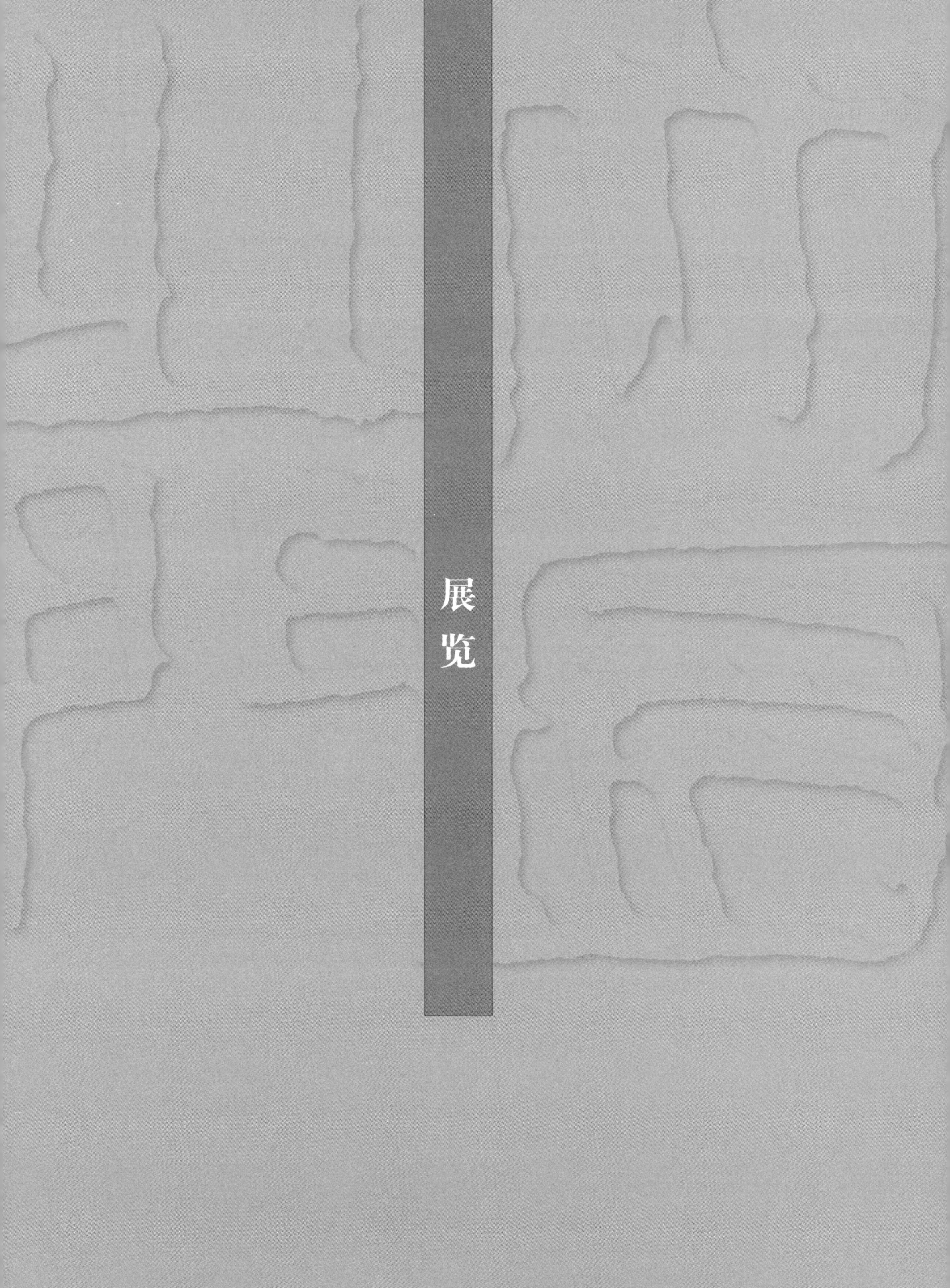

展览

大爱存笔间
——王复羊的品格与艺术

李耀林

著名漫画家王复羊先生为《北京晚报》读者画漫画，画了20多年。遗憾的是，去年他匆匆辞世了。我和复羊先生在一个办公室工作多年，他一手夹着烟头、一手握着画笔为读者创作漫画的神态，仍恍若眼前。

见复羊先生前，就听朋友说他的经历可以写一部传奇小说。他从东北鲁迅文艺学院毕业后，1953年便在《北京日报》美术组工作。1958年，他被划为“右派”，去青海改造了22年，直到1981年才返回北京。今天，似乎不必再回忆那段苦涩的过去，但从他的艺术生涯中却无法剪掉这并不短暂的历史。一位经过几十年风沙摧蚀而没有枯焦并在沙漠中培植绿洲的人，要付出怎样的代价或许当代人难以想象，但在他的作品里以及与他的相处中，看不到闯过荆棘的疲惫、憔悴与苍凉感，他给予读者和朋友们的是正义、幽默、宽厚和大爱。

在30年中国社会生活的巨变中，复羊先生创作了大量漫画作品，是一位活跃在漫画艺术前沿的画家。漫画是讽刺艺术，在历史上的某些敏感时期，从事漫画创作是一种冒险，几个“跟头”翻过去，笔锋锐利的漫画家所剩无几。20世纪80年代初，浩劫之后的中国漫画枝残叶败，复羊先生倾力投入漫画艺术的复兴与建设之中。他用正义之笔、深邃之笔、幽默之笔，揭露丑恶，鞭挞愚昧，画出了大量发人深思又富有哲理的漫画。复羊先生的笔锋触及当代生活的方方面面，均来自于他丰富的阅历和思想，也因为他有着强烈的社会责任感。

漫画是一门不容模糊、不容无病呻吟的艺术，它更需要画家的激情以及对待事件的独到见解，这是漫画相对于其他画种更艰难之处。读复羊先生的漫画，那些教人怒目、教人惭愧、教人眉开颜展的生动形象，总是入木三分，幽默中藏奇思，温厚中见惊险，咫尺小画可打开广阔思维空间的大门。复羊先生对待艺术创作严谨认真，即使一幅配画，也不愿潦草，而是刻求艺术的完美。活跃在作品中鲜明清新的艺术形象与清晰的思辨，折射出画家深厚的生活积累和耐心的提炼。这或许就是复羊先生的漫画能经得起玩味推敲，使人无法一阅而过的魅力之所在。他对待艺术的真诚和脚踏实地的创作作风，受到同行的尊敬和读者的信赖。

在复羊先生办公桌的玻璃板下，我看到过一幅粉画的印刷品，是一个藏族小姑娘的肖像，写实功夫扎实，色彩有油画的丰富和厚重，极富表现力。当时同事告诉我这是复羊先生早期画的，后来向他提出这个问题时，他却只有两句话，一是喜欢；二是工作需要。复羊先生是当时漫画界为数不多毕业于美术院校的画家，虽然他在艺术创作上起点很高，但他仍学习各个流派画家的成功经验来丰富自己的创作。他的绘画语言精炼，造型用线从容不迫、落落大方，画面自然流畅而一丝不苟，那份纯朴和亲切感只有从大家笔下才会流露出来。

与复羊先生共事，总有各种问题请教他，时间久了，从他的见地中感受到他修养的深厚和知识的广博。他研读过大量中外文史哲名著，对外国古典音乐和自然科学亦有浓厚的兴趣，这是他艺术生活的一部分，也是他多年来的习惯。这不仅为他的艺术创作提供了肥沃的土壤，也成为他顶住压力、逆境而上的精神力量。我以为他在最困难的时候没有彷徨，正是因为有建立在文化精粹上的正直、善良与信念，即使他于跋涉沙漠的时代，也培植出了一片艺术的葱葱绿洲。

复羊先生不仅创作了丰富的作品，还在编报纸、编杂志、编画集，并且负责中国美协漫画艺术委员会、北京美术家协会的工作，组织全国和地方各类漫画展览活动，开展学术活动和对外交流，他为此付出了大量的时间和精力而不计回报。这使我想起他曾经说过的故事：他的父亲早年说祖业家资不能交给他掌管。此虽为戏言，但他为中国漫画事业所付出的巨大努力是漫画界共知的。

虽然我对复羊先生50多年的艺术创作无法作精神的诠释，但我愿把我认识的复羊先生写给读者朋友们，以此作为对复羊先生的追念。

（“尺幅万象——王复羊漫画作品回顾展”，
展览时间：2009年1月13日—20日）

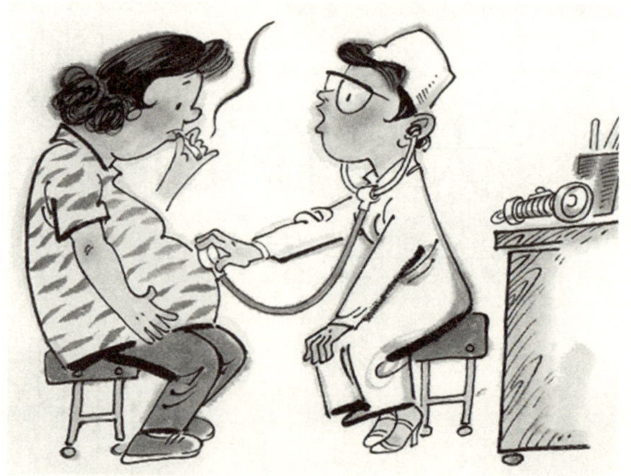

胎儿在咳嗽　王复羊　35×45.1cm

一个萝卜几个坑　王复羊　23×32cm

意见箱（望穿秋水）　王复羊　23.3×16.6cm

为好画搭一座桥

——《渤海早报》访“时代芳华”展策展人安远远

时　间 > 2009年3月4日
地　点 > 北京画院美术馆
主持人 > 黄浩明

女性只是一种身份

黄浩明：很少看到专门为女艺术家举办群展的艺术展，这次专门为12位女艺术家举办群展，当时是怎样的想法？

安远远：我曾有幸参与了第四届全国女画家展览，当时女画家参展的作品所呈现出来的观点和角度与男性画家一样，充满对民生的关注与社会责任感，而并不是像人们所想象的那样：女艺术家似乎都热衷于小家碧玉式的创作风格。相反，女性只是一种身份，而女性所天生的细腻也只是一种作为创作的天赋手段。

比如此次展出中，女画家周思聪的《矿工图》，她对矿工的细细描摹，想表现中国人民苦难的历程，激发人们直起脊梁做主人的信念。还有何香凝的《醒狮》，用醒狮昂首寄寓她振兴国家的愿望，体现出女子独有的铮铮傲骨与大气，当然这些都是较

雁翅　钱紫筠　67.5×44cm

早的画家，她们走出狭隘的个人生活情调，把国家、社会、人民纳入自己的观照视野，所以反映在她们创作中，也格外显得巾帼不让须眉。画家钱紫筠则选择了鲜有女性画家涉猎的山水题材，她的作品《雁翅》稳重而不失隽秀，画面中一片和谐的景象。而擅长花卉绘画的画家萧淑芳将西方水彩画技法融入中国画创作，使传统花鸟画的面貌焕然一新。她的作品《展翅青云》，蝶花共舞，芬芳浪漫，体现了一贯的清新隽秀的风格。

黄浩明：我看到展览中何香凝老师1955年创作的《虎》图，画中的老虎昂首仰望苍穹，而虎的眼睛却突兀地画在额顶，似有傲视苍穹的味道。

安远远：这幅画与何香凝老师之前的《醒狮》作品不大一样，尤其在创作的心态上变化很大。《醒狮》是新中国成立前的作品，作者想表达的是国破山河在，人民如同醒狮一般觉醒，寄寓了创作者振兴鼓舞的美好愿望，1955年创作的《虎》图则是祖国大江南北的秀丽河山尽在眼下的心态，而且这种“写意”特别能体现出女子胸襟的广博，何香凝老师确实是一个特别大气的女画家。

现在随着女权思潮在全世界的兴起，女艺术家在创作心态上也更能直指本心，思维与视野同社会的契合度也会更高。而且展览中的女画家和许多卓有成就的男画家们一样，担任画院的画师、美术学院的教师，是我国有影响的、令人尊敬的艺术家。

黄浩明：虽然如此说，但女画家在这个社会获得成功要比男画家困难得多，而且女权思潮对女子追求艺术之路是否有帮助，这也是个疑问。

安远远：女权主义不是标榜女权，女权更不能是强行抠出一个似是标榜女子不一样的思维体系来，它不是为了争取与特立女性的独立，而是一种自然而然、与社会责任契合，不被压抑约束的女性意识状态，事实上，男女出生即分为两种不同的社会角色，天生就在这个社会体系中承担不同的权利义务。不过，女艺术家首先应表达对这个时代的

老虎瀑布　何香凝　128×40cm　1955年

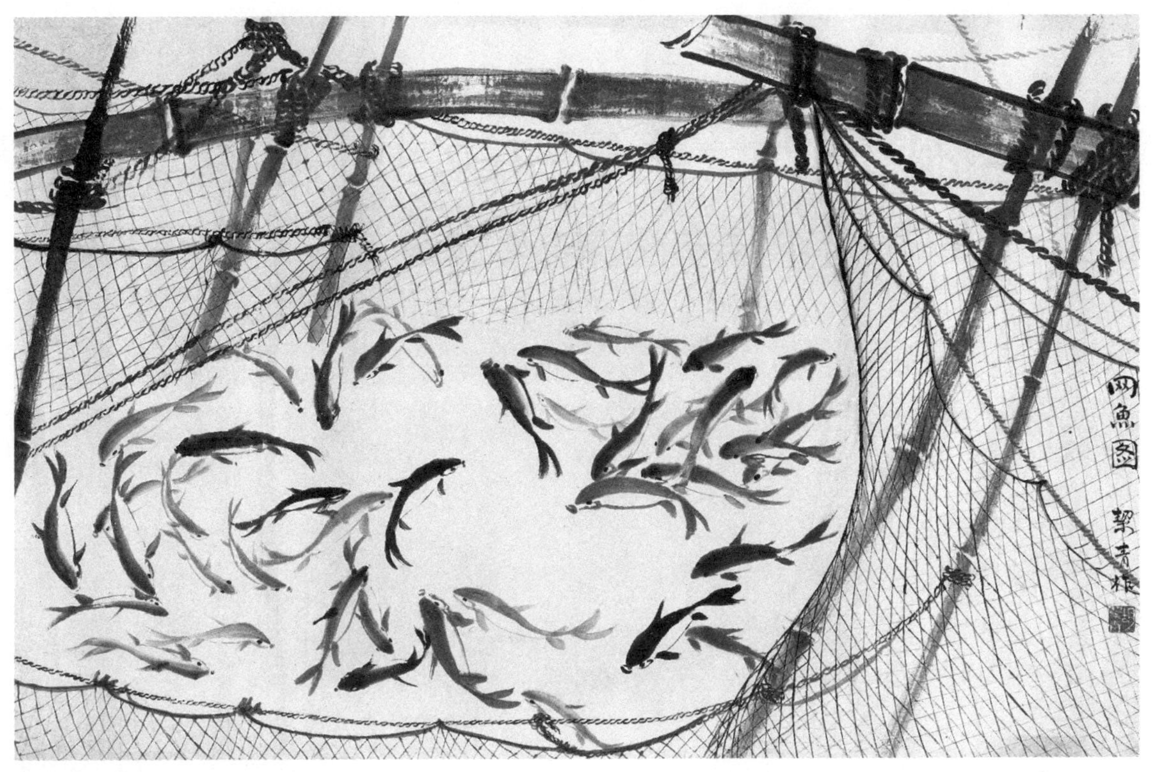

网鱼图　胡絮青　67.5×102cm

感官，并融入自己的创作中，反映升华自己的感受，在创作意图上与男性艺术家的视野一样宽宏。

黄浩明：您毕业于中央美院美术史系，现在是文化部艺术司美术处处长，长期研究美术史并和美术机构打交道，所以角色转换成策展人归根结底也是同个领域内的相关工作，可谓驾轻就熟。但现在发展的趋势是策展领域涌入了越来越多其他行业的从业者，比如我们这个记者群体，比如商人群体，大家纷纷化身为策展人的角色进行各种展览，使得策展人角色多元化，界限模糊化，你对策展人这个角色是如何定位的？又是如何看待如今这种多元化趋势？

安远远：策展人角色的多元化从一定意义上可以看出越来越多的人逐渐对美术领域加大关注与了解，不像过去那样只是局限在一个群体与圈子内。我个人认为的策展人有两重含义：一是帮助创作者艺术家梳理其作品的脉络与意图。因为艺术家创作作品许多都是心之所动，意之所致，即兴创作的很多。而且有些绘画作品背后所蕴藏的观念与更深邃的东西，他无法明确地传达出来，只是在脑海里有无数的灵感与共鸣。这种焦虑的心境与追求就需要策展人来梳理并厘清。二是从普通艺术爱好者与观众的角度来看。艺术家创作的作品与一般欣赏者的理解很多是错位的，欣赏者走进美术馆机构，观看艺术作品，就需要策展人把艺术家想表达的东西通过展览的布置与文字的说明简化出来，让更多不懂这方面的普通爱好者也一目了然，能够明白艺术家的构思与观念的表达。策展人本身就是一座联系的桥梁与纽带，是沟通两个群体的不同思维的丝线。

（“时代芳华——中国女艺术家系列作品展之一”，展览时间：2009年3月4日—15日）

互补东西、兼容古今的艺术集成者
——简析李斛先生的人物画

冯　远

李斛先生是20世纪五六十年代中国人物画的重要代表人物。他和他的前辈徐悲鸿、蒋兆和，同辈画家宗其香等，与同时代发展起来的浙派人物画家群体方增先、周昌谷、顾生岳等，共同推动了南北呼应的新中国人物画创新实践高潮的形成。我未曾有缘谋面李斛先生，作为后学，先是通过各类画册刊物认识他的作品，后来陆续在展览会上见到他的原作，并对其一直心存敬仰。

就艺术流派而言，李斛先生与徐悲鸿、蒋兆和先生同属于现实主义艺术流派范畴，即秉持现实主义创新精神，侧重具象写实风格一路，但在表现技法上有着独特的差异之处。从四十年代到六十年代前后，李斛的水墨人物画风格发生着淡化素描、水彩手法，强化中国画线造型和平面略加明暗体积的渲染技法的渐变，画风清新俊逸，人物形象刻画传神生动。如果说《嘉陵江纤夫》（1946年）、《工地探望》（1954年）、《广州起义》（1957年）等作品还更多地是运用笔法粗犷写意的水墨皴擦与渲染，水墨与设色的兼容性还显得生涩的话，那么创作于50年代以后的《毛主席您是我们幸福的保证》、《披红斗篷的老人》和《印度妇女像》等作品，则在注重人物形神表现的同时，更多地发挥了笔墨与色彩交

嘉陵江纤夫　李斛　85×231cm　1946年

广州起义　李斛　139×302cm　1957年

融浑化的自然效果。从改变或弱化已有的明暗造型方法，到逐步确立起中国绘画观察对象、表现对象的平面结构特有手法，既保持形的微妙与入微，又在墨与色的交替互补中达成某种程度的和谐。这对于一位艺术逐步臻于成熟的中国人物画家来说，不仅是一个成功，也是一种由浅入深渐进式的必然升华过程。从某种意义上来说，李斛的人物画艺术，在徐悲鸿、蒋兆和的基础上又向前迈进了一步。

历经半个世纪后，今天重读《披红斗篷的老人》，仍不失为水墨写意画课堂习作的经典之作。而《印度妇女像》中，灵动的笔墨技法与色彩恰到好处的渲染，更可谓水墨肖像（或依当年的称谓——彩墨）的精品代表作。特别是创作于1960年的《女民警》，更是充分体现了李斛娴熟的人物形象塑造技巧，简约舒朗的线结构与明快洗练的表现手法，令时人耳目为之一新，一扫旧时人物画的陈腐气息。笔者以为，李斛的这些作品既有别于徐悲鸿以简单的线条勾勒与近乎平图的赋彩方式所呈现的徐氏水墨画面貌，也有别于蒋兆和受制于光线明暗所取的线造型与墨皴染形

女民警　李斛　81×65cm　1960年

象结构的实写画风，形成了李斛自己独特的绘画风格。也许是20世纪50年代末期美术学院展开的素描教学大讨论和“民族虚无主义”的帽子随便乱扣，造成当时人人自危的险恶氛围，从反面促使李斛有意识地研修传统画，进而深得民族艺术精华的三昧所使然，李斛在较短的时间里悄然完成了艺术创作风格的转换，成功推出了新作《关汉卿》。作品中肖像主人形神兼得，剧作家的睿智神态与刚正秉性呼之欲出，流畅劲挺的衣纹疏密有致，繁简得宜。这无疑是中西兼容实践富有创意的成果。李斛由此初步形成了一套完整的属于他本人的人物画创作方法和表现技法，从而奠定了其在中国人物画革新创造中的重要地位。尽管从艺术史的角度能够理性地判断李斛人物画的独特与成功之处，但是在当时极左思潮盛行，动辄乱带帽子、上纲上线的特殊年代，这种“兼容”、“革新”在成功之前曾经显得多么不自信。

印度妇女像　李斛　57×43cm　1956年

在近百年中国绘画史上，不乏有倡导继承传统、推陈出新和力主革故鼎新、鼓励创新等不同观点的激烈争论，也有过偏执一端而贬抑另一端、一元统一多样的文艺思想的极端之举。辩证地看待历史，不同的学术观点和艺术主张、不同学派及其实践者，都在不同时期从不同角度、不同程度地为中国绘画的现代发展做出了各自的贡献。但是如果客观地看待问题，谁也不能否认各自所存在的局限与偏颇。今天，在党和政府积极鼓励和推动文艺大发展、大繁荣，弘扬主旋律，提倡多样化，促进多样并存和谐发展的文化环境下，任何一种艺术样式、风格，都有其创意、生存、发展的空间和获得尊重的权益。只有各种不同的艺术流派均能相互包容共生，百花争艳，竞相媲美，才能使当代中国美术达成真正意义上的繁荣。令人欣慰的是，我们适逢并置身于这样一个大好的历史时期，李斛先生倘九泉有知，相信也会为之欢欣鼓舞。

当代中国人物画及其未来的发展之路和学术价值取向，一直是我们应该加以关注的课题，同时它又是学术界一个常说常新、与时俱进且无有止境的话题。欣悉李凡、李蓉、李芸三兄妹为纪念李斛先生诞辰九十周年推出画展，以兹缅怀先生。仅以此短文表达对李斛先生及其艺术的敬意。

2009年2月于京华紫竹院

（“丹青画境——李斛绘画精品回顾展”，展览时间：2009年3月20日—4月6日）

融合中西绘画的骁将
——李斛人物画评说

刘曦林

明清之际，西洋画传入中国，影响于中国的人物肖像画最多。20世纪以来，更有大批中国学子直接到西方学习西画的造型法则，又转而作改革中国画的尝试，把融合中西画学的途径推向一个新的阶段。尤其是徐悲鸿作为融合中西的一位旗手，极大地影响了蒋兆和的艺术道路，并亲自培养了李斛、宗其香等一批高足，结成了一个比较强大的现实主义流派，使中国画尤其人物画实现了由古典形态向现代写实形态的转换，给予中国现代画史以特殊的贡献。李斛便是这一流派中的一员朝气蓬勃的骁将，被时人誉为“创新格的尖兵”。

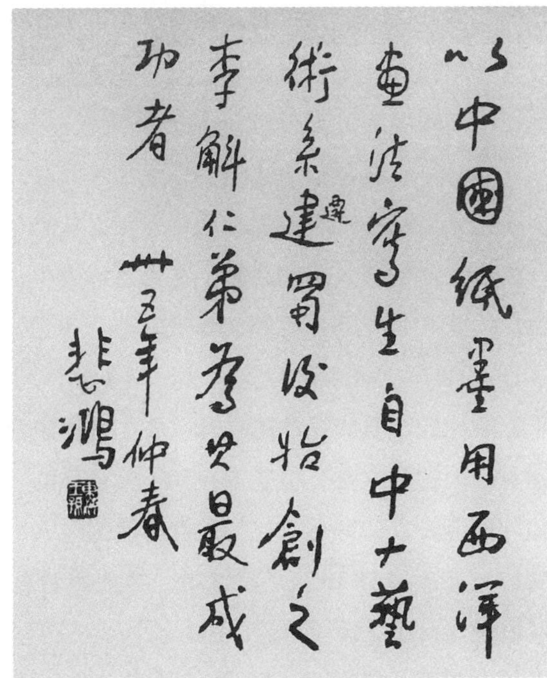

1946年，徐悲鸿为李斛画展题词

李斛，号柏风，1919年生于四川大竹。1942年考入由南京迁往重庆的中央大学艺术系，并和宗其香一起被徐悲鸿选为进行中西融合试验的重点培养对象。在徐悲鸿画派受到非议的情况下，李斛决心最大，也最忠实于徐悲鸿的教学体系，他以极坚实的素描基础和对笔墨技法的悟性，很快地创造了自己融合中西画法的样式。1946年，他在重庆举办个人画展，徐悲鸿为之惊喜，题词赞叹：“以中国纸墨用西洋画法写生，自中大艺术系迁蜀后始创之，李斛仁弟为其最成功者。”同年，徐悲鸿又为其题词：“中国画向守抽象形式，虽亦作具体描写，究亦不脱图案意味。李斛弟独以水彩画情调写之，为新中国画别开生面。”1948年起，李斛定居北京，先后于清华大学营建系、中央美术学院绘画系、彩墨画系（后改中国画系）任教，继续拓展徐悲鸿的教学体系，并把自己的艺术样式不断升华，成为现代画史上独具一格的人物画家。惜在“文革”中遭摧残，不幸于1975年病逝，享年仅56岁。但是人们不会忘记他——在人类20世纪的艺术史上，在中西融汇的艺术长河里，他是一颗永不殒落的星。

李斛作为徐悲鸿的学生，继承了徐悲鸿的基本思想，一是以素描作为造型基础：二是重视师法造化，以创立中国现代的人物画样式。李斛的新贡献在于他不仅主张吸收素描之长，还主张吸收油画的丰富色彩和水彩画的表现技法来拓展人物画的技巧；他不仅在40年代像蒋兆和那样地直面人生，以批判现实主义的精神揭示了人间的悲剧，而且在五六十年代真正地深入到新的生活之中，关怀民众之生活与情感的新变，创作了一大批富有新时代精神的作品。如果说在融合西画的现实主义人物画这条道路上，徐悲鸿和蒋兆和在三四十年代创造了第一个高峰，那么李斛主要在五六十年代和其他一批人物画家共同创造了第二个高峰，并且是第二个高峰中的代表画家之一。

毛主席像　李斛　素描

李斛与前辈画家徐悲鸿、蒋兆和等同在一个艺术流派之中，但在艺术风格上却有很强的独立意识。从总体上来讲，在写实的一路中，他的画风较为清雅，在水墨画家中，他更注重用色彩来塑形。其40年代的作品和50年代的部分作品，如《嘉陵江纤夫》（1946年）、《工地探望》（1954年）、《广州起义》（1957年）等比较注重水墨的皴擦和渲染，笔法也比较粗放，墨与彩分别有较大的独立性。但是他在50年代创作的《毛主席您是我们幸福的保证》（1954年）、《披红斗篷的老人》（1956年）、《印度妇女像》（1956年）等作品，却把相对自立独立的皴擦几无痕迹地融化到色彩的塑形手段之中了，这种是否可以称之为真正“彩墨画”的作品，在墨与彩的交融中实现了整体的统一。《女民警》等作品的面部则基本类如水彩画的塑形语言，并且与雅洁的衣纹线条在相互对照中取得一种新的统一。我认为正是50年代以来的后两类作品使之区别于蒋兆和以力线和皴擦见长的水墨人物画风，也区别于徐悲鸿以粗浑的线条和几乎平涂的色彩所形成的格调，是李斛之所以是李斛的以墨与色大幅度交浑充溶的代表性画风，也是中西画法融合的个性化的典型表现。虽然在50年代末期素描教学大辩论之后，他同时意识到了民族艺术独特的

毛主席您是我们幸福的保证　李斛
79.3×55cm　1954年

三峡夜航　李斛　1971年

魅力，曾经有意识地补修传统绘画，且成功地创造了以线造型的《关汉卿》、《母亲》等作品，但这并未构成李斛的主体风格。他的主体风格就是中西融合，并主要是西画写实的色彩语汇包容的素描原则与中国水墨画的融合。这是一条中西合璧的艺术思路，而且李斛已经形成了自己的一套带有体系性的造型技巧。这本是一条完全允许和完全可能取得进一步完善的艺术思路，但是一顶被上了纲的“民族虚无主义”的帽子，既使他转向了传统笔法的研究，也堵塞了他自己那理想的窗口。诚然由此使他的作品更具有了中国画的味道，但是也失去了李斛自己的独特味道，得乎失乎，其说不一，在我看来终是一憾。当然，李斛无论如何变法，中西画法的比重无论如何倾斜，他还是他，他还是以严谨、秀雅、活泼的艺术表现流露着他的气质和个性。

李斛在现实主义这个体系里，不是蒋兆和那样深沉的悲剧艺术家，而是一位严谨精微的抒情诗人。他不仅为我们留下了一批画风独特的精品，他的理论见解也是一笔宝贵的财富。他在1963年起草的一份《创作方法提纲》中认为艺术有学习、生活、技巧三大类。学习是为了树立正确的观点，包括正确的艺术观点、正确的认识生活、正确的思想感情，而且这一切要靠画本身来说话，而不是靠公式与定义组成。他认为生活是艺术宝库，是无底洞，对生活要爱得发狂，而且要在生活里不断“充电”，只有这样才会激情似沸，才会文思如涌，才能避免从概念出发。在艺术技巧方面，他特别强调艺术感受能力，认为“形象感受就是绘画的开始”，并特别注重形式法则，这位同时热爱体育和热爱音乐的人也把节奏和韵律引入到了他的绘画理论和艺术表现之中，这一点在革命历史画《广州起义》（1957年）那排山倒海的气势里得到集中体现。他对这一切都十分认真，十分投入，他认为搞艺术“不能做小买卖”，“在艺术上就是要强求，不怕费事”，他就是这样一位以“胸怀远志，不畏近难”为座右铭的人，这种精神对于以复杂的人和人类社会为对象的人物画家来讲实在是非常必要的一种内力。正是赖于这种内力，他才终成为融合中西的卓有成就的一员骁将，不仅在人物画方面，也在夜景山水画上闪烁着他的艺术光辉。尤其1954年所作《江心》波光粼粼，灯火闪烁，倒影跳荡，可谓参用西洋画法表现新中国生产建设图景的代表作，后期又以融会了北宗笔法的《三峡夜航》（1971年）使其成为现代夜景山水的独特发现者。

在中国现代画史上，因有“借古开今”和“借洋兴中”两大派系而有激烈的论争，而且都曾不无偏颇地分别有过“闭关自守”和“民族虚无”两个极端。徐悲鸿及其学派传人既对中国绘画的开拓有过贡献，亦毫无例外地有其局限而毋庸避讳。但站在“游于艺”及艺术“和而不同”的立场上，正如徐悲鸿、李斛对齐白石的尊重和齐白石对徐悲鸿、蒋兆和的称赞那样，多种不同的艺术流派当相互尊重与宽容，且各有其不可替代的贡献被记录于史册之中。在李斛诞辰90周年的日子里，当我们品味其精品之时，完全会陶醉于艺术之中，仰望艺术星空，那澄澈的蓝天上，李斛那颗星座依然闪耀着独异的历史的光辉。

（“丹青化境——李斛绘画精品回顾展”，展览时间：2009年3月20日—4月6日）

永恒的记忆
——我的老师李斛

傅以新

人不能忘记老师，因为他是你人生道路上的指路灯。

1961年高中毕业，我报考中央美术学院国画系，取在人物科。担任科主任的是一个熟悉的名字——李斛。入学前，我曾临摹过他的作品《关汉卿》。

当时中国画系正酝酿着教学改革，艺术创作和艺术教育方面都有许多争论的问题，主要是素描教学，即中国画是否要以素描为造型训练的基础。这个问题已经争论了多年，至今也还在争论着。在我入学前，系主任叶浅予与蒋兆和教授曾就此进行过公开论争，最终的结果是各自设立工作室，分别贯彻以白描或以素描为基础的教学理念。

李斛先生是著名的素描大师，当年在美术界享有“中国拉斐尔”的美誉。他的素描准确细腻，重感觉。他是主张学素描的，他用最简洁的语言告诉我们：“素描教你整体看！”

考入中央美院以前，我从未画过素描。招生考试时，考场中有数几个用白描进行写生的考生，我是其中之一。因形象准确，跃出其他有素描基础的考生而被录取。入学后首先上的就是素描课，由李斛先生亲授。

素描对我来讲是“补课”。第一幅石膏头像被我画成了浮雕，怎么也“立体”不起来。李斛先生摇摇头，给了一个“3-”。他对我说：“不要紧，形还准，能赶上！”以后的课堂上，李斛先生总是不厌其烦地在我的作业纸边上简略地画着棱体、球体……耐心地讲解受光面、背光面、明暗交界线和反光面等最基础的素描原理，同时要我仔细观察由附中升入大学的同学如何表现体面关系。

李斛先生是典型的四川人，个子不高，很精神，虽然因胃病作手术切除了大半个胃，但是胸腔共鸣依然浑厚。他那浓浓的川音常会在教室里回荡：“画你所看到的，而不是理解的。”他要求我们的眼睛要像扫描仪一样，把看到的对象转移到纸上，再把纸上的形象快速地与对象进行对应。

李斛先生教学上一贯严格，不到休息时间决不许我们离开画板。起初，一个星期的作业到后几天就画不进去了，李斛先生就会坚决地说：“画不进去，也要在画板前思考。”我们就在他的“逼迫”下，逐渐

小运动员　李斛　54×43cm　中国画　1959年

幸福的时刻　李斛　69.5×56cm　中国画　1958年

学会思考。他对学生的指导因人而异，简单而准确地指出每个学生的关键问题。他常告诫大家：“我说一个同学的问题时，别的同学也要思考，他的问题你可能也会存在，只不过对你来说还不是主要的。”

那时正值“三年困难”的后期，李斛先生要求画木炭素描，画错了只能用馒头沾擦。每天从少得可怜的早饭中省下一块馒头来当橡皮，真舍不得。唯一的办法是尽量少擦，少出错，看准再下笔。这样，没沾上木炭沫的“橡皮”还可以重新填入饥饿的腹中。这一来反倒促进了我们素描成绩的提高。

在他的指导下，我的素描感觉越来越好。李斛先生及时鼓励说：“好的，这个问题解决了，下一步要注意……”　二年级时，我终于得到了最高的5分。进步之快，同学们都很吃惊。是李斛先生所引领我迈进了素描之门。

事实确如李斛先生所说，素描提高了我的写实和整体观察的能力，建立起空间和立体的概念，为我的绘画生涯奠定了坚实的基础。所以，我也是一个坚定的“素描”派。

李斛先生特别重视速写，在他坚持下，每周六都安排为速写课，不是在教室上，而是把我们“赶”到街上。周一一早，每个人都必须选出10张生活速写挂在教室里进行讲评。他说：“素描是训练造型能力，而速写是培养‘捕捉’生活的能力，二者互为补充，不可偏废。”

1962年，李斛先生率人物画科一、二、三年级去河北涉县农村深入生活，除了和老乡“三同”（同吃、同住、同劳动）之外，特提出要和老乡交朋友，了解他们的生活习惯、个人性格，收集典型形象。给我留下深刻印象的是第一次集体为老乡画像，李斛先生选了一位典型的北方汉子，高大英俊，浓眉豹眼，黑红脸庞。李斛先生巡视时，发现老乡正在犯困，目光呆滞。他立即与老乡聊开了天，老乡很快恢复了自然的神态。李斛先生就此提出要求，画老乡时必须边画边聊天，这样才能抓取最生动、最能展现他们性格的表情。中国人物画历来主张“传神”，李斛先生就是这样教给我们传神的基本功。

李斛先生多年来致力于建造新的中国画线描教学体系，即线条要根据所依附形体的空间变化而变化，组成具有立体感的线描架构，与传统的程式化的描法拉开距离。他的线描教学是素描课程的继续，先去掉素描的背影和明暗关系，尽量用线条来概括。他说，光线会随时变，而结构不会变，要逐渐舍弃明暗而专注于结构，只以轻微的擦染表现人物面部的起伏，如眼窝、鼻翼、嘴角等。无论是轮廓线还是衣纹，都要体现形体结构的不同，特别强调线向面的转换。例如画眼睛，我们往往用一根线描绘上眼皮的形。李斛先生说："这根线并不在一个平面上，从内眼角经前突部分再到外眼角，有一个空间转换；而外眼角又逐渐消失在颞部平面之中。这种空间关系是通过线条的虚实、轻重、粗细的变化来表现的。"对于衣纹，他强调要抓住与人体结构和运动相关的线条状态。他要我们注意观察，模特在每次休息后，反复出现的线条就是关键线条。李斛先生就是这样一点一滴地教我们把素描的方法融入线的表现中。为了培养线条的空间观念，他还找了很多参考资料，主要是西方的安格尔、荷尔拜因、门采尔，还有马蒂斯、伦勃朗。李斛先生的学术思想是开放的，他并不只推行自己的理念，还给我们安排了大量的传统线描临摹课，如任伯年以及《八十七神仙卷》，让我们在对比中去思考和体会，为今后的发展提供了广阔的思路。

齐白石　李斛
70×115cm　中国画　1963年

李斛先生不仅是优秀的画家和美术教育家，更是一个学者。他一生都在探索中国画的改革，40年代，他在中央大学学习时就开始了融合中西的艺术道路。徐悲鸿先生给予高度评价："以中国纸墨，用西洋画写生……李斛仁弟为其最成功者。"1956年，他与宗其香、萧淑芳先生共同举办国画联展，集中展现了他们融合中西艺术的学术观念和探索成果，在美术界引起了极大的震动。特别是那些直接表现外光的作品，给观众带来视觉盛宴和观念冲击，也引发了激烈争论，以至于中国美术家协会破天荒地主持了一年之久的全国巡展。

江心　李斛
25×34cm　中国画　1954年

画展后他又创作了《绣花鞋》、《公社文工团员》等具有影响力的作品。为了便于学生临摹和参考，这些画曾长期放在教室，那一个个鲜活的形象

自画像　李斛　37×26cm　素描　1950年

日日与我们为伴。1964年，他又以《齐白石像》表现了非凡的艺术创造力。他用简练、流畅的线条画出了白石老人蓬松的长须，而以浑然一体的墨色画出的棉袍和毡帽，使白石老人具有一种雕塑感，表现了大师在他心中丰碑一般的地位。李斛先生常说笔墨要为内容服务，这幅作品就是最好的说明。我还曾在他家中见过他的灯光人体写生，那画在宣纸上的人的背部，肌肉起伏微妙，近看迷蒙，退远观之，则如真人立于射灯的光帘之中，神奇之至，至今浮现在眼前依旧那样清晰。

李斛先生的艺术探索，对中国画的发展有着极其深远的意义。我庆幸能成为李斛先生的学生，他深深地影响了我的教学和艺术追求。

中央美院从1964年起就被“社教”、“四清”、“文革”等政治运动缠绕，教学和艺术创作都被迫停止。正值创作黄金时期的老师们，被迫放下了他们钟爱的艺术。直至“文革”中的1971年，由于外事活动的需要，李斛先生从下放劳动的部队调回北京从事绘画创作，著名的《三峡夜航》就此诞生。我当时分配于天津美术学院工作，在《人民画报》上见到这幅作品，深深被震撼：江峡的深邃，石岸的坚毅，江轮的灯光和岸边光的倒影，真切而感人，可称是先生融合中西艺术实践的巅峰之作。画中洋溢着他对祖国大好河山的热爱，挥洒着重握画笔的激奋之情。我深受感染，也从心底涌起创作的欲望。然而好景不长，1974年又掀起了对“黑画展”的批判，他的数幅作品也被列入其中。一生在政治上小心翼翼的李斛先生，终于经受不住精神打击，久伏的疾病提前爆发，第二年便与世长辞，年仅54岁。这正是一个画家艺术创作的黄金岁月，是一个艺术家开始大量收获成果的季节。噩耗传来，每个熟悉和关心中国画发展的人无不扼腕叹息。李斛先生的英年早逝，是美术界的一大损失！

90年代初，李斛先生作品回顾展在北京国际艺苑举办，我约了好友、天津市园林局副局长贺震女士一同前往。50年代那幅著名的《女青年》画的就是她。当年还是学生的她因能参与李斛先生中国画的革新探索而备觉荣幸。这幅作品形象栩栩如生，面部结构用了准确而微妙的体面处理，浓黑的头发和衣服也注意了体面的转折，而那几缕散发的虚擦尤为神来之笔，一个活生生的人物跃然纸上，呼之欲出。站在李斛先生那些鲜活无比的作品前，我仿佛又回到了学生时代，回到教室中，眼前浮现出先生那亲切的笑容，耳边又响起先生那一辈子不改的川音。

今年是李斛先生诞辰90周年。岁月匆匆，李斛先生离开我们已经36年了。看到他那略带忧郁眼神的病中画像，我心痛不已，哀叹天不惜才。若不是英年早逝，才华横溢、勇于探索的李斛先生会给画坛留下多少具有永恒魅力的佳作啊！

（“丹青化境——李斛绘画精品回顾展”，展览时间：2009年3月20日—4月6日）

同学同教三十载

——戴泽谈中央大学艺术系学习时期的李斛

时　间 > 2009年1月22日

地　点 > 戴泽先生寓所

主持人 > 马明宸

背景资料：

戴　泽： 著名画家。1942—1946年与李斛共同在中央大学艺术系学习。1951年后曾与李斛共同执教于中央美术学院。

戴泽先生在接受访谈

马明宸：戴泽先生，您好！目前，北京画院正在组织开展李斛艺术研究、出版及展览活动。20世纪40年代，您与李斛先生一起在中央大学艺术系学习，后来又一起执教于中央美术学院，对李斛先生有深入了解，我们想请您谈一谈当时李斛在中央大学学习的情况。

戴　泽：当时整个学校总共有7个学院，40多个系，一年级学生人数加起来就有1000多人。一年级的学生会把刚回国的徐悲鸿请来演讲，还把他请到艺术系画室里去看画，我们的画都钉在画室的墙上，他一眼就看到了李斛的画，他认为李斛的画是最好的。

女孩　李斛　32×25cm　素描　1955年

马明宸：对当时的这幅画还有印象吗？

戴　泽：是素描人像。他认为画得是最好的，说可跟外国画家荷尔拜因的画相媲美，评价非常高。

马明宸：在中大艺术系期间，李斛先生学的就是油画吗？

戴　泽：是，他学的是油画。当时大家学习都很努力，每天晚上请

妇女像　李斛　54×43cm　油画

别的系里的学生来当模特，一画就是两三个钟头，坐在那里那么长时间不动，你得给人家报酬，当时谈好的规矩就是一共十几个人在这里画画，画完了以后让当模特的人挑一张拿走。每一次当模特的学生都是把李斛的画挑走了。

马明宸：说明李斛先生的素描画得好。

戴　泽：好。怎么好呢？他的素描是又像又好看。我们画的头像有的是很像，可是并不好看，关键是把不好看的地方都表现出来了，所以人家不喜欢。李斛的画是又像又好看，所以每一次都把李斛的画挑走。

马明宸：据有关资料显示：1946年，从中央大学毕业的时候，李斛举办了展览。

戴　泽：那是另外一个展览，他回大竹去办展览的时候，徐悲鸿先生给他的展览题了词。

马明宸：《嘉陵江纤夫》这幅作品是1946年画的，这时候他离开学校了吗？

戴　泽：离开学校了。1946年都走了，徐悲鸿也走了，到南京去了。

马明宸：当时你们还一起组织了"梅社"画会？

戴　泽：对。"梅社"是一个四川人提议的，这个人很活跃，到处张罗搞"梅社"，当时就是几个四川人和中央大学的学生，组织了一个展览，照了张相。

马明宸：当时"梅社"成员主要是画油画的？

戴　泽：国画、油画都画。后来就没怎么活动了，就搞过一次展览。

女教师　李斛
39×27cm　水彩　1954年

侦察　李斛
59×84cm　中国画　1949年

马明宸：徐悲鸿先生到北京主持中央美院工作以后，他为了推行自己的教育主张，陆续联络汇聚了一批中大的优秀学生到北京教学，李斛先生就是其中的一位。

戴　泽：对。当时有宗其香，徐悲鸿也非常喜欢宗其香，他比我们高两个班，他画得挺好，他是一种写生的方法画国画，作品很受欢迎，水墨写生画国画，当时就有人买，特别是外国人。

马明宸：徐悲鸿先生给李斛先生题的字里面说到用西洋画法写生，李斛先生是中大艺术系创始之后比较成功的一位画家。

戴　泽：宗其香也比较成功，他比李斛还早一点。

马明宸：李斛先生到北京以后先是在清华大学的营建系任教？

戴　泽：对，在清华代课。

马明宸：李斛先生在中央美术学院1955年重新分系以后到了彩墨画系，他当时是教素描还是教中国画？

戴　泽：当时我们几个具体教素描，教得很有效果，但这个功劳不是我们的，是当时的大形势，当时的大形势是来学画的人都很相信共产党，相信中央美术学院，对中央美术学院的教学质量没有怀疑，都是心服口服，所以当时的效果非常好，学习的人很专心，没有胡思乱想。教学的人会什么就教什么，本来就是这么学过来的，学了多少年就只能教这个，所以教的人很顺心，包括李斛的教法很具体，步骤、方法一步一步的很详细，学生学起来也很具体，还有示范作品，所以画起来就一张比一张好，很快就掌握了。这个问题应该问50年代的学生，50年代中央美院毕业的学生，你问他们当时怎么学的？那时候，学习效果相当好。

马明宸：新中国成立以后，今天的社会对李斛先生的认可更多的是中国画，他的中国画作品影响特别大，他当时是怎么转向中国画的呢？

戴　泽：他在清华大学任教的时候就画了一张《指路》，参加了第一届全国美展，很成功。

马明宸：是在清华营建系的时候？

戴　泽：对。那幅作品叫《指路》，或者可以叫《侦察》。

马明宸：这是他中国画创作产生影响比较大的作品？

戴　泽：比较成功的早期的代表作。

马明宸：他在学校后来教学期间创作的作品呢？

戴　泽：后来在教学期间，1956年的时候，学术界讨论关于中国画学习是否画素描的问题。本来蒋兆和跟徐悲鸿学，画得也相当好，我看见过他的油画，画得相当像徐悲鸿。后来他用画素描的方法画出很多很好的作品，1956年的时候，他有自己的体会，他以人像为主还是以什么为主，他就这样画。有一段时间，李斛经常到李苦禅那里，可他认为自己还是要画油画，还是要从西方油画里再吸收一些东西，他很努力地又找李苦禅学。

披红斗篷的老人　李斛　72×56cm　1956年

马明宸：西方油画是讲究用明暗来造型的，中国画是用线条造型为主，您认为李斛先生结合这两方面跟其他人走中国画变革的路子有哪些特点？

戴　泽：比如他画的《印度妇女》，画了两个小时，那种明暗的感觉很难画，光用线条勾出来不可能，这是很自然的结合，西方的东西跟中国的东西在写实上面就很自然地结合了。非要说两个不同，我觉得有点形而上学。本来画画是用眼睛看的，外国人看是这样，中国人看也是这样。

马明宸：比如著名的作品《印度妇女》，他借助了哪些油画的技法？又保留了哪些中国画的元素？

戴　泽：中国画本来是有明暗关系的，只是没有这么强烈的表现，画得没有这么好。在中国画发展中，这种方法叫“没骨法”。

马明宸：明代末期，曾鲸用淡墨烘染人像面部五官，就接近于素描了。而李斛的《披红斗篷的老人》更接近于西方的油画，明暗立体感特别强烈。

戴　泽：这都是油画的效果。

马明宸：李斛先生到后来是不是自己想强调线条，他跟您谈过什么想法，还是您在作品里发现了这个倾向？

戴　泽：他说要学习传统。

马明宸：这是在什么年代？

戴　泽：1957年以后。因为1957年以后，我们跟李苦禅住一个院，他经常看李苦禅画画。

马明宸：他怎么产生这个想法？

戴　泽：共产党领导文艺政策是讲传统。

马明宸：他所谓学习传统是强调线条？

戴　泽：对。

马明宸：《幸福的时刻》这幅作品线条的感觉就很强烈了，还有一幅是反映当时的社会主义建设场面的《建桥工人》，那时候画了一批反映社会主义建设场景的作品。包括后期李斛先生画了一大批的风景画，这里面保留了西画的效果或者技法更多一些，特别是他画的夜景，夜景画在李斛先生以前有人用过这种方法吗？

戴　泽：有，宗其香。

马明宸：从作品上看，李斛先生的变革之路还有哪些新的体现？

戴　泽：《齐白石》这幅作品，这是1963年的时候。

马明宸：当时还有一个比较新的提法叫“彩墨画”，当时为什么提“彩墨画”，没提“中国画”呢？

戴　泽：是徐悲鸿说的。徐悲鸿说油画也是中国画，只要中国人画的都是中国画，中国画应该叫“彩墨画”，它用的是墨，颜色叫“彩”，所以叫“彩墨画”。

（“丹青化境——李斛绘画精品回顾展”，展览时间：2009年3月20日—4月6日）

回忆恩师李斛
——李燕访谈

时　间 > 2009年2月5日
地　点 > 李燕先生画室
主持人 > 马明宸

背景资料：

李　　燕：著名画家。20世纪60年代以后在中央美术学院曾随李斛先生学画。

马明宸：李燕先生，您好！北京画院近年组织了“二十世纪中国美术大家”系列研究、展览活动，宗旨是通过这个活动回顾20世纪那些逐渐被人们所淡忘的绘画大家，这些展览扩大了学术研究的氛围，同期出版研究专著、召开研讨会，把艺术家的作品展示出来给大家重新审视，以此推进近现代美术史的研究。

李燕先生在接受访谈

李　燕：在北京画院举办李斛先生展览，我想会做得很好。王明明院长继承了老一辈画家的敬业精神，而且他尊重历史、注重学术。不久前刚刚举办的陈半丁作品展，这个展览意义重大，如果不举办这个展览的话，请问现在这些学画画的年轻人还知道中国美术史上有一位花鸟画家叫陈半丁吗？他和齐白石老人是同一辈的画家，大家知道吗？至于如何对他的作品进行评价？什么看法？那是第二步的事情。但是在这之前，我们不能泯灭这个名字。所以我觉得北京画院近些年来举办的一些展览，都是对美术史负责任的展览。我认为这种展览太好了，这种定位是学术定位，而不是钞票。现在人们把画家分为一线画家、二线画家、三线画家，什么叫一线画家、二线画家？这又不是行政职务，你在一线，年纪大了退居二线。说李斛先生的画该多少钱一平尺？这种话题多庸俗、多无聊，他能够给我们留下几张画？他就愿意留下这几张画？他不愿意留下一千张、一万张。他的一张《关汉卿》，就这一张古代肖像画，名人肖像画，就说他的成就比千篇一律地画一万张的要低吗？所以我觉得我们北京画院这些年来举办的这些展览，学术定位准确，还有一个是对美术史负责，我觉得这种精神非常好，在这样一种精神指导之下，我相信再办李斛先生画展一定会超过上一次。

关汉卿　李斛
85×60cm　中国画　1962年

马明宸：李斛先生是我国著名艺术家，曾长期执教于中央美术学院，您当时在美院学习，可以说是亲受先生教诲，请您谈一谈这段时期的情况好吗？

李　燕：我是1958年进入中央美术学院附中，三年毕业之后又考入中央美术学院中国画系。那时候是1961年，我们入学以后曾经有很多课程都是由在中国近代美术史上耳熟能详的著名教授给我们亲自传授的，可以说徐悲鸿院长当年在世的时候以他的威望聚拢起来的中国近代美术界一些人才都在那里担任我们的老师，这样我很有幸成为文化大革命之前的最后一代大学生。在我们进入中国画系的时候，我的老师之一就是李斛先生，他负责国画系的教学，我认为他是一个非常严肃认真的老师，他在课外和蔼可亲，在课堂上非常严格，但并不是严厉，口气很和缓，但他所要求的正统科班的标准是一点不会降低要求的。比如说上他的课画模特，摆好了以后，第一条规定不能带橡皮，同学们兜里有时候偷偷带橡皮，有个线条画错了就偷偷掏出橡皮来改。李斛先生上课极认真，他的眼神总能关注到所有学生，谁要偷偷使用橡皮，他第一次是原谅的，但是他会看你一眼。如果你第二次还偷偷使用橡皮，他又会看你一眼，但是显然比上一次重。但是当你第三次使用橡皮的时候，你就会发现他不知什么时候已经绕到你背后了，并且很和气地说一句“把橡皮借给我”，很给你留面子。下课时，他把橡皮掏出来说：“我有个习惯，改好画就把橡皮放到我自己的口袋里了，也不知是哪位同学的，请认领回

老人像　李斛
49×40cm　素描　1962年

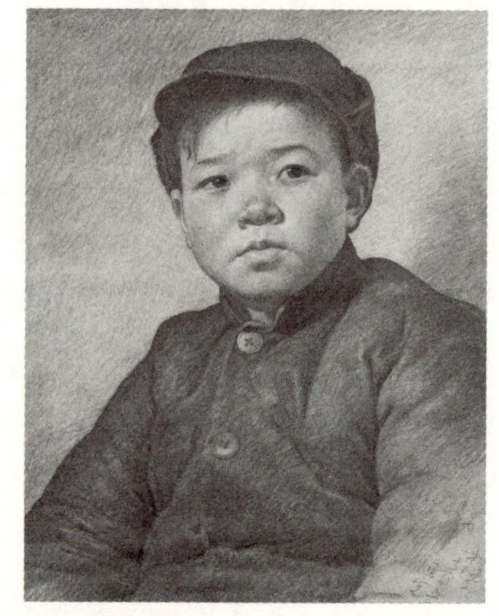

李滨　李斛
38×30cm　素描　1953年

李芸　李斛　29×23cm　素描　1973年

去。”实际上他的做法是一种人性化的严厉批评。为什么？就是要我们下笔时要看好了、理解好了，稳、准、狠，不能漫不经心地画画，否则他是绝对不允许的。经过他这种严肃、认真的教育，我觉得我们每个人拿起笔对着模特的时候，马上就想到李斛老师他那种和蔼而严格的口气，所以一直到我从事教学工作成为人师了，当我带的学生要画人体模特或者是白描写生的时候，我也是这样严格要求的。我认为这种严格的科班教育是我们学院派教育的优秀传统，不经过这样一种严格教育的话，可以说是误人子弟。就好像你听我讲话我基本上四声咬得很准，我讲话是有标点符号的，我讲话是有语调表情的，我是受过严格语言训练的，这样就不会出语病。所以李斛老师在基本功练习方面来说，教学态度非常认真、非常严格。

再一个，他自己提供范画也非常认真，他不是随随便便拿来一个名家的画给大家看，而是紧密地配合我们的国画教学。在美院附中时，我们的素描基本上从苏联那些正规的学院派素描过来的，这对我们的造型锻炼很有好处，但是它和国画相结合来说就距离远了一些。而李斛先生的素描是从徐悲鸿院长那里继承下来的，基本上属于西欧一派的素描，他不但追求素描的调子，更要求的是结构，但是这个结构素描又不同于雕塑系的结构素描，所以这个基本练习基本上是考虑到为国画系的学生来服务的。这一点和他自己的探索还是有所不同的，他的基本练习教学是为未来学生画国画来服务的。当时除了他自己的范画以外，他还很大胆地拿出康鲍夫的素描，当然是照片。后来在文化大革命的时候还因为这件事批判他，因为康鲍夫从政治立场来说是德国纳粹党，但他的习作作为结构素描来讲是很扎实的，我们不可因人而废言，我们学到的是他的素描技巧，不是说我们看了康鲍夫的素描以后都接受了纳粹思想，那是不可能的。在当时的政治气氛下，李斛先生能够拿出康鲍夫的素描，我觉得他是有一定胆量的，因为他自己很有自信心，我教学生是素描，而不是教学生当康鲍夫，我觉得他是有这样一个信念的，所以在提供教材方面他很严肃认真。

马明宸：*李斛先生在中国画变革方面做了大胆尝试，取得了卓著的艺术成就，您能谈一谈李斛艺术的风格特色吗？*

李　燕：他在中国人物绘画方面，通过和传统的中国水墨画相结合，怎么创新，他有一定的探讨，这种探讨在我们的课堂上也谈到过，而且拿出他的范画，譬如说著名的两幅画，一幅是《披红斗篷的老人》，让人感觉到很有一些西画的调子，但是你再细看上面没有那么多的颜色，基本上是水墨，可是却给人一种良性的误解，好像里面颜色冷暖变化非常丰富，而且他在讲这些东西的时候并不回避自己的一些技巧秘密，因为我们在科班里发现有的教师是“绣出鸳鸯以针看”，不把真经赋予人，这是古代讲的保守教师的表现，绣出鸳鸯你看好不好？好，怎么绣的不告诉你，而把针给你，但李斛老师不是这样。像这幅老人像，他用的纸很薄，通过水墨来解决明暗的转折，但又不是特别强调这种外光，关键部位的结构怎么交代、怎么过渡，有的地方颜色是从前面罩，还有的是从纸后面托，托完了以后还要考虑到托的效果，因为在宣纸上画画当时不可能显现出之后的效果，还必须经过托裱，这点不像油画，不像画水粉，上去一笔基本上就是它的最后效果的颜色。而在国画纸上画，不管是皮纸还是宣纸上一笔不是最后效果，所以在讲它的微妙变化的时候，他都非常具体地来谈，所以这样的一个老师，我们觉得上他的课很有收获，而不像有的讲一些大道理、讲一些廉价真理，或者街上买本书都可以知道的东西，他完全把自己融会贯通的、经过实践检验的经验详细地教给我们。所以我觉得他在中国的水墨人物画怎么在传统基础上创新，这个问题上来说，通过教学让我们感觉到他在这方面是有所创新的、有所探索的。

再有一幅是印在邮票上的《关汉卿》画像，对于关汉卿，我们现在没有任何可参考的资料，不像孔夫子历来大家都承认的抄手而立这样一个圣人的形象。可现在关汉卿被选为世界文化名人，是我们中国的大戏剧家，不是说一提世界有名的戏剧家就是莎士比亚，我们的元朝戏剧相当发达，关汉卿是其中一位代表人物。这幅画要展现一位中国戏剧家怎么展现？首先要让人感觉是用中国的绘画形式来表现中国的一位戏剧家，他煞费苦心，就凭他对这位戏剧家的理解来创造形象，尤其在姿势方面，他最后选择这个姿势就好像他写出剧本来在看彩排，他很关心舞台效果怎么样，你看他的姿势不是很稳当地坐在那儿，他不是在休息，也不是在构思，他好像已经写出本子来了让人彩排——是否能达到我的意图？很关注，是编剧加导演的一种神态。他的脸部刻画显然是吸收了一些西画的元素，但让人感觉还是中国人画的中国水墨画，又吸收了西方有用的元素结合起来，这当然是徐悲鸿先生的教导。第二，这个线条不是普通的线，但是又不同于传统十八描的线，他给我们上课有一句名言“要注意线，线是垂直于你的面”。他是这么理解的，一条线下来之后感觉它的虚虚实实，感觉到向你垂直的立体，而不是简单的一条条线条，不是装饰性的线，它很有表现力、很简练。所以我觉得这幅画你能算得出多少笔，但是表现力很丰富。很微妙的地方，比如说胡须，关汉卿稳重的外表中间透着一种才华，所以他这幅画可以讲是煞费苦心，是苦心经营的结果。我父亲曾经对李斛讲过“你画画很用心，太用心了就会伤神”。他在画《三峡夜航》时，我父亲当时说这些话的时候就有些担忧，说李斛先生画这幅作品用心太过度了，恐怕于身体不利。从这件事上我们可以看出李斛先生对待自己的艺术创作是十分敬业的，所以在我们心目中，李斛先生是一位非常称职的、非常负责任的，又很有功底的一位老师，是一位既尊重传统又不保守的老师。到现在我一闭眼还能想起他的形象，他教学的认真还表现在课堂的着装上，认真极了，衣服整整齐齐，每天来上课从不迟到的，让你感觉他进入教室的时候是把教学当成一件神圣的事业来对待的，所以李斛先生给我留下的印象是非常非常好的。

贺震像 李斛
57×43cm 中国画 1957年

马明宸：1957年左右，李斛先生对中国写意画有个新的认识，他在中国写意人物里面进行变革，出现传统的回归，他曾向李苦禅先生请教，受到了苦禅老人的重大影响。

李　燕：他对于传统绘画也是十分喜爱的，因为他跟我父亲有一段相当长时间的密切关系。我认为他对待艺术的态度、对于传统的态度非常实事求是。刚开始对中国写意画并不理解，甚至对中国写意花鸟画是有些偏见的，但是他直接就说出来了，特别在50年代中国传统文人画在整个政治气氛下都是不受重视的，还总是把它和“封建文人士大夫”这些概念联系起来。当时那种气氛下，很多人对中国写意绘画特别是写意花鸟画不但不理解，还抱着一种蔑视的态度。李斛先生虽然讲话很谨慎，但是在艺术方面他会直截了当地谈自己的认识。他当时就讲：“我不明白画这么几笔画的白菜就叫艺术？”但是随着他对中国传统写意绘画认识的加深，60年代，他对中国写意绘画已经达到非常崇拜的地步了，这是怎么表现出来的呢？他突然跟我父亲提出可不可以拜他为师？60年代初有一种风气，从梨园界开始实行拜师礼，这个传统风气还是不错的，这说明拜师者很严肃认真地对待传统艺术的传承。后来我父亲对李斛说：“咱们都是同事，你拜什么师？徐悲鸿院长是咱们的老师，齐白石是我的老师，可惜你没有赶上好时机，但是徐院长你赶上了，我是徐院长门下、你也是徐院长门下，你称老师找他们称去，你要对写意画感兴趣的话来看我画画就行了。”所以那时候他很下功夫研究中国写意画的笔墨，他意识到了中国传统绘画理论笔墨的精华首先是在大写意花鸟绘画中。

李斛先生给我们留下的是真诚、敬业、美好和永远的遗憾。这个遗憾不是他造成的，而是当时社会环境导致的。所以我认为对李斛先生在各方面的主张和艺术语录，我们应该尽量系统地整理，不在于数量的多少，而在于我们中国近代美术史上应该有李斛先生的名字。这不是完全从师生感情出发。

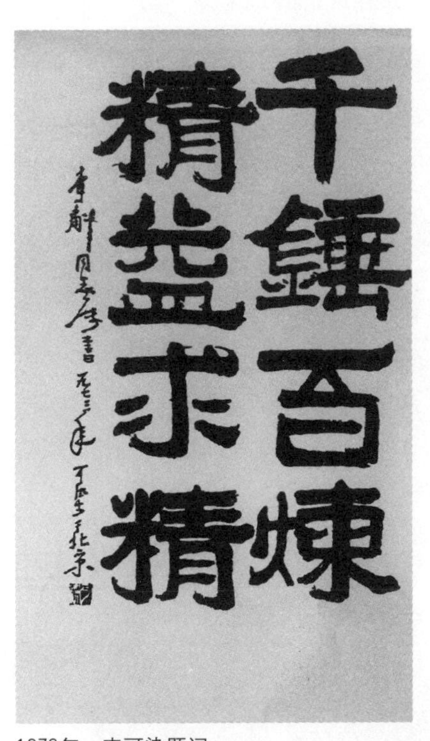

1973年 李可染题词

（“丹青化境——李斛绘画精品回顾展”，展览时间：2009年3月20日—4月6日）

保持生命的静气

许　江

中秋的明月高挂天空。

“海上生明月，天涯共此时。”当我阅读潘一杭近年的画作，心中不断浮起古人寄情明月的诗句。一杭的画宛若蒙着一道谐光，仿佛是乘着月色而来，蓬蓬然，如远春，滋养得满目流彩。

假日泛舟　潘一杭　67×84cm　2008年

下午茶　潘一杭　78×84cm　2006年

一杭在纽约生活多年。那个大西洋西岸的巨城，在远方人们的印象中，总是灯红酒绿，楼厦摩天。那时代广场的霓灯闪烁，藏匿着资本和欲望的幻梦。百老汇奏响纽约的节拍，让梦与人生交织在一道，唱着世上最奢华的歌。一杭生活在那里，他的画却存着一种与之全然不同的静，一种心安意闲的静气，这先自让我感动起来。无论是朦胧的荷影，还是逐浪的少年；无论是跃动的身形，还是庭院午憩的家庭，总是那般的平静，微风拂动，暖调在拼接光线，冷调荡着波光绰约。色彩沿形的边线舒展地淌开，细腻而又温厚。

这些画最让我想到司空图《二十四诗品》中的“纤秾”：“天上碧桃和露种，日边红杏倚云栽。”[①]那“风日水滨”，在纹理处蕴着纤巧，却于色泽中见出润厚。20世纪80年代中期，云南画派在高丽纸上两面渲染，以瑰奇而夸张的造型、浓丽而夺目的颜色自成一体，在中外画坛都备受关注。一杭的画仿佛亦在此类纸上完成，却又守着一种生活的底线，把日常熟见之景带入画意，造型和颜色都温润了许多，没有夸张斗狠之意，因此也脱去艳俗的套路，却以生活本身的平静，来带出静谧却又感人的画意。“乘之愈往，识之愈真。”[②]把抓生活本身的机契，可往而愈往；识见笔下的身形，已真而愈真。那绘画的平静中往往蕴着一种快意。这种快意被“笔”编结起来，成为一种有质量的“纤”；一层层的色彩交织着，愈见其“秾”。这“纤秾”之境，诱引着绘画朝此方向发展下去，愈往愈识到真趣处，浓厚而又脱去俗艳。

一杭所画水墨人体却另呈一路。匍卧的人体，强扭的身形，蕴藏着一种沉默而又挣扎的力量。这些人体一如夜空下的独舞，看不清面庞，但身势愈见激情；形与流影融合，笔墨愈化作如风如缕的意态。与其说这是一些人体，不如说这是一些身形的活脱脱的意象。这些意象大多受着压抑，受着禁锢，挣扎

① （唐）高蟾《下第后上永崇高侍郎》。
② （唐）司空图《二十四诗品·纤秾》。

着出来，抒发“大风卷水，林木为摧”[1]的意思。“安知千里外，不有雨兼风。”[2]终于在这里，我们窥见一杭深匿内心的“风雨”。但一杭的“风雨”，虽有“悲慨”，却依然静谧着，不出声响。起手似有北风雨雪之意，但只见温润华滋，萧萧兮寂然无语。

无论“风日水滨”，还是“北风雨雪”，一杭总是持着内心的平静，去承接生活的意态。正是从这种生命的静气中，我们识见一份在今日渐渐变得稀有难得的浪漫唯美的气质。这种气质洗剥了那种过于质重滞实的写实重荷，释放出生命境界中灿烂感性的因素，将生活本身的既见彩虹、又见风雨的美，融为纤秾华滋的心灵乐章。“素月分辉，明河共影，表里俱澄澈。”[3]绘画只若明月，能与古为新，则光景常新。

2008年9月1日于西湖南山三窗阁

（“彩墨生活——潘一杭近作展”，展览时间：2009年4月8日—15日）

---

① (唐)司空图：《二十四诗品·悲慨》。

② (唐)李峤：《中秋月二首·其二》。

③ (宋)张孝祥：《念奴娇·过洞庭》。

永远的风范
——怀念李苦禅先生

王明明

今年是李苦禅先生诞辰110周年，经与李燕先生协商，纪念展在北京画院美术馆举办。苦禅先生的纪念展与长期陈列的齐白石先生的作品同时展出，是一次非常有意义的艺术活动，我想二位老人家在天之灵肯定是会非常高兴的。

记得我六岁时学画，父亲带我去苦禅先生家。苦禅先生把我抱到椅子上看他作画，然后还让我看李燕先生在上美院附中时画猴的速写，说："能把猴画准了，其他都好掌握了。"他还在为我画的课徒稿上题款："我速写给明明看，为的是增他的胆量与魄力，但不以画法限其本能。"

从那时起，每年我都去给苦禅先生拜年，聆听他的教诲。他看我的书法，还查看字的背面，看看是否能力透纸背，是否用笔沉稳；他让我写《华山碑》；他教我画鸡、画鸟、画花与蔬果，如何从结构入手，整体观察，如何精炼笔墨，说到兴头时，还给我唱上几句；他送给我陶鸡与陶马，告诉我造型的夸张与概括问题。这两个陶玩具及他给我画的课徒稿我至今还珍藏着。

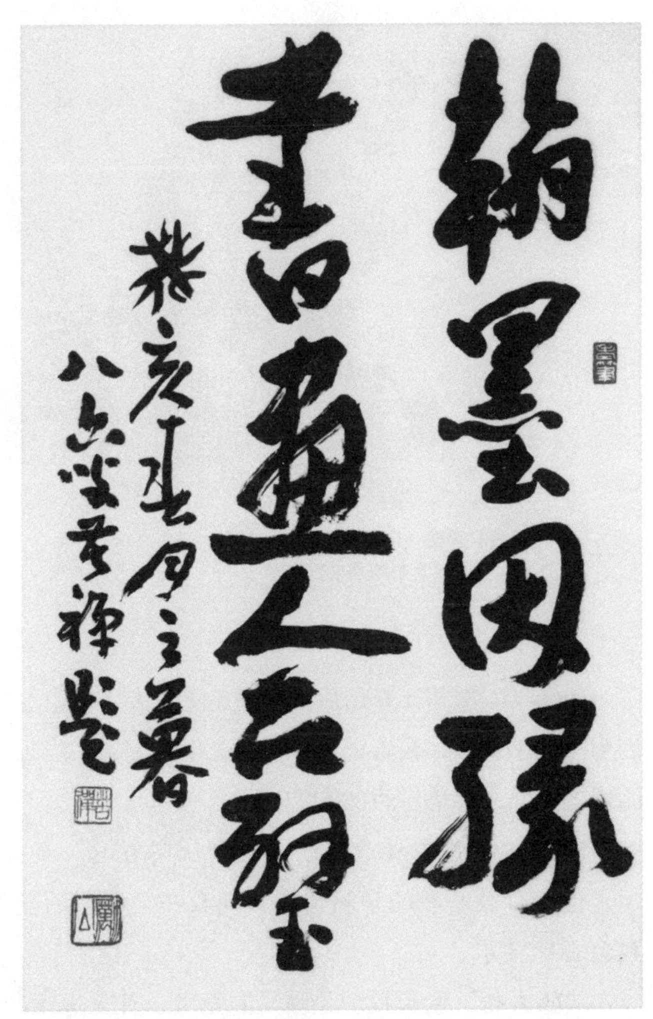

翰墨因缘　书画合璧　李苦禅
59.5×37.5cm　书法　1983年

黑白双鹰图　李苦禅
135×67cm　中国画　1981年

蓝调子白荷　李苦禅
130.5×32.2cm　中国画
20世纪20年代中后期

1966年"文革"开始后，我到美院看大字报，看到苦禅、罗工柳等几位先生在院里运煤的身躯，他们用力地干着活，我感觉到了苦禅先生的倔犟。当时我只能远远地看着，心里十分难过，心想苦禅这样的好老师怎么会是反动权威呢？

1972年，我去看望苦老，他刚从"五七"干校回来。那时他刚可以画画，他还是那样谈笑风生。他十分关心我的学习情况，问我在工厂干活能否坚持画画，我回答一直在坚持画速写，他看着我会心地笑了。

"四人帮"掀起批"黑画"的歪风，首先遭到冲击的是苦老，他顶住了各方面的压力。那时去看他，还是那样我行我素，嬉笑怒骂，表达自己对"四人帮"的强烈不满。我被他的铁骨气节所感动。

粉碎“四人帮”后，苦老的艺术焕发出了青春。他心情舒畅，尽情作画，艺术创作达到了他人生的高峰。但随之而来的是宾客的络绎不绝，我深知苦老的压力，不好多去打扰他，有时只是看望，小坐便离去。

1983年5月，我与梁长林到法国参加在巴黎举行的“中国青年美展”开幕式与艺术交流活动，意外遭遇车祸，梁长林去世。回京后不久又得知苦老去世。在追悼会上，李燕先生见到我说：“家父一直惦念着你，听说你遇险，他放心不下。”我听了十分感动，哭了很久。

在整理苦老展出的作品时，我的心情始终不能平静，往事历历在目，大师的风范犹存。常常听到人们津津乐道他的豪迈性情，豁达对待人生，对师长的敬重，对传统的继承，对前人的敬畏，对后学的培养与提携，对艺术的真诚……他的许多轶事成为人们的美谈，他的作品已经成为艺术的典范。

我经常在想：历史其实是十分无情的，它不相信一个人生前的包装与宣传、自我膨胀与不可一世。经过历史的沉浮与筛选，艺术家的作品在他身后都会自然地回归本来的面目，人们会重新审视。真正的艺术家，会经得起历史老人的考验，随着时间的推移，后人会越发觉察出他的可贵与价值，苦老就是这样的艺术家。

艺术家最可贵的地方是要有真性情，要朴实无华，要平淡无奇，是一位勤勤恳恳的劳动者，只有这样，他才会产生艺术的智慧，精神才能得到升华，作品才能臻于化境；只有具备了这样的心境和品质，他才能创作出彪炳史册的经典之作。他们是谦虚、诚恳、平实、普普通通的人，但让人高山仰止，令人敬慕！

当代的某些画家往往打着超越前人、超越时代的口号去发展中国画，却忽视了对前人的继承与借鉴。中国历史上的大家与经典作品，呈现出普遍可以学习和借鉴的艺术规律：人品、才情、灵气、学养、传统、生活、悟性、心胸等诸多因素是成功画家所具备的必要条件，缺一样也不行。我们常常注重对技法与风格的研究却忽视了成功所必备的主要因素。

社会的发展，资讯的发达，并不意味着我们比前人、古人更聪明，在艺术的创造性上并不会必然地出现一代更比一代人强的状况。因为艺术产生于内心，用心灵产生的艺术是超越时代的，是后人无法替代和超越的。如果我们认识到这一点，那么从一点一滴做起，要下比前人还大的功夫，就有可能成为时代的大家，否则无从谈起。

历代艺术大家的经典之作，需要我们反复地重温与研究，每次的收获都会是不同的，这就是滋养。国家修建博物馆、美术馆的目的，就是要人们看见艺术经典，获知艺术的坐标，让人们重温、借鉴与学习。我们自己要尊重自己的艺术经典，外国人才会予以尊重，这就是在树立我们自己的文化自信心。我看苦老在风风雨雨中，百折不挠地笑对人生，就是出于对自己民族文化的自信。我相信不断重温苦老的艺术与人生会对我们产生重要的意义。

2009年3月于潜心斋

（“超纵至诚——纪念李苦禅先生诞辰110周年作品展”，展览时间：2009年4月17日—5月10日）

大师不朽
——纪念李苦禅先生诞辰110周年

霍　达

青年时代的李苦禅

苦禅先生生于1899年1月11日，但按华夏古历，却还没有进入乙亥年，当为戊戌年11月30日，属狗。我之所以特别强调这个年份，是因为在以“戊戌变法”为标志性事件而载入史册的那一年，中华大地上诞生了一批盖世英才：周恩来、刘少奇、瞿秋白、彭德怀、田汉、老舍、李苦禅……他们在不同的领域做出了杰出的成就，对当代及后世产生了巨大影响。

我认识苦禅先生的时候，他已年逾古稀。当时正值“文革”中期，经历过抄家、批斗、住“牛棚”、下“干校”的种种磨难，劫后余生的苦禅老人回到北京，在中央美术学院的传达室负责分发报纸、接听电话。真正是“黄钟毁弃，瓦釜雷鸣”，一代国画大师竟沦为这等处境。一个星期天，我陪同我家先生王为政和他的同学吴传麟，到煤渣胡同美院宿舍去看望苦禅先生。苦老白发苍苍，穿一件棉涤混纺的灰色短袖上衣，很旧了，前胸后背都是汗迹。但简朴的装束却掩盖不了老人的气宇轩昂，谈笑自若，毫无悲苦之态，更不像某些人在失势时那样自卑自贱，因此令人肃然起敬。

那时，苦老的夫人和子女都被发配外地，他孤身在京，衣食无人照料，困难可想而知。他本不会做饭，自己炒鸡蛋时还要学着“颠勺”，结果把鸡蛋颠到火炉里去了。当他把这当作笑话讲时，我听了却笑不出来，只觉得心疼。自此，我们便常去看他，尽可能地宽慰宽慰这位孤独的老人，帮他做些家务。看到他那件汗渍斑斑的短袖上衣总也不换，我就说：“李先生，您把上衣脱下来，我给

山岳钟英　李苦禅　146×362cm　中国画　1961年

您洗洗！”他却不肯，直说：“不用，不用……”我知道，老先生要面子，讲礼节，不愿让客人动手。但我们哪算是客人？老人的子女不在跟前，理应尽一尽晚辈之责。在我的一再劝说下，老人才进里屋换了下来，这件上衣总算见了天日。以后，每隔三四天，我都去把他换洗的衣服洗干净，但仅限于外衣而已，内衣、内裤他都刻意收起来，不让外人看见。有时候，我也帮他做做饭，以“文革”时期的物质条件和我的“厨艺”水平，也就是鸡蛋炒饭而已。我至今记得第一次炒得挺好，第二次就不行了，原因是上次把他仅有的半斤油都用光了，这次只好干炒。这类往事，想起来可笑而又可叹！

我们每次到来，老人心情就极好，开怀畅谈，从天下大事到生活细节，从绘画艺术到京剧表演，信马由缰，妙趣横生。谈到兴起时，展纸援笔，挥毫泼墨，直抒胸臆。亲眼观摩苦老作画，才知道什么是大师风范，不由得想起古人评论苏东坡词时所说：“眉山苏氏一洗绮罗香泽之态，摆脱绸缪宛转之意，使人登高望远，举首高歌，而逸怀浩气，超然乎尘垢之外，于是《花间》为皂隶，而柳氏为舆台矣。”东坡开豪放一派词风，“大江东去”，千古无敌，晚唐、

李苦禅与老师齐白石

荷花翠鸟　李苦禅　99×131cm　中国画　1961年

五代艳词《花间集》和柳永的那些风花雪月之作，只配给他抬轿子、吹喇叭了。中国绘画的大写意花鸟，八大山人是一个高峰，齐白石是一个高峰，苦禅先生近承白石，远接八大，创造了又一个高峰。他的画删繁就简，大气磅礴，令观者惊心动魄。苦禅一出，充斥画坛的那些纤柔俗艳之作，皆不足观矣。绘画之道，是极讲功力的，但比功力更重要的是画家的气质。功力可以通过后天的刻苦磨炼而获得，而气质是上天赐予的，伪装不得，也模仿不来。苦禅先生豪侠旷达的气质，和他那大刀阔斧、元气淋漓的画风，浑然一体，相得益彰，连他的老师齐白石都由衷赞叹："雪个先生无此超纵，白石老人无此肝胆！""人也学吾手，英(苦禅先生名英)也夺吾心。英也过吾，英也无敌。来日若不享大名，天地间无鬼神矣！"正如白石老人所料，苦禅先生日后果成大器，享大名，在写意花鸟画史上拥有不可替代的地位。真正的大师，不是自封的，更不是靠炒作而成的，而是大浪淘沙之后留下的真金。历史无情，艺术史从来只记录大师的匠心独创，而忽略平庸之辈的嘈杂喧闹，诚所谓"会当凌绝顶，一览众山小"。

与苦禅先生交往，令我们受益匪浅。为政曾说："得苦老亲炙真传，是我学画生涯中的最大收获。从苦老那里学到的不是单纯的笔墨技巧，更重要的是境界，从作画的境界到做人的境界，苦老都是我终生的楷模。"我虽非画家，也深有同感。苦禅先生正直，率真、讲信义、重然诺、赤诚待人、心口如一。他自青年时代投师白石门下，与齐翁情同父子。白石老人早已名满天下，画作洛阳纸贵，于是仿冒者蜂起，赝品充斥坊间，当时尚为北平国立艺专学生的苦禅先生宁愿以拉黄包车维持生计，也决不肯假冒老师之名以牟利。为此，白石老人赞曰："苦禅仁弟画笔及思想将起余辈，尚不倒戈，其人品之高即可知矣！"苦禅先生与画界同行惺惺相惜，从不嫉贤妒能，李可染、许麟庐等画家均由他引见，拜齐白石为师，后皆成大器。苦禅先生追随、侍奉恩师34年如一日，直到白石老人去世。在“文革”初期的“红色恐怖”中，苦老和他的儿子李燕冒着身家性命的极大风险，把被造反派查封的白石老人画作和印章抢救出来，加以密藏，以免遭焚毁。这不仅是出于对恩师的深情和对艺术的尊重，更是自身人格的生死锤炼。苦禅先生的人生信条是“必先有人格，尔后才有画格”，他本人就是最好的范例。早在日寇侵华，民族危亡之际，他曾冒死掩护抗日志士、共产党员、爱国学生，不幸被捕入狱。受尽酷刑仍威武不屈；建国之初，他曾直言上书毛主席，坦陈中国画教学的艰难遭遇，其胆略与勇气，又有几人能为？苦老以传奇性的一生，书写了一个顶天立地的“人”字，这也正是他绘画艺术的坚实骨架。中华自古以人品、画品并重，有大人格才有大艺术。画界名流荟萃，难免文人相轻，但论及苦禅先生，则无人不称道。即使在“文革”的疯狂年代，他被强加诸多“罪名”，但在人们的心目中仍是巍然耸立的一座高山，打而不倒。

“文革”后期，苦老的夫人和子女陆续回京，他终于结束了那一段孤寂清苦的生活，重享家庭的温暖。过去的朋友、学生都来看望他，慕名求见的人也越来越多，家里经常高朋满座。苦老对于来访者，无论地位高低、名气大小，一律以礼相待，赫赫高官和普通百姓，在他那里平起平坐。凡登门请教画艺者，苦老都耐心指点，并且亲笔示范。将自己的画作慨然相赠，毫不吝惜。他秉承白石老人遗风，常在自己喜爱的学生作品上题字勉励，一片怜才之心，跃然纸上。他深知年轻人学画不易，要在茫茫艺海崭露头角更是难上加难，需要老一辈的扶持，一经名家品题，则身价十倍，这是不言自明的。以自己的光焰照亮后来人，正是为师者的至高境界。那些颤抖着双手接过苦老墨宝的青年学子，一辈子都会感念老人慈父般的仁爱之心。

在改革开放的新时期，苦禅先生焕发了艺术青春，并出任全国政协委员，他以耄耋之年，握如椽之笔，作鸿篇巨制，尽情挥洒胸中浩然之气，讴歌改革开放的开明盛世，展望中华民族伟大复兴的光辉前景。可惜病魔无情，向老人突然袭来，1983年6月11日，一颗艺术巨星陨落了！

光阴荏苒，苦老辞世已经26年了。不，当我们凝望着老人慈祥的遗像，总觉得他并没有离去，仍然活在我们的心中。他那沉雄博大的艺术，永远留在人间。

苦老的一生，作为画家，他在继承传统文化精髓并吸收外来艺术优长的基础上勇于探索，开拓进取，创造了独具个性的艺术风格；作为美术教育家，他辛勤耕耘，硕果累累，培养了一批卓有成就的后继艺术家，被公认为大写意花鸟画的一代宗师；作为一名爱国者，他以赤子之心为国家前途、民族发展而不懈奋斗，无私奉献，直至生命的最后一息。他是20世纪中国知识分子的杰出代表之一。

苦禅先生不朽！

己丑清明写于抚剑堂书屋

（“超纵至诚——纪念李苦禅先生诞辰110周年作品展”，展览时间：2009年4月17日—5月10日）

等到百年后或可留人间
——追忆苦禅

李慧文

今年是苦禅诞辰110周年，很多同志建议办展以示纪念，令我不禁回忆起苦禅的往事。

苦禅酒后上书毛主席

1942年冬，我与苦禅在济南结婚。当时苦禅不肯为日伪政权工作，仅以卖画来维持生活，太困难了！日本投降后，苦禅任国立北平艺专国画系专任教授，但收入不够维持生活，因此还得作画，开画展才行。他日夜忙着作画，有时连吃饭都顾不上，拿着馒头竟往墨盘里蘸，吃得满嘴黑还不晓得。

1942年，李苦禅与李慧文在济南结婚留影

解放初期，中国大写意花鸟画不受重视，因为美术界一些人认为“花鸟画是资产阶级欣赏的画，不能起到宣传无产阶级思想的作用”，虽然徐悲鸿院长主张开写意花鸟画的课，但因各种原因，他的主张并未施行。

1949年暑假时，苦禅被学校改为“兼职教授”，每星期在陶瓷系教学生画瓷器，共两节课，薪金以小时计算，即每月“80斤小米”。三个月后调到“120斤小米”（当时以小米价折合人民币发工资）。1950年暑假，苦禅实在忍受不了，喝悲鸿先生：

有李苦禅先生来信，自称是美术学院教授，生活困难，有求助之意。此人情况如何，应如何处理，请考虑示知为盼。顺颂教祺 李苦禅信

毛泽东

八月廿六日

毛主席致徐悲鸿信函

李苦禪北平入獄受刑

5.14　10多名日本憲兵闖入著名國畫家李苦禪在北平的家中，將他捕入獄中。

李苦禪自日軍陷北平後，一直不肯應偽校之聘，並多次資助和掩護愛國青年和來北平治病的抗日人士，故被日偽視為眼中釘。

在獄中，李苦禪慘受酷刑，但棍打、灌水、火燎、鞭抽、壓杠子、上老虎凳，死去活來地折磨，都沒能使李承認對他的任何指控。

日本憲兵無計可施，衹好將李苦禪釋放，並主動奉上50元養傷費，但為李所拒。

关于李苦禅入狱受刑的报道

醉了酒，挥笔用草书写了封长信给毛主席，述说了个人困难处境。因为苦禅曾和毛主席在“留法勤工俭学会”为同学，故苦禅在极困难的时候便想到了这位老同学。没想到，毛主席很快就派秘书田家英同志到家慰问，并带着他写给徐悲鸿院长的一封信（1950年8月26日）。这封信当天即转给徐院长，信中嘱徐悲鸿院长关照苦禅的生活。徐院长有了毛主席的支持，便在这年10月，学校每月给苦禅的工资增加到“五百斤小米”，当时名为“研究金”。苦禅给毛主席的信，主席在上面做了批示亦转给徐院长了，但在“文革”中抄徐院长家时，被造反派抄走，至今下落不明。

“苦禅写意”拍成教学片

我是1949年8月1日由徐悲鸿院长推荐到中央美术学院卫生室工作的，负责全院学生教职员工的医疗、预防、保健工作。在“文革”中，我对苦禅的同事，著名教授董希文、王式廓、叶浅予、罗工柳、邓健吾、杜建等受到冲击的人依然贯彻人道主义精神，为他们认真治病，苦禅很是赞许。在这个岗位上，我一直工作到退休，大家对我的工作给予了很好的评价，深感欣慰。

苦禅生性正直，遇强敌也不屈服。在敌伪时期，他不肯到新民会任职，暗地里却协助八路军、地下党的工作，为此，日本宪兵队抓捕了他。那天晚上，学生魏隐儒正巧在苦禅那儿学画，他和苦禅一块儿被逮捕到日本宪兵司令部，关押在沙滩原北大红楼地下室里。苦禅在那儿受尽严刑：拷打、灌辣椒水、压杠子等，但他始终宁死不屈，默诵着文天祥的《正气歌》，与敌人顽强斗争到底。当时苦禅已是社会上有名的画家、教授，日本宪兵没从苦禅口里得到什么，又没抓到实证，不便定罪，一个月以后释放了，但苦禅被打得浑身是伤。他仍以卖画之资暗中支持地下抗战。

苦禅平时心直口快，对周围的人不论是干部还是普通群众，都是心口如一，看到什么不平的事就爱发表他的观点，而且从不分场合。他一辈子从不会讲违心

的话。有些别有用心的人，为了与他“划清界限”，为了捞取“政治资本”，就对苦禅的言论添枝加叶，上纲上线，结果苦禅几乎成了历次运动中的“运动员”。经常说他“思想落后”，苦禅不服气，说“我从‘五四’到‘六三’运动那会儿就参加爱国救国，从不落后”。“文革”初期，苦禅是中央美术学院第一个受大会批斗的。但每次批斗后他都可以照样吃饭，睡觉，从不失眠，他说“不做亏心事，不怕鬼敲门”，泰然处之。他曾在一幅画上题字“人道我落后，和处亦自然，待到百年后，或可留人间”。

1972年，周总理为保护老画家，组织画家给国宾馆画画。苦禅开始给国际俱乐部、钓鱼台国宾馆、外交部、北京饭店、民族饭店等处义务作画，两年多共画了大、中、小300多幅画。谁能料到在1974年“四人帮”又搞了个“批黑画”，上纲上线，批苦禅画的“八朵荷花攻击八个样板戏”，这真是无稽之谈！“文革”结束后，苦禅怀着极大的热情为国家、为人民、为美术教育事业贡献自己的力量。他画的画成为“国礼”，邓小平同志出国对日本进行访问时，带了苦禅画的一幅题为《鸟语花香》的画，送给日本友好人士。他还为邓颖超同志出国访问画了《兰花》一幅，送给泰国领导人。1980—1982年，接下文化部的任务拍了教学片《苦禅写意》、《苦禅画鹰》，把一生的艺术技巧留给了后人，不取分文报酬。

历尽坎坷 自强不息

苦禅一生坎坷，“四人帮”垮台后，写意画亦得到重视，可惜他没享受几年，即在1983年6月11日的凌晨逝世了！对他的去世，党和政府非常重视。他的追悼会在全国政协大厅举行，由赵朴初同志主持。多位国家领导人到场，文化部副部长周巍峙在悼词中高度评价了苦禅历尽坎坷，自强不息的一生，他说：“苦禅先生和我们永别了，他的逝世是中国美术界的重大损失，他那妙得天籁，意志纵横的大量作品，将永远保存在中国人民的艺术宝库之中，他忠于祖国，忠于事业，热情爽朗，心口如一的高尚品格，将永远活在我们的心里。”

铁骨铮铮的李苦禅

苦禅去世之后的26年中，他的事业没有结束。作为家属、子女和他的学生们，在弘扬苦禅的精神、苦禅的艺术方面做了大量的工作。济南万竹园李苦禅纪念馆已建立了23年，我们捐献的苦禅作品、藏品和遗物400多件长期在纪念馆展出。现在那里已成为党和国家领导人、外国友人、广大群众参观瞻仰的重要场馆，被列为爱国主义教育基地。苦禅的家乡山东高唐于2006年建成了李苦禅艺术馆，我们又捐献出了130件他与当代名家的作品，苦禅的学生们也纷纷拿出自己的杰作来丰富馆藏。去年高唐又成立了李苦禅艺术研究会。为纪念李苦禅诞辰110周年，自去年年尾至今，先后在嘉峪关、沈阳鲁迅美术学院、杭州等地举办了他的生平图片与作品的巡展。今年4月17日由王明明主持，在北京画院的大力支持下，将再次举办苦禅的展览，以此来追忆他，纪念他。作为已经90岁高龄的我来说，很是感动！借此拙文发表的机会，向大家表示感谢！我想苦禅的在天之灵一定会得到极大的慰藉！

（“超纵至诚——纪念李苦禅先生诞辰110周年作品展”，展览时间：2009年4月17日—5月10日）

背景与本色
——写在孙向阳、莫大风、姜建忠、张利、李晓刚、何大桥、匡剑油画展之前

吴洪亮

金秋　孙向阳　90×100cm　油画　1989年

1979年，没能给很多立志成为艺术家的人提供太多大学深造的机会。当年北京的中央美院、东北的鲁艺和杭州的浙江美院（今天的中国美术学院）都未招油画系学生。别无选择，想进大学画油画的唯一机会，就是报考军艺（中国人民解放军艺术学院）。 历史的偶然使一批年轻人成为了穿上军装的画者。一身军绿、解放帽、红领章、红帽徽以及背后的绿色画夹子，应该是30年前北京魏公村的一道风景。 而那一年，正值对越自卫反击战，军人成为最受关注的群体。因此，他们当时是否会有很强的自豪感，今天我们不得而知。但这批人从数千报考者中被选择，聚在一处，同窗数载，使其拥有了一个共同的军人背景。他们除同学之外还多了一层关系，他们还是战友。

人们常说“军人本色”，强调的是军人所具有的一种坚定信念，既有个体的魅力，也有团队的精神。经过四年的专业训练，1982年毕业之后，他们有的留校任教，有的远走他国求学，有的干过舞美、做广告、拍电影，但艺术始终是他们热情的核心。30年后，当其中的七位聚在一处，将他们的作品铺陈开时，从画面中我们依然能够找到许多共同之处。严谨、扎实的写实能力，一致的审美情趣，画面的讲究以及沉稳，形成了在不同表现手法下的共同状态。有趣的是在筹备展览时，得到了一个名为“本·色画廊”的支持，而“本色”二字恰合几位的气质，展览的名字索性就叫“本·色2009”了，的确是巧而有味。这时的“本色”两个字不仅可以呈现七位画者的风貌，更可以分开考虑：本是来源、本体、根基；色是色彩、状态，甚至是态度。这几位可以说本与色相一致，30年求

穿过五月　莫大风
70×140cm　油画　2009年

索如一，仅这一点就应属军人本色吧。

共同的背景给我们讨论这批艺术家的作品提供了可言说的线索。他们都出生于20世纪五六十年代，学画的过程恰恰经历了从文革到20世纪80年代改革开放，这是新中国思想解放的一个重要变革期。严谨的学院教育，使他们对艺术的方向性选择与理解在这个阶段已基本形成，具象成为这几位共同的追求。虽然“85美术新潮”之后，中国的艺术进入多种形式相继浮出水面的涌动期，甚至绘画这件事本身的价值也受到了极大的质疑。艺术家还需要画画吗？画画对艺术家意味着什么？很多人急于用各种方式回答这个问题，丰富得甚至有些混乱。当然，也有始终如一，恪守着绘画的语言，在具象油画的框架内进行探索，理性伴随着执拗画到了21世纪的第一个十年，这是七位艺术家的共同之处。

视　李晓刚
162×130cm　油画　2006年

谈到此处，记起几年前在中国美术馆举行的李可染展览上看到的一幅字，上书“实者慧”。当读到这三字时，眼中竟有些湿润，一位大师在用一生悟一个道理：何为智慧，实者也。这三个字使我想通了李可染的画为什么从早年的帅气洒脱，转而沉稳一派，并称和齐白石只学得一个“慢”字。悟道是一个慢而需坚持探索与凝结的过程。一件被称为“艺术”的东西，应该是被浓缩的精华。一位艺术家一生的感受，大海一样的胸怀，可能最终就化为一瓢，融于方寸之间。很多艺术作品被欣赏、被留传的原因，也就在于此吧。而今天的很多东西，恰恰相反。将一瓢东西放大做了一屋子，甚至一条街，试图吓唬人吗？因此，让我们更体会到“慢”的价值。提到此事，只是想说，这七位艺术家一路走来，可谓“实者”，拥有了成为“慧者”的前提。如果要成为“慧者”，就看他们谁能从具象绘画的“沼泽”中“打”出一条新路来。然而，新路在何方呢？具象绘画从欧洲文艺复兴进入成熟期绵延至今，多少大师为其倾尽终生，留给后人还有多少空间，因为新路是需要空间的。因此，有人才会

巴塘汉子　张利　120x100cm　油画　2005年

提出20世纪是艺术走出画布的过程，那么21世纪是否会让一部分人走回画布？那些一直坚守在画布前的人，我们将给予怎样的评价呢？是否应该给那些平静地表达，认真地呈现，带给我们一个能让你安安静静、慢慢读完作品的创作者一些褒许呢？虽然在今天我们感到他们的创作依然在路途之中，但这并不妨碍我们来品读他们的价值。

这几位的作品如果一定要用文字描述一下的话，仿佛必须要用一些稍许浪漫的语言才行。孙向阳那渗透着如夕阳牧歌般金色的画面混合着泥土的芬芳呈于观者面前。莫大凤着力于物象的每一个细节与空气透明度的关系，锐度极高地逼近你的视网膜。姜建忠作品造型的轻松与帅气，似在画布吹过的海风。张利笔下少数民族人物的肖像，使我们能看到一种静穆中的尊严。李晓刚的人体舒展、静谧，于细微间强化出呼吸的韵律。何大桥则在空间中营造出一段真实的梦境。匡剑那娴熟的笔触足以扑捉一瞬间少女的动人之处。

这些轻中有重，完整保留着学院基因的作品，使其拥有了一种内在的力量，体现了画者本身的严谨与绘画的“难度”。（近日，每每说到艺术时，从不同人口中都听到这个词——难度。）艺术能通过形而下的方式凝固形而上的东西，一定因为它拥有些许特殊的方式来支撑。而“本·色2009”中所展出的作品，足以体现出有“难度”的作品本身应具有的优雅、讲究与力量。我想这应该只是他们艺术长途中的一个驿站，是否能升华为摄人心魄的感动，虽不能肯定，但至少可以让观者细细品赏、体会他们艺术的本色。

2009年5月6日于山西大同

（“本·色2009——孙向阳、莫大凤、姜建忠、张利、李晓刚、何大桥、匡剑油画展”，
展览时间：2009年5月20日—29日）

令人感佩的义举

王明明

20世纪80年代初期，我有幸获得难得的机会到法国、美国等欧美国家考察西方的艺术。在多个国家的美术馆、博物馆的参观中，我流连其中大量的优秀艺术名作。对于一个刚走出国门的青年来说，这样的集中观览使我眼界大开。我感叹西方系统、完备的美术馆作品陈列，使我很方便地就能欣赏到西方的艺术经典。感叹的同时，自然就想到我们自己的美术馆。中国有非常深厚的文化传统，历史上的包括近现代以来的经典艺术作品灿若星辰。然而，我们缺乏像西方那样健全的系统陈列，这使我们常常只能通过印刷的书籍，而不是原作来感知中国艺术的精深，这总有点隔靴搔痒的感觉，不过瘾，由此总觉得有不少遗憾，甚至无奈、心酸、困惑……我们什么时候也能有自己的大量经典作品的长期陈列呢？

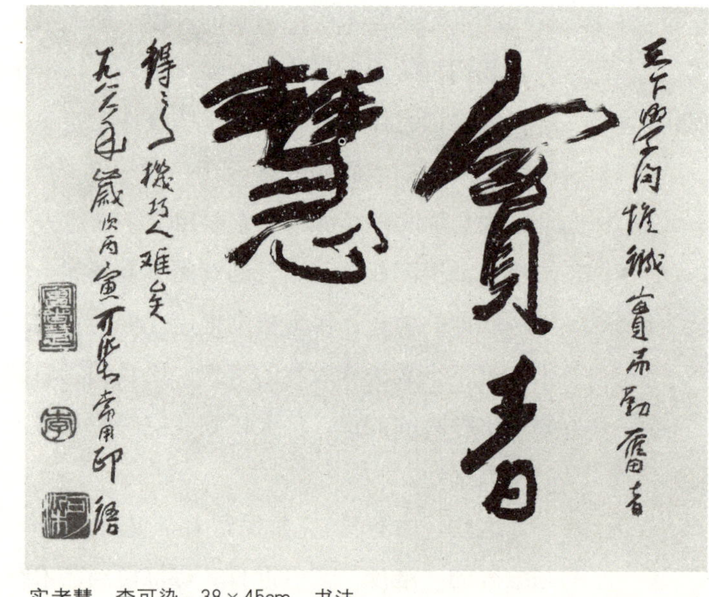

实者慧　李可染　38×45cm　书法

2005年9月，北京画院美术馆建成，同时建成了齐白石纪念馆。在齐白石纪念馆开幕的前一天，我来到齐白石墓地，把提前打印好的红纸贴在齐白石的墓碑上。我想告诉白石老人，他多年来想建一个自己的纪念馆的愿望今天终于实现了。这时，天上忽然开始掉下雨滴，我仰望天空，似乎感到这是白石老人在天英灵的显应——他知道了这个消息，挥洒下高兴的泪滴。

从几年前开始，邹佩珠先生就几次跟我谈到要把李可染先生的作品捐赠给国家。在得知我正在筹建北京美术馆时，便和我共同商议在将来的北京美术馆内，建立李可染的艺术专馆，与齐白石、徐悲鸿专馆并列，成为北京美术馆的基本陈列架构和镇馆之宝。我十分钦佩邹佩珠先生的义举。邹先生捐赠的这批李可染作品能完全反映李可染的艺术发展历程和取得的杰出艺术成就。可以设想，后人通过这批作品将获得学习上的宝贵机会，并进而学习李可染先生对于艺术永无止境的而又朴素赤诚的求索、创造精神和高尚的思想情操。我想，邹佩珠先生的这个义举，以及齐白石的家属、徐悲鸿夫人廖静文先生的义举等，一定会对中国现代文化艺术的发展产生巨大的影响。

一个艺术大师的作品能够在美术馆、博物馆中长期陈列，让更多的社会公众获得欣赏、学习的机会，这实际上就是对文化的一种传承。当今，中国的美术馆普遍缺乏的就是艺术作品的长期陈列，特别是经典作品、大师作品。由于缺少长期陈列，人们就不容易了解、欣赏、学习到最优秀的艺术创作；也就难以直观地感知历史和时代的艺术高峰，因而难以自觉地构建起艺术历史发展的框架和时代的艺术坐标，以及借此增强和提高审美的欣赏力和辨别力；更不容易让世界人民甚至我们自己更深入地直观感受到中国文化艺术的独特魅力。美术馆要想长期陈列艺术作品，前提当然是要有艺术作品，这就需要社会对美术馆的大力支持。在中国市场经济深入发展的今天，邹佩珠先生的义举愈发显示出非常重要的意义。更为重要的是，通过这个义举，我感受到了她对社会所担负的一种责任感和拳拳赤诚之心。而对于美术馆来说，如何做好这些优秀的经典作品的陈列，以及如何对此开展深入的研究，将是对美术馆工作效能和水平的一个考验。目前，向美术馆捐赠的艺术作品不少，但美术馆长期陈列的场地少，研究成果少，馆际交流少，一时还不能充分起到传播、宣传和研究的重要作用，这是很令人感到遗憾的。

我相信，随着捐赠李可染作品工作的进行，以及更多大师的作品的捐赠，会给美术馆的各项工作带来强劲的推动力。大师们的经典作品经由美术馆的广泛传播和深入研究，一定会极大地增强我们对继承和发展自己民族文化的自信心。我相信，这也正是邹佩珠先生义举的初衷和可染先生的心愿之所在。

黄山烟霞　李可染
83.2×49.2cm　中国画　1963年

2009年5月15日

（“实者慧——邹佩珠、李小可、李珠、李庚捐赠李可染作品展”，展览时间：2009年6月1日—17日）

一钩新月天如水

吴洪亮

在一个缺少“诗情”的时代，“画意”是否存在？中国画中的“逸”与“意”是否如DNA，依然存留在今天的作品中？中国画的骨髓是否还在牵动绘画的神经，驱动艺术的发展？问题很重，答案也许很轻，仅在薄薄的一张纸上。

两年前，有一位民俗学家出于好心提醒我们要将“中国画”尽早申请为世界文化遗产。为此，我甚至和同事认真研究了申遗的具体程序及方式方法，按要求写了一份申请，但那个提案至今还躺在我的抽屉里。因为从心底里我真切地希望中国画的今天以及未来应该是鲜活的，能够吸收新的能量，拥有发展的空间。她不应该这么快就走入历史的范畴，成为我们纪念与保护的门类。

如何使其持续地拥有活力？方法应该很多，今天的艺术是否应将血管重新植入我们绵延千载的绘画传统，寻回些精华补充自己。要做到这一点，也许的确需要一个修的过程，并在传承中渐进式地自我完善，不急不躁，降一降今天的火气，甚至现出一点古诗中疏离的凉意。

七月盛夏，姚大伍、买鸿钧、彭薇、王冠军四位画家就将举办一个颇有“凉意”的展览，名为“纸上新月”。这个题目不大，我理解却有几层意思：首先，他们的创作在“纸上”，这说明四位依然钟情于笔与墨在宣纸上的呈现（哪怕已有作品走出二维的空间）。说到“新月”，让你不觉想到一串20世纪初诗人的名字，从泰戈尔到闻一多、徐志摩。尤其是“新月诗派”更强调

故园深处　姚大伍
190×68cm　中国画　2006年

武当览胜图　买鸿钧　177×177cm　中国画　2009年

格律在新诗中的运用，传统的格律或许是脚镣，而闻一多认为带着脚镣舞蹈的诗歌更有味道。用在此处，除有明显的借喻之外，的确还有一层自谦的味道。他们自比新月，新月非满月，还有很多生发的余地。自比月光，仿佛在说明自己作品的光彩只是中国绘画光芒的折射？“纸上新月”虽只四字，却充溢了中国人特有的含蓄、谦逊与优雅。

这四位很巧，两位60后，两位70后，而在创作状态上的确也有很大差异。姚大伍、买鸿钧，两位60后的画家更关心在传统的框架内（无论是题材还是表现方法）丰富与完善。而70后的彭薇、王冠军更关心运用传统的手段寻找新的可能。虽然时代不是判定艺术差异的标准，但在他们身上却表现得十分明显。当然我更不想说画如其人，但这四位的确如此，十分的本色。

姚大伍是四位中的大哥，面色黑红，声音浑厚，给人的感觉是稳，好亲近。他的工笔花鸟不细碎、不小气，颇有古意。在气圆韵整之外，点题的鸟儿活泼十足，打破了工笔花鸟画动物时常现出的呆板、桎梏之气，当动则动，当静则静，可见在此处是下了功夫的。值得一提的是他笔下的竹子，叶尖微枯略

新瑞鹤图　彭薇　85×155cm　中国画　2008年

黄，既与稍泛茶色的背景相呼应，又托出了前景三两鸟雀的鲜丽，的确是大伍的独门绝技。用自然色彩求古朴，用坚实的写实能力求活趣，是其可贵之处。

买鸿钧颇有几分洒脱。我们在去山西考察时同行，他一路吟唱国剧不疲，一举手一投足，带出舞台气韵。他虽个头不高，无时不张扬出潇洒之气。买鸿钧寄情北国山水，画存野逸，笔老而不死，能求文人意趣。求“散”，求“松”，是他作品给我的印象。他在被前人玩“烂”的笔墨中求得新意，徜徉其中，每日不辍，乐此不疲。

70后，就是和60后不一样，提到彭薇和王冠军的作品的确能感到几分fashion的状态，但他们之间又大不相同。传统之于他们，更像牵住风筝的那一丝长线，风筝也许已飞得很远，而那条线还在。因为魂在，所以他们画的还是很中国。

彭薇作品中透露出的是蜀国女子的聪慧，重在一个巧字。将纸空间化，将画装置化，将传统时尚化，将后现代中国化。作品漂亮里含着中国画的雅气，细腻中呈现出思维的厚度。她没有回避也没有彰显“女性”的概念，一块石头，一位仕女，一只小虫，只是自然的流露。而且她很知道自己在做什么，理性地选择，清晰地呈现。她知道作品背负的重量 ，但没有给人费劲的痕迹，这就是彭薇了。

第一次见到王冠军的作品，应在中央美院的毕业展上，当时就留下了深刻的印象。不是别的，工笔画美女常见，古来有之，画美男者到如此状态，王冠军可谓第一人。而题材只是他作品的一方面，核心的问题是他有效地将传统的技法与今天应被视为“偶像式少年”的生活自然地链接。而没有今天的很多工笔人物所现出的古人穿新装的尴尬。并且，他反反复复地在将“流星花园”式的时尚形象严肃化、经典化，使观者不仅不能轻视，还须认真观看，体会此中滋味，这就是王冠军笔底生花的力量。

说来说去这四位画家，可谓四个状态，四种语言，然而异中有同，同在对中国画的探求中聚到一处，进了北京画院的门。而我与这四位画家几乎前后脚走入画院，仿佛还未真正熟识而三载已过。老辈儿常说：“三岁看大”，此时做这样的一个展览，意义不仅在于回望过往的创作，展示收获的果实，更

经典情怀系列二（几度夕阳红）王冠军
65×65cm　中国画　2005年

在于“看大”，通过作品让自己以及大家看一看未来还有多少变数与拓展的可能。蒙四位所托，我有幸在展前写上几句感受，仅当助阵吧。

展览无论多长，都只是一瞬，重要的是这场艺术的雅集能留下些什么？丰子恺有幅名作，仅画窗前一道卷起的芦帘，桌上一把壶、几只茶杯，天上挂一钩新月。画侧题一句古词“人散后,一钩新月天如水”。丰老此图没画聚而画了散，寥寥几笔不仅绘出了淡泊、清凉月色下的景致更道出了相聚者无尽的情怀。真心希望此展如此画，“纸上新月”画意无垠。

（“纸上新月——王冠军、彭薇、买鸿钧、姚大伍绘画作品展”，展览时间：2009年7月31日—8月8日）

重温经典　感悟自然

王明明

第一次见到吴作人先生是在我9岁那年，当时我的一些儿童画开始在国内外展出，父亲特意领我去向吴先生请教。我们来到古观象台附近一个四合院，吴先生亲自出来迎接我们。他的院子很大，养了几只鸽子，我年纪尚小，听不太懂大人们的谈话，就在院子里和鸽子玩。但我还记得父亲和吴先生、萧先生谈到了关于培养孩子的问题。他在看了我所画的儿童画后，谈到在儿童阶段最重要的是培养孩子对绘画的兴趣，一般在十四五岁时兴趣会发生变化，培养不好就会使孩子丧失对绘画的兴趣。儿童时期画得越好，画得越熟练，他的负担越重，在十四五岁转型时有可能反而对绘画不感兴趣。吴先生关于儿童画家的论断在我自己后来的发展历程中得到了印证，在我年幼的心灵中留下了深刻的印象。吴先生当时还谈到写生的问题，认为这可以使孩子和自然界接触，锻炼他们的观察能力。第二次去拜访吴先生时，他

母与子　吴作人
48.5×34cm　中国画　1963年

寥廓　吴作人
50×70cm　中国画　1978年

护卫（青岛） 吴作人 40×53cm 油画 1957年

知道我的弟弟、妹妹也喜欢画画，便特意画了一幅熊猫送给我们。此后，我几乎每年都会去看望吴先生，他最强调的是锻炼对自然的观察能力和写生能力，我一直按照吴先生的观点和方法去做，这使我受益终生。

去年我和北京画院的画家一起到河南写生，晚间召开了几次研讨会，大家就写生、观察自然、写生与创作的关系进行了非常热烈的讨论。当时我就萌发了通过20世纪中国几个大家的写生和创作去研究他们的写生与创作的关系，从中摸索出一些规律性的东西，为今天的画家提供一些借鉴。《造化天工——吴作人写生作品展》是我策划的第一个写生展。

为什么在当下要重新提倡写生呢？因为很多画家现在都不写生了。现代科技的发展使我们拥有了非常先进的摄影器材，很多画家都是随身带着数码相机很快把需要的素材捕捉回来，在舒适的画室里“闭门”创作，大家都乐在其中。但是我总感觉我们现在的创作中缺少了什么东西，缺少了意境，缺少了个人主观的、心灵的东西，只是一味地模仿自然，或者强调技法对自然的写实表现，但往往缺少对自然的深入理解。中国古代画家虽然没有西方的写实方法，但是他们提倡迁想妙得、以形写神，他们在自然中畅游，“望秋云、神飞扬，临春风，思浩荡”。他们虽不对景写生，但在对自然的观察过程中，在心中激发出强烈的情感，通过心记、默写和理解，最终将自然山川化为自己心灵的映象诉诸笔端，传“山水之神”，也就是传自然之神，传画家之神。山水画的精神成为人格美的象征，正如石涛所言：“搜尽奇峰打草稿，山川与予神遇而迹化。”

吴先生这一代在建国前留学欧洲回来的画家，以西画的观察方法，通过写生去解决物象结构的问题，从中找出自己对于事物特殊的理解和情感，并有目的地解决创作中遇到的问题。吴先生的写生与创作紧密地结合起来，有的放矢，从生活与自然的写生中去发现自己擅长和自己观察到的东西，再通过油画和水墨的表现变成自己的语言和题材，他的写生作品虽只有寥寥几笔，但都是用心去画的。今天，再来重温这些作品，仍会感动你。因为他是带着情感、带着问题去画的。我们今天用照相机收集素材进行创作其实就缺少了这样的体验过程。现在的画家还有另一种倾向，即为写生而写生，在写生中按照自己固有的方式，没有取舍，缺乏激情与情感，这样的写生也是不会打动人的。现在很多美术学院把课堂作业变成一种创作，这也是一种误区。吴先生的习作就是习作，虽然带有很多不完整性，但也带有很多研究性的问题，里面充满了激情。我们研究美术大家的成长过程，研究他们的写生和创作的关系，实际上是要研究创作和写生中的一些规律性的东西，从中找出很多我们目前缺失的东西，这不仅仅是技法的层面，更多的是精神的追求。

吴先生的可贵之处还在于他不是直接用西方的技法来改造中国画，他把西方的写生方法最恰到好处地运用到中国画的创作中。在他的中国画中，看不出中西绘画的对立与矛盾，两者非常自然地融化到一起。通过系统的西方绘画训练，他具有解决结构的能力，同时他又有传统中国画家心记的观察能力和默写的能力，中西转换得非常好，没有偏废到某一方面去。他具有非常全面的修养，这为创作的提高奠定了坚实的基础。他以中国画表现的动物都非常简练，既得形似，更追求神似，他那种因修养而具有的文雅气质是别人很难达到的。

吴先生为我们留下了丰富的艺术遗产，我们要研究他的艺术的规律，并为当下的艺术创作提供借鉴，这也是我们策划20世纪美术大家和“造化天工——吴作人写生作品展”的目的所在。

2009年7月16日

（“造化天工——吴作人写生作品展”，展览时间：2009年8月10日—9月6日）

为新中国增添了灿烂光辉

邵大箴

油画艺术在20世纪开始在中国普遍流行之后，便从“技巧”和“精神”两个层面吸引着中国艺术家们的注意——它的写实技巧和它体现的人文内容。写实技巧之所以受到中国人的关注，是因为自文人画成为中国绘画主流之后，人物画的写实水平逐渐下降，导致绘画反映现实的能力减弱。人们希望用西画的造型经验，弥补文人画之不足，以激活中国画坛。人文精神之所以引起中国画家的重视，因为在社会的大变动中，艺术承担的开发群众心智、激发群众参与社会变革的功能越来越被人们所看重，画家们也由此增加了社会责任感和职业成就感，他们希望用自己的绘画作品推动社会进步，而不再满足绘画仅仅是自娱与消遣的工具。油画家从事创作需要较为安定的社会环境和相应的物质条件，这对20世纪上半期处于战乱的中国艺术家来说，几乎是一种奢望，不过穷困与战争灾难也给艺术家们以许多难得的人生体验，促使他们思考现实问题，激励他们克服困难，在艺术上发挥自己的才智。

哈萨克牧羊女　董希文
160×127cm　油画　1948年

出生于1914年、在30年代下半期崭露头角的董希文就是在这样困难的条件下一步步走出来，

开国大典　董希文　230×400cm　油画　1954年

在中国画坛确立自己位置的。他虽出生在有传统文化情结的家庭，自幼受到书画的熏陶，对美术产生浓厚兴趣，但也是几经周折才走上学艺之路的。他的艺术成长条件不如同时代一些画家那样优越，除了在苏州美专、国立杭州艺专和短期在越南河内法国专科美术学校学习外，他没有机会到油画的故乡欧洲去研习。但是由于天资过人，且勤奋好学，他在学生时代便打下了坚实的素描和色彩基础，掌握了牢固的造型基本功。颜文樑先生创办的苏州美专重视人体素描造型的基础训练，使董希文终身受益；而在国立杭州艺专的深造，受教于林风眠、潘天寿、李超士和方干民等名师，则使他视野大为开阔。这时，他紧紧抓住两个关节，以提高自己的艺术水平：写生与研究欧洲油画艺术经典和中国绘画遗产，以提高自己的修养。常书鸿在重庆美术学院展出的敦煌临摹壁画，唤起他心中埋藏已久的研究中国古代壁画的热情。1943年，他不畏艰辛，毅然决然地和自己新婚的妻子张林英到敦煌去研究民族传统绘画。历时两年半时间对敦煌壁画的认真观摩和细心临摹，加深了他对民族绘画的理解，增强了他探索油画民族化的信心与决心。应该说，这是董希文艺术生涯的转折点。他逐渐体会到绘画创作表现人文内容的重要性，逐渐领悟到绘画创作必须体现时代精神、反映民族感情和审美趣味这个道理。看看他早期的绘画创作：1939年的水粉画《云南收豆图》，1940—1942年的版画《最后的家当》、《佃户密议》、《讨债》、《逃亡者》，1942年的油画《苗女赶场》、1944年的《云南驮马夫的生活》等，都是反映劳动大众生活状况，富有现实主义精神的作品。40年代下半期的油画作品《瀚海》、《窗前静物》、《戈壁驼影》之所以受到徐悲鸿的好评，是因为创作它们的灵感来自现实生活，有强烈的生活气息，并有相当高的艺术技巧。

董希文油画艺术的过人之处，在于他善于广采博取，吸收各家之长，创立自己独立的风格面貌。他研究文艺复兴以来欧洲古典写实艺术，而对印象派之后欧洲新流派的艺术探索更为关注，这与他在国立杭州艺专受到的教育有关，也与他受民族传统绘画滋养形成的审美趣味有密切联系。因为印象派及其之后流派追求的表现性、象征性和抽象性与包括敦煌壁画在内的中国传统绘画的写意性和诗意特征，在艺术原理上有相通之处。董希文在1948年创作的油画《哈萨克牧羊女》明显地受到敦煌壁画和印象派之后欧洲现代画派的影响，对线与色彩组合的形式美感的重视，高于对人物形象塑造的关注。这是重形式意味的绘画，反映了当时董希文的艺术追求，说明他从中国古代壁画与欧洲早期现代绘画中，体悟到它们重视表现意趣的审美特色，产生了创建新画风的志向。

追求形式美感，把形式意味的表现放在题材内容之上……这对艺术家来说是迷人的探索过程。在《哈萨克牧羊女》这件作品中，也流露出董希文的创作激情。可是，董希文没有沿着《哈萨克牧羊女》艺术方向继续往前走，中国社会的巨大变革扭转了他的艺术方向。正如林风眠先生论述过的，世界上有为艺术的艺术和有为人生的艺术。前者侧重于给人们提供艺术的形式美感，而后者则偏重于予人以人生的启迪与教育。在社会发生巨大变动的历史时期，人们更需要为人生的艺术，偏重于形式美感的艺术必然会受到一定的抑制。而这种抑制在艺术家那里可能表现为“被迫”与“自觉”两种形式。对董希文来说，他自觉地抑制自己走为艺术而艺术的道路。因为他的经历和受到的教育，使他决定用为群众容易接受的通晓明快的艺术形式，为新中国的诞生而欢呼、歌唱。在这一艺术方向的转换中，再一次显示了这位艺术家的高明之处——他不是降低写实艺术语言的表现力去迎合大众的审美水平，而是将自己对形式美感的研究成果用于写实艺术的创造，赋予写实艺术以表现力和艺术感染力。这样说来，董希文在《哈萨克牧羊女》中研究形式美感的体会，成为他积累的资源，被他吸收到以后的艺术创作中。

百万雄师下江南　董希文　200×466cm　油画　1961年

董希文热情地迎接了北平的解放和新中国的诞生。新中国成立后，董希文心情十分舒畅地投入当时北平艺专(1950年更名中央美术学院)的教学工作与社会活动中。他受到院长徐悲鸿先生的器重自不用说，来自延安解放区担任学院实际领导职务的江丰先生等人亦十分看重董希文的绘画才能，不仅对他礼遇有加，且委托以创作重任。1952年，他完成了《开国大典》的创作任务。《开国大典》的成功之处在于他用恰当的绘画语言表现了这一重大的历史事件，反映了“中国人民从此站起来了”的气派。毛泽东主席在欣赏这幅作品时发出“是大国，是中国”这样的感慨并非偶然，而是被画中传达的非凡气象所感染。毛泽东说的另一句话也道出了这幅画成功的秘诀：“我们的画拿到国际间去，别人是比不过我们的，因为我们有独特的民族形式。”

外来油画如何具有独特的民族形式，这是20世纪以来中国艺术家们一直在孜孜不倦探索的课题。而对这个问题思考最多、研究最深入、取得成果最卓越的当推董希文。从某种意义上说，《开国大典》是一件反映他思考与研究成果的代表作。他自己说："在《开国大典》的绘画语言上，有意大利文艺复兴时期拉斐尔的一些画法，以及中国古代工笔画的画法。"他说，他追求的是"严肃单纯的风格"，追求画面的"单纯、明朗而有力量"。《开国大典》的构思是平中求奇，说平是它的构图平实，似乎是这个真实事件中心部分的剪辑；说奇是它象征性地展示了新中国崛起的风采和它的雄伟气势。董希文通过艰苦的探索，完满地解决了在平面性的单纯中保持人物形体厚重和油画特色的难题。

在技巧上，油画获得民族气派或民族色彩的途径是多种多样的，可以分别从文人画、工笔重彩画、汉唐壁画、民间绘画中提取资源，取得各自不同的效果。《开国大典》在绘画技巧上所取得的成功固然令人赞叹，但人们更为佩服的是，这幅画出色地体现了雅俗共赏的文化品格。这种绘画语言为群众喜闻乐见，又能登艺术大雅之堂。它给当代中国画家以很大的启发：我们有气魄和胆识引进外来的油画，我们同样有气魄和胆识在油画创造中融进我们民族的智慧和表达方式，使广大的群众乐于欣赏。

50年代和60年代初，是董希文绘画创作的盛期，虽然在此期间他也经受政治运动干扰产生了不少苦恼，但由于有抒发内心对革命历史和现实赞美之情的愿望，在深入生活搜集素材和写生的基础上，他的艺术构思如潮水般地涌来，不断呈现自己的新作，代表作有《祁连山的早晨》（1953）、《春到西藏》(1954)、《红军过草地》(1957)、《红军不怕远征难》(1957)、《百万雄师下江南》(1961)等。在这些反映历史与现实生活的作品中，都十分注意艺术语言的提炼，重视画面单纯的整体效果，注意油画的色彩与肌理美，融书写性与塑造性于一体，在绘画形式中注入音乐的韵律美，归纳为一句话——他的画重情。他在充分搜集素材的基础上，激情满怀地涂抹、书写、塑造，情景交融。正如他自己所说："把纯理性的东西变成感性的抒发，像唱歌一样流出来……达到以情作画的境界。"在50—60年代，艺术过多受政治意识形态影响的情况下，董希文如此强调真实感情的表现，是十分难能可贵的。董希文所探索、所追求的，正是当时困扰中国艺术家们和阻碍中国艺术前进的课题。董希文是当时中国油画界的一面旗帜，他具有前瞻性的艺术，给普遍重视表现社会内容和强调题材重要性的中国艺术家们以深切的提示与教育——重视生活体验，提高全面的艺术修养，注意形式规律研究，而最重要的是表现自己的真实感情，画，要以情动人。唯有这样，艺术的时代性、民族气派才不至于落空。

如果没有频繁的政治运动和文化大革命对董希文的迫害，这位才艺卓绝的艺术家肯定还会给人们奉献更多的杰作。

董希文的名字将永载美术史册，他的艺术创造为新中国增添了永不磨灭的灿烂光辉。

（"国风境界——纪念董希文诞辰九十五周年写生作品展"，展览时间：2009年9月8日—28日）

“我的心总是向往着未来”
——工艺美术的先行者庞薰琹

吴洪亮　王亚楠

在我们的前面，
还有无数阻路的沟渠，
阻碍着我们前去。
必要的时候，把自己的身躯，
去填塞那些沟渠，
让后来的人踏着我们的身体，
迅速的向前奔去。①
——庞薰琹

1929年摄于巴黎

庞薰琹，1906年生于江南名镇——常熟，这个位于阳澄湖畔，因年年丰收而得名的城市，依虞山而建，景色秀雅，且名人辈出。从孔子门生言偃、元四家之首的黄公望、清代“四王”中的王石谷，到清末帝师翁同和、写过《孽海花》的曾朴……“不胜枚举”四字用于此，可谓恰如其分。常熟古时又名琴川，因七条由西而东的河流形似古琴而得名，这里恰恰也是“虞山琴派”的发祥地。明代诗人吴纳有诗：“虞山枕山麓，七水流如弦。”生于琴川、熏染于书香门第的庞薰琴，由祖父引经据典起了这样一个极具中国之美的名字。（有人以为焚香抚琴者必是小姐，误把“薰琴”当成女性的名字。为了避免误会，年岁稍长，他便改用琴的异体字——琹，从此以后，一直以庞薰琹为姓名）

① 庞薰琹：《就是这样走过来的》，第140页，生活·读书·新知三联书店2005年版。

“从童年以至长成，庞薰琹和所有的青年一样，做过许多天真神奇的梦。他那沉默的性情、幻想的风趣，使他一天天的远离现实。就像他在震旦大学念书时，学的是医，实际却在做梦。一天，他忽然想到欧洲去，于是他就离开了战云迷漫的中国，跨入繁生杂色的西方。”①傅雷为庞薰琹在上海的第一次个展写下了这样的话。

“如此巴黎”

16000多海里，庞薰琹在法国邮船“波尔加”号的三等船舱度过了36个日子，从此等待他的便是另一个世界：破旧的簇新的建筑、杂色的人种、塞纳河畔的旧书铺、Halle市政厅、咖啡店、音乐会、舞女、沙龙……一切新的，旧的，美的，丑的，看的，听的，交织着古文化的遗迹与新文明的气焰，在他脑中旋风似的打转。而他穿着黑丝绒的上衣，帽子斜在半边，双手藏在裤袋里，一天到晚，在巴黎的咖啡厅、画室、街道游荡。的确，那时的巴黎是艺术家的乐园，毕加索（Picasso）、布拉克（Braque）、毕卡比亚（Picabia）、莱热（Leger）、恩斯特（Ernst）都是40岁上下的画家，米罗（Miro）则更为年轻，还在执著于抽象到具象的探求。来自不同国家的艺术家们在这里奋斗，即使莫迪格利阿尼(Modig Liani)一张不错的油画女人体标价1000法郎仍无人问津。蒙巴纳斯（Montparnasse）的咖啡馆中经常坐着毕加索、凡·东根（Van Dongen），画家们在这里调节着作画的神经，但更重要的是探求、争论彼此间的艺术主张。文学家、诗人、评论家、记者也是这里的常客，当然，还有交际花。

如此巴黎　庞薰琹　水彩 1931年

庞薰琹学画的格朗德·歇米欧尔（La Grand Chaumiere）也在蒙巴纳斯，那是他放弃了叙利恩绘画研究所（徐悲鸿曾求艺于此，那里的石膏馆里还存有他的素描），又放弃了巴黎美术学院之后的选择。他总是坐在第一排靠近火炉的那个矮凳上，用毛笔画着速写，且专画夸张的男像，常常一画完就被别人要去了。庞薰琹在蒙巴纳斯的咖啡厅结识了不少各界的朋友，有法国的，也有德国的，他还为咖啡厅的一角，画了幅150cm的油画。

回去回去

巴黎让庞薰琹看到的不只是小酒馆的热闹和女郎们的时髦，他

① 傅雷：《薰琹的梦》，原载《艺术旬刊》第1卷第3期，1932年9月，转引自《艺术赤子的求索——庞薰琹研究文辑》，第3页，上海社会科学院出版社2003年版。

还在这里开阔了眼界，并对后来事业的影响几乎累及一生。需要提及的，一个是1925年在法国举行的万国博览会，另一个便是1928年在巴黎“小宫”举行的日本绘画展。

博览会12年举行一届，1925年的那次，竟被刚到巴黎的庞薰琹赶上了，这也许是他的缘分，也是他的宿命。县城里长大，即使在上海的四年，也仅仅是在修道院的学校中度过，可以想象当时的他是如何的兴奋，如何的莫可名状。“从来没有见过繁华世界，一进博览会的展览馆，眼睛都花了，不知往哪里看好。总之什么都好，什么都美……不过，引起我最大兴趣的，还是室内家具、地毯、窗帘以及其他的陈设。色彩是那样的调和，又是那么多变化，甚至在一些机器陈列馆里，也同样是那样的美。这使我有生以来第一次认识到，原来美术不只是画几幅画，生活中无处不需要美。”①庞薰琹在几十年后的自传里如是说。

那年的博览会正是欧洲艺术家不满于工业产品的粗糙、缺乏人性温情，试图从装饰主义的角度进行改造的一次大尝试。庞薰琹所入目的一切，都与当时的中国形成鲜明的对照。虽是第一次接触工艺美术，他确能敏感到建筑风格与装饰艺术正在影响着时代风格的变化，“巴黎之所以能成为世界艺术中心，主要是由于它的装饰美术影响了当时整个世界”②。于是他从那时起，开始对建筑以及一切装饰艺术发生兴趣，并默默在心中，期许了要在中国建一座如巴黎高等装饰美术学院般的学校。

决澜社成员合影：
后排左起：庞薰琹、杨秋人、阳太阳、倪贻德、王济远、周多、李仲生。
前排左起：梁锡鸿、张弦、段平右。摄于1932年

三年后的一天，朋友马尔古邀请庞薰琹同去看巴黎“小宫”举行的日本绘画展览会，开幕式很隆重，法国总统杜梅尔格（Doumergue）亲自剪了彩。随行的画家夫人全部穿着和服，会场布置也充分体现了日本的风格。每一件作品的水平与格调都很高，装潢也考究精致。看过展览，庞薰琹低头不语，中国传统的装饰手法在日本人手里得到了继承和发展，竟焕发出具有如此强烈形式感的异彩，这是他所没有料到的。此后，他常常在想：“做一个画家的目的是什么？难道只是为了个人求名求利？我到底愿意长住巴黎，还是应该回国去？”

庞薰琹回国的念头产生不久，一天晚上，马尔古将他带到蒙巴纳斯的一家咖啡馆，相见的是位白发长须的老者，当时权威的艺术批评家，马尔古本希望他能写些评论以促成庞薰琹临行前的展览。结果，老者连让他打开画夹的机会也没给。失望、懊恼，也因丢了颜面，庞薰琹没有再和老者交谈下去。回去的路上，他和朋友都选择了沉默，夜的黑，路的漫长。接下来的几日，他反复琢磨评论家对他讲过的话：“你来巴黎时还是一个孩子，你的画不用看，可以想得到，你受到一些什么影响。中国是有着优秀的艺术传统的，听说你想回国去，我认为你的想法很对，很好。你回去吧，好好学习十年。以后你来巴黎举行展览会，你不来找我，我也会给你写文章的。”③

庞薰琹告别了歇米欧尔的画室、蒙巴纳斯的咖啡厅，告别了昔日一同创作、一起畅谈的朋友，也告

①②③ 庞薰琹：《就是这样走过来的》，第42页、第43页、第96页，生活·读书·新知三联书店2005年版。

别了送他黑色丝绒帽子，愿意每月出2000法郎却被他拒绝的子爵画商。他告别了巴黎的一切，只身踏上归途的航船。临走前，他许了两个心愿：回去学习中国的艺术传统，创造出大众能够接受的表现方法；办一所实用装饰美术学校，让设计可以美化生活。

新艺术的实验

2009年8月25日，决澜社中的最后一位成员，百岁老人阳太阳走了。曾在战火声中燃起的艺术热情，今天已成往事。而1932年倪贻德与庞薰琹等发起的现代艺术社团，尤其是倪贻德执笔写的《决澜社宣言》，在今天看来仍然那样澎湃，具有很强的冲击力。

> 环绕我们的空气太沉寂了，平凡与庸俗包围了我们的四周。无数低能者的蠢动，无数浅薄者的叫嚣……
>
> 我们往古创造的天才到哪里去了？我们往古光荣的历史到哪里去了？我们现在整个的艺术界只是衰颓和病弱。
>
> 我们再不能安于这样的妥协的环境中，
>
> 我们再不能任其奄奄一息以待毙，
>
> ……
>
> 20世纪的中国艺坛，也应当现出一种新兴的气象了。
>
> 让我们起来吧！用了狂飙一般的激情，铁一般的理智，来创造我们色、线、形交错的世界吧！①

《宣言》道出了中国艺坛的颓败，也言中了中国社会的伤痛。

半个世纪后，当庞薰琹回忆起这篇宣言与这件事时，竟是十分的冷静，甚至有几分平淡。“当时只传阅了一下，没有讨论。我当时基本上同意，并且同意发表，但是我总觉得有些话没有说出来。中国绘画的发展前途对当时的我来说，几乎是迷迷糊糊的。”②巴黎博览会的震惊、日本绘画展的深省、老评论家真诚之言的恍然大悟，年轻的庞薰琹本以为目标已渐渐清晰，却被陆续而来的失业、嘲讽、贫困、战争所纠缠，接下来的路怎么走，他也不知。

回国后的第二年，庞薰琹租下了麦赛尔蒂罗路90号二楼的一间屋子作为画室（中国第一个现代艺术团体——决澜社，其社址就在这里）。楼上空空荡荡，除了墙上挂着的油画、粉彩和水粉，便没有了其他陈设。那时，庞薰琹总是穿一件宽大的咖啡色长袍，头发蓬松，一副“落拓兵”形象。而倪贻德、杨秋人、阳太阳、王济远是这里的常客，庞薰琹和丘堤夫妇则在房子的一角搭一座“小阁楼”，爬扶梯睡在楼上。

庞薰琹的第一次上海个展，连同决澜社的四次亮相，如同一粒不起眼的石子被投到湖中，虽然震起了涟漪，但很快又回复平静。能算得上风波的，倒是那幅《地之子》，据说警备司令部要逮捕庞薰琹，傅雷安排他躲到了英租界。后来才知是虚惊一场，不过恐吓信倒是真的收到了。

决澜社没能改变艺术界的衰颓和病弱，也未能带来一种新兴的气象，同它狂飙的激情相反，它走的却也悄然无息。

---

①② 庞薰琹：《就是这样走过来的》，第131页、第132页，生活·读书·新知三联书店2005年版。

迷上纹样

战火与硝烟让庞薰琹不得不多次辗转，从北京到天津，回到上海又奔往庐山。路途中的艰苦伴随着不时传来的警报、炸毁的车厢还有满船的伤员。那时清华、北大、金陵大学、齐鲁大学、中央研究院的历史语言研究所还有其他一些学术机构都从全国陆续迁到昆明，庞薰琹也在昆明青云街的一处房子中住下。陈梦家的拜访让庞薰琹迷上了古代的装饰纹样，因为他每次都会带去几本书。就这样，庞薰琹边看边摹，画出了四册共百页的《中国图案集》。书经常被借去传阅，他也因此结识了梁思成夫妇，并在他们的介绍下进入中央博物馆筹备处工作。那是一个聚集了贤者与能人的地方，原始彩陶图案的古朴、殷商青铜纹饰的繁缛、汉代画像石线条的流畅……庞薰琹这一次真的摸到了中国传统艺术的脉搏，他分明感受到它的跳动，这跳动抻着他的心也动了起来。

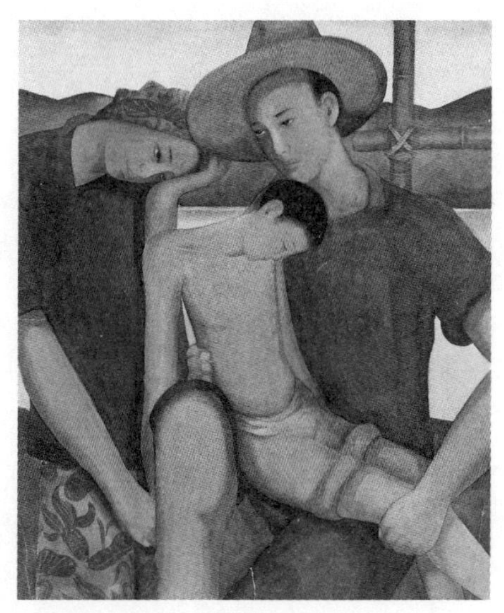
地之子（初稿） 庞薰琹
45×37.2cm 水彩 1934年

随后，庞薰琹开始了对西南少数民族艺术传统的研究，他当起了“买花边的人”，收集少数民族的服饰花边，甚至凑齐了从头到脚的一套，这些资料据说由南京博物院转交给故宫博物院保存。贵州山区几个月的旅行极大吸引了这位本就对装饰图案感兴趣的艺术家，他用略带浪漫与正规化的创作，完美地再现了柔和淡雅的贵州景色：低矮的茅屋、濛濛的细雨、傍晚时升起袅袅炊烟的竹楼，以及身着民族服装的少女与阿婆。不过，他并不满足于单纯的临摹，而是把题材作为出发点，创作出一种结构合理、令人满意的设计——《贵州山民图》，这无疑有赖于他在法国所受的训练，还有他心中渐渐清晰的对装饰纹样的贪恋。或许连老天也都眼红于这位才子的勤奋，几个月积累下来的记录与绘图，一部分在逃难中随行李掉入山涧浸了

贵阳夷族洗衣图 庞薰琹
40×33cm 水彩 1941年

桔红时节 庞薰琹
43×35cm 水彩 1942年

带舞之一（立姿） 庞薰琹
33.3×43.5cm 白描 1942年

水，字与图案都已看不清楚；一部分本要寄往博物馆，却在邮局中着了火，化为灰烬；还有一部分在十年的浩劫中一一被毁了。

先行者

他不保守，他不满足，他不随和。他常常在课堂用粉笔在黑板上使劲地写道："鲁迅先生说，路是人走出来的。"他坚信搞艺术譬如行路，走老路是容易的，但是新的途径必须有一批勇敢的人，立志开拓。庞薰琹就是这样一位开拓者。

本来，早期留法的庞薰琹可以将这条纯绘画的路一直走下去，倘若如此，他生命和事业的路或许不会这般蹉跎。然而只因一心要在中国建立一项新的事业，培养一支新的队伍，庞薰琹终于选择了工艺美术。这个选择，对于当时不知设计为何物的中国，对于画家艺术观念的回归，从传统中找寻表现元素无疑是正确的。

圆形地毯　庞薰琹
38×29.2cm　工艺设计　1941年

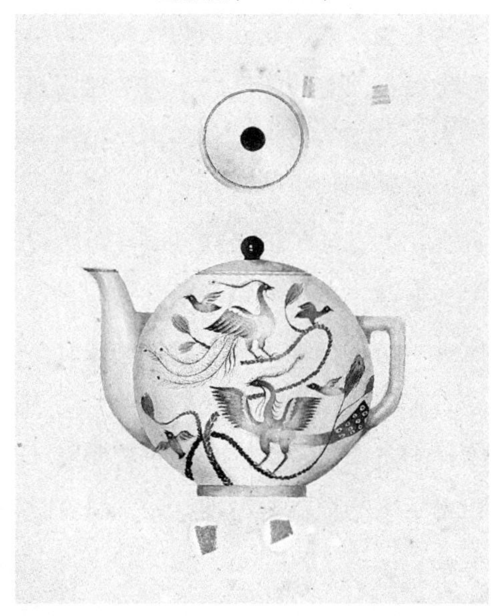

茶壶　庞薰琹
38×29.2cm　工艺设计　1941年

1946年，庞薰琹"闲来无事"，便写了建立工艺美术学校的计划，教育宗旨、学制课程、应用渠道一应俱全。经赵太侔介绍，他见到了陶行知，二人侃侃而谈，一天半的时间很快过去。"人民需要有物质生活，也需要有精神生活，搞工艺美术的人总是需要的"①，出于这样的共识，陶先生答应去国外筹集资金，把学校办起来。只是他回上海不久后就病逝了，筹建学校的计划也跟着破了产。最终有眉目是在1953年，那年庞薰琹受命筹备中央工艺美术学院，一个知识分子被委以如此重任，真可以士为知己者死了。于是，庞薰琹组织筹划了"全国民间美术工艺展览会"，并在会后确定了"工艺美术"这个名词。1956年，中央美术学院和浙江美术学院两校的实用美术系合并组成了中央工艺美术学院，等待了27年的梦想终于真真切切展现在眼前。

庞薰琹从艺术的象牙塔中走出，使艺术成为生活中无处不在的装饰工艺，他审视了从宫廷到民间的历代装饰图案，把工艺美术从贵族手中还给广大人民。他还将古老的民间艺术赋予现代意识的创造，使其获得新的生命力。然而他却不知工艺美术本身，从设计到制作再到商品，包含着多少人为的因素在内，而人际关系和处世哲学，恰恰是他最不擅长的。

于是，悲剧就这样开始了……

① 庞薰琹：《就是这样走过来的》，第209页，生活·读书·新知三联书店2005年版。

带泪的画笔

踌躇满志的庞薰琹怎么也想不到，一篇直揭工艺美院管理弊端的文章最终让自己带上了“极右分子”的帽子，更让他想不到的是自己怎么就糊里糊涂成了反革命集团。今日，重新翻起50年前的报纸，那些文字仍令人怵目。

1956年7月24日，新华社电讯：《中央工艺美术学院向右派进行斗争，揭穿庞薰琹的阴谋》。《北京日报》以大半版的篇幅刊载《工艺美术学院召开全院师生座谈会 揭发庞薰琹小集团反党活动》。7月28日，《人民日报》刊登长文《一个毒辣的右派集团》，文章竟称“以庞薰琹为首的右派集团，在党开始整风前后，就向党的领导和社会主义事业进行了猖狂的进攻”①……如此言之凿凿，连篇累牍地在各大报刊上重炮猛轰，一人传虚，万人传实，“庞薰琹反党集团”仿佛成了铁案。

“批斗会后，我回到宿舍，扑在床上哭了！我一生没有这样哭过。母亲死后，我扑在她身上哭，因为她了解我。今天，受到的却是极不公正的待遇，完全是污蔑。我想不到有些人竟是这样不讲道理。”②堂堂血气方刚的男儿，满怀的抱负刚要施展，却一不小心踏进指鹿为马的天旋地转，贤者不容有辱，这含尽悲与愤、苦与伤的眼泪又怎不落下。可惜的是卧病的妻子，听到电台播放批斗庞薰琹的消息，心脏病骤然加重，面对丈夫，她久久无言，含泪说了一句“你今后的生活还很艰难，我不愿连累你了！”不久，撒手人寰。

庞薰琹被免除副院长职务，连降两级，一个人迁居到白家庄的两间斗室。孤独无依，他终日默默无言，将一切寂寞、悲愤、愁苦深埋于心。空旷的白日与沉寂的长夜无尽的交替，三年过去了，每天他的信箱里只是孤伶伶地躺着一份《人民日报》，除了邮递员和送工资的人，没有人和他交谈。他整日无所事事，却又觉得时间紧迫。一日，庞薰琹蹒跚着出去，在北海公园的画展中看到一位署名工艺美院的学生作品，竟热泪盈眶，忘情地喊道：“这是我们学校的！”他也曾为避人耳目，在夜深人静时悄悄拿着手电，在学院学生作业的陈列橱柜前，看他们的成绩。工艺美院是他的梦，他的期待，他当然和这里有着割不开剪不断的情，只是如今，梦圆了，他却被驱逐在梦外。

1981年，庞薰琹在家中作画。

治心的良药

忧愁无处排遣，与日俱增，竟酿成了一场

① 袁韵宜：《庞薰琹传》，第175页，北京工艺美术出版社1996年版。

② 庞薰琹：《就是这样走过来的》，第265页，生活·读书·新知三联书店2005年版。

怪病：全身发麻，一直麻到嘴唇。每天醒来，连10个手指都张不开……一位好心的老中医对他说："你年纪比我小，可是你像一盏没有油的油灯，火快熄灭了，医药医不了你的病。"庞薰琹问是否还有办法，他说："要靠自己。只要你做到有人指着你的鼻子骂你，你能无动于心，病就不治而愈，你再活二十多年也没问题。"

从此，他把冤案搁在一边，从胸中驱逐了苦闷，开始埋头于《中国历代装饰画研究》的写作中。"我就在这写作中间，寻找人生的乐趣"，庞薰琹全身心地沉入与灵魂交谈的温馨之中，这是旁人唯一不能从他身上夺走的。那一年正是中国"大跃进"的一年，空气中弥漫的"热"与庞薰琹心中的"冷"形成了具有几分苦涩意味的对比。他在白家庄冬寒夏暖的家中，在那小得可怜的书桌前，开始了自己的"大跃进"。这样的工作，使庞薰琹熬过了最艰难的时期，而没有像董希文（1914—1973）、李斛（1919—1975）以及他的好友傅雷（1908—1966）等很多艺术家那样过早地离去。他从1958年开始此书的写作到1985年去世，又走过了27年。这本书在某种程度上成了一剂良药，治愈他心中的伤和身体的痛，因为所有激情与痛苦一起都被溶解在对古人作品的感悟之中了。"我写的是字，实际上是凝固的血；我写的是学术，实际上是在和毁灭作搏斗。"[①]庞薰琹的日记中留有这样的字句。

然而黑的夜总要在黄昏离去之后肆无忌惮地将一切吞没，文化大革命的腥风很快就刮到了白家庄刚平静不久的小家。庞薰琹在法国和上海等地的油画，整整两大箱子，全部被搬走。红卫兵撕毁了《咖啡馆》和《壁炉前的景物》，因为这些被他们称为"形式主义的代表作"，相同命运的还有画家访苏时的笔记，以及大量的手稿和资料。更有一些是庞薰琹为保护亲人自己毁掉的，这对于他来说，无异于亲手杀死自己的子女。据庞薰琹第二任夫人袁韵宜回忆，晚年的庞薰琹总是会为自己画一张《自画像》。或许写字对于他来说已经变得困难，而积郁的心又渴望对人倾诉，幸好他的手还拿得起画笔，在形与色的世界里，自己做自己的观众。

庞薰琹是一个不愿意自己独享"艺术之梦"的人，他要将个人的艺术认知化为群体认知，将中国带入现代视觉艺术的体系，他甚至写道："让后来的人踏着我们的身体，迅速的向前奔去。"这样一个激情满怀的先行者，他的一生本应该充溢着光环与辉煌，然而他却与辉煌屡屡擦肩而过。这与历史的现实有关，与他的个性有关，与他选择的道路有关。这本不是他作为一位融西方知识分子气质与东方儒士品格的艺术家的错，但对于所有"先行者"的人生，命运恰恰就是这样残酷，并不只庞薰琹一人，虽然他们当时掌握着某些真理。远在秦代的商鞅如此，近在他身边的梁思成如此，庞薰琹也不能例外。所幸的是，庞薰琹并不后悔于自己的选择，虽然在旁人看来有太多的惋惜。

（"地之子——庞薰琹二十世纪三四十年代作品展"，展览时间：2009年10月15日—11月23日）

① 袁韵宜：《庞薰琹传》，北京工艺美术出版社1996年版，第189页。

灿烂至极　归于平淡

——王明明谈周思聪的艺术人生

时　间 > 2009年10月20日

地　点 > 北京画院会议室

访谈人 > 吴洪亮　马明宸

马明宸：王院长，您好！今年是我国著名画家周思聪先生诞辰70周年，作为周思聪先生生前工作过的北京画院正在组织筹办周思聪先生的画展，编辑出版画集。由于周思聪艺术的学术研究活动需要，我们对您做这次关于周思聪艺术与人生的访谈活动，因为与先生有着师生、同事以及朋友等多方面的渊源关系，您对于周思聪先生的艺术人生肯定有更深刻的解读，对于周思聪艺术现象也肯定有不同凡响的见解。同时，您又是这一系列活动的主要策划者，所以我们首先想请您谈一谈这次展览的缘起和基本定位是什么？

吴洪亮：包括我们这次活动跟以往的纪念活动有什么不同？我们的切入点是什么？

王明明：今年是周思聪老师诞辰70周年，她是1939年出生，1996年去世的，去世离现在已经13年了，时间过得非常快。今年北京画院要举办这个展览，第一个原因是基于有很多周思聪先生的老同学、老朋友们一直在呼吁，说今年是周思聪诞辰70周年，对于北京画院有什么活动表示了极大的关注。因为周思聪和卢沉的大型展览将安排在明年进行，所以我想利用今年这个机会能够做一个中小型的特色展览。

从这个展览的策划角度来讲，要与原来办过的周思聪的展览有所不同。从展览的策划、展品的征集上应该有全新的特点。有感于当今的美术创作状况，比如说今年的国家重大历史题材创作作品正在中国美术馆展出，当然，展览中有很多是精品力作，社会反响很好，这是我们这一代艺术家们用自己的视角、自己的艺术语言去表现国家重大历史题材的成功典型。但是也有一些问题不容忽视，在这几年的创作过程中，我感觉到我们在主题创作上的缺失，这些缺失就是因为我们忽视了向周思聪这样的前辈艺术家们创作经验的学习，他们的经验是很需要总结的。这些经验包括她在主题构思、立意、收集素材、创作的过程等等这些方面。基于这些原因，所以我想通过这次画院策划的展览，通过周思聪在“文革”及80年代的一些创作，与她所收集素材——素描、速写作品进行对照，以这样的方式来呈现一个周思聪的展览，让大家来了解周思聪作为一位人物画家，一位创作出很多经典艺术的中国画家的创作过程，从中来探索她在创作中一些规律性的东西，希望对当前的美术创作、美术发展提供借鉴。

从这次展览作品的来源来讲，囊括了北京画院收藏的周思聪的作品，周思聪家属收藏的作品，还有一位收藏家李志远先生提供的画稿、速写。在这些作品的基础上，我们进行整理、对照、研究、编辑并出版画册，这样就能够比较完整地梳理出周思聪在那个时期的创作状况。

马明宸：周思聪在这个时期创作的作品大多是主题性创作，这个展览应该对我们今天的主题性创作有很大的启发性，包括今天的画家可以清楚地看到周思聪当时的创作过程，怎么收集素材、怎么构思，一直到最后形成作品。通过观摩400多张画稿，我们能够体会到周思聪先生当年对待主题性创作、对待艺术的虔诚态度。每一个主题性创作都是在有了初步的想法以后，就会到实地去写生，收集创作素材。比如1978年到河北邢台收集《人民和总理》的素材，1980年到吉林辽源煤矿搜集《矿工图》素材，可以说，她的每一幅作品都付出了艰苦的劳动。我们了解到，您当时曾经亲随经历了一些实地收集素材的活动，您能谈一谈当时的细节吗？

王明明：我是从1972年开始跟随周思聪老师学习的，当时我是工厂的业余作者，见到她在美术馆展出的作品《穿新鞋跳新舞》之后，我就一直跟着她与卢沉老师学习。我感觉周老师平时很注重对生活的观察，对普通人的热爱和关注，她完全是以一种艺术家的眼光去看待生活，从生活中发掘一些她有感而发的构思。比如她在1972年创作的《穿新鞋跳新舞》，到后来的《山区新路》、《长白青松》，之后又画了一批矿工的生活速写，矿工的写生、农民的写生，我都跟着她与卢沉先生一起参与了。通过这些活动，我感觉周思聪先生是通过写生去了解她所不了解的、又想去表现的题材。比如说京西煤矿，她就跑了很多次，在这之后，她产生了很多表现矿工题材的作品。还有《山区新路》这幅作品，她在画面中描绘两个小孩给修路工人送水的场景，特别生动地反映出她所观

山区新路　周思聪
172×94cm　中国画　1973年

察到的，所发掘的新意。这些是她自己通过对生活的观察后升华的立意构思。这一点我觉得从《长白青松》体现得更为明显，因为在这幅作品的后面有很感人的故事。

长白青松　周思聪
112×95cm　中国画　1973年

马明宸：这幅作品还有一个原型故事存在？

王明明：对，这个故事是潘絜兹的女儿在东北因为救火牺牲，通过这件事引发了周思聪创作《长白青松》的想法和构思，这幅作品在当时影响很大。她的很多早期作品都是有情节的，画面很生动，表现人与人之间的关系。在今天看来，我们仍觉得很亲切。另外从写生的角度去看，她的很多创作中的原型也是从实际生活中发掘出来的，比如她画了很多小孩，当时她的儿子卢悦很小，其实很多小孩的原型都是她的儿子，包括很有幼儿园的生活，她经常去幼儿园画速写，才有了《山区新路》这样的作品。

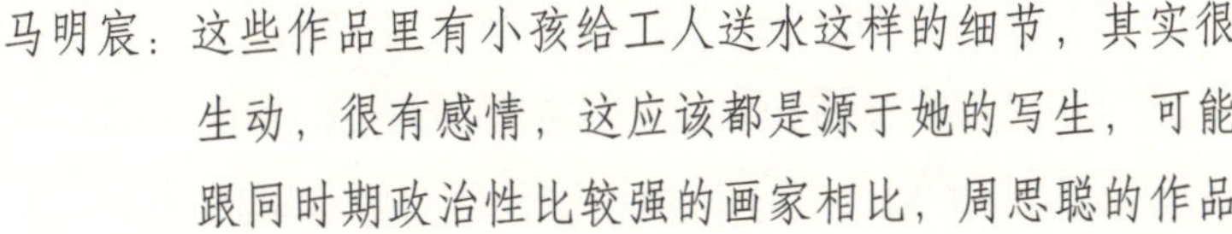

马明宸：这些作品里有小孩给工人送水这样的细节，其实很生动，很有感情，这应该都是源于她的写生，可能跟同时期政治性比较强的画家相比，周思聪的作品

人民和总理　周思聪　151×318cm　中国画　1979年

更有自己的想法和感情在里面，这些特色的形成与她对生活的观察、写生之间的关系是什么？

王明明：我们也是从“文革”过来的，其实有很多艺术家关注的角度不一样，有些艺术家关注当时的政治，通过一些政治运动的感受来产生自己的创作，所以有些作品带有政治性。其实从现在的角度来看，当时的政治压力是现在不能过多去指责的，因为每个人都是在当时的政治高压下选择的。但是周思聪一直在关注普通人的生活，她的那种情感，那种自发的对普通人的情感在创作中明确地反映出来。包括对周总理的描绘，周思聪老师对周总理的情感跟当时所有人是一样的，她创作出那幅周总理在地震灾区慰问的《人民和总理》不是偶然的。第一是源于她对周总理的情感和周总理对周老师人生的影响；第二，邢台大地震对周思聪的震撼和她自己人文情怀的触动，才使她产生创作这幅作品的冲动。另外，她又花了很长时间去邢台体验生活，了解生活，回来才开始进行创作。从周思聪的艺术道路来说，这是在她创作的旺盛时期所创作出的作品，表明她一直在关注着普通人的生活。而且她也一直在说喜欢平凡的人，喜欢静谧的大自然。正是因为这样的精神，才产生出这些影响后人的作品。

忆凉山彝装（课堂习作） 周思聪
56×47cm 中国画 1983年

马明宸：正是因为她有这样的情感，她才刻意地去体验生活，去写生；正是因为对普通老百姓有这种情感，她才去细心观察。到了1982年，她把自己的视野转向了更为边缘的人群。1978年，有几位彝族人到了北京画院，周思聪和画院的几位画家画了这些彝族人的肖像，可能以此为契机，才使周思聪在1982年深入到四川凉山彝族地区写生。这段时期的一些契机和细节，您可能更为了解，能不能谈一谈？

王明明：这一时期，我倒没有跟着去，纪清远等几位画家跟着去了。不过从周思聪写生的道路来看，70年代初，她从干校回来的时候，我们经常一起去大车店。因为在北京周边赶车人住的旅店里全是拉马车的车夫，我们经常到那里去写生。里面都是大通铺的炕，一进去，好多歇脚的人就一个一个地到我们跟前为我们做模特。从那个时候起，她画了很多幼儿园的写生、工人的写生，还到机械厂去写生，后来又去京西煤矿写生，其实从煤矿写生，她萌发了一些对后来创作的冲动。到了80年代的时候，她去了彝族地区，后来我们又一起去了西北，再后来她又去了辽西、福建，画了那些少数民族题材的画。

马明宸：周思聪在1978年到1980年之间画了很多像《绿天》、《汲水》、《读书》之类的人物小品，都是她在福建这段时期创作的吗？

王明明：对。其实在她看来，作品中少数民族人物的服装并不重要，她要表现的是深层次的东西。从她一步步的写生活动去研究的话，对一位艺术家创作的源泉和把握来说，很多创作的源泉和灵感是源于生活当中的。因为当时的艺术家只有靠自己的眼和手中的笔去把握形象。

马明宸：周思聪在1980年左右创作的这批人物小品与以前的重大题材绘画相比，可以说更接近普通人的生活，但是我看这些作品大部分都是出版机构或者是个人向她约的画，是应酬之作，所以我看她后来也没有把这种风格延续下来，这是为什么呢？

王明明：周老师的人物画小品流传有两部分，一是海外回流作品；二是送人作品。她和卢老师后来都认为这批作品并不代表她的水准。为什么呢？首先可以从这批作品创作的起因谈起。从我开始认识她的时候，就有很多人向她求画，当时她画的很多都是表现小孩的题材。后来改革开放刚开始，1978年的时候，咱们国家跟国外的交流多了一点，当时的外贸需要一些中国画，周老师就开始画一些少数民族人物题材的作品，她的作品也开始到香港地区及新加坡、日本展出，这些地方要买画的人很多。也是出于刚刚开始的改革开放的大环境，需要大家来这样画。周老师画的这批作品，我认为对她后期风格的形成起到了非常重要的作用。但是周老师的这批作品进入市场，并不是她的创作，这些都是商品画。我认为这批画是她用心去画的，所以有很多人现在都非常喜欢这个时期的作品，爱不释手，就是因为她当时没有把这些作品当成应酬去完成，不是为了金钱去画的。她的这批作品现在流传下来的并不多，但是也有不少非常感人的作品。实

王道乐土（《矿工图》之一） 周思聪 177×236cm 中国画 1982年

际上我觉得这是很正常的，一个艺术家让他的作品走向市场，其实并不是降低其本身的身份，走向市场实际上是一个很好的流通，也可以借此来证明自己的艺术价值。可是那个时期，他们夫妇俩觉得真诚的艺术不应该用金钱来衡量。周老师去世以后，卢老师也没有把这批作品收录到画册里。我跟他谈过几次，我说这些作品都有你们的心血在里面，也经过了很长时间的创作过程，我们要把这些作品收录进去。

马明宸：这些作品也是周思聪艺术风格变化中一个很重要的环节。

王明明：后来我开句玩笑说："卢老师，这些作品也都是您自己的孩子，您怎么能够不把这些作品放进画册里呢？"

马明宸：现在社会上流传的很多是这些作品，所以很多人认为这就是周思聪的主流代表性风格。

王明明：这是那个时代的艺术家对于艺术市场的认识。我打个比方，80年代，她作品卖得最好的时期，国外画商一次就订购几十张，这批订单刚画完，下一个订单就又来了。当时香港要给她办个展，她去问叶浅予先生。叶先生怎么回答呢？叶先生说："思聪啊，香港是一个文化的沙漠，你不要去。"周老师回来就跟我说叶先生不同意她去。我就跟周老师说："周老师，您挣70多块钱，叶先生挣400多块钱，您的家庭负担这么重，需要这些钱。"其实她在"文革"后期到改革开放初期，每个月都在向画院借钱。我说："您挣那么少的钱，干吗不去啊？"可是她后来还是没有去。从对市场开放的角度来看，她是老一辈艺术家的观念，就是觉得作品进入市场、卖画这些事情是搁不到台面上的。可是我在想，没有这样一批作品作为支撑，没有这样的实践过程，没有这些大量的水墨画支撑，她不可能达到娴熟的程度。其实我也画了一大批这样的作品，现在看来并不好，但是它们恰恰是我艺术创作必经的历程。如果没有当时画的那么大批作品的实践，哪能走到今天这一步。

周思聪师从蒋兆和、叶浅予先生，从中央美院

矿工　周思聪
49×39cm　速写　1980年

矿工　周思聪
49×39cm　速写　1980年

矿工　周思聪
49×39cm　速写　1980年

毕业后到了北京画院，画院给了她一个非常好的平台。在这里，她跟老画家接触，认识传统笔墨的精髓，后来在创作中又吸收了黄胄先生的一些元素。她表现地更加生动、更有灵气，又符合自己的性格，所以才产生了像少数民族系列的作品。再下一步的转变，周思聪去彝族地区、去福建、包括后来去西北、辽西，实际上这段时间是她艺术风格和艺术人生中非常重要的转变期。

马明宸：我看到一幅周思聪的作品，画面上有您写的题跋，上面提到大凉山写生包括辽西写生是周思聪艺术道路上非常重要的转折点，与她在1980年以前画的那些人物小品形成特别大的反差。用很涩的笔墨，而且人物变形的程度也比原来更重了，对这种艺术现象，您是怎么理解的？

王明明：这是她艺术观的一个转变，大量写生活动的积累和对不同民族底层的认识。此外，还有一个重要的转折点是她在1980年陪刘迅去日本，见到了丸木位里先生和赤松俊子女士，看到了《原爆图》，这对于她的人生启迪是非常大的，从日本回来之后就产生了画《矿工图》的想法，所以就去了辽西。现在看《矿工图》系列，就会发现里面有《原爆图》的影响，所以在研究她艺术风格转变的时候，要看到这幅作品对她的影响，这幅作品的震撼力使周思聪萌发了要画一组这样的作品的想法，以便把抗战时期矿工的悲惨遭遇表现出来。所以从第一幅《离乡背井》那种比较写实的风格演变成后来有点变形的《王道乐土》。在几年的创作中，她的风格是不统一的，风格在逐渐转变。去大凉山、西北，那边的生活对她感情上的冲击，她才自然不自然地产生了风格上转变的要求。另外对于变形，她在画院画了很多人体写生，用的是很小的毛边纸，有时候还用圆珠笔。实际上，她的人体写生是在练形，而不是按照美院的教学传统去把握明暗关系，那个时候，她已经开始用这种小的速写去寻求一种变形了。她从习作、从体验生活开始，她的主题性创作的构思就开始酝酿了，已经在做前期的准备了。

卖酒器的女人　周思聪
96×90.5cm　中国画　1985年

马明宸：包括《矿工图》里面的一些稿子，变形的味道已经开始出现了，已经开始有这种倾向了。包括大凉山彝族这批作品跟前期的人物小品相比，我感觉她不是在追求一种视觉上的美，比如作品《边城小镇》、《卖酒器的女人》中，画面中女人的面部跟当时很多画家笔下那些人物充满喜悦表情相比，她笔下的人物有种很沧桑的人生感悟。不是在追求视觉美，而是在追求对真实生活的感悟。

王明明：我们一直在说“画如其人”，周思聪几个艺术时期风格的转变跟她个人人生的转变有很大的关系。80年代初，她画了很多少数民族少女，画得非常阳光，改革开放后的心情是很愉悦的。可是到了1983年，她查出来得了类风湿以后，使她的生活和艺术产生了非常大的变化。

马明宸：周思聪画这些少数民族题材与她个人的感受和生活有很大的关系吗？

王明明：那个时候，她的婆婆还在，家里所有的生活都是她在打理，洗衣服做饭，照顾老人，还有两个孩子。周老师在艺术上又有很高的追求，所以在体力和精神上的压力都是很大的。包括她家庭的经济负担，这样多重的压力，我感觉对一个女人来说是非常难承受的。可是她在艺术上还产生了那么好的作品，最后导致她在身体上出现这种病态。

周思聪整个艺术历程的转变是与她思想的转变，对事物看法的转变相关的，她所关注的点就跟过去是不一样的，她关注了人们的生存、过去的苦难、大凉山普通人的劳作，这些外在的东西跟她内在的艺术家的感受和女人本身的真实感受结合在一起了。像《日出而作，日入而息》实际上就是在画她自己。从周思聪的艺术历程，结合她的人生体验，可以看出她实际上是在画自己的经历和体验，所以这种苦涩是一般艺术家没办法表现出来的苍凉。

吴洪亮：作品表面上看起来很轻松，实际上很沉重。

马明宸：从周思聪的早期作品开始，她就重视这些真实的感受。不管外面的大环境怎么样，她重视自己的真实感受。

王明明：所以她画到彝族系列的时候，从写生的层面慢慢地走到了变形。

马明宸：1985年，她已经当选全国美协副主席了，但是全家四口人还挤在一套40多平米的房子里面，家里也没有电话，生活仍然不宽裕，而且还很艰辛。从这个角度来说她的作品，就是《曹雪芹先生荒郊著书图》，我觉得她把自己的沧桑体验和感受融到了作品里面。

王明明：因为周老师画古代题材很少，可能也就几幅。

马明宸：我就看到两幅，一幅辛弃疾词意，另一幅就是《曹雪芹先生荒郊著书图》。她很少涉足古代题材，可能因为她是在现实主义思潮下成长起来的艺术家，所以更关注现实。她把自己的艺术与社会的需要结合起来。1985年之后，类风湿很严重之后，她的艺术探索的脚步也没有停止。后来这些情况，有些资料里谈得都比较简略，您能不能谈一下？

王明明：周思聪患病以后实际上是非常痛苦的，脚会变形，手也变形。那个时候，她的画风慢慢地从过去的写实、具象变成了更简约、简练，强调人物的精神状态，

曹雪芹先生荒郊著书图　周思聪　94.5×89cm　中国画　1980年

画面越来越单纯。这实际上跟她对人生的体验和精神上对于人生和艺术的态度的升华有很大关系。

因为家里的条件并不好，一直都是很拮据的。她不注重作品的出售，但很需要用钱去改变一下生活条件，她没有抓住艺术市场这种时机，所以她一直住在阴暗的小房间里。实际上，她有很大的愿望就是住在一间朝阳的房间里面。后来中央美术学院给了她一间小房子，算是见得着阳光的房子了。这段时间里，因为身体状况，手的变形和腿的疼痛不允许她画那么大的作品，所以她画了很多册页，还有一些四尺以内的作品。到90年代初的时候，周思聪的手已经变形到拿不住笔了，她就画了一些墨荷。当时她在新加坡举办了个人画展，也借此画了一批比较完整的墨荷和人物。

马明宸：1985年以后的这些彝族人物小品，格调上偏素雅，不像1983年到1985年之间创作的作品那么沉重，像《收获》、《秋收》就融入了更多情调性的东西在里面，这应该是到她画墨荷系列之间的一个过渡性风格。1990年以后，周思聪画的人物就少了，画得更多的作品就是墨荷，她的墨荷系列跟传统中国画有特别大的反差，用笔、线条都不一样，更追求一些肌理。我们怎么理解她的这种风格的变化呢？

王明明：周思聪先生活到57岁，最后这个时期的作品完全是她对人生的一种态度，从不理解自己为什么会得这样的病，去抗争、跟命运去做斗争，到后来她对自己身体状况的无奈，最后她完全想开了，她跟我说："明明，我想开了，一切都随缘了。"从周思聪的精神层面来讲，我一直在想她为什么能到达我们现在人无法超越的境地？首先就在于本身精神的升华。就像佛学中"渐修"与"顿悟"的过程，实际上她并不信佛教，对佛教认识并不是很深，但是我觉得她的追求和达到的境界是一致的，完全是精神的一种境界。她用这样的办法来表现她对人生的体验，用这样的形式表现出来。我在看这批墨荷的时候，一直在理解她最后的精神状态怎么能够达到这么纯净？如果她没有经历这种苦难，从想不通到无奈到最后完全想通，对她产生了一种精神升华。

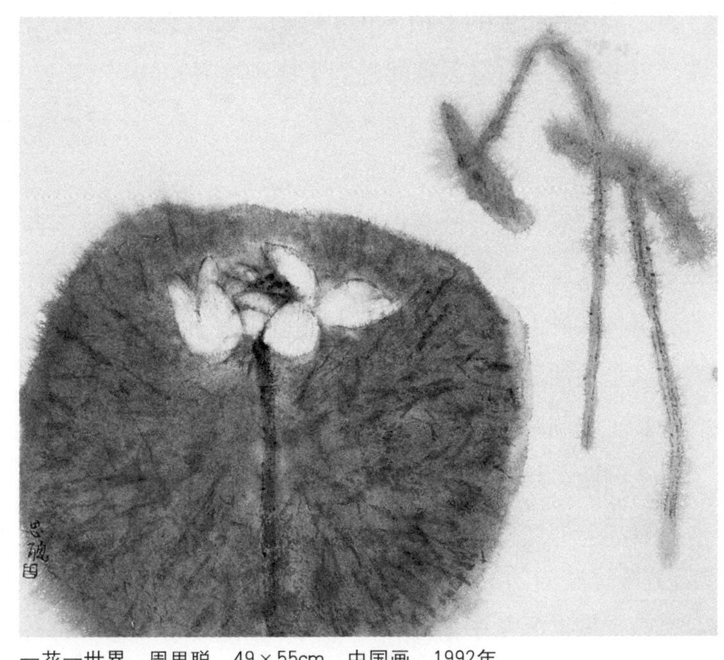

一花一世界　周思聪　49×55cm　中国画　1992年

从这方面理解的话，我们就要思考周思聪留给我们的启示是什么了。

第一点，她把自己的命运和人民大众的命运连在一起，实际上她所寄托的情感是看到的、关注的普普通通的人。并且她的为人处事也是这样，她对当官的人可以不屑一顾，对于一个普通的人，对司机、厨师这样的普通人感觉很亲切，她具有一位艺术家最根本的气质，从她生活经历的方方面面都是如此。这次展览中的速写，简简单单勾勒几笔，从幼儿园儿童到一个工人、一个农民，到她关注的每一个人，实际上，她在体验这种生活、这种生命，与自己的经历进行结合，这是我们从精神方面去追求。我们在评论一个艺术家的时候，往往不从他的经历、他的体验去分析，我们只看画面的东西，这其实对我们的启示并不大，因为每个人都有自己的风格，我们要研究他为什么会产生这样的艺术？什么样的突变会使自己产生精神升华？

第二点，她的人生经历才产生出她这样的艺术。周思聪作为一个女人所承担的负担比一般男人要多。她要承担家庭、孩子、老人，顾及方方面面的东西，同时还要自己画画。当时她非常有名气，名气对她的精神压力也是很大的，她很在乎别人说她什么。她也承担了社会上其他方面的压力，这种压力对她的艺术也慢慢产生了影响，对她的身体也产生影响。

第三点，她作为一个女人，一位女画家，她所关注的细微的东西是别人没法相比的。她和卢老师同时画写生，我在后面看，周老师画的是生动、传神，卢老师画的是结实、严谨，他们的风格完全不同。比如说她画的女人的味道跟别人完全不一样，女人的细腻、细微是别人完全无法观察到的。我觉得她作为一位女画家，她本身的特性也发挥得淋漓尽致。

她对于社会的责任感，艺术家的责任感，在艺术生涯一开始就非常强。从“文革”前的《包身工》到后来的《人民和总理》，再到《矿工图》，包括晚年这种充满人文关怀的人物小品。她自觉地在反映人民的生活，反映自己的感受。当时没有人逼着她，而且她的性格是越逼着她她越不会做，她是一个性格非常强的人。生活打动了她，生活在底层的这些人打动了她，她才会去创作，她是有感而发的，是从心里面去体会的。如果说用一句话总结周思聪的话，可以说她是用生命谱写艺术篇章的人。她完全把自己的生命、人生和艺术融合在一起了。

我从她所有走过的路总结，她是用生命、汗和血来创作的，所以她才会创作出别人无法复制、别人无法理解的艺术。我们看她的艺术生涯中几个不同的高潮，《人民和总理》、《矿工图》、彝族系列、荷花系列，真是“灿烂之极，归于平淡”。她归于自己从社会的繁杂不平静、抗争、无奈到最后这种大彻大悟，归于平静地面对疾病的折磨、面对死亡，最后产生出这种平淡的艺术。有几个朋友跟我说周思聪最精彩的作品就是这批荷花，为什么这批作品最精彩？原因就归于她晚年这种思想的升华、精神境界。像弘一法师，那么有本事的一个人，皈依佛门去修炼，最后走的时候一贫如洗，我去看过两次他的遗物，非常感动。弘一法师荣华富贵都见过了，最后他追求的就是一种境界，周老师也在有意无意间走到了这种境界。

吴洪亮：周思聪画这批作品已经把一些东西抛弃了。

王明明：对，不自觉地把一些东西丢掉了。有时候，我们成心地、故意地扔掉一些东西是人为的，不自然的。我们理解周思聪还有非常重要的一点，她每个时期风格的转变都处于自觉和不自觉，有意无意之中，她的转变是很自然的，无法用机械的办法给她抽掉某个因素，去分析她的转变。我们要研究这些大的规律是什么，而不仅仅是技法层面。周思聪画《矿工图》的时候，已经不去谈那些技法的问题了，而是去解决一些真正的问题——中国画的革新。在西北写生的时候她就谈到了“反传统”，卢老师也提出了这个问题。当时还是1983年，那是在李小山之前，大家都很惊讶，他们谈这个问题是对中国画革新问题的一种思考，而不是去革中国画的命。

周思聪是在理解中国画传统的基础上谈这些问题的，1978年我到了北京画院以后，经常去画院资料室。当时看到很多传统的书里面，借书的单子上没有几个人，都是写着周思聪的名字，她从1963年到画院以后一直到“文革”的这段时间，她看了很多传统的东西，这在画院的画家里是很少见的。

马明宸：这在我看过的资料里面很少涉及到，很多人都说到周思聪是学院式的。接受正规的学院教育，不知道她所接受的传统的影响是从哪儿来的？

王明明：正是因为北京画院才有了周思聪。如果在中央美院，她的重点可能是教学，而不会产生这样多的创作，因为有很多观念在影响她。我觉得周思聪有个特点是她善于吸收。她把握传统的精髓，她与画院里传统派的老画家对话，看他们画画，看传统绘画的资料，这对她都是一种滋养。一位中国画家之所以能成功，几个关键的因素是绝对不会少的。她善于吸收各家的长处，其中也包括卢沉对她的帮助，卢沉的观点无时无刻不在影响着她。另外，卢沉对周思聪是非常尊重的，有些创作都是主动地让给她。比如没进入市场的时候，有人找他们夫妇俩画一张应酬画，卢老师都推说不画，这样实际上周老师一直走在实践的第一线上。80年代的时候，周思聪有一段时间跟卢老师一起在中央美院教课，她提出要调离北京画院到中央美院去，觉得在美院教课很好。当时画院的领导没有同意，最后她也没有坚持，可能也有身体的原因，最后也不了了之了。当时学院的那种气氛，促使她想去那边工作。晚年的时候，周思聪身为政协委员经常要开会，所以后来辞掉了这些职务，慢慢地把这些干扰她或者她认为没有必要的东西都舍弃了。

马明宸：在《人民和总理》获奖之后，周思聪与马文蔚写了100多封信，马文蔚当时是北京人民广播电台的记者，采访过周思聪，后来他们书信来往，一直到周思聪逝世，现在这些信已经结集出版了。

王明明：这些资料我没有全读过，你从这些资料里可以了解周思聪的另一面，她所想的一些问题。我们总结艺术家成功的因素和价值，我们要从她的精神层面、关注的视角、对技法的把握这些方面去考虑。策划这个展览着眼点是速写和创作的比较，那个时代照相机不像现在这样普及，我们的艺术家因为没有更先进的设备，才会产生出很多这种心灵对自然的对撞。我们现在有了这种先进的设备以后，这种对撞反而渐渐丢失了、淡化了，这是我们这一代艺术家和那一代艺术家的区别，也是周思聪产生那么感人艺术的原因。他们没有照相机、很少有模特，周思聪几乎不雇模特，所以她在平时才会注重速写。很多早期人物的动态都是她自己创造出来的，比如《山区新路》中送水的孩子，手往上一端，脚往上一翘，这种动作是模特做不出来的，这是心灵的东西。《长白青松》中树立的几个人是很到位的，我们现在拍照片再画出来完全不是这种感觉。周思聪自己想出来的情节和动作，后面几个低年级学生好奇地在外面看，这种情节她也吸收了一些苏联绘画的因素，用了很多的办法，所以感觉非常生动，又是那个时代的人，又不是画家摆模特摆出来的。

吴洪亮：所以您当时用了一个词来形容很准确——“导演”，而且她的速写一张张翻下来，更像一位导演的笔记、前期的策划。

王明明：周思聪实际上是导演加演员。演戏，每个人的天赋不一样，她自己在导演和演出，演出的时候把自己的个性也都画出来了。我们现在很多创作是出自课堂——课堂作业、课堂写生，最后是拍照、摆模特，才画出张创作。但是那种感人的生动，在创作中的不可确定性和当时的情绪，我们往往忽略了。我们现在的创作过多地强调了必然，却忽视了偶然，忽视了艺术家的激情与感悟、中国水墨的不确定性，很多可以升华的境界。我们把很多东西都变成了科学和完全掌握的东西，这就不对了，艺术本身有很多因素是不能确定的。

马明宸：艺术就是在捕捉不确定性，捕捉情感层面的东西，这才能叫“艺术”，把艺术当成一种机械的技法操作是会大打折扣的。我在读马文蔚和周思聪的通信的时候，也了解一些周思聪生活方面的情况。比如在《人民和总理》获奖之后，很多媒体要采访周老师，都被她谢绝了，在当选美协副主席之后也是这样。她在很多荣誉面前都保持一种平淡、平易的人生态度，这一点在艺术家的人格中也是重要的一个方面。

王明明：从生活层面讲，周老师夫妇俩是一种纯文人的心态，对于金钱、名利的追求，他们看得非常淡。自己的生活条件完全可以改变得更好，使自己身心愉悦、身体健康，从而可以走得更远，但是他们没有这样做，这就是一个人的局限。当时我力争去说服她，让她们买房，给他们找了很多的机会，可是他们都不去把握，身为一个学生来说，也感到很遗憾。

吴洪亮：我们现在见到的这批人物小品也是今天一般普通观众能看到周思聪作品的唯一途径了，因为这批作品，大家对周思聪有个初步的认识，否则“周思聪”这个名字很可能也像其他20世纪美术大家一样慢慢消失掉了，周思聪之所以在今天不像李斛、庞薰琹如此重要的艺术家却被人们忘却了，在某种层面也要感谢这样的作品流通。

王明明：现在是商品流通的社会，艺术品也是一种非常发达的流通商品，流通的前提就是必须先承认它，这与艺术家追求的信仰和气质是不矛盾的。艺术家只要能抵得住金钱的诱惑，作品流通和艺术本身是不相冲突的。在商场里，有些人做儒商做得很成功，又不失身份；有些人做生意做到最后只剩下钱了，什么都没有。但是在当时那个时期，商品化和她产生冲突的时候，作为艺术家，她不理解这个事情，这是在那个时代文人所共有的一种局限性。

周思聪是特别值得研究的人，晚年的作品超脱在技法之上，画得简练，而且熟后能生，我们没办法从技法上进行研究，从精神层面研究会有新的认识。在20世纪，在最后能升华到这种境界的艺术家并不多，周思聪的成功也存在偶然性。

吴洪亮：其实看她的作品，我几次想起李叔同，有人评论李叔同晚年写的字是“出纸三分”，我们写字都在追求“入木三分”，李叔同晚年在佛学上达到很高的境界，我们用一些条条框框去描述李叔同晚年的字的时候发现基本上是无法评论。然而完全把技法层面忘却，只看精神层面的时候，我们才能慢慢地看出门道。

王明明：李叔同把凡人的那种心态完全抛却了，达到佛学的那种境界，很淡然、淡定，又会感到人生的苦涩，人生的高境界。周思聪也是这样，有的时候感觉她作为一位母亲，一位女人的体验，在她的画里都表现出来了，这种辛苦、这种诉说用很少的语言从画面中出来。我觉得她的成功在于后来达到的这种境界的。

吴洪亮：还是您刚才说的那八个字“灿烂至极，归于平淡”。

日出而作，日入而息　周思聪　102.5×103cm　中国画　1982年

王明明：我也一直在追求这一点，因为作品里的平淡是非常难超越的。天真平淡，这种平淡是精神层面的，不只是艺术层面的，我们现在追求灿烂、辉煌，但是往往最能长久的却是平淡。周思聪看到了普通人生活中的平淡和自己内心的追求，最后归于此。也许有人认为这些作品很容易画，实际完全不是这回事，没有坚实的造型基础和成熟的技法是无法达到这种境界的。

马明宸：今天的访谈让我了解了很多资料以外的信息，关键在于您与周思聪先生有过深切的交往和真实的认识。

吴洪亮：特别是您对晚年《墨荷》系列作品的解读，很多人对这批作品是不了解的，只是觉得这批作品很好，但是不知道周思聪为什么会这么画。

王明明：对因为很多人都解释说周思聪晚年拿不了笔，只能这样画，这样的认识是不完全的。不从她精神层面、身体的实际情况去综合考虑的话，是没办法完全解读这批作品的。而且如果周思聪不学习传统，不看八大、石涛的画，也不会产生这样的作品。她是有传统积淀的，虽然晚年扔掉了一些东西，但抛却的只是一些技法表面的东西，传统的积淀还在里面。她在有意无意中达到了佛家、儒家的一种高境界。

周老师作为个案来说很值得我们研究。对于她早期创作的少数民族作品，周老师和卢老师并不认可，认为只是应酬画，我认为如果不承认这批作品，就割裂了周思聪艺术风格的延续性。把这些作品和彝族人物对比，就可以研究、探索她艺术风格的变化。如果没有这批作品，那彝族人物的根源在哪？我们不把周老师这段时间的创作经历说出来，若干年当我们都不在的时候，这件事就更说不清了。要把我们这代人的认识表达出来，这样才能与后世人的认识衔接起来。

马明宸：谢谢王院长！今天您对周思聪的艺术人生的评论从生活细节到宏观见解都是非常全面的，也非常深刻的，使我们这次访谈具备特殊的价值与意义，这必将推进关于周思聪艺术的研究，谢谢！

（“我爱平凡的人——周思聪创作及写生作品展”，展览时间：2009年11月25日—12月15日）

展览档案

展览序号　084

展览名称　中国山水画研究院院展（第三回）

展览时间　2009年1月6日—11日

展览地点　北京画院美术馆第一、二展厅

主办单位　中国山水画研究院

展览序号　085

展览名称　尺幅万象——王复羊漫画作品回顾展

展览时间　2009年1月13日—20日

展览地点　北京画院美术馆第一、二展厅

主办单位　中国美术家协会漫画艺委会/北京美术家协会/北京画院/《北京晚报》

作品数量　116幅

展览前言

2008年1月15日，复羊先生走了。我们从他一生创作数以千计的心血结晶中选出百余幅作品在这里展出，以表示对复羊的深切怀念。

“尺幅万象——王复羊漫画作品回顾展”宣传招贴

复羊一生勤奋，笔耕不辍，用漫画这种艺术形式鞭挞丑恶，歌颂光明，他的作品让人在忍俊不禁中受到启发和深思。他温厚善良，从不张扬自己，虽经历坎坷，但内心充满阳光。他热爱祖国，心系人民，对待本职工作和社会工

作一丝不苟，认真负责。

复羊的作品题材广泛，风格多样，意境深远，漫画语言缜密而巧妙，造型既夸张又严谨。他继承了中国漫画的传统，有着独特的审美理念，表述问题尖锐而鲜明，是现实生活中的一面镜子。这些作品充分体现了一个人的良知、能力、智慧和责任感。他既是漫画家、报社编辑，又是漫画工作的组织者之一。复羊尊重老一辈漫画家，支持年轻的漫画作者，以团队精神共同创作出优秀作品，举办与时代和现实生活紧密结合的各项展览。这些漫画展深受群众喜爱，在社会主义精神文明建设中起到了应有的作用。

在中国美术家协会漫画艺委会、北京美术家协会、北京画院、《北京晚报》等单位的领导和同志们的热情关怀和支持下，这些作品重与大家见面，是纪念他最好的方式。岁月悠悠，人生短暂，昔日的相知相伴已化作今日的生死两茫茫，魂牵梦萦，泪千行。他是一滴纯净的水，融入历史的长河中，世代永存。

崔振国

2008年11月

开 幕 式

出席嘉宾　吕浩才（北京市文联副主席、原党组书记）

张占琴（北京市文联党组副书记）

王明明（中国美术家协会副主席、北京画院院长）

李中贵（原中国美术家协会秘书长）

徐鹏飞（中国美术家协会漫画艺委会主任）

贺成才（北京美协驻会副主席、秘书长）

郭　强（北京晚报副总编辑）

官　布（原北京美协副主席）

李滨生（著名漫画家）

崔振国（原北京美协副秘书长）

徐鹏飞致辞　各位来宾、领导、女士们、先生们，上午好！

“王复羊漫画作品回顾展”在北京画院开幕了，这是美术界、漫画界对复羊先生最好的缅怀。复羊先生离开我们已经一年了，一年来，熟悉他的人只要聚在一起总是要谈到他并惋惜他的离去。这就是口碑，这就是人格的魅力。复羊先生是人品、画品俱佳的艺术家，也是漫画界的领导人，几十年来献身于漫画事业。他能团结方方面面的人为漫画事业奋斗。他善于倾听别人的意见，总是以宽厚的心与人交往。今天，我们在他热爱一生并奋斗一生的画作前，仿佛看到了他善良的面孔、永恒的微笑。复羊先生的精神品格激励着我们、感染着我们，是我们漫画界的榜样。我们不但要画好画，更要做好人，为漫画事业的发展团结奋斗。我代表漫画界的朋友们，为筹备这次展览的北京美协、北京画院、《北京晚报》表示由衷的感谢！对崔振国先生及亲属们表示衷心的问候和敬意，谢谢大家！

郭　强致辞　　今天能代表《北京日报》参加复羊先生的展览我感到很荣幸。复羊先生在京报集团有着非常重要的地位和作用。他以漫画这种艺术形式，丰富了新闻的表现力和感召力，同时也为《北京晚报》赢得了更多的读者和作者。我是看《北京晚报》长大的，虽然很多新闻已经忘记，但复羊先生创作的漫画我却依然记得。能与复羊先生共事是我的荣幸，当时我主编的栏目叫做《朝天椒》，其中根据文字所配的漫画就是王老师创作的。每次我将文章交给他，他总会说“行，20分钟以后来拿”。这件事让我很感动。遗憾的是，就在去年《北京晚报》即将迎来50周年之际，王老师却离我们而去了。今天的展览，我认为更主要的在于弘扬而不是表白，弘扬复羊老师的艺术和精神。预祝展览圆满成功，谢谢大家！

王明明致辞　　去年我就答应要在复羊先生逝世一周年的时候为他举办一场展览。一位艺术家在离开我们之后，我们能通过展览来缅怀他、纪念他、欣赏他的艺术，这表明他是一位真正的艺术家。看了复羊先生的作品，我感觉漫画是真正的人民的艺术，它让大家愿意并且喜欢去看。漫画作品中充满艺术家的睿智，我想这是我作为一个国画家所不具备的。目前，漫画成为一个弱小的艺术门类，甚至有被其他艺术代替的趋势。但是我认为漫画的艺术本质，它对于人民的贡献是不能被代替和削弱的。复羊先生的展览引发了我很多感想，我想艺术界和美协的领导应该为漫画做点什么。但同时我也感到非常大的压力，这种压力不是来自我们可以做到什么，而是整个艺术界、艺术氛围应该给漫画怎样的空间，才能让它发扬光大。这就涉及到艺术继承的问题，复羊先生极为尊重长者、前辈，他从老先生身上吸取到丰富的营养，并融入于自己的创作。艺术家应注重对已有传统的继承和发扬，而我们现在的责任就是把传统的精华梳理出来，把艺术前辈们的思想和作品记录下来，这是一件重要的学术工程。此外，我们还要培养年轻的一代。现在的美术学院或许不会再培养漫画家，那我们就需要思考以何种渠道来培养漫画艺术的苗子，这是传承的问题，是非常重要的。今天，借复羊先生的展览，我想呼吁政府和各界组织对这件事情重视起来，从而维护漫画家的艺术天地。北京画院是继承和研究传统的文化阵地，今后我们会以自己的努力，通过展览的方式，为漫画艺术做宣传。一年以来，振国老师一直在整理复羊先生的资料，所以今天我们才得以见到如此精彩的作品，感谢她的努力。最后预祝展览成功，也祝各位老先生身体健康、万事如意！

展览序号　086

展览名称　笔韵国风——北京画院院藏山水画精品展

展览时间　2009年1月22日—2月23日

展览地点　北京画院美术馆第二展厅

主办单位　北京画院

作品数量　54幅

展览前言　　山水是中国传统绘画的一个重要题材，在魏晋之际成为一个独立的画科，不同的历史时期形成了不同

“笔韵国风——北京画院院藏山水画精品展”宣传招贴

的面貌，但是从更大的时间跨度纵观传统的山水画，它又呈现出一个整体风格，与西方风景画强调写实光影效果不同，中国山水画大多描绘淡山远水，咏唱田园牧歌，抒写荒寒萧疏，讲求托物言志、借景抒怀，强调的是天人合一、和谐优美的审美格调。

传统山水画是中国农耕文明时代的产物，中国社会历史进入现当代，自然经济解体，工商业取代了农耕经济的主体地位，人与自然之间的生存关系发生了深刻嬗变，20世纪山水画的面貌也发生了深刻的变化，综观之，呈现出三种风格倾向。一种是在清末与民国时期，山水画总体上是在延续着传统的风格与母题，保留了传统的笔墨意味、高雅格调与脱俗意趣，活跃在画坛的一些王朝遗民以及末代宫廷画师，这些人因为江山易代，对于新社会新事物大多采取回避态度，把志趣转向山林，借书画表现孤傲不群，抒写文人逸兴。这一时期也有一批人上承石涛，志在革新发扬传统，走出了传统的陈腐之气，绘出了清新的山水画卷，取得了卓著成就。另一种风格倾向是在新中国建立以后，中国山水画变革势在必行，新中国美术思潮强调面向社会人生的革命浪漫主义加写实主义，一批已经取得了相当成就的艺术家积极进行艺术新变，走出书斋，到祖国各地采风，开展了大量写生活动，配合政治建设需要，创作出了以表现新中国各项建设成就为内容的山水画作品，以及描绘祖国壮丽江山、时代新貌的佳作。清新艳丽的色调，激昂慷慨的情调形成了一个时代的典型风格面貌。另一种风格倾向是建国后六七十年代，一批艺术家致力于山水画本体艺术探索，从更加宏观的角度来开拓山水画题材，他们在格局完备的基础之上重新致力于探索笔墨意味，创作出了一批强调艺术性的山水画作品，气象开阔，风格壮丽，再开新境。在这批作品中，新时期中国山水画时代风格建构初露端倪，开启了时代新风。为了凸显现当代山水画转型脉络，这一展览精选了萧谦中、溥儒、张大千、黄宾虹、胡佩衡、傅抱石、李可染、钱松喦等大家名作，力求再现20世纪山水画发展变迁的历程。

经历了20世纪的变革转型，传统山水画终于走进了现代历史范畴，走进了当代人的审美视野。从这些存世画迹我们能够看出不同时代的画里江山，自然是永恒不变的，山水画是人的主观精神世界的映射，是生长于斯的情感体验，是人的情感投射的精神空间，是天地人之间存在关系的呈现。社会历史的变迁决定着人们的精神面貌的变化，当然也包括人的审美风尚趣好的变迁，这才是画里江山遗韵的根本原因。

2009年1月

展览序号　087

展览名称　时代芳华——中国女艺术家系列作品展之一

展览时间　2009年3月4日—15日

展览地点　北京画院美术馆第二展厅

主办单位　北京画院

作品数量　54幅

展览前言

五四运动以来，中国的妇女解放运动是伴随着民族解放运动逐步进行的。新中国成立后，更多的女性走出家门，从“家庭妇女”的角色转变成为了“社会的人”。许多卓有成就的女画家和男画家们一样，担任画院的画师、美术学院的教师，成为了有地位的、令人尊敬的艺术家。

以现在的眼光来看，在这些女画家的作品中看不到强烈的“女权”意识，但是她们的心中有国家、社会和人民，她们笔下描绘的是火热的时代和崭新的生活，真诚抒写出对新社会、新生活的炽热情感和激情颂赞。当然，身为女性，她们画中的景象更多的是对生活细节细腻的描绘和刻画，是对美丽花朵的欣赏和赞美，呈现出女性自在的典雅婉约、娟秀细腻的气质和美感。从这些作品中，我们可以看到，女画家们努力的目标单纯、真挚而可爱——画好一幅画，抒发最真切的生活情感。

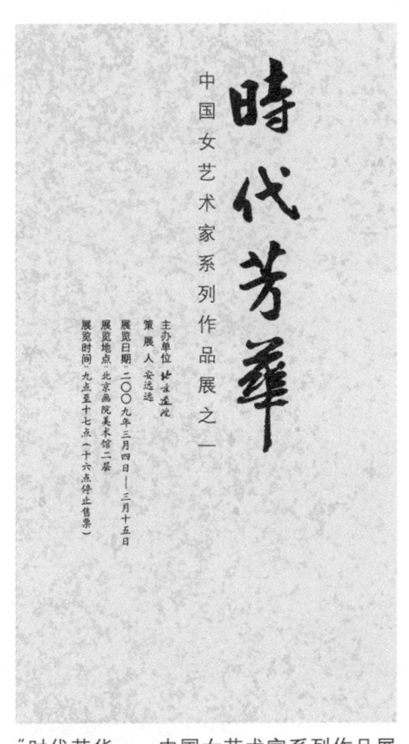

“时代芳华——中国女艺术家系列作品展之一”宣传招贴

本次展览选取的女画家作品大部分为北京画院所藏，虽然不能代表那一代女艺术家的全部风貌，但从这些创作于20世纪50年代至80年代的作品中能清晰地看出时代风格的变化。适逢共和国60周年华诞，在“三八妇女节”时举办这个展览，如同一簇报春的花朵奉献给观众，并以此缅怀老一代的女艺术家们。

安远远

展览序号　088

展览名称　丹青化境——李斛绘画精品回顾展（二十世纪中国美术大家系列展之七）

展览时间　2009年3月20日—4月6日

展览地点　北京画院美术馆第一、二展厅

主办单位　全国政协书画室/中国美术家协会/中央美术学院/北京画院/徐悲鸿纪念馆

承办单位　北京画院美术馆

作品数量　80幅

展览前言

李斛的画

李斛先生出身于贫寒之家，自幼喜爱绘画。抗日战争时期，国立中央大学从南京迁往重庆，李斛考入中央大学艺术系，受教于徐悲鸿等大师。他以无比的勤奋和坚强的毅力学习不怠，使他的艺术才华深得展现。特别是在人物画上，他融合中西，塑造了脍炙人口的各种人物形象，具有非凡的魅力，充分发挥了水

“丹青化境——李斛绘画精品回顾展”宣传招贴

墨和色彩的功能，流畅、自然、优雅而又惟妙惟肖。悲鸿曾誉其“以中国纸墨用西洋画法写生，自中大艺术系迁蜀后始创之，李斛仁弟为其最成功者”。他还在描绘夜景山水画上独具特色。他的作品《嘉陵江纤夫》、《印度妇女》、《女民警》、《披红斗篷的老人》、《工地探望》、《广州起义》、《关汉卿》、《病房的早晨》、《三峡夜航》等都带着诗一样美妙的意境和深厚的功力，沁人心脾，成为我们时代的不朽画卷。

李斛是四川人。四川是人文荟萃之地，四川的历史、文化、山川、地理等都使李斛的才思受益，使他具有不同凡响的秉赋。他为人谦逊、朴实，长期执教于中央美术学院，勤勤恳恳，深受学生的赞誉和爱戴。他在困厄中成长，在生活中经受种种不幸和打击，但始终在艺术上孜孜不懈地追求。他逝世太早了，死在56岁的盛年，我们在追思和纪念他时，很难抑制为他早逝而惋惜和伤痛的心情。他在中国人物画的发展上是一位深具代表性和影响力的巨匠，形成了自己的优美风格和体系性的造型技巧，他的名字和卓越成就无疑地应与当代美术大师并列。

廖静文

开 幕 式

出席嘉宾

孙家正（全国政协副主席）
孙怀山（全国政协副秘书长）
王胜洪（全国政协副秘书长）
卢昌华（全国政协副秘书长）
卞晋平（全国政协副秘书长）
赵喜明（全国政协书画室副主任）
张道诚（全国政协原副秘书长）
周干峙（全国政协原副秘书长）
何丕杰（民革中央副主席）
陈晓光（文化部副部长）
王文章（文化部副部长）
廖静文（徐悲鸿纪念馆馆长）
邹佩珠（李可染艺术基金会名誉理事长）
戴　泽（中央美术学院教授）
马振声（著名画家）
冯　远（中国文学艺术界联合会副主席、中国美术家协会副主席）
吕章申（中国国家博物馆馆长）
王明明（北京画院院长）
刘大为（中国美术家协会主席）
吴长江（中国美术家协会分党组书记）
徐庆平（中国人民大学徐悲鸿艺术学院院长）

王明明致辞　　尊敬的各位老艺术家、尊敬的各位来宾、各位领导，大家上午好！

2007年在策划“和而不同——北京画院院藏人物画作品展”的时候，我看到李斛先生的几件代表作品，当时的心情很激动。后来我与李蓉谈到此事，又经过进一步的沟通，于是萌发了举办李斛先生展览的念头。我们通过努力，联合了全国政协书画室、中国美术家协会、中央美术学院、徐悲鸿纪念馆几家单位，终于促成了今天展览的开幕，为此我很高兴与荣幸。通过“丹青化境——李斛绘画精品回顾展”，大家可以基本了解李斛先生艺术创作的全貌。李斛先生56岁就去世了，他短暂的一生却创作出这么多的经典作品，实在令人惊叹。中国画是需要传承和创新的，李斛先生将二者的关系处理得很好。他的作品有着清晰的传承脉络，我们可以从中看出他对前辈艺术家的继承和发扬。李斛先生的作品有着鲜明的时代气息，他是脚踩着时代与生活才创作出这样精彩的作品，所以我们说他是时代的经典。他的《女民警》、《幸福的时刻》有着清晰的时代烙印，就是那个时代的产物。我想，一个艺术家只有从生活出发，尊重与继承传统，他才能有所创新。另外，李斛先生的作品是经得起历史考验的。当今中国画坛的发展如火如荼，但同时也导致了艺术家心情的浮躁。然而当我们欣赏李斛先生的作品时，我们的心也会跟着静下来。他的作品能够滋润观者的心田，他用自己的情感，对艺术执著的精神，创作出超越时代的作品，这对年轻一代的画家是很有启示的。去年北京画院美术馆举办了一系列已故老先生的展览，这对我们来说是一个非常好的机会。而北京画院美术馆作为一个公共文化服务设施，其责任就是要做好艺术传承的关系。现在一些年轻人不知道胡佩衡、陈半丁、李斛，我对这种现象感到悲哀。因为这些老先生对20世纪中国美术的贡献与作用没有得到传播，他们的艺术没有得到更好的传承。今天，几家单位联合主办李斛先生的展览，就是要把这种艺术传统传播开来，传承下去，就是要对经典的艺术加以弘扬。当然，对经典的研究与传承需要我们花费一定的气力，但是如果现在我们不来做，那么以后的路就会更艰难。今天我在这里呼吁大家，共同努力把20世纪的美术大家、美术经典，以及这些艺术家对艺术的执著精神传承下去，这是非常迫切，也是非常重要的事情。谢谢大家！

冯　远致辞　　不久前我为李斛先生写了一篇短文，作为一个后学，我对李斛先生的艺术一直心存敬仰。今天在此我摘取文章的一段念给大家，以表示对李斛先生的缅怀与敬仰。

李斛先生是20世纪五六十年代中国人物画的重要代表人物。他和他的前辈徐悲鸿、蒋兆和，同辈画家宗其香等，与同时代发展起来的浙派人物画家群体中的方增先、周昌谷、顾生岳等，共同推动了南北呼应的新中国人物画创新实践高潮的形成。我未曾有缘谋面李斛先生，作为后学，先是通过各类画册刊物认识他的作品，后来陆续在展览会上见到他的原作，并对其一直心存敬仰。

就艺术流派而言，李斛先生与徐悲鸿、蒋兆和先生同属于现实主义艺术流派范畴，即秉持现实主义创新精神、侧重具象写实风格一路，但在表现技法上又有着独特的差异之处。从上世纪40年代到60年代前后，其水墨人物画风格发生着淡化素描、水彩手法，强化中国画线造型和平面略加明暗体积的渲染技法的渐变，并在这一变化过程中逐步确立起中国绘画观察对象、表现对象的平面结构特有手法。这不仅是一个成功，也是一种由浅入深渐进式的升华过程。

今天展览的作品和画册中选入的作品都是他当年的经典之作，反映了中国人物画的发展历程，以及经过前辈艺术家的探索，当今人物画如何形成现在这种百花齐放的面貌。李斛先生形成了一套完整的属于他的人物画创作方法和表现技法，从而奠定了其在中国人物画革新创造中的重要地位。

当代中国人物画及其未来的发展之路和学术价值取向，一直是我们应该加以关注的课题，同时它又是学术界一个常说常新、与时俱进且无有止境的话题。这次北京画院美术馆和多家单位共同推出李斛先生诞辰90周年纪念展，为中国美术界做了一件非常有意义的事情，他们尊重了历史、尊重了前辈大师。我希望从事中国画尤其是人物画创作的后学，可以从李斛先生的作品，从他的艺术探索道路中获得启示。让我们纪念他，缅怀他，谢谢各位！

展览序号　089

展览名称　彩墨生活——潘一杭近作展

展览时间　2009年4月8日—15日

展览地点　北京画院美术馆第一、二展厅

主办单位　北京画院美术馆

作品数量　53幅

展览前言

画布外絮语

“彩墨生活——潘一杭近作展”宣传招贴

艺术创作有感而发，艺术家通常长于描绘自己熟悉并且入画的对象。尤其要想在美国这样艺术千奇百怪地发展的异域立锥，寻求特定的题材和风格图式是必须的。经过早期颠沛和打拼、岁月的淘洗和历练，使潘一杭对绘画作为谋生和谋求理想两者合一的热情与创作驱动更加深沉、自觉。置身于最为直接直观的庸常生活，浮华都市、闲适情调、家居亲情、友朋聚会、泳池即景——是潘一杭多年以来尝试在现代艺术形式与现实生活内容之间寻找到互为依凭的链接关系，让平常的生活更多地投射进艺术家的创意光彩，让艺术走下博物馆堂皇精致的画框，走进并贴近当代人的生活。

潘一杭轻松放逸的笔调中透出某种印象派画风的气息。绚丽斑斓的色彩，带着些微平面装饰的趣味，犹如水中观月，隔雾赏花，弥散着温馨优雅的情调。作为既是场中人，又是局外观者的潘一杭的这批系列作品，看似无有惊人心魂的场面内容，也无出人意料的视觉效应，更无玄妙艰涩的哲学观念，却能让人直觉出期间荡漾的暖意，并且甘愿引入爱好艺术人家的身心居室，一如理想家庭的氛围需要营造呵护、温情、单纯、和谐。

看似互不关联主题，实质却是同一个命题的不同角度诠释。作品虽然从某种意义上显

示了一个风格矛盾的潘一杭，一个艺术取向多样并置的潘一杭，但却不能改变一个从内心深处关心人的生存状态的潘一杭。描绘恬静闲适的生活现象无疑是一种揭示美的路径，而表述萌动不止的精神欲求同样是一种追求美的方式。谁是真实?谁更真实？诚若一表一里、由内而外，又由表及里、恰成比照；相映成趣，相映辉耀。赏心悦目之余，彼我皆能识辨出不一样的内涵启迪来，但说到底，谁能否认，画既要可读，更是先要可看的道理。

冯　远

开幕式

出席嘉宾

冯　远（中国文学艺术界联合会副主席、中国美术家协会副主席）

刘　健（中国美术家协会秘书长）

龙宇翔（中国国际文化传播中心党组书记兼执行主席）

徐　希（著名艺术家）

张　广（著名艺术家）

艾　轩（著名艺术家）

梁　江（中国艺术研究院美术研究所所长）

邹跃进（中央美术学院美术史系主任）

吕品田（《美术观察》主编）

尚　辉（《美术》杂志执行主编）

张　健（北京市文化局艺术品处处长）

张子康（今日美术馆馆长）

于　水（《北京晚报》总编室主任）

冯　远致辞

各位来宾，各位艺术家朋友，欢迎大家今天能够出席潘一杭先生的“彩墨生活”作品展！利用这样一个机会，我谨代表中国文联，并以一个画家同行的身份祝贺展览开幕。

潘一杭先生与我应该是同一代人，他的生活经历一点不亚于我们的丰富。早年他跟我们一样都当过知青，后来“文革”结束以后恢复高考第一年，他以优异的成绩考入当时的浙江美术学院。经过四年的专业训练，潘一杭创作了很多优秀作品，并在毕业之后成为一个专业艺术家，后来又有机会到美国继续钻研求学。潘一杭先生在入学前后所创作的作品让同龄人都非常羡慕。到了美国之后，他又在马里兰大学从事抽象艺术的学习和研究，并举办了各种各样的艺术展览，得到了老师的赞赏。此后，他又在很多国家和地区举办了作品展。

国内改革开放30年，潘一杭先生跟我们一样都经历了大的时间和空间历史的变化。多年以后潘一杭先生带着他的作品回到自己的国家，首次在北京举办展览。通过简短的介绍，我想在座的年轻朋友会对他有更多的了解和比较。接下来特别介绍几个作品系列：一是以亲情、家庭系列为主题创作的彩墨作品；一是人体水墨表现主义风格比较强烈的作品；再一就是抽象艺术作品。这些年来，作为一个生活在异域的艺术家，尤其生活在像美国这样一个以千奇百怪、各种样式来发展艺术的国度，要能够以一个自由艺术家来立足很不容易，尤其当我们更多看到是国外艺术家成功的一面。艺术家在成功的道路上所经历的艰辛和艰难往往是常人所难以想象的，潘一杭先生也经历了同样的过程。首先一个非常现实的问题——谋生。在美国这样一个艺术国度要想立住脚，同时在各种门类间逐步打开局面，更多需要的是一种对艺术执著的奉献精神。对潘一杭先生来说，这种艰难不亚于后来成功给他带来的喜悦。我也是因为看到他更多的作品，所以才有更深的体会。

今天看到的很多作品表现了温馨的、具有诗意化的母子题材、家庭亲情题材，表面上这是生活的一种情调，但作为一个艺术家，在美国这样一个重商主义、物质主义，被现代建筑、现代工业文明包围如囚禁铁笼的生活状态下，他的艺术能表现生活情形和对生活的向往、对自然田园生活的追求，是艺术家心灵的追求。我们在潘一杭先生多彩的作品中能感觉到他如何用中国的技法通过西洋绘画的丰富色彩来表现这种带有诗意情调的家庭生活。我们在这些作品中间读到的更多的是一种温馨、一种诗意化的情调。同时我们也感觉到潘一杭在日常生活中去寻找那些可以表现的题材，比如母与子、豆蔻年华的青少年们和处于多梦时期的少男少女们。这种题材的背后实际上体现了潘一杭对于日常生活重新回归的守望意识。同时在华丽的、丰富的色彩背后，我们能感觉到他作为一个父亲、一个丈夫，一个爱护子女的艺术家的赤诚之心，我们也由此感觉到一个平淡的、友善的、忠诚的一个艺术家的才华显露。

而他的水墨人体系列完全是另一种风格，他取材于不同姿态的人体造型，这种不完整的人体造型通过躯干、四肢和经典的造型来表现绘画的张力。在这中间，我们能感觉到一个执著、有力和不安于现状、勇于探索的艺术家，是另外一个潘一杭。他的第三个系列是以色彩的旋律来组成的抽象绘画样式，展品虽然不多，但已能够充分表现出潘一杭近年来在不同系列艺术创作上的良苦用心，以及在不同艺术风格表现技法和风格探索方面所投注的心力。

潘一杭先生是一位非常谦和的艺术家，他与那些性格比较张扬而且艺术家气质非常鲜明地流于外形上的艺术有所不同，因为他表现了东方式艺术家的谦和、圆融，以及对传统文化的敬畏。通过对东西方艺术的学习研究，他把两者尽可能完善地组合在一起。我觉得这就是潘一杭先生取得的成果，我们祝贺他，也谢谢大家的光临。

潘一杭致辞

首先谢谢各位的光临。我从小就向往能在北京举办一场个展，所以今天的展览对我来说显得尤为重要。再次感谢文联、北京画院及美术馆的领导，以及展览策展人余丁先生，帮助我达成心愿。今天来的很多都是我的师长、忘年之交，还有新交的同仁们，他们都是我一生之中的重要财富。

刚才冯老师对我的介绍如同一篇很美的文章，让我受宠若惊，谢谢冯老师！作为77届文科第一届浙江美术学院油画系毕业的学生，我今天展示的都是纸本绘画，在这里，我做一个简单的介绍：

研究生毕业后，我在纽约的画室很小，不允许我画大型油画。一次偶然的机会，我在高丽纸上画了一些画，这种尝试让我体会到纸本绘画有更高的挑战性。后来在徐希老师的鼓励下，我又过渡到宣纸，并发现传统宣纸其实有很多优点。我们在生活中常常会碰到很多偶然的情绪和感受，这种感受通常是一种机缘，往往瞬息即逝。中国画有一个长处，就是它能使你在很短的时间抓住这个感情。再者，宣纸很难驾驭，但越有难度我就越想要挑战，所以一画就是十几、二十年。人们问我何时回归油画，可我觉得运用宣纸作画还有更多可开发的空间。

一次，我在大都会看到美国一位大师的展览，其中有件作品就是同时创作了油画和水墨两种题材。我立即被作品吸引住了，并发现很多观众都对水墨画有很大兴趣。水墨有一种偶然的、想象不到的效果，而油画发展到现在已经没有太多可开发的余地，所以这也是我专心于宣纸创作的原因。

这次参展的作品更多运用的是西画法，我想今后我还要学习中国传统画法。我在海外待了很长时间，走访了各大博物馆、画廊，也参加了很多展览。我感觉现在绝非一个画种就可以一统天下，而是进入了多元化的时代。所以绘画的重要性不在于使用何种媒介，而是艺术家的真诚、执著和真实。我现在并不会去盲目模仿西方，而是静下心来寻找与开拓属于自己的艺术道路。

我热爱生活，特别是我的家庭，所以我重点表现周边的生活。今天，我的家人也从纽约赶来，一双儿女给我带来无限的快乐，而我的夫人总是在背后默默地支持着我。她还是我作品的第一观者，也是很好的评论家，总是在我迷茫的时候带给我很多启发。

最后，再次感谢大家的光临！希望大家多提宝贵意见。对于一个艺术家而言，艺术上的一小步都是最快乐的事情，而这常常发生在不经意的交谈中或者源自导师的一句点拨。谢谢大家！

展览序号　090

展览名称　地球的红飘带——沈尧伊大型长征连环画原作展（上海巡展）

展览时间　2009年4月15日—5月3日

展览地点　上海美术馆二层五、六展厅

主办单位　北京市文化局／海市文化广播影视管理局／北京美术家协会／上海市美术家协会

承办单位　北京画院美术馆／上海美术馆

作品数量　145幅

展览序号　091

展览名称　超纵至诚——纪念李苦禅先生诞辰110周年作品展（二十世纪中国美术大家系列展之八）

展览时间　2009年4月17日—5月10日

展览地点　北京画院美术馆第一、二展厅

主办单位　全国政协书画室／中国文学艺术界联合会／中国美术家协会／中央美术学院／北京画院

协办单位 李苦禅纪念馆／李苦禅艺术馆

承办单位 北京画院美术馆

作品数量 80幅

展览前言

“雪个先生无此超纵，白石老人无此肝胆。”这是中国近现代艺术大师齐白石为其得意高足李苦禅所做的品画跋语。超纵者，言苦禅先生之艺术进一步脱略形似，不为俗累，得道三昧，“万物与我心冥合”，挥写造像入乎“纯任意运”之境界。苦老远追青藤、八大写意神髓，近得缶翁、白石丹青真谛，在传统笔墨精义之中注入时代精神，苦心求索，锤炼熔裁，力促二十世纪中国写意花鸟画艺术再开新境，创造出了一种质朴刚健、清新古雅的大美，其中亦不乏禅趣。

“超纵至诚——纪念李苦禅先生诞辰110周年作品展”宣传招贴

至诚者，言苦禅先生之人品。先生生于孔孟之乡，笃守“志于道，据于德，依于仁，游于艺”之儒圣古训，又颇具侠骨义气，以他人之饥为己饥，以他人之寒为己寒。抗战年代，他倾囊资助革命同志，沦陷时期，他横眉冷对入侵日寇，动乱年代，他保持铮铮铁骨，执教一生桃李天下，于国、于家，于人、于艺，可谓至诚，入乎人品与画品合一之境界。

值苦禅先生诞辰110周年之际，我们再次缅怀大师，重读他浩气长存笔墨之间的大作，更为感叹、敬佩与仰慕。

2009年4月

开 幕 式

出席嘉宾

郑万通（全国政协副主席）

廖静文（徐悲鸿纪念馆馆长）

邹佩珠（李可染艺术基金会名誉理事长）

李慧文（李苦禅先生夫人）

王明明（中国美术家协会副主席、北京画院院长）

唐勇力（中央美术学院中国画学院院长）

徐庆平（中国人民大学美术学院院长）

李　燕（清华大学美术学院教授）

韩晓光（济南市园林局局长）

刘　萍（山东省高唐县政府副县长）

高　巍（李苦禅纪念馆馆长）

王振国（李苦禅艺术馆馆长）

唐勇力致辞

各位艺术家、理论家、同志们，大家上午好！

李苦禅先生是中国20世纪美术史上为继承发扬传统中国画艺术做出了巨大贡献的著名

艺术家。值此苦禅先生诞辰110周年之际，组织策划这次展览，是我们美术界同仁共同缅怀苦禅先生，从中饱读其艺术历程的宝贵机会。

李苦禅先生于1899年1月出生在山东省高唐县一个贫农家庭，1918年来到北京，在北京大学附设的“业余画法研究会”师从徐悲鸿先生学画。1919年参加了“五四”爱国运动，1922年考入国立北京美术学校，在西画系学习油画。1923年拜国画大家齐白石先生为师，后应林风眠校长之聘赴杭州艺专担任中国画教授。抗战开始后，他毅然辞去教职参加了地下抗战工作。1946年，应徐悲鸿之聘任北平艺专教授。新中国成立后，苦禅先生在中央美术学院担任了中国画系教授，又任中国画研究院院务委员、中国美术家协会理事等职。在艺术上，苦禅先生远追明清徐渭、朱耷，近承吴昌硕、齐白石等大家，有机融合了中西方绘画，形成了自己的艺术风格，开拓了近代中国大写意绘画的新途，创作出了一大批珍品佳作，为弘扬我国传统艺术，繁荣新中国美术事业做出了重要的贡献。

我们广大美术工作者应以苦禅先生为楷模，继承他爱国敬业的高尚精神，学习他至善至诚的伟岸品格，弘扬他大胆变革的雄壮气魄，创作出更多更好的作品来回报社会。最后，预祝展览取得圆满成功，谢谢大家！

王明明致辞

尊敬的郑万通主席，尊敬的各位老艺术家及来宾，非常感谢大家的光临，我谨代表展览组委会向大家表示衷心的感谢。

苦禅先生是20世纪伟大的花鸟画家，同时也是北京画院的画师，他的艺术、人品一直为大家所称颂。在他去世的这20余年来，每当我们聚会的时候，总会回忆起他的人品和画品。这次展览给我的感想很多，一个艺术家能够把作品留给后人，让人们经常去怀念，这并不是一件容易的事情，因为作品是需要经过历史检验的。北京画院举办“二十世纪中国美术大家系列展”就是让大家有机会去回顾这些老先生为艺术所做的努力，他们是美术史上的一座座丰碑。通过对这些老先生进行艺术梳理，我越来越感觉到他们的珍贵。在世的画家常常会进行横向比较，而这些老先生却更注重纵向比较，向前看是古人，往后看有后学。我认为苦禅先生的高贵品质就在于他继承了前人的优良传统，发展了自己的风格，同时也对后学倍加爱护，这点让我很感动。我6岁的时候曾经去过苦禅先生家，他把我抱在桌子上教我画画。可见苦禅先生不管学生年龄的大小，都是一样的关爱。每当我们回忆起他的时候，心中就会涌起一股暖流。我们现今的艺术家要多进行纵向比较，这样你才不会骄傲，因为之前的老先生，他们的作品是能够代代流传的，是能够在历史中站住脚的。作为后学，我们应该多学习苦禅先生的平易近人，学习他对艺术的执著精神。

在北京画院美术馆的三、四层陈列着齐白石老人的作品，而在一、二层就是齐老的弟子——李苦禅先生的展览，所以大家可以对比着来看，从中找到二者紧密的传承关系以及苦禅先生在艺术上的独特之处。苦禅先生在继承前辈的同时探索出属于自己的艺术语言，我们通过对他的研究，可以找出有益于我们创作的艺术规律，并从中获得启示。我想，我们应该珍惜20世纪中国画坛的这一代老艺术家们，要经常回顾他们，借鉴他们的创作经验，这样我们的艺术才会有所长进。最后预祝展览成功，也再次感谢郑万通副主席于百忙之中出席今天的开幕式，感谢廖静文、邹佩珠、李慧文三位先生参加展览剪彩，谢谢大家！

李　燕致辞　　俗话讲，人走茶凉。值得欣慰的是先父虽然辞世多年，但这杯茶并没有凉。今天来了这么多贵宾，也足以见证先父的人品和人缘。这反映的不仅仅是各位与先父的友谊，更表示出先父的道德品质和艺术品质。今天，我们纪念一位已故的艺术家，其意义不仅是对个人的怀念，而是对中国传统艺术的回顾。我们家里人常说，苦禅老人不只属于我们这个小家，他也是属于中华民族的，是中国文化财富的一部分。非常感谢今天到场的诸位贵宾，感谢郑万通主席前来参加开幕式。今天，三位老人相聚于此，他们都是90岁左右的高龄，能共同出席是很不容易的。我母亲今年已经91岁，她因为身体原因一年多没有出过门。但今天她要来看看以前的老朋友，回忆那些曾经过往的酸甜苦辣。我父亲与可染先生、徐悲鸿先生之间有着特殊的友谊，我们可以从他们三人身上看到中国近代美术史发展的缩影，并且从他们的经历看到近代中国所走过的风雨历程。我相信通过展览，大家不只是感受到先父的艺术魅力，还会感受到中华民族的力量，感受到近60年来艺术发展的变化。欣慰的是我们赶上一个好时代。想说的还有很多，不过大家还是与苦禅先生的作品进行对话吧。我代表全家再次对诸位的到来表示感谢！

展览序号　092

展览名称　地球的红飘带——沈尧伊大型长征连环画原作展（常熟巡展）

展览时间　2009年5月5日—22日

展览地点　常熟美术馆一、四、五号展厅

主办单位　北京画院美术馆/常熟美术馆

作品数量　145幅

展览前言　连环画《地球的红飘带》是一部以红军长征为题材的连环画，根据魏巍创作于1987年的同名长篇小说改编。绘画创作沈尧伊，历时6年（1988—1993），分5集，共画连环画926幅，人物肖像64幅。其中历史真实人物出现77名，虚构人物23名。

沈尧伊先生毕业于中央美术学院版画系，他将版画技法与连环画创作相结合，为连环画创作的发展掀开了新的一页。在《地球的红飘带》的创作过程中，他将木刻、石版和铜版的艺术语言融为一体，把生活形象归纳成各种明确的点、线、面的"符号"。尤其在众多真实人物形象的塑造上，摆脱了照片翻版痕迹的同时还增强了人物性格的特征和视觉形象感。他以饱满的热情，全身心地投入整个创作过程，曾两次到长征路上体验生活，多次访问当年参加过长征的老同志，从而深刻地领会到笔下人物的性格特点，特别是对毛泽东、周恩来、朱德等领袖人物，不仅形似，更在于神似，刻画了他们伟大的革命领袖气概，使我们感到可亲可敬。作为历史纪实连环画，沈尧伊先生把故事发生的自然环境、社会背景和人文元素作为创作的基本内容，进行了严谨而生动的描绘，使观众感受到历史纪实影片一样的客观和全景画一般的宏伟。他还善于把典型人物与特定历史下的典型环境结合起来，如硝烟弥漫的战地拼杀，波涛汹涌的江河飞渡，崇山峻岭的天险奇袭，雪山草地的风云变幻……都给我们以深刻的艺术感染力。

"连环画《地球的红飘带》出色地完成了：艺术内容与艺术形式的统一，历史真实感

与美感的统一、画面整体连续性与独立欣赏性的统一。”（孙滋溪先生）它是连环画创作中表现革命历史题材的成功典范。其除了细节上的真实之外，还如实、生动地再现了典型环境中的典型人物，亦可说将现实主义美术创作向前做了有力的推进，是一个时期内现实主义美术创作的代表。

值此建国60周年之际，北京画院从全套连环画《地球的红飘带》的收藏中选取百余件（包括创作素材）举办此次展览，是想以一种新的方式，更贴近、更深入地回顾这一优秀的艺术作品，使观者再次感受长征深刻隽永的历史意义，重温长征给予我们的巨大精神力量。

展览序号　093

展览名称　大爱无疆——什邡北京心连心书法展

展览时间　2009年5月12日—17日

展览地点　北京画院美术馆第一、二展厅

主办单位　北京市文学艺术界联合会/北京书法家协会/北京画院/什邡市文学艺术界联合会/什邡市书法家协会

展览序号　094

展览名称　本·色2009　孙向阳、莫大风、姜建忠、张利、李晓刚、何大桥、匡剑油画展

展览时间　2009年5月20日—29日

展览地点　北京画院美术馆第一、二展厅

主办单位　北京画院美术馆

协办单位　本·色画廊/东京银座ARTONE画廊

开 幕 式

出席嘉宾　刘大为（中国美术家协会主席）

张祖英（中国油画学会副会长兼秘书长）

林　凡（中国工笔画会会长）

雷　波（北京画院副院长）

李朝元（解放军艺术学院美术系政委）

“本·色2009　孙向阳、莫大风、姜建忠、张利、李晓刚、何大桥、匡剑油画展”宣传招贴

刘大为致辞　尊敬的各位艺术家朋友、各位领导、各位来宾，

今天这个展览开幕我非常高兴。今天参展的艺术家是我还有在座很多老教员20多年前的学生。当时我刚从中央美院念完研究生，只有20多岁，而这些画家当时也就十七八岁、二十岁左右，到现在都快年过半百。20年在人生短短的几十年中是一个不短的时间概念。当我看到他们取得了这样的成绩，我由衷地感到高兴。军

艺美术系在建系以来始终注重基本功训练，坚持面向生活，坚持为部队服务，这条教学路线、训练方法后来在我们的实践中得到了印证。这些学生精彩的写实油画作品，如今已经开始在美术界显露出来，成为美术发展异彩纷呈状态下的一支生力军。他们坚实的造型基本功、对色彩和对绘画形式的处理方法令人耳目一新，且各具特色，形成自家面貌。我今天来，一是参加这些老学员的展览开幕式，同时也是增长见识的好机会。最后，祝展览取得圆满成功！祝这几位油画家取得更好、更辉煌的成绩！也感谢大家前来参观展览。

林　凡致辞　　我是从事国画创作的，当时美术系有三个专业：油画、国画和美术。这七位参展的艺术家可谓不拘一格见人才，他们之中有两位是油画系出身，其他人则不是，但最后都走到了油画创作的道路上。军艺还是不拘一格育人才，刘大为老师是军艺大大的功臣，他培养的学生都很出色，这七位艺术家就是很好的代表。我希望从这次开始，军艺可以分批分期地举办展览。同时也祝愿各位画家前程远大。

孙向阳致辞　　我作为参展画家的代表，向今天前来参加展览的各位领导、各位老师、美术界的同仁朋友们表示衷心的感谢。同时也感谢北京画院美术馆为本次展览提供的大力支持。希望各位给予我们批评指正，谢谢大家！

展览序号　095

展览名称　实者慧——邹佩珠、李小可、李珠、李庚捐赠李可染作品展（二十世纪中国美术大家系列展之九）

展览时间　2009年6月1日—17日

展览地点　北京画院美术馆第一、二、三展厅

主办单位　全国政协书画室/北京画院

承办单位　李可染艺术基金会/北京画院美术馆

作品数量　122幅

“实者慧——邹佩珠、李小可、李珠、李庚捐赠李可染作品展”宣传招贴

展览前言　　我和可染是两个苦人儿。我母亲在战争年代因在河滩洗衣感染了破伤风的疾病，一天过世，父亲因此双目失明。家中还有3岁小妹、5岁的三妹、7岁的弟弟，大姐只好外出找工作养家，家遭几次轰炸，赤贫无依无靠，我靠国家贷款上完艺专。可染出生在一穷二白三无文化的家庭。父亲先是打渔为生，娶了卖青菜人家的女儿为妻，勤劳持家开个小饭铺。因父亲早亡，饭铺只好停业，姐妹又多，可染16岁即担起供养全家10余口人的担子。抗日战争开始，他投奔武汉周恩来同志领导的三厅进行抗日宣传工作。武汉失守、长沙大火，周恩来同志带领他们行军撤离长沙，转移到桂林、贵阳，最后到重庆，无处不轰炸。因长途跋涉，除身上穿的，其余所剩无几。后又得

知妻子病故，贫病交加，患高血压、失眠等症——他自身难保。

我同可染的妹妹李畹是同学加好友，因此与他相识。那时他病体骨瘦如柴，走起路来摇摇晃晃，手拄拐杖。1944年初，我们结婚后才见到他的实情——全身红点，瘦得只有一层皮，肋骨腿骨看得清清楚楚。我心酸难忍，但不能告诉他妹妹，因为她还要靠哥哥帮助生活，如知此情况怕她不愿张口。当时我想今后一定要扶助他的事业并把他的身体调理好。因为在战争年代结婚，老人都不在身边，李超士教授做我的主婚人，林风眠院长为可染的主婚人，刘开渠是我俩的证婚人。结婚当天一起吃了顿饭，没有今天什么几大件，更没有什么红木家具。借学校的木本色的单人床、一块画板和两把高腿条凳，借到了学校附近老乡堆草的一间屋，又向老乡借了一张桌面有裂缝、四腿会摇晃的方桌，一把窄的条凳，为我俩吃饭用。房子是土打的，地面墙面都七高八低。为表示为新房，我和李畹买了扫把和石灰，把墙刷了一下。不刷还好，一刷更花了，但是意思到了，是新房，再没有别的了，幸好我们有两双手。

我们俩都是旧中国的目睹者，旧社会的见证人，战争年代的幸存者。我们俩又都是文化人，唯一的想法是如何为自己苦难的国家做些什么。

1949年，毛主席在天安门城楼上庄严宣布："中国人民站起来了！"这豪言壮语把我们天安门下的几十万人和全国人民激动得无法形容。可染更下定决心全身投入到中国画改革的工作中，用自己的成绩为国家和民族在世界上争得应有的尊重。我敬重他那种艰苦勤奋、谦虚求实的精神。他对知识的渴求似贪吃的饕餮，无止尽。学生时代，可染进了图书馆就废寝忘食，中午吃饭时请管理员把他反锁在里面。为了在事业的探索中获得更大的自由、攀登高峰，他加强基本功修养；拜师求教，不断加深自身素质，一生不辍。晚年，他篆刻了一枚印章"白发学童"。

可染改革中国画的工作是一件非常不容易的事。因为中国画和京剧都是我们的国粹，要想改革和发展不花大力气是不行的，甚至用一生的精力还不够。文化事业的发展需要更多的人参与，一棒接一棒、一代接一代传下去，如不能坚持到底，可能一无所得。可染深有体会，他说他一生没有做过好梦，经常从噩梦中惊醒。在高的阶梯上想再上一层太不容易了，他曾经有一印语"峰高无坦途"。徐州家乡为可染百周年搞活动，我写了两句话："历尽艰辛闯四难，只为弘扬民族魂。"我敬仰可染，更因为他爱祖国爱人民的情操；对自己民族文化的热爱和执著；对艺术精益求精的精神。所以在与他共同生活的半个世纪及他去世后的20年中，我从没有一天停止为实现他的理想而努力工作。

1989年，可染猝然辞世，没有留下遗言。属于他的那部分遗产，今按《继承法》由法院分割处理了。惜！但我不能屈了他的一片爱国之心，今天只能把属于我的这一部分作品，作为可染和我及三个子女李小可、李庚、李珠的心意共同捐献给国家筹建的美术馆。

我希望正如冯远同志在可染百年活动中说的一句话："李可染的艺术好比一口很深的井，越往下挖越有东西。"最近韦江凡因脑血栓在医院住了半年，刚出院回家，即给我来了电话，激动地说："可染先生常对同学们说：你们挖井，不能东一下，西一下，要深挖下去。"江凡还说："这次我在医院看到可染百年画集，越看越觉得可染先生人物这口井、山水这口井挖得多深呀！"我非常感谢！美术馆的建成，会使这批作品便于广大书画爱好者探讨研究；为后来者、外来者了解20世纪中国文化起到桥梁作用；为深挖中国文化这口井尽一点力。

我要感谢可染逝世后20年来许多相识和不曾相识的朋友无私的帮助，在此致以衷心的感谢！

邹佩珠

2009年5月14日晚

开 幕 式

出席嘉宾　郑万通（全国政协副主席）

阳安江（北京市政协主席）

王文章（文化部副部长）

廖静文（徐悲鸿纪念馆馆长）

邹佩珠（李可染艺术基金会名誉理事长）

冯　远（中国文学艺术界联合会副主席、中国美术家协会副主席）

吕章申（中国国家博物馆馆长）

郑闻慧（炎黄艺术馆馆长）

侯一民（中国壁画学会会长）

王林旭（全国政协常委、中央民族大学副校长）

沈宝昌（北京市政协副主席）

刘中军（文化部艺术司副司长）

王　珠（北京市文化局副局长）

吴长江（中国美术家协会常务副主席）

杨晓阳（中国美术家协会副主席、中国国家画院院长）

施大畏（中国美术家协会副主席、上海画院院长）

孙红培（中央美术学院党组副书记）

董小明（深圳文联主席、深圳画院院长）

李小可（北京画院艺术委员会主任、黄山画院院长）

李　庚（京都造型艺术大学教授）

李　珠（李可染艺术基金会办公室主任）

王　珠致辞　尊敬的郑万通先生、尊敬的阳安江先生、尊敬的邹佩珠先生，各位来宾、女士们先生们，大家上午好！

李可染先生是我国20世纪美术史上的著名书画家，也是中国文化史上取得了卓越成就的大家，还是致力于在国际范围内弘扬东方艺术并产生了重大影响的大师。今天，李可染先生的夫人邹佩珠及其子女李小可、李珠、李庚把李可染先生具有代表性的重要作品捐献给国家，并且在这里举办展览，把这些艺术精品展现给社会，这是首都艺术界的盛事，也是我国文化事业发展的大事，我谨代表北京市文化局向邹佩珠先生以及李小可、李庚先生、李珠女士表示最诚挚的感谢！

李可染先生的艺术不仅源于他的审美经验、他的气质个性，也植根于深层民族心理意识结构，是与民族审美心理源远流长的潜流汇合在一起的。他的艺术在整个中国美术史上具有里程碑的意义。这一批捐赠作品集中代表了李可染先生的艺术成就，也记载了中国画史在20世纪发生的重要转折。可染先生的艺术是我们国家的文化瑰宝，更是全人类的精神财富。

邹佩珠先生作为李可染先生的忠实伴侣，与可染先生共同度过了45个春秋，在近半个世纪的岁月中，邹佩珠先生始终精心照料可染先生的生活，在不同的历史时期共同面对各种困难，支持可染先生的事业，为保存可染先生各时期的重要作品以及珍贵文献，推动可染先生的学术研究以及弘扬民族艺术做出了重要贡献。将李可染先生的作品捐献给国家一直是邹佩珠先生的心愿，此次捐赠使这一批国宝级的艺术作品进入国家博物馆，得以妥善收藏保存，这是我国新世纪艺术史上一次重要的捐献活动，也是一项爱国的善举，这一举措也如同艺术作品一样可以堪载史册，流芳千古！整个文化艺术界感谢你们，国家感谢你们！

中国书画艺术是我们民族的宝贵财富，全社会应该携起手来做好传统艺术的发掘整理、保护弘扬工作。全国政协主席贾庆林指出“捐赠是艺术品最好的归宿”，邹佩珠先生及其子女的举措为全社会做出了很好的楷模。希望全社会的力量凝聚起来，无论是国家文化机构还是民间文化团体，乃至个人收藏家，都能够以此为契机，在全社会范围内兴起一股保护传统文化艺术遗产的良好风气，加大对民族文化遗产抢救整理力度，把我们民族优秀的传统文化进一步发扬光大，为我们国家的文化建设、为中华民族的伟大复兴贡献力量！

最后，预祝展览取得圆满成功！

邹佩珠致辞

将可染的作品捐献国家是很早就有的想法，并不是今天才决定的事情。原本计划在可染诞辰100周年的时候捐赠这些作品，比较有历史意义。但因可染遗产案而拖延，这几年我身体状态欠佳，常常因病住院。

年老的人就像树上熟透的果实，恨不得一碰就掉了。我焦急万分，直到5月14日结案，我才有机会和权利把可染留给我的作品捐给国家。建国60周年，可染逝世20周年，再过一个多月，就是我90岁的生日，也是我从艺70周年。捐赠这些作品，对于可染和我来说，是了结了一个重大心愿。我要感谢社会各界支持这件事的所有人。1944年12月，我生下小可时，已经是五个孩子的母亲，那时我只有24岁。生活的担子很重很重，生活上的拮据伴随了我一生。我和可染结婚以后，只给娘家寄过200块钱。一次是父亲去世时，我寄去100元作为火葬费。另一次是弟弟去世，寄去100元。

我和可染都是从战争年代过来的人。重庆大轰炸，我们与死亡擦肩而过。解放之后，又历经了自然灾害和政治运动，特别是“文化大革命”，抄家、批斗、戴高帽子、关牛棚……那时家里毁了很多东西。“文革”之后，环境变好了，可是可染年纪大了，身体多病，我昼夜不离地照顾他，这种日子持续了20年，真是提心吊胆一辈子。可染去世了，很多事情他没有来得及办。在对可染进行遗体告别的时候，叶浅予同志靠近我的耳朵对我说，“解放了解放了”，安慰我。可染去世后的20年里，曾经两个人分担的工作，从此由我一个人担当。好在小可和李珠两个孩子在身边，分担了我大部分工作。我们在大雅宝胡同居住了25年，可染画室有个大煤炉，每年冬天需要烧一吨半的煤，都是我来砸的。为了不伤害他的作品，我的手从不用任何护肤品。为了他工作上的进展，无论他需要什么，我都设法办到。可染晚年的时候好忘事，头天买的东西第二天就忘记了，但是还要急用。我要像福尔摩斯一样分析、考据，一直到把东西找到为止。1980年，可染参与了纪录片的拍摄工作，但他的心脏病时常发作，晚上来不及送医院，我一边当大夫给他吃药，一边当护士守护他到天亮，第二天早上还要给拍摄组准备资料。这些年来，三百六十五行，需要我做哪一行，我都要学会并掌握。1999年，“东方既白——李可染艺术展”开幕，当时可染的四妹看过展览，激动地说：“没有二嫂就没有我二哥的今天。”可染对我确实也很尊敬，每次画完一幅画，都要让我给他提意见。如果我说“这张画还不错”，他就会说“这是对我最高的奖赏”。

三年的遗产诉讼，我再一次感到人生百味。现在，我将属于我的那一部分遗产捐赠给国家。今天，我替可染交上了卷子。这些作品是用我们的劳动，用我们的生命换来的，如果不能将此捐赠国家，我是不会合眼的。今天，我和可染的心愿算是有了着落，我的心情可想而知。我非常感谢各位领导、嘉宾来参加展览开幕式，再一次感谢大家！

展览序号　096

展览名称　方寸回望——贺友直连环画原作展

展览时间　2009年6月19日—7月29日

展览地点　北京画院美术馆第一、二展厅

主办单位　中国美术家协会/北京美术家协会/上海市美术家协会/北京画院/上海美术馆

承办单位　北京画院美术馆

作品数量　102幅

展览前言　“读图时代”对我们这几代人而言是伴随着阅读连环画而成长的青少年时代。在上世纪40—80年代那个可谓中国连环画的黄金时期，这种用连环绘画对文学脚本的再度阐释和创造，为社会现实的批判与认识、为那个年代文化知识的普及、为革命理想主义和英雄主义的教育、为少年儿童的文化启蒙与课外娱乐起到了至关重要的作用，这也是连环画能够在那个年代普及并成为人们日常文化生活的重要原因。

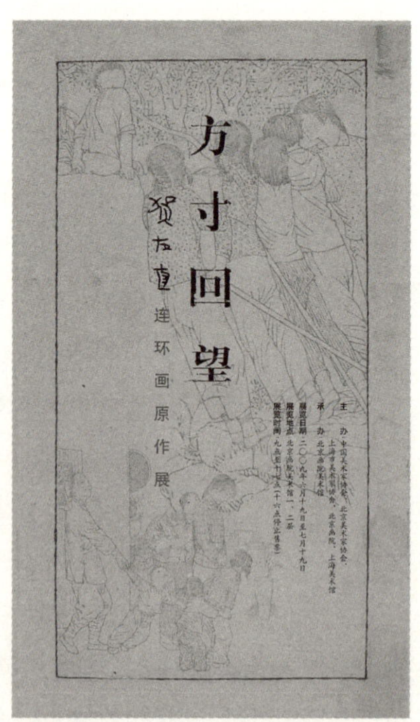

“方寸回望——贺友直连环画原作展”宣传招贴

正是在那样一个物质匮乏而需要文化普及的“读图时代”，我们熟知了贺友直这样一位在20世纪产生深远影响的连环画家。“贺友直”这

个名字也成为我们这些美术“粉丝”心仪已久的偶像。

从1949年创作第一部连环画《福贵》开始，贺友直先后创作了八九十部长长短短的连环画，作品逾万幅。其中《火车上的战斗》获1957年全国青年美展一等奖，《山乡巨变》、《白光》分获全国第一、二届连环画创作评奖绘画一等奖，并有作品先后在法国、挪威、意大利、瑞士参加国际性连环画展，是一位具有国际影响的中国连环画家。1981年，他参与创办中央美院连年系，成为我国第一位连环画教授。

贺友直无疑是20世纪最具代表性的连环画家之一，他的《山乡巨变》、《李双双》、《朝阳沟》、《小二黑结婚》以及《白光》等不仅影响了从那个时代成长起来的一代青少年，而且成为那个岁月最具有时代精神的一种艺术象征。他对于那个以解决农村社会变革为时代主题的农村生活的体验，对于那些相貌纯朴、性格鲜明的农民形象的塑造，对于当时一些流行文学作品的脚本再度创作所展开的想象、所“制造”的生活情节与生活细节（如小道具、小动物、小动作、小孩儿等），对于写实形象的民族化线描与构图形式的探索，不仅丰富了文学作品的思想内涵，而且构成了贺友直连环画艺术的重要特征。

贺友直连环画对于文学作品的再度创造与阐释，在某种意义上已独立于文学作品之外而具有绘画独特的审美价值。这是我们今天仍然能够欣赏他的作品，并常读常新从中不断获益的重要原因。贺友直曾先后两次将他历年创作的连环画手稿捐赠给上海美术馆，总计2000余幅。今天，在这里展览的是从上海美术馆贺友直专题收藏中精选出来的他的各个时期的代表作。我们相信，这些作品依然能够传递出我们当年对于连环画的阅读渴望与温情回忆。

尚　辉

开幕式

出席嘉宾　王明明（中国美术家协会副主席、北京画院院长）
曾成钢（中国美术家协会副主席、中国雕塑学会会长）
李　松（中央美术学院教授）
王新华（上海美术馆副馆长）
姜维朴（中国出版家协会连环画艺委会主任）
沈尧伊（中国美术家协会连环画艺术委员会主任）
方　成（著名漫画艺术家）
张美寅（新加坡著名摄影家）
李　新（上海人民美术出版社社长）
贺友直（著名连环画艺术家）

王明明致辞　尊敬的贺友直先生，尊敬的各位艺术家，大家上午好！

能够邀请贺先生的画展到北京画院展出是我多年的心愿。因为贺先生是我从小就尊敬的一位老艺术家。我学画的时候曾经临摹过很多他的作品，像《山乡巨变》、《李双双》等。昨天在布置展览的时候，我看见每一幅作品都感觉特别亲切。贺先生在连环画界创作了一座高峰。我常常反思：目前我们年轻的艺术家，包括我们这一代艺术家，在创作过程中实际上丢掉了很多东西。我们现在很强调形式、观念，感觉到已经超越了前人所没有的思想，但是却忽略了艺术最根本的要素，那就是情感、对生活的体验还有用心去作画。如今看贺老的作品，可以鲜明地感受到当初那个时代的印迹，感受到他对那个时代的理解以及真挚的情感。以往他的作品中，每个人的表情都很到位，这些都源自于他作画的态度。因此，这样的作品在任何时代都不会过时，因为他始终和人的情感保持沟通。如今北京画院把贺老先生的作品向公众展出，希望可以引起一些画家对于创作最根本问题的反思。北京画院在最近一两年里，筹办了“二十世纪中国美术大家系列展”，希望能够通过这些展览，找到我们自己在创作中缺失的部分。贺老为人的谦和、平易深深打动了我，每次和他接触我都会学习到很多东西。他的幽默，他面对人生时的态度，都是我们这些晚辈艺术家需要学习的。我今天很激动，也很高兴，在此我代表中国美术家协会，代表北京美术家协会，代表北京画院的全体同仁，祝贺老的画展取得成功。今后，我们要经常重温这些老艺术家们的杰作，给我们带来创作上的方向，谢谢大家！

王新华致辞

尊敬的王明明院长，尊敬的贺友直先生，各位老艺术家，以及在座的各位朋友、美术界的同仁们，大家上午好！我代表上海美术馆，感谢大家于百忙之中出席“方寸回望——贺友直连环画原作展”开幕式，更要感谢北京画院王明明院长对展览所投入的努力。贺友直是20世纪中国连环画发展史上著名的大家，对20世纪中国连环画的发展做出了杰出贡献。他长期从事连环画创作与教学工作，先后在人民美术出版社和中央美术学院工作。他是中国连环画界开一代风气的大师。他的作品注重从生活中捕捉细节，从传统中寻找语言，形成了自己独特的艺术风格，影响了上世纪五六十年代中国连环画的发展。他的作品《朝阳沟》、《白光》、《山乡巨变》、《李双双》、《小二黑结婚》等曾经为千千万万的读者所喜爱，其社会的教化功能影响了几代人，成为几十年后我们了解当时社会最形象的历史教材。

中国自古有云，画品如人品。贺友直先生的为人也是后学的楷模与典范。我们希望通过这次展览激发人们对连环画的美好回忆，重振这一即将逝去的文化形式曾经为社会做出的巨大贡献。最后，衷心祝愿展览取得圆满成功，也祝愿各位老先生健康长寿，谢谢大家！

贺友直致辞

各位领导、各位朋友、各位同事以及同学们，大家上午好！

连环画如今已经是即将被淘汰的艺术门类了，但是今天竟然有这么多人来参观展览，说明还是有广大的读者喜欢连环画的。在此，我要感谢中国美协、北京美协、上海美协、上海美术馆、北京画院美术馆为此次展览投入的巨大精力。大家今日前来，还希望对我的创作给予批评指正，谢谢大家！

展览序号　097

展览名称　纸上新月——王冠军、彭薇、买鸿钧、姚大伍绘画作品展

展览时间　2009年7月31日—8月8日

展览地点　北京画院美术馆第一、二展厅

作品数量　61幅

展览前言

一钩新月天如水

在一个缺少“诗情”的时代，“画意”是否存在？中国画中的“逸”与“意”是否如DNA，依然存留在今天的作品中？中国画的骨髓是否还在牵动绘画的神经，驱动艺术的发展？问题很重，答案也许很轻，仅在薄薄的一张纸上。

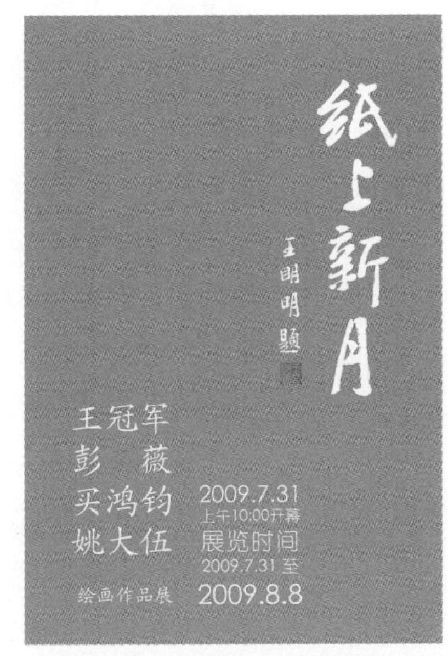

“纸上新月——王冠军、彭薇、买鸿钧、姚大伍绘画作品展”宣传招贴

七月盛夏，姚大伍、买鸿钧、彭薇、王冠军四位画家将在北京画院举办一个颇有“凉意”的展览，名为“纸上新月”。题目不大，我理解却有几层意思：首先，他们的创作在“纸上”，这说明四位依然钟情于笔与墨在宣纸上的呈现（哪怕已有作品走出二维的空间）。说到“新月”，让你不觉想到一串上世纪初诗人的名字，从泰戈尔到闻一多、徐志摩。尤其是“新月诗派”更强调格律在新诗中的运用，传统的格律或许是脚镣，而闻一多认为带着脚镣舞蹈的诗歌更有味道。用在此处，除有明显的借喻之外，的确还有一层自谦的味道。他们自比“新月”，新月非满月，还有很多生发的余地。自比月光，仿佛在说明自己作品的光彩只是中国绘画光芒的折射？“纸上新月”虽只四字，却充溢了中国人特有的含蓄、谦逊与优雅。

这四位很巧，两位60后，两位70后，而在创作状态上的确也有很大差异。姚大伍、买鸿钧，两位60后的画家更关心在传统的框架内（无论是题材，还是表现方法）丰富与完善。而70后的彭薇、王冠军更关心运用传统的手段寻找新的可能。虽然时代不是判定艺术差异的标准，但在他们身上却表现得十分明显。当然我更不想说画如其人，但他们的确如此，十分的本色。

展期无论多长，都只是一瞬，重要的是这场艺术的雅集能留下些什么？丰子恺有幅名作，仅画窗前一道卷起的芦帘，桌上一把壶、几只茶杯，天上挂一月牙儿。画侧题一句古词“人散后，一钩新月天如水”。丰老此图没画“聚”而画了“散”，寥寥几笔不仅绘出了淡泊、清凉月色下的景致，更道出了相聚者无尽的情怀。

真心希望此展如此画，“纸上新月”画意无垠。

吴洪亮

展览序号　098

展览名称　造化天工——吴作人写生作品展

（二十世纪中国美术大家系列展之十）

展览时间　2009年8月10日—9月6日

展览地点　北京画院美术馆第一、二展厅

主办单位　全国政协书画室/中国美术家协会/中央美术学院/北京画院

承办单位　北京画院美术馆/吴作人国际美术基金会

作品数量　92幅

展览前言　重温经典　感悟自然

“造化天工——吴作人写生作品展”宣传招贴

去年，我和北京画院的画家们一起到河南写生，晚间就写生问题召开了几次研讨会。当时我就萌发了通过20世纪中国几个大家的写生和创作去研究他们的写生与创作的关系，从中摸索出一些规律性的东西，为今天的画家提供一些借鉴。“造化天工——吴作人写生作品展”是我策划的第一个写生展。

为什么在当下要重新提倡“写生”呢？因为现在很多画家都不写生了。现代科技的发展使我们拥有了非常先进的摄影器材，很多画家都是随身带着数码相机很快把需要的素材捕捉回来，在舒适的画室里“闭门”创作，大家都乐在其中。但是我总感觉我们现在的创作中缺少了什么东西，缺少了意境，缺少了个人主观的、心灵的东西，只是一味地模仿自然，或者强调技法对自然的写实表现，但往往缺少对自然的深入理解。吴先生这一代在建国前留学欧洲回来的画家，以西画的观察方法，通过写生去解决物象结构的问题，从中找出自己对于事物特殊的理解和情感，并有目的地解决创作中遇到的问题。吴先生的写生与创作紧密地结合起来，有的放矢，从生活与自然的写生中去发现自己擅长和自己观察到的东西，他的写生作品虽只有寥寥几笔，但都是带着情感、带着问题去画的。今天，重温这些作品仍会感动你，从中不仅能探索创作和写生之间一些规律性的东西，而且可以找出很多我们目前缺失的东西，这不仅仅是技法的层面，更多的是精神的追求。

王明明

2009年7月16日

开 幕 式

出席嘉宾　廖静文（徐悲鸿纪念馆馆长）

邹佩珠（李可染艺术基金会名誉理事长）

靳尚谊（中国文学艺术界联合会副主席、原中央美术学院院长）

詹建俊（中国油画学会主席、中央美术学院教授）

侯一民（中国壁画学会会长）

闻立鹏（中央美术学院教授）

靳之林（中央美术学院教授）

邵大箴（中央美术学院教授）

李　牧（中国文学艺术界联合会党组副书记、副主席）

冯　远（中国文学艺术界联合会副主席、中国美术家协会副主席）

潘公凯（中央美术学院院长）

杨飞云（中国油画院院长）

张德勤（原国家文物局局长）

田黎明（中央美术学院教授）

萧　慧（吴作人之女）

商玉生（吴作人国际美术基金会秘书长）

王明明（中国美术家协会副主席、北京画院院长）

张晓光（北京画院党委书记）

钟　涵（中央美术学院教授）

潘世勋（中央美术学院教授）

钱绍武（中央美术学院教授）

孙美兰（中央美术学院教授）

安远远（文化部艺术司文学美术处处长）

梁　江（中国美术馆副馆长）

吴　宁（吴作人国际美术基金会副秘书长）

侯一民致辞　　吴作人先生将写生贯穿于自己艺术道路的始终，即使年纪大了，还在坚持画速写。他这般执著于写生的艺术家在美术界可谓凤毛麟角。国画大师黄宾虹也很强调“行万里路”，强调外出写生，因为这是亲近自然、感悟自然最直接也是最有效的方式。但是就目前而言，写生似乎已经被另外一种思路代替了。很多年轻艺术家认为观念高于感受，他们玩观念、玩技术，以为这就是艺术。而这恰恰正是吴作人先生所反对的，为了扶正艺术发展的航向，吴作人先生曾经在五座城市举办速写展，最后一站是在上海，而我也是在上海听到了吴先生去世的消息。吴作人先生在主持艺术教育的工作中，坚持与强调写生的重要性，他认为艺术家不能忽视写生的作用，不能逃避与自然、与造化间的感情交流。

我对吴先生的写生作品是有一定研究的，画得精彩极了。可能也有一些画家，他们所画的写生、速写作品在写实方面并不逊色于吴先生，但是吴先生的作品，哪怕只是一幅很小的速写都流动着一股文雅之气，这是很多画家所不具备的。这种天然之风、儒雅之气渗透在吴先生的每幅作品里。

邵大箴致辞　　吴作人先生的写生作品展主要包括三部分：一是素描；二是速写；三是户外写生的油画和中国画。吴作人先生关于素描有一段精彩的论述，他说，素描是把脑、心、手三者结合在一起的过程。吴先生一生都极为重视素描与速写的训练，他把脑中所想、心中所感最后通过熟练的手表现出来，甚至在晚年意识不是很清楚的情况下，依然用本子画着速写。吴先生对美术界有着诸多贡献，而他的写生就是重要贡献之一。

吴先生曾说自己的中国画就是书法与速写。他将写生的概念输入到传统国画的创作中，使中国画坛吹起一股清新之风。假如没有速写和写生的概念，那么中国画在20世纪不会取得如此重要的成就。今天，当我们再次回顾吴先生这些写生作品，我们会有一种感受，正如他在文章中所说“自然是第一位的”。艺术家的主观情感固然重要，但是自然高于形，艺术家应该虚心、虔诚地向自然学习，将脑、手、心相统一来和自然进行对话。我想今天吴先生的展览对当下的艺术创作无疑是一种警示，告诫我们艺术不能紧靠主观感情与体验的发挥，还要注重到自然中去感受，注重写生的重要性。

商玉生致辞　各位老师、各位来宾，大家好！

去年我们在做“吴作人诞辰一百周年大展”的时候，王明明院长就与我商量，希望在北京画院举办一个吴作人先生的展览，并作为“二十世纪中国美术大家系列展”的重要案例。在商议的过程中，我们都认为写生展是一个很好的主题。经过一段时间的准备，展览终于在今天开幕了。展览名为“造化天工”，很好地体现了吴作人先生的艺术思想追求。正如之前几位老师讲到的那样，吴作人先生是在追求师造化、追求写生过程中的关键人物。他一生将这种艺术主张身体力行，从开始从事绘画创作一直到病重去世，这漫漫的60年之后，始终没有放弃对写生的追求，并积累下数千幅不同内容、题材、尺幅的写生作品。今天所展示的作品就是北京画院的展览负责人从这些作品中精心挑选出来的。我代表吴作人的家属，代表吴作人国际美术基金会，对北京画院如此认真和努力的工作表示感谢！同时也向今天出席展览开幕式的各位领导、嘉宾表示衷心的感谢！

展览序号　099

展览名称　国风境界——纪念董希文诞辰九十五周年写生作品展（二十世纪中国美术大家系列展之十一）

展览时间　2009年9月8日—28日

展览地点　北京画院美术馆第一、二展厅

主办单位　全国政协书画室/中国美术家协会/中央美术学院/中国油画学会/北京美术家协会/北京画院

承办单位　北京画院美术馆

作品数量　56幅

展览前言　董希文先生自幼受到书画的熏陶，并由此对美术产生浓厚兴趣，但他却是几经周折才走上学艺之路。由于天资过人，且勤奋好学，他在学生期间便打下了坚实的绘画基础。他曾受教于林风眠、潘天寿和方干民等名师，这使他视野大为开阔。1943年，他偕新婚

“国风境界——纪念董希文诞辰九十五周年写生作品展”宣传招贴

妻子张林英赴敦煌研究和临摹敦煌壁画，历时两年半时间，加深了他对民族绘画的理解，增强了他探索油画民族化的信心与决心。应该说，这是董希文艺术生涯的转折点。他逐渐体会到绘画创作表现人文内容的重要性，逐渐领悟到绘画创作必须体现时代精神、反映民族感情和审美趣味这个道理。

50年代和60年代初是董希文绘画创作的盛期。出自于他的崇高的社会责任感和艺术使命感，出自于抒发内心对革命历史和现实赞美之情的愿望，在深入生活搜集素材和写生的基础上，他的艺术构思如潮水般地涌来，不断呈现新作。外来油画如何具有独特的民族形式，这是20世纪以来中国艺术家们一直在孜孜不倦探索的课题。而对这个问题思考最多、研究最深入、取得成果最卓越的当推董希文。从某种意义上说，《开国大典》是一幅反映他思考与研究成果的代表作。他是当时中国油画界的一面旗帜，他那具有前瞻性的艺术给普遍重视表现社会内容和强调题材重要性的中国艺术家们以深切的提示与教育：重视生活体验，提高全面的艺术修养，注意形式规律研究，而最重要的是表现自己的真实感情，画，要以情动人。唯有这样，艺术的时代性、民族气派才不至于落空。

董希文的名字将永载美术史册，他的艺术创造为新中国增添了永不磨灭的灿烂光辉。

本次展览分为“长征路线写生”、“访苏写生”、“西藏采风”等三个部分，展示了董希文三个主要创作阶段的具有代表性的写生作品。从这些作品中，我们能够感受到他的审美理想和艺术追求，领略到他的艺术魅力。

邵大箴

开幕式

出席嘉宾　张思卿（原全国政协副主席、全国政协书画室主任）
王明明（中国美术家协会副主席、北京画院院长）
徐　冰（中央美术学院副院长）
廖静文（徐悲鸿纪念馆馆长）
邹佩珠（李可染艺术基金会名誉理事长）
闻立鹏（中央美术学院教授）
詹建俊（中国油画学会主席、中央美术学院教授）
常沙娜（原中央工艺美术学院院长）
邵大箴（中央美术学院教授）
袁运生（中央美术学院教授）
靳之林（中央美术学院教授）
李化吉（中央美术学院教授）
董一沙（董希文之女）
安远远（文化部艺术司文学美术处处长）
颜越虎（浙江省绍兴县代表）

詹建俊致辞　董先生是我直接的老师，他为我们这一代包括更年轻的油画家留下了宝贵的财富，如今我们越来越感觉到董希文先生在中国油画领域的重要性。董先生不仅在艺术创作、艺术探索上提出“油画民族化”的主张，而且用自己的实践做出了具有典范、示范性的作用。他的《开国大典》到现在我们越看越好，越看越觉得有中国人的气派，有中国油画的魅力。如今中西方交流日益密切，但董希文先生早在四五十年代就做出了这样的成绩。他不仅在专业方面，如艺术作品，为我们留下了值得学习的东西，同时在艺术追求、艺术主张，艺术品格方面，他也是一位让我们学之不尽的典范大师。

今天董先生的作品在北京画院展出，对我们油画艺术界是一次很重要的观摩机会。董先生留下的作品不多，而他的写生作品是非常精彩的。当年董先生每次写生回来，我们这些学生还有年轻教师都迫不及待地要打开他一捆捆包着的作品，这种情景今天回想起来仍然历历在目。那时，董先生的写生作品会放在系教研室供大家观摩，作品是如此生动，精彩，直到今天仍越看越觉得好。中国的油画艺术家应该很好地继承董先生留给我们的宝贵财富，我祝贺董先生艺术长青，希望董先生展览获得成功，谢谢大家！

袁运生致辞

我是董先生的学生，1955年至1962年在中央美术学院学习，三年级以后进入董希文工作室。董先生对我的一生有着重大影响，他不但提出“油画民族化”的主张，而且身体力行，创作出符合自己主张的作品，这些作品一直到今天都经得起历史的考验。他一生做出的努力终于开花结果，到现在大家越来越认识到董先生的重要性。中华文明是一个源远流长的文明，但当代却一直被我们忽视，长期受到冷漠。我们对其重要性认识不足，这个问题体现在董先生身上却截然不同。董先生非常有胆略，在那个时代做出这样的决策是非常了不起的。董先生常常讲，要厚积薄发，要好好研究中国自己的文化艺术，他的教导给我们留下了深深的印迹。董先生强调中国文化的根，而发展中华文明正是历史赋予我们这代人的使命。20世纪50年代，董先生饱受政治压力与精神迫害，但他仍把自己的全部热情投入到艺术创作之中。他的每一幅作品都能感染人，都有长久的历史意义。

我觉得董先生是一位真正的在现代性上的先行者。他的观点和主张在1952年创作的作品中就已体现，这是了不起的成就，这个成就随着历史的发展越来越体现出它的重要性。由于政治上的长期干扰，使我们的艺术发展之路受到压抑，或者说认识不清，责任心不够强。因为我们一直对中华文明的重要意义认识不清、信心不够。董先生是20世纪在油画创作与教学工作中第一位理清脉络的伟大先行者，所以我们今天参观展览不仅要学习他的技术，他的创作方法，他的艺术思想，还要学习他的人格，学习他能够从中华文明的脉络中找到自己生发的潜力，从而指向21世纪中国艺术发展之路。这件事情在20世纪50年代不被理解，60年代“文革”期间不被理解，又经过七八十年代，过了近30年，我想我们应该能够清楚地认识到，董先生指出的这条路正是我们艺术界应该走的方向。

当时董先生教导我们的时候，我们心中还有疑惑，我们对中国现代主义很崇拜，但是我们没有看到这背后有一条文化之路，而这样的选择正是我们最重要的选择。

西方有很多重要的成就，在艺术上也走到了它能够走到最远的地方。今天我想借用张光直先生说过的一句话："中华文明史不能够用西方体系来解释。"我以历史学家和考古学家得出的结论作为例证。4000年前中国就有了辉煌的青铜文化，其最大的特点是纹样、雕刻无实物参照。如青铜器上饕餮纹、蟠龙纹以及各种雕像，并没有模仿任何已有的对象，它是抽象的，以表达"礼"的精神，这是要通天和地，是一种艺术的创造，是中华文明的开始。应该说那时候的中国人已经完全能够理解抽象性，只不过没用使用这个词汇。他们创造的是具体的东西，但却运用了抽象的形式，所以在抽象和具象之间，中国的文化是没有界限的。而董希文先生恰恰理解了这一点。西方文明起源于雕刻，主要是对具体的人的再创造，因此对人的比例、器官以及人体解剖极为了解。而中国文明的背后是一个理念，并没有具体的东西，这就是青铜器的意义。

中华文明没有具象和抽象的界限，没有先走具象，回归抽象，再走向艺术的终结这种道路。在中华文明的基础上，我们可以一直走下去，没有终结，也不会终结。我们不是勇往直前走一条线，而是在一个大的圆里面，不断吸取，不断发展，不断生发，这才是中华文明的重要特点。董先生所开启的民族化道路正是如此。其意义在于他在20世纪就提出了这样的主张，是了不起的。董先生所指出的方向对我们是有极为重要的意义，对21世纪也有重大意义。当然，21世纪我们仍然要去了解西方，了解它的现代主义和抽象主义，但这是次要的，更为重要的是要重新认识我们的文化，这个文化给我们提供的创造性思维，它如此深入地认识到天与人之间的关系，我认为再怎么强调也不为过。

20世纪已经过去了，21世纪我们应该重新开始，重新认识中华文明的重要性和它独特的意义，再也不能盲从于西方。我们可以学习别人好的经验，但是必须要走自己的路。这条路是一条无障碍的路，一条无终点的路，董先生为我们指出的就是这样一条路。

董一沙致辞

谢谢刚才两位老师的讲话，从他们的讲话里我感受到了大家对我父亲这份深切的真情，以及对他艺术的深刻阐述。感谢各位老先生、兄长、朋友以如此高的热情出席今天的开幕式，对我父亲和他所做的事给予高度关注与肯定，我代表家中96岁的母亲和全体家庭成员，对各位表示衷心的感谢。

我父亲曾经说过，他是那种画画时很有气魄，但实际上却很腼腆的人。如果他知道今天有这么多人来看自己半个世纪以前的作品，肯定也会感到紧张。他说过，我希望别人在我的画前不要感到有距离。我想，这些五六十年前的作品今天在这里让大家检阅，如果大家还能够感到亲切，这就足够了，谢谢大家！

展览序号　100

展览名称　地之子——庞薰琹二十世纪三、四十年代作品展（二十世纪中国美术大家系列展之十二）

展览时间　2009年10月15日—11月16日

展览地点　北京画院美术馆第一、二展厅

主办单位　中国美术家协会/常熟市人民政府/清华大学美术学院/北京美术家协会/北京画院

承办单位　北京画院美术馆/庞薰琹美术馆

作品数量　91幅

展览前言

在进入21世纪的今天，中国无疑是经济全球化的受益者，俨然成为了世界的加工厂。但如何将“中国制造”变为“中国创造”，仿佛已是刚刚走过第一个甲子的共和国最应思考的问题。而且伴随着经济的振兴，“非物质文化遗产”概念的兴起，文化寻根意识变得炙热，“工艺美术”概念在被冷落了一段时间之后，重新找回了自己的时代机遇。面对这些问题，在蓦然转身之间，我们发现有一位学者、一位艺术家在半个世纪前，就曾考虑过、触摸过，他所创造的正是今天很多历史的前传。这位20世纪在中国文化艺术界屡涉先河的人物就是庞薰琹。

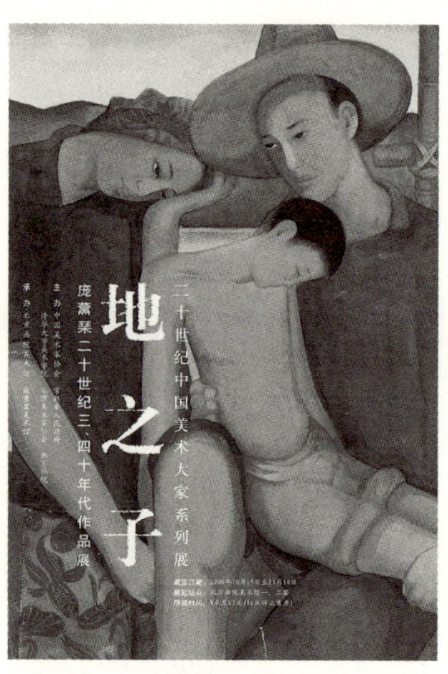

“地之子——庞薰琹二十世纪三、四十年代作品展”宣传招贴

庞薰琹拥有多项第一，多重身份，起步之早于现在看来甚至有几分令人惊叹。他是职业画家，上世纪30年代在上海开设自己的画室；他是设计师，开办了中国第一批现代意义的设计机构——大熊工商业美术社；他是艺术的推动者，1931年作为主要成员开始筹建当时中国最有影响力的现代艺术社团——决澜社；他是中国古代美术的研究者，最早从艺术角度研究中国古代纹样与装饰画，绘制《中国图案集》，写成《中国历代装饰画研究》；他是艺术的田野考察者，最早深入贵州少数民族村寨，调查收集资料，进行研究整理，以科学的方式开视觉艺术研究之先；他是老师、教育家，不仅桃李满天下，更创建了中央工艺美术学院，构建了新中国工艺美术及现代设计的教育体系。

1932年，当庞薰琹在上海举行第一次个人画展时，傅雷为他写了一篇文章，名为《薰琹的梦》。对此文庞薰琹本人并不完全认同，因为他不是一位愿意仅仅享受超世的“艺术之梦”的人，他对将个人的艺术认知化为群体认知，将中国带入现代视觉艺术体系，充满热情并付之实践。他甚至写道：“让后来的人踏着我们的身体，迅速的向前奔去。”这样一个激情满怀的先行者，他的一生本应该充溢着光环与辉煌，然而他却与辉煌屡屡擦肩而过。这与历史的现实有关，与他的个性有关，与他选择的道路有关。这本不是他作为一位融西方知识分子气质与东方儒士品格的艺术家的错，但对于所有“先行者”的人生，命运恰恰就是这样残酷，并不只庞薰琹一人，虽然他们当时掌握着某些真理。远在秦代的商鞅如此，近在他身边的梁思成如此，庞薰琹也不能例外。所幸的是庞薰琹并不后悔于自己的选择，虽然在旁人看来有太多的惋惜。

当我们重拾那份记忆，靠近历史，今天的很多东西会变得清晰，而展览是对此最为真切的表达。所以我们在庞薰琹美术馆及庞薰琹家人的帮助下，促成了本次展览。选取了庞薰琹艺术创作最为旺盛时期（上世纪三四十年代）的作品90余件，在此展出。其中不仅包括“地之子”等一批绘画作品，还有他根据古代纹饰再创作的图案、器物原稿，以及描绘少数民族的水彩画。我们还以本次展览为契机，增补再版了凝聚庞薰琹20余年心血写就的《中国历代装饰画研究》，以此来纪念这位中国20世纪艺术的先行者。

吴洪亮

2009年10月9日

开 幕 式

出席嘉宾 王明明（中国美术家协会副主席、北京画院院长）

邓　玨（常熟市文化局副局长）

李当歧（清华大学美术学院党委书记、院长）

徐　冰（中央美术学院副院长）

吴文雄（庞薰琹美术馆馆长）

王璜生（中央美术学院美术馆馆长）

邵大箴（中央美术学院教授）

常沙娜（原中央工艺美术学院院长）

袁运甫（清华大学美术学院教授）

刘巨德（清华大学美术学院教授）

李绵璐（清华大学美术学院教授）

乔十光（清华大学美术学院教授）

温练昌（清华大学美术学院教授）

田自秉（清华大学美术学院教授）

何燕明（清华大学美术学院教授）

靳之林（中央美术学院教授）

庞　壔（庞薰琹之女）

刘巨德致辞 尊敬的各位前辈、各位老师、各位来宾、各位朋友，今天我看到了以“地之子”为名的庞先生的展览，心里有很多感触。它让我想到我们的祖国之所以这么伟大，之所以能够在艰难中不断向前，正因为我们的祖国有一批又一批像庞先生这样的优秀儿女。他们自强不息、智慧且有远见。他们有善良美丽的情怀，有超功利的精神，他们用自己的心血浇铸了祖国新的文化，他们用自己的生命为祖国、为真理承担了苦难。庞先生是祖国真正的大地之子。对庞先生的研究，我想并不简单地是对他艺术生命本体的研究，还应包括祖国文化新的精神意义和我们民族文化面向世界的意义。在这里，我要感谢北京画院和常熟美术馆的工作同事为展览付出的心血，谢谢大家！

邓　玨致辞 尊敬的王明明院长，尊敬的各位领导、各位前辈、各位来宾，大家上午好！

2009年10月的北京显得格外美丽，到处洋溢着喜悦的气氛，我们从江南赶到这里，亲身感受着北京的热情，也分享着这个金色秋天的喜悦。“地之子——庞薰琹二十世纪三、四十年代作品展”能够入选“二十世纪中国美术大家系列展”，在积聚艺术精英与人才的北京画院举行，更使我们深感荣幸和喜悦。作为展览的主办方之一，我谨代表庞先生的故里乡亲，向出席这次活动的领导和嘉宾表示衷心的感谢。

庞薰琹先生是中国近现代的艺术名家，中国现代艺术的先驱，中国工艺美术教育的奠基人。他用毕生的经历探索中国艺术的振兴之路，是中国现代艺术和设计继往开来、承前启后的代表人物。他的艺术作品和艺术思想对中国艺术的发展产生了巨大影响。庞薰琹先生生于江南小镇——常熟，这是常熟人民的骄傲。他早年奔波各地求艺，在新中国成立后又一直生活、工作在北京，所以说常熟和北京是庞先生一生中息息相关的两座城市。为此，我们在2006年的秋天，抓住清华美院建院50周年的契机，在清华美院首次举办了“纪念庞薰琹诞辰100周年作品展”，取得了很好的成果。随后在多位学者、专家的指导下，我们策划了“丹青易旆　百代标程——庞薰琹作品（20世纪30—40年代）全国巡回展”，这个展览被列入文化部现当代艺术推广项目。从去年开始，先后在陕西省美术博物馆、福建省美术馆、深圳美术馆举办，每一次展出都在当地赢得了广泛的关注和真诚的好评，充分体现出庞先生作品巨大的艺术魅力。今天的展览是全国巡回展的第四站，为了办好本次展览，北京画院美术馆吴洪亮馆长和同事做了深入的学术研究和精心的准备，并专门增补再版了《中国历代装饰画研究》一书，进一步深入了对庞先生艺术成就的研究和展示。我代表常熟市文化局和美术馆对他们付出的辛勤努力再次表示感谢！希望今后能够继续得到北京画院兄长般的关心和帮助，得到在座前辈、专家、学者的大力支持。以此将庞薰琹先生的艺术成就和艺术思想进一步得以展示和研究，也使常熟的美术事业能够得到提升和发展。我代表庞先生的父老乡亲真诚地欢迎各位来常熟做客，最后预祝展览圆满成功！

展览序号　101

展览名称　游刃金石——费名瑶篆刻艺术展

展览时间　2009年11月18日—23日

展览地点　北京画院美术馆第一、二展厅

主办单位　北京美术家协会/上海市美术家协会/北京书法家协会/北京画院

承办单位　北京画院美术馆

作品数量　337件

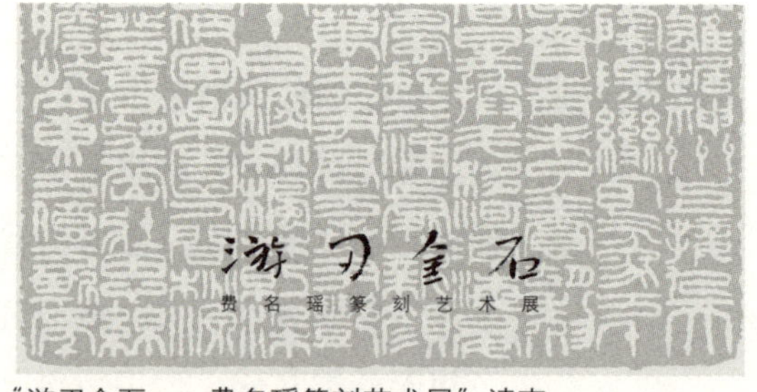

“游刃金石——费名瑶篆刻艺术展”请柬

展览前言

费名瑶生于1948年，浙江定海人，居上海。自幼酷爱书画篆刻，在其祖父费化农先生的启蒙下，有较好的书画基础，“文革”之后专攻篆刻。50年如一日，潜心研习，不求功利，未到花甲之年，技艺渐入炉火纯青之境。

在商品经济社会中，众多书画篆刻家稍有成就后，或专心炒作，或兼营收藏，或轻艺从商，或广泛参与社交……大量时间的流失，使技艺生疏，停滞不前。名瑶靠自己的刻苦和天赋在印坛脱颖那是很自然的事了。

潘天寿先生说过：“书画以奇取胜易，以平取胜难。”“以奇取胜者，往往天资强于

功力，以其着意于奇，每忽于规矩法则，故易。以平取胜者，往往天资并齐于功力，不着意于奇，故难。然而奇中能见其不齐，平中能见其不平，则大家矣。”自2003年《费名瑶印痕》出版，至今已被公认为中国印坛的篆刻高手。名瑶之印工稳中尽显灵动；粗犷中不逾传统法则。此即舍易求难的篆刻高手修为，其结果便是：不鸣则已，一鸣惊人。

陈佩秋

展览序号　102

展览名称　心诗自书——齐白石笔下的书法意蕴

（北京画院秘藏齐白石作品系列特展之七）

展览时间　2009年11月18日—2010年10月12日

展览地点　北京画院美术馆第三、四展厅

主办单位　北京画院

作品数量　85件

展览前言

天趣·真情——齐白石书法

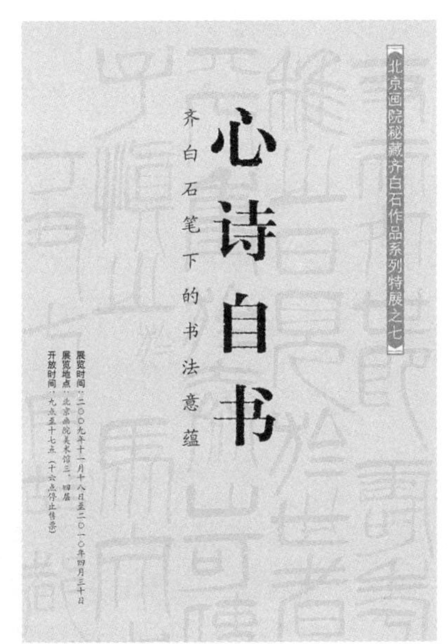

“心诗自书——齐白石笔下的书法意蕴”宣传招贴

北京画院收藏的齐白石书法作品包括齐白石中年到晚年不同风格的墨迹，有榜书、对联、诗稿、日记、便笺等等，从中不仅可以清晰地理出齐白石书法艺术发展、变化的轨迹，还为老人生平行迹、交游，以至心路历程留下鸿爪。其中也还有些为人们所熟知的史料，如庚辰（1940年）正月贴在自家门上的告白“官入民家主人不利”，是齐白石在沦陷时期不肯与敌伪官府交往之清白节操的佐证。这些书法作品与画作上的题跋相互参照，对研究齐白石书法成就乃至老人生活道路、艺术发展都是十分重要的。

齐白石自述：他起初写字，学的是馆阁体，后来到韶塘胡家读书，见到胡沁园、陈少蕃两位老师都是学晚清湖南书家代表人物何绍基一体，于是也跟着学习何体。

齐白石后来又听从樊樊山意见，学习清代扬州画家金农（冬心）字体。

这种学习过程有其心理因素：早年齐白石由民间画师进入文人行列，需要找到文化上的立足点，选择何绍基、金冬心，容易得到当时当地知识圈的认同。

他临学何绍基字体十来年，学到几可乱真的地步；他中年后在书画两方面都力追冬心，其手写的《借山吟馆诗草》结体扁，点画丰肥，全然是金冬心一体。他对于非闇说过：“冬心的书体有他的独创性，最好用这种字体抄写诗集，又醒眼，又可以唱念，更可以玩味。”

齐白石41岁到北京，结识李筠庵（瑞荃），李筠庵劝齐白石跟他学写魏碑、临《爨龙颜碑》。齐白石的墨迹中尚可见到爨龙颜、爨宝子两碑的影响。

齐白石最后学李邕（北海），以临习李邕《云麾将军碑》下的功夫最大，不仅对临，而且背临，直到能将临本与原帖套合的地步。

他与胡佩衡谈论过：自己的书法得益于李北海、何绍基、金冬心、郑板桥与《天发神讖碑》最多。“写何体容易有肉无骨，写李体容易有骨无肉，写金冬心的古拙，学《天发神讖碑》的苍劲。”此外，同时代书画家吴昌硕大气磅礴的书风对齐白石也产生过影响。

到“衰年变法”以后，齐白石的书风与画风同步走向成熟，最后凝结为我们所熟悉的齐派书体。到80岁前后，达到高峰。

齐白石书法艺术的成就主要在行书和篆书两个方面。行草多用于画跋或书名、题识等，舒展大气，与画中形象相映成辉。而自由书写的日记、便笺等最见性情。

他的篆书主要取法于印章和东汉、魏晋南北朝之际兼有篆隶结体与韵味的碑版。齐白石中年时曾认真用朱笔勾临赵之谦的《二金蝶堂印谱》，为了学习治印，也是由此入门识别篆字。他的篆书多用于以擘窠大字写楹联、中堂、横披。他的篆书字体不是规范的小篆，也未上溯到金文甲骨，而是在篆隶相间中抒发豪迈、放逸、自由创造的精神意趣。

“我书意造本无法”，那是他强调在书法创作中自立门户，不依傍前人的原创意义，但并非真的“无法”。

郎绍君评论齐白石书法：“字有画意，是齐白石书法的一大特点。”（《齐白石的世界》）

字有画意，画存书风，齐白石在他的作品中诗、书、画、印相互配合、彰显，形成完整的艺术创造和审美特色。

齐白石书法作品整体布局在磊磊落落、欹斜多姿之中有着精心的设计，是似奇反正。李可染在《谈齐白石老师和他的画》一文中，说老师写字和作画一样，从不会“信笔草草，一挥而就”，“比如有人请他随便写几个字，他总是把纸叠了又叠，前后打量斟酌，有时字写了一半，还要抽出笔筒里的竹尺在纸上横量竖量，使我在旁按纸的人都有点着急，甚至感到老师做事有点笨拙，可是等这些字画悬了起来，马上又会使你惊叹，你会在那厚实拙重之中，感到最大的智慧和神奇”。

有时出现笔误或漏字，他一定会在文末注明，绝不欺衍欺世。82岁书王安石诗，误将“川”字写错，特在题记中说明：“‘水’字篆成‘川’字，殊堪一笑。”

齐白石在书写中将雕花木工的功底和昆刀截玉的篆刻修养用到运笔之中豪放雄奇，力度不凡，所以人家会说他写的“寿”字下面那一勾可以挂起一座山。

齐白石的许多画跋、题记都与书写的内容紧密联系，缘物寄情，耐看耐读。例如他61岁写的那幅横批，记下他早年的家境、学画经历和对老祖母的深切怀念，就是一篇很精采感人的小品文，他常借画跋记事抒情，长文短语，洋溢着真情、天趣，使观者拉近了与作者的心灵距离，相互感应，产生共鸣。

李 松

2009年2月26日

展览序号 103

展览名称 我爱平凡的人——周思聪创作及写生作品展

（二十世纪中国美术大家系列展之十三）

展览时间 2009年11月25日—12月15日

展览地点 北京画院美术馆第一、二展厅

主办单位 中国美术家协会/北京美术家协会/北京画院

承办单位 北京画院美术馆

作品数量 78幅

"我爱平凡的人——周思聪创作及写生作品展"宣传招贴

展览前言

周思聪虽然只活了57岁，但她给人们留下了丰富的艺术遗产和宝贵的精神财富。她是新中国培养出来的艺术家，她富有个性风格的艺术创造具有鲜明的时代特色。

周思聪一生潜心于绘画，精于技艺，更勤于思考。她为人真诚，乐于助人，热心提携后生。她接受了50年代树立崇高理想和集体主义的教育，又沐浴着新时期张扬个性、开拓创新的风气，在画界脱颖而出，以自己的才能和智慧，引领新的思潮。她的作品具有高度的社会责任感，闪耀着人性美的光辉和充满创新精神。她的早期作品不少是主题性的创作，反映了她对社会、历史和人民大众生活的关注。晚年忍着病痛的折磨，多画小品，画中充满对劳动人民的同情与真挚的爱，渗透着对现实人生的思考。由于她有超人的天赋和艺术悟性，又十分勤奋好学，善于从民族传统绘画和西方现代艺术中吸收营养，重视绘画语言的提炼，在用形式传达主题内容的同时，赋予绘画语言以相对独立的文化意义，她的艺术走在了时代的前面。

她对自然观察细致精微，又善于把握整体，绘画风格清雅而质朴，柔和优美中不失宏大刚毅。她表现真情实感的绘画作风，与社会上一度流行的"假大空"和"红光亮"的绘画图式形成鲜明的对照，在画界引起强烈反应，在青年人中产生广泛影响，对中国画人物画以至对中国当代美术的健康发展起了积极的推动作用，她当之无愧地被公认为新时期中国人物画的引路人。可惜天不假年，病魔过早地夺去了她宝贵的生命，但她的人格魅力和寄寓在作品中的艺术精神会永远活在人们的心中。在她的艺术创造中，人们能深刻领会艺术的真谛与人生的意义：艺术，不只是使人赏心悦目，而要在美的形象中传达真与善，陶冶人们的情操，提升人们的思想境界；艺术家个人理想的独特追求只有与社会大众的奋斗目标交融在一起时才会发出耀眼的光辉。

邵大箴

2009年10月

开幕式

出席嘉宾 冯　远（中国文学艺术界联合会副主席、中国美术家协会副主席）

王明明（中国美术家协会副主席、北京画院院长）

杨晓阳（中国美术家协会副主席、中国国家画院院长）

田黎明（中国国家画院副院长）

李　洋（中央美术学院中国画学院副院长）

胡　伟（中央美术学院中国画学院副院长）
陈　平（中央美术学院中国画学院副院长）
李　松（著名美术理论家）
萧淑芳（中央美术学院教授）
李小可（北京画院艺术委员会主任）
李耀林（北京美术家协会副主席）
韩美林（著名艺术家）
卢　悦（周思聪之子）

王明明致辞　尊敬的各位领导、各位嘉宾，大家上午好！

我原本计划明年和卢悦以及中央美术学院共同举办一场更大规模的展览。不过很多朋友说今年是周老师诞辰70周年，所以我们决定在这样一个值得纪念的时间举办周老师的展览，同时也希望大家对明年的大展给予关注。这次展览我们收集了画院所藏的周老师的作品，主要是周老师在七八十年代创作的主题性作品，以及相关的写生与图稿作品。本次展览是“二十世纪中国美术大家系列”写生展的重要篇章。在筹备展览的过程中，我看到周老师很多写生作品，感觉很亲切，因为她创作的时候我就在她旁边。通过这些作品，我感到当今美术创作中的缺失——我们有了先进的设备，有了优越的条件，但我们缺少了对生活的理解和对艺术的真情。从周老师不同年代的作品中，我们可以清晰地梳理出周老师艺术的发展渐进以及变革之路。她关注平凡的人，她的作品始终饱含真情，直到生命的终结。她在艺术探索中的几个阶段，实际上伴随着她人生的升华。她的艺术超越了技法和造型的层面，上升到一种精神的升华，因此总是能打动观众的心灵。她的速写有很多并不完整，但从中我们能看出每一笔线条都是她用心画出来的。这种对待艺术的真情是我们应该认真去体会与感悟的。

对于技法，我们可以不断翻新，但是最终留给历史的，我想应该是艺术家的真情。这样的艺术才能超越时代、超越常人。这些就是我看完周老师的作品后所得到的感悟。今天中央美院来了很多老师和学生，通过对画面细细的体味，大家能从中读到周老师对生活的热情、对平凡人的热爱，我想这就是展览给予大家最好的教育。最后还要感谢周老师的子女卢悦和卢欣，以及收藏家李志远先生的支持，感谢大家的光临！谢谢大家！

冯　远致辞　非常高兴能够参加周思聪先生的展览，北京画院又做了一件有意义、有价值的事情。北京画院陆续为近现代一些已经故去的老艺术家举办展览，今天又以周思聪这位女艺术家作为整个“二十世纪中国美术大家系列展”中的一个重要课题，正如王院长所言，展览并不是对艺术家作品的宣传与展示，而是要把周思聪整个艺术探索之路呈现给大家，这就是展览的意义与价值。我很高兴看到很多年轻的艺术家和院校学生参加展览的开幕式，这其中有两层含义：首先，周思聪对艺术的真情能够超越时代，在几十年之后仍感动着我们，并为年轻人所理解和接受。其次，周思聪所达到的艺术成就及其创作的艺术辉煌是值得我们不断深入研究的。今天展示的并非她的成名作、关门作，而是她在艺术探索之路上留下的一步步脚印，这些作品对于我们年轻的艺术家和学生来说，其价值更高。周思聪经历了生活的艺术、人生的艺术和生命的艺术三个阶段，她早年的作品如《长白青松》，中期作品如《人民和总理》、《矿工图》，晚期作品如《清凉世界》。纵观这些作品，我们体会到周思聪以女性细腻的情感观察社会、观察人生，体会到她一生的艺术求索之路。今天展示的主要是周思聪在七八十年代创作的源于生活、感于生活的作品。我想，一个艺术家如何对待艺术、如何对待生活、如何对待创作的态度是我们今天值得研究的课题。

当今的时代是艺术家最为舒适与惬意的时期，如果这时我们还不能提升自己的艺术修为与文化涵养，进行艺术创新的话，我们是没有什么好埋怨的。而在那个岁月，周思聪所经历的生活环境与我们大不相符，即便这样她仍深入生活、挖掘形象，把自己的身份降低到与平民一样的位置，用一种平视视角关注人民、关注生活。这与现在我们一些艺术家在优越的画室中悠闲创作的情形是迥然不同的。古人云，生于忧患，死于安乐。我想展览在重新认识周思聪这位杰出女艺术家艺术价值的同时，也为我们带来了新的启示，这就是展览的意义所在，谢谢大家！

杨晓阳致辞

各位老师、同学，大家好！

今天的展览是一个既熟悉又陌生的展览，周思聪先生大量的作品我们在已发行的画册和举办的展览中曾经看过，但是今天再看依然很感动，可谓常读常新，同时再看的时候比从前又有了新的理解和感受。还有一些作品我之前没有看过，当第一次面对它们的时候，一种内心的感动油然而生，情不自禁地要在这些作品面前驻足良久，各种感受交织在一起，五味俱全。周思聪先生是以真诚之心作画的人，她的一幅小小的速写或者习作，其中所包含的感情与打动人的力量，是我们现在很多大幅作品所无法做到的。周思聪是用生命画画的人，她就是为绘画而生的。周先生很小的时候就进入绘画领域，她用画笔表达了自己对生命和人生的理解。她热爱生活、热爱绘画，并用自己的绘画表达着对生活的热爱。周思聪先生是用国画技法画画的人，她没有跟随当时“红光亮、假大空”的潮流。虽然在题材上她所表达的内容与同时代的人是一样的，但是她的作品感人，有着深刻的人文关怀和情感表达。周思聪先生最后又将艺术上升到精神的境界，最后的《清凉世界》让我们感受到一个人对生命的留恋，她超越了个人的情感。周思聪是一个伟大的画家，是我们学习的榜样。王明明院长策划的“二十世纪中国美术大家系列展”中的每例个案都有其独特之处，而今天的展览正是这些展览中非常感人的一个。最后，我对展览的成功举办表示祝贺，对王明明院长表示敬意，希望展览越办越好，以感动更多的人。

韩美林致辞

最低调、最不喜炒作的艺术家，我想就是周思聪，而画得最好，最敬爱老人、爱护孩子的也是周思聪，可她也是生命很短暂的一位艺术家。很巧的是我接到请柬的那天正在拜读周先生的画册。我们是同学，虽然不是一个系，但是也有来往。像她这种低调且不炒作的艺术家真是少之又少，现在很多艺术家还未成熟起来就迫不及待地想把自己的作品公之于众。周思聪是我们艺术家的榜样，她的爱人卢沉当时也是学校的优等生，是“德艺双馨”的艺术家，他们夫妻二人可谓艺术界的楷模。周思聪接的是解放区老一辈艺术家的班，可是这些老辈艺术家，他们为艺术奋斗一生，却没有任何名利，反而今天善于炒作的人们常常出现在公众视野，广为人知，真是令人痛心！

我为有周思聪这位老同学感到骄傲，同时也从她身上找到了自己艺术创作的动力和奋斗的目标。我希望通过今天的展览，大家可以从周思聪的作品中，从她的画品、人品中找到为人的目标。

展览序号　104

展览名称　2009·四季水墨——当代优秀艺术家中国画提名展

展览时间　2009年12月17日—27日

展览地点　北京画院美术馆第一、二展厅

学术提名　《美术》、《清华美术》

主办单位　北京画院美术馆

协办单位　江苏新中投资有限公司/雅昌艺术网/卓克艺术网/杜大恺艺术工作室

"2009·四季水墨——当代优秀艺术家中国画提名展"请柬

作品数量　90余幅

展览前言

清纯可比乌托邦——《四季水墨》感想

"四季水墨"展览中的大多数作品都是有关家园的，家园要清恬宁静。从作品的笔墨构图和气氛中可以看到艺术家倾注了对自然、草木、水乡、虫鱼、飞雁、云水、舟桥、房舍的钟情之爱，是发自内心的爱。墨色、笔润、形象都力求清新纯净，简朴淡雅。清纯不再局限为一个美学特征，更多的是一种心境。它抒发了一种依山建园、傍水而居的现代都市人的田园之趣。

中国画的笔墨难于突破的原因可能往往在于画家太重视笔墨，而忘掉了意蕴、真情及其方法。虽然很难说"四季水墨"展的作品在笔墨上有多么大的突破，但是至少可以说，画家的笔墨与表达的情境之间很和谐一致。淡墨、渲染、铺排、皴法都延续了传统，但是笔墨大多是在如何描绘"家园"，特别是"清纯家园"上下功夫。所以笔墨不再局限于形式和程式化，一些传统山水的平面和散点式构图方法，"抽象"的因素，都自然地融合到"家园"之中。这些似乎"过时"的笔墨构图开始有了"活"的人性因素。这里的"活"指的是当代人的人性。

古人的山水很重清纯之境，譬如大痴之清秀，云林之清逸，髡残之清冷，龚贤之清深。但是他们的居住环境和身边农耕社会的自然环境是一体的，所以他们的静观美学在人与自然的和谐方面并不分裂，尽管他们的身世人格多多少少都和出世有关。自然清纯是出世的身份见证。

然而这种清纯对于21世纪的中国画家而言反而变成了"身外之物"，必倾尽全力，摒除杂念方可企及，因为身边的自然参照已经所剩无几。整日为闹市喧嚣所扰，为实用利益奔波。"采菊东篱"的农家生活变成了不可企及的桃花源，如何可以足不出户，或者深居

小院别墅，即可享尽清纯的自然之境？遂渴望有蒿草野鸭为伴伍，观云行日出，吐故纳新。借四季以秉自然，拟复始而况宇宙。今日山水画家虽然已经没有了古人那种“不下堂筵，坐穷泉壑”的宏伟叙事之胸襟，但也决不缺少案头茶几上的乡恋怀旧之情怀。

故不难理解，在“四季水墨”中，水乡舟桥成为某种桃花源、乌托邦叙事了。“四季水墨”无疑是一个很好的展览理念和作品题材。倘能以此为突破口，或许能为当代水墨画的发展注入一股清新和活力。当然，清纯之境说到底是境界问题，即画如其人的问题。清纯之境也就不单纯是当下创作心境的问题，它和理想情操都有关，和反省自己、反省当下都有关。

高名潞

展览序号　105

展览名称　北京师白艺术研究会成立二十周年娄师白师生会员书画展

展览时间　2009年12月29日—2010年1月3日

展览地点　北京画院美术馆第一、二展厅

主办单位　北京画院/北京中华文化学院/北京师白艺术研究会

承办单位　北京画院美术馆

北京师白艺术研究会成立二十周年
娄师白师生会员书画展
INVITATION
请柬

“北京师白艺术研究会成立二十周年　娄师白师生会员书画展”请柬

展览前言　日月穿梭，忆昔如昨，当年恰逢娄师白先生七十寿辰，师生欢聚，遂提议成立了北京师白艺术研究会，至今已有20个春秋。

通过20年来研究会不断地开展活动，会员们无论是在创作理念、表现方法、艺术语言等诸多方面都取得了一定的成绩。他们的作品不仅具有鲜明的时代精神，同时也表现出不同的个性风格。他们中间一些人多次参加国内外重大展览，并且获得佳绩。

这些年来，师生会员同舟共济，本着潜心求艺、淡泊名利、奉献社会、服务人民的宗旨，在娄师白先生言传身教、热心倡导之下，积极投身于社会公益、慈善事业：迎接港澳回归、宣传服务奥运、拥军拥政爱民、抗洪抗震救灾、抗击　“非典”慰问医护、扶贫助学助残、义展义卖义捐等活动，得到了政府和有关部门的关怀支持以及社会公众和广大书画爱好者的赞许。

而今，正值2010年元旦到来之际，新年伊始，万象更新！特举办“北京师白艺术研究会成立二十周年娄师白师生会员书画展”，以汇报答谢社会各界。

媒体关于北京画院美术馆报道评介一览表

展览名称：尺幅万象——王复羊漫画艺术回顾展

题　目	报刊名称	作　者	时　间
王复羊尺幅漫画展万象	《中国文化报》		2009.1.5
尺幅万象——王复羊漫画艺术回顾展	《北京晚报》	刘　平	2009.1.13
尺幅万象——王复羊漫画艺术回顾展	雅昌艺术网		2009.1.13
“王复羊漫画艺术回顾展”纪念漫画大家	《北京青年报》	王　岩	2009.1.14
百余幅作品回顾王复羊漫画人生	《北京日报》	路艳霞	2009.1.14
“尺幅万象”王复羊漫画艺术回顾展在京举办	《Arting365》		2009.1.14
北京推出王复羊漫画艺术回顾展	新浪财经		2009.1.15
北京推出王复羊漫画艺术回顾展	《中国工商时报》		2009.1.16
大爱存笔间——王复羊的品格与艺术	《中国艺术报》	李耀林	2009.1.16
王复羊尺幅万象	《美术报》		2009.1.17
尺幅万象——王复羊漫画回顾展作品选	《讽刺与幽默》		2009.1.23

展览名称：笔韵国风——北京画院院藏山水画精品展

题　目	报刊名称	作　者	时　间
“笔韵国风——北京画院院藏山水画精品展”在京举办	雅昌艺术网	曹　帅	2009.1.22
“笔韵国风——北京画院院藏山水画精品展”	《中国文化报》	严长元	2009.1.22

北京画院院藏山水画展五十年笔韵国风	《中国艺术报》	张　悦	2009.1.23
李可染巨幅《万山红遍》亮相	《北京青年报》	王　岩	2009.1.23
“笔韵国风”名作背后故事多	《北京日报》	路艳霞	2009.1.23
北京画院院藏山水画精品展开展	文化传播网		2009.1.23
北京画院院藏山水画精品展开幕	《京华时报》	卜昌伟	2009.1.25
山水名家精品画展	《北京晚报》		2009.1.25
山水“笔韵”唱“国风”	《中国书画报》		2009.1.29
笔韵国风　北京画院举办院藏山水画精品展	《美术报》	潘欣信	2009.2.7
山水笔韵呈现国风	《渤海早报》	黄浩明	2009.2.11
“笔韵国风”北京画院举办院藏山水画精品展	《美术》		2009.3
北京画院展出院藏山水画精品	《中国书画》		2009.3
资讯	《书画频道》	王明磊	2009.3

展览名称:时代芳华——中国女艺术家系列作品展之一

题　目	报刊名称	作　者	时　间
women artists	《中国日报》		2009.2.27
女艺术家作品展	《北京晚报》		2009.3.2
女画家画作联展庆三八节	《京华时报》	卜昌伟	2009.3.5
凸显独特个性，尽展时代芳华 ——中国女艺术家系列作品展举办	《中国文化报》	宗　美	2009.3.5
时代芳华汇聚12位女艺术家美术佳作	《北京日报》	路艳霞	2009.3.5
时代芳华——中国女艺术家系列作品展	《参考消息》		2009.3.5
12位女画家展作品	《北京晨报》	刘　婷	2009.3.5

“时代芳华”中国女艺术家系列作品展	雅昌艺术网		2009.3.7
佳作彰显时代芳华 北京画院举办中国女艺术家系列作品展	《美术报》		2009.3.7
“时代芳华——中国女艺术家系列作品展”开幕	《黔西南日报》		2009.3.7
美术星空　时代芳华	《人民政协报》	林　夕	2009.3.8
为好画搭一座桥　访“时代芳华”展策展人安远远	《渤海早报》	黄浩明	2009.3.9
时代芳华　中国女艺术家系列作品展选登	《中国旅游报》		2009.3.9
北京画院办展　展现中国女艺术家时代芳华	《中国艺术报》	段泽林	2009.3.13
“时代芳华——中国女艺术家系列作品展” 在北京画院开幕	《羲之书画报》	刘绍海	2009.3.13

展览名称：丹青化境——李斛绘画精品回顾展

题　目	报刊名称	作　者	时　间
《傣族姑娘》（插图）	《群言》		2009.2
取法创格——李斛的中国画变革及其成就	《荣宝斋》	马静庵	2009.3
取法创格——李斛的中国画变革及其成就	《中国书画》	马静庵	2009.3
永远的风范	《大家书画》		2009.4
取法创格——李斛的中国画变革及其成就	《中国书画》	马静庵	2009.5
北京画院将呈现李斛“丹青化境”	《中国文化报》	严长元	2009.3.19
北京画院将呈现李斛丹青化境	新华网	隋笑飞	2009.3.19
互补东西兼容古今的艺术集成者 ——简析李斛先生的人物画	《人民政协报》	冯　远	2009.3.20
丹青化境：李斛绘画精品回顾展	美术同盟网		2009.3.20
北京画院美术馆举办李斛绘画精品回顾展	北京电视台		2009.3.20

李斛绘画精品回顾展	《北京晚报》		2009.3.21
李斛80余件绘画精品“丹青化境”	《北京日报》	路艳霞	2009.3.21
丹青化境　李斛绘画精品回顾展举行	《美术报》	潘欣信	2009.3.21
李斛绘画精品回顾展在北京画院美术馆举行	央视网		2009.3.21
李斛绘画精品回顾展在北京画院美术馆举行	中国传统文化总网		2009.3.21
李斛绘画精品回顾展开幕	《京华时报》	卜昌伟	2009.3.23
“丹青化境——李斛作品回顾展”在京举行	《渤海早报》	黄浩明	2009.3.23
丹青化境：李斛绘画精品回顾展	中国经济网		2009.3.23
李斛绘画精品回顾展在京举行　孙家正出席开幕式	《中国艺术报》	张亚萌	2009.3.24
丹青化境——李斛遗作：展示中国画变革之路	博宝网		2009.3.24
“丹青化境”举行　李斛遗作展中国画变革之路	北京文网		2009.3.24
丹青化境——李斛绘画精品回顾展在京举行	中国文联网		2009.3.24
丹青化境——李斛绘画精品回顾展	雅昌艺术网	田鹏志	2009.3.25
互补东西、兼容古今的艺术集成者 ——简析李斛先生的人物画	《中国艺术报》	冯　远	2009.3.27
融合中西绘画的骁将——李斛人物画评说	《中华工商时报》	刘曦林	2009.3.27
李斛绘画精品回顾展览在京开幕	CCTV-9		2009.3.28
北京画院美术馆举行李斛绘画精品回顾展	《人民日报》 (海外版)	叶　文	2009.4.24

展览名称：彩墨生活——潘一杭近作展

题　目	报刊名称	作　者	时　间
潘一杭彩墨近作将展出	《京华时报》	卜昌伟	2009.4.7
彩墨生活　潘一杭近作展	美术同盟网	舒小虎	2009.4.8

水静流深的“纽约客”	《中国文化报》	菲　宁	2009.4.9
“彩墨生活——潘一杭近作展”在京开幕	雅昌艺术网	田鹏志	2009.4.9
潘一杭画展开幕	《京华时报》	王俭、卜昌伟	2009.4.9
彩墨生活——潘一杭近作展北京举办	《中国艺术报》	朱虹子	2009.4.10
潘一杭用彩墨表现别样人生	《艺术市场》		2009.4

展览名称：超纵至诚——纪念李苦禅先生诞辰110周年作品展

题　目	报刊名称	作　者	时　间
超纵至诚 ——纪念李苦禅先生诞辰一百一十周年纪念展	《荣宝斋》		2009.3
宗师风范　写意真谛 ——纪念李苦禅先生诞辰110周年作品展	《美术之友》		2009.3
永远的风范——怀念李苦禅先生	《大家书画》	王明明	2009.4
李苦禅精品亮相北京画院美术馆	《中国书画》		2009.5
纪念李苦禅诞辰110周年系列活动在京展开	《美术》	吴洪亮	2009.6
纪念李苦禅先生诞辰110周年	《中国艺术报》	郭青剑	2009.4.14
李苦禅大师画展将开幕	《天津日报》	侯跃男	2009.4.14
笔墨传情情更浓	《晨报》	李树声	2009.4.15
李苦禅作品展亮相北京画院	《北京晨报》	刘　琳	2009.4.15
李苦禅110周年诞辰展即将开幕	新华社	罗晓光	2009.4.15
等到百年后　或可留人间——追忆苦禅	《北京晚报》	李慧文	2009.4.16
时代·气质·艺道——李苦禅大写意艺术之我见	《中国文化报》	严长元	2009.4.16
超纵至诚——李苦禅先生诞辰110周年纪念展在京举办	《北京商报》	金　文	2009.4.16

“超纵至诚”纪念李苦禅先生诞辰110周年作品展	雅昌艺术网	刘晓琳	2009.4.17
李苦禅110周年诞辰回顾展	美术同盟网		2009.4.17
李苦禅诞辰110周年作品展在京展出	新华网		2009.4.17
李苦禅画展今天开幕　北京画院“对话”大师作品	千龙网		2009.4.17
三位国画大师夫人首次共为画展剪彩 ——“超纵至诚”纪念李苦禅诞辰110周年	《北京青年报》	王　岩	2009.4.18
记住一个人　李苦禅永远的风范	《北京晚报》	王明明	2009.4.18
宗师风范　写意真谛 ——纪念李苦禅先生诞辰110周年作品展	《美术报》	潘欣信	2009.4.18
“超纵至诚——纪念李苦禅先生诞辰110周年作品展”在北京画院开展	《吉林日报》		2009.4.18
展讯	《淮安日报》		2009.4.18
李苦禅诞辰纪念展开幕	北京电视台		2009.4.18
纪念李苦禅诞辰作品展开幕	《人民日报》 （海外版）		2009.4.18
“超纵至诚——纪念李苦禅先生诞辰110周年作品展”开幕	中华收藏网		2009.4.18
李苦禅110周年诞辰展在京展出	新华社	罗晓光	2009.4.18
李苦禅纪念展在京开幕	《北京晨报》	刘　婷	2009.4.19
80余件李苦禅精品画作亮相北京	网易		2009.4.19
80余件李苦禅精品画作亮相北京　题材囊括花鸟山水	中国网		2009.4.19
北京画院展李苦禅80余件精品	《北京日报》	路艳霞	2009.4.20
大师不朽——纪念李苦禅先生诞辰110周年	《人民政协报》	霍　达	2009.4.20
李燕谈父亲李苦禅诞辰110周年纪念展　没有文化底蕴的中国画仅是一张薄宣纸	《渤海早报》	黄浩明	2009.4.20
李苦禅先生诞辰110周年作品展	雅昌艺术网		2009.4.20

李苦禅诞辰110周年纪念展开幕	CCTV-9		2009.4.20
80余件李苦禅精品画作亮相北京	新华网	孙晓胜	2009.4.20
北京画院20世纪美术大家系列展再添新景“超纵至诚”道苦禅	《中国书画报》		2009.4.22
宗师风范 写意真谛——李苦禅先生诞辰110周年作品展亮相北京画院	《今日信息报》	长 明	2009.4.22
纪念李苦禅先生诞辰110周年	《参考消息》	付 裕	2009.4.23
“超纵至诚——纪念李苦禅先生诞辰 110 周年作品展”佳作选登	《人民政协报》		2009.4.24
展讯	《中国日报》		2009.4.24
宗师风范 写意真谛——纪念李苦禅先生诞辰110周年作品展	《人民日报》（海外版）	庸 其	2009.5.8
李苦禅作品展	《京华时报》		2009.5.8

展览名称：地球的红飘带——沈尧伊大型长征连环画原作展(上海巡展)

题 目	报刊名称	作 者	时 间
地球的红飘带——沈尧伊大型长征连环画原作展	《艺术市场》		2009.5
重温长征的精神力量	《东方早报》	徐佳和	2009.4.16
再现红军长征恢宏历史	《新闻午报》		2009.4.16
地球的红飘带——沈尧伊大型长征连环画原作展在上海展出	《羲之书画报》	刘秋华	2009.4.24
沈尧伊大型长征连环画原作展在沪举行	《美术》		2009.6

展览名称：地球的红飘带——沈尧伊大型长征连环画原作展(常熟巡展)

题 目	报刊名称	作 者	时 间
沈尧伊的连环画巨作	《常熟日报》	章 平	2009.5.4

长征连环画原作来常展出	《常熟日报》	曹伟峰	2009.5.12
长征连环画展登陆常熟　作品由白矾等特殊材料刷出，每张原作重达一斤	《苏州日报》	商中尧	2009.5.4
长征连环画常熟开展　原稿已被北京画院以1500万元人民币收藏	《姑苏晚报》	张黎丽	2009.5.7

展览名称：本·色2009　孙向阳、莫大风、姜建忠、张利、李晓刚、何大桥、匡剑油画展

题　目	报刊名称	作　者	时　间
本·色2009——七人油画展登陆北京画院美术馆	艺术中国网		2009.5.15
本·色2009——七人油画展登陆北京画院美术馆	博宝网		2009.5.16
《本·色2009》油画七人展在北京举办	《羲之书画报》	晓　鸣	2009.5.16
北京画院美术馆将办七画家联展	《京华时报》	卜昌伟	2009.5.18
本·色2009七人油画展	美术同盟网	舒小虎	2009.5.20
“本·色”2009艺术联展	雅昌艺术网		2009.5.21
七画家联手“本·色”展开幕	网易		2009.5.21
背景与本色——写在“本·色2009”七人油画展之际	《中国文化报》	吴洪亮	2009.6.11

展览名称：实者慧——邹佩珠、李小可、李珠、李庚捐赠李可染作品展

题　目	报刊名称	作　者	时　间
实者慧　仁者寿	《美术家通讯》	张忠义	2009.3
筹建中北京美术馆获捐赠李可染作品逾百件	雅昌艺术网		2009.5.15
李可染家属向国家捐赠李可染作品	新华网	罗晓光	2009.5.15
李可染百件作品捐赠北京画院	《京华时报》	卜昌伟	2009.5.16
邹佩珠将李可染200余件作品捐给国家	中国淮海网	张伟栋	2009.5.16

李可染百件作品捐赠北京画院	华艺网		2009.5.16
李可染作品捐给北京画院美术馆	美术联盟网		2009.5.16
李可染家属捐赠李可染作品	新浪网		2009.5.16
北京画院6月1日举办“实者慧——邹佩珠、李小可、李珠、李庚捐赠李可染作品展”	《彭城晚报》	林　刚	2009.5.16
李可染家属捐赠李可染作品	《深圳特区报》		2009.5.16
李可染作品捐给北京画院美术馆	《北京青年报》	王　岩	2009.5.16
李可染遗产案终审定论	新浪网		2009.5.17
邹佩珠捐赠李可染毕生作品给北京画院美术馆	美术同盟网		2009.5.18
李可染家属捐赠画作逾百件　将入藏北京美术馆李可染艺术馆	《文汇报》	吴　越	2009.5.19
李可染家属捐赠画作逾百件	网易		2009.5.19
李可染遗孀捐给北京画院三百作品　六一将展出	中国经济网		2009.5.19
“实者慧”李可染作品捐赠展将办	《中国艺术报》	张亚萌	2009.5.19
李可染遗孀捐三百作品	《北京娱乐信报》		2009.5.19
李可染家属捐赠画作逾百件	中国新闻网		2009.5.19
李可染遗孀捐赠百件作品	四川新闻网		2009.5.20
复兴中国绘画的大师——李可染	《人民日报》（海外版）		2009.5.20
六月，到北京画院看“实者慧”	《中国书画报》	任愚颖	2009.5.21
李可染作品捐赠给北京画院美术馆	《羲之书画报》	刘绍海	2009.5.22
李可染数百件作品捐献北京美术馆	《工人日报》	张　宪	2009.5.22
李可染遗产案尘埃落定	《美术报》		2009.5.23
收藏资讯	《徐州日报》		2009.5.26

书画并美　南北展览同开幕	博宝网		2009.5.31
李可染捐赠作品今开展	《北京晚报》		2009.6.1
“实者慧”邹佩珠、李小可、李珠、李庚捐赠李可染作品展	雅昌艺术网		2009.6.1
实者慧　李可染作品展开幕	美术同盟网		2009.6.1
李可染作品展在北京画院美术馆展出	新华网		2009.6.1
北京画院美术馆举办捐赠李可染作品展	中国新闻图片网	郑雄增	2009.6.1
李可染遗产纠纷尘埃落定　121件家属捐赠作品露面	《北京日报》	路艳霞	2009.6.2
体现“实者慧”美术馆展李可染代表作品121幅	中国网滨海高新		2009.6.2
“捐赠李可染作品展”开幕	北京文网		2009.6.2
邹佩珠：捐出可染作品再合眼	《京华时报》	卜昌伟	2009.6.2
邹佩珠：公共财产得有好归宿	《京华时报》	卜昌伟	2009.6.2
北京画院推出李可染作品展　郑万通阳安江参观	千龙网	赵　耕	2009.6.2
北京画院推出四人捐赠李可染作品展	《光明日报》	田　呢	2009.6.3
李可染作品展推出	《天津日报》	侯跃男	2009.6.3
李可染作品展在京举办　郑万通出席	《人民政协报》	毛梦溪	2009.6.3
邹佩珠：捐赠之心由来已久　邹佩珠、李小可、李珠、李庚捐赠李可染作品展引起强烈反响	《北京日报》	路艳霞	2009.6.5
涵盖大师40年创作精品　李可染作品在京展出	《人民日报》（海外版）	庸　其	2009.6.5
李可染捐赠作品展展现“实者慧”	《中国艺术报》	张亚萌	2009.6.5
Li Keran's works displayed in Beijing	《环球时报》		2009.6.9
邹佩珠首次开口谈家事	首都生活广播《我的收藏》		2008.4.30
有些事不得不讲，是第一次讲，也将是最后一次讲	《人民政协报》	杨　春	2009.6.10

李可染作品展举办　贾庆林刘淇钱运录参观展览	《北京日报》	赵　耕	2009.6.10
实者慧　仁者寿——观“实者慧”展览有感	《中国艺术报》	张忠义	2009.6.16
纪念李可染诞辰100周年专题	美术同盟网		

展览名称：方寸回望——贺友直连环画原作展

题　目	报刊名称	作　者	时　间
贺友直连环画原作展在京举行	浙江在线		2009.6
方寸回望——北京画院贺友直连环画原作展	中漫网		2009.6.15
“方寸回望”贺友直连环画原作展	古玩字画网		2009.6.16
方寸回望　贺友直连环画原作展	艺术中国网		2009.6.17
方寸回望　贺友直连环画原作展	美术同盟网	舒小虎	2009.6.19
“方寸回望——贺友直连环画原作展”在京开幕	千龙网		2009.6.19
“方寸回望”贺友直连环画原作展	《新京报》	李建亚	2009.6.19
贺友直透露创作秘诀	《京华时报》	卜昌伟	2009.6.20
贺友直连环画原作展开幕	《北京晚报》		2009.6.20
贺友直连环画原作进京展出	《北京日报》	路艳霞	2009.6.20
连环画个展在京举办　贺友直《回望方寸》	《新民晚报》	林明杰	2009.6.20
方寸回望——贺友直连环画原作展	雅昌艺术网		2009.6.22
方寸回望连环画大师贺友直百余幅原作展出	中国经济网		2009.6.23
方寸回望——贺友直连环画原作展	《人民日报》 （海外版）		20096.26
贺友直：方寸回望	《美术报》	潘欣信	2009.6.27
贺友直连环画原作开展	《为您服务报》		2009.6.29

“方寸回望——贺友直连环画原作展”于6月19日至7月19日举办	人民网	红 梅	2009.6.29
贺友直连环画原作亮相北京画院美术馆方寸回望，唤起一代人的文化记忆	《中国书画报》		2009.6.30
连环画家贺友直：“方寸回望——贺友直连环画原作展”在京举行	北仑·新碶		2009.6.30
贺友直：我一画连环画就聪明	《中国文化报》	严长元	2009.7.2
贺友直和连环画：阅读一个时代	《三联生活周刊》	曾 炎	2009.7.6

展览名称：纸上新月——王冠军、彭薇、买鸿钧、姚大伍绘画作品展

题 目	报刊名称	作 者	时 间
北京画院办展送来“纸上新月”	《中国艺术报》	李 宣	2009.8.7
“纸上新月”展亮相京城	《渤海早报》		2009.8.3
北京画院推出“纸上新月”展	文化传播网	钟 闻	2009.8.6
纸上新月——四人绘画作品展	美术同盟网		2009.7.28
“纸上新月”王冠军、彭薇、买鸿钧、姚大伍绘画作品展	雅昌艺术网		2009.7.31
“纸上新月”绘画作品展在北京画院美术馆开幕	中国文联网		2009.8.7
王冠军、彭薇、买鸿钧、姚大伍四人画说“纸上新月”	《中国书画报》	京 苑	2009.8.6

展览名称：造化天工——吴作人写生作品展

题 目	报刊名称	作 者	时 间
造化天工——吴作人写生作品展	中国书法网		2009.8.6
北京画院二十世纪中国美术大家系列展又推新景 看吴作人的“造化天工”	《中国书画报》	彭利铭	2009.8.10
“造化天工”吴作人写生作品展	雅昌艺术网		2009.8.10

吴作人写生作品展展现造化天工	《中国艺术报》	张亚萌	2009.8.11
“造化天工”铸画魂　吴作人作品在京展出	中国日报网		2009.8.11
“造化天工——吴作人写生作品展”在北京画院美术馆开幕	中国美术服务网		2009.8.11
“造化天工——吴作人写生作品展”在北京画院举办	中国文联网	张亚萌	2009.8.11
吴作人90余幅写生作品造化天工	《北京日报》	路艳霞	2009.8.12
造化天工——吴作人写生作品展开幕式	艺术中国网		2009.8.13
造化天工	环球资讯网		2009.8.14
吴作人90余幅写生作品亮相北京画院　造化天工	博宝艺术网		2009.8.15
造化天工　吴作人的写生之旅	《精品购物指南》	卢　楠	2009.8.17
一生执著　一丝不苟　造化天工：吴作人写生展	中国经济网	卢　楠	2009.8.17
雪景、骆驼与“一生的作业” ——从“造化天工——吴作人写生作品展”关注写生	《中国艺术报》	张亚萌	2009.8.28

展览名称：国风境界——纪念董希文诞辰九十五周年写生作品展

题　目	报刊名称	作　者	时　间
北京画院办展纪念董希文	《北京晚报》	林晨曦	2009.9.4
“国风境界”纪念董希文诞辰九十五周年写生展	雅昌艺术网		2009.9.8
北京画院亮“国风境界”　董希文写生作品展出	千龙网	张　薇	2009.9.8
国风境界——纪念董希文诞辰九十五周年写生作品展	艺术中国网		2009.9.8
北京画院为《开国大典》作者董希文办展	《北京日报》	路艳霞	2009.9.9
北京画院举办纪念董希文作品展	《中国青年报》	王　岩	2009.9.9
董希文写生作品展开幕	《京华时报》	卜昌伟	2009.9.10

董希文油画的“国风境界”	《中国文化报》	尹　闻	2009.9.10
国风境界——纪念董希文诞辰95周年写生作品展举办	《中国艺术报》	张亚萌	2009.9.11
“国风境界——纪念董希文诞辰九十五周年写生作品展”开幕	人民政协报	陈一心	2009.9.11
纪念董希文诞辰九十五周年写生作品展在北京画院美术馆开幕	《美术报》	潘欣信	2009.9.14
“国风境界”董希文写生作品北京画院美术馆展出	《北京商报》	熊潇雨	2009.9.18

展览名称：地之子——庞薰琹二十世纪三、四十年代作品展

题　目	报刊名称	作　者	时　间
中国现代设计先行者庞薰琹	《三联生活周刊》	曾　炎	2009.11.9
《地之子》庞薰琹二十世纪三、四十年代作品展	《艺术地图》		2009.11
庞薰琹盛期白描，值得藏家关注	《艺术市场》	孙玉洁	2009.12
庞薰琹作品展回复“地之子”一生	《中国艺术报》		2009.10.16
“地之子——庞薰琹二十世纪三、四十年代作品展”在北京画院美术馆开幕	《人民政协报》		2009.10.16
北京画院美术馆举办庞薰琹作品展	搜狐网		2009.10.16
黄永玉捧场庞薰琹作品展	《京华时报》	卜昌伟	2009.10.16
北京画院举办庞薰琹作品展	网易		2009.10.16
北京画院举办庞薰琹作品展	《北京日报》	路艳霞	2009.10.16
“地之子”庞薰琹作品展北京画院美术馆开幕	千龙网	张　薇	2009.10.16
大地之子——庞薰琹　庞薰琹20世纪三四十年代作品展举行	《美术报》	潘欣信	2009.10.17
“地之子”展庞薰琹画作精品	《北京青年报》	王　岩	2009.10.19

“地之子——庞薰琹二十世纪三、四十年代作品展”在北京画院美术馆隆重开幕	《今日信息报》	蔡成刚	2009.10.21
北京画院推出庞薰琹作品展	艺术中国网		2009.10.21
北京画院推出庞薰琹作品展	《中国文化报》	严长元	2009.10.21
庞薰琹　中国20世纪艺术的先行者	《人民日报》（海外版）	吴洪亮	2009.10.23
庞薰琹二十世纪三、四十年代作品展在北京画院美术馆开幕	《光明日报》	田　昵	2009.10.25
庞薰琹个展所引发关于“艺术与设计”的再思考	搜狐网		2009.11.2

展览名称：心诗自书——齐白石笔下的书法意蕴

题　目	报刊名称	作　者	时　间
“心诗自书”齐白石笔下的书法意蕴展	搜狐网	高果果	2009.11.17
“心诗自书”齐白石笔下的书法意蕴展开幕	中国书法家园网		2009.11.18
北京画院再献秘藏　白石老人书法精品开展	千龙网		2009.11.18
饶有天趣　最见性情——齐白石的书法艺术	艺术中国网		2009.11.19
饶有天趣　最见性情——齐白石的书法艺术	《中国文化报》	怀　远	2009.11.19
北京画院秘藏齐白石书法 18日起在京展出近半年	《北京商报》	熊潇雨	2009.11.23

展览名称：游刃金石——费名瑶篆刻艺术展

题　目	报刊名称	作　者	时　间
费名瑶篆刻艺术北京画院展出	《北京商报》	熊潇雨	2009.11.20
费名瑶游刃金石	《北京晚报》		2009.11.21
费名瑶篆刻艺术展	《京华时报》		2009.11.22
费名瑶推出篆刻艺术展	《中国文化报》	美　周	2009.12.10

展览名称：我爱平凡的人——周思聪创作及写生作品展

题　目	报刊名称	作　者	时　间
周思聪画展赞颂平凡中的伟大	艺术中国网		2009.11.25
周思聪创作及写生作品展北京画院开展	雅昌艺术网		2009.11.25
我爱平凡的人：周思聪创作及写生作品展	搜狐网		2009.11.25
关注平凡人生活　66幅周思聪画作首度展出	千龙网		2009.11.25
周思聪“平凡的人”感动观众	《北京日报》	路艳霞	2009.11.26
北京画院举办周思聪作品展　著名艺术家韩美林出席开幕式	《京华时报》	卜昌伟	2009.11.26
周思聪作品展绘出“平凡的人”	《中国艺术报》	张亚萌	2009.11.27
周思聪创作及写生作品展在京举办	《光明日报》	田　呢	2009.11.30
周思聪作品展开幕　凝固静谧中的感动	《北京青年报》	王　岩	2009.12.2
她爱平凡的人——周思聪创作及写生作品展前言	《中国文化报》	邵大箴	2009.12.3
最平凡的人，最杰出的画　北京画院举办周思聪创作及写生作品展	《中国书画报》	李文慧	2009.12.4
周思聪六十六幅画稿及写生作品首度面世	《人民政协报》		2009.12.4
周思聪创作及写生作品展出	《人民日报》（海外版）		2009.12.11

展览名称：2009・四季水墨——当代优秀艺术家中国画提名展

题　目	报刊名称	作　者	时　间
“四季水墨”——当代优秀艺术家中国画提名展	当代艺术网		2009.12
清纯可比乌托邦——“四季水墨”感想	《美术报》		2009.12.14

12月17日　“四季水墨”当代优秀艺术家中国画提名展	美讯网		2009.12.15
“四季水墨展”随感	雅昌艺术网	高明潞	2009.12.25
“2009四季水墨——当代优秀艺术家中国画提名展”	《文艺报》		2009.1.4

展览名称：北京师白艺术研究会成立二十周年　娄师白师生会员书画展

题　目	报刊名称	作　者	时　间
92岁娄师白开画展　元旦在北京画院美术馆举行	《法制晚报》	郝洪捷	2009.12.31
娄师白师生会员　书画展元旦举行	《北京青年报》		2009.12.31
“娄师白师生会员书画展”开幕	《晨报》		2009.12.31
娄师白艺术展开展	《北京晚报》	林晨曦	2010.1.3
娄师白艺术展开展	新浪网		2010.1.3
娄师白师生会员书画展推出　庆贺师白艺术研究会成立20周年	《北京日报》		2010.1.12

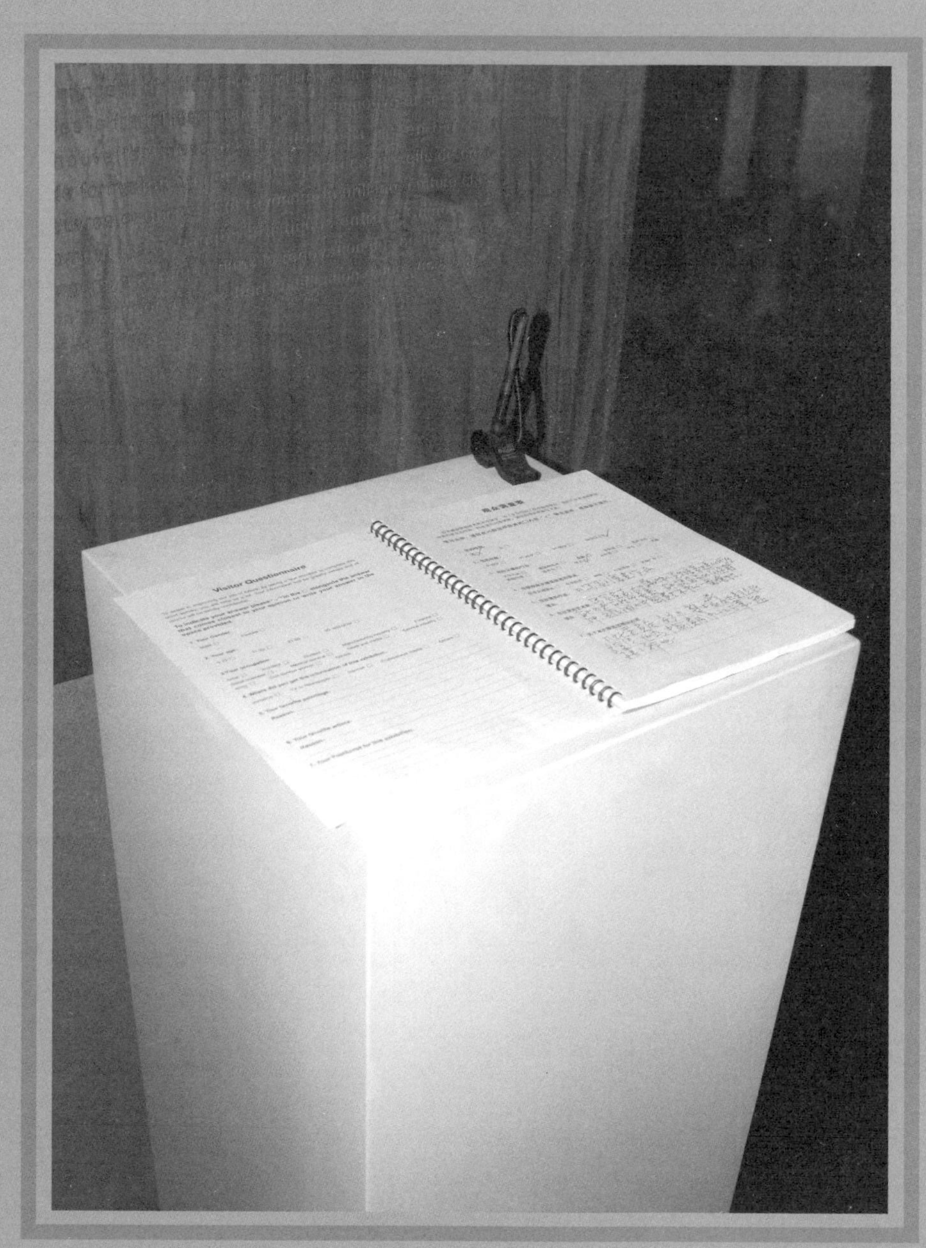
Visitor Questionnaire

观众留言

展览名称：心诗自书——齐白石笔下的书法意蕴
（北京画院秘藏齐白石作品系列特展之七）

关于本次展览您想说的话：比去年布展大有進步，灯光影控運用的妙，建設國際性大都市，我們的传统國畫也应跟上，我為北京畫院而骄傲，很好，望继续努力！

比去年布展大有进步，灯光影控运用的妙。建设国际性大都市，我们的传统国画也应跟上，我为北京画院而骄傲。很好，望继续努力！

7．关于本次展览您想说的话：我看了多次，但每次都有新的感受。能看到大師的作品，是我之荣幸。

我看了多次，但每次都有新的感受。能看到大师的作品，是我之荣幸。

7．关于本次展览您想说的话：感动、喜欢、有味道，虽在这个物质社会里，但这里是我的世外桃源（园）看着他们我激动。

感动、喜欢、有味道。虽在这个物质社会里，但这里是我的世外桃源（园），看着他们我激动。

7．关于本次展览您想说的话：展厅设计很人性化，作品是别处很难得一见的精品，如能再多些，将更加完美，谢谢！

展厅设计很人性化，作品是别处很难得一见的精品，如能再多些，将更加完美，谢谢！

关于本次展览您想说的话：环境优雅，文化气息浓，灯光有点暗，是否能调亮一些，感悟很深，齐老在中国美术史上的地位与日俱增，前无古人，后无来者。

环境优雅，文化气息浓。灯光有点暗，是否能调亮一些。感悟很深，齐老在中国美术史上的地位与日俱增，前无古人后无来者。

展览名称：丹青化境——李斛绘画精品回顾展
（二十世纪中国美术大家系列展之七）

关于本次展览您想说的话：

原不知其人，看其画深受感动，惜英年早逝。

其画刻划（画）细致入微，人物面部表情生动，确为丹青化境。

关于本次展览您想说的话：

一直没搞明白为什么李先生在1960年后的画的风格突然转变了，向传统国画风格靠拢。画风突然变得粗犷豁达，齐白石的先形后意的观点莫非对他有影响了？希望在每幅画旁能配以创作背景。

展览名称：超纵至诚——纪念李苦禅先生诞辰110周年作品展
（二十世纪中国美术大家系列展之八）

关于本次展览您想说的话：

苦禅大师画鹰为千古一绝，出自白石门下，又独具一格。师古人又师造化，勇于创新，冲破传统。苦禅者，刻苦修练（炼）得到悟禅也。

关于本次展览您想说的话：

感谢筹办本次展览的他的家人及有关单位，特别是齐白石纪念馆全体工作人员尽职服务。总之希望树中国魂、扬中国威的杰出艺术家展览常展。

关于本次展览您想说的话：

听李燕教授讲解，才明白大师所以为大师，并不仅仅是其艺术水平之高超，更为重要的是做人之高。听得我泪流而下，同时深感现今许多自诩为“大师”者，其境界、人品在苦禅老人脚下何其渺小！何其可笑！

大师不朽，风范永存！

关于本次展览您想说的话：

本次展览可谓让书画爱好者饱读了李苦禅先生的力作，其作品扑面而来的英雄、浑淳之气，非常感染我们。诸如此类的展览应多举办，使我们能欣赏到前辈大家的艺术魄力。比如周思聪、林风眠等大家的作品展。

希望北京画院能为众多学习者提供一个很好的平台，多办展览或学术讲座，使国画艺术的学习更开放，以此继承、发扬。

关于本次展览您想说的话：

笔墨纵横生雷电，意境内外听洪钟。

展览名称：实者慧——邹佩珠、李小可、李珠、李庚捐赠李可染作品展（二十世纪中国美术大家系列展之九）

关于本次展览您想说的话：

我们三人是为此画展专程由重庆万州赶来，可染大师在我们那画了不少作品，为我们之绘事指南。观其原作，大开眼界，此来京值！值！

关于本次展览您想说的话：

中国书法中国绘画是我们中华民族的瑰宝，是中国的国粹。中国无论过去、现在和未来，都需要人才辈出的巨匠使其弘扬光大，传承下去。

关于本次展览您想说的话：

《雨中漓江》画得太美了，纯净得如同山水间的空气，吸入腹中，洗涤了心灵，又呼出来，还是纯净地挂在那里。

关于本次展览您想说的话：

歌颂祖国，一代宗师，

留芳千古，万世称颂。

顷（倾）一生精力，染遍万里江山。

关于本次展览您想说的话：

向邹老夫人、李小可先生、李珠先生、李庚先生致敬致谢！您们将家庭的财富变做（作）中华民族的无价宝。

鞠躬！

展览名称：造化天工——吴作人写生作品展

（二十世纪中国美术大家系列展之十）

关于本次展览您想说的话：

我不懂西画，但作品所传达出的意境是静谧的。的确，走到现实中去要远比数码相机的照片更加能带给我们感情。其实就是味道，没了味道便是照片而不是绘画了。

关于本次展览您想说的话：

画面清新，简单明了，令人赏心悦目，仿佛身临奇（其）境一般。能看到本次展览，本人非常高兴，也非常感谢北京画院以及美术馆，给予我们这种高等的艺术享受，最后祝愿北京画院越办越好！

关于本次展览您想说的话：

速写、素描是艺术家必备的即景感应，是艺术的文脉，不可少的基本功和心灵的表述。

吴伯伯是20世纪三十年代的父辈，曾与我父亲常书鸿、吕斯百等前辈同窗好友。展出的几幅40年代抗日战争在重庆凤凰山上的作品令我回忆童年的时代……我们曾居住在一幢屋檐下……这种回忆当年老一辈艺术家的展览非常重要，这是通过艺术对下一代、新一代人的历史和艺术的教育。看了展览百感交集……

常沙娜

关于本次展览您想说的话：

展览紧贴社会现实中突出问题，重塑“写生与创作”之息息相关！

以西画的观察写生，以情感的关注创作！

“写生景观”布置令人浮想联翩！

关于本次展览您想说的话：

素描速写是一切造型艺术的基础。是吴作人成功之路。天才出于勤奋。

展览名称：国风境界——纪念董希文诞辰九十五周年写生作品展（二十世纪中国美术大家系列展之十一）

关于本次展览您想说的话：

希望经常办展，以提高全民的文化、艺术修养，宏（弘）扬美术、美学精神与文化。

希望允许拍照。

董希文先生的画作几年（代）前曾见过，阔别已久再次相见感触颇深，是中国油画的大家。他的油画语言直接强烈，不是翻译的，（而是）纯中国的语言，很值得现在画家多思考，应搞一个董先生的较全面的包括他的大的创作的大展览。对中国一些翻译的油画也是一个启发。

董希文先生的《开国大典》具有重要的历史意义。恰逢今年在建国六十周年能看到董先生的画展，说明了董先生的地位。最后感谢北京画院，希望以后能多举办类似的展览，给热爱绘画的人们一个学习的机会。

艺术源于生活，董希文先生的成功，是每个画家需要认知的，因为艺无境，贵有恒。

观赏画展，虔敬之心无可言说，可谓一画一沉吟，一步一徘徊。平日里，写生只是大作诞生前的准备，这里展示的董希文写生作品展，每一幅都是艺术精品，每一幅都是一种精神凝聚升华，后辈应当在这国风境界的导引下，继续深入、不断探索、勇猛开拓，任重而道远！

此展设计大气而富创意。感谢董一沙和展览总策划、办展全体参与人！

展览名称：地之子——庞薰琹二十世纪三、四十年代作品展
（二十世纪中国美术大家系列展之十二）

关于本次展览您想说的话：

之前对庞薰琹的认识仅局限于他的一幅《地之子》。通过展览，让我看到了这位大师居然对中国古代的绘画传统有如此深厚的功力。他的白描作品竟这般精致传神。还有他的工艺设计作品，函（涵）括了中国民间传统的优秀精华。相信即使是在20世纪的今天，这些设计图稿依然不会落伍。“民族的就是世界的”，希望庞先生的设计能应用在更广泛的渠道，经常来这里看展，庞先生的展览给我的触动最深。20世纪大家系列越来越精彩。

关于本次展览您想说的话：

充满敬意，充满怀念。
庞老的探究有知音有隽永的美的价值。

关于本次展览您想说的话：

原来对庞老的作品了解很少，很高兴通过这次展出看到了他的丰富而有力的作品。他的作品来源于生活，而且生动传神，笔触简练，其中透露出他对艺术的热爱和对生活的理解。

关于本次展览您想说的话：

大师风范，每一幅画中透着一种静静的美。

关于本次展览您想说的话：

很遗憾没能从事这个行业，但是非常感谢北京画院此次展览，让我们有更多学习的机会，看完以后很是感动。

展览名称：我爱平凡的人——周思聪创作及写生作品展
（二十世纪中国美术大家系列展之十三）

关于本次展览您想说的话：看到周老师的作品，我却不敢相信这是出自一位女画家之手。看到她的作品，带有欢乐的我会陪着它微笑，带有悲痛的我会有一丝眼泪（这不的让你说，好一位杰出的女画家、大师……！

赵亚明

多看看吧！多看老前辈的作品，不看那些…… 2009.11.26.

看到周老师的作品，我却不敢相信这是出自一位女画家之手。看到她的作品，带有欢乐的，我会陪着它微笑。带有悲痛的，我会有一丝眼泪。这不的（得不）让你说，好一位杰出的女画家、大师！

多看看吧！多看老前辈的作品，不看那些……

关于本次展览您想说的话：

研究、探寻周思聪先生的艺术思想、绘画语言，从生活中捕捉情趣、情节作为创作素材的现实主义表现手法。先生千古。画院凤翥龙翔！

2009.11.28.

研究、探寻周思聪先生的艺术思想、绘画语言，从生活中捕捉、记录情趣、情节作为创作素材的现实主义表现手法。先生千古。画院凤翥龙翔！

关于本次展览您想说的话：

这样的画家才称得上人民艺术家，一位真正的画家。她是那样的爱生活、爱人民，尤其是最普通的人群。画家的艺术功底也是非常优秀，看了画展非常感动，现在这样的画家太少了。周思聪是北京画院的骄傲与光荣。

这样的画家才称得上人民艺术家，一位真正的画家。她是那样的爱生活、爱人民，尤其是最普通的人群。画家的艺术功底也是非常优秀，看了画展非常感动，现在这样的画家太少了。周思聪是北京画院的骄傲与光荣。

关于本次展览您想说的话：周思聪先生是大师、大家，是北京画院的骄傲、旗帜！可惜并遗憾的是对她宣传介绍的太少太少了！

12.7.

周思聪先生是大师、大家，是北京画院的骄傲、旗帜！可惜并遗憾的是对她宣传介绍的太少太少了！

关于本次展览您想说的话：没有机会认识思聪先生，但她的精神之魂永远都在。

艺术光芒永存。希望能为周思聪举办大型回顾展。

2009.11.30.

没有机会认识思聪先生，但她的精神之魂永远都在，艺术光芒永存。希望能为周思聪举办大型回顾展。

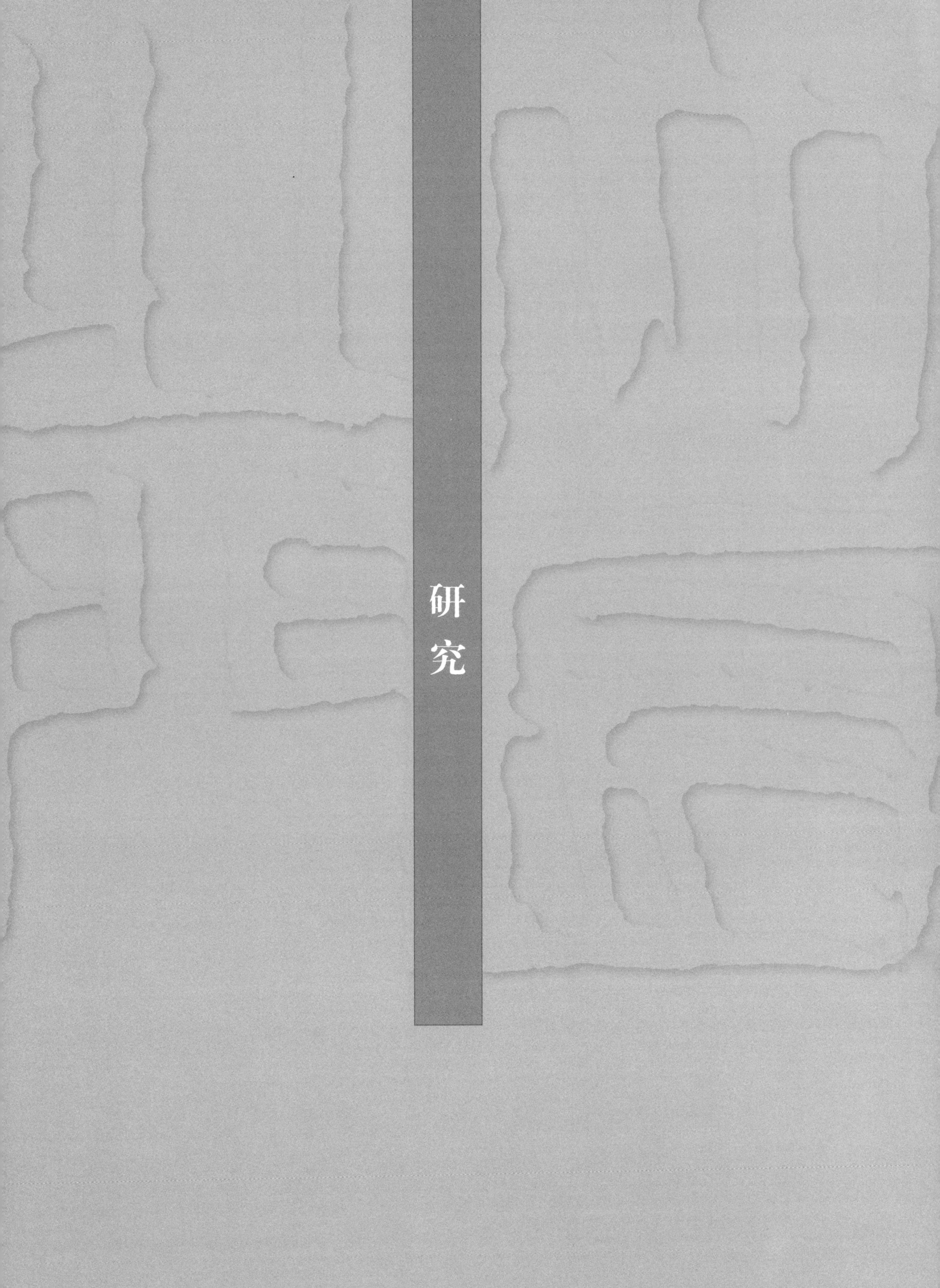

研究

取法创格

——李斛的中国画变革探索道路及其成就

马明宸

20世纪是中国社会发生重要变化的一个历史时期，时代的变化必然要求艺术的变化，艺术家们已经不再满足于做笔墨意境风格层面的探索，他们都在从不同的角度寻求对绘画的社会功用、艺术本质的深层改造。这个时期中国画艺术发生了现当代转型，李斛的艺术就是在这样一个历史文化背景下展开的，他的人生是同20世纪这段复杂的历史紧密结合在一起的。李斛在西学东渐的美术教育体制下学习绘画，在新中国成立之初的中国画变革大论争中探讨中西结合的艺术道路，即使在政治运动此起彼伏的年代，他仍坚持自己的艺术追索，直到生命的最后一刻。李斛总是在时代大环境允许下，凭借个人的坚定信念、勤勉的探索精神，潜心经营，上下求索，在有限的人生岁月里取得了卓著的艺术成就，开拓了中国画变革的新境界。

李斛继承和践行了徐悲鸿的中国画变革主张，是继蒋兆和之后又一位把中西结合的变革道路向前推进一步的重要艺术家。李斛探索了西画块面、色彩造型语言与中国画的笔墨线条造型语言之间的替换并置程度，使之有机融合，在一个更高的写实层次上重新统合了“形神”关系，形成了写实细腻、清雅隽秀的艺术风格，开创了“写实绘画”的新面貌。他的艺术拓展了人们的审美视域，他的求索道路在20世纪中国美术史上产生了重要影响，也为今后中国画的继承与发展昭示了一个方向。他留下的经典作品、他的变革实践对于我们都是宝贵的财富。重读佳作，回顾大师，总结经验，对于中国画的发展必将产生重大的现实意义。

一、少年时代的家境（1919—1932）

李斛，原名李新源，号柏风。1919年，李斛出生在四川省东部的大竹县观音镇。观音镇距大竹县城57公里。作为北洋政府执政时期的一个普通乡镇，这里的整体社会面貌还处在传统封建社会向现当代的过渡转型时期。李斛的祖父家境殷实，他的父亲继承家产，乐善好施，同情穷人，对于亲友有求必应，是当地有名的善人。当地善人集结组成的善会经常捐资兴建一些带有宗教色彩的民间慈善机构——善堂，当时镇上的善堂有许多都是李家捐钱修建的。李斛的父亲不断疏散家产帮贫助难，使得李家的生活开始变得拮据，父亲的脾气也变坏了。1926年，李斛在梁山屏锦铺南岩小学念书，之后在亲友的帮助下到附近梁山县读中学，1932年转学到成都。在成都，他寄居于舅父家中，因为早年曾受到过李斛父亲的帮助，舅父对李斛照顾有加，他在舅父的资助下继续读中学，并于1933年考入了成都师范学校。

1935年，李斛在成都师范学校留影。

李斛在《自传》中说，他在上初中时对绘画产生了兴趣。民国时期，美术教育的主要形式已经由传统的师徒制转向师范学堂艺术科教育，艺术专门学校教育逐渐在社会展开，美术教育面向更大范围的社会公众，为普通绘画爱好者提供了良好的学习机会。李斛曾瞒着舅父报考当时的成都艺专与东方美专。这两所学校是民国时期四川省较有影响的美术学校，黄宾虹、曾竹韶曾在此执教，著名美学家王朝闻，画家石鲁、赵望云曾就读于此。但是舅父不同意李斛到这样的学校学习绘画，因为当时的师范学校是公立的，就业前景也比较有保障，另外读师范可以节省费用，家庭不富裕的学子大都经由这种途径来求得进取。在舅父的坚持下，李斛只得从命改读成都师范学校。

二、学习绘画与早期创作（1933—1948）

1933年，李斛在成都师范艺术科学习。因为家境贫寒，李斛学习十分勤奋刻苦，回到宿舍仍然学习到深夜十一二点钟，比其他宿舍熄灯都晚。这段时期对李斛学画影响比较大的是一位叫张彩芹的老师，此人是成都的老画家，擅长花卉。他很器重李斛，有时周末也让李斛到家里来学习，循循善诱，这使李斛受益匪浅。张彩芹还利用自己的影响为李斛提供一些卖画的机会，帮助他解决一些经济上的困难。每逢年节，成都地区的富裕人家大都在屏风、窗心上换贴新画。经过张老师的介绍，李斛为一些富户画画，分文不取，只要纸墨，这为李斛解决了绘画材料的问题。李斛感恩张先生，解放后一直与他保持着联系。当时在艺术科还有一位西画教师非常推崇徐悲鸿的艺术，主张师法自然、注重写生，他曾把一幅徐悲鸿画的马带到教室里展示讲解，李斛观后很受启发，更加重视写生，苦练素描。

1935年，李斛放假回家，开学时因为步行返校误了学校报到注册时间，按学校规定要留读下一班，而下一班又停招了艺术科，李斛只好改读他科，学习中文、英语、地理、音乐等课程。不过这次改读让李斛拓宽了知识面，加强了全面修养，为他后来考取中央大学艺术系奠定了良好的文化课基础。在改读他科之后，李斛学画的热情仍然不减，在完成规定课业之外的业余时间，他坚持苦练绘画，挤出时间去艺术科听课，保持着同绘画教师的联系，老师们借给他书本、笔记和石膏模型，支持李斛继续学画。

周末及寒暑假，李斛坚持到集市写生，画工匠、商贩和艺人。师范毕业前，李斛到附近小学教学实习，给那里的孩子们画了很多速写，孩子们都喜欢上他的课。他给孩子们画的速写大都被孩子们要走了，李斛也不介意，权当练习功夫。

1937年，全国抗战开始，学校抗日舆论高涨，李斛因为画得出色，被学校安排去绘制抗日宣传画和墙报插图，李斛慨然应允，并且认真对待，根据内容需要精心构思，有时竟到了废寝忘食的地步，这些艺术实践锻炼了李斛的构思创稿能力。

1939年前后的李斛（左一）与同学合影

1943年，李斛在中央大学艺术系学习时使用的画具（戴泽 写生画稿）。

在成都师范学习期间，李斛因为家庭经济困难休学两年，到小学教书筹措自己的生活费，所以直到1939年，他才从成都师范学校毕业。毕业后，李斛到万县师范工作。1940年前后，又经人介绍到万县民众教育馆任艺术部主任，后又应聘到致远中学教书。在这四年的社会生活中，本职工作除了办墙报、画漫画、教绘画之外，其他工作与绘画并无直接关系，但是李斛一直坚持练画不辍，到农村为农民画像，到郊外画风景写生。后来在师范时期同学李佑沛的鼓励下，李斛决心报考中央大学艺术系。抗战爆发后，为了躲避战火和日军烧杀抢掠，全国工厂、高校和平民都在向西迁移，整个中国的政治、经济、文化社会重心向西偏转，在西南部形成了一个以四川、云南、贵州等11省为主体的大后方。国立中央大学、山东大学、东北大学等31所高校迁至四川省，中央大学则内迁至四川省重庆市。因为得地利之便，四川省内学校毕业生纷纷报考这些内迁名校进修深造。抗战八年中，成都师范学校毕业生约有20多人考入中央大学，而艺术科无人考中，就是因为报考中央大学对于普通文化学科要求比较高。李斛则因为在就读师范时期打下了良好的普通学科基础，又有扎实的绘画基本功，遂于1942年进入中央大学艺术系，开始接受高水准的正规学院式美术教育。

40年代内迁至重庆的中央大学共设有7个学院，40多个系，艺术系内云集了当时的画界名家陈之佛、谢稚柳、傅抱石、黄君璧等人，李斛有机会追随这些名家学画，艺术又得到一次提升。当时正值徐悲鸿先生结束了他为抗战筹赈的南洋艺术之行回到中央大学艺术系任教。在长期的美术教育工作之中，徐悲鸿形成了自己的中国画艺术变革主张，提出了“素描为一切造型艺术之基础”[①]的见解，对待传统

① 徐悲鸿：《新国画建立之步骤》，见《徐悲鸿艺术文集》，第509页，宁夏人民出版社1994年版。

与西方艺术主张“古法之佳者守之，不佳者改之，未足者增之，西方画可采入者融之”①。在主持中央大学艺术系的教学工作期间，他极力实施中西融合的艺术变革主张。这个时期，李斛更加深入地接受了徐悲鸿艺术主张的影响，苦练素描。在《自传》中提到中央大学学习期间，他把“素描画好一生受用”奉为艺术信条。当时艺术系的学生请其他系的同学做模特，为了感谢做模特的学生，十几个人画完后任由模特挑选一幅保存，因为李斛的素描画得好，他的画总是被挑走，还有些学生为了得到李斛的画，主动为他们做模特。徐悲鸿夫妇非常欣赏李斛的素描，后来廖静文主动请李斛教徐庆平画素描。

在40年代西学东渐的历史文化背景下，传统中国画变革势在必行。在徐悲鸿的影响下，李斛产生了变革中国画的艺术追求，并得到徐悲鸿的支持和鼓励。根据宗其香先生的夫人武平梅女士的回忆②，徐悲鸿先生当时挑选了两名学生作为中国画教学变革实验培养的重点对象，中国画组挑选了宗其香，西画组挑选了李斛，宗其香主要加强素描基础训练，李斛则加强传统绘画基本功的训练，以达到中国画变革探索的目的。1946年，从中央大学毕业前夕，李斛拿着自己的画去请教徐悲鸿先生，徐先生看后非常满意，他鼓励李斛举办个人画展并欣然题词：“以中国纸墨用西洋画法写生，自中大艺术系迁蜀后始创之。李斛仁弟为其最成功者。”这幅题词极大地提升了李斛的自信心，并最终帮助他在家乡成功地举办了自己人生中的第一个个人画展。由于社会反响不错，李斛又到重庆继续办展。根据李凡回忆，李斛说当时徐悲鸿亲往观展，对于展览给予高度评价，再次为李斛作品题词：“中国画向守抽象形式，虽亦作具体描写，究亦不脱图案意味。李斛弟独以水彩画情调写之，为新中国画别开生面。”前往观展的其他教师也都赞不绝口，其中陈之佛、傅抱石、许士骐也都留下墨宝，以示鼓励。从中央大学毕业离校后，李斛到重庆北碚兼善中学教书，因为中学美术课的教学工作相对清闲，李斛有了充裕的时间画画，逐渐步入了艺术创作的佳境。

经过长时期的社会生活体验，目睹民生疾苦、国难战乱，李斛开始形成了一些对于社会现实的认识，也开始用手中的画笔试图表现这些生活体验与见解。这个时期，李斛画了一些反映社会现实的作

战火中的难民　李斛　37×54cm　中国画　1944年

① 徐悲鸿：《中国画改良之方法》，载1918年5月《北京大学日刊》。

② 武平梅：《纪念宗其香》，文物出版社2007年版。

品。现存李斛早期的中国画作品有《战火中的难民》、《嘉陵江纤夫》等，这一批早期的作品在主题与风格上都承继了徐悲鸿先生的艺术，体现出人道主义与民族主义思想倾向，如直接表现抗战题材的作品《战火中的难民》，刻画了一个在乌云滚滚、硝烟密布的断壁残垣间携家带口离乡背井的人群惊惧惶恐的情状，此情此景，作为抗战大后方的青年学子应该是深有感触的。《赶车》、《拾煤渣》、《磨刀人》等作品为普通民众写照，反映民生之多艰。这一批作品在风格上注重用线条勾写轮廓，用彩墨塑造出体感，遵循了徐悲鸿的写实主义传统，对于徐悲鸿的《九方皋》、《愚公移山》等作品在构图设色上有较多的借鉴。

《嘉陵江纤夫》是李斛在中央大学艺术系学习期间就开始构思创作的一幅巨制。中央大学沙坪南校和柏溪分校都面临嘉陵江。当时重庆作为陪都，人口数量在百万以上，因为没有铁路，仅有的公路也破损不堪，汇合于重庆的长江、嘉陵江是当时陪都重要的交通枢纽，运输任务十分繁忙，大小船只往来江上，络绎不绝。在校园里无需走出校门就能俯瞰嘉陵江船夫，或七八人，或一二十人，成群结队，顺水划桡，逆水拖纤，时时还伴着悠扬高亢的“川江号子”，这里成为沉痛灾难中维系国运的交通大动脉。迁徐的歌声从江面传来，在教室里就能隐隐听到。李斛对穷苦的船夫们日日夜夜的辛劳深有感触，目睹了敌机狂轰乱炸，感伤祖国大好河山只剩西南一隅，慨叹成千上万的船夫们奋力拼搏的精神。正是在这种情况下，李斛决心创作《嘉陵江纤夫》。为了这幅作品的创作，在大学读书及北碚中学任教的七八年中，他跑遍了北碚至重庆沿江所有的码头，画了无数的写生稿，对纤夫个体、群体的速写不计其数，对整个构图作了多次的布局选择、构思经营。

三、京华教画时期创作的高峰（1949—1957）

抗战结束后，1946年8月，徐悲鸿由中央大学经上海到北平，担任了北平艺专校长一职，主持学校教学工作。为了实现自己的艺术主张，徐悲鸿利用1943年在四川筹建中国美术学院的时机，联络汇聚了一批中央大学历年来培养的优秀学生，相继聘请他们到艺专任教。这些人成为他推行自己教学主张的中坚力量。1948年，徐悲鸿致信李斛，邀请他到北平教学，并安排宗其香具体办理李斛到京事宜。李斛到北平后，先经徐悲鸿介绍在清华大学营建系任助教。1949年1月31日，北平和平解放，北平艺专与其他院校合并改组为中央美术学院。1951年，徐悲鸿约请李斛到中央美术学院绘画系任教。

1949年初，李斛（右）与戴泽（左）在国立北平艺专门前留影。

在中央美术学院任教期间，李斛白天在学校授课，晚上和周末回家接待学生、工人、军人等业余绘画爱好者的请教，送走客人后还坚持画画。李斛先是负责水彩以及油画教学工作，进入彩墨画系后负责素描和创作的教学，1962年开始担任中国画

1956年，李斛在中央美术学院担任素描课教学工作时与自己的素描作品合影。

系人物科主任。这段时期正好是美术界关于国画变革不同主张发生激烈争论的时期，李斛遵循徐悲鸿先生的教学主张，坚持在彩墨画系开设素描课，练习速写，培养造型能力，用西画技法服务中国画艺术创新。李斛更是一个艺术实践家，他没有更多地从理论层面对中国画变革与教学提出自己的主张，但是他用自己的艺术创作与教学实践维护了徐悲鸿的中国画变革主张。1953年，徐悲鸿病逝后，关于中央美术学院国画教学要不要开素描课产生了意见分歧。1954年李斛与艾中信、王式廓、董希文、李宗津、萧淑芳、戴泽在吴作人家中进行课余绘画进修，练笔作画，后来被人们称作“十张纸斋”，在继承和延续徐悲鸿教学主张方面起到了积极的作用。1956年，在中国画变革主张论争激烈的背景之下，中国美协举办了宗其香、李斛、萧淑芳三位在中国画变革方面取得重大成就的艺术家联合画展，并到六省市巡展，引发了社会轰动效应，他们用作品事实证明了中西结合的中国画变革之路。

1955年，李斛施行了胃部手术，同时发现了肝硬变，但是他仍然坚持带病写生，带学生到各地考察、讲学。这个时期，李斛创作的《披红斗篷的老人》在中央美术学院教室长廊悬挂多年①，成为当时中国画变革的范本②。在紧张的政治形势下，中央美术学院一度停止提供某些西方画家的画册，李斛认为不能因为政治立场的不同就否定西方艺术，他购买西方画家的作品集放在家中，供学生学习观摩，使这一批学生受益良多。周思聪、卢沉、姚有多等一大批在当代中国人物画艺术上取得了巨大成就的艺术家都曾得到李斛的指导，他们在成名以后大都对李斛的教益给予高度评价。姚有多称到中央美术学院学习绘画就是李斛的《印度妇女》把他吸引过来的，范曾也在他的回忆文章里对于李斛的教学工作态度与敬业精神给以高度肯定③。

李斛在教学之外还广泛参与了许多社会艺术活动。这段时期，他用自己的创作配合国家政治宣传需要，满怀着对党和国家的感恩之心，怀着对新社会的憧憬与欢欣创作出了一大批以新中国建设为题材的作品。1949年，他创作的《侦察》在第一次全国文代会美术展展出并获奖。1953年，李斛到水库、桥梁等工地体验生活写生，创作了《工地宣传员》、《广播器在表扬我们》。1954年，他作为列席记者参加

---

① 李燕：《迟到的宣传》，1995年12月《北京晚报》。

② 李凡：《为新中国画别开生面——纪念我的父亲逝世三十周年》，载2005年9月《中国工商》。

③ 范曾：《范曾自述》，百花文艺出版社1989年版。

第一届全国人代会做美术采访，创作了《毛主席您是我们幸福的保证》。作品《工地探望》在1956年第二届全国美展中展出。1954—1956年，他两次到武汉长江大桥工地并西进三峡、重庆等地为祖国重大建设工程画速写，反映祖国建设新貌。1957年为正在筹建中的中国人民军事博物馆创作大幅革命历史画《广州起义》，此外他还为重要报刊绘制了一批英模人物像插图以及一组反映北京王府井老字号商店新气象的作品在《工人日报》发表，深受群众喜爱。

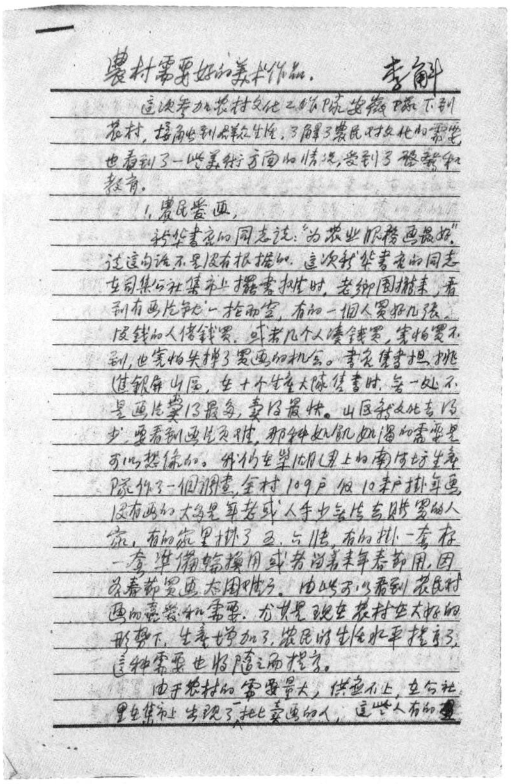
农村需要好的美术作品。 李斛

这次参加农村文化工作队去安徽乡下到农村，接触到群众生活，了解了农民对文化的需要，也看到了一些美术方面的情况，受到了很多教育。

1、农民爱画，

新华书店的同志说："为农业服务画最好"。这这句话不是没有根据的。这次新华书店的同志在司集公社集市上摆书摊时，老乡围拢来，看到有画片就一抢而空，有的一个人买好几张。没钱的人借钱买，或者几个人凑钱买，害怕买不到，也害怕失掉了买画的机会。书店售书担挑进银屏山区，在十个生产大队售书时，每一处不是画片卖得最多，卖得最快。山区新文化去得少，要看到画片更难，那种如饥如渴的需要是可以想像的。我们在巢湖湖上的南陈坊生产队作了一个调查，全村109户仅10来户挂年画，没有画的大多是年老或人手少无法去赶买的人家，有的家里挂了五、六张，有的挂一套存一套准备结婚用或者留着来年春节用，因为春节买画太困难了。由此可以看到农民对画的喜爱和需要。尤其是现在农村在大好的形势下，生产增加了，农民的生活水平提高了，这种需要也将随之而提高。

由于农村的需要量大，供应不上，在公社里在集市上出现了一批卖画的人，这些人有的

李斛手稿

综观李斛这一时期的作品，在主题与风格方面都进行了大胆的转变，他遵循现实主义的创作原则，用中国画的材料表现现实生活，反映新中国的建设成就，歌颂新社会、新事物，形成了李斛艺术创作的第二个高峰期。李斛这一时期的作品大都具有明确的政治主题，以解放战争、社会主义建设为题材，歌颂新社会、新风貌。在艺术风格上，他进一步弱化线条造型因素，例如《披红斗篷的老人》，力求把淡墨粗线与形体的明暗相结合，更多直接利用色彩塑造形体，追求油画突出光影的效果，色调响亮，把形体细微的起伏和结构转折表现出来，强化了体积感。这种结合是需要扎实的水彩画功底的，因为油画可以反复修改，而中国画则是淡彩，着色要求一步到位，对于水分与色彩控制的要求都比较高，特别是写意画，反复画就失去了神采，李斛非常成功地运用中国画的墨色浓淡变化来表现、塑造形体明暗，如作品《印度妇女》，既增强了体感，而又不失中国画的神采意味。

四、彷徨中的苦心孤诣（1958—1970）

1957年后，国家各种政治运动日渐频繁，从"整风反右"到"大跃进"运动，文艺政策频频变换，大部分画家在艺术上处在无所适从的状态。作为一个谨慎的知识分子，李斛遭遇了生活和艺术上的彷徨时期。这一年，他创作了《将何之》，并且将此画秘不示人。这幅作品大片的空白似乎为雨雪寒冰，右下方一个小人着红衣，骑瘦马，体态萎缩，神情惴惴，如履薄冰，李斛当时的迷茫心态可见一斑。这一段时期，李斛到湖南、黑龙江等地写生，到哈尔滨艺术学院讲课，并带领学生到京郊、河北、甘肃等地考察实习，还参加工地劳动。1963年，他跟随中央文化工作队到安徽巢县开展农村文化工作。1965年，他与中央美术学院师生一起去河北邢台地区参加农村"四清"[①]总团文化工作队。1970年，他与中央美术学院教职工一起下放到河北邯郸地区磁县部队农场参加劳动。

在这样一个动则得咎的政治环境与艺术思潮背景下，许多艺术家被扣上了"民族虚无主义"的帽子，内心敏感的知识分子大多畏足不前。李斛则坚持求索，苦心孤诣。这个时期，他对于传统中国画

① 四清运动，简称"四清"，是1962年底开始的在中国农村逐步推开的一场政治运动。

的认识又发生了新的变化，形成了他中国画艺术变革走向深入的思想基础。1959年，他曾一度打算与姚有多一起拜李苦禅为师学习中国花鸟画[①]，而李苦禅则坚持以友相待，经常邀请李斛切磋画艺。这一时期，通过临摹学习八大山人的作品，李斛对于中国画的笔墨元素有了新的认识，他的作品在主题与风格上面又发生了新的变化。

李斛这一时期的作品与政治主题的联系不再密切直接了，在主题与风格上都显示出向传统复归的倾向。《女民警》是李斛这两个时期转变的过渡性作品。他画了很多历史文化名人肖像，1958年后相继创作了《关汉卿》、《齐白石》等作品。1957年，世界和平理事会通过了1958年将要纪念的世界文化名人，中国元代戏剧家关汉卿名列其中，国内举办了一系列庆祝活动，全国掀起一股上演关汉卿剧作的热潮。中国戏剧家协会与国家邮电部决定发行一套纪念关汉卿戏剧创作700年的邮票，组织剧协、美协的多位画家进行创稿，最后李斛的作品被选中。可以说《关汉卿》代表了李斛人物画艺术向传统回归的极致。作品中人物造型采用了坐式转身、微前倾侧目的造型，仿佛在审定排演的新戏或倾听、斟酌唱词，人物面部及手部用色彩塑造得饱满细腻，富于光感，衣纹及面部线条质感犀利爽劲，不但人物造型准确，而且形神兼备，画出了关汉卿雍容飘逸的入世文人气质，这个关汉卿形象在国内外流传甚广。当时著名戏剧表演艺术家蓝天野正在北京人艺苦于为排演剧作家田汉创作的话剧《关汉卿》寻找形象资料，当他见到李斛创作的《关汉卿》后高兴地说：找到了，关汉卿就是这个样子[②]。1965年，第六次社会主义国家邮电部长会议在北京召开，李斛创作的《马克思列宁像》被大会选中作为纪念活动发行的邮票图样在国际范围内发行。这段时期，李斛还到湘西、内蒙古等地写生，创作了一批少数民族人物肖像以及戏剧人物画，这些作品都走出了特别的政治主题，开掘达到一个新的层面，深入到母爱人性、文化反思等层面。在艺术风格上，李斛这一个时期的作品中体现出中国画基本精神的线条笔墨章法等艺术

1958年，中国和苏联发行的以李斛创作的《关汉卿》为图样的纪念邮票。

傣族姑娘 李斛
104×64cm 中国画 1962年

① 姚有多：《胸怀远志 不畏近难》，1979年2月《美术研究》。
② 李芸：《李斛与〈关汉卿〉》，2008年4月《中国报道》。

语言得到了强化。

李斛一直在实践层面探讨中西绘画语言之间融合的可能性，并且最终找到了最佳结合点，取得了中西融合的成功。北京画院收藏的《幸福的时刻》应该是李斛艺术成熟时期具有代表性的作品，作品人物造型线面俱下、色墨并施，线条细劲，色彩清新雅丽，形象饱满充实，富于体感而又兼具神采，这幅作品体现了李斛艺术变革探索的最高成就。另外同为北京画院收藏的《傣族少女》，李斛对于传统中国画的章法也进一步强化，对于人物形象进一步剪裁提炼，简化了背景，讲求布白，向传统章法结构靠拢，总体画风向淡雅过渡，这些倾向表明了李斛中国画艺术变革的新变化，可惜李斛在特别的时代背景下过早去逝，不然他的人物画艺术还将取得更加巨大的成就。

五、最后岁月里的艰苦求索(1971—1975)

1969年夏秋之交开始到1970年上半年，在京美术事业单位、院校的干部以及教职工均被下放到干校或部队农场接受劳动改造。1970年，李斛随中央美术学院教职工到达河北邯郸。进入70年代，国际形势发生了变化，第26届联合国大会通过决议，恢复中华人民共和国在联合国的合法席位，中国同美、日等国家的外交关系得到改善，高层领导展开互访。随着国家外交工作新局面的出现，当时的一些涉外宾馆、饭店悬挂着毛主席像以及政治口号标语，这种装饰形式已经不能适应新的政治外交形势需要。1971年9月，周恩来总理特意指示在北京国际俱乐部、民族饭店、北京饭店等地悬挂中国画，以展示中国的悠久历史和传统文化，为此有关部门从下放的中央艺术院校抽调回来一批中国画创作骨干实施这一工作。李斛被抽调回京，在民族饭店作画。由于下放时期李斛强支病体在简陋的衣食条件下从事沉重的体力劳动，对他的身体造成了极大伤害，回京后，他已是疾病缠身，因为血压低不宜过度劳累，无法长时间工作。在如此艰难的情况下，李斛仍为民族饭店、北京饭店以及中国驻联合国、意大利、黎巴嫩大使馆创作了近20幅巨幅画作。

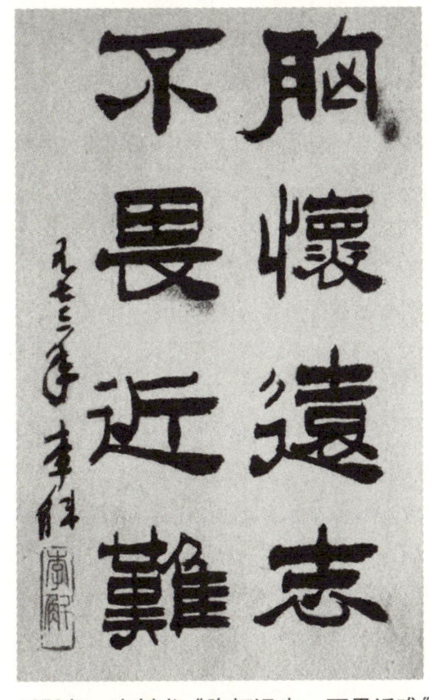

1973年，李斛书“胸怀远志，不畏近难”八字自勉。

1973年，李斛在家中绘制三峡画稿。

李可染在李斛遗体告别仪式上

李斛在这一时期的作品以山水画为主，像《三峡夜航》、《气贯长虹》等作品，达到了李斛山水画创作的最高水准。在人生的最后时期，李斛把中国画变革求索延伸到山水画艺术领域，创作出一批与早期受西方风景画的影响较重的风格完全不同的佳作。这一个时期的山水画作品更加注重笔墨和线条的表现，墨线构形，复色罩染，略施皴法，强调光影效果，整体风格清新壮丽，境界开阔，对于西方风景画的借鉴更加有机圆融。李斛对于中国山水画的巨大贡献尤其突出地表现在他的夜景画系列作品中。李斛受到了西方印象派绘画启发，直接以彩墨造型，绘制了《夕阳》、《乌梁素海》等作品。在此基础之上，他又延伸出用水墨表现夜景，突出光影效果，创造了迥异于传统的夜景画意境。

因为这批作品对当时的政治主题没有直接的表现，一些人便阴谋借此攻击周恩来总理是“克己复礼”，不执行毛主席的文艺路线。“四人帮”指派人从北京国际俱乐部、北京饭店等收了一批作品，于1974年2月在中国美术馆举办了批判“黑画”的展览，李斛名列其中，这使他在精神上再次遭受到沉重的打击，病情迅速恶化。这时候，“批林批孔”运动又掀起，重病的李斛仍被学校通知到校参加运动，这对于他饱受病痛折磨的身体与心理无异于雪上加霜。1975年11月，李斛病势垂危，10日凌晨1时许因抢救无效，不幸逝世，时年56岁。李斛的早逝是在特殊的“文化大革命”时期，整个社会都处在动乱的状态之下，无数的整治批斗是对于人性的野蛮戕害，像李斛这样善良谨慎而且敏感的知识分子，怀着一颗热诚的报国之心安分工作，却也逃不过政治劫难，五风十雨的运动，正面侧面的冲击，使李斛在忧惧中病逝。56岁是一个艺术家的盛年，他的逝世是中国美术事业发展的憾事，是社会的损失，更是一个时代的悲剧。

六、李斛中国画变革的艺术成就及其历史价值

中国画变革是20世纪的重要时代课题，在民国时期以及新中国成立后关于这一问题产生了不同的主张，一批引领潮流、开风气之先的艺术家从不同的角度进行了实践与探索。综观这种探索可以划分为两

种途径：一种是强调以发展传统中国画为基础，再参以西法的“中体西用”主张，这一变革主要是从取材元素、笔墨等方面进行，践行这一艺术变革主张的大多是具有深厚中国画传统功夫、形成了成熟艺术风格的画家，像民国时期的“中国画学研究会”以及“湖社画会”等组织内的画家。还有一种途径就是艺术院校内推行的变革方法，艺术院校的兴起与推广是在西方美术教育体系影响下产生的，这一支美术力量大多强调中西绘画的融合，致力于借用西画的艺术手法，从更加深层的透视、色彩、明暗、构图等角度来寻求中国画的变革。

借用西画技法变革中国传统绘画在历史上成为一股渊源有自的艺术潮流。明末福建画家曾鲸始创没骨画法，为人写照“如灯取影，妙得神情”，有人认为这是他在南京受到了西洋传教士传入的西画的影响的缘故。到了清代前中期出现了供职宫廷的西方画家，如意大利画家郎世宁、法国画家王致诚等人，这些人每每奉命用中国画材料按西画透视解剖作画，他们在中西绘画融合方面作出了尝试性的探索①。乾隆时期宫廷画家丁观鹏已经能够将西画技法与传统中国画技法相协调作画。清末民初西学东渐文化思潮涌起，康有为提出了“合中西而为画学新纪元”的主张，徐悲鸿则把这一主张付诸实践②，成为现当代美术史上进行艺术变革的先驱人物。在徐悲鸿的引领下，这一艺术变革潮流形成了波澜壮阔的局面，蔚为大观，在民国时期以及新中国美术史上产生了重大影响，蒋兆和、李斛则是这一艺术主线上的关键人物。

1990年，范曾题词：探幽测微，绘事后素。

① 北京画院编：《20世纪北京绘画史》，人民美术出版社2007年版。

② 中央美术学院美术史系中国美术史教研室：《中国美术简史》，中国青年出版社2002年版。

李斛是一位在典型的新式美术教育体系下成长起来的画家，这种艺术教育背景成为他艺术变革的角度与基础。李斛接受了中等师范美术和大学艺术系美术教育，使他奠定了扎实的西画色彩与造型基础，然后再由西画走进国画，他就能把西画里的块面、色彩等造型因素借鉴到中国画的创作中，精心钻研探究，解决了一系列技法层面的问题，同时他还探索了西画造型语言对于中国画笔墨造型语言替换的可能性，两者之间融合的程度，西画语言在中国画中表现的尺度等问题。中国画的底色是空白，讲求用线条塑造形体，中国画的颜料是水性的淡彩，背景又是白色，很难完全脱离开线条来塑造形体，艺术形象的光影效果难以强烈地表现。西画块面色彩与中国画的线条笔墨是在两种艺术观念指导下的不同艺术造型语言，中西融合落实到具体的技法层面的关键问题就是两种语言并置结合的可能性，所以对于西画技法的借鉴是极其困难的，李斛在实践层面精研苦思，取得成功，最终寻找到了一个结合点。他把明暗与线条笔墨有机地结合起来，并形成了成熟的艺术风格。李斛变革成熟期的艺术主体风格就具有艺术形象写实严谨，体感强烈，但是又成功地与线条笔墨相融合，讲究章法布白，保留了传统绘画意味。李斛对于西画技法的借鉴之所以成功，就是因为他的作品中运用了块面与色彩，但是这些形式因素却与中国传统笔墨语言同样达到了传神写照的效果，他在一个全新的层次上又把“形”与“神”整合起来，人物造型形神兼备，艺术格调淡雅清新，这与中国传统人物画的精神是一脉相承的。

20世纪，整个中国社会的面貌已经发生了变化，接受了西方文化影响的近代中国民众的思想、价值观念在变化，引发了人们的审美经验、审美情趣的转变。人们对于绘画造型的准确性、体感强化的审美风尚趣味已经形成，必然要求中国画的变革。中国画如何寻求自身的突破，成功实现现当代转型，实践证明：西学东渐、中西融汇符合文化发展的潮流。回望20世纪的美术星空，李斛的艺术变革道路昭示了一个方向。他留下的一大批作品成为中国画变革的经典与范本，他极力维护、推行的中国现当代美术教育，培育影响了一批青年画家，这些人成为当代中国画发展的中流砥柱，他们沿着李斛的艺术道路，又创作出一批反映新时代、新事物的作品，把新中国“写实绘画”的艺术潮流又推向了一个更加成熟的阶段。

（“丹青化境——李斛绘画精品回顾展”，展览时间：2009年3月20日—4月6日）

李可染山水画现当代风格的建构

马明宸

中国山水画在悠久的传统积淀中也形成了许多的积习，特别是明清时期的纸墨相承造成的山水画面貌陈陈相因，画家们在笔墨游戏中早已丧失了对于自然山水的新鲜感受，山水画成为一种程式性的技术产品。如何在新的时期突破改造，让笔墨追随时代，从整体上建构新的时代风格，这是20世纪的山水画家们苦思追索的焦点问题。综观20世纪中国山水画的发展，在总体上呈现出这样一个流变脉络：20世纪前期山水画的主流风格仍然是在延续传统，20世纪中期西学东渐，受艺术有益民生、干预现实思潮的影响，也有一些画家致力于把西方风景画表现技法借鉴到中国传统山水画之中，但还是局部的、生硬的摸索，并没有完成真正意义上的传统笔墨与时代精神的结合。

万山红遍　李可染　82×54cm　中国画　1964年

20世纪中期新中国成立以后，时代大环境更加迫切地要求艺术服务于现实社会建设，新政权在全社会范围内确立全新的意识形态。在文艺领域马列主义强调的“艺术是现实的反映”这样一种文艺观念盛行，传统绘画又一次被要求面向现实，表现时代精神。于是20世纪中后期山水画家们走出书斋，开展写生，进一步探索用传统的笔墨描绘时代风貌。20世纪五六十年代出现了一大批的写生意味浓厚的山水画作品，多是描绘代表新中国的建设成就的水库工地、农业设施等事物，或者是带有人物活动场景的山水画，这其实更近于时事风俗画。在表现方法上对于西方风景画的借鉴进一步强化，强调写实性。这构成了二十世纪中期的中国山水画的时代风格，但是这种尝试对于时代精神的表现还处在表层，还是一种历史场景纪实描绘。这种风格的绘画因为具有明确的主题思想，艺术境界却是局限了，过分的注重写生效果也使山水画丢失了传统的东西，对于时代精神的表现过于直白，这削弱了山水画的艺术性。20世纪中后期也有一批艺术家另辟蹊径，像傅抱石、李可染、钱松喦等，他们继续致力于山水画的时代风格转型探索，不放弃传统笔墨，使山水画重新回归到个人化的感受视角，通过抒写艺术家的生活感受、情感志趣来彰显时代精神，他们使中国传统山水画别开新境并且蔚为大观，完成了传统笔墨与时代精神的真正结合，完成了山水画的现当代转型。

李可染是在中国山水画变革过程中取得了极高艺术成就的一位艺术家，他的艺术是中国山水画现当代转型的关键环节。李可染坚持在中国艺术体系内部开拓创新，合理借鉴西方绘画表现方法，以全新的时代眼光捕捉新社会、新事物的美，以超人的艺术能力开拓创新、表现时代风貌，创造出了一种富于壮丽格调的山水意境，拓展了山水画的审美内涵。他的艺术保留了传统的笔墨意境，真正做到了把传统笔墨与时代精神成功结合，把写实与写意重新结合，启迪了、影响了一大批艺术家，为山水画的时代风格建构做出了重大贡献。

一、山水画视域的人文转向

传统山水画表现的大多是文人士大夫的出世情怀，所以取材大多是世外的纯粹自然景观，有时偶尔点缀一些古寺荒村或者高士游人，也大多是高隐行吟，表现的是超然出世的境界。宋代宫廷画家的山水画中也有一些运用大量篇幅描绘楼宇宫观或者市井人物的作品，但是多被归入风俗画系列，已经走出了山水画的范畴。元明清的山水画家们大多不屑，更不为，因此元代以降山水画成为文人画家们寄托林泉之志的凭借，山水画与世俗民生更是判若霄壤。李可染作为20世纪的山水画家，他一改晚清民国山水旧貌，把自己山水画描绘的视域转向了社会现实，把人文景观纳入自己的山水画取材视野，在作品中增加了人文景观的比重，呈现出山水画视域的转向，这是传统山水画风格向现当代转变的一个重要标志。李可染的山水画很少取材纯粹的自然景观，人文景观在他的画中占据了相当的位置，有时候甚至构成了画面的主体性景观，例如民居梯田或者水乡古城等。新中国“战天斗地”建设对于大自然的改造，留下的人化的痕迹，如映射着光影的稻田、富于韵律的梯田，他塑造的 “人化”的自然，给人的感觉是富于生机、平易近人的，李可染山水画中点缀的人物同样也是富于壮志豪情的当代人物，他们或者在辛勤劳作，或者在游览祖国的大好河山，透露出的是积极向上的乐观情怀。这种境界与传统山水画中行吟独游于荒寒萧疏山水中的高清不群的雅士情调拉开了距离，这种绘画视域的转向为作品营造了强烈的时代气息。纯粹的自然景观与人文景观传达给人的视觉感受是迥异的，李可染笔下的山水因此不再是孤清萧索的意境，这些人文景观、活动的人物使自然的山水弥漫上了一股浓郁人文气息，张扬着生命活力，使山水画中充满了活力和乐观情调。李可染的山水画中甚至用块墨概括的方法弱化了对于山川形象的描绘，而加重了对这些在传统山水画中仅仅只是点缀的人文景观的描绘笔墨，交错的农田、毗连的民房、竞发

峡江帆影图　李可染　76×104.5cm　中国画　1988年

的渔舟、鼓满的风帆，这些在篇幅上并不占有优势的人文景观弥漫出的生机与活力却变换了整个自然空间的格调与意境，李可染的山水画中以小衬大，通过这些微小但是整体的人文景观，把整个自然空间映衬得更加寥廓、更加富于生机活力，这种人文景观传达出来的时代精神正是李可染山水画的现当代风格重要特征。

李可染山水画中描绘的当代人物与人文景观并没有游离于山水意境之外，也没有对山水意境形成破坏，而是与山水形象有机融为一体，有机统一，相得益彰，生成了一种浓烈的人文气息、壮烈气象，这构成了李可染山水画的独特审美品格。李可染描绘这些新的社会事物、人文景观，不是孤立的时代标志，不是概念性的歌颂什么，而是与自然山水融合为一个整体并熔铸了艺术家的真情实感的艺术形象。李可染从自己的特殊感受出发，捕捉这些全新社会事物的韵律情致，发掘这些新事物的本身的美质。他对于社会事物与时代精神的表现没有从泛泛的、政治的角度切入，而是紧紧抓住了艺术家个人化的感受视角，通过抒写个人的情感情怀来彰显时代精神，时代的变化通过个人情感的折射再投射出来，这种表现较之直接的描绘与歌颂更加接近艺术的本质，也更加的深沉与含蓄。新时期的城镇农舍、梯田石桥，这些事物本身就是美的，富于人文气息，对于人类劳动成果的描绘就是对新时代人的精神与力量的间接而含蓄的肯定。20世纪中后期是一个高扬“劳动”主题的时代，时代赋予了李可染以全新的审美眼光，他以一个劳动者的审美视角来发现新时代的美，用自己的艺术积淀与创意来整合统一这些形象，用笔墨语汇来营造构思，把他们与山水形象有机结合起来加以描绘，通过这些元素来尝试用山水画描绘时代的变化，李可染刻画出了自然面貌的时代特征，表现了时代精神，这比直白的社会建设场景纪实更加富于

颐和园扇面殿　李可染　43.5×52.5cm　中国画　1957年

艺术意趣，不失传统山水画的意境。这种视域转向显示了20世纪艺术家对于现实民生的普遍关注与深挚情怀，这才是一个艺术家对于时代精神的真挚感悟，是对于时代现实的审美发现。

二、艺术表现语汇体系的重新建构

要把独特情感体验运用中国画的材料特质表现出来，就要依靠笔墨层面的探索。李可染突破传统积习设定的束缚，依据自己情感表现的需要重新摸索笔墨语言表现的可能性，从艺术表现的整体格局上进行大胆否定和创新，颠覆了一些既成的东西，开拓了新的格局，真正做到了笔墨当随时代。

李可染山水画艺术表现语汇体系的重建首先表现在对于水墨在山水画中的表现力的强化。传统山水画是以线条皴法作为主体性表现元素的，山水画的基本表现语汇是用线条勾写塑造山石树木，再施以皴擦点染凸现体感质感，尤其到了明清时期，山水画家描绘的层峦叠嶂也是以用笔勾写为主，染只是在山水画中起到极其微小的辅助作用，失之细碎刻板。李可染则从根本上改变了这一格局，他淡化了线条在山水画中的地位，使墨染成为一个主体性表现元素，把传统山水画的繁密的细笔皴擦用墨染来代替。用墨染山川、染云烟、染水面甚至染树木，施墨理路基本与西方风景画的明暗吻合，塑造出的山川性形象的体感进一步加强，而且用墨统合了整个画面，偶施皴法突出山石质感，用不同层次的墨来凸现景物的明度差异，使墨成为画面主体，这种颠覆性的表现格局就把传统山水画中难于表现的光影给凸现出来了。

李可染的山水画中往往是苍翠浓郁、墨色淋漓，有限的空白来留给民居、流泉、树冠与山脊，奏出了大自然光与影的强烈交响。山脊、小桥与树冠在画中是中等明度，这往往成为画面的基本结构脉络，山体阴影衬托出树冠、山脉、石桥，略施淡彩，墨与色交相辉映，映出了晨曦或者夕照的阳光的颜色，这一部分往往成为刻画的中心，这深化了作品的审美内涵，凸现了光影的诗意。李可染山水画中空白处的高光留给流泉飞瀑、屋宇烟霞或者山间小道，这些往往成为贯通画面的气脉，因为以墨色为底流泉飞瀑在画中极其亮白，再用淡墨染出光影的变幻，水的独特形质就被刻绘出来了，形象更加逼真，山间流泉随物赋形，触石飞溅，仿佛能够听到潺潺流水的声响，云烟强烈反射出大气的光辉，山间民舍光亮的墙壁传达出的生气，这些成为画中最强烈的鸣响，同时李可染用淡墨画出山川在江中的倒影，使湖光与山色交相辉映，这些艺术手法大大强化了山水画的写实意味，也提升了山水画的抒情品质，创造出了有别于传统山水画的另外一种美。

崇山茂林源远流长图　李可染
139×67.8cm　中国画　1987年

李可染还创造出了一种概括性极强的粗线，或勾或写来代替传统山水画中细笔勾写，粗重古拙的墨线勾写远山的外轮廓，使山水形象更加整体而且富于磅礴气势。同时李可染也用这种线条勾写农舍石桥乃至游人树木，这种用粗墨线勾写的形象古拙而富于金石意味，篆意十足，使古松更加苍劲，与块墨形成反差，反而更加富于美感，强化了抒情色彩。如山间的梯田层层叠叠、松树的枝干交错穿插、水田土埂的来龙去脉，富于一种生命的律动，使微观层面的景物与宏大的山水形象相契合，山水的染法与这些微观景致的写法也具有一种虚实对比，这样整体简洁，以简驭繁，小中见大，使微观的精致更见气势，也达到了笔墨的调和。

中国山水画到了明清时期多采用高远法，观者多是采用仰视的角度，在视觉上给人以高山仰止的感觉，但是这种构图也稍嫌压抑。李可染在山水画中也把这种定势视角给以颠覆式变革，把视角定在中部偏上的位置，并且把描绘的中心放在视平线以下，高出视平线的崇山峻岭则用极其概括的块墨染出，着意刻画近景中的小桥流水、游人丛树，给人以平易近人的感觉。山间块墨中留出的房屋、小亭同样也弱化了山川形象对于视觉的压迫感。视平线以下的景物则采用俯视的角度，平远的农田、茂密的丛林或者栉比的民居，这种视角给人一种俯视万物的快感，也是美感。这种视角具有很强烈的时代感，因为近现代人类发明了飞机和摄影术，人对于自然的征服，人们开始获得了俯视万物的视角，人与自然的关系发生了转变，使人俯察万物时具有一种自我肯定的快感，同时这样的处理手法也增加了画面的纵深感，适宜把平面的人文景观在立幅的山水构图中进行表现，所以这一视角正反映了人的精神面貌的变化，也显示了当代人观照方式的变迁。

三、对于山水画艺术表现可能性的全新拓展

李可染对中国山水画现当代转型的探索不仅仅是风格层面的，而是从最基本的艺术表现时代精神的层面开始的，他抓住了表现自己的全新的情感体验这个根本，所以对于形式层面的东西他才敢于大胆突破，不惜颠覆传统，把所有的表现形式为我所用。所以说他的艺术变革是从最基本的层面开始的，也是最系统与全面的，他的艺术追索触及了中国山水画的艺术本体，它不仅仅开掘了中国山水画的新境界，而且也增强了山水画的写实能力，强化了山水画的抒情品质。

树杪百重泉　李可染　79.2×110.9cm　中国画　1982年

中国传统山水画讲究“绘事后素”，白纸黑墨的绘画材料为中国画的表现提供了可能的极限，“计白当黑、阴阳燮和”是中国画的基本原则。传统中国画以空白为画面主体，用空白来表现天空、水面，虚则实之，实则虚之。因为以空白为底色，塑造形象就要依靠线条来勾写来界分景物，这种格局对于光影是难于表现的。明清时期山水画向繁密的层峦叠嶂构图法发展，但是仍以勾写皴擦为主要表现技法，这就形成了前后空间层次感差，缺少深度平面化倾向，笔墨失之细碎，这是一直到了清末仍然积重难返的余风。中国山水画的发展至此也走到了一个尽头。李可染遵循物极必反的原则，反其道而行，他把繁密的层林、宏观的山体用块墨来概括，使实者虚之，用山脊、树冠、流泉水面等空白为结构形成画面的气脉，用不同明度墨色差异来塑造形象，这样墨色就取代了线条的主体地位，把传统中国画以空白为基调的格局转换成以墨色为基调和底色，有限的空白留给烟霞、流泉、飞瀑，光影效果也被强调出来了，这样就接近真实的景观，增强山水画的真实感，中国画对于自然景观的表现力就增强了，山水画的审美内涵增加了。李可染对于西画借鉴的同时他的山水画中又保留了中国画的基本表现语汇，那就是墨，他淡化景物的色彩变化，纯化简化明暗关系，直接用墨色来造型，这使他的山水画不走出传统范畴，保留了传统中国画的基本面貌，保证了与传统艺术文脉之间的联系。

山水画要表现的是空间景观的形象，是一种境象，因而它更加注重的是“象”而非形，所以在人物画以及花鸟画中的主体元素可以是线条与笔墨，人物画重在塑造形态，花鸟画重在凸现用笔。山水画则重在营造一种更加宏观的境与象，这种境与象的营造就应该主要依靠用墨。利用墨的自然晕染效果来表现自然景象，这强化了山水画的意境表现。李可染确立了这样一种全新的表现格局，形象的光与色等元素得到了加强，高度概括的墨色对于形象的含蓄的表现，这强化了山水画的写意抒情功能，大大丰富了山水画的表现力，是对中国画的反拨与创造。李可染的艺术是在中西文化大碰撞之中，合理借鉴西方绘画又坚持在中国画传统体系内部延伸发展的成功的典型。

（“实者慧——邹佩珠、李小可、李珠、李庚捐赠李可染作品展”，展览时间：2009年6月1日—17日）

师造化　夺天工
——吴作人的写生历程及成就

吕　晓

“写生”是直接面对对象进行描绘的一种绘画方法。在西方，“写生”最初只是为创作搜集素材，不一定作为正式的作品。到了印象派时，一些画家开始直接以写生的方式来进行创作，直接描绘瞬间即逝的光影变化。中国画虽有“写生”的概念，但主要用于花鸟画，并非像今天的画家那样为锻炼造型能力而对物进行摹写，而是要做到“移生动质，变态不穷”，即“表现动植物的生命力和不凡特质”①。中国画家学习技法一般是通过临摹，虽然也强调“师造化”，但很少直接面对自然山川作画，他们往往饱览名山大川，目识心记，回家以后凭记忆下笔。一方面由于中国绘画工具不易携带和野外使用，另一方面也与中国人的绘画观念有关。清代末期，中国画由于过于重视传统，出现因袭模仿，陈陈相因的陋习。进入20世纪，受西方科学主义的影响，传统中国画受到越来越多的批判，西方绘画被大量引入，尤其是西方“写生”的概念和方法传入中国，对中国画产生了巨大影响，中国画的形态发生了前所未有的改变。如何将西方的写生方法运用到中国画的创作中，这是一个多世纪以来，一代又一代中国艺术家面临的共同课题，吴作人便是其中最卓越的代表。

吴作人在写生（摄于1979年）

① 薛永年：《蓦然回首》，第470页，广西美术出版社2000年版。

一、毕生的功课——吴作人的写生之旅

吴作人祖籍安徽泾县，1908年生于苏州，父亲的早逝使他早年备尝人世艰辛。1927年考入上海艺术大学美术系，后在南国艺术学院和中央大学艺术系师从徐悲鸿先生。1930年留学法国和比利时，算是第二代留学国外的画家。我国自清末开始有留学生赴欧美及日本学习西画以来，在五四新文化运动前后达到第一个高潮。第一代画家中以留学法国的徐悲鸿、林风眠等最著名，他们在艺坛初露头角便得到蔡元培、康有为等名士的提携，在新文化运动初期负笈西行，回国后已获极高声誉，成为最高艺术学府的校长与教授，通过艺术教育向中国传播西方艺术。但是，较高的社会地位也使他们较早地与社会现实相隔离。吴作人这代画家虽很难再有师辈的这种机遇，但早年贫穷困苦的生活使他们在接触艺术之初便对社会的现实生活有了真切的体会，吴作人在上海艺术大学还受到田汉现实主义文艺观的影响。1930年，23岁的吴作人因参加进步的南国革新运动与刘艺斯、吕霞光一起被中央大学驱逐出校，在徐悲鸿的帮助与鼓励下留学欧洲。最初，他来到艺术之都巴黎，考入巴黎国立高等美术学校西蒙教授油画工作室，却止步于高昂的学费。他很快转入比利时布鲁塞尔王家美术学院，并获庚款助学金。该校是欧洲规模最大、历史最悠久的美术学院之一，也是欧洲艺术创作和研究的重要基地。在此，他得遇第二位恩师巴思天教授，时任院长的巴斯天艺术功力直追伦勃朗，其油画艺术引入印象派的光色效应，体现出鲜明的写实新风格。吴作人有幸到油画的起源地学习西方最纯正的油画艺术，从而奠定了坚实的写实基础。他通过勤奋努力，以优异的成绩成为令这所学院“生光”的学生：1931年夏季，在该院的暑期大会考中，吴作人以《男人体》获全院油画第一名，并获金质奖章和桂冠生荣誉。1933年，他又在雕塑晚班会考中构图名列第一，获金质奖章。巴思天评价吴作人的油画道：“你的油画当然不是中国传统，但也不属于弗拉芒

吴作人在南国艺术学院（摄于1928年）

吴作人在自己的工作室里

（巴思天十分欣赏吴作人刻苦学习的毅力，推荐他获得庚子赔款助学金。之后，吴作人在油画专业课评奖考试中获全校油画第一名，荣膺金质奖章和桂冠生称号。由此，他有了个人工作室和一切作画物质费用公付的权利。）

派传统，而是充满了你自己的个性。”[①]艾中信后来就此引申说：“这个性正是兼备着根深叶茂的中华文化清雅醇厚的特性，又得广泛地赏鉴西方艺术盛世的大家名作，不泥古，不泥洋，恰好融会贯通，成为自己的血肉。吴作人继承中外古今，创造自家的风貌，于此可见一斑。”[②]吴作人这种面貌的形成与他对西方艺术的态度有关。在欧洲学习时，吴作人经常到各大博物馆去临摹名画，“我在这些世界名画前，为之心驰神往，可是我当时的内心独白则是‘我决不被征服’”。就是这种“不被征服”的信念使吴作人能以西方艺术的精华作为革新中国传统绘画的动力。

1938年，“战地写生团”在河南潢川前线合影。左起：沙季同、孙宗慰、吴作人、陈晓楠

1935年，吴作人应徐悲鸿函约回国，任教于中央大学。次年，在中央大学图书馆举行“刘开渠、吕斯百、吴作人三人联展”，展示旅欧作品，引起艺坛震惊。1937年，抗日战争爆发，吴作人不得不随中央大学内迁重庆，“象牙塔”之梦随之破碎。徐悲鸿等具有崇高社会地位的上一代画家到处举行劳军美展，为抗战募捐，虽画过一些反映劳动人民的作品，但始终隔了一层。而吴作人这一批年轻画家还没有大师的包袱，具有年轻人特有的敏锐的感悟能力。1938年，台儿庄战役大捷后，吴作人便在徐悲鸿的支持下，组织中央大学“战地写生团”，与陈晓南、孙宗慰、沙季同、林家旅一起赴潢川、商丘等前方阵地写生，搜集素材，画了《战地难民》、《伤病》、《裹创再战》、《受难者》、《战壕》、《前方战时医院》等速写，在武汉进行抗日宣传活动。1942年底，他又以《空袭下的母亲》、《不可毁灭的生命》等作品参加全国第三次美术展览。

抗日战争爆发后，国民政府西迁重庆，文化重心随之西移，改变了中国的文化格局，使文化人开始关注地处边陲的西部地区的文化。大漠中被遗忘了千年的敦煌石窟被重新开掘，唤起了美术界对认识和保护传统文化的热情，当时聚集在重庆和成都的艺术家纷纷前往敦煌、新疆、青海、康藏等地旅行、写生，如司徒乔的新疆写生，庞薰琹的贵州写生，关山月、张振铎的西北写生，叶浅予的川康写生。1939年，吴作人连续遭受丧妻(李娜)失子、家园被毁的苦痛，加上国统区“令人窒息的政治空气与抗日斗争的严峻现实生活”，使他意识到艺术一定要“跳出它的牢笼、士大夫斋轩”。他萌发了走出狭窄的画

① 吴作人：《学海无涯苦作舟》，引自《吴作人文选》，第413页，安徽美术出版社1988年版。

② 艾中信：《吴作人作品集·序》，辽宁美术出版社1995年版。

室，到广阔的生活中去写生作画的念头，加入到西行的队伍。

1943年7月至1945年2月，吴作人两次赴西部写生创作：1943年4月，他辞去中央大学的教职，远游甘肃、青海、陕西。期间，他参加过青海少数民族的祭海盛典，到敦煌临摹过壁画，在玉门油矿作过风景写生……1944年1月，他回到成都后，完成了《祭青海》、《玉门油矿》、《青海市场》等油画作品。1944年6月底，他又赴青康藏区写生，以打箭炉为基地，赴雪山和大草地写生，过青海玉树，于次年2月回到成都。在8个多月时间里，他历尽千辛万苦，体察藏区民众生活，描绘民族风情，画了大量速写、油画写生，并尝试水彩写生。两次西行写生，吴作人创作了大量表现川藏高原风景民俗的作品，使他的艺术思想和绘画风格都发生了重大变化。他在回忆几次长途旅行写生的经历时感叹道："不但磨炼了我的意志，更磨炼了我的画笔。"①1945年5月，吴作人在大后方举办了首次个展——"吴作人旅边画展"，除了精选油画《戈壁神水》、《祭青海》、《兰州郊外》、《打箭炉少女》，水彩画《青海牧场》、《哈萨克》、《通天河牛皮船》之外，还有《草原牧群》、《小番婺》、《牧场之雪》等多幅边地写生。展览获得极大的成功，好评如潮。1945年12月，他又在重庆七星岗江苏同乡会举行"吴作人画展"，展品分为两部分，一为旅边写生和所临敦煌壁画，一为多年创作的精品，共百余幅。国内外艺术界人士普遍认为画展的成功主要在于吴作人把他的心和他的艺术与他的描写对象——大西北人民糅和在一起。总之，西行成为吴作人艺术的转折点。此后其画风开始发生重大变化：由典型的西方学院式的写实主义绘画风格逐步转变为具有"民族气派"的、"中国风"的写实主义绘画风格，执著于明朗简略、追求韵律的民族现实主义画风，以至50年代后期开始潜心于中国画创作，并取得了很高的造诣。

抗战胜利后，吴作人随徐悲鸿北上接管北平国立艺专。建国后，成立了中央美术学院，吴作人任油画系教授兼教务长，后历任副院长和院长，但他的写生活动并未因此停止。建国后，吴作人的写生活动分为两个部分，其一为"十张纸斋"的晚画会；其二为到全国各地的写生考察活动。

在吴作人一生中曾组织过三次晚画会。第一次是1940年的"曾家岩晚画会"。曾家岩是抗战时期吴作人在陪都重庆的住所。当时吴作人遭遇丧妻失子之痛，李宗津以及几位年轻画家经常到他家中一起谈古论今，切蹉画艺，使吴作人很快振作起来。第二次是1946年10月，时任北平国立艺专教务长的吴作人

"十张纸斋"一次晚画会，师生们被吴作人对艺术的精彩评论所吸引。到"十张纸斋"来作画的还有著名的作家艾青、著名评剧演员新凤霞等。

① 吴作人：《学海无涯苦作舟》，见《吴作人文选》，第415页，安徽美术出版社1988年版。

住在洋溢胡同14号，他发现教授们平时忙于任课，无提高的机会，长期下去业务会落后，于是以艺专的名义组织洋溢胡同速写晚画会。后因艺专“排吴风波”，吴作人被逼走英国办画展而终。第三次即“十张纸斋”晚画会，持续时间最长，从1953年到1957年。活动内容是每周用两三个晚上画肖像。“十张纸斋”名字的由来，是一次讨论中国画改良的问题时，吴作人建议大家拿起毛笔、宣纸来画写生，他说：“我们来点国画，一张不行，两张，再不行三张，每次我准备糟蹋十张纸。”也体现出吴作人想改造中国画的决心与努力。吴作人的多件非常优秀的肖像速写、油画肖像画和水墨人像都出自于“十张纸斋”晚画会，如《贝亚杰像》、《李斛像》、《三张侧面水墨人像》等，在此期间，他还创作了中国油画史上扛鼎之作——《齐白石像》，为创作油画而画的几张速写堪称经典。

“十张纸斋”从表面上是前两次晚画会的延续，但它的发起与结束实际上有着深刻的社会背景。建国后，前苏联那种以光影、明暗为主要造型手段的“全因素素描”训练方法传入中国，虽然这种训练方法对于锻炼学生的造型能力和深入理解与刻画的能力有其优势，但当它走向一种片面的极端后便会忽视艺术表现的丰富性，比如舍弃表现力极强的线，抓局部而忽略整体等。针对学生们手握一大把铅笔细描慢蹭和自然主义的倾向，接受西欧传统的徐悲鸿和吴作人都忧心忡忡。在徐悲鸿辞世后，吴作人、王式廓、董希文等在油画系的教学讨论会上都提出过不同意见。吴作人提倡每晚画十张写生，强调的便是概括、提炼能力和对艺术敏锐的感受能力，想力纠这种偏差，他提倡用毛笔画速写也是对中国画改革的思考与试验。但是随着1955年 “马克西莫夫培训班”的成立，这种努力便显得越来越艰难，甚至一些参加“十张纸斋”的教师也到马克西莫夫培训班学习，“十张纸斋”勉强维持到1957年。据统计，1955—1957年的作品仅有30余张，约占总数的10%，从中可以看出吴作人等西欧学派对于自身学术观点的坚持不易。①

在建国初的政治背景下，为了反映伟大的社会主义建设和祖国的新貌，吴作人和许多画家一样有机会继续他的写生之旅，到祖国各地去考察写生：1952年，赴甘肃永靖炳灵寺石窟考察；1953年，赴甘肃

李斛像　吴作人
29×20cm　油画　1955年

中流砥柱（黄河三门峡组画之一）　吴作人
40×53cm　油画　1955年

① 吴宁：《苏联引进的新的教学法对吴作人的教学法的影响》，见《学院与艺术——吴作人百年诞辰纪念展》，第280页。

草原云雨　吴作人　40×53cm　油画　1955年

1960年，吴作人在内蒙古牧区与身穿蒙古族服装的女画家郁风、萧淑芳在一起。

麦积山石窟考察；1954年，赴安徽佛子岭水库等地写生；1955年，赴内蒙古、河南黄河三门峡水利工地考察、写生；1956年，赴旅顺、大连写生；1957年，赴青岛写生；1958年，赴河北束鹿县，涿县等地写生；1959年，赴内蒙古写生；1960年，为人民大会堂宁夏厅作画赴宁夏写生；1961年，随中国美术家协会组织的"东北旅行写生团"赴东北写生；1962年，赴苏州、无锡等地写生……"文革"期间，吴作人被迫放下画笔，下放改造，1971年获得"解放"后，年近七旬的老画家又开始了新的写生征程。1973年，赴湖南、上海等地写生；1974年，赴天津大港油田写生；1975年，赴福建武夷山等地写生；1979年，赴广东省写生；1980年，赴云南省昆明、大理、石鼓等地考察、写生……吴作人真正做到了将写生当作自己毕生的功课，他常年携带的一本速写本的四角都被磨圆了。30余年间，吴作人走遍了祖国的大江南北，画了大量的速写和油画写生，这些写生作品有的虽然是为大型油画创作收集素材，但本身堪称经典，如油画《麦积山石窟群》(1953年)、《草原云雨》(1955年)、《那达慕大会》(1955年)、《中流砥柱》(黄河三门峡组画之一，1955年)、《人定胜天》(黄河三门峡组画之二，1959年)、《开垦之前》(1961年)、《镜泊飞瀑》(1961年)，速写《海拉尔的黄昏》(1955年)、《套马》(1955年)、《骆驼》(1960年)、《驼头》(1973年)等。

二、师造化　夺天工——吴作人写生的成就与特色

吴作人的写生作品包括四大类：人物、风景、静物、动物，表现的形式包括速写、油画、水彩和中国画等。这些写生作品不仅为他的创作积累了大量的素材，很多本身也可以作为独立的作品来欣赏，体现了画家的艺术追求与艺术特色。

吴作人非常喜欢"师造化"、"夺天工"这两句话，把它们刻成引首章，常钤在自己的画上。"师造化"来自唐代张璪的"外师造化，中得心源"，"造化"即自然，是艺术创作的来源；"天工"是指大自然物质世界的创造力。吴作人指出："两者结合起来，可以构成对于艺术创造中客观与主观之间的关系的一种理解。'天工'就是自然的过程，'夺天工'就是要超过它。……只知道'师造化'，不知道'夺天工'，就要走向一种极端，就是去当自然的奴隶。只知道'夺天工'，没有'师造化'的基础，就会走到另一个极端，就是走向非形象的穷途。"吴作人将写生作为毕生的功课，就因为他将尊重

自然、以造化为师、深入生活、观察自然作为自己的艺术信念，力图以加强写实来克服艺术语言日益空泛、概念化的厄运。早在1935年，他便明确提出："艺术既为心灵的反映，思想的表现，无文字的语言，故而艺术是'入世'的，是'时代'的，是能理解的。大众能理解的，方为不朽之作。所以要到社会中去认识社会，在自然中找自然。是自然之微奥、伟大，纷杂于万象之中而隐没，藉艺人之心再映，方显其美和其力。"①他把自然看作艺术的母亲，认为只有直接吸吮母亲乳汁才是最富营养的。因此艺术家应该做大自然的"儿子"，不但不要做大自然的"孙子"，也不要做人家艺术的"儿子"。吴作人的一生都在践行"行万里路"、"师造化"的艺术追求，用随身携带的速写本留下对大自然的点滴感受，直面社会现实。1938年的战地写生，他画了众多难民与伤兵的速写，此后又画了重庆大轰炸与防空洞的速写。1943年到1945年的西行写生，他为西部辽阔邈远的壮美之景所感动，不断地用画笔描绘赶集的藏民、寺庙中天真的藏童、纯洁的打箭炉少女、美丽的负水女郎、任劳任怨的骆驼、雄壮有力的牦牛、雪原中奔腾的骏马。吴作人曾在他的《西行日记》中记下贡嘎山给自己的震撼："大自然像新冲洗过一样清明，雪峰一列迎着骄阳，此景使我奋然一惊。这确实是处不平凡的景象。"不可遏制的激情灌注到他的全身，他顾不上吃早饭，拿出随身携带的画夹，在别人催促上车的短短的几分钟里，"在纸上勾画了简要的几笔，勒住我那飞向雪峰的心……"建国后，吴作人和众多画家一样满怀激情，用画笔描绘祖国壮美的河山：草原上刹那间就会到来的云雨，什刹海如梦似幻的雪景、蒙古族热闹的那达慕大会、欢快地拍打着礁石的海涛、满眼翠绿的大兴安岭、森林中呼啸而出的火车、船厂繁忙的劳动场景、三门峡工地人与自然抗争的壮阔……一一展现在画笔之下。吴作人曾经饱含着激情描绘深深感动他的大自然，因此，这些作品直到今天仍能打动我们。

在写生过程中，吴作人非常强调速写的价值，并且特别善于以线来造型。这首先与吴作人在欧洲的留学经历有直接的关系。他刚到法国时就购买了大茅屋画院(Academie des Grandes Chaumieres)的门票，因为在那里有人体写生和速写的锻炼。"一开始，模特儿主动地每半小时换一个姿态。在第二个小时里，每二十分钟换一个姿态。最后一个小时里，每十分钟模特儿就更改一次姿态。这就迫使习画者的眼、手都要能跟上，并且及时准确无误地把握住和勾画出模特儿的不同体态、运动。"②1932年初，他在卢梭教授主持的雕塑晚班学习雕塑，卢梭要求学生多画素描、速写，学会以快速、简捷的线条准确地从各个不同的角度去勾勒形象，但不强调明暗对比的表现，吴作人的技法便受卢梭的一定影响。后来他为了生活的需要，曾去为别人画像，在短短20分钟内完成一张素描画像，锻炼了他用最简练的笔触来完成一个有充分表现力的肖像的能力。这种训练方式无形中唤醒了吴作人对中国绘画传统的回忆，那种用线来塑造形象的简练而又概括的奇妙技法。吴作人画速写喜欢用木炭条，因为炭条一笔下来，手指抹一下，有明有暗，这和中国画水墨画一样有浓有淡，很容易表现这个"面"和另一个"面"的交接转变。如果用削得尖尖的铅笔就做不到这点，用尖铅笔去抠还容易使感觉迟钝。他强调勾线，他的线有轻重、转回、虚实、表现出韵律和生命的流动以及热情的奔放，与中国画、与书法的要求相一致。建国后，他反对那种画四五个星期的长期素描，他在欧洲期间画得最精微的几幅大型的素描人体也在短短的一两个星期就完成了。《女人体》是1932年他在课堂上画的小幅油画写生。次年，他又凭借记忆画了一幅较大的素描，面对具有极高难度的大透视人体，吴作人仅靠简练而灵活的几根线条便把人物的动态表现出来，他的线条是那样斩钉截铁，一笔到位，表现体积的明暗已经成为一种辅助。速写作品《狮头》

① 吴作人：《艺术与中国社会》，《艺风》1935年第4期，同年《文艺月刊》转载。

② 萧曼、霍大寿著《吴作人》，第67页，香港新闻出版社1991年版。

驼头　吴作人　20.5×26cm　速写　1973年

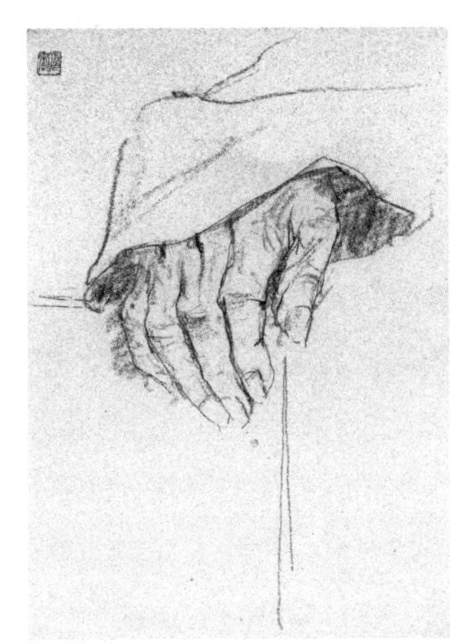

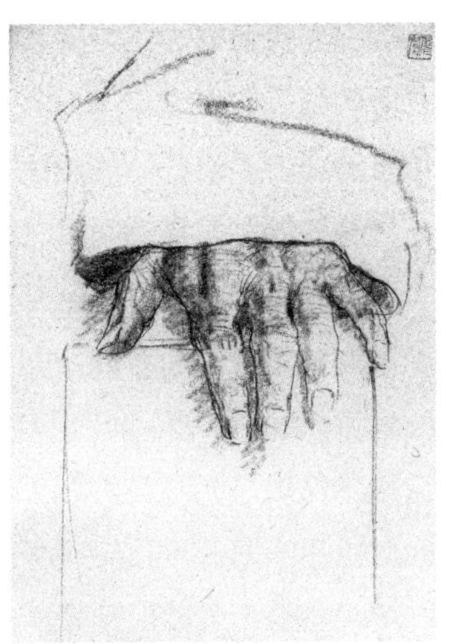
齐白石的右手和左手　吴作人　27×19cm　速写　1954年

(1931年)、《狮》(1931年)，则只用简练的线条勾勒，在随意的擦抹之后尽显动物的结构。抗战期间，吴作人画的战地写生用笔虽不多，却将难民脸上的悲哀和无助传达出来。在两次西行过程中，为了准备旅费，吴作人也画了不少人像速写，这时他已经完全摆脱了明暗对比的造型方式。

在不断的速写训练中，吴作人总结出艺术表现中“提炼”与“概括”的重要意义。他常将《文心雕龙·总术》结尾的四句话“务先大体，鉴必穷源，乘一总万，举要治繁”运用到素描上：“首先一定要掌握大体、整体、察其究竟；抓住一点，即主要的东西，以统率全局。‘乘一总万’与挂一漏万正好相反。事实上，对象中所要表现的一切东西是很多的，是不胜其繁的，不能繁琐地对待它，而一定要‘举要’；‘举要治繁’，非常之精辟。写文章如此，画画也如此。”①“乘一总万，举要治繁”成为他重要的艺术方法论。吴作人的写生作品便具有高度的提炼与概括能力。吴作人的人物写生，往往能以寥寥数笔便敏锐而准确地抓住人物的个性与精神气质。1954年，为了创作油画《齐白石像》，吴作人为齐白石画过一些素描的速写，其中两只手的速写堪称经典。当时老人已逾90高龄，不能久座，画家用极其准确而洗炼的线条，将老画家那双曾经创作过无数杰作的、敏感而有力的手刻画得尽精致微。他旅行的速写，简单几条线、几笔，很神妙地抓住人物、动物、风景的精神，使人百看不厌。吴作人的很多风景油画写生如果不看原画，你会觉得非常大，实际上都是画在很小的木板之上，比如作于1936年的《大江》就只有17.5cm×27cm，创作于1955年的《那达慕大会》只有20cm×29cm，即使构图较为繁密的《雪》(1942年）也只有26cm×30cm。虽然画面很小，仍在笔触与色彩的微妙变化中自然形成许多细节，具有极大的张力，能以少胜多，使人小中见大，具有极强的视觉冲击力。不像现在很多画家那样，动不动就以大幅创作来营造表面的冲击力，却没有任何值得细细品味的细节，稍阅即倦，更不可能打动观众的心灵，引起共鸣。

无论是风景画还是动物，吴作人都不以对自然界浮光掠影的观察和表现为满足，他都力图深入体会感悟，力图表现出对象内在的本质。他到西部写生不是带着猎奇的眼光去的，旅途的艰险使他既感受到大自然的神奇与严酷，也体察到高原人民沉雄、质朴的气魄。他不是从生物学、解剖学的角度研究骆驼、牦牛、马的习性特征，而是通过亲身体悟认识到牦牛在高寒缺氧的生存环境中形成的那种拼搏、刚

① 吴作人：《素描与绘画漫谈》，《美术研究》1979年第3期。

劲、倔强的勇与力；骆驼在缺水的荒漠环境中形成的那种坚韧耐劳的品质。在他的笔下，奔突的牦牛具有力的壮美，缓步行进的骆驼成为任劳任怨的象征，回首眺望的苍鹰充满横空出世的气概，嬉戏的熊猫母子满含着温情，静静游弋的黑天鹅高雅出尘，嬉戏于荷花间的金鱼温婉可人……他把握住大自然万物独特的气质，并且表现出它们鲜活的生命力。

通过两次西行写生，吴作人认识到民族文化的伟大，感受到西部高原山川的壮阔，边民的质朴与顽强，他开始自觉探索油画的民族化。当年徐悲鸿曾著文盛赞吴作人的西行写生："……摹写中国高原居民生活，作品既富，而作风亦变，光彩焕发，益游行自在，所谓中国文艺复兴者，将于是乎征之夫。"① 徐悲鸿仅用"光彩焕发"来形容吴作人画风的变化，那么两年的长途旅行写生到底使他的画风有什么样的变化呢？郑君里作出了更深入的评价："作人兄以前的作品爱用纤柔的笔触和灰暗的色彩，正如他是一个善感而不爱泼辣地表露的人一样——静穆、内蕴，浮现着轻微的感伤。然而，现在我第一次从他的画里感到热炽的色和简练的线。感伤散去了，潜隐变为开朗，静穆开始流动。"对于吴作人的水彩画，郑君里更是大加赞赏："我看重他的水彩过于他的油彩，虽然水彩是他的新试作。他开始用浓郁的中国笔色来描绘中国的山川人物，这中间可以望见中国绘画民族气派的远景。"②的确，西行写生归来，吴作人的油画明亮纯净的色彩，整体概括的造型已经开创了一种崭新的、民族化的油画表现语言。

西行写生促进吴作人探索油画民族化的同时，也对他的中国画创作产生了深刻的影响。和许多曾经留学欧洲、日本的画家一样，吴作人在抗战时期便开始创作中国画，这虽然与当时物资匮乏有关，但也与他们认识到民族文化的价值有关。20世纪50年代，吴作人的国画创作渐增，他组织 "十张纸斋"晚画会的一个重要目的就是探讨改革中国画的问题。到70年代后期，他基本不再画油画，而是全力进行中国画创作。一方面是眼睛不如以前，更重要的是他觉得在造型的提炼、取舍方面，"我现在所采取的这种中国画方式比以前在油画上要求达到的东西更多。我自己觉得，用中国传统的工具技法表现，比较更能达到自己艺术创造的要求"③。

西方的写生方法是否会与传统的中国画表现之间产生不可调和的矛盾呢？其实，虽然在欧洲接受过纯正的油画训练，但吴作人与很多留学欧洲的画家一样，在留学之前都曾有过中国传统绘画或深或浅的基础，吴作人的祖父吴长吉便是当地有名的画师，因此他们清楚中国画的特色与价值。作为油画家的吴作人没有轻率地将西方的技法生硬地植入到中国画创作之中，比如他用毛笔画过一些人像写生，但并不用皴擦来表现明暗光影，尽可能用线来表现。通过西方的写生方法来增强对自然的观察与体验，以此来纠正传统中国画越来越脱离现实的倾向，这才是西画对吴作人的中国画创作的最大的影响。以他最喜欢也最擅长中国画题材动物为例，他常画的熊猫、金鱼、骆驼、牦牛都是以前画家很少表现的，他甚至还画过黑天鹅，这就使他缺少可资借鉴的古代传统，这些艺术形象的表现完全来自于他多年对这些动物的细致观察与写生。比如他画的骆驼速写，他曾从不同角度，从整体到局部，甚至对骆驼头、骆驼蹄都反复研习，画了大量的速写稿。早年严格的西方素描训练使他能准确地把握对象的结构，中年在速写中尽可能舍弃明暗而加强线的表现力，又与中国画的表现具有了某种相通性。看他的中国画，你可以发现长期写生过程练就的概括、提炼能力使他能很好地把握对象的结构动态，这种结构又与中国画笔墨高度简练的特色自然融合，寥寥数笔或简单几个墨块就将对象的结构准确地表现出来，并且传达出意味深长的

---

① 徐悲鸿：《吴作人画展》，1945年12月11日重庆《中央日报》。

② 郑君里：《西北采画》，1945年12月17日重庆《新民报》晚刊。

③ 吴作人：《客有问——谈师造化、夺天工》，《美术研究》1980年2期。

耄耋之年的吴作人天天作画不止

韵味与气质。比如他用没骨法画的牦牛，并不拘泥于具体的形态，仅用几个墨块和数根线条就表现出牦牛强健有力的体态、迅捷的速度和奋进的性格，而不去仔细描摹它的眼睛、犄角怎么长。看他画的牦牛会让观者产生一种催人振奋的动力。他画的金鱼用淡淡的墨慢慢地写出轻盈的长尾，虽不画水纹，却能表现金鱼在水中游动的娴雅韵致。他画的熊猫看似只有几个墨团和几根轮廓线，简得不能再简，但所有的笔墨都服从于结构，在墨色的微妙变化中表现出体积与质感，熊猫的憨态可掬的可爱形象跃然纸上，充分发挥了中国画笔墨以少胜多、墨分五色、应物象形的特色。总之，吴作人的写生为他的中国画创作奠定了坚实的基础，非常自然地将写生运用到中国画创作之中，创造出自己充满生气与活力而又意韵悠长的新风格。

（“造化天工——吴作人写生作品展”，展览时间：2009年8月10日—9月6日）

油画中国风

——董希文艺术思想与创作实践体系的再认识

宛少军

董希文，一个在上世纪五六十年代家喻户晓的名字，一个具有鲜明的艺术风格和艺术思想的油画家，今天正在我们的视野中变得模糊起来，这不知是历史老人开的一个玩笑，还是历史的有意遮蔽？在全球化日益发展的今天，中国美术界已经明确提出创建具有中国气派、中国特色的美术体系，这同董希文毕生追求的民族风格的艺术形式及思想主张有着一脉相承的联系。我们有必要从先辈董希文的身上获取其艺术与思想的营养与动力，也有必要通过董希文及围绕其发生的种种的争论、迷误和是非曲直，汲取足够的经验与教训，更加清楚地把握住中国油画未来的发展道路。然而，这一切都首先需要我们穿过历史的重重迷雾，真正走进董希文的世界，还原一个真实的董希文，认真了解他的艺术、追求与思想。唯其如此，我们才能不仅仅是纪念，而是从他的身上获得真正有益的滋养，成为照亮我们前行的明灯，从而避免把他的名字贴上一个标签，成为一个干枯的历史符号。在倡导中国文化复兴的新世纪，重新认识董希文，无疑具有重要而深远的意义。

董希文（1914—1973）

一、对油画民族表现形式的追求

1953年9月27日，《人民日报》头版刊发了油画作品《开国大典》，董希文的名字由此传遍神州大地。《开国大典》表现了新中国成立大典这一庄严而热烈的伟大历史时刻。应该说，全国人民主要是通过这幅画感受到了新中国的成立和中国人民从此站立起来的气概与豪迈，其政治意义和巨大影响力是不言而喻的。因此油画《开国大典》是切入和认识董希文的一个关键之点。《开国大典》与政治的关系，一直是人们热衷议论的话题。从艺术的角度来说，《开国大典》的表现形式也为人们所重视，并对此有过诸多深入的讨论。艾中信就认为，《开国大典》在油画艺术上的主要成就是创了人民大众喜闻乐见的中国油画新风貌。①而董希文自己的创作意图“就企图把它画成一幅与平常的西洋风的绘画不同的具有民族气派的油画”②。那么董希文为什么要用“具有民族气派”的表现形式来画《开国大典》呢？这并不是一个不言自明的问题，因为用民族的表现形式来创作重大题材的油画作品，在当时并不多见。而当时年仅38岁的董希文，在两个月的任务时间内就出色地完成了民族风格如此鲜明完整的具有重大政治意义的油画创作，这样的能力他又是如何具备的呢？

董希文自己说过：“在带有装饰性处理的《开国大典》这幅画里，尽力想做到富丽堂皇，把风和日丽的日子里的一个庄严而热烈的场面描写出来。”③想表现富丽堂皇的艺术效果，董希文自然想到表现这种效果的民族形式。他曾经在敦煌呆过两年半多的时间，对民族形式有着深刻的理解，他说：“试想当时石窟里的壁画，在许多油灯和烛光的闪耀下，那富丽的色彩，何等辉煌，它充满激情，牵动着人们的心灵。这是历代无名画工所精心创作，经过长期的熏陶，便形成了人们对绘画艺术的欣赏习惯，它就是广大群众所喜闻乐见的民族风格。”④敦煌壁画富丽的色彩形式，长期熏陶着人们的欣赏习惯，也就是特定的形式养成了人们相应的特定的抽象审美心理。由此，要表达开国大典时富丽堂皇的这种特定的抽象审美心理，就要采用相应的人们已经习惯欣赏的表现形式，也就是民族的表现形式。这是这幅作品艺术表现的需要，从中也体现了董希文对民族艺术的修养与尊崇。正如他所说：“一个总的意图是为了整幅画面，能够更充分地传达这个伟大的主题的气派。我认为这种意境的追求，在我们民族绘画上，是一个最重要的地方。”⑤在《开国大典》这幅画中，主题内容与民族表现形式是高度和谐统一的。其中，民族表现形式不仅高度满足了泱泱大国气派的主题内涵的需要，而且更由于民族形式的运用，极大

苗女赶场　董希文
72×100cm　油画　1942年

① 艾中信：《油画〈开国大典〉的成功与蒙难》，载《美术研究》1979年第1期。

②⑤ 董希文：《油画〈开国大典〉的创作经验》，《新观察》1953年第21期。

③ 艾中信：《董希文的创作道路和艺术素养》，《董希文画集·序》，人民美术出版社1995年版。

④ 艾中信：《油画〈开国大典〉的成功与蒙难》，载李玉昌、谢善骁编《无尽的怀念——纪念董希文先生诞辰八十周年文集》（1914—1994），国际文化出版公司1994年版。

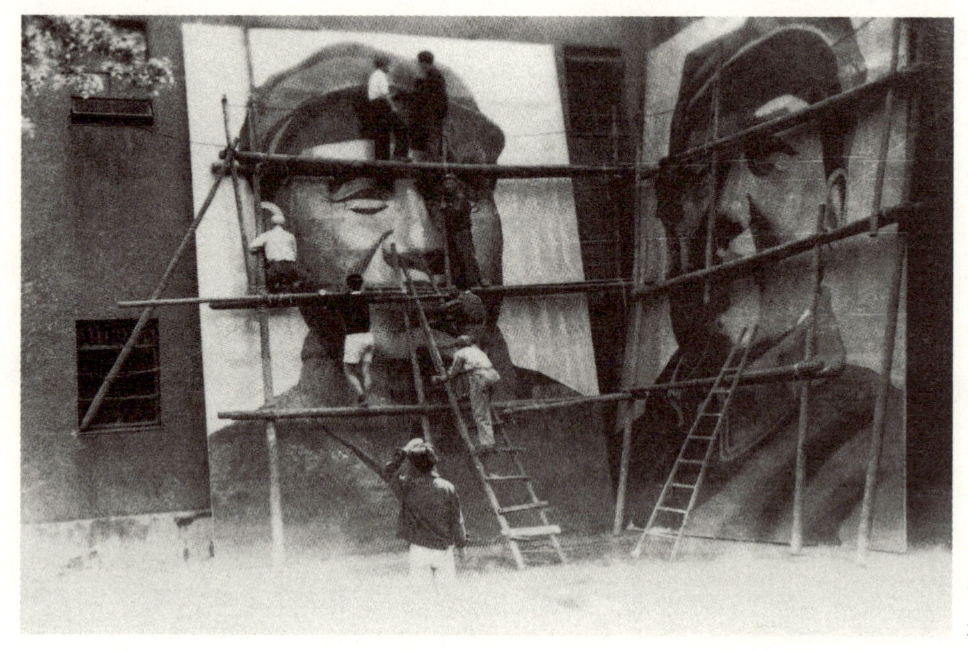

1949年，董希文与学生们一起在天安门画毛主席、朱总司令像。

地增强了《开国大典》中所铺垫的民族独立与民族自强的自豪感，以及对民族未来的美好憧憬，因为这是具有民族特色的表现形式。在这幅画中，民族形式就具有了政治的意义，成为民族自强的一个组成部分和象征，而不再仅仅是一种民族的艺术表现形式本身。这个形式所表现出的价值和意义，得到了毛泽东的首肯："是大国，是中国。""我们的画拿到国际间去，别人是比不过我们的，因为我们有独特的民族形式。"①实际上，董希文想以鲜明的民族形式表达民族的自尊与自信，表现民族独立的精神，正是他在此幅画中运用民族形式的一个重要的内在出发点，而这也是董希文此前一直在追求的。从1939年毕业到建国前后，对于这段时期董希文思想上的真实变化，我们难以得知。然而从他艺术创作和艺术活动中还是可以基本窥知他艺术追求的思想动向。在画《开国大典》之前，董希文已经明确地开始在油画中追求民族的表现形式，如广受好评的1948年创作的《哈萨克牧羊女》，甚至1942年画的《苗女赶场》等作品，这些作品已分明表露了董希文在油画这一外来画种中，主动追求民族的表现形式和民族的审美趣味，透露出他对民族艺术的尊崇与自信，而这背后正是他渴求民族自尊自强精神的映射。这种精神渴求是近代以来每一个具有民族气节的中国知识分子在学习外来文化的时候，都要努力地使之中国化、民族化的根本精神动力，而这也是百年中国知识分子努力摆脱民族受侵略、受压迫，挽救民族危亡、追求民族独立与自强的根本现实困境所决定的。然而，董希文对民族独立精神的追求还并不仅仅停留在画布的创造上。1946年，经吴作人、李宗津介绍到北平艺专任教之后，董希文参加了一系列实际的活动，更明确表露了他思想的动向。1947年5月，董希文参加"反饥饿、反内战、反迫害"的爱国学生运动，与艺专学生一道上街游行示威；为迎接北平解放，参加宣传漫画的绘制工作，而这是冒着危险的；②1949年1月31日，北平解放后，创作水粉画《北平入城式》；画第一次全国文代会主席台上的毛主席、朱总司令像；与中央美院师生一道画天安门城楼上的第一幅油画毛主席像；参加土改，忘我工作……甚至在1949年冬，董希文参加中国共产党，前提是无条件地放弃自己的一切。苦苦思索很久之后，董希文同意

① 载1956年2月11日《光明日报》。

② 侯一民：《一段关于漫画的往事》，载《泡沫集》，辽宁美术出版社2006年版。

“既要入党就要无条件地服从革命的需要，包括放弃自己的专业”①。其实，董希文的过去经历中并没有革命斗争的知识、经历与经验，但是他热切地参与了北平解放前后一系列的革命活动，这可能是他看到了即将诞生的新政权将要带来民族解放与独立的希望，契合了他追求民族自尊的内在精神希求。这透露出他首先作为一个普通的中国人所具有的历史担当精神。否则我们将难以理解他为什么要参加这一系列的革命活动，而且有时是冒着生命危险的。只有理解了他追求民族表现形式的这个思想根源，我们才能理解董希文为什么一直能如此自信、坚定、执著地追求自己对民族形式的不懈的努力与探索，包括他在敦煌物质极端匮乏困苦的生活条件下能够坚持近三年时间研究敦煌艺术。即使在50年代前苏联模式在中国美术界造成笼罩性的影响，成为一个巨大的集体意识存在，即使在“左”的思潮严重泛滥对他造成巨大的压力与挫折下，董希文也依然坚持自己的艺术理想毫不动摇。在外来的油画品种中，在《开国大典》中，以鲜明的民族表现形式展现董希文一直追求的民族精神的自信与自豪感，就自然而然地成为他的选择，因为这个民族形式就是他所追寻的民族精神的外化。

董希文在《开国大典》中追求民族的表现形式，而不是追求地道的“洋味”，还源于他对民族艺术的热爱。这同他自小受到传统艺术的熏陶和受敦煌艺术的深刻影响密切相关。对于董希文来说，更实际的问题不是为什么要运用民族形式，而是如何运用好民族形式。《开国大典》已经说明董希文在探索民族表现形式方面所具有的素养与能力。对于民族形式的尝试与追求，董希文在1942年画《苗女赶场》时就已初见端倪。这幅画中，大笔敷色，洒脱有致，特别是线条运用，张弛有度、自由灵动、飘逸而娴熟，从中看到既有现代艺术的印记，更有传统艺术的素养，而且这种素养在画布上的显现仿佛与生俱

瀚海　董希文　油画　1948年

① 侯一民：《忆董希文》，载《泡沫集》，辽宁美术出版社2006年版。

来，自然生发，但这却是他早年接受传统艺术学习与熏陶的结果。董希文原籍浙江绍兴，他的父亲董萼清酷爱艺术，是一位在当地颇负盛名的收藏家。建国之后，董萼清把自己收藏的几乎全部精品捐给了故宫博物院，竟没有一张收藏证书，现故宫出版的文物书画上有的至今还留有董萼清的名章。董希文就是在这样的家庭环境中，自小就受到了传统艺术的熏陶，这使他在艺专学习西画之前就已经具备对中国传统艺术很深的感情和认知，这对他后来的艺术道路显然产生了重大影响，也养成了鉴赏古董的爱好。他的同学曾经回忆说，董希文的中西古代艺术知识十分丰富，他对意大利文艺复兴三杰推崇备至，特别赞赏拉斐尔典雅、优美的画风；同时，对我国五代以后的大家荆浩、关仝、马元、夏圭雅致、高远的东方文人韵致也十分推崇。可能在那时他的心中已燃起了追求油画民族化的火苗。①侯一民也对此留有深刻的印象，他说董希文平生精于鉴定，且富于收藏，曾收藏大量的秦汉印、古人字画，还特别喜欢北方磁州窑的红绿彩，以及笔触奔放的绘画特点，还和侯一民一起为中央美术学院购买过许多文物字画。艾中信也提到，董希文对祖国的艺术遗产有丰富的知识和多方面的爱好，除了绘画、陶瓷、玉墨等，兼及民间工艺品和器皿家具。董希文不是一般的爱好，而是在研究传统艺术的优点和特征。如“三反”、“五反”运动中，他被领导派到琉璃厂鉴定古物，他非常高兴，因为他看到了许多稀世珍品。平时有空，也是到处转，哪家寄卖行有东西，他先知道。②甚至董希文与许幸之的一次谈话中，他告诉许幸之已搜集到齐白石、黄宾虹、吴昌硕以及郑板桥、金农，直到明代个别大师的印章。③詹建俊回忆董希文家的地上长期摆着描有写意花卉的宋代磁州窑大花瓶，认为这代表了他艺术上的兴趣——他喜爱用笔自由生动的绘画方法。④丁井文更是对于董希文精于文物鉴定及其修养赞不绝口。这是传统绘画给他的营养和熏陶。而对董希文影响更深的是他在1943—1945年的两年半时间里，对敦煌艺术的深入研究与临摹。1960年10月，董希文带领学生去敦煌考察，给学生作了一次讲座，从讲座的基本内容可以看出董希文对敦煌艺术的深入研究程度。⑤至今敦煌壁画中那幅著名的《萨埵太子本生故事》仍以董希文临摹的那幅为精品。从表现形式上，董希文高度称赞敦煌壁画上的人体描写，认为这些艺人能用极其单纯的色彩和线条，画出肉体细腻的色调和弹性，实在令人折服。⑥董希文曾跟学生说起敦煌石窟壁画对他长期的熏陶，影响了他对色彩产生爱好强烈对比的感情。⑦应当说，董希文在艰苦的沙漠绿洲，潜心研究敦煌石窟艺术，所取得的最大收获就是在踏踏实实的临摹壁画的实践中，深深地受到了传统绘画的审美熏陶，并且学到了形成这种审美情趣的传统造型手法。1948年创作的《哈萨克牧羊女》便已经明显看出敦煌壁画对他的影响。从他后来发表的许多学术论文可以看出都是出自对敦煌研究实践的总结和升华。应当说，通过对敦煌壁画的研究，董希文更加深了对民族艺术传统的认识，从而奠定了他对于民族文化艺术的崇高信仰。正是这种信仰，使他在学习外来的油画时，自觉地把民族艺术的形式与精神融入到油画中

---

① 朱膺：《痛失英年早逝的董希文》，载《烽火艺程》，中国美术学院出版社1998年版。

②⑥ 艾中信：《油画〈开国大典〉的成功与蒙难》，载《美术研究》1979年第1期。

③ 许幸之：《董希文的艺术思想》，载李玉昌、谢善骁编《无尽的怀念——纪念董希文先生诞辰八十周年文集》（1914—1994），国际文化出版公司1994年版。

④ 詹建俊：《董希文先生的“兼收并蓄”和“顺水推舟”》，载李玉昌、谢善骁编《无尽的怀念——纪念董希文先生诞辰八十周年文集》（1914—1994），国际文化出版公司1994年8月版。

⑤ 邵伟尧笔记整理：《董希文先生谈敦煌艺术问题》，载《艺术探索》1990年第2期。

⑦ 谷嶙：《和董先生在一起的日子》，载李玉昌、谢善骁编《无尽的怀念——纪念董希文先生诞辰八十周年文集》（1914—1994），国际文化出版公司1994年版。

去，从而使油画体现出中国风格的艺术精神，《开国大典》正是这一追求的进一步成熟和深化。

董希文对于民族形式的热切追求，实际上同时代的精神也是分不开的。新中国建立后，从解放区进入到北京的大批文艺工作者也把革命的文艺思想带到了这里。董希文欣然接受了党的“民族的、科学的、大众的”文艺方针，以及文艺面向工农兵的服务思想。党的这些文艺思想同董希文过去的生活经历和对社会的关注点来说，都有某种程度的契合，甚至可以说，董希文的个人理想与新政权所倡导的文艺发展方向在现实中达到了统一。董希文由此在现实中进一步探索并不断实现自己的艺术理想，而新生的中国也需要董希文这样出色的艺术家来实践自己的国家意志。董希文的艺术创作在新中国建立的初期得到了国家的大力支持，这就大大增强了他进一步追求民族表现形式的自信心。从1949—1957年这8年间是董希文心情最畅快的时期，也是艺术上成就卓著的时期。1949年7月，他作为代表参加中华全国文学艺术工作者代表大会。1952—1953年，他被任命为人民英雄纪念碑雕塑创作起稿组组长。1953年，在中南海受到毛泽东主席与周恩来总理、朱德总司令的接见，并被选为全国美协北京代表出席中华全国文学艺术工作者第二次代表大会。1954年，他参加全国人民慰问人民解放军代表团，到西藏康藏筑路部队慰问。1956年，被选为第二届全国政协委员会委员。1957年2月，他作为中国美术家代表团成员之一，出席前苏联第一届全国美术家代表大会等。[①]诸多荣誉无疑为董希文的艺术探索提供了切实鼓舞的精神动力。尤其江丰继任中央美术学院院长之后，他所撰著的《意大利文艺复兴时期的美术》，全院师生无不研读。江丰对于文艺复兴的推崇，无非是想召唤新时代的如同文艺复兴三杰一样的纪念碑式的艺术巨人的出现。江丰从著书立说到艺术活动，都在极力倡导历史纪念碑式的艺术。[②]而以史诗般的、纪念碑式的艺术，对新中国形象的塑造，对站立起来的中国人民形象的重塑，也正是划时代的新中国从新政权到新社会到人民心理的客观要求。董希文无疑顺应了这一客观要求，而且为此做好了一切的准备，因此受到江丰的特别器重。从这个意义上说，是历史选择了董希文。董希文的《开国大典》及其后的一系列创作无疑从内容到形式都极大地反映并满足了这一历史的客观要求。

《开国大典》之后，董希文继续沿着追求民族表现形式的艺术道路，先后创作了一系列重要的作品，如《春到西藏》、《红军过草地》、长征路线写生、《百万雄师下江南》、西藏写生等，几乎每一幅作品的完成都给人们带来一次新的惊喜。有人认为董希文从《开国大典》后退步了，理由是过于追求宏大的政治主题叙事，而没有像《哈萨克牧羊女》那样艺术表现纯粹了，艺术性降低了。这种说法是值得商榷的。且不论这种说法背后所隐含的西方中心主义及现代主义的价值标准问题，就是回到董希文创作的本身，也没有充分尊重历史的事实。从艺术表现性来说，把董希文建国前后两个阶段的创作比较起来看，很显然，他对民族艺术表现形式的追求，是更加深化和凝练了。比如1961年西藏写生的那批作品，无论是主题思想的提炼还是表现形式，都更加挥洒自如，把油画的基本技术特点与民族艺术的表现方法完全融合为一体，达到了纯熟自由的境地，体现出董希文鲜明的个人艺术风格，是此前的艺术表现力的再一次探索、超越和升华。特别是他对油画民族化的思想主张，更是他个人创作实践的深刻总结和对油画中国风的深入研究与阐发，对后来油画民族化的意义是不言而喻的。任何艺术作品的艺术性都不能脱离作品的思想实质和具体内容。从艺术作品的思想内涵和社会影响力来说，董希文前后两个阶段的

① 邵大箴：《永存的艺术 永存的精神——纪念董希文先生》，载《荣宝斋》1999年10月创刊号。

② 陈亚平：《纪念美术教育家董希文教授》，载李玉昌、谢善骁编《无尽的怀念——纪念董希文先生诞辰八十周年文集》（1914—1994），国际文化出版公司1994年版。

1955年，为创作红军长征题材的画作，董希文随八一电影制片厂沿当年红军长征走过的路线进行写生。从北京出发，经武汉、重庆到乌江、遵义、娄山关、黑水、大藏寺、腊子口，翻雪山、过草地，历经半年时间。

春到西藏　董希文　153×234cm　油画　1954年

表现也是不可比拟的。董希文于40年代就已经开始在油画中探索民族艺术的表现形式与民族审美趣味的表达，但是应当看到，这还只是他个人朴素的艺术理想的追求，处在对艺术形式本身的趣味探索上，完全在个人理解的道路上前行。50年代，他的革命热情被高度激发起来，作品就大不相同，他热衷于描绘人民生活中的重大主题，把艺术当作推动人民群众前进的一种手段了。①作品中的思想内涵由此大大提升。最明显的是《开国大典》，把民族形式的表现已经同整个国家正在高扬的民族精神紧紧联系在一起，使他对民族形式的理想追求同国家、同时代的精神联系在一起，这就使民族形式具有了普遍性的意义。如他自己所说：“能有机会创作这样重大的革命历史画，是千年难逢的好运气。”②这就大大加深了他对民族形式、民族艺术精神的理解，促使他更加自觉、更有信心地去探索和深化新的艺术表现力。而且民族表现形式的创造性还由于他亲见的新的生活、新的气象所产生的激动而被更加充分地激发出来。应该说，如果没有亲身经历新旧中国的强烈对比，如果不是他亲身参加了迎接解放、土地改革和一系列的革命斗争实践……怎能焕发出如此强烈的歌颂新中国强大生命力的创作激情，画出一系列优秀作品呢？如果没有亲见西南少数民族在黑暗的旧中国过的牛马不如的奴隶生活和建国后三次进藏深入生活中亲身感受到的强烈对比，又怎么可能出现《春到西藏》、《千年土地翻了身》等一系列作品！正由于有了如此深刻的理解和强烈的感受，才可能产生如此明确的主题、强烈的激情和表现欲，才可能如此强烈地要求和探索一切表现手段，必达目的才罢休。③由此而言，正是他这一段的政治激情，激活了他艺术创作的激情。正是广袤的人民生活的天地打开了他艺术上更开阔的天地。强烈的爱憎诱发了强烈的表现欲望，强烈的表现欲望又激发他追求最能表达激情的语言。也可以说，如果没有建国后对重大主题创作的追求，并由此引发对新的艺术表现力的探索和深化，也就没有董希文。

也有人认为建国后董希文创作的一系列重大历史与现实的政治题材的作品干预和改变了他最初艺术追求的方向。理由是他到晚年与学生谈起《雅鲁藏布江之歌》色彩小稿时说，“我的感情始终是与这样的情调相通的”，并说“今后我还是要画这样的画”。由此判断，他应该是想朝着抒情的路子来走的。这种论说虽然是带有同情的意味来为董希文辩护，却未必是董希文的“初衷”。如果我们同意这种推论，无异于同意董希文的自我否定，无异于否定这批具有政治意义作品的艺术与情感的价值，而这也是不符合事实的。要知道董希文的每一幅大创作都是他呕心沥血、精心创作的结果。如果董希文是违背自己心愿来做这些大创作，那么董希文在其中投入的感情和这些创作达到的艺术高度都是令人难以理解的。事实上，只要把董希文的系列大创作全部联系起来看，就会发现他倾心重大主题性创作与他追求抒情性的艺术表现并不矛盾。《开国大典》实际上就是带有某种浪漫主义的激情、畅想与憧憬意味的；《春到西藏》是抒情的；《红军过草地》是以董希文对草地的真实情感体验为基础的，是注重情感的表现的；《百万雄师下江南》所渲染的色调是强调感情的力度，情感的抒发是强烈的；《千年土地翻了身》是深情满怀的……综观董希文的所有主题创作，可以看到强调感情的抒发是一个重要的特点，是在尊重客观事实的基础上强调了他的主观感受与感情抒发，是现实主义的浪漫主义。正因为如此，他的每一幅作品都给人们带来情感上的震撼，受到了人们的称赞。从某种意义上看，现代主义是排斥思想

① 江丰：《画家董希文的艺术》，载《文艺报》1957年第4期。

② 艾中信：《油画〈开国大典〉的成功与蒙难》，载李玉昌、谢善骁编《无尽的怀念——纪念董希文先生诞辰八十周年文集》（1914—1994），国际文化出版公司1994年版。

③ 靳之林：《谈董希文的油画》，载李玉昌、谢善骁编《无尽的怀念——纪念董希文先生诞辰八十周年文集》（1914—1994），国际文化出版公司1994年版。

内容的，特别是具有重大主题意义的创作。受现代主义影响的很多论者会自觉不自觉地排斥甚至反对主题性的叙事。尤其是改革开放之后，很多论者出于对极“左”思想带来的很多严重问题的反思，往往将具有政治意义的艺术作品归为为政治服务，采取了不加分析的态度，而加以排斥和否定。这样的态度显然失之于简单、偏颇甚至粗暴。任何艺术创作都不可能脱离特定社会意识的影响，都是某种思想意识的反映。董希文在油画中追求民族艺术的表现形式，这本身就已潜藏着政治上的态度和选择——契合整个民族追求独立与自由的政治的大方向。而与他同时代的仍在追求象牙塔中自我情调的形式和趣味的画家多得是。董希文自觉放弃小我情调，把自己的追求同民族的命运联系起来，倾心重大主题性的创作，赞美新的生活，赞美新生的西藏人民，讴歌新生的祖国，以自己的艺术创作当作推动人民思想进步的手段，鲜明地反映出了时代的精神和民族的精神需求，这恰恰反映出董希文作为一个现代知识分子的自我觉醒的强烈意识，牺牲小我，勇于奉献的担当精神。这正是他自觉地倾心于重大主题创作的原因所在。从董希文追求的艺术理想来说，无论是建国之前，还是建国之后，他的追求始终是贯穿一致的，并没有因为政治性题材的影响而改变初衷。也正因为如此才显示出他的精神的可贵！正是在这个意义上，他的倾心重大主题创作比满足于自我情调的追求要有价值得多。所以问题的关键不在于是否创作表现了政治意义，即便为政治服务，这本身并无什么不妥，更没有错误，而是要看怎样去表现！是以真情实感为基础，真实地反映现实生活，赞颂生活中的真善美或批判假丑恶，还是以虚假造作为前提，粉饰、虚夸、掩饰、虚构生活，真正为某种意识形态所服务、所利用，以达到欺骗、愚弄人民的目的。这种现实主义和反现实主义的创作结果是大相径庭、天壤之别的。董希文正是最尊重生活的真实，始终坚持现实主义的创作思想，而在艺术表现上常常又以抒情的、浪漫主义的方式表现出来，给人真善美的审美愉悦。正因为如此，同样都画革命历史画，特别是“文革”之中的革命历史画，多如牛毛，但多已在历史中消失，而董希文的主题画却把思想的政治的内容与感情的抒发恰当地融为一体，在反映现实生活的同时给人以美的享受，所以为人们所记忆、所赞颂。事实上，真正让董希文陷入痛苦的不是具有政治意义的重大主题的本身，而是审查这种创作的领导意志及其背后的陈规范式的集体无意识与极“左”思潮。《喜马拉雅山颂》、《雅鲁藏布江之歌》原是计划给人民大会堂西藏厅画的壁画，为此所画的小稿中以那种迷人优美的诗意来表达对新西藏的眷恋和赞美，这种抒情的方式同《春到西藏》有异曲同工之妙。然而有的领导并不理解他那抒情的绘画语言，而习惯于图解式的内容罗列，给他提出许多不恰当的要求。他对此无可奈何，陷入深深的痛苦。[①]而《千年土地翻了身》就是没有听从领导的要求，坚持了自己的意志，获得了创作的成功，这对他应该是极大的警醒。对于那时的董希文来说，如果听从领导意志，那就无法按照自己的想法和意愿来创作。如果不听从领导的意志，就要承受巨大的精神压力。这是十分两难的选择。可贵的是，即便在愈加严酷的政治压力下，他决然地选择了后者，坚持走自己想要走的路，“还是要画这样的画”。董希文表现出一个真正的艺术家对自己、对生活高度负责任的勇于担当的高尚情操。

① 姚钟华：《回忆董希文先生》，载李玉昌、谢善骁编《无尽的怀念——纪念董希文先生诞辰八十周年文集》（1914—1994），国际文化出版公司1994年版。

二、民族形式表现的多样化

董希文创作《开国大典》获得巨大成功，这在很大程度上得益于民族表现形式的运用。董希文对于民族表现形式的追求也因此获得广泛的赞同和关注。但是，董希文在此后的一系列重大主题创作中并没有复制这种既成的模式。虽然都是在追求民族形式，然而具体的表现方法却各不相同，体现了董希文对民族表现形式多样化的探索和实践。1954年，董希文创作的《春到西藏》，同样获得广泛赞誉。这幅作品的主题和巧妙构思自不必说，单就表现形式来说，同《开国大典》表现出了别样的民族审美趣味。董希文在开始动手画的时候说："《开国大典》是吸收中国敦煌壁画的形式画的，这幅画要用中国卷轴画的形式来画，中国卷轴画，一打开就让你心静下去慢慢欣赏，一层一层、一笔一笔都画得有条不紊。我画近景的杏花是把颜色按深浅归纳成四类，在下面把颜色调好，再按着明暗的层次用中国狼毫笔像画卷轴画中的杏花一样，一层一层有条不紊地点上去，不能画得混糟糟的，让人感觉烦躁。"所以，"一定要画得恬静优美，有条不紊，让看画的人心情静下去欣赏。其他都静下来，远处点题的汽车才能动起来、走起来。"①《红军过草地》是董希文费心最多的一幅画。这幅画看似完全用的是印象主义注重光色表现的手法，但实际上，董希文仍然是巧妙地吸收了民族形式中的关于色彩的情感表现，以及线条和笔触的运用。这可以看出董希文对于不同的主题，出于不同的表现的需要，灵活地吸收和运用民族艺术的表现形式和因素，而不是把油画中民族形式固定为某一种既定的模式。当然，这幅画中的色彩感情他也是经过长征路线的写生体验和反复思索、试验才最终找到的。最后他对靳之林说："现在我找到了画这幅画的色彩表情。这幅画要用版画的形式来画。用普蓝为基调，黑色勾线，再点上象征光明胜利的橘黄色篝火。这幅画的主题是红军战士肉体上的痛苦和精神上的坚强崇高，最困难的物质生活和最大的乐观主义精神的对比。在普蓝和黑色中，我找到了困难与坚毅的配合。"②《百万雄师下江南》这幅油画巨作也可以看到董希文对于民族形式的创造性的运用。他运用了概括有力的套色版画风格，表现了百万解放大军向着敌人的最后巢穴胜利进军的伟大主题。为了强烈地表现浩大的声势和摧枯拉朽的力量，他采用了动荡的波澜壮阔的宏伟场面构图，在艺术手法上摒弃了一切琐碎的表现手段，以战火迷

①② 靳之林：《谈董希文的油画》，载李玉昌、谢善骁编《无尽的怀念——纪念董希文先生诞辰八十周年文集》（1914—1994），国际文化出版公司1994年版。

漫的象征胜利的橘红色气氛中的统一色彩表情，同时还以色彩的重复、造型的概括，突击船的重复、风帆的重复，展示出冲向胜利的浩大声势和震撼力量。[①]色彩与造型的重复性节奏所造成的壮阔与声势，在敦煌壁画中是一个重要的艺术特点，在这里也被董希文巧妙地吸收。1961年西藏写生的一批画是董希文完全成熟的具有浓厚浪漫主义色彩的中国画大写意风格的极大体现。这批画中，董希文已经把中国民族艺术的诸多表现方法完全自如地发挥到油画的技巧中。有的倾向于重彩画的作风，有的则倾向于水墨画的趣味，途径并不是只有一条，民族风格浓厚却不露任何痕迹，更加印证了董希文对于民族形式追求不断深入的过程和不断变化的多样性与创造性。如果再联系董希文40年代的追求民族形式的创作，如《哈萨克牧羊女》，虽受北魏时期古朴浑厚的画风熏染，却生动地反映了苍茫落寞的高原放牧风情，民族形式鲜明，有些地方明显地可以看到直接运用了传统的绘画技巧。可是，这同后来的民族形式的表现趣味又是何等的不同！为何董希文没有复制《开国大典》的成功模式，而对民族形式始终保持多样化的追求呢？

董希文在自己撰写的《油画〈开国大典〉的创作经验》一文中说："我开始创作《开国大典》这幅画，就企图把它画成一幅与平常的西洋风的绘画不同的具有民族气派的油画。但事实上不等于说，现在画面上的效果完全已是民族化了；成为民族形式的油画，这还有待于今后的继续尝试。另外，我也想到今后自己的创作，不一定要按照这个既成的模式固定下来，否则，反而会限制了自己在今后创作上更进一步对于民族形式的探讨和发展，甚至更严重的可能会产生那种妨碍现实主义表现力成长的形式主义偏向。"[②]这段话清楚地说明董希文对于油画中的民族形式有着清醒的认识。他首先认定《开国大典》中的表现形式并不是完全的民族化，而只是"具有民族气派"。应当说，《开国大典》的最终效果实现了

红军过草地　董希文　260×400cm　油画　1957年

① 靳之林：《谈董希文的油画》，载李玉昌、谢善骁编《无尽的怀念——纪念董希文先生诞辰八十周年文集》（1914—1994），国际文化出版公司1994年版。

② 董希文：《油画〈开国大典〉的创作经验》，载《新观察》1953年第21期。

他最初的“企图”，已经产生“与平常的西洋风的绘画不同”的艺术效果。但是要完全“成为民族形式的油画，这还有待于今后的继续尝试”。这就是说完全的民族化形式，或者说怎样才算是民族化了，在董希文的头脑中是没有固定模式的。反过来说，如果认为《开国大典》就是完全的民族化了，那就可以理解为对于民族化的探索已接近于完成，民族化就有可能变成一种既定的模式，从而影响继续探索的多种可能性。从这一点来说，油画民族形式化在董希文看来始终是一个探索的过程，这就保证了他探索油画民族化具有多种形式与样式的可能性与开放性。即便对于已经具有民族风格的《开国大典》的既成形式，董希文也不愿意在后来的创作中再去重复，因为这会限制他在今后创作上更进一步地对于民族形式的探讨和发展。而对董希文来说，更为重要的是固定和重复既成的模式会产生形式主义的偏向，这同他一直注重现实主义的探索，具有鲜活表现力的艺术理想是相违背的。从董希文的艺术实践和表现出来的艺术思想可以看出，他认为，脱离了具体的现实生活的真实感受，形式主义自然就会产生。换句话说，形式主义是缺乏思想内容的，而董希文对形式主义的追求首先是要建立在现实主义的生活内容之上的。由此，克服形式主义的方法就是一定要尊重现实生活的感受。现实生活是丰富多彩的，由此带来的情感与体验自然也是丰富多样的，那在生活中就可以发现不同的形式的美，就可以创造与内容相应的恰当的多样表现形式。正是出于这样深刻的认识，董希文总是因内容而寻找形式，不为形式而形式，或以形式来套生活，所以他在自己的创作中始终保持新鲜的活力，并不断地探索着新的民族表现形式的多样性。董希文在文章中最后提出告诫：“这篇短文，在客观效果上，应该不至于束缚读者对于民族绘画多方面的理解与探试……希望能够引起读者对于绘画上民族形式的具体做法，有更多的经验。”[①]油画中民族化的表现形式从来就没有固定的模式，这正是董希文对民族化的探索所给予我们的最诚恳的指向。

董希文完成《开国大典》之后，徐悲鸿看到了非常兴奋，说董希文圆满地完成了一项政治任务，应得一百分，但是要扣五分，因为缺少一点油画特色。[②]徐悲鸿实际上提出了一个在油画中追求民族的表现形式与油画自身性能的关系问题，实质就是油画的民族形式是否会影响油画的性能。确实，从油画传统的角度来说，表现出物体在光的反射和大气影响下的复杂细致的色彩关系和空间关系，才算是充分地发挥了油画自身的性能和表现特色。董希文那种重不变的形重本色的强调大色块对比的油画，好像是不符合西方近代油画标准的。所以有人认为，他所追求的中国风的油画，由于不重视发挥油画的性能，就削弱或改变了油画自身所具有的表现特色。这个看法恐怕至今还成为不少人心中的一个疑问。对此，董希文认为，“关于油画中国风是否会影响油画的性能问题，我以为自古以来西洋油画的派别、风格、技巧是很多的，甚至对于油画的油的性能的发挥上也有所不同，许多不同的油画技巧，发挥了不同的油画性能，即以近代的油画技巧来讲，也是多种多样的。只要把油画的技巧看得很丰富，那么我们就不至于会把所谓油画的性能局限起来。同样的，扩大了自己对于民族绘画的研究，也就不至于会把中国画看得很简单”。而且对于中国油画的发展目标来说，“要使我们的油画赶上世界先进水平，在世界艺坛上发出光辉，绝不是仅仅把我们的油画画得跟西洋的油画一模一样。即使将来我们的油画形式、油画技巧能够达到像欧洲一样的水平，我们也不能以此为满足。因为我们究竟有我们自己的生活情况，我们有我们中国人民的欣赏习惯和对艺术的独特的爱好，我们有我们民族自己的艺术优良传统的继承与发展。中国

① 董希文：《油画〈开国大典〉的创作经验》，载《新观察》1953年第21期。

② 艾中信：《油画〈开国大典〉的成功与蒙难》，载李玉昌、谢善骁编《无尽的怀念——纪念董希文先生诞辰八十周年文集》(1914—1994)，国际文化出版公司1994年版。

画家应该有中国画家自己的气质，自己对于生活的想法、看法和表现法”[①]。江丰是同意这个认识的。他认为，第一，固定不变和规格一律的所谓油画的表现性能，在油画历史上的发展过程中并不存在。任何一种艺术，由于别种艺术、工具材料和人民欣赏趣味的种种影响，它的表现性能是在不断变化着的。既然如此，要求永远保持着油画原来的性能，那就不可能，这是很自然的。在艺术创作上，削弱甚至舍去某些因素，强调某些因素，那是可以的，而且应该这样做；否则，如果要求艺术创作像基本练习那样四平八稳、面面俱到，那么一般作品就不易克服目前绘画上严重存在着的平庸单调、缺乏个性的毛病。从这个认识出发，江丰对于董希文的创作给予了充分的肯定。他说：“董希文同志不完全依照一般油画的规矩作画，从而创造了在传统油画基础上发展起来的具有中国风的油画，作为艺术创作来说，完全是正常的现象。而且他的新尝试，在解决油画中国风和充分发挥油画的性能之间的矛盾问题上，是比较顺当的。”“退一步讲，即令说董希文同志的油画，不能算作‘地道’的油画，可是我以为：只要完成一般油画所能完成的真实反映生活的任务以及为群众喜爱的话，那么也应该承认它是一种良好的画种。”[②]江丰的论述应该说是合乎情理、平和而宽容的。董希文和江丰对于上述问题的认识，可以看到是站在历史与发展的层面来谈的，应该说已经非常深刻了。在我们对油画艺术深入认识的今天，不能期望每一个人都同意这个认识，但至少我们应该比20世纪五六十年代的认识局限性要小得多，也应该宽容得多。惟其如此，中国油画艺术发展的道路才能更加宽广，董希文对油画民族形式的贡献和认识才更具有现实的重要意义。

三、鲜明的艺术特色

董希文在民族形式的多样化追求与思考之中，形成和显现出自己鲜明的艺术特色。董希文的艺术作品给我们的印象首先是非常真实而且生动。比如看他的长征路线写生和西藏写生，让人产生身临其境之感，就如同我们站在他的身边，看到他激情四溢地作画的情形。他画的《翻身农奴》，脸上的沧桑让我们看到了老人过去的悲惨境遇，而嘴唇微动、神情激动，是他被解放后心里喜悦的映照。这一切在董希文的笔下都被非常真实而生动地表现了出来。他说：“我的这些画，都是在心脏怦怦直跳的情况下，两个小时一气呵成的。”[③]“过去很讲究作画的程序，但事先考虑得很周到，反为技法所束缚而不知所得。这次作画由于内心的激动，凭自己与对象之间的感情，唯一的念头是很快地抓住对象，尽可能符合真实的对象，就不大考虑呆板的陈法。”[④]在写生中，董希文尊重自己的感受，并把自己的感受融入到对象的神情中去，与对象的感情联系在一起，没有陈法规范的限制，由此情感真挚，感觉敏锐，情绪强烈而激动，自然画得生动起来。就是历史画创作，董希文对真实生动的追求也不例外。“他认为革命历史画最重要的是要符合历史的真实，否则就失去了历史画的特点。”在创作《红军过草地》前，因为“对具体的环境没有把握，所以一直迟迟没有下笔”[⑤]。直到董希文亲身重走长征路，对红军艰苦的

① 董希文：《从中国绘画的表现方法谈到油画中国风》，载《美术》1957年第1期。

② 江丰：《画家董希文的艺术》，载《文艺报》1957年第4期。

③ 李秀实：《遗憾的回忆》，载李玉昌、谢善骁编《无尽的怀念——纪念董希文先生诞辰八十周年文集》（1914—1994），国际文化出版公司1994年版。

④⑤ 吴步乃：《访沿“长征”路线写生归来的画家们》，载《美术》1956年第4期。

1961年，董希文赴西藏写生期间和藏民在一起。

具体行军路线环境有了深刻的体验之后，他才动手创作。《红军过草地》最终以大面积的黑蓝、普蓝作背景，意在烘染极其艰苦的物质环境，这正是董希文真实体验的结果，然而这幅画因为被认为过于“悲观”，没有宣扬革命的乐观主义精神而被打入冷宫。这是董希文追求真实付出的代价。而他对此却认为，如果把长征描写得很舒服，怎么能说明长征的艰苦？

艺术构思巧妙，富于独创性是董希文艺术的另一个重要特点。董希文几乎在创作每一幅作品前，在艺术构思上都要深思熟虑。他在每一幅画的创作过程中，都是根据自己对生活的感受和理解，确立了特定的主题之后，从构图、色彩稿到制作的每一个环节都紧紧相扣，全力以赴地寻找着能够强烈地表现他的生活感受和主题内容的艺术形式。如果旧的形式不够用，他就大胆创作与内容相适应的新的艺术形式，力求达到思想性和艺术性、内容与形式的高度统一，从而产生强烈的艺术感染力。①董希文在《开国大典》中把天安门城楼上下统一在一个画面中，舍去一根廊柱，增强了视野的开阔和宏大的气势等，构思的大胆巧妙，一直被人们所称颂。《春到西藏》中表现出的艺术构思，王朝闻在《创造性的构思》②一文

① 靳之林：《谈董希文的油画》，载李玉昌、谢善骁编《无尽的怀念——纪念董希文先生诞辰八十周年文集》（1914—1994），国际文化出版公司1994年版。

② 王朝闻：《创造性的构思》，载《人民日报》1955年5月1日。

中给予了高度的评价：董希文访问藏区时，实际上沿路看到许多的景象，如开车典礼时的剪彩、欢庆、送哈达、跳舞等，然而董希文不满足于这些现成的印象，而是在画面中通过远处开过来的一排汽车，巧妙地把西藏的春天、西藏社会的春天和藏族人民心里的春天[①]融合在一起，从而巧妙地表达了西藏正在和将要迎来的美好生活。就是小幅作品，一样可以看出董希文的匠心。西藏写生中画的《拉萨河边》，画的是藏女洗发，粗看好像很平常，仔细一想却很有意味。解放前的藏族妇女是编着很多小辫子的，藏族旧习惯不洗头，如今解放了，洗头这件平常事也就有了深刻寓意。他把这个藏女画得心情舒畅，她仰望天空，嘘了一口气，这洗头也成了不平凡的事。[②]小题材中也有大构思。董希文精心巧妙的艺术构思同他对主题思想的锤炼是分不开的。他说："在创作过程中要把整个注意力都贯彻在主题思想上，使每一件作品都产生一种感人的境界，作品的感染力就会更大。绘画中的一切因素都应该从属于同一思想。"更重要的是他对自己的作品具有高度负责的精神，"在自己的作品上一笔下去几乎要负千年责任"[③]，促使他对每一幅作品都精益求精。

重单纯、提炼和概括，也是董希文艺术的一个重要特色。董希文具有高超的提炼和概括的能力。自然对象往往是复杂的甚至是杂乱无章的，其中所隐藏的主题和形式并不是一下子就能把握和得到，而需要高度的提炼和概括才能抓住想要的东西。常常是复杂无序的对象，在董希文大刀阔斧地处理之后，表现出了井然明朗的效果。他所需要和想强调的东西，都会突出鲜明地显现出来，而那些在自然之中并不自动地显现为无关紧要的物象，都在他的取舍与概括之后，真的都变得"无关紧要"了，往往都被他大胆舍去。《开国大典》就是一个很好的例子，天安门城楼上下的人物本来是杂乱无章的，而在董希文的笔下，竟然是那样的井然有序，而又如真实再现一样。董希文的长征路线写生和西藏写生中，实际上每一处的物象景致都是复杂多变的，同样在董希文的笔下，每一处的景象都显得那么鲜明、集中，令人向往。这就是经过提炼、概括之后，画面所呈现的单纯的气象。董希文的提炼和概括还体现在对造型与色彩的处理上。他主张"不以可变的光为重，而重不变的形"。他大量减弱和简化物体上复杂的明暗关系和物体周围及空间上的光色变化，而强调轮廓分明的效果，使块面造型的画面有了线的感觉，使形象的显现更加完整、明确而有力。同样在色彩上，他也主张"不重色彩的光化作用而重本色"。大胆略去色彩上的细节变化，以对比强烈的大色块组成画面的色调，强调大的色块构成，常常使画面产生一种装饰的效果。装饰效果是中国画的一个重要特色。经过大胆的提炼和概括，画面形象变得单纯了。因为单纯，画面形象更加鲜明、肯定、有力，情绪更加突出、饱满、畅快，给人留下深刻的印象。

董希文具有坚实的造型能力，因而在造型上表现出准确、鲜明的特色。他画的《开国大典》初稿草图，只比明信片略大一些，放在衣袋里经常拿出来征求意见。就是这样的一张小卡片，人们一眼看过去就能领会到所画人物的面貌。[④]董希文常常在寥寥几笔之间，就能使所画对象形神毕现，《开国大典》中的毛泽东、朱德、周恩来、刘少奇、宋庆龄等众多人物，都是依靠造型本身的形体结构，而不依赖光影氛围的遮掩，使各个人物形神肖似，自然若现，这非有准确的造型能力是办不到的。西藏写生中所画的《山歌》、《翻身奴隶》、《翻身农奴》、《农村互助组组长》等一系列的藏族人物形象，也都是在

① 力群：《谈风景画》，载《光明日报》1955年4月9日。

② 艾中信：《董希文的创作道路和艺术素养》，载《董希文画集》，人民美术出版社1995年版。

③ 梁运清：《化作春泥又护花》，载李玉昌、谢善骁编《无尽的怀念——纪念董希文先生诞辰八十周年文集》（1914—1994），国际文化出版公司1994年版。

④ 艾中信：《董希文的创作道路和艺术素养》，载《董希文画集》，人民美术出版社1995年版。

人民演员娜拉西泽　董希文
51×37cm　速写　1957年

格鲁吉亚共和国功勋演员契苍娜泽　董希文
73.5×48cm　彩墨画　1957年

精炼挥洒之中，对人物的造型形象做了准确、深入的刻画，形神生动，给人留下了强烈的印象。1957年，董希文作为中国美术家代表团成员之一到前苏联去访问。访问期间，为了体现一个中国画家的气质，董希文没有用他所擅长的油画工具，而改用中国传统的笔墨工具写生。用中国的笔墨方式描绘人物形象，对一个画家的造型能力要求是相当高的，因为一笔下去就是一笔，如果错了就没有修改的余地。董希文放弃擅长的油画工具，改用中国笔墨，如果没有扎实过硬的造型能力，那是不敢轻易更改的。从他所画的《格鲁吉亚共和国功勋演员契苍娜泽》、《苏联人民演员涅雪香》、《亚美尼亚民间独舞演员爱德》等几幅写生来看，笔墨语言精炼，人物造型准确，传神生动。而且，如《人民演员娜拉西泽》，模特儿是前苏联一位有名的女高音独唱家，在画的过程中，她不断地唱着歌，唱到忘情处，仿佛她面前"不是一个画家，而是坐满了剧场的观众"，董希文就是在这样的情况下以笔墨的工具完成了写生。"歌唱家很喜欢，在画上签上了自己的名字。"①这不能不让我们惊叹他的过人的造型能力。董希文正是以准确的造型，使他所刻画的形象达到了鲜明、肯定、流畅自如的艺术效果。

董希文的色彩具有强烈的感情和象征性的特点，这也是他的画能打动人的重要原因。他说："一幅画的色彩表情很重要，人有人的表情，色彩有色彩的表情，一幅画离老远还看不清人的表情的时候，就先看到了色彩的表情，让你产生情感上的反应，可见色彩表情是很重要的。"②所以他常常根据主题表现的需要，突出或夸张某种色彩关系，以达到增强艺术感染力的作用。比如《开国大典》这幅画中，董希文以大红、金黄和碧蓝相辉映的色彩装饰效果，烘托了庄重喜庆的情绪，充分表达了风和日丽、壮观欢畅的大典气氛。《春到西藏》以大面积的温暖而明亮的绿色调，细腻地表达出人们对自然的春天、社会的春天和心里的春天到来的喜悦心情。《红军过草地》以大面积的黑蓝、普蓝和小面积的橘黄

① 《人民日报》1957年6月、7月连载。

② 靳之林：《谈董希文的油画》，载李玉昌、谢善骁编《无尽的怀念——纪念董希文先生诞辰八十周年文集》（1914—1994），国际文化出版公司1994年版。

色的对比，浓重地渲染了长征路上严酷的物质环境和红军战士坚毅乐观的精神。《百万雄师下江南》以橘红色笼罩全局，有力地表达了解放军摧枯拉朽、夺取最后胜利的斗志昂扬的战斗精神。在董希文的画面中，色彩始终是有表情的，看不到自然主义的印象色彩，董希文从不照抄自然的色彩关系，就是在写生中，他也是大胆果敢地处理，使画面呈现出有别于自然的富于感情的色彩关系。董希文一直强调“形要有感情的形，色要有感情的色”。确实，他的色彩始终与感情紧紧相连，由感情所派生，又为感情所服务、所主导。正因为如此，他的画面总能感到感情的涌动，散发着动人的生机与活力。

董希文的用笔是很有特点的，而且具有很强的表现力。江丰就曾经评价他落笔迅速，任意纵横，气势旺盛，可是造型十分准确，每一个笔触毫不含糊地贴在画面上，组成了明白清楚的形体，想要在上面找出一笔误笔，那是并不容易的。[①]董希文非常重视油画的用笔，因为用笔是表达感情的重要手段，在中国画的传统中也占据着特殊的位置。他常说：“画家用笔，像小提琴手演奏，然而观众看不到画家作画时的情景，只能看画面上的笔触了！”[②]董希文的用笔根据对象表现的需要，变化丰富，灵活自由。他画《开国大典》天安门城楼的廊柱，用宽笔排刷，尽显大气与庄重之感；画近前的菊花，用中国狼毫，勾画自如，体现活泼意趣。他画《红军过草地》中的篝火，用麻布团蘸色，使火焰虚实跳动如自然若现。他画长征路线上的《班佑河畔高草地》，在大笔渲染之后，以笔杆刻画，小笔勾点，茅草丰富变换的自然之美尽显眼前。他西藏写生中的《喜马拉雅山神女峰》，阔笔长线，纵横涂抹，使自然的神奇、雄伟与气魄同他的大写意笔法融合一体……西藏写生的作品，都可谓笔笔传神，绝无牵强造作之感。凡是看过这批作品的人一定会被画中迸发出来的热烈激情所感染，笔触酣畅，时而大刀阔斧，时而小笔点染勾勒，笔笔提神；时而又以刮刀画出意外效果。更有人把董希文用笔的特点总结为“稳、准、狠”三个字。用这三个字来概括董希文的用笔特点确实是恰当的。所谓“稳”，是稳定、稳妥，考虑周全再出笔，绝不轻率用笔，反映了他严谨、认真，对作品高度负责的创作态度。“狠”就是落笔果断，毫不犹豫，肯定有力，反映出他对对象的深刻认识，知道要把握什么，要表现什么，要突出什么。“准”就是准确，落笔就能到位置，不似是而非，反映了他敏锐的观察力和扎实的造型功力。很显然，董希文的用笔所具有的极其出色的表现力，不是单纯为了形式或故意摆弄笔触的漂亮和潇洒，而是出于感情表达的需要，出于画面对象表现的需要，因而他的笔触的表现力同自己的感情和对象的表现紧紧地联系在一起，前者是服从于后者的，这同形式主义的为笔触而笔触，或只着眼于笔触本身的表现情趣有着本质的区别。总体来说，董希文的艺术特色及其对油画艺术语言的探索和贡献，在上世纪五六十年代的中国油画家中是极其鲜明、极其突出的。

四、丰富的艺术思想

董希文在油画中所追求的多样化的表现形式及其鲜明艺术特色的形成，同他的艺术思想是密不可分的。他的艺术思想是在艺术实践中形成的，然而却是自己艺术实践的高度总结和理论认识上的升华，反过来又指导自己的艺术实践走向更加深入的境地，成为董希文艺术体系中一个相对独立而又重要的组成部分，认识他的艺术思想会更有助于我们深入地认识他的全部艺术实践。在艺术创作中，董希文首先非

① 江丰：《画家董希文的艺术》，载《文艺报》1957年第4期。

② 李玉昌：《董希文教学语录》，载李玉昌、谢善骁编《无尽的怀念——纪念董希文先生诞辰八十周年文集》（1914—1994），国际文化出版公司1994年版。

常重视作品的思想性。建国之后，董希文热情追求一系列重大题材的主题性创作，这本身就是他重视思想性的体现。因为他已经把自己的命运同新中国的命运联系在一起，而重大题材所具有的重大思想内涵，才能最大程度地反映新中国所开辟的伟大的时代精神，成为推动人民进步的重要的思想动力。他之所以三次选择去藏区，是由于他从百万翻身农奴的豪放、粗犷、强烈的性格和形象中，在气势宏伟、明朗强烈富于装饰风采的康藏高原的自然环境里，找到了他认为最能够形象地概括社会主义新中国巨大生命力的本质的东西。它和董希文自己的感情气质、兴趣爱好完全交融在一起。主客观是统一的，因而达到思想性和艺术性的高度融合统一。[①]但并不是一切重要题材都天然地具有了思想性，一些不起眼的平凡的题材也并不是天然地就不能体现思想性，关键要看作者如何去挖掘，如何去提炼。董希文就善于发现生活中具有思想内容的题材和对象，包括一些不起眼的对象，经过反复思考，他能努力地把思想性从中提炼出来、表现出来、突出出来，从而给人以更深切的感动。他说："讲整体性要先讲思想内容的鲜明性，然后才是人物的主要、次要的分布问题。只有思想明确之后，才能够明确抓住那些主要的东西。"[②]并且说"好的表现方法，就是能最充分地表达主题思想，能使观众理解作者的构思，这就是通到观众心里最短的一条路"。[③]他的几乎每一幅创作都体现了这一思想特点。比如《春到西藏》，虽然描写的是西藏自然的春天，但实际要表现的是西藏政治的春天和西藏人民心里的春天，在美丽的风景中寄予了明确的主题思想，实是一幅构思巧妙的主题性风景画。《拉萨河边》描绘藏族女子在拉萨河边洗发后昂首迎着晨风的喜悦，寓意获得新生，也是平常小事中寓意深刻的一幅点题之作。《千年土地翻了身》是通过西藏农民赶着牦牛翻地的题材，概括地反映了西藏百万农奴在共产党领导下推翻了万恶的农奴制压迫，获得了解放。这个充满生命力的主题内涵，可以说是他三次西藏写生感受的一个艺术概括，具有深刻的思想性。董希文重视艺术作品的思想性，受到了很多论者的肯定，江丰就曾评论道："作为一个进步的现实主义艺术家，总应该主要是当代先进思想的反映者和宣传者，董希文同志在这一方面是一个好手。我们从他的作品所反映的题材来看，他是非常重视作品的思想性的。唤起他的创作欲的主要东西，常常是在生活中有政治意义的事物。"[④]

董希文始终坚持现实主义的创作方法，这是他艺术思想中的核心内容。他的艺术创作，包括题材内容与表现形式，完全来自现实生活，并真实地反映生活。他倾心尽力关注社会，描绘的都是生机盎然、积极进取的新中国的人和物。真实的生活带给了他真切的感受，这使他总能把自己的感情与对象统一起来，融合为一体，这就是他的画始终让人感到生机勃勃、充满活力的重要原因。他认为，"自然本身总是美得很，变化丰富而和谐……只有表现得不好才把它搞糟了。即使很有艺术经验的人，一旦关起门来，绘画上总是很快走下坡路"[⑤]。"天才不是别的，正是善于从生活中汲取精华的人。生活是非常丰富而多变化的，如能细致深入地去观察，内容和表现方法都会丰富起来，创作将会是无穷无尽的。"[⑥]确实，正是有了丰富多彩的生活体验，像《北平入城式》、《解放区的生产自救》、《开国大典》、《春到西藏》等一系列不同题材的创作才在董希文的手中接连完成，而且正是生活带给他

---

① 靳之林：《谈董希文的油画》，载李玉昌、谢善骁编《无尽的怀念——纪念董希文先生诞辰八十周年文集》（1914—1994），国际文化出版公司1994年版。

②③ 董希文：《谈构图》，载《新闻摄影》1959年第9期。

④ 江丰：《画家董希文的艺术》，载《文艺报》1957年第4期。

⑤ 艾中信：《董希文的创作道路和艺术素养》，载《董希文画集》，人民美术出版社1995年版。

⑥ 董希文：《新苗正在生长中——董希文同志谈青年美展的油画》，载《美术》1957年第4期。

千年土地翻了身　董希文　77×143cm　油画　1963年

的丰富感受，才更加激发了他的旺盛的表现欲望，丰富多变的表现形式才在他的手中不断出现。就是对于董希文创作的有限的几幅革命历史画来说，他也是坚持现实主义的方法，强调对自然环境和自己心理的真实感受。如董希文认为最下功夫的巨幅历史画《红军过草地》，就是经过亲身的体验，才决定用使人感到严酷的大面积多层次的黑蓝、普蓝和给人以刚强、光明、崇高感的橘黄色火焰为基本对比，在那茫茫草原的夜幕中，在一堆堆篝火旁，聚集着坚强的乐观的红军战士……展现了史诗般动人心魄的境界。这幅画在1957年“中国人民解放军建军30周年纪念展览会”上，引起了美术界和广大观众的惊目，但由于当时极“左”思潮泛滥的影响，竟被有些人指责为“宣扬革命的悲观主义”①。据说某首长看了作品以后说：“太黑了！”一句话，就此打入冷宫。②而坚持现实主义性的董希文却认为，“如果把长征描写得很轻松很舒服，是不符合历史真实的”。的确，只有在看到董希文展现的历史画卷时，在其对最严酷的历史自然环境的描绘中，才更加让我们认识到长征的伟大。这就是董希文所坚持的现实主义所具有的力量。

董希文明确反对自然主义，这是他坚持现实主义创作方法的逻辑上的自然延伸。自然主义同现实主义既有共同的特征，也有本质上的区别。共同的特征是尊重客观对象的真实性，基本上都采取写实的手法表现对象。但是，现实主义强调在尊重客观对象的基础上，要有主观上的处理，要比客观对象更概括、更集中、更典型，也就是董希文所说的“在客观基础上加以主观的肯定”。自然主义面对对象是如实描写，缺少作者自己主观上的处理，常常是自然本身的呈现。在董希文看来，“照对象如实地画，看来很像，实际上是被对象所奴役了，这样会走向自然主义。对象怎样，他就怎样用画笔去记录，缺乏画家的认识和感情。他的进步只是天天更准确、熟练，但是总是照对象的默写，而不善于创作的取舍，或对象稍一变动，就不能作画了，被对象束缚住，这就不能有意识地改变对象进行提炼，在创作上就受到

① 王琦：《善良而正直的伟大画家》，载《文艺报》2003年5月24日。

② 姚钟华：《回忆董希文先生》，载李玉昌、谢善骁编《无尽的怀念——纪念董希文先生诞辰八十周年文集》（1914—1994），国际文化出版公司1994年版。

很大限制”。果真如实地去描写，那么“自然界的细节是非常多的，形象上的表面现象是找不完的。如果自然主义地去找色彩，那准忙不过来，甚至把看得头昏眼花时仿佛冒星火的颜色都画上去。……如果画得真同自然一模一样，那也没有什么意思”[①]。所以董希文认为，“艺术，不能自然是这样我就画它这样，艺术是有权夸张或减弱的。要从多观察、多思考、多作写生练习中来培养自己对客观的理解能力和表现能力，来运用艺术家的这种权利”[②]。在“作画时，不要初看感到很美就画出来，而首先要深深去认识它，把握住那深深感动了自己的东西，有了深刻的认识和感受之后，才能产生符合于对象要求的表现方法。这样才会真实，才会生动；才会面对不同的对象，运用不同的表现方法”[③]。这是董希文提出的克服自然主义的衷心告诫。

形式主义也是董希文鲜明反对的。董希文认为“形式主义者不是从对象出发，而只是借对象来体现‘红色调子’、‘大笔触’……或用来体现作者按某些既定的规律安排好的构图”，所以形式主义的根本问题是“忽视对生活的深刻理解和准确地把握”，而这绝不同于现实主义所主张的“首先把握对象，从生活中汲取精华”的思想[④]。但是，在董希文看来，面对不同的对象，运用不同的表现方法，呈现不同的艺术风格，这“不等于主观主义的形式主义”。我们可以看出，董希文在创作中大胆追求完美的表现形式，而且形式多样。但他绝不是只追求形式，或为形式而形式。他追求形式是因生活的表现的需要，才大胆运用或寻找最恰当的形式，可以说是因生活而形式，是内容决定形式，使形式与内容达到高度的统一。他之所以能够运用多种形式，挥洒自如地作画，恰恰是认真研究对象的结果，是从生活的真实感受出发得到的结果。但这又不同于以既成的熟悉的形式去套用丰富生活的僵化的概念的形式主义；也不同于不顾生活的真实和需要而从某种意识形态出发以漂亮的形式去粉饰去遮掩，或虚构、脱离真实生活的虚假空洞的形式主义。总之，不从生活的真实出发，而是从主观的意识出发去追求形式的都是各种形式主义的表现，这都是董希文所反对的。反对形式主义恰恰反映了董希文对待生活的真诚的现实主义态度。正如水天中先生论述的，我们“可以从董希文的作品中发现一些绘画技巧上的毛病，但很难找到装腔作势和无病呻吟的东西”[⑤]。

在创作中，董希文具有追求完美艺术表现力的艺术思想。实际上，董希文在油画中追求民族的表现形式，也是他追求完美表现力的思想的体现。追求油画的民族化固然有他民族文化上的自觉，但另一个方面，民族艺术的很多表现形式，在董希文看来更具有完美的表现力，更符合他对艺术表现力的审美需求。比如他总结中国画的创作规律时就认为，“中国画往往一笔下去就要求形象、质感与生命三个因素的结合，这种形神兼备的表现力，这种突出地追求自然界的生命特征和物性的表现方法，是极高的现实主义的创作方法。我想未尝不能发挥到油画上去，创造出多种多样的油画技巧和形式来的”[⑥]。他创作《开国大典》时把小草图放在衣袋里，逢人便征求意见；画《红军过草地》之前反复斟酌色彩的表情问题等等，这都是他追求完美艺术表现力的一贯做法。前文所述的董希文鲜明的艺术特色，是董希文追求完美的具体体现，从中也可以看到董希文为此付出了怎样的努力！董希文对自己的作品要求做到“远看惊心动魄，近看奥妙无穷”，并且说“不把创作的色彩搞到恰到好处决不罢休，不让观者在自己的作品

① 董希文：《绘画的色彩问题》，《美术》1962年第1期。

②③④ 董希文：《新苗正在生长中——董希文同志谈青年美展的油画》，载《美术》1957年第4期。

⑤ 水天中：《董希文绘画艺术浅论》，载《美术史论》1982年第4期。

⑥ 董希文：《从中国绘画的表现方法谈到油画中国风》，载《美术》1957年第1期。

前漠不关心地走过”[①]。这是对完美的何等追求！甚至董希文说：“在自己的作品上一笔下去几乎要负千年责任。”正是董希文对于艺术表现力的完美追求，经过历史的涤荡，他的作品仍然散发着令人赞叹的魅力。

在董希文的艺术思想中，还非常强调作者的感情的投入和抒发。对生活的感情是董希文丰富艺术创作的真正动力，他的全部艺术实践已经充分说明了感情在艺术创作中的作用和价值。他的三次藏区写生都是在心情激动的情况下完成的。他甚至在世界第一高城帕里写生时激动得无法自制，真正体会到了什么叫“忘我”。[②]董希文认为，“想要让作品感人，首先要看画家自己对对象有没有感情。有感染力的色彩，首先要求作者有感情地来发现对象中的色彩”[③]。如果“一个作者冷冰冰地对待生活是画不出好画来的，当他充满激情的时候，许多问题才能迅速解决”[④]。所以，“绘画的形和色如只停留在表面的准确是不够的，应进一步地去发现形与色的美，成为比生活中的更提高、更集中的东西。这里，就有作者的感情和态度的问题。形要有感情的形，色要有感情的色”[⑤]。比如说，“色彩的使用，主要是根据创作的主题思想，画家对于事物的感受而产生的感情。”[⑥]因此，在董希文看来，“生动的色彩与大胆的制作不能凭空虚造，假装出来的色彩上的“浪漫性”是站不住脚的”。“有些画没有什么毛病，但反而有一种四平八稳的没有‘毛病’的毛病。像西欧学院派的东西，就是冷冰冰的。”[⑦]

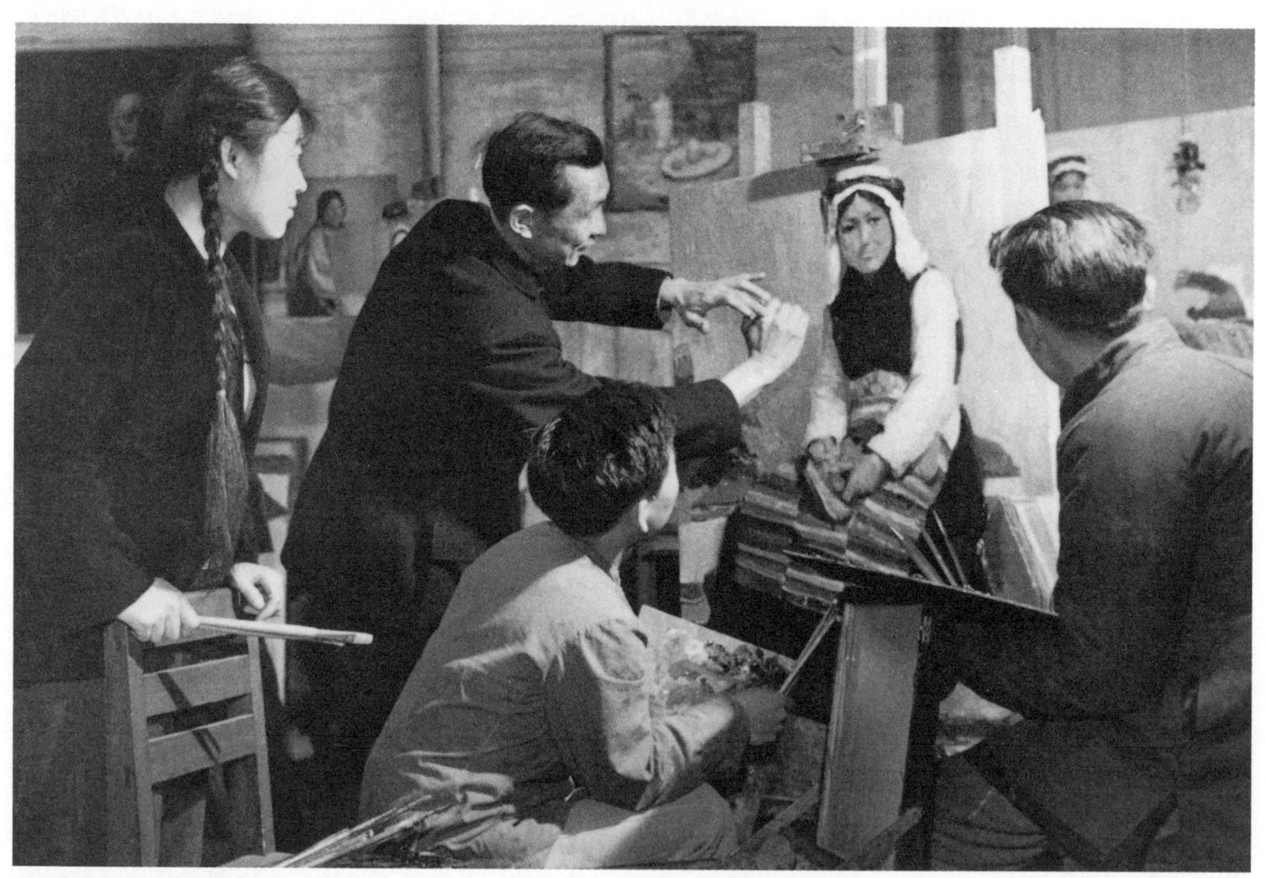

董希文在为学生讲解绘画技巧

①③⑤⑦ 董希文：《绘画的色彩问题》，载《美术》1962年第1期。

② 陆拂为：《高原新貌画题多——访从西藏旅行写生归来的几位画家》，载《人民日报》1962年3月16日。

④ 姚钟华：《回忆董希文先生》，载李玉昌、谢善骁编《无尽的怀念——纪念董希文先生诞辰八十周年文集》（1914—1994），国际文化出版公司1994年版。

⑥ 董希文：《从中国绘画的表现方法谈到油画中国风》，载《美术》1957年第1期。

在艺术风格上，董希文很注重个性的显现，也大胆地提倡艺术个性、培养艺术个性。董希文自己的艺术创作就具有鲜明的艺术个性，而且每一幅作品都有每一幅的个性。董希文之所以大力提倡个性，是因为在他看来生活的本身是丰富的有个性的，而且“表现出人物的个性，对青年画家是很高的要求”。要表现出生活对象的个性，就需要有个性的艺术语言。并且每个画家的气质、条件不一样，所流露出的个性自然也应该不一样。他在教学中就明确提出：“每个同学应当具有自己的特点、探索自己的道路。”[①]所以他说：“学校里青年大都学老师，有人学得很像老师。我觉得不一定要依样画葫芦地仿老师的面貌，而应学老师形成自己的面貌的方法，研究老师为何这样画而不那样画，如何认识，如何表现。这样才可以不以老师的面貌代替自己的面貌，而形成自己的风格。虽然个人风格是在长期创作实践中形成的，但在初学时认识到这一点也是必要的。在实践中可以大胆尝试、研究、探索最充分地表现出客观事物的方法，这样就会从基本练习中慢慢流露出个性。”[②]同时，“找出唯一的足以充分表现它的个性的方法，这样，每个人的每幅作品就会有个性，各画家也会因为对于客观事物的观察角度、感受的深度和广度不同，表现手法等不同，而有其独特风格。”[③]只有这样，“根据不同内容，采取不同的形式，手法表现才能达到风格的多样性。”[④]董希文对学生个性的提倡，在当时的美术教育领域内也是一个十分新鲜和具有敏感性的特殊问题，在一个极“左”思潮盛行乃至泛滥的时代，这样的提倡很容易就被主观随意性地歪曲而陷入危险的境地，由此也可见董希文对于艺术个性的珍视和执著坚守的信念。

对待西方艺术，董希文的艺术思想是兼收并蓄。董希文对西方艺术有着丰富的知识，而且善于分析其中的优劣，有着自己独特的见解。有一次，他和许幸之谈论西方艺术，从文艺复兴到现代艺术各家各派无不涉及，分析评论，言简意精。比如，他说：“我尤其喜欢哈尔斯的《吉普赛女郎》和《弹曼陀铃的小丑》，画得活泼、生动，用极其简练的笔法，使人物的性格特征活跃在画面上。”“柯罗的风景画，既宁静而又优美，他善于用纤细的线条和柔和的笔触，把笼罩在阳光和云雾中的森林与湖泊，描写得充满诗意。”“特别喜欢德加的作风，他把赛马和舞蹈的场面表现得栩栩如生。舞女的千姿百态，和纱裙的摩擦之声都表现出来了。”他继续谈到：“塞尚的画在构图上比较严谨，而在笔触上有特殊的音乐感。”“马蒂斯的作品潇洒自如，不拘一格，色彩斑斓，且具有装饰性。亨利·卢梭的天真拙稚、弗拉芒克的粗犷晦涩、凡·东根的灵巧秀丽、马尔凯的既概括而又抒情的海港写生。”许幸之也是经过这次交谈，使他很敬佩董希文的艺术修养以及他对西欧美术史的熟悉。[⑤]对于原苏联艺术在中国具有笼罩性的影响，他也有自己的看法。在访问原苏联回来之后，他谈到在原苏联当代画家中，他最喜欢萨里扬，认为他的画风鲜明，特别赞赏萨里扬对色彩的运用。[⑥]对苏里科夫也是情有独钟，认为在表现民族气质方面同他自己的追求有相近的地方。如何学习国外这么丰富的艺术呢？董希文认为要选择和中国人接近的东西学，这样可以使中外两条路接近。学习中外两个方面是潜移默化，不是机

---

①⑥ 詹建俊：《董希文先生的“兼收并蓄”和“顺水推舟”》，载李玉昌、谢善骁编《无尽的怀念——纪念董希文先生诞辰八十周年文集》（1914—1994），国际文化出版公司1994年版。

②③ 董希文：《新苗正在生长中——董希文同志谈青年美展的油画》，载《美术》1957年第4期。

④ 高泉：《无尽的怀念》，载李玉昌、谢善骁编《无尽的怀念——纪念董希文先生诞辰八十周年文集》（1914—1994），国际文化出版公司1994年版。

⑤ 许幸之：《董希文的艺术思想》，载李玉昌、谢善骁编《无尽的怀念——纪念董希文先生诞辰八十周年文集》（1914—1994），国际文化出版公司1994年版。

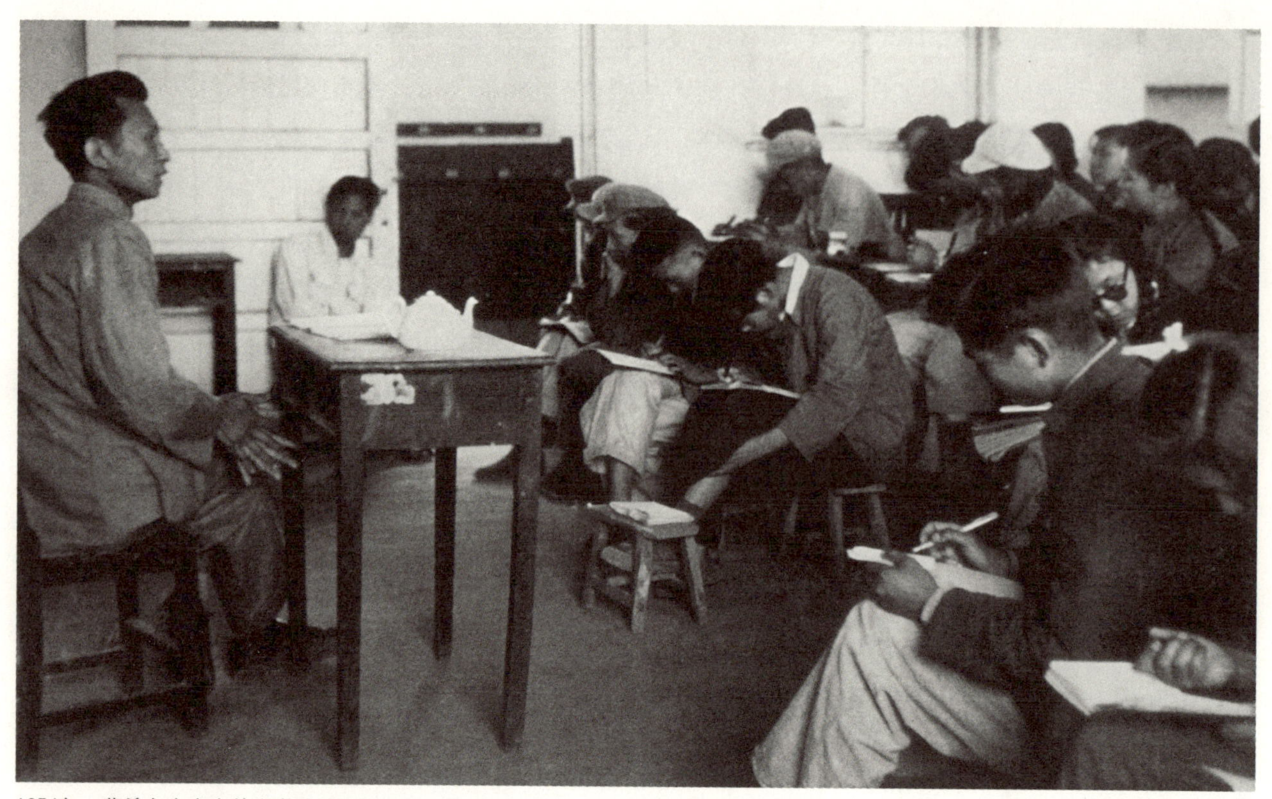

1954年，董希文在中央美术学院油画系给学生讲课。

械地混合。他向学生推荐可以学习的外国艺术及国外优秀艺术家：埃及古代美术、希腊古代雕刻、巴比伦雕刻、阿尔塔米拉岩画，丢勒、荷尔拜因、勃鲁盖尔、格列柯、安格尔、德拉克洛瓦、柯罗、米勒、毕沙罗、莫奈、西斯莱、塞尚、凡·高、高更、马蒂斯、毕加索等。在学习方法上，他提醒学生学习外国画家不是生吞活剥，是学习艺术手法，要摸到他们的技术底子。[①]比如要学生注意学习哈尔斯和委拉斯凯兹油画用笔的简洁性，“好像一共画了几笔都可以数得出来似的”[②]。对于现代派，董希文不同于当时的全盘否定，也主张要学习。但重点在学习艺术手法，摸到他们的技术底子，利用他们的技法来丰富我们的艺术表现，而不是玩赏他们的审美趣味……有时为了加强对象的表现，可以变形和夸张……[③]他称赞马蒂斯的色彩可以“枪毙”人，并以敦煌壁画和马蒂斯的画作比较。[④]董希文对于西方艺术采取“兼收并蓄”的艺术思想，使自己在油画民族化的追求中展现出了开阔的艺术视野，可以自由地吸收各家各派之长，从而有力地支撑了自己艺术道路的丰富性和开放性，也为当时单一的教学环境注入了一股新鲜的活力。

董希文特别重视对中国艺术传统的学习与吸收。他在油画中着力追求民族的表现形式，就清楚地

---

① 李玉昌：《董希文教学语录》，载李玉昌、谢善骁编《无尽的怀念——纪念董希文先生诞辰八十周年文集》（1914—1994），国际文化出版公司1994年版。

② 陈亚平：《纪念美术教育家董希文教授》，载李玉昌、谢善骁编《无尽的怀念——纪念董希文先生诞辰八十周年文集》（1914—1994），国际文化出版公司1994年版。

③ 费正：《深沉的悲歌》，载李玉昌、谢善骁编《无尽的怀念——纪念董希文先生诞辰八十周年文集》（1914—1994），国际文化出版公司1994年版。

④ 谷嶙：《和董先生在一起的日子》，载李玉昌、谢善骁编《无尽的怀念——纪念董希文先生诞辰八十周年文集》（1914—1994），国际文化出版公司1994年版。

说明了他的这种艺术思想。前文已经论述过，董希文对于民族艺术传统有着精深的修养和研究。他在《从中国绘画的表现方法谈到油画中国风》的文章中，对中国绘画的表现方法的系统总结和概括，就清楚地表明他对民族艺术研究的深入程度。正是基于这样深刻的认识，董希文充分认识到民族艺术的价值所在。在建国初期，当中国画的发展遭受民族虚无主义的压力而面临困境时，董希文却大胆地提出："国画应该引起我们的重视，歧视国画的思想实质是缺乏民族自尊心。""党对于继承和发扬民族遗产的优良传统这个政策是肯定的，但过去我们美术界做得不够。""今后组织国画家学习政治，提高艺术修养，面向生活，经常写生，从事创作，组织生产，改善待遇，应该作为美协中心工作之一。另外国画家和油画家今后应该更有组织地建立起互相学习的关系。中国油画的历史尚短，我们极需要努力向苏联学习，但另一方面，我们也应该鼓励油画家对于如何在油画上发扬民族风格的积极性和创造性。"①但是，董希文对于中国画的全部传统并不是一味地赞同和继承，而是在深入分析的基础上，看到中国画既有优良的传统，也有需要改进和提高的地方，体现了董希文对中国画辩证认识的实事求是的态度，由此显露出他艺术思想所表现出的成熟、理性的特点。比如，他在充分论述中国画具有优良传统的同时，也指出："有一些不好的中国画，作者不尊重理性认识与感性认识的关系，离开自然去死学古人的规律，结果他所作的都成为陈式符号，变为没有感觉的画，走到公式主义的路上去了。"还比如，谈到中国画人物教学时，他认识到传统人物画的不足，因而提出改革的建议："我们认为学习国画，除了一方面适当地临摹古人的作品外，同时更重要的是通过对象的写生，对着对象经过直接观察认识以后，真正的适应于这个对象的技法才能够产生出来。""今天的我们的现实生活是如此的丰富如此的复杂，要真实而生动地表现这种现实生活，如果单凭画家观察之后的记忆来作画究竟是不够充分的，许多人物的形象和动作，只能经过直接写生之后，回来创作加工时所描绘的形象才有所依据，刻画人物才能更加深刻。"②在油画教学中，董希文大力提倡对中国画传统的吸收。他说油画"应该有中国的形式特点，努力吸收中国民族和民间艺术，努力吸收中国传统绘画的创作思想、创作方法和艺术特色"③。他在教学中还常引用中国传统文人画的写意手段来为油画画法作补充，如讲"笔法"、"笔意"、"意到笔不到"、"大处落墨"等④。为使学生更多接触民族传统绘画，他给工作室安排了国画课并组织参观了各地博物馆及石窟艺术。面对唐昭陵六骏和汉雕石虎，他曾激动不已。他盛赞先辈艺人的神功巧智，认为我们的民族艺术绝不比欧洲其他民族落后。⑤这就是董希文对民族艺术的思想与感情。

董希文的教学思想也是非常特别的，是他艺术思想的重要组成部分。实际上，董希文的上述艺术思想也完整地反映在他的教学思想上，是他艺术思想的更具体化和实践化。由此他的全部教学活动也围绕

① 董希文：《董希文的发言》（在中国人民政治协商会议第二届全国委员会第二次全体会议上的发言），载《人民日报》1956年2月4日。

② 董希文：《素描基本练习对于彩墨画教学的关系》，载《美术研究》1957年第2期。

③ 李玉昌：《董希文教学语录》，载李玉昌、谢善骁编《无尽的怀念——纪念董希文先生诞辰八十周年文集》（1914—1994），国际文化出版公司1994年版。

④ 陈亚平：《纪念美术教育家董希文教授》，载李玉昌、谢善骁编《无尽的怀念——纪念董希文先生诞辰八十周年文集》（1914—1994），国际文化出版公司1994年版。

⑤ 高泉：《无尽的怀念》，载李玉昌、谢善骁编《无尽的怀念——纪念董希文先生诞辰八十周年文集》（1914—1994），国际文化出版公司1994年版。

着他的艺术思想而展开。对教学中的具体问题的认识更能清楚地看到他的艺术思想的实质。1959年下半年，“董希文工作室”成立。在工作室制定的教学大纲中，第一条就这样写道：“党的百花齐放、百家争鸣的文艺方针，不仅作为文艺创作和文艺理论上的指导原则，同样也是教学上的指导原则，工作室设立的特点，就是容许各种艺术学派、艺术样式、艺术风格和艺术方法的广泛流传。”[①]在教学中，董希文首先遇到的就是基本功的问题。在50年代的艺术院校美术教学中，他认为，基本功教学出现了千篇一律的问题，严重阻碍了创作上的百花齐放，要解决这个严重问题，必须首先要重视艺术院校基本功教学上的问题。对教学基本功的认识主要涉及到三个问题：第一，基本功教学的任务问题。第二，基本功的风格问题。第三，基本功与表现方法的关系问题。关于第一个问题，董希文认为，素描基本功教学的任务是认识对象、表现对象。既要认识和表现对象的自然属性，又要认识和表现对象的社会属性，要求两者的辩证统一。他不同意把全部素描教学的任务仅仅归纳为研究和解决结构的问题。他认为，造型结构是重要的技术基础，但不是素描教学的全部，完整的素描教学的任务是认识对象、表现对象。他也不同意那种认为“低年级的任务是研究和解决认识对象、表现对象的自然属性。高年级再加上研究和解决认识对象、表现对象的社会属性”。他认为这是把完整的辩证唯物主义认识论机械地分阶段割裂开来。[②]关于第二个问题，董希文认为，“基本功也应该是百花齐放的”。“没有基本功的百花齐放，就不可能出现创作上的艺术风格、艺术手法的百花齐放，基本功面貌千篇一律，在创作风格上也就造成千篇一律。”对于第三个问题，董希文反对那种所谓“学生在学校就是打基础，至于艺术表现那是他们毕业以后自己的事”的这种观点，他也不同意那种认为“低年级就是教技术，不管艺术表现，艺术表现是高年级的事”这种绝对割裂的看法。他认为学校一开始就应该培养学生以艺术家的眼睛在认识对象、表现对象。学校既要教基本功，又要教艺术表现。任何时候都应该要求学生对事物有自己的态度和由此而产生的自己的艺术表现语言，把基本功和艺术表现、客观和主观机械地割裂开来，就会成为技术上的奴隶，客观主义的冷冰冰的对待对象。他说：“形象的规律是客观存在的，但去认识和表现这些规律时应该把客观规律与主观感受统一起来，认识对象与表现对象中要能做到客观的基础上加以主观的认识。”[③]同时，他还主张“高年级同学的绘画形式与技法，不一定局限在一种模式[④]上，而应当打开视野、放宽眼界，向西方各种各样的流派与形式去探索，在同学们自己的创作上，也应当体现各自的形式与方法，表现出各种各样的绘画样式和绘画风格，而不应当被约束在一种模式与固定程式上”[⑤]。在设置模特儿的问题上，董希文和同工作室的许幸之等老师都有意识地构置成有创作内容的姿态，而不是单纯地为画模特儿而画模特儿。这样，既锻炼了同学们的基本功，又锻炼了他们从事创作的能力，从而为将来的毕业创作打下比较稳固的基础，培养了他们独立创作的能力。[⑥]在教学基本功和表现方法上主张风格多样、百花齐放，自然董希文就大力提倡学习和吸收中外艺术的一切优良的营养，兼收并蓄。前文对此已有论述，不再赘述。在教学方法上，董希文也自然地不要求

① 詹建俊：《董希文先生的“兼收并蓄”和“顺水推舟”》，载李玉昌、谢善骁编《无尽的怀念——纪念董希文先生诞辰八十周年文集》（1914—1994），国际文化出版公司1994年版。

②③ 靳之林：《为创建中国的美术教育体系做不懈的努力》，载李玉昌、谢善骁编《无尽的怀念——纪念董希文先生诞辰八十周年文集》（1914—1994），国际文化出版公司1994年版。

④ 即当时最流行的所谓“苏联模式”。

⑤⑥ 许幸之：《董希文的艺术思想》，载李玉昌、谢善骁编《无尽的怀念——纪念董希文先生诞辰八十周年文集》（1914—1994），国际文化出版公司1994年版。

每个学生的艺术风格都像他（确实也不可能像他，因为董希文的艺术风格本身就是百花齐放的），他提倡各种风格的出现。他要求“每个同学应当具有自己的特点、探索自己的道路”①。所以董希文特别尊重每个同学自己的风格面貌，他以极大的兴趣观察着同学中出现风格的苗头，在统一的基本功训练的严格要求下，按着每个同学不同的路子把它引向成熟。②这就是董希文根据每个学生的特点，因材施教，循循善诱，独具特点的“顺水推舟”的教学方法，从中鲜明地反映出在相对封闭的教学环境中，董希文不为时局所限的可贵而包容的艺术思想。

五、民族形式——油画中国风的理论主张

1957年1月，《美术》杂志刊发了董希文的文章《从中国绘画的表现方法谈到油画中国风》。在这篇文章里，董希文提出了“油画中国风”的理论命题。这篇文章实际上是董希文于1956年八九月间文化部在中央美术学院召开的“全国油画教学会议”上所作的长篇发言。油画中国风的提出，完全可以看做是董希文关于中国油画发展的理论主张。这当然也是董希文长期的艺术实践和理论思考的阶段性的高度总结，是认识和理解董希文艺术体系的关键所在，因而在董希文的全部艺术创造中具有着极为重要的意义。

董希文在文章中当头提出：“今后，我们不仅要继续掌握西洋的多种多样的油画技巧，发挥油画的多方面的性能，而且要把它吸收过来，经过消化变成自己的血液，也就是说要把这个外来的形式变成我们中国民族自己的东西，并使其有自己的民族风格。油画中国风，从绘画的风格方面来讲，应该是我们油画家努力的最高目标。”董希文所指出的这个目标是非常明确的。为什么油画中国风是油画家努力的最高目标，也就是油画为什么要追求中国风呢？董希文虽然在文中没有集中的充分论述，但在行文中也言简意赅地说明了内在的原因。董希文认为，“首先应该说作者是一个中国的画家，描写的是中国现实的生活，而且画出来的东西是给中国人自己看的。同时，现实生活不论如何变化，仍在继承并发扬着传统的生活形式”。这实际上是董希文从油画的表现内容、描绘中国的现实生活与油画的表现任务、给中国人看等角度，论述了油画应该要有中国风。其次，董希文认为，“中国画家与中国读者，两者对于现实生活的看法和想法不管如何变化，总不能不是中国的。并且他们的思想感情里面总包含着许多对于艺术上传统的想法和看法在内”。这就是说中国人总归有中国人的思想感情，并且有共同的审美欣赏习惯。这就决定了油画要适应并反映中国人的思想与审美。第三，董希文说：“油画民族化对油画来讲，不仅是油画的发展，而且重要的是吸收了外来的，把自己的民族艺术加以发展。”这就是说，油画民族化的重要目的是为了发展中国的民族艺术。这是董希文主张油画中国风的思想核心。他的这篇文章着重谈的正是如何继承与发展民族绘画在表现方法上的问题。董希文对中国绘画在表现方法上的优良传统和特点做了深入的总结和概括。实际上，还有一点董希文没有谈的，但已经明显表露在他的言行中，那就是他对民族文化的自尊、自强、自信、自觉的精神追求。他曾经告诫学生：“作为中国人，虽然学外国

① 詹建俊：《董希文先生的“兼收并蓄”和“顺水推舟”》，载李玉昌、谢善骁编《无尽的怀念——纪念董希文先生诞辰八十周年文集》（1914—1994），国际文化出版公司1994年版。

② 靳之林：《为创建中国的美术教育体系做不懈的努力》，载李玉昌、谢善骁编《无尽的怀念——纪念董希文先生诞辰八十周年文集》（1914—1994），国际文化出版公司1994年版。

来的油画，但最后要有自己的面貌和民族风格，才能在世界上有自己的地位。”①在董希文看来，只有油画民族化，形成了自己的独特的不同于西方艺术表现形式的民族风格，才有我们的独特价值和对油画艺术的真正贡献，才能在世界的油画艺术舞台上赢得我们的一席之地。这是董希文作为一个现代知识分子自觉担负的无比可贵的时代责任和文化上的清醒选择。归根结底，董希文认为，“因为我们究竟有我们自己的生活情况，我们有我们中国人民的欣赏习惯和对艺术的独特的爱好，我们有我们民族自己的艺术优良传统的继承与发展。中国画家应该有中国画家自己的气质，自己对于生活的想法、看法和表现法”②。这就是董希文为什么要提倡油画中国风的精神实质和根本目的之所在，不可谓不深刻、不清醒和所具有的文化意识上的自觉。

油画究竟怎样才能形成民族化的特点呢？董希文从绘画风格方面先提出了一条途径：“要创造民族形式的绘画，应该继承与发扬民族绘画在表现方法上的优良传统。”“为了要从我们民族绘画中去接受优良传统，那就需要我们油画家在研究多样的油画技巧的过程中，同时还应该以极大的努力去理解自己的传统的东西，不论自己来画也好，或者多欣赏也好，加以研究分析也好，总之我们应该多接近它，熟悉它。这样，我们才能够真正建立起对于自己民族艺术的感情，和应有的知识，才能够使一个油画家的血液里充满了自己民族的传统的因素。也只有这样，才能够把外国的油画技巧吸收过来，融合了自己的血液，变成真正自己的东西。”③由此，董希文在文中对中国绘画的表现方法发表了自己的系统总结

草地国庆节　董希文　19×29cm　水粉画　1955年

---

① 谷嶙：《和董先生在一起的日子》，载李玉昌、谢善骁编《无尽的怀念——纪念董希文先生诞辰八十周年文集》（1914—1994），国际文化出版公司1994年版。

②③ 董希文：《从中国绘画的表现方法谈到油画中国风》，载《美术》1957年第1期。

和概括。比如，他认为，（1）在认识对象、表现对象的主客观关系上，中国画不是客观主义地模拟自然，而是在认识客观的基础上对客观对象加以主观的肯定，即“外师造化，中得心源”，在表现上具有画家的感情、个性和特有风趣。（2）在表面现象与本质的关系上，中国画不满足于表面现象的模拟，而是重视表现对象的本质——对象的内在特征和其外在的表现（运动规律）。由此产生各种表现笔法，要见笔、笔笔传神，一笔下去就要求形体、质感与生命三个因素的结合，做到形神兼备。（3）在造型上，不重可变的光，而重不变的形；在色彩上，不重色彩的光色变化（条件色）而重本色（固有色）。（4）在艺术手法上要求提炼、概括。它表现在造型上就是线的运用，线是中国造型的基本方法；它表现在色彩上，就是色彩的装饰风。对复杂的色彩进行归类、概括，在强烈的固有色对比中取得和谐（装饰风不等于色彩的浓重，装饰风色彩也有很多是温和和静穆的。色彩的运用，要根据创作的主题思想和画家的生活感受决定）。它表现在内容取舍上，就是不画无用的东西（如在花鸟、人物画中大胆地不画背景，可使观者发挥想象）。（5）中国画重画理、重规律、重作法。在作画中重层次、重步骤、重作法，有条有理从容不迫地去表现对象。（6）中国画重意境、情调（如山水画的意境、情调），重描写对象的精神气质（如人物的精神气度、神采风韵）。（7）中国画不平均对待对象，不平均使用绘画中各种构成因素，包括夸张、变形、重复等艺术手段，以更加有表现力地表现主题。（8）中国画具有肯定、明确的特点（不似是而非，不模棱两可）等等。总之，董希文认为，中国画家的描写现实绝不是满足于表面的自然主义的模仿，而是从自然现象中加以概括、提炼，做到以形神兼备的方法去创作。

董希文对中国绘画的表现方法的深入研究，清晰地说明了他对如何继承传统的方法问题的重视。所以他认为“发挥民族绘画的优良传统，主要应该从中国绘画的创作方法方面去研究”，并且说“古人的绘画原理，虽然时代变了，所描写的内容不同了，但其创作方法中的现实主义性，却仍适用于今天一切现实主义的绘画，有其能动性。不然如果我们只从枝节的形式上去套，停留在表面的技巧来讲复古主义，那就会把我们的民族形式凝固成为一种死的陈式，会使我们所谓中国风的油画走到以油画工具模仿中国画的格式的形式主义路上去。所谓风格的形成，绝不是这样简单便做出来的”。很清楚，董希文实际上是从方法论的层面，从原理的层面，从中国绘画精神的层面来认识和理解如何从民族绘画中去学习与继承其优良的传统。这种学习并不是简单地套用民族绘画某种既成的具体风格与形式，不是在表面的模仿与样式上的简单借用，也不是东西两者简单的混合、相加。董希文认为只有在表现方法上加以理解和研究，才能真正建立起对民族艺术的感情，才能在血液中充满了民族艺术的因素，才能使外来的油画技巧真正地融入到自己的民族血液中。从这一点可以看出，董希文对油画民族化认识的深入程度：这个过程并不是一个简单的事情。董希文虽然重视方法论的问题并总结了许多的规律，但是他又明确指出：“理解了前人既成的规律之后，还是应该根据自己的对象去灵活运用，去发展去创造的。”中国古代很多的画论说得很好，“但这些画论中往往忘了申明一句话，画论只是启发，是举例，后学者不应如法炮制；而不好的后学者才变成如法炮制”。因为从传统中可以看出，“有一些不好的中国画，作者不尊重理性认识与感性认识的关系，离开自然去死学古人的规律，结果他所作的都成为陈式符号，变为没有感觉的画，走到公式主义的路上去了”①。这就是说，董希文对于表现规律的认识也不是片面的，而是看到了表现规律与生活自然、与感性认识的辩证关系，并始终着眼于创造，是以新的创造为前提来学习和运用传统规律。这样，规律在运用中就具有了能动性，有了活力，从而在新的创造中所表现出来的

① 董希文:《从中国绘画的表现方法谈到油画中国风》，载《美术》1957年第1期。

拉萨河边　董希文　53×40cm　油画　1961年

具体形式就有了多种可能性，而不是一种干枯的公式。这样，认识、学习规律就是在吸收营养，丰富了创造力，而不是束缚和限制。董希文说：“我谈了一些自己的见地，这绝不是想开列一个方子来限制大家的认识和实践中的创造性。要走出一条新的路子，我们必须勇于作创造性的实践。”而且董希文也认识到这个实践性的难度：“油画中国风，说说容易做做难，这是一个长期的实践过程，不能求之过急。”

应当说，当时对于要不要油画民族化已经没有人反对了，但是如何进行油画民族化，也就是油画民族化如何实现的过程却有不同的意见。有人认为，油画民族形式是一个在很远的将来才能够实现的理想，觉得现在我们只学西洋技法还来不及，何必还要分心去注意民族绘画传统这个跟西洋油画很不调和的东西呢？应该学好油画技术之后再进行民族化。也有人认为，只要掌握了油画工具的性能，运用一套西洋的油画技法来描写我们的现实生活，就可以不成问题地产生出中国民族形式的油画。对于第一个问题，董希文认为，“这个问题不是分头学习的。譬如先把油画完全学好以后，再去把国画学好，然后才开始一加一等于二的结合那是太机械了，这种中西画的关系，应该是逐渐互相渗透，在其过程中包括油画家不断的研究国画遗产，熟悉传统（包括其他的中国文学艺术）才能够逐渐培养自己对于中国风格的真正爱好，所以我觉得油画上是否能发扬我们民族的特色，实质是首先要问一个画家他的血液里是否具有自己民族的艺术因素在内，提得更高的来说，是否是更多的去考虑中国人民对于艺术的欣赏习惯和喜爱的深度的问题”①。至于第二个问题，董希文从现实生活、思想感情、审美习惯、艺术传统等方面予以分析，认为“民族风格，如果是脱离了我们自己的生活、思想感情共同的基础，那是不能想象的”。这就是说，如果没有思想感情和审美习惯等因素的支撑，想在油画中自动形成民族风格，这是不可能实现的事情。实际上，形式技法同审美趣味、艺术思想是紧密联系在一起的。或者说前者是后者的具体化和外化。一个民族特定的审美趣味是在特定、具体的表现手法中形成和熏陶出来的。这一点董希文在分析敦煌壁画时的民族审美与民族形式的关系时就已经清楚地看到了。学习外来的表现形式和技巧，如果不加以民族审美的渗透和改造，那么在外来的形式与技法中熏陶积久，就会相应地形成外来的审美观念与审美风格，所谓民族风格就不可能自动呈现。这正如一个中国人，如果脱离民族的生长环境，就不可能自动地学会中文，养成民族的文化观念。当然，学习民族的表现形式，提倡油画中国风，董希文并不认为绘画上的民族形式一切都只能是原有的，只有世世代代传下来的东西才是民族形式，否则就没有必要去学习西洋油画的技巧了。他认为，我们必须有这样的一种气度：吸收了外来的，也可以变成我们自己的。学习西洋油画并

① 董希文：《从中国绘画的表现方法谈到油画中国风》，载《美术》1957年第1期。

不会限制我们去创造中国民族形式的油画。

六、董希文艺术思想和创作实践体系的时代贡献及其意义

董希文的创作实践和艺术思想在新中国建立初期的五六十年代所产生的影响是有目共睹的。经过历史的是非曲直，在我们对艺术的认识越来越走向深入的今天，回顾过去，已经能更加清晰地认识到董希文的艺术所显现的难以估量的价值。尽管在有些人看来，还有不少的问题需要继续讨论，这是情理之中的事，因为任何真诚的讨论，都会有助于我们进一步加深对问题的认识，接近真理。但是董希文的艺术对于时代和历史的贡献是不容忽视的，更是不容抹杀的。董希文的历史功绩至少体现在以下四个方面。

第一，董希文的艺术创造和艺术思想鲜明地反映了时代的生活和时代的精神。如前文所述，董希文的艺术创造全部来自于现实的社会生活，始终坚持现实主义的创作方法，这是毫无疑问的。并且董希文非常注重作品中的思想性，可以说他的艺术创作都是围绕着发现和提炼有意义的思想内容这个主线而展开，就是风景写生也不例外。因此董希文的艺术创作就不可避免地具有了十分明显的政治意义。某种意义上来说，这也正是他作为一个共产党员所追求的。需要特别指出的是，董希文作品中所显现的明确的政治意义，并不是董希文从政治的需要和政治的意识形态出发去主观刻意追求的结果。相反，他是从实际生活的感受出发，真诚地去反映现实生活，出于新旧社会的强烈对比，他由衷地赞美新的生活，赞美新生的祖国，这是他全部创作的主旋律。比如他画《春到西藏》，实际反映的是从四川康定到拉萨的康藏线的建成通车这个当时重大的社会事件。《帕里青稞丰收》反映的是西藏民主改革后，帕里地区试种青稞喜获丰收的重要的社会喜讯，因为过去奴隶主是极力反对在帕里种青稞的。“当海拔四千五百米的世界第一高城帕里试种青稞获得丰收的喜讯传来时，董希文（同行的还有吴冠中、邵晶坤）是不畏艰辛地攀登到喜马拉雅山东部的山脊，到帕里去写生。”①建国初期的新中国，民族获得独立，社会情绪昂扬向上，人们普遍赞美新中国各行各业所发生的巨大变化，同时也需要反映这种巨变的文艺作品，激发人们以更加昂扬的热情去建设美好的新生活，这就是时代的精神的召唤，也是这个时期的政治气象。董希文从生活出发，真实地反映了社会生活的巨变，自然地契合了时代的精神，因而也就具有了鲜明的政治意义。特别是他所追求和倡导的油画民族化的艺术实践和理论主张，更是应和了民族自尊、自强的民族社会心理，因而是这一时期民族精神的典型反映，成为突出的代表者。当改革开放后的中国社会开始批判极“左”思潮，特别是受现代主义影响的很多论者，批评在“艺术为政治服务”的文化环境中产生的或政治意识形态产物的艺术作品及只具有政治意义的创作时，董希文的艺术创作经受住了这个思潮的冲击，而且越显珍贵。因为董希文的作品首先是现实生活的真诚反映，具有真挚的情感以及健康的、乐观的、强有力的民族精神，他从没有因政治的需要而玷污自己的心灵去虚构和粉饰生活。所以他的作品并不因为具有政治的意义而遮蔽他的反映时代精神的价值，更未因此而影响他风格鲜明的艺术价值。如果一定要举出一个能代表五六十年代时代气象的画家，那么这个人只能是董希文。正如袁运生所评价的：“在蔚为大观的画家星群里，以其气度恢宏的作品阐释了时代的精神而又富于中国风格的油画家，首推董希文。”②这就是董希文对于时代的首要贡献。

① 陆拂为：《高原新貌画题多——访从西藏旅行写生归来的几位画家》，载《人民日报》1962年3月16日。

② 袁运生：《董希文的艺术精神》，载《董希文素描集》，广西美术出版社1998年版。

第二，董希文以自己的艺术实践提出了一个时代的课题，并做出了出色的回应。1953年，董希文创作完成的《开国大典》获得成功，画中所采用的民族表现形式更是得到广泛的关注和赞誉。从实质来说，这个民族的表现形式实际上是由于开国大典的影响而在民族和时代的高度上被人们所认识、所赞誉的，同民族独立的意义联系在一起，因而这个民族表现形式就具有了时代的意义。正是在这个意义上，董希文提出了一个时代的课题——对油画民族形式的追求。很显然，这个课题得到了当时社会和艺术界的广泛赞同，在一定程度上产生了普遍性的意义，也就是油画要民族化获得了普遍的共识。当然，在如何实现民族化的问题上，当时还有不少的分歧，但这是学术上的争论。而且原苏联的艺术创作模式产生了笼罩性的影响，这都在很大程度上影响了油画民族化的深入发展，没有使其成为真正普遍意义上的艺术实践。但这并不影响油画民族化成为当时讨论最多的一个课题，这些讨论在多方面加深了人们对油画民族化问题的认识。无论怎样，董希文所提出的这一极具创造性的、具有新鲜活力的探索课题，在单一的原苏联模式的环境中，丰富和拓展了人们对油画艺术的思想认识和油画发展的艺术空间，使人们认识到油画创作所具有的多种可能性，从而引发后来更多的艺术实践，这在一定程度上冲破了时代的局限，成为超越时代的前行动力。董希文自己在油画民族化的道路上，先后创作出了一系列备受人们关注的油画作品，极大地丰富了油画的艺术表现语言，非常出色地回应了自己提出的时代课题。这批作品成为了那个时代探索油画民族化的经典。这就是董希文在艺术创作上对时代做出的重要贡献。

第三，董希文的艺术思想和油画民族化的理论主张成为中国油画发展的一个重要思想资源。董希文在自己长期勤奋的艺术实践的基础上，经过深入的理论思考，形成了自己内涵丰富的艺术思想。油画民

喜马拉雅山神女峰　董希文　40×53cm　油画　1961年

族化的理论主张是董希文艺术思想的高度凝练与总结。在这个理论主张中，他指出了中国油画家追求的最高目标，油画与民族形式的关系，形成民族化的方法与途径，高度概括了中国艺术传统的诸多优秀表现方法等多方面的问题。董希文的艺术思想与理论主张是自己的艺术实践与理论思考的结果，但又引发了对此问题诸多积极的社会回应与讨论，这就使他的思想同时代的艺术影响紧紧联系在一起，并成为中心的艺术思想课题。油画民族化的理论主张虽然反映了董希文对中国油画发展的自我意识的觉醒，并主动追寻自身的独特性和价值性，但实际上代表了那个时代中国油画对自身问题认识的深入程度，从而成为当时最具有思想活力的关于油画发展的理论主张。特别是在原苏联模式的片面发展的思维模式中，更显示出其思想上超越局限的智慧与光芒。正是由于这一点，董希文的艺术思想成为当时中国油画发展的一个重要的思想资源，对当时的油画教学和油画发展产生了积极的影响，从而引发了之后更多的关于中国油画发展的问题的讨论和更大范围的油画民族化的艺术实践。而且在今天来说，这个思想资源更加显得弥足珍贵，仍然具有学习上的启示性意义。这是董希文的艺术思想与理论主张对于时代的重要贡献。

第四，董希文的教学思想是对于单一模式的挣脱，使“百花齐放”的教学局面得以生发。董希文的教学思想遵循“百花齐放”的指导方针，提出了许多大胆而明确的教学主张。如提倡基本功与表现方法的百花齐放、鼓励个性、对外来艺术兼收并蓄、继承和发扬优秀的传统艺术等等。这是对当时单一的原苏联教学模式的挣脱，特别是他提倡的“兼收并蓄”、“艺术个性”等都具有极强的针对性和相应的原则精神，成为在当时的艺术教育上一个难得而可贵的特色，说明了董希文对待艺术问题所具有的胆识和勇气，也体现了他对待艺术事业的责任心。由此，“百花齐放”的教学局面得以延续开来，使得中央美术学院的艺术教学没有完全陷入到单一、片面的境地中去，并显现出极具艺术活力的独特价值。由此，董希文的教学主张究竟给学生们带来了什么呢？他的学生对此有明确的回答：油画这一外来画种与中国民族艺术的距离被拉近了。油画一旦从表面描摹中摆脱出来后，可以运用线，主动地控制色彩和处理造型，也可以用散点透视处理空间。中国传统绘画、民间艺术中有些惯常的手法可以较自由地运用在油画表现上。这在那时是极大的突破。此外还有一个较远的影响，虽然那时的所想所做仅仅在手段、手法运用上，没有触及观念上的更大变化，我们也没有变成现代派，但是我们能够在一个新的角度理解艺术和更多地思考艺术。[①]正如董希文所指出的：“在艺术上思考得很多，在技术上不被束缚，在以后更宽的艺术路子上就会自由。”这样学习的意义不仅在当时就是在今天当然是不言而喻的。正如闻立鹏所说：“在当时单一模式一统天下的情况下，其历史意义之巨大，胆识之可贵，可叹可佩。现在证明，董先生的教学确实是成功的，当今许多著名画家都是出自他的门下。董希文用自己的双肩扛起沉重的闸门，呵护着青年前进，其历史功绩可圈可点。”[②]这就是董希文的教学思想对于时代的贡献。

董希文虽然对时代做出了重要的艺术贡献，然而由于时代的诸多问题的影响，他的抱负施展受到了抑制。例如，董希文非常着力的《红军过草地》在完成之后，被认为是宣扬了革命的悲观主义而被打入冷宫，这个结果是他始料未及的，因而使他的创作积极性受到了很大的挫折。1957年，他因为直抒己见，结果差点被划为“右派”，最后受到“留党察看两年”的处分，这个处分给他的身心造成了极大的痛苦。[③]为准备人民大会堂西藏厅的壁画，董希文创作了《喜马拉雅山颂》和《雅鲁藏布江之歌》的色

① 费正：《深沉的悲歌》，载李玉昌、谢善骁编《无尽的怀念——纪念董希文先生诞辰八十周年文集》（1914—1994），国际文化出版公司1994年版。

② 闻立鹏：《纪念“5.23”缅怀两位艺术启蒙导师——王式廓、董希文》，载《美术家》2003年第5期。

③ 侯一民：《忆董希文》，载《泡沫集》，辽宁美术出版社2006年版。

彩小稿，因为领导意志，创作小稿没有获得通过，西藏厅的壁画最终未能如愿，这也使他感到再度受挫。特别是对于教学的无理干预，使董希文感受到了巨大的压力。董希文工作室即第三工作室，被认为走的是“白专”道路，是走向西方资产阶级穷途末路，是为西方现代主流派敲撞丧钟的回声。甚至把挂在走廊上的学业成绩纷纷取下，把个别毕业生的毕业创作定为“黑画”，把学生课余理论学习小组定为“小沙龙”而受到无理处分等等。对第三工作室的一系列的非议和歧视，使工作室的全体师生如同步入充满荆棘的荒山，寸步难行。①甚至提出第三工作室是“白专”工作室；共产党员不要进第三工作室。袁运生的毕业创作《水乡回忆》被指责为“攻击社会主义的毒草”（画面上有个卖小葱的，小葱下面垫了一张报纸），董希文却给了5分。工作室学生组织过“小沙龙”，也成了“自由化”的例证。董希文对此毫无防备，有口难辩。②总之，第三工作室的教学思想与教学体系是与当时以苏联为主的教学体系与教学方法格格不入的，受到校内外强大的压力。这个压制所造成的结果之一，是“关于素描基本练习，董希文主张从一年级开始分工作室，进行素描教学，这样延伸到高年级，自会形成一个体系的训练。但这个设想始终没有被接受”③。还需要特别提及的是，由于时代的原因，极大地影响了董希文关于发展中国壁画艺术的美好设想。董希文对于壁画有过深入的研究，他在一次给壁画工作室的学生讲课时，④就非常充分细致地讲解了中西壁画的形式特点及多种绘制方法，包括制作壁画底子的各种技术方法，尤其是关于敦煌壁画的艺术特点与制作方法，证明了董希文对于壁画艺术所拥有的丰富知识与素养。董希文认为，壁画作为纪念碑性的艺术，是永久性的，而且还有广泛接触群众的特点，现代壁画随着建设的发展一定要大大地发展。在当时所谓壁画化的普及运动中，董希文的教学内容不是简单地结合任务、配合形势，而是想竭力建成一个真正的壁画课堂。他让学生去感受农民壁画的质朴、大胆、强烈、幻想的表现力；让学生学习自己临摹的敦煌壁画手稿；让学生看到社会发展的前景，认识到壁画将是社会主义公共建筑中很重要的艺术形式……然而，即便是在这样一个在开门办学中形成的壁画工作室，也很快地随着社会的影响而不得不消散了。董希文关于大力发展壁画艺术的宏大蓝图，也就此搁浅而无法付诸实践。当然，这也无法抹去他

遵义红军革命委员会主席　董希文　44×40cm　速写　1955年

---

①③ 许幸之：《董希文的艺术思想》，载李玉昌、谢善骁编《无尽的怀念——纪念董希文先生诞辰八十周年文集》（1914—1994），国际文化出版公司1994年版。

② 侯一民：《忆董希文》，载《泡沫集》，辽宁美术出版社2006年版。

④ 李化吉：《关于壁画的形式和制作方法》，载李玉昌、谢善骁编《无尽的怀念——纪念董希文先生诞辰八十周年文集》（1914—1994），国际文化出版公司1994年版。

对中国现代壁画发展的深远影响。董希文去世之前，家中墙上始终悬挂着《喜马拉雅山颂》的壁画色彩稿，足见他对壁画的钟爱以及由此造成的心理上的伤痛。这不能不说是一个巨大的遗憾和损失。

从前文的论述中可以得到这样一个认识：董希文从创作实践到艺术思想到理论主张到艺术教学，实际上已经形成了一个相对完整的体系，并且具有十分鲜明的艺术特点。然而时代并没有让他把自己的艺术体系更加完善，没有使他的艺术才能得到尽情的发挥，甚至压制了他的才能，致使他过早地离开了人世，从而无法使他做出更大的艺术创造和艺术贡献，而且也影响了董希文自己本可能达到的更高的艺术高度。或许正如李松所言："很可能，它意味着的是我们失去了一位文化巨人。"①这本是时代的局限，是时代的悲剧，但最终却演变成为他的局限，他的悲剧。即便如此，董希文以及他的艺术所产生的意义是无可置疑的深远和巨大，尤其是在新世纪艺术视野开阔的今天，我们更能清楚地看到这一点。董希文之所以能够产生如此的意义，首先正是基于一个特定的、具体的历史环境的前提，那就是50年代中期，原苏联油画家马克西莫夫在中央美术学院油画训练班授课，苏派油画在全中国影响鼎盛，全盘苏化出现了高峰，以及其后的极"左"思潮的盛行与泛滥。只有回到这个特定的历史环境之中，我们才能更深切地理解由于董希文的坚守与信念使他为时代做出贡献的可贵，我们也才能更深刻地看到由此产生之意义的光辉。

毫无疑问，正是在一个狭窄的历史空间里，董希文做出了艰苦的努力和探索，由此产生的硕果，成为当时以至现在中国油画发展的一个新的创作方向、思想资源和坚实的基石，同时开创了新的广阔的发展道路。这条道路从世界油画艺术的发展来说，是最有意义的一条路，因为它着眼于一个民族的新的创造，证明了中国油画的独特性，以及它对世界油画艺术所展现出的文化价值和文化贡献。

① 李松：《松散的剪影》，载李玉昌、谢善骁编《无尽的怀念——纪念董希文先生诞辰八十周年文集》（1914—1994），国际文化出版公司1994年版。

心路漫漫　墨痕点点

——周思聪艺术的主题转换

马明宸

周思聪是20世纪中国美术史上一位杰出的女性艺术家，她是伴随着新中国一起成长起来的，她正式介入艺术的起点是新中国学院式的美术教育，又是在社会主义建设时期现实主义艺术潮流为主导的时代背景下开始了自己的创作生涯的，她走过了新中国建设、文化大革命以及改革开放新时期几个历史阶段，这为她的艺术活动营造了基本的社会史背景。周思聪是一位善于思索的艺术家，她总是以极虔诚的态度来对待艺术，有着强烈的社会责任感；她不满足于用艺术抒写个人的闲情逸致，而是追求激浊扬清、启蒙民生的社会功用，这使她的艺术奠定了现实主义的基调。

周思聪（1939—1996）

不同于传统中国画家终其一生致力于形成一种稳定的母题与风格，静心修炼渐臻化境，现实主义的艺术强调对于现实的关注，它是与社会互动的，所以随着时代环境的变迁，周思聪的艺术在主题与风格上发生了很大的变化，周思聪能在如此复杂的社会环境中数易画风，而且每个历史时期都能够创作出富有影响力的力作，这是她苦心求索的结果。周思聪是站在全新的起点上进行的另一种全新意义上的艺术探索，力图突破对现实的表层阐释，用她的艺术展开对现实的反思与批判，从民族历史命运到个人生存际遇，再到对生命存在的体悟，这使她的作品具备了一种深沉厚重的品质。同时，她又总是致力于发掘现实题材之中的情感性元素，牢牢抓住情感表现这一根本，深刻细腻的情感体验与生存体悟使她的作品在总体基调上萦绕着一种挥之不去的悲情，具备了一种动人心魂的永恒艺术魅力，一份沉甸甸的人文关怀。

因为周思聪的艺术基调是现实主义的，是以社会时代对于艺术的需要为基点的，所以周思聪的艺术变革首先是从主题层面开始的，笔墨技巧层面的变革是从属于作品的主题表现的，这就是周思聪艺术变革的基本机制，所以讨论周思聪的艺术必须运用另外一套范畴体系。“主题”与“风格”是周思聪艺术变革中两个关键性的因素，“主题”与“风格”之间的变化有着微妙的协和关系，这一方面是周思聪思索的结果，另一方面是她在实践层面辛勤探索的结果，材料、技法探索的基点是情感的表现，周思聪在艺术技法层面上的探索没有游离艺术的根本。从风格层面来考察，周思聪的艺术在时间上很难划分出明确的界限，因为她的很多主题性创作是带有过渡性的，各种风格之间在时间上也有所交叉，所以本文是以周思聪艺术主题的转换为基本线索来展开，依据主题倾向把她的艺术划分为五个类型，分别论述不同类型之间发展演变的联系与区别，最后在结语中对于周思聪艺术恒定审美品格做一个基本总结。

一、颂扬：时代赋予的历史使命

周思聪在1976年以前有两个创作时期，一个是1963年到1966年从中央美术学院毕业后进入北京中国画院工作一直到“文革”开始，之后因为下放、结婚生子等原因一度中断，直到1973年才重新恢复创作直至1976年“文革”结束，这是另一个阶段。综观这两个时期的作品，它们在主题上是一致的，并没有发生根本性的改变，可以划归为一个整体来讨论。这两个时期周思聪的创作是以颂扬为主调的，这批作品再现了人民革命战争的历史场景以及新中国建设的时代场面。周思聪是在新中国成立后正规的美术院校教育下成长起来的，又是在周思聪新中国社会主义建设初期进入国立画院从事艺术创作的，作为一个人物画家的教育经历以及职业身份，再加上新中国主流意识形态与政治环境的影响，她不可回避社会对于艺术家的规定与要求。反之，她认为主题性是人物画艺术的价值所在，服务社会、启蒙民生是艺术家的天职，她自觉地担负起了艺术家的社会责任，以重大社会事件为题材，用作品记录社会现实，反映人们建设新中国的激情。这个时期，周思聪创作了一系列具有重大影响的作品，包括早期的《山区新路》、《长白青松》、《蒋兆和先生肖像》等作品，也包括后期的《深山创业》、《抗震小学第一课》、《天山红医》、《毕业答卷》等等，此外还有应一些纪念馆之约绘制的历史题材的作品，如《鲁迅与陈赓大将》、《重返前线》、《周总理会见印度医疗队》、《转战晋绥》等。

抗震小学第一课　周思聪
135×121cm　中国画　1976年

周思聪的这批作品有三种取材倾向，一种是以描绘新中国不同行业战线的女性青年劳动者为取材重心，还有一批以儿童为主要题材的作品，另外就是以周总理等国家领导人为题材的作品，对于这些题材的钟爱反映了周思聪的艺术视角。因为这一系列的主题性创作具有写实性、纪实性的社会功能，艺术要为明确的主题服务，所以这批作品严格遵循现实主义创作原则与写实主义表现手法，以线条塑造为主，略施墨染，利用明暗造型，致力于人物形象本身的写实刻画，通过描绘具体的情节凸现主题，风格写实，造型严谨，笔墨处于从属的地位，隐藏在形象之后。同时又因为是以歌颂、反映社会生活中正面的事物为主题，表现社会主义建设的红色激情，所以色调艳丽，红色构成作品基调，这些也是为了凸显主题的需要。这一主题的作品对于中西融合的表现方法已经相当有机圆融，对于光影的表现与中国笔墨的运用也达到协和统一，对于中国画的章法布白有所保留，因为造型功底扎实，周思聪在这方面做得很具有代表性。

这一系列作品是在特定的时代环境中产生的，是被规定了特定的主题的，但是与同时期的其他画家比较，周思聪这一时期的人物画艺术的基本角度与特色又是鲜明的，作为一位女性艺术家，她对艺术有着虔诚的信仰，对生活有着深入细腻的观察，她的这一系列作品虽然在主题上不能够回避时代赋予的历史使命，用形象建构国家意识形态，但是仍然具有极高的艺术性，这些作品的艺术性就表现在她总是极力开掘政治题材之下的富于情感的个人化视角，从人性、人情的角度来观照再现社会政治现象。这应是受到了她所崇敬的德国艺术家柯勒惠支的影响的。柯勒惠支的作品并没有回避政治，但是她发掘的是个人情感视野之下的政治，是艺术范畴之内的再现，因而具有永恒的艺术魅力。周思聪在她的这些作品中所追求的也正是这一角度，她充分调动富于人情味的细节来抒写红色年代的人情人性，表现自己的情感。因为有着丰富的生活储备，周思聪能够调动这些细节来传达自己的构思，在主题的表现的同时注重情感的传达，形成了此系列作品的独到之处。例如《山区新路》中为筑路工人送水的小男孩踮起脚尖的细节，生动细腻地传达出了人与人之间的情感联系。在《蒋兆和先生肖像》中，周思聪原稿设计的画家

蒋兆和先生肖像　周思聪　30×69cm　中国画　1962年

蒋兆和伫立提笔于画案前构思，背景墙上悬挂着一幅蒋兆和的代表作《流民图》的画稿，这是一个比较写实的场景。但是在最后完成的作品中，我们看到周思聪把背景《流民图》画幅的边线省略了，这样作为背景的《流民图》就不再是一幅具体的作品，而是画家蒋兆和正在构思中的心像，画出了人的思想情感，借用《流民图》的形象传达出了画家心系万民苍生的博爱胸襟，这一处理增强了作品的艺术意味。周思聪的作品总有如此精巧的构思与这些富于人情味的细节，这往往使她的作品的艺术性超出了政治倾向。另外关于《长白青松》的主题也是一个有待研究的问题，因为作品的主人公是画家在下放时因救火而牺牲的同学，周思聪的好友马文蔚就认为这幅作品在颂扬的背后多了一层缅怀与反思。①

二、反思：对民族命运的观照与体悟

1976年在中国当代史上是极其不寻常的一年，延续了10年的文化大革命在这一年结束，毛泽东、周恩来、朱德三位国家重要的领导人逝世，唐山发生了特大地震。国家处在一个重要的历史转折点上，全社会都开始反思中华民族遭遇的天灾人祸。从文艺界开始，卢新华发表的小说《伤痕》在文艺界激起了一股伤痕与反思潮流并且迅速波及其他艺术领域。在这样的文化背景之下，周思聪的艺术发生了主题的变奏，她不再是正面的歌颂与赞美，而是创作了《清洁工人的怀念》、《人民和总理》以及她与卢沉合作的《矿工图》系列等重大主题性创作。

纺织工人无限热爱周总理　周思聪
148×171cm　中国画　1977年

纺织工人无限热爱周总理　周思聪
13×17cm　画稿

这一系列作品仍然延续了宏大的社会题材，但是基本主题发生了逆转，由正面的歌颂变成了对于沉痛灾难、对于国家民族命运的反思，走进了沉重与悲情，这种反思其实是对于民族历史悲剧命运的一种自觉意识。同样以周总理为题材的作品，前期的《纺织工人无限热爱周总理》、《敬爱的周总理永远和我们在一起》都是红色基调，是赞美颂扬国家领袖的伟岸高大，到了《人民和总理》则变成了对于自然灾难的描绘，总理表情沉重，人民痛失家园，国家领袖与灾区民众都沉浸在悲痛之中，这种悲痛不是生理层面的，而是心理层面、精神层面的，在“文革”结束的关口，这一作品又具有特殊的寓意。把这

① 马文蔚：《沉默者心语》，《周思聪与友人书》，第5页，大象出版社2006年版。

种反思再继续延伸，就有了《矿工图》系列创作，反思的对象从自然灾害延伸到了民族灾难。这一系列创作通过描绘在非人道的艰苦环境下被剥削、压榨的扭曲变形的肢体，麻木的神情，胡乱堆积的尸体，控诉与反思其实已经超出了矿工血泪，也超出了异族入侵，其实是从解放前的矿工这一切入口反思的是中华民族的血泪苍生。在这一批作品中，先前的红色基调变成了灰色，格调凝重而深沉。在笔墨技法层面，《人民和总理》、《清洁工人的怀念》等作品笔墨造型都得到了解放，不再仅仅拘于形体塑造，作品的线条表现力得到加强，写意性质得到强化，在画面中的表现作用得到彰显，同时用墨的层次也丰富了，以悲剧情感的表现为中心统合画面，渲染气氛，抒写情感。

矿工子弟　周思聪　60×48cm　中国画　1980年

在《矿工图》中，周思聪的伤痕反思与艺术探索同步深化，民族生存的沧桑体验，民族劣根性都得到大胆的自我剖析，这些创作已经突破了传统的审美范畴，也突破了现实主义的创作原则，作品不再描绘具体的历史场景，而是寻求利用变形、构成与肌理等表现手法强化主题。其中周思聪为创作《矿工图》收集素材绘制了大批人物写生小稿，从这批自由挥写的作品中，我们更能看出周思聪艺术追索的足迹。如《矿工子弟》、《矿工图习作》、《离乡背井》等，用线与用墨已经完全走出了写实主义与现实主义范畴，笔墨奔放，造型夸张，完全以情感表达的需要为中心。到1982年创作《曹雪芹先生荒郊著书图》，周思聪则把对于民族沧桑的反思引向了更加深远的历史时空，具体化为对于个体人生的艰辛的体悟。穷困潦倒的曹雪芹独处荒郊，抒写自己的“满纸荒唐言，一把辛酸泪”，这是周思聪艺术在技法层面上的第一次解放，是由写实向写意的第一步跨越。在20世纪80年代的创作中，周思聪艺术的这种悲剧倾向演绎成为一种个人悲情，这个基调笼罩了她1982年到1985年的创作。

三、情趣：对普通民生的关注与转向

“文革”结束后，中国的思想界开始活跃起来，人们从政治斗争的迷狂中觉醒，个人的尊严重新得到尊重，健全的人性得以复归，人性中丰富的情感志趣开始苏醒，承载人的性灵情趣的艺术开始回归，情感志趣开始在艺术中成为表现的重心，艺术呈现出了向传统回归寻根的倾向。在1978—1981年这段时期，周思聪的艺术变革主要表现在取材上的重要变化，呈现出了从表现重大社会主题向表现日常民生的转换，创作了一批写意人物画，如《骏马》、《秋实》、《汲水图》、《闽南少女》、《思》、《绿天》、《读书图》等，这批作品以表现个人日常生活中的诗意情调为主题，格调闲逸潇洒，与先前的宏大颂扬、反思主题形成了强烈的反差。因为这批作品所表现的是个人性情，是当代日常民生的诗意情调，所以走出了沉重，走进了轻松；走出了严肃、重大主题性创作的范畴，进入了抒情写意小品画的范

秋天的素描　周思聪　98×102cm　中国画　1983年

畴。这批作品以抒写性情趣味为旨归，在艺术形式上呈现出回归传统的倾向，笔墨更加奔放，线条更加流畅，色调趋于淡雅。因为这些多是周思聪应人之请信笔挥写的，考虑到了通俗性，因而雅俗共赏，因为这批作品迎合了改革开放后多元化的社会思潮，所以广为社会普遍接受，流传也较为广泛，成为改革开放以后周思聪比较具有代表性的风格，也开拓了当代写意人物画的新境。

虽然这类闲适小品人物画得到社会的普遍接受，这种轻松主题更加符合当时社会思潮，然而周思聪这一方向的创作并没有持续太长的时间，也没有成为她艺术探索的主流，这段时期这一类型的许多馈赠作品，在周思聪看来只是应酬之作，真正的艺术不是供人玩赏遣兴的东西，应该是引导人的精神与性灵的导师，所以周思聪毅然终止了这一方向的创作。这种艺术选择体现了周思聪作为一位严肃的现实主义艺术家的强烈的社会责任意识以及对待艺术的虔诚态度，虽然创作这一类题材的作品可以迎合社会的世俗需求，也可以改善生活拮据状况，但这并不是周思聪艺术事业的终极追求，她作为一个严肃的艺术家，没有以抒写自己的闲情逸致为目的，也没有迎合世俗的需要，因为她不能舍弃艺术对于建构人类灵魂的社会功用，不能忘怀艺术的严肃主题，她要继续用自己的画笔来表达深切感悟，来抒写自己对于人生的真实感受，这一选择使她在1980年以后的创作又发生了主题的变奏。

四、沧桑：对现实生存际遇的感受与抒发

在改革开放之初，刚刚重新步入正途的中国还处在百废待兴的状态，整个社会对于“文革”伤痕的反思在80年代初期逐渐演变为对于整个民族文化的反思，社会上兴起了一股文化热潮，其中包括对于民族文化与传统文化的反思。这股思潮在中国人物画艺术上的投射表现为几种倾向，一种是历史题材的勃兴，一些人物画家开始聚焦古代写意人物，回归传统的意境与情趣；也有一些人物画家继续坚持走现实主义的创作道路，关注当下中国的现实民生；还有一种潮流就是包括周思聪在内的一批艺术家把自己的笔触转向了处于当代中国边缘地区的少数民族。以1981年的四川大凉山彝族写生为契机①，周思聪深入到祖国的大西北，她的艺术又发生了重要的转向，她把艺术笔触转向更加普通、更加边缘的边远山区的少数民族和城市小人物，创作了《落木萧萧》等“彝女系列”以及《边城小镇》、《裱画作坊》等作品。少数民族题材绘画是新中国成立后现实主义人物画创作取材的一个渊薮，相当一批人物画家都到祖国边疆写生采风，主题大都是歌颂民族团结或者赞美少数民族在新中国的幸福生活。周思聪这一题材的作品所要表现的则完全是另外一种主题，在这一类题材中，她所表达的不是一种单纯的唯美、一种歌颂，而是一种反思，一种对于普通人现实生存状态的反思。这些作品的格调又回归到严肃深沉，描写田

边城小镇　周思聪
98×101cm　中国画　1983年

① 关于大凉山写生的时间有几种说法，《卢沉周思聪画集》发表的年表中为1982年，周思聪在《自传》中则认为是1981年，本文采用此说。

间劳作、风雪夜归等平凡却又艰辛的人生。这些作品把人物置于辽阔的天地之间，没有人文背景，他们身背重负，神情淡漠，在自然之间生灭。这与先前歌颂政治的宏大社会主题，与以国家领导人为题材的创作拉开了更大的距离。这种主题是甜熟的笔墨无法承载表达的，所以周思聪放弃了传统的笔墨，寻求艺术表现形式的变革，她勾勒的线条质感艰涩凝重，并不流畅，还带有毛涩，探索用墨的晕染效果，甚至借用当代艺术的构成与肌理等当代艺术表现手法，如《卖酒器的女人》对于特定时空的突破等等，人物造型也向古拙淳厚演变，这种肢体肥硕的女性形象已经走出了传统的审美观念。

这批作品是周思聪用艺术的方式对于人类生存沧桑本色的呈现，表现的是生活的艰辛与沉重，这种沧桑里面包含着一种悲壮与伤感，洋溢着由衷的悲情，这就是周思聪这一时期所要追求的主题性。1980年后的中国还远远没有从诸多的社会问题中解脱出来，周思聪本人的现实生活也承受着同这些人一样的艰辛，料理家务、侍候公婆、抚育子女，她承受着难以想象的家庭重负，她体验到的是一位中年女性艺术家社会角色的沉重与艰辛。她这一批作品中抒发的也正是自己的真实感受，她是要在这种女性的真实生存状态中传达出自己的真实的人生体验。然而这种悲情并不是悲哀，这种悲情意味的背后是一种雄壮阳刚的大美，彰显出人类在艰辛的自然环境与悲剧命运面前的坚韧，引领人们在这种悲壮与伤感之中领略人的生存价值与意义。这就是这批作品的认识论意义，周思聪是从“女性”这个角度来赞美人性，来表现自己对于生命的思索与感悟的。同时这批作品直面物质与精神生活层面双重匮乏的现实生活问题，因而也具有深刻的批判意义。

五、淡泊：对生命本色真相的彻悟与呈现

1985年以后，周思聪艺术创作的主题又有了新的变化，呈现出向平淡真挚格调的一个偏转，这一时期的作品基调逐渐走出了沉重，趋向于平淡天真。她创作的《秋风》、《朝霞》、《雨归》、《林中》等作品，色调更加淡雅素净，意境更加清新祥和，致力于抒写人间的真情挚爱，如描绘母子深情的高原风情系列之《哺乳》，如描写爱情的《林中》，两个在烟雨迷蒙的季节里体验着浪漫的情人，表面透出

浣纱图　周思聪　扇面　中国画　1992年

一丝淡淡的欢欣和愉悦，但又是极其浅淡的，两个人又像是两只在爱之旅中迷途的羔羊，女性的眼神中带有一丝怅惘，仿佛挥之不去的毛绒绒的阴影，夹带有一丝苦涩和忧伤，整个画面萦绕着一层凄美的意味，还带有前一阶段周思聪艺术沧桑主题遗留的凝重。到了1990年左右的《浣纱图》、《晒粮》、《收获》等作品，虽然同样以描绘少数民族妇女的日常劳作以及童心童趣为题材，但是格调更加明朗舒缓，画境空灵，笔墨简淡，造型古拙，这批作品在笔墨与用色上已经预示了后来的墨荷系列的出现，在技法层面上显示了大胆的探索勇气。这一时期，周思聪的作品在意境上显示了向传统的回归，作品透出的意味深沉隽永，是一种寓深厚于空灵、寄至味于淡泊的大美，似枯实腴，似淡实厚，线墨之间充满了对于生命的感悟，透出特别的生命情愫。而这种对于生命的感悟又不同于她前期的写意人物小品，更加富于深厚的喟叹、思索与感悟。这批作品其实显示了周思聪艺术一个重要的转向，那就是从主题的真到艺术

同胞、汉奸和狗（《矿工图》系列） 周思聪（与卢沉合作） 178×318cm 中国画 1980年

的美的转向，也是周思聪的艺术在新时期找到的一个全新的角度，淡化了主题，却又不单薄，仍然具备厚重的艺术内涵与分量。

1990年前后，周思聪的病情加重，手脚严重变形，甚至到了握笔与站立都成了问题的地步，在某种程度上限制了她的创作活动。但是长期的病痛折磨使周思聪对于生命有了新的体悟，多了一份坦然与从容。她的艺术追索足迹没有停止，她开始从取材层面寻求变革，逐渐聚焦于墨荷题材并创作出了一个系列。在这一系列中，她的精神与艺术又经历了一次升华。在这里，她完全抛开了中国画的传统表现模式，在技法上大量运用胶矾材料，寻找撞水撞墨以及肌理效果，与传统的中国画的基本面貌拉开了距离。这一类画作舍弃了笔法与线条，也舍弃了明确的形，利用纸墨相撞产生的渗化效果产生出浅淡的水晕墨痕来表现风雨阴晴中的荷花的光影色泽，这种荷花在雨里、在雾里、在风里、在月色里、在池塘里，现出它们在风雪霁月中的浅淡的影，这就是生命存在于天地之间的模样。这种色泽光影是对于生命存在本相更加细腻深沉的呈现，色彩素雅，形象富于张力；这种对于生命有距离的观照更加整体，我们

不仅仅看到了生命感性存在的形状色彩、光泽气韵，甚至还能嗅出生命的味道。周思聪捕捉的是影是韵是意，是生命的本色真相，意味深长，生命的正道就是在淡泊中自存自在，在寂寞中自开自落，从容面对风霜雨雪，这是周思聪在最后的岁月里对于生命的彻悟，也是她奏出的最后的艺术鸣响。

周思聪的艺术历程像一条曲折的河，波澜起伏，曲折流转，从早期的红色艳丽到后期的平淡素净，可谓“灿烂至极，归于平淡”。然而从更加宏观的层面来看，她的艺术中又有三个不变的恒定的元素，一个是对于现实社会的持续关注，一个是她的作品中挥之不去的悲情，还有一个就是在风格层面上不停地转变。这三点构成了周思聪艺术相对恒定的基本品格。因为是一位现实主义的艺术家，她总是用自己的作品关注现实，捕捉时代精神，反思现实问题，抒写自己的真实感受，事实上，周思聪的艺术正是做到了这一点。这显示了周思聪作为一位有着良知的艺术家的强烈的社会责任心，同时对于现实问题的触及也显示出了她对现实的批判勇气，这对于生活在那个年代的许多艺术家来说是难能可贵的。

同时，她的作品贯穿着的一种悲情与反思、悲壮与凄美，使她的作品具备打动人心、震撼人心的永恒的艺术力量，这就是艺术的魅力，是美之所在。周思聪的主题性创作不是用绘画图解一种思想或者标语口号，她总是竭力发掘题材中内蕴的人性因素，抒写自己的真实感受，开掘现实题材下内蕴的人性化的细节，传达、表现她的特殊情感，这远远超出了所谓的主题，这才是艺术本体之所在。她的作品这种打动人心的艺术魅力正来自于她的真实而独特的情绪感受，这种感受是使她能够避开人云亦云的思想口号，使作品获得艺术的魅力，获得了一种内蕴与深度，一种深沉的情感力量，给人以心灵的撞击，能够触及我们灵魂的深层，能够打动我们的内心深处，能够震撼我们的心灵。周思聪把所有的艺术技巧探索都紧紧围绕在抒写这种情感上面，所以她在技法层面上的探索也是极其大胆的，不拘成法，不断地在风格层面上大胆否定自我、超越自我，生命不止，求索不息，开掘全新的艺术境界，这些都给予今天的艺术家以重要的启迪。

（“我爱平凡的人——周思聪创作及写生作品展”，展览时间：2009年11月25日—12月15日）

研 讨 会

“丹青化境——李斛绘画精品回顾展”研讨会

(根据会议录音资料整理)

时　间 > 2009年3月20日
地　点 > 北京画院美术馆五层学术报告厅
主持人 > 马振声（著名画家）

吴洪亮（北京画院美术馆馆长）

中国美术家协会、著名的美术史家李松先生，中国研究院美术研究所著名研究员王镛先生，人民大学徐悲鸿艺术学院院长徐庆平先生，人民美术出版社编审、著名理论家刘龙庭先生，中国美术馆著名理论家刘曦林先生，中国艺术研究院美术研究所所长梁江先生，中央美术学院著名画家田黎明先生，中央民族大学艺术研究所教授傅以新先生，中央美院教授、著名画家蒋采苹先生，原北京军区文艺创作室美术组组长、国家一级美术师姜成楠先生，清华大学教授、著名画家李燕先生，著名画家汪国新先生，著名画家李宝林先生，著名画家赵志田先生，人民日报社著名记者钱小明先生，著名理论家陈履生先生。

谢谢各位专家、各位老师！下面我把话筒交给马振声老师，请他来主持今天的研讨会，大家欢迎！

主持人：今年是李斛先生诞辰90周年，10年前，我们曾在四川举办过一个李斛先生的展览，如今想想10年的时间转瞬即逝。现在的年轻人对李斛先生或许有点陌生，但他对我们这一代人的影响非常深刻。李斛先生不管做人还是从艺，都是我们学习的楷模。我们这些老学生，每当想起老师都是思绪万千，感慨万分。当时那个岁月，物质条件艰苦，人们的精神压力很大，可这些老艺术家们在精神上的追求，对社会责任和艺术求索上的不懈努力，还有他们对生活、学生、朋友、人民的那种热爱，是值得我们学习的，我记得当时李斛先生讲过一句话："要爱，要真的爱，要爱得深，要爱得发狂。"艺术家正是以这种非常热烈的感情感动着我们。今天的展览要感谢北京画院的王明明院长。在这里，我代表李斛先生的学生对北京画院致以深深的谢意。下面请大家踊跃发言。

刘大为（中国美术家协会主席）

这个展览非常有学术价值，也是一次非常好的学术展览，更是我们这些老学生重温中央美院中国人物画优秀传统非常有益的一课。刚才在展厅我们谈到，中国人物画是中国绘画中的一个品种，它历经古典，到了"五四"之后新文化运动的变革，再到现在的改革开放，中国人物画一直在继承传统的同时不断融会贯通且一路发展。20世纪三四十年代到五六十年代，是中国人物画变化发展的关键时刻，我们称之为里程碑式的，就是把中国的水墨传统和西画的素描、色彩等因素吸纳、融汇到我们自己创作的绘画当中。这是一个关键时刻，而李斛先生正是其中的一座里程碑。自蒋兆和、徐悲鸿之后，李斛先生在水墨与素描融合上迈出了重要的一步，其笔下的人物形象、神态刻画得精细入微。这样一位有贡献的人物画家，很多作品即使现在看起来仍然很精彩，不过时，并值得我们认真研究、认真学习。我们可以从中看到人物画发展变革的巨大潜力和美好前景。我虽没有见过李斛先生，但却在学人物画的时候常常临摹先生的作品，如《女交警》、《印度妇女》、《红衣老人》等，当时是我学习人物画的范本，所以今天看到这些作品时感觉格外亲切，也格外秀丽。李斛先生是近现代人物画领域卓有成就的大家，他的展览对美术界、国画界，尤其是国画人物界有很重要的意义和价值，所以这样的学术展览值得我们认真、仔细地研究、学习。

此外，给我感觉很深的是他在技法、技巧方面的探索。他一点也不避讳在水墨中大量地使用光影，因为他用得巧妙。首先一看绝对是中国画，比如他在人像中添加一些颜色，保留了国画的工具技法、技巧笔墨这些元素。同时他又成功地结合了西方的素描，在很多细微的方面，如五官的刻画，表情以及胡须、头发的刻画等方面做得很地道，这一点非常难得。在创作中我也注重变革推新，不过大部分精力集中在观念上，而对技法、技巧关注得比较少。看过李斛先生的作品，我认为应该从技巧、技法这些最基础的层面下苦工，这样才能够继承和创新。

中国画是从学术开始，从一个点开始，至于整体的感觉就要向西画或其他画种学习。李斛先生对作品整体的把握非常好，比如一些水墨的风景写生，既有国画的元素，又融合了西画风景写生的概念在里面，这些都值得我们去借鉴。他在色彩以及色调的运用、整体感觉的把握、画面的布置构图方面，为我们开辟了一条道路，这一点给我感触很深，启发也很大。

戴　泽（中央美术学院教授）

我与李斛是同班同学，他比我大三岁。李斛的素描画得非常好，可堪比霍尔拜因。李斛是我们班的尖子生，常常带着我们画人物像，很多外系的学生主动来给我们当模特，就为了能得到李先生画的素描。李斛先生画得好，学习也刻苦。解放后，只要有机会、有条件他就学习，学习当时苏联的素描，有时一画就是40小时，之后反复修改直到满意为止。在这里，我也要感谢展览的组织者，感谢北京画院。

李　燕（清华大学美术学院教授）

作为李斛老师的学生，我一定来参加这次活动，不仅仅是看展览，还要参加研讨会。我是在1961年从中央美院附中考入中央美院国画系的，虽然我们是第一批正式的花鸟科学生，但是当时国画系的教学方法很合理，在一年级的时候并不分科，人物、山水、花鸟都要学，到二年级开始逐步增加了花鸟画训练，而三年级花鸟画的课程就比较多了。我们这些从美院附中上来的学生非常有感触，就觉很多事物都是相通的。尤其是人物画，如果在这方面受到了最严格的造型训练，那么其他方面的造型都不再是问题。

李斛先生是当时担任素描教学的一位很重要的老师，他教学非常严谨，极为认真。直到现在我闭上眼还能想起他的样子：身穿风衣，头戴鸭舌帽，领扣系得严严的。李斛先生上课从不迟到，他总是要求我们所有人用炭条来画模特，不要用橡皮，看准了才画，看不准就不要画，相当严格。所以对于我们这些习惯了苏联学院派素描的学生们要重新适应这种教学。不过我们知道，他上素描课是为中国画服务的，这也是当年徐悲鸿院长所坚持的教学理念，有这般写实功底所绘出的视觉形象就能成为世界共通的绘画语言，而不会成为目前一些当代绘画中所呈现的不能被认识的语言。就中国当前的国情而言，绘画具有美育的作用，而作品中的形象若不能被人类的眼睛所识别，那么我认为这种作品就不能被列入文化的范畴。

李斛先生在造型方面要求极其严格，有时有同学不自觉地掏出橡皮，他不讲话，但却在仔细观察，有时用眼神来提醒你收起橡皮。倘若有学生再次使用橡皮，他的目光就会变得更为严厉。等到第三次，他早已悄然无声地走到你的背后，客气地说："把你的橡皮借给我。"李斛先生考虑到学生的自尊心，并没有说"没收"，等到下课后，他总是从兜里掏出一块或几块橡皮，说："我有个习惯，改好画就把橡皮放到自己的口袋里，不知道这是哪个同学的橡皮。"

李斛先生常常会拿一些范画要我们临摹，一些是他自己的作品，有时也会有康波夫的素描图片。康波夫虽然是德国法西斯纳粹党，但他的基本功对于结构素描来讲是很扎实的。我们不应该因言废人，也不可因人而废言，只要有益于艺术水平的提升，我们都应该吸取。当然这单纯是绘画技巧问题，而非政治观点。不过在当时的政治背景下，李斛先生还因为这件事在"文化大革命"中受到了批判。他只不过是从严格素描教学出发来为大家提供教材，我们也可从中看到他对绘画的信念。

李斛先生在谈到自己对中西技法结合方面的体会时总是讲得很细，具有可操作性。想想现在有些美术院校的教学、教研使用的都是评论家的语言，而不是教学语言，是值得我们反思的。评论家会讲“气韵生动”，但如何才能气韵生动，这就需要老师的亲身示范，或者举出其他大师级画家的范例，而不是泛泛的空谈。李斛先生讲课的内容是可有操作性的，其中给我印象很深的是，他说“我训练你们所画的线不是传统意义上的线，也不是安格尔的线”，接着他拿出安格尔的画册给我们看。我们知道，安格尔是写实线条的代表，他的线既准确又生动，在我的认识里还没有谁能超越他。李斛先生不允许我们画如安格尔一般的线，其实是给我们提出一个方向：他要的线是毛笔在宣纸上画出的线。线是垂直于我们的面，所以其中必然有虚有实，要体现结构关系。而我们有了这种意识，再拿起炭条来画这条线，感受就不一样了。如今我也为人师，同样要求学生如此，用炭条去找明暗、找关系，同时自己亲自做示范，身教胜于言教。我是科班出身，对人体解剖极为熟练，面对模特一边解说一边便用线画出了各种结构。李斛先生的教学给我的影响很大，而我又把它传递给年轻人，我希望在美术基本功的教学方面能够继承李斛先生的传统。就像李斛先生继承了徐悲鸿的教学主张一样，成功的教学经验要保持。现在一些高等院校，换一批领导就带来之前整个教学方案的推翻，好像不这样就不足以证明自己与时俱进，不足以证明自己的创新精神。如此一来，我们在实践中积累的宝贵经验就会被毁灭。忘记历史就会陷于愚蠢，传统与创新并不矛盾。正如李斛先生的《披红斗篷的老人》，他巧妙地利用水墨这种中国传统绘画材料，用很薄的颜色，或从画面的后面上色，或从前面提，他清楚地知道哪个地方在转折面上，应该使用何种颜色，最终画出了油画调子的感觉。

李斛先生对每个学生都有不同的指导，因材施教。每个人的性格不同，进度也不同，不可能一本讲义发下来，就可以解决所有人的问题。人文领域的教学侧重老师与学生的交流，并且要从最高理论一直落实到我们手可操作的地方。我们必须练基本功，练到好像我们的手指、我们的毛笔尖就是我们的神经末梢。李斛先生要求的线，就是让我们拥有对解剖结构、造型、光的认识，最终融会到自己的炭条上。李斛先生没有讲义，我们也不做笔记，可他说的这些至今我仍记得清清楚楚。这是因为他的话能够进入你的心。大音乐家舒伯特说过，只有从自己的心里出来，才能进到别人的心里去。

北京画院所举办的一系列“二十世纪中国美术大家系列展”功不可没，现在很多年轻人不知道陈半丁、胡佩衡，这是我们宣传引导的问题，北京画院能够坚持把20世纪中国绘画的真实面貌呈现给社会，这一点很了不起，值得我们感谢。

李宝林（著名画家）

当时我们的人物课是由蒋兆和、叶浅予两位先生直接教授的，但李斛先生非常关注我们班，一有时间就去看看。特别是在人物画教学过程中，李斛先生会经常到班里看大家画画，给大家指导一些技法上的问题。当时我们和李斛先生关系非常好，感觉他是一位学者型的老师，是非常可爱、可亲的一位老师，所以经常到他家里拜访。这时他会拿来速写和画给我们看，还给我们讲很多问题。当时我们课程里没有人体画的安排，后来经与李斛先生协商，并征得叶先生的同意，最后决定上午上正规课，下午上人体速写课。李斛先生常常利用业余时间指导我们绘画，也会为了提高我们的艺术水平做些分外的事情。记得1972年我毕业参军了，总政要搞一个培训班，为了教学方便，于是我到李斛先生家和他商量借一些作品。当我表明来意后，李先生毫不犹豫地把自己很多速写和写生作品拿出来让我挑选。我挑了10多件，这些作品在我后来的教学中都起了很大作用。向李斛先生借作品他从不要求我写借据，他待人真诚、热情，我也非常尊重与崇敬他。

李斛先生画的人物画有着中西融合的特征，这一点与当时的学生非常接近。他的作品深入、具体，而且有国画传神、写意的特点。他所创作的《广州起义》等一些肖像画，整体感觉、生活感觉都非常好。李先生对我们这些学生的影响很大，他画的一些风景、夜景都是他独创的，非常有生活气息，也非常有国画对生活感受极强的概括性，另外画面表现的时代感、总体感也很强，比如《三峡夜航》、《广州起义》等。

李中贵（中国美协原党组副书记、秘书长）

首先要感谢王明明院长，在李斛先生诞辰90周年之际，提供条件举办了这样一个展览，使我们这些李斛先生的学生能够有机会重新学习老师的作品。

李斛先生是从传统形态走向现代过程中非常有贡献的一位巨匠。在徐蒋体系，即中国画与西洋画结合的主流之中，李斛先生的贡献非常大，也是中西结合的典范。我很感激李斛先生对我的教导，当年我们在附中学的素描画法，基本是油画的。到了国画系以后，就是怎么用线，怎么从素描转变为国画的概念。刚一开始的时候往往不知道怎么用线，但李斛先生的作品却将素描和用线结合得非常好，所以我们能从附中养成的学习习惯逐渐转变为融入国画的概念，李斛先生起到了非常好的作用。因为有从师李斛先生的经历，画起画来对线是有感觉的，一根线从头画到尾很有素描的感觉，这一点使我终生受益不尽。

李斛先生教学非常认真，对学生也非常热情，当自己的孩子一样。他善于鼓励同学，若发现哪个同学画得不错，就会给予激励和赞扬，这样同学就知道怎么画了。李斛先生还经常请同学到他家去，并把自己收藏的画册，包括西洋画册拿出来给我们看，对我们有很大启发。李斛先生心情好，精力也很充沛，可惜我64年毕业之后，他的身体状况已经不太好，年仅56岁就去世了，这对国画界来说是非常大的损失。如果像戴泽先生所说，他能活到现在，想必会拥有更为辉煌的成绩。但即便是这样，他依然在中国画从传统形态到现代形态的转型中做了非常重要的贡献。

今天的展览要感谢王明明院长，不仅给了我们这些学生重温老师教诲的机会，也让更多年轻人认识、了解这位巨匠。如今，很多年轻人不知道李斛先生，其实他早在40年代就很有成就了，所以在现今对李斛先生的宣传是非常有必要的。当下美术界由于受到商品化的冲击，很多人的心里其实很浮躁，像李斛先生这样踏踏实实做学问、做大匠学问的艺术家对我们来说是一个榜样。

周道萍（艺术家）

首先感谢王明明院长这样一个举措，我觉得太好了。李斛先生是中国美术史上一个里程碑式的人物，但是很多年轻人却不了解他，这说明对于李斛先生的宣传太少了，能够展示他作品的机会也太少了。如今北京画院能站出来，为李斛先生举办一场这么好的展览，真是值得我们感谢。今天看到这些作品，令我想起李斛先生对我们的教导。我也是从附中升入美院的，当时学的是俄罗斯体系的素描。刚上美院的第一节素描课就是李斛先生教的，至今我仍印象深刻。李斛先生之前学过西画，知道素描是要为中国画服务的，因此他在教学中也始终贯彻这一点。美院楼梯间有一张先生的石膏像素描一直挂在那儿，画得简直是棒极了，不管质感还是空间感，都好得不得了。而《印度妇女》、《披红斗篷的老人》也都展示过，可见李斛先生的西画素描基础是非常扎实的。虽然如此，他心里很明确，就是中国画系是要中西结合的，学素描是为中国画服务的。于是他自己做出典范，用宣纸、毛笔，用中国画的形式画了这些人物。我们画素描的时候基本五官、头部是用素描营造立体感，然后画下面的服装。记得有一次画一位朝鲜族妇女，先生用线描的方式画了衣褶，与面部的素描式刻画结合得很好。集中表现人物性格、情绪的头部用素描手法，而衣服则用中国画的技法，二者相辅相成恰到好处。李斛先生从不吝惜对学生的称赞。在这次练习中，我找了下侧面的角度，结果先生对我说："画得太好了，画面非常安静，情绪都表现出来了。"这句话给了我很大的鼓励。

李斛先生对中国画的水墨风景写生也有里程碑式的作用。他曾经被下放到农村，回来之后为我们作过一次报告，他说大家一定要深入农村，要和村民有感情，和他们生活在一起，把自己也当成村民，才能体会他们的感情，画出他们的真正生活。由此可见，他非常爱国、爱人民。

我感觉他的山水画是非常难的，因为他画了很多非常长的透视水平线。建筑工地、十三陵水库、夜景，还有气贯长虹的长江大桥，画得太好了。这样的题材我们一般人不敢触碰，因为如此长的透视，一个直线条的大桥是很难画的，尤其是用国画的语言，所以说先生的山水画是划时代的。

蒋采苹（中央美术学院教授）

今天的研讨会有一点对我启发很大，那就是从解放以来、建国以来，我们在艺术上、教学上是有突出贡献的，也是有对文化艺术做了重大贡献的画家和教授的。李先生很委屈，去世前连教授都不是，这是很不公平的。我退休之后依然站在教学的岗位上，有时学生们听到胡佩衡、陈半丁这些画家的名字表情很不屑，认为他们是固守于传统的画家。可我这一代人同这些老先生是有接触、有感情的。

有时看日本美术史，尤其是近代美术史，发现日本的画家在从事艺术创作的同时还注重对后学的培养。此外，即使他们也有对传统的背离，如同我们的"'85美术思潮"，但传统的根基始终不倒，而传统型的画家代表也始终为人们所敬仰。这一点是需要我们学习的地方，不过近几年对传统的重视似乎比以往更有力度了。

我是1953年9月份入学的，当时的老师是李斛、宗其香、韦启美等徐悲鸿最得意的弟子，所以对徐悲鸿教育体系很有心得。我感觉这对我一生的艺术道路，无论创作还是教学，其影响都是很大的。我们应该研究他们，虽然历史的脚步是往前走，最终走向一个辉煌的舞台，但我们不应该忘记这些人。徐悲鸿体系是很重要的，是值得我们深入讨论的，像李斛这一代人也是值得我们去悉心研究的。

傅以新（中央民族大学艺术研究所教授）

蒋先生所言我很同意，我们在坐的很多都是学院出身的。目前全国的美术院校有一个风格趋同的趋势，这很不应该。每个人都应有每个人的风格，学院也一样。我有幸在徐悲鸿教学体系兴盛的时候当了中央美院的学生，得到了李斛先生的亲身教导。徐悲鸿体系其实是走中西融合之路，以素描为教学基础。我入学之前没有画过一幅素描，高考的时候是以一纸白描通过考试的。我在李斛先生的指导下，实现了从一年级的不及格到二年级取得五分这样的飞跃。李斛先生教学中从素描教学转变为线条教学的全过程，我是经历的，对此我受益匪浅。素描问题一直是院校争论的焦点，李斛先生有着丰富的教学经验，而他的教学实践也是很有效。

郎绍君（中国艺术研究院研究员）

徐悲鸿学派其实是对20世纪中国美术影响最大的学派，同时也是最著名，至今不衰的学派。对徐悲鸿学派的研究早已成为一种传统，不过现在很多学校、很多人已经忘记或者淡漠了这个传统，即便是中央美院。中央美院至今仍没有校史，没有经常性的校史陈列，也没有对一代代美术教育家和老先生的纪念和学术活动。于是，这些老先生自然就会被淡忘。如何不忘记传统，成为摆在我们面临的一个重大问题。我们现在的环境和过去有所不同，西方文化的冲击范围是前所未有的。

李斛先生是徐悲鸿学派的骨干、代表，更具体地说，他是中国人物画革新的杰出代表。他的影响非常大，仅次于蒋先生。不过我并不同意“徐悲鸿学派”这个名词，因为在这个学派中仍有不同的风格。或者说他是一个学派，但并不是一种方法，对于此我们还需要再研究。

在20世纪中国画领域革新中，成绩最突出的是人物画。而人物画中最突出、最有影响的就是引入素描方法，把光影方法、明暗方法、光色方法和笔墨方法，与现代的方法、平铺的方法、结构的方法结合起来。实际这是中西两种不同造型方式的结合，简单点说就是素描与笔墨交融的过程。这种方法能够使人物线条的刻画更有深度。人的表现和山水、花鸟的表现不同，有表情，有心里活动，画家需要更为丰富的刻画才能把最丰富的人表现出来。在这一点上，徐悲鸿和他的弟子们做出了卓越的贡献。

当然，徐悲鸿体系在发展过程中也存在这样或那样的问题，这是很正常的。我们过去总是回避这些问题和矛盾，而改革开放以后又出现了否定徐派的一些言论和趋势，这个问题也很严重。徐派这一套写实人物画的方法，我们不应该放弃，因为它还有很大的发扬余地。你可以用光影的方法，用光影和线条结合的方法，用表现主义的方法……并不仅仅是唯一的方法，而好的标准也不仅仅只有一个。今天的展览很有意义，也很有价值。我第一次看到李斛先生如此大量的作品，这对于我们了解这段历史、教育史、思想史，乃至艺术思想史都是非常有好处的。

姜成楠（原北京军区文艺创作室美术组组长）

刚才很多老师、同学讲得都很好，我也有相同的感受。首先对王明明院长筹备李斛先生的展览表示衷心的感谢，这是中国美术史，尤其是现代美术发展史上的一件大事。改革开放以后，20到50年代一些非常有成就的画家不为现在的年轻人所知。徐悲鸿、蒋兆和、李斛、宗其香等这些老画家是中国对外开放在美术领域的先驱。改革开放是改掉闭关锁国的封建状态，向世界开放，吸纳全世界、全人类的文明。为了中国美术事业的发展，徐悲鸿先生最早倡导中西融合之路，即吸取西方精华融入中国绘画之中。在他的倡导下，涌现出蒋兆和、李斛、宗其香等一批老画家，他们既是实践者、奠基石，也是开拓者。

我有幸在美院跟李斛先生、蒋兆和先生等大师学过一段时间，对他们的教学体系我认为是非常科学的。现在提倡科学发展观，而美术教育也应该注重科学发展。绘画是一种艺术的语言，用画笔表达艺术家的思想感情。现在有些画不能称之为画，只能说是一个物件。画人物没有五官，或者就是模糊的人的轮廓，这怎么能称之为人物画呢？人物画要传神，而丢弃了对象的思想感情，也就是丢弃了绘画最根本的东西，这是不符合科学发展观的。因此今天纪念李斛先生，并不是单纯地纪念一位已经逝去的画家。李斛先生逝世20周年时我写过一篇文章，发表在《美术研究》上。我感到有一批画家为了中国画的创新做出非常大的贡献，这其中就有李斛先生。徐悲鸿先生是中国绘画的开拓者，是改革开放的全面倡导者，他在人物、山水、花鸟、走兽这些领域都进行了大胆试验；蒋兆和先生将重点放在人物画上，他把西方素描科学严谨的造型手段和中国水墨结合在一起，是里程碑式的典范；李斛先生在蒋兆和的基础上，在色彩乃至色调方面都结合得更为深入，他所画的风景画，其调子和抽象派感觉很一致。能用中国传统的宣纸材料，制造出这样的效果是很不容易的。因此李斛在中国美术史上是一个承前启后的改革派人物。此外，李斛先生为我们在处理画家与生活的关系，处理如何在生活中提炼素材的方面做了榜样。当时和李先生下乡期间，没有地方住，就住在马棚里，睡在稻草上，条件异常艰苦。但他却能在艰苦的环境中体察到生活的乐趣，体察到村民的感受，这一点的确令人钦佩。

李　松（中国美术家协会编审）

当时我在美院的时候是李斛先生教我们素描，后来还和他一起下乡，当时他的身体不是很好，而且因为政治运动搞得身心疲惫。李斛先生的成就很高，但他的一生却有很多不公平。一是老天爷的不公，他真正从事艺术实践的时间很短，仅有二十几年的时间，期间还有一系列的政治运动。徐悲鸿曾经给他很高的评价，说他在中西融合方面成就最突出。徐悲鸿在南京住院期间，列了一张中央美院的教师清单，其中就有李斛。当时李斛刚刚从中央大学毕业，就得到了如此的机遇，可见他的绘画功底之深，以及徐悲鸿对他的赞许。可是苍天早早就夺走了他的生命，让他没有机会在自己的艺术历程中再写辉煌。第二点是其经历的不公，他所倡导的艺术事件并没有得到更多人的支持。一个是1954年他所画的《工地探望》，当时《美术》杂志是拿来做封面的，可是却有人批评这幅画不是中国画。李斛先生是下了很大功夫的，当时中国画还有很多问题没有解决，而李斛、宗其香、韦启美都是勇敢的探索者，他们的人物画作品是具有研究意义的，堪称典范。还有一幅是《广州起义》，当时在展览后也得到一些非议，因为画面的处理方法在当时来看还不符合人们的审美。李斛先生在创作这幅画的时候下了很大工夫，画了很多速写，也做了很多探索，但是因为和当时主流模式不一致，因此不能为大众接受，这也是中国人物画在探索过程中的一个挫折。1974年所举办的“批黑画”展览也把李斛先生一幅作品拿了进去，其实并不符合“黑画”的特征。

种种一系列因素，使李斛先生在中国人物画探索方面所付出的努力没能被社会认可。不过，李斛先生仍然是一位卓有功绩的美术大家，他有天分且勤奋，为中国画的创新付出了努力。今天的展览很成功，希望今后也能为宗其香、韦启美先生举办展览。

王　镛（中国艺术研究院美术研究所研究员）

直至今天，我们对20世纪的中国画变革有了一个更清醒、更理性的认识。前几日炎黄艺术馆举办徐悲鸿的作品展，北京画院美术馆也举办李斛先生的画展，二者互相呼应，这使我们对徐悲鸿教育教学体系、徐悲鸿对中国画的改良，以及所谓的中国画变革有了一个更清醒、更理性的认识。回顾30年来，学界对徐悲鸿教学体系经历了一个由肯定到否定的过程。如今，徐悲鸿教学体系在中国当代美术教育中还占有很大比重，不过像李斛先生这样能够实践，同时又创造出一种新样式的画家、教育家并不多。为什么当时徐悲鸿先生称赞李斛先生是中西绘画融合最成功者，我想李斛先生实践了中西绘画融合，特别是写实主义，最根本的东西。为什么要有中国画变革，我想更深层的原因是时代的变化，是表现现代人物的需要。如果中国画只画古装人物、画仕女，像现在所流行的样式，那就没有必要变革。只要重复中国古代人物画方法，模仿古代传统技法就好。但是要表现现实生活就要靠西方写实主义精神，仅仅依靠传统技法是无法表现现实人物的心里写照，因此就要引进素描教学体系。我认为李斛先生最大的贡献就是在徐悲鸿整个教学体系当中，创造了两种人物画的样式，如果要举例来说，一个是《印度妇女》，一个是《关汉卿》。这两幅作品表现了不同的重心：《印度妇女》吸收了西画的素描光影，而且和传统中国画的虚实结合起来。在这幅画中他强调素描结构，把西画的明暗光影与中国画的虚实处理很自然地结合在一起。在《关汉卿》的处理上，他把人物的明暗光影淡化了，只是在面部有一些表现，整个人物形象是传统的，从这点可以看出徐悲鸿的探索。徐悲鸿的《泰戈尔像》和《印度妇女》的探索是一致的。李斛先生比徐悲鸿先生更多关注现实生活中的底层人物，注重表现对象的内在精神。

我认为李斛先生的人物画是20世纪中国画的全方位变革，无论专业还是形式都有所创造。所以在21世纪重新回顾他，对当代中国人物画创作应该有深刻的启示。

杨庚新（《艺术》杂志主编）

远去，归来，要说的话实在太多。我们今天开这样的研讨会，是对历史的尊重，应该还历史的本来面目。抛开学术层面、政治层面不讲，我觉得我们不应该忘记过去，不应该忘记这些大师的贡献。我看了展览有几个比较突出的感想：首先，我觉得李斛先生的中国画是新中国画，它不是简单的样式，而是有多种面貌，多种形式。他在这方面做了多番探索，不仅仅是简单融合中西。他在中国画这条路的探索上，以线讲精神、讲神韵。不过我们对此研究的并不透彻。其次，李斛先生不只是在绘画工具上的融合中西，我认为他是在美学追求，在中国精神的追求上坚持了民族性，将人物的面目刻画到这般入微的程度。我们在以广阔的胸怀吸收外来文化的同时，始终要坚持民族性，不是简单地把西方的素描、色彩拿来。今天系统地看了展览，我从中体会到了一种精神，一种探索精神。这种孜孜以求，甚至用生命去追求的信念，他一生都在坚持。所以说我们要以李斛先生为榜样，创作出让人动情、动心的作品。这是展览给我的感受，我愿意做一点实际的工作，为李斛先生做更好的宣传。

徐庆平（人民大学艺术学院院长）

各位老师都讲得非常好，大家对李斛先生的感情，不仅仅是师生之情，还有对他在艺术道路中所取得的成就那种仰慕、敬佩之情。李斛先生是一位大师，虽然“大师”这个封号目前使用得过于普遍了，但在我心中，他确实是一位大师。

他能够代表这个民族，形成了独具风格的艺术样式。他融会贯通，在吸取西方精华的同时又坚持了民族特色，因此对于“大师”的称谓，李斛当之不愧。李斛在融合西方与中国的同时都选择了高标准的艺术风格，而其涉猎范围也相当之广，这也是他的作品能感动人的原因。他的画比别人漂亮，比别人的整体观更强，美的因素更为突出。李斛先生曾对我说，他学画的时候，每一张作业画完以后，大家都回家了，他还要再画一个钟头，以便使作品中的美更为凸显。所以他的画就比别人更禁看，也更能感动人。而且李斛先生是带着激情去生活、创作和教学的。他是非常认真的一个人，凡事求真，无论是作画还是做人。他创作《长江大桥》的时候，有人批评他画的阴影不对，他说这是经过他非常深入的观察写生才创作出来的。为了画长江大桥，观察早晨朝阳的效果，他在太阳升起之前就起床到民族饭店最顶层观察色彩的效果。他反驳说，江里船的阴影就应该是这个样子。

李斛先生后来进入黑画家的名单，当时他的肝已经很不好了，宗其香、黄永玉、李斛都成了被批判的重点人物。挨批的理由是因为他画了江面上挂着各种衣服的小船，结果被说成诬蔑社会主义，社会主义无房住，人民破衣烂衫。李斛先生当然很委屈，不过还是在接受教育时和百姓同吃同住同劳动。经过几番批判活动，他最终因肝硬化去世。即使躺在病床上，他还在坚持创作，没有模特就画自己，展览中那张自画像就是他在临终之前创作的。

李斛先生是一位艺术大师，他一生都在追求美，一生都在进行艺术探索。他的作品在几十年后的今天仍能感动我们。这样的大师值得我们怀念和纪念。

梁　江（中国艺术研究院美术研究所所长）

我简单讲三点：第一点，北京画院能够坚持学术传统，始终抓到问题的根本，对20世纪中国美术史展开一系列研究。我身在美术研究所，却没有从事这样的研究，我感到很惭愧。希望北京画院能够继续发扬。第二点，李斛先生的画展给我一个重新发现历史，找回失落历史的感觉。如今通过李斛重新审视20世纪，这已超出了李斛个人的范围，因此展览的拓展性很强，价值也很高。第三点，李斛先生是一位卓有成就的人物画家，他的作品给人以真诚的情感，真实地表现了其高超的艺术表现力。通过李斛先生我们对于徐悲鸿学派，对徐悲鸿的贡献有了一个新的认识。徐悲鸿为20世纪提供了一个鲜活的个案，我想中国画家20世纪最大的成就就是人物画突破式的推进。而人物画是中国画中成就最大的门类，对于这一点，我想展览能给我们很好的例证。

田黎明（中央美术学院教授）

今天参加李斛先生的回顾展我非常感动。看了展览以后，我感觉作为后学，我们要继承老一辈的传统，这是我们的责任。徐悲鸿、蒋兆和的教学体系或教学学派，如何去弘扬、去发扬光大，我想在李斛先生的展览上，我领会了许多。我今天第一次见到这么好的作品，作为一个老师，我会尽我的努力，向李斛先生，向老一辈的大师们看齐，扎扎实实地做学问，老老实实做人，这也是中国画学院非常重要的一个传统。

刘龙庭（人民美术出版社编审）

我当时在山东艺专上学的时候就极为崇拜李斛先生，还曾经临摹过他的《关汉卿》和《印度妇女》。看李斛先生的画使我想到诸葛亮的一句话“淡泊以明志，宁静以致远”。半个世纪过去了，如今我们看他的画，依然能感受到宁静致远。我又想到刘禹锡的《陋室铭》：“山不在高，有仙则名。水不在深，有龙则灵。”我想说，人不在吹，作品证明。现在一些青年人，乃至老年人，简介中的吹嘘成分过多，可作品让人看后却很失望。

今天的展览，让人感觉格调很高，有一种“穷神变，测幽微”之感。时间不多，就说到这里。

朱理存（著名画家）

很多老同学知道李斛先生的展览后都积极来参加。这么多年过去了，李斛先生的作品还是那么激动人，有着极强的生命力，我感觉这个力是永恒的。李斛老师的人品和他教学的责任心，给我的印象非常深，让我难以忘怀。今天看到他的作品，对他的艺术有了更深的认识。如果他的生命能够延长，我想他的艺术造诣一定会非常大的。

之前感觉在中国画的领域里，他的笔墨还能够更成熟一些，但是今天看了这些作品，感觉这就是他的风格。现在的中国画已经很多元化了，有的画家素描的基本功已经超过李斛先生，可李斛先生在把握用素描充实中国画的内容，融合中西的这条道路上，有着更深的认识，他也是我们学习的榜样。

刘曦林（中国美术馆研究员、中国美术家协会理论委员会副主任）

历史是不能篡改的，它是一种客观存在。现在许多人对徐悲鸿、蒋兆和、李斛等先生恶评甚多，如果抛开这些偏见，单纯地去欣赏作品，有谁敢说他们画得不好。目前我们在学理上越来越深入，在艺术上越来越多元，所以对待各式各样的艺术流派也就越来越宽容。它们不是一派把另一派打倒，而是共同创造了历史。如果没有徐悲鸿学派，20世纪的中国人物画，将是何其惨淡。徐燕孙先生的人物画功力自然很深厚，但是若没有徐悲鸿学派对中国人物画的创新，那么今天的艺术将不会是现在这般面貌。当我们反醒文化传承这一问题的时候，常常会对徐悲鸿教学体系，对国外的素描恨之入骨，认为他们抹杀了中国画绵延了上千年的精髓。中国画是伟大的、自成体系的，但它同时也是开放的、兼收并蓄的。所以，我们要并行不悖的在传统的基础上继续深入，也要并行不悖地改革、开放，变得更宽容，这个时代才有希望。李斛先生为我们提供了很多有利于教学、经得起时代考验的作品，同时也为我们提供了进行自我反省的例证。

“超纵至诚——纪念李苦禅先生诞辰110周年作品展”研讨会

（根据会议录音资料整理）

时　间 > 2009年4月17日

地　点 > 北京画院美术馆五层会议室

主持人 > 李松（中国美术家协会编审）

主持人：苦禅先生是大家特别崇敬的一位前辈、一位大师，他留给人们印象最深的是两个方面：一个是道德人品，一个是艺术成就。他在当代中国画坛上的成就和地位是无可取代的，下面就请大家踊跃发言。

杨先让（中央美术学院教授）

徐悲鸿经常说，画，远看惊心动魄，近看奥妙无穷。苦禅先生的画近看远看都让人琢磨无穷。昨天《北京晚报》一篇文章写道："徐悲鸿一再说我是跟着苦禅学的素描，当时的学生还有刘开渠、王雪涛等这些老前辈。"一个中国画家学习西画，最后再脱颖而出走向了中国画，我想苦禅先生对花鸟画界来说，是一个很重要的研究题目。徐悲鸿提倡中国画融入西方素描，但并非是把中国画改为素描的面貌。西画是一个体系，国画是一个体系，徐悲鸿是希望学生能够熟练掌握一个体系后再走入另一个体系，不能说他阻碍了中国画固有的发展道路。徐悲鸿在美院的教学体系，在他学生那里得到了继续发扬：人物画方面有蒋兆和，山水方面有李可染，花鸟方面有李苦禅。这三位先生最初都是学西画的，但最终又走向了中国传统画法，并且有所创造。

现在有人对徐悲鸿教学体系大家批判，我认为这是很荒谬无知的。蔡元培在组建北大、清华的时候曾说，理科生要学一点文，文科生要懂得一点理，两者并不冲突。艺术是广阔的，我们应该兼收并蓄，不能把自己封闭起来。齐白石是中国艺术道路中的里程碑，是我们民族的骄傲，是美术界的骄傲，他的艺术高度后人难以逾越。可是我要说，我认为苦禅在笔墨方面超越了他的老师。在这一方面，齐白石也是认可的。不过我这么说并不代表李苦禅就超越了齐白石，只是说在某一方面他做得更为出色。

李苦禅对笔墨的研究极为卓绝，他是中国美术史的骄傲。中央美院继徐悲鸿之后还有李苦禅、李可染、蒋兆和，这是一种传承，是真正的传承，能在这样的学校学习是很幸福的一件事。

还记得红卫兵那个时代，苦禅先生遭到了批判，有一年的8月份最为悲惨。操场上空的太阳火辣辣的，艺术师范学院的学生来砸、烧我们的道具。太阳晒着、火在燎着，第一个挨斗的就是苦禅。他们让苦禅先生站在桌子上，把一桶糨糊倒在他头上，对他进行羞辱。可是苦禅先生的表情非常坦然，没有一点愁苦的样子。他们给他戴高帽子，戴不上就又倒一桶糨糊。想当初日本宪兵抓苦禅先生入狱，他是奋起反抗，以牙还牙的，但是这次他却没有。后来他和我说，当时那些都是国画系的学生，他能够理解他们。这就是苦禅，在亲人面前表现得那样宽容，在敌人面前表现得那样刚硬。这就是气派，只有这种气派才能画出酣畅淋漓的大写意。若是斤斤计较一纸书画能换来多少银子，是画不出的。在那次斗争之后紧接着就开始批评苦禅先生的画，首先是册页。那么一张张精彩的册页被接连着批判，简直是对艺术的蹂躏。可苦禅的表情依旧那样坦然，回家后吃饭、睡觉，安然极了，这就是苦禅。苦禅先生的笔墨完全是中国的气功，坦然之极，一笔一笔，丝毫没有急功近利，耍小聪明。所以今天我们学习他、纪念他，因为他是中国美术界的骄傲。

中国画历史悠久，成就斐然，但它和西画是两个体系，所以直至今天西方人还不太理解这门艺术。一些国内的画家大肆炒作，仿佛画面尺寸越大，气派也就越大。苦禅先生也画大画，但那是源自艺术需要，而现在画大画很多是为了展览需要，好像画面一大，写意的水平也跟着提高了。对此，我认为那是一种招摇和张扬。苦禅先生对中国画，尤其在大写意继承方面，是把自己当成了一根柴火，想着如何让火焰烧得更旺。现在改革开放了，国与国之间交流增强，人们眼界开阔了，可探讨的余地也更广了。倘若中国画界再不出现一些大师、大家，真是愧对于当前的形势。北京画院当年有齐白石、陈师曾、李苦禅，所以现在也要担当起领导的责任。值得高兴的是它已经在中国美术史的梳理和谱写中发挥了越来越多的作用，展览很成功，我很欣慰也很高兴。

李树生（中央美术学院教授）

今天重温苦禅先生的作品，感觉在近代中国的画史上没有人能够达到这样的成就。近百年来中国社会发展历经曲折，在这样一个动荡且变化复杂的年代里，苦禅先生确实是一位很有骨气的艺术家。在困境面前他总能挺得住，文化大革命期间，他的腰板挺得直、挺得稳，这样的艺术家画出来的画才更能够体现我们中华民族的精神。可是我们对他的认识并不够，对他的精神根底还要深入探讨。

如何驾驭中国的笔墨精神，用其体现人的精神，这是很深的学问。苦禅先生虽身处逆境，却每天坚持练毛笔字，这不是一天半天的功夫，而是日积月累的沉淀。现在年轻人的书法根基很不牢靠，这也是我们对民族传统笔墨掌握能力的一个障碍。书法和绘画的关系在苦禅先生作品中体现得非常清楚，他的笔墨线条同他在书法上的功力有直接关系，下笔有气魄、有力量、有力度。现在的画家很少能达到苦禅先生这般境界，因为他们下的功夫不够，没有功力的积淀就不可能用笔墨来表达自我的精神状态。大写意了不起的地方，就在于它的精、气、神，在于它所表现的是人内在的情感，而不是花鸟、山水的外在。苦禅先生师从齐白石，同时他又注重从传统中吸取营养。他临摹了许多明清大写意的作品，特别是对八大的推崇。因而他在笔墨上的技法一点都不逊色于齐白石，这是我通过展览得到的启发。

龚产兴（中国艺术研究院研究员）

林风眠快90的时候我去上海看他，见面第一句话就问苦禅先生怎么样。当年他请苦禅先生和潘天寿到杭州艺专当教员，苦禅先生来自北方，而潘天寿是吴昌硕的学生。林风眠说这二位大家是两座艺术高峰，可见他对苦禅先生的地位是很肯定的。苦禅先生善于运用枯墨，吴冠中曾经专门讲枯墨之难，画家没有几十年的功力是不行的。苦禅先生的淡墨画得厚重，这没有几十年的功夫也是不行的。我刚到美院的时候是做文字工作，有空闲就去看画，苦禅先生、可染先生、蒋兆和先生、李斛先生的画都挂在走廊上。当时看到那些作品，感觉大家不愧为大家。

苦禅先生常常临摹郑板桥、八大、徐渭的作品，他说郑板桥的竹子笔法太少，而对徐渭却是极为推崇。苦禅先生将大量工夫投入到书法和艺术修为的训练中，他是一个了不起的大书法家，今天的画展中还展示了他的几幅字。苦禅先生讲究“画，形也”，这句话是一个最完满、最精辟的论断，虽不是他创造的，但他对此有着很深刻的理解。

苦禅先生人品极好，他对齐白石、徐悲鸿等在京的大画家研究得很透彻，这些人的艺术特点是什么，哪里值得学习，他都认真揣摩。先生培养了很多学生，有的学生很穷，他就请他们吃饭，送画给他们，对待学生像自己家人一样，哪怕是后来文化大革命时遭到了学生的批判，他也没有怪他们。

刘龙庭（人民美术出版社编审）

在今天的展览中有许多之前没有见过的作品，因此使我们对苦老的艺术有了更进一步的理解。从事任何专业都不能局限于自己的小圈子，一个画家要成为大家就必须有忧国忧民的心胸和生死刚正的气魄，就像苦禅先生。苦老的人格魅力让我们感到非常骄傲。陈师曾提出文人画的四个条件：人品、学问、思想、才情。一个真正有思想见地的画家才能成为一个好画家。苦禅先生画的一花、一草、一鱼、一鹰，浓淡干湿黑白，令我受益良多，这才是真正的大写意。现在很多人对写意有误区，其实写意不单纯是粗笔，也有细笔。工笔中不仅有笔勾也有意勾。我们在进行美术教育的时候要注重传统基础、造型基础、书法基础和文史基础，相信如果坚持这一方向，我们的艺术界现状能够得到不少改进。我们不能盲目追求和世界的接轨，虽然要广泛借鉴，但是也要选择适合中国画体系的西画内容。

张守涛（北京中国画研究会副会长）

我不是从事花鸟画创作的，而是跟胡佩衡学的山水，早年时候和苦禅先生有过一些接触，今天想说说我的感想。苦禅先生从人品到画品都是中国画家的楷模。我小时候在白石老人家中见到的画家后来也都成为了大师，如苦禅先生和可染先生。当时我的老师胡佩衡先生讲，李苦禅先生从人品到画品都是了不起的，每次说到这里，他都会竖起大拇指。苦禅先生曾经用丈二匹的纸给毛主席写了一封信，胡老师听闻后，竖着拇指说这事只有苦禅才能做得出，别人没有如此的魄力。除此之外，我还听闻了苦禅先生从解放前到日伪政府，再到文化大革命时期的很多事情，尽显苦禅先生的铮铮铁骨。

苦禅先生的大写意画在中国画坛上开了一代新风。在他之前有徐渭、八大，不过他们的大写意有些苍凉怪诞。苦禅先生的画大气磅礴、恣意汪洋。正如龚先生刚才所说，苦禅先生能把淡墨用得深沉深厚，这个非常不易，也是需要功力的。苦禅先生的淡墨做到力透纸背的程度，这个难度是很大的。我在画山水之余也画一些花鸟，所以对花鸟画有些体会。其他人的花鸟画多是冷意苍凉、霸悍强怪，而李苦禅先生的画让人感觉伫立于大海面前，他的画像大海一样宽广、涌动、深沉，这就是我对李苦禅先生大写意画的看法。

施　宏（中国画院画家）

能亲见徐悲鸿先生是我的骄傲，并由于他的原因认识了苦禅先生。一次我去苦禅先生家请教他画鹰的方法，他说，你的画还不准，你要记住书到画时为高度，画到书时为极品。鹰的翅膀是用笔写出来的，而不是像你这样用铅笔画出来的，要写鹰而不是画鹰。短短几句话给我的启发很深。

徐庆平（人民大学美术学院院长）

中国今天能够在世界面前展现自己的艺术成就，展示一种不同于西方的审美，让西方人感到神奇。在中国的经济走向世界前列的时候，中国的艺术也能够受到西方的瞩目。倘若中国艺术的宝库中没有李苦禅先生的作品那将会逊色很多。80年代在我留学之前，常常去苦禅先生家看他画画。他已经超越了平凡，晋升为大师的行列。他作画时能够达到物我两忘的境界，他的所思所想可以非常自然地，无需雕琢地落于纸上。苦禅先生画画有个特点，就是能在画画的同时联想到很多有意思的事情。一次我在旁边看他作画，他说，有个画家画画的时候要先学老虎跳跃的样子，然后才去画。讲这些时，他的表情就像一个孩子。

苦禅先生的生活和艺术已经结合到一个我们所不能企及的高度。他把生活和艺术完全融为一体，在作品中自然地流露。如今一些画家作画时追求所谓的禅意，苦禅先生并没有刻意追求，因为他已经达到了那个境界，我想这就是中国画的最高境界。今天的展览真是一场盛宴，很多作品我之前都没有看过，有些还想再去临摹一下。

苦禅先生有着铮铮铁骨，曾历经种种磨难。他为了掩护进步人士，为了党的工作，被日本宪兵队抓进牢狱，后来"文革"时期又遭受了那么多非人待遇。恐怕人世间的世态炎凉他都已体验过，不过他已经到了一种完全忘我的境界，面对学生对自己的批判他并无怒容，因为他有一颗宽大的心。所以我觉得中国画所说的人品和意品在苦禅先生这里得到了统一。

感谢北京画院能够提供如此好的机会，感谢李燕如此好的保护，使苦禅先生的作品，他的艺术生命能够得到彰显和传承。

李　燕（清华大学美术学院教授）

展品有些是我从外面购得的，因为一些早期作品被人认为不真，所以价格比较便宜。在这里要感谢王明明院长，他上任之后将画库里所存的父亲的作品进行了修补，所以这些作品才能够如此好的保存下来。今天的展览意义特殊，因为展出了一些大家以往很难见到的作品，还有一些书、字帖的跋，希望观众看了展览之后能有所收获。

刘曦林（中国美术馆研究员、中国美术家协会理论委员会副主任）

我的老师经常用苦老的事迹教育我。毕业后我带着老师的介绍信去看苦老，给他带了一把山东红枣，也就不到半斤，可苦老见到我以后激动得不得了，还送了我一个画桶，至今我仍保留着。

今天看展览的时候，我是一笔一笔的看，沿着苦老的笔踪，看他的起承转合。敢问当今有几人能有此笔墨？中国画的支撑最后落实到形式上，笔墨的内在坚持很少有人达到这个高度。沿着这个笔踪寻其根性，一个是中国写意美学，一个是苦老的人品画品。苦老的字对当今中国画家的心态，对当今如何提高中国画的品格具有重要的意义，它为我们鸣起了警钟，时时敲打着我们。现在中国很多事情都讲商业化，当然不是说商品经济不好，而是我们不能陷入商业的泥坑里拔不出来。没有苦老这种人格，没有他和日本鬼子打来斗去的那种豪气，没有文化大革命斗不倒的那种文人气概、那种坦然的胸襟是达不到苦老的笔墨境界的。我深深感觉苦老的画就是他的人格。

中国画自成体系是应该肯定的，此外它也应该是开放的，不过归根到底中国画还要姓"中"。徐悲鸿走过路，苦禅先生也走过，最终形成了自己的风格特色，形成了民族特色。徐悲鸿主张素描是绘画的基础，然而通过素描要解决什么问题，我想还是中国画要姓"中"的问题。中国画写意和写实之间的辩证关系直到今天仍然值得我们反思。1952年苦老在给我老师的一封信中写道：国画艺术是纯洁而伟大的公共艺术，它不附一切威严权势。他这种注重实践的胸怀始终贯穿在与朋友的交往中。

李燕曾经说，苦老不仅画得好，他还是非常好的演员，唱的是京剧黑头。我想这才是中国的大写意，需要我们传承下去。美院的教育、画院的教育都需受到重视，需要传承。苦老的精神不仅传承他的一笔一墨，更要传承他的人格、画品、修养，传承中国人的写意精神和中国人的骨气。

王庆升（北京画院画家）

我在画院进修的时候苦老给我们讲过课，那时候对苦老的艺术还很缺乏认识，因为当时我以画风景为主。1972年在国际俱乐部画画，有机会和苦老在一起。当时我们在一个大礼堂里，苦老一画画我们就在旁边看，慢慢对大写意产生了兴趣。我曾借了一张苦老的画回去临摹，因为看他画得轻松所以也想试试，结果一晚上临了好几张还是以失败告终。苦老的淡墨用得漂亮，鹰的腿一笔下来，这点很难学。由此我体会到了什么叫笔墨功夫。我从心里佩服苦老的绘画功力，他画得漂亮、透明，不是简单就可达到的。通过苦老我进一步体会到了什么叫大写意，什么是中国画的传统。

再说淡墨，现在恐怕没有谁敢称自己是苦老的继承人，他的笔墨都是一笔下来。

苦老曾给我画过一幅兰花，那几笔兰花的叶子非常精彩，当时范曾也在旁边，不断拍手叫绝。苦老画到最后笔洗是干净的，他从开始蘸水、蘸墨，每一笔用到什么地方心中都早已明了。苦老不用墨汁，墨要研很长时间，他说用淡墨必须得把墨研稠了，研的时间越长，墨越细，淡墨才越出层次，这是墨汁做不到的。现在能够苦老这般功力的人不多，能够理解苦老笔墨的人也不多，理论界应该多培养这方面的人才。

如今活跃在美术圈的都是五六十年代的人，他们自称学传统，实际上并非如此。他们的墨是脏墨，画是蹭出来的而不是写出来的。苦老对我们的教诲我们要牢记心间，这对我们从事艺术创作非常受益。

王　镛（中国艺术研究院美术研究所研究员）

刚才大家都谈到苦老的人品、画品，还有人格、画格。他把人格、画格统一起来，并不只偏重某一方面。虽然人格是先导，但画格和人格是相辅相成的，因为画家会直接把人格和用笔联系起来。倘若为名利作画，那么人格和画格都会越来越低下。苦禅先生曾讲过，画家内心的书法可以提升人的品质使其高尚。我想他是把人格和画格高度统一起来，因此二者都很高尚。

我们从李苦禅先生的经历和著述来看，我认为他的人格是现代中国知识分子的独立人格，而不是一般意义上传统标榜的人格。他从小就受到“五四”精神的洗礼，因此特别强调独立人格。这种独立人格也折射到他的水墨画之中。他非常推崇八大山人，尤其是八大的章法。但他又具有一种现代知识分子的独立的、理性的分析精神。一般人都认为八大只是一种张狂的醉墨淋漓，可苦禅先生却认为八大的写意画有着非常严谨的章法。此外，苦老对所谓的东西融合也有自己的看法。在他的花鸟画中，并没有太多西洋绘画的痕迹。因为他是从精神层面来吸收西画有益的元素。他说外国人好于中国人的东西都可以学，八大、石涛要学，达·芬奇、罗丹也要学，所以他的东西融合是不露痕迹的。在更深层的角度上，他把一个现代知识分子的独立人格投射到他的绘画之中，这是更深层次的中西融合，是对文人传统的一种发展。

今年是“五四运动”90周年，也是李苦禅先生诞辰110周年，我们应该更全面地、更理性地反思“五四运动”以及当时徐悲鸿教育体系为中国画改良所做出的历史贡献。当然这其中也包括李苦禅先生，他在这个大的潮流中坚持从中国画传统本身创新，即使吸收了西方元素，那也是深层次的吸收西方科学的精神。现在有些人妄图彻底否定“五四运动”，这是历史的短视。我认为，从当代中国文化发展的角度来讲，我们应该进一步发扬“五四”精神，进一步发扬徐悲鸿教育体系中的历史贡献，发扬李苦禅先生将中国传统变为现代的精神。

杨先让：1952年徐院长在美院抓教学，所有的教员集中写生。油画要写生，国画也要写生。别的人还都在做准备，只见苦禅先生铺上一张纸对着苍鹿的标本就画，如果没有写实的功夫是做不到的。1928年徐悲鸿在北京办了一个展览，齐白石看过展览后说，我如果再年轻十岁二十岁我一定要学素描，一定要学写生。1935年的时候，陈师曾的夫人想为自己的公公，也就是陈散元画张像，最后找到齐白石。那时齐白石已经70多岁了，他说我已经很久没有画人物了，不过这是我的恩人，一定要我来画。经过一两个月的时间，肖像画好了，这幅作品极为精彩，完全以西画的方法画成。我们都知道齐白石是中国画领域的大师，连他也在学习西方素描，默默地在考虑中西结合的问题。我想在对待这个问题上，我们应该跳出中国画和西画的局限，以更高、更远的目光来认识和观察。

尚　辉（《美术》杂志执行主编）

20世纪已经离我们而去，而我们对20世纪的大家、大师研究得还不是很深入。如何以当下的文化视角去看待20世纪的绘画大家，是一个值得思索的问题。今天苦禅先生的展览还算不上是大型的回顾展，但是一些作品还是能够引起我们在研究上的驻足。比如本次展览重点展出了20世纪二三十年代，尤其是他早年学习八大的一些作品，让我们看到他在齐白石和八大之间是如何选择的，看到他如何最终形成了自己的个性和艺术风格，这一点给我们很深的印象。

从苦禅先生80年代前后画的一些巨幅作品可见，他的构图意识一直都在变化，这种变化其中就有对时代的思考。80年代以后中国画大写意为什么会衰落，我认为有三个原因：一是写实性。我们今天的美术教育基本都是写实性教育，这种写实性教育对观察方法和表现方法是有约束的。二是构图性。我们今天受现代笔墨思考的影响，特别是对绘画本体平面空间的研究比较深入。但是这种空间的划分和传统笔墨的关系并不大，所以通过很多展览我们发现一些作品的构图性很强，画面的视觉冲击力很强，但是仔细看过又觉得其中中国画的笔墨意韵非常少。三是孤世性。我认为传统文人画的核心是出世的，作品中寄托着一种孤世情怀，有特别孤傲的情节在其中。八大同当时的社会格格不入，因此要通过笔墨，通过写意来体现他的精神品格。而如今的作品却丢失了这些东西。

苦禅先生的作品改写了这种不足，他晚年创作了一些巨幅作品，长达二三米，但在这样的尺幅里他的构图性依旧很强。同时他的笔墨是经得起推敲的，有着中国特有文法的质感。写实性方面，他属于徐悲鸿体系，他的素描非常写实，但他并没有把写意花鸟画变成写实性的绘画。在对西画问题的理解上，今天人们的眼界和水平可能是有限的。在我看来素描关系并不仅仅是把握明暗关系、造型关系，它还把握明暗、远近和平面之间的一种关系。苦禅先生或许也是这样想的，他的很多花鸟画作品淡墨的铺底很少，在考虑画面的完整性方面他又吸收了素描的特点。苦禅先生学习八大山人，不是学他的孤傲、冷僻，而是学他的那种湿墨。苦禅先生的湿墨用得非常好，很多画家画不出那种层次，也就不能把大写意的精神境界灌输进去。苦禅先生从八大山人的湿墨中学到很多有益的养分，他的笔墨个性是平实的、淡泊的、敦厚的，在笔墨个性上同前人是一样的。齐白石学习的是吴昌硕石鼓文的用笔苍老，苦禅先生则执著于其中的敦厚。所以在他的作品中，哪怕是一个湿墨点也会让你感觉到很浑厚，很有力量。

李苦禅先生是20世纪花鸟画坛的一杆大旗，今天的展览意义重大，让我们在纪念他110周年的时候，重新反观历史，重新研究20世纪花鸟画的发展。

赵立忠（中国国家画院研究员）

在中央美院中国画系被称为“四大家”的几位老先生，他们没有一位是纯正的中国画科班出身，我称他们为“移民画家”。这四人一开始都不是搞中国画的，而是后来转入中国画创作的领域中来，最终取得了很高的成就。究其原因，恐怕要与他们广泛地从其他画种里吸收营养有关。这四家之中就有李苦禅先生和李可染先生，二位之前都学过西画。

我们现在都说素描和笔墨打架，往往顾了笔墨就顾不到造型，这是素描关系对笔墨的影响。素描关系包括光线、透视、空间、质感等等，这些经过训练之后融入脑中，再下笔时就不一样了。所以苦禅先生和可染先生的笔墨是那么的丰富厚重。近20年来中国画市场比较活跃，有很多人从别的画种跳到这个领域，其中有些转变的不伦不类。因为他们的思维没有转过来，体系没有转过来，表现也没有转过来，总让人感觉别扭。苦禅先生就不一样，他在二者之间能够进得去、出得来，真正做到游刃有余。这一点很值得我们钦佩。

于　洋（首都师范大学美术学院教师）

在这里我想谈谈苦禅先生中西融合的问题。在整个20世纪，中西融合已经是一个经常会被讨论的问题，而且这个问题关系到中国画前途和命运的讨论。而且每隔一段时间，我们都会听到“盲目崇拜”、贬损民族绘画的观点。苦禅先生对此却不以为然，60年代他曾经说，中国画驾驭世界绘画之表，这是很重要的观点。

今天我们对苦禅先生的绘画认识不够，对其理论、画论的发掘、整理仍然有待进一步研究。80年代有人说中国画穷途末路，对很多中国画大家加以批判，说苦禅先生的画是东西拼凑。其实从另一个侧面来看，东西拼凑也反映了中西融合的态势，苦禅先生的艺术确实是在东西两大文化中寻找生息的。苦禅先生在青年时代有两位老师：徐悲鸿和齐白石。让我们从三个方面来认识苦禅先生的艺术：

第一，章法和构图。他率先打破了中堂式的条幅，首创四尺三开，使整个画面在构图上具有视觉冲击力和张力，适应了现代人的审美需求。他从大自然中取稿，开创了中国画近代写意的新方向。第二，强调书法是中国画艺术之根，书至画为高度，画至书为极则。苦禅先生在杭州艺专教书的时候，冒着雨到芭蕉林去体会。为了感受荷叶荡漾的气氛，他划船去荷塘观察，这种外景写生的方法使他的花鸟里具有一种写实的成分，但是又不完全是对自然对象的盲目描摹，而是描摹之后又有创造。

杭春晓（中国艺术研究院美术研究所副研究员）

今天的展览为我们思考20世纪中国画史的问题和方法提供了一个机会。我们对画史的研究不能是感情研究而应该是理性研究，我们不能用情绪上的和感觉上的东西来做判断。刚才杨老师的发言很好，其中我有一点疑问。其实在齐白石画陈散元像之前，在他尚未认识徐悲鸿之前，或者更远上溯到晚明时期，民间就已有了这种画法，也称之为擦笔画。所以我说要抛离主观的情绪，以一种理性的方式来研究历史中存在的问题。

今天与苦禅先生的作品有了近距离的接触，这使我萌发了一个新的问题。即我们以往对20世纪绘画史的研究是不是过于拘泥于绘画本体之外的历史构建和历史流淌？李苦禅先生以绘画为本体去诉求，在以西画为背景来画中国画的问题上给了我们什么样的启发。怎么才能使我们摆脱简单化的历史描述方式，去围绕中国画历史演进史去重塑中国画的历史。

此外，李苦禅先生的西画背景对他中国画的创作到底有多少影响，这不应该是简单的理论层面上的叙述，而要更多地接触到或者深入到绘画原则和绘画细节中去。中西融合是一个对的话题，但是如果在一个大而化之的范围下，讨论中西融合往往会有一个误导，就是简单化的中西融合。每个画家在中西融合具体的手段和方法方面，以及他曾经所接受的视觉体验与感受的机缘都会影响他所谓的中西融合。从这个角度来说，中西融合甚至是一个伪命题。因为根本就不存在什么样的中西融合，即使存在中西融合，那中国画和西画的差异就一定是体系内部的差异吗？难道这些差异就一定大于梵高和董其昌的差异吗？我们当然可以谈中西融合，但不能大而化之地谈，而要延伸到具体的手段和方式。这也是本次展览对我的触动所在。

我们在谈一些话题的时候，由于过于理论和抽象化，往往会使本来正确的理论话题走向偏差。回过头再看，李苦禅先生的中西融合，他的两种视觉经验、体验的交融，体现为他对于淡墨的控制、质感、光感、场景化、视角化，以及墨法抒情方式等一系列很细节化的体验度。只有研究深入到细节化的体验中，我们才能把李苦禅先生这样的画家研究透，也才能重新反省和研究我们现在所看到的20世纪中国绘画史。

主持人：今天的研讨会很成功，不仅对苦禅先生的艺术做了深入探讨，而且对怎么认识20世纪绘画史和研究方法，也提出了很好的意见。苦禅先生的艺术值得我们深入地去研究。他的艺术是非常真诚的，正如我们今天的发言也同样真诚。研讨会到此结束，谢谢大家。

“方寸回望——贺友直连环画原作展”研讨会

（根据会议录音资料整理）

时　间 ＞ 2009年6月19日
地　点 ＞ 北京画院美术馆五层学术报告厅
主持人 ＞ 沈尧伊（中国美术家协会连环画艺术委员会主任）

主持人：今天贺老《方寸回望》的展览开幕，蒙北京画院和上海美术馆通力策划，使我们很幸运地看到贺友直先生的经典作品。我受王明明先生的委托主持这次研讨会，希望大家能够畅所欲言。我们这一代人受连环画的影响很深，小时候我最喜欢连环画，后来变成崇拜，再后来觉得贺老的作品最出色。《六千里寻母》这部作品非常感人，而《战斗中的伙伴》、《山乡巨变》、《朝阳沟》、《李双双》，《贺友直画三百六十行》这些著作在中国连环画的各个阶段都堪称经典之作。

连环画在建国后得到了新生，因为当时中国有几亿文盲，这就需要对连环画进行大力扶持。连环画事业经历过两次高峰：第一次是从50年代末到60年代中期，第二次是从“文革”后到80年代中期。经过这两个阶段，连环画的发展就从俗文化逐渐演变成为雅俗共赏的文化，提高了艺术水准。其中，贺友直就是这个转折点的代表人物，他的《山乡巨变》则是这个转折点的标志。

经典的力量是永恒的，主要有以下几个方面：第一，尚辉先生曾在上海主持过贺老的展览——“阅读一个时代”，主旨在于表明贺先生的作品反映了那个时代。上世纪五六十年代，从文化角度、艺术角度、审美角度看问题，看那个时代人的心态、面貌，农村的气象，这些都在贺先生的作品里反映得很清楚。从审美角度来说，这是对历史最好的，也是最本质的描述；第二是从生活、从传统中吸取营养，最后融合起来所体现的一种艺术历程，这个过程是非常值得研究的。贺友直的《山乡巨变》，三易其稿，在前两次被否定之后，贺友直终于明白了飞跃的意义。这个飞跃不得了，它不只是贺友直自身的飞跃，也是整个连环画的飞跃。从这个飞跃以后，我们就行走在喜马拉雅山峰之上了。贺友直带动了一批年轻的作者，使我们中国连环画的水准达到了一个很高的境界。当时很多人学传统，也有很多人在学线描，几乎所有的人都是深入生活去下功夫的。学术界应该好好研究这个规律，因为我们每个人都希望有这样一个巨变，这样一来，美术界的整体水平就会上一个很高的台阶；第三点，贺先生做学问的严肃态度很值得我们去学习；第四点，贺先生是自学成才，最后做到了美院的教授，成为我的老师。他在创作、理论以及教学方面都达到了一个高度。这个经验非常值得总结，对我们有很深的启示。希望像贺先生这样优秀的教师，可以把自己的优势、优点传承下去。人不可能脱离传统，贺先生的作品就是传统风格的代表。通过这次研讨会，我们应该好好总结，把传统的优势继承下去。

谢春彦（著名画家、艺术评论家）

我代涵予先生宣读一下他的文章，题目叫做《三言五语》：“听说贺友直在北京画院举办这个展览十分高兴，我很喜欢贺友直的自画像，他说他的自画像是半拉的，曾经寄给我一幅，在画册上也常常用他自己的自画像。妙在他的眼睛是在镜框上来看人，不是透过镜片。这种看是窥视，偷看也，趁人不备。正因为如此，所以贺友直的艺术眼光与常人不同，他观察生活、观察艺术，他的思路也不一样。他非常准，入木三分。他的想法出人意料，皆关乎于此。我认为他的这张自画像十分精彩，解决了他创作的要害问题。你看他的思维方式和创作特点，跟他的人一样，很风趣。他的画也因此有强烈的个人风格。他的画和他的人一样，浑身都是戏，处处都是戏，祝贺老朋友的画展成功，我不能到场，十分抱歉。”

从前我受到不好的学院派影响，不喜欢连环画，虽然我是解放以后看着连环画长大的。但是后来看到贺友直老师的连环画，尤其是《山乡巨变》，开始觉得连环画不可小看。北京画院今天做了三件事：一是做了一件好事；二是为美术界做了一件美事；三是为像贺友直先生这种落伍的连环画家做了一件善事。中国由于种种原因，主要是政治、功利的原因，在很长一段时间内非常重视和提倡连环画。我很同意贺友直先生的说法，他说中国那个政治意义的连环画时代结束了。所以在这样一种状况下，北京画院举办这个展览，很有历史情怀，也很有人情味。

历史是不能割断的，我们现在常常以尺论画，以尺论钱，连环画就成为上海人所说的阳春面。我们常说要和国际接轨，我看文化是不太能接轨的。从贺友直先生的创作，他的创作经历以及他的艺术意识来看，他的接轨是跟老百姓接轨，跟自己的喜好接轨，所以他画了一辈子平民老百姓。他自己就是从平民百姓中走出来的，艰难地奋斗出来的，所以从贺友直的作品当中，我们可以明白地看出一条线：那就是他其实是在画自己的那个阶层，从这一点来说，他可以做到人画统一。我认识很多先生，那么我所认识的这些人当中，到底谁是真正的历史人物？我认为贺友直是可以成为从平民队伍当中走出来的平民艺术家的历史人物。

陈履生（中国美术馆学术一部主任、研究员）

我发言的题目叫做《由大众发展到小众的蜕变》。为群众服务的大众美术，其发展在延安时期以来就已经成为美术发展的方向。继1949年以来的推广，这种为大众服务的大众美术得到了史无前例的发展。因此，属于大众美术范畴内的年画、连环画、宣传画、漫画的普及，甚至成为过去那些不屑一顾的国画家、油画家们所为之努力的事业，这实在是历史的一种奇观。因为基于为大众服务的目的，专业画家转入到大众美术之中，就成为思想改造的一种成果，所以大众美术的整体水平得到前所未有的提高。发展是因为社会的需求，20世纪50年代甚至80年代初期，一有大事小事，与之呼应的宣传画、连环画就立即刊行，如影随形。

现在一方面是因为宣传工具集中在广播、报刊上，另一方面是因为社会文明程度的提高，不允许随便张贴，所以宣传画随着时代的进步很快便消失了。像2008年抗震救灾和北京奥运会，这些在过去正是宣传画大显伸手的机会。虽然北京奥运会、抗震救灾期间，各地也印制了一些宣传画，可是能够进入眼帘的非常少，不像过去那样铺天盖地，甚至进入到家庭。无法在几十年之后，还能成为一种视觉回忆。现在，有限的宣传画基本被摄像所替代，讲究绘画形态的连环画已经在新世纪消失得无影无踪。当摄影术发明之后，有人提出了摄影将取代绘画的预言，这没有在绘画整体中显现，却在宣传画中显现了出来。新技术对传统绘画的影响，主要表现在电视、网络等技术发展之后。近20年来，将过去被几代人通读的连环画，变成了一个收藏的品种，将过去的辉煌变成了历史的记忆。

当曾经受连环画影响的一代人，还能娓娓道来些连环画的故事；当身处连环画时代的美术家们，依然怀着崇敬的心情，谈论那些叱咤风云的连环画家的社会影响，这也都已经成为历史。王叔晖的《西厢记》、刘继卣的《武松打虎》、王绪阳、贲庆余的《我要读书》、顾炳鑫的《渡江侦察记》以及贺友直先生的《山乡巨变》等，这些画家在连环画艺术方面的成就，在20世纪美术史上占有重要篇章，他们确确实实影响了几代人。作为一个时代中的连环画艺术，本次展览的展出将会把我们引到一个历史的回忆之中。对很多人来说，是以历史的链接来调动文化的情感，展现一代艺术家的才智和积淀。可以说贺友直是连环画时代的代表，他从1949年开始创作第一部作品《福贵》，以及后来绘制的连环画、小说插图及少儿读物90余部，近万张的数量。这种发生在一个人身上的文化创造力的显现实属难得。20世纪因为社会的发展促进了大众美术的繁荣，同样是因为社会的发展也让大众美术在历史的转型中成为往日的故事。贺友直以及贺友直先生的艺术，是这段历史当中最为精彩的篇章。遗憾的是学界对他的研究严重不足，我觉得这是我们大家都应该反省的。

李　松（中国美术家协会编审）

1979年中国美协组织了一个连环画家的学习参观组，副组长就是贺友直先生，我们当时称他为贺总。贺先生带领我们一个多月时间，从那以后我便一直把他当作老师对待。在我印象里贺友直是这样一位画家：当其他一些画家已经放下了画笔，不再画连环画，甚至有些人不愿提自己是连环画家出身的时候，贺友直却始终不改初衷，这种精神是非常可贵的。此外，他以自己作品与理论的探索，把连环画这样的画种提高到一个新的高度。贺友直从青年、中年、老年，再到年庚耄耋，一直都在为连环画艺术增添光彩。所以作为一位艺术家，他创作的黄金时期从青年时期一直延续到今天，这是一件非常了不起的事情。贺友直先生的艺术有几点给我感觉比较深：一是，他的作品画如其人，风趣而幽默，具有个人的艺术特色。他的幽默是一种深刻的幽默，有的作品看过觉得很好笑，笑过以后又能引起深思，能从中感到一种人性的力量。二是，他的作品有趣而耐看，是一种高尚的谐趣。可以说贺先生的艺术是对现在文化界低俗、庸俗风气的一剂良药。三是，作品中那种情真意切的描写很能感动人。许多作品我都反复地看，每一次都能受到感染。他总结的“四小”，以及对细节的表现，总能丰富我们的精神世界。例如在处理《李双双》作品中的一个环节时，贺先生曾经讲到，如何表现“家里不会开除你”这句话的含义。他用钥匙表现“家”，用孩子将钥匙递给爸爸这样一个动作表示“不会开除”，这种细节的刻画可以说在文学作品中都是没有的。这是画家以自己的生活和感情的体验把故事形象丰富了。他的作品，有些在构图上留有空白，这空白却因前面已有的铺垫而显得感情丰富，例如《白光》中对结尾的处理。这些都是画家丰厚的生活体验，以及充沛的情感寄托所得到的艺术效果。

此外，在连环画界，贺友直总结的理论文章很多，这些都是他切身体验得到的。当初在美院的时候，学生就很爱听贺友直讲课，因为他所讲的都是从创作实践中总结出来的经验。这些经验具有普遍性，不管对连环画家还是其他画家，都有很好的启发。贺先生艺术的最根本之处就在于他丰厚的积累，还有他对艺术的严谨态度，所以他的画不管放大几倍或几十倍，都经得起看。有的出版社就把他的作品印得很大，作为画家学习的范本。最后我要说，贺友直先生对连环画、对当代美术所做出的贡献是不可磨灭的。

尚　辉（《美术》杂志执行主编）

今天在这里看到贺友直先生的连环画展览十分激动。贺友直把他一生的作品全部捐献给上海美术馆，我在上海美术馆工作的时候，就有幸可以零距离地看到、触摸到这些作品。之前在上海美术馆策划的展览叫“阅读一个时代”，展览中我们重现了上海里弄中阅读连环画的现象。今天北京画院主办的展览同样引起了美术界、连环画界的震动，我觉得这是贺友直先生作品魅力所造成的影响。我在为贺友直先生撰写展览前言的时候，用了“读图时代”这样一个词。“读图时代”是当今很熟悉的语汇，在信息爆炸的时代，我们所看到的重要信息主要是图像信息，因而我称此为“读图时代”。同时我又想到贺友直的作品，它所产生的时代同样也是一个“读图时代”。而这两个“读图时代”的概念又不尽相同。解放之初，社会所要解决的首要问题是农民与土地的问题。那个时候很多人的文化程度不高，于是党的方针政策主要是通过连环画的形式对群众进行宣传、教导。所以连环画在那个时代的发展，有时代的背景和特定的历史时空，所以产生了一批像贺友直这样的连环画大师。当时阅读连环画的层次是一个大众群体，但并不能因此说连环画的艺术成就是大众的。实际上连环画艺术在当时是一种精英化的，有高度艺术水准的创作方式。所以我们今天重新回顾贺友直这些连环画作品的时候，仍然能够被感动，其原因就在于贺友直先生表现故事的方式和他说故事的本领。我觉得贺友直在这方面拥有了非常高的艺术成就。

我们今天所说的“读图时代”实际上与之前说的“读图时代”并不一致。我们今天所谈的大众化，是艺术本身创作方式中的大众化。例如一些卡通、动画形象，是普通观众也可亲身参与的绘画创作。另一方面，通过对贺老作品的收藏、研究，通过与他不断的接触，我发现贺友直先生是一个非常幽默风趣的人，是文化修养非常高的一位老人。他虽没有很高的学历，但他的文章却写得很好，能够简洁、有文字味道地呈现出来。他观察事物的敏锐力和对一件事物的呈现能力可能是我们一般画家所不具备的。他将连环画的创作理论概括为四小，即小道具、小动作、小动物、小孩儿，这是他说故事的一种方法。今天来看，我认为贺友直作品中最经典、最具代表性的是《山乡巨变》。它的经典性在于贺友直把文学作品完全用绘画的形式呈现出来，并且打上了贺友直个人的文化修养和对这个时代独特认识的标记，呈现在这部作品背后。我觉得这是很多连环画作品中很难看到的地方，也是贺友直创作的高妙之处。在众多的连环画大师中，贺友直最能总结自己的艺术创作成就，乃至于对时代进行理论化、学理化的思考和分析。尽管贺友直创作中的文学性对于我们以及下一代已经有些陌生，但他对于读图时代所创作的一些方法，在今天看来仍然有很多借鉴意义。例如在《山乡巨变》中龚子元和亭面糊的一段对话，如果用电视、电影的表现手法，需要很长的镜头，完全是对话的表现形式。而贺友直先生运用很多画面切割的方法，变换各种场景构图来产生画面的变化，这种手法在今天的电影、电视、卡通动画中已经使用了。所以说连环画在今天虽然还处于一个低迷的时代，但连环画艺术的表现方式却出现了一种新的转换。我相信贺友直先生的艺术成就，依然能对当代产生深远的影响。

刘　千（中央美术学院教授）

我有机会能够认识贺友直还要感谢江丰，他是美术界一个了不起的人物。江丰担任中央美院院长的时候有个愿望，就是成立连环画系。他在50年代就想成立这个系，不过在反右运动中遭到了迫害，以至于这个愿望没能实现。1979年，江丰上台后再次找到彦涵和我，让彦涵担任系主任，这是有目的的。因为在美术学院旧体制下，对版画是看不起的，对连环画也是看不起的，所以请延安的一个老画家来当系主任。后来江丰说要把贺友直请来，因为贺友直是在连环画界修成正果的。我当时奉命到上海人美社去请贺友直来美院授课，不过江丰同志去世后不久贺友直就离开了美院。没能把他留在美院发挥更大的作用，是中央美院的一大损失，也是个严重的错误。

中国的动画起点是很高的，可是如今我们的动画业还不能跃居世界前列，这是因为美术教育的路子没有走对。我们的连环画和年画能达到这样的高度，这在世界上都是首屈一指的。我想如果以中国在连环画和年画方面的创作水平，我们的动画业应该会取得很好的发展，这还需要像贺友直一样的艺术家继续发挥他们的本领。

冯　远（中国美术家协会副主席）

贺友直先生是一座富矿，他的艺术价值和艺术水平，在不同时期的评论界与美术界都能够挖掘出它的意义。即使是今天，我们仍然会带着一种敬畏、崇尚的心态，来看他的艺术。作为一个连环画创作者，早年我便受到连环画的熏陶和文化的早期启蒙教育。虽然现在我涉足于国画界，并客串了文化行政管理者的角色，但我一直以自己是位连环画家为荣。

我认为连环画艺术在任何时代都是集编、导、演于一身的，它和时下很多艺术展览中大量的平面画、独幅画创作是不能相比的。我们的连环画艺术确实出现了大师和巨匠，今天再来看贺友直先生的作品，可谓常看常新。我相信随着历史的推移，他将穿越历史文化的烟云，在不同时代激发出不同时代人们的审美热情。贺友直先生的价值，我想在我们美术评论界还应该继续挖掘。从文化普及的服务角度讲，文化的启蒙教育和图像的经典传播方式，是党和国家所提倡的公共文化服务体系中的重要内容。我国13亿人口中一半以上是农民。在农村和农民工这样一个城市边缘的状态下，文化的传播、艺术的传播方式就是我们当下仍然需要研究、解决的问题。贺友直先生以及当时的那一代人，包括姜维朴先生和沈尧伊先生，他们为此做了不可磨灭的历史贡献。我相信，这种传播方式在今天会变换一种传播方式，继续承担它的文化使命和责任。

贺友直先生的艺术讲究关注生活、关注现实、关注人，关注不同时代人的喜怒哀乐。总而言之，贺先生的艺术很早就体现了“以人为本”的思想。他关注社会底层人们的生活，那是一种艰难的生存状态。小人物是怎么生活的，我想这是今天全社会仍然需要关注的事情。时代变了，但精神内涵、审美价值以及艺术家的使命不能丢。如今生活富裕了，我们可以看电影、阅读电子读本，还有其他各种各样的文化娱乐方式，但艺术传播的核心价值理念和基本方式不能丢。

作为一种通俗读物，我们常常把连环画定位在青少年或老年人群体，而忽略了中间人群，像城市人或白领阶层，这些不同受众对象的身份。但实际上，与连环画相类似的卡通在日本、韩国非常盛行。从某种意义上说，这是中国式连环画一种现代的，根据时代和人们审美演进的变形。那么，是不是中国的审美和通俗读物都要顺着卡通一路走下去，到最后会卡通到什么程度？我想这个问题一定常常萦绕在艺术家、评论家以及文化传播工作者的心中。从这个意义上来讲，贺友直先生的艺术可谓常说常新。

时代在发展，当今社会已经变得多元化，人们进行文化选择的自主性和自主意识不断增强。在这样的读图时代，电视几乎成了发展中国家文化消费的基本方式，像《潜伏》、《人间正道是苍桑》牵动了多少人的心。但是在这种故事叙述的过程中，我们少了一点艺术的欣赏与回味。说故事的艺术和艺术的故事，不完全一致。于丹的讲演非常精妙也鼓舞了很多人，但是她需要一种语言的转换。从抽象变为具象的读图过程中，图像其实是最为直白，也是最易教化人的方式。从这点来看，连环画的意义和价值就在于此。面对今天的影像艺术，就像我们熟悉的各种晚会和风靡一时的二人转，真正能够留下的又有多少东西呢？如今人们的思想平面化、功利化、速效化，这从文化传播、艺术传播以及通俗读物的角度来说，是艺术工作者、创作者和管理者必须面对的关乎时代变革的命题。也许多少年以后，贺友直先生当年的艺术会变换为另一种方式，在未来的中国成为广受劳动群众欢迎的新型文化传播方式，这是我们可以预言，也是可以期待的。

在没有消费能力的时候，我们尚可以靠几分钱购买连环画从而去亲近经典，亲近文化、历史和文化图像。如今富裕起来的中国人，我相信他们更需要这些。所以说无论何时，具有审美价值的文化阅读都是一件奢侈品。从这种意义上来说，可能将来贺友直先生的后辈们会推出更精致、更具有观赏性、阅读性和思想性的读物。姜维朴先生已经大声疾呼，沈尧伊先生也已创作了史诗般的连环画巨作，上海人民美术出版社为此不遗余力地去做推广普及工作，可谓功莫大焉！

主持人：刚才冯远先生从“以人为本”的高度阐释了连环画的意义，并且特别关注了大众文化概念，这的确是现今特别需要关注的问题，下面我们请邵大箴先生谈谈。

邵大箴（中国美术家协会理论委员会主任、中央美术学院教授）

我很尊敬贺友直先生，对他的艺术也一直很关注。贺友直不仅对连环画创作具有重要意义，而且在中国画和中国美术事业中也功不可没。连环画作为艺术的基础，对其他艺术门类也存在影响。贺友直先生是20世纪重要的美术大师，他取得的成就与那些国画、油画、版画大师不相上下。我们往往关注国画、油画、版画、雕塑方面的艺术成就与理论，却对连环画有所忽视，这是非常不公平的。贺友直先生呕心沥血地发挥自己的创造性，每一部作品都非常有特色，每一部作品的风格都不同。贺友直有自己统一的风格，不过他讲究同中求变，作品画面都是经过反复推敲的，因此可以说贺友直先生是连环画界的一座高峰。贺友直对艺术规律作了很多研究，研究的基本点就是虚拟和真实。所谓虚拟是在真实的基础上创造虚拟的东西。艺术是生活的反映，但它并不能和真正的生活相雷同。既表现出生活的真实，又保持了虚拟的艺术语言，这是贺友直的高明之处。虽然讲的是文学故事，但是画面的处理却非常吸引人。他的画不仅线条把握得好，而且用墨、构图、虚实关系都处理得恰到好处，可以说是一位真正的高手。

此外，贺友直先生作为一个范例，引发我们讨论20世纪大众文化和精英文化的关系。有人认为，20世纪的艺术在大众文化领域取得了很高的成就，但在精英文化领域却没有上升到相应的高度，即便有也仅仅是因为出了几位国画大师。我认为大众文化和精英文化不是对立的，普及的艺术也可以达到很高的精英程度，贺友直先生就是一个很好的例子。他的连环画在方寸之间体现了高明精妙，既是精英的艺术，又是大众的艺术。看贺友直的作品，不一定所有人都能对他的艺术语言有很好的把握和接受。观众能从他的作品中有些许领略，精英分子也能体悟到其中的精妙，甚至能够以此推动中国艺术的发展，所以说他的艺术是雅俗共赏的。贺先生所创作的国画册页《白光》精妙极了，一点也不亚于现在的水墨画家。

贺友直写了很多关于连环画创作的研究文章，在艺术创作的原理、规律这些问题上写得很细，可以说这些原理和规律是具有普遍意义的。随着时代的发展，艺术形式也在不断变化，现在的形式不可能和五六十年代还保持一致。但是不管形式如何变化，这种用平面的艺术语言来表达深刻的思想内容，表现社会变革的方式不会因新的艺术媒介出现而泯灭。希望在贺友直之后还会有人继续探索和创造，那样连环画这种普及性的艺术就还会在新的历史时期发挥它的光芒。

李　新（上海人民美术出版社社长）

感谢中国美协，感谢北京画院王明明先生，能为贺友直先生举办这样好的展览。作为后生，除了感谢，我想讲一下贺友直先生这10年来的生活和工作状态。在现在这个和平繁荣的时代，画家的生活条件大大改善了。我见过很多画家的画室，用富丽堂皇来形容一点也不为过。但是贺先生却是在近几年才有了一个四平米左右的画室，老人家曾经很得意地说“我也有自己的画室了”。他的阳台是改造过的集盥洗、淋浴、储物间于一身的狭小空间。在这种环境下，先生仍然感恩生活、感恩社会，用自己的能力回报社会，在如今这个消费时代他没有迷茫。很多画家的生活条件提高了，但创作水平却没有相应地提高，他们往往满足于技艺上、功力上的表现。社会仍然需要有激情的艺术家，如果连环画还能继续发展的话，希望各位艺术家还能回归和关照它，参加一些这样的创作，保证一种新的进化。

谢春彦：前段时间贺友直在上海举办了和夫人结婚60周年的庆典，那一天有点历史的隐喻。这既是他私人生活上的庆典，同时也是他创作历史的庆典。庆典体现了一个小市民冗长的生活状态，贺友直就是这样一个人。我觉得贺友直的时代结束了，那个意义上的连环画时代也结束了。贺友直作为一个平民阶层，小学毕业，今天能够到北京画院来展览，说明北京画院、中国美协的大度和雅量。刚才冯远先生和邵大箴先生给予贺老很高的评价，不是恭维的话，而是真心实意的称赞。相信贺老内心是感激的，因为触及到他内心的深处。我在这里要补充一点，贺友直先生不仅是一位伟大的实践家，同时也是一位理论家，一位“经验主义理论家”。他的经验是了不得的，这些经验用上海话讲，就是“记得牢”、“搭得拢”，并且总结出一个六字真言，即好看、高雅、功夫。

连环画是政治功利的产物，是生活故事的翻译，不过有些政治在今天看来，党中央认为是过了，故事也失去原有的光彩。但贺友直的创作十分“狡猾”，他把具象的东西抽象出来，这一点很值得研究。他在《贺友直画三百六十行》中有一个“打花会”的情节，如果用语言来表述恐怕十分钟也说不清，不过贺老仅仅用了几百字，就把旧社会这种“赌”的活动描述得很贴切。他的文字功夫就像他《山乡巨变》中的白描不输给任何人，因为他心里干净。

主持人：连环画在这个年代很多人不愿意再提，20世纪90年代初，当连环画开始下滑的时候，连环画家出于对连环画的深厚感情自发地组织了一些活动。到目前为止，连环画队伍的发展是健康的，因为它没有大起大落，是平稳的发展，势头依旧不减。自己组织创作、发行刊物、整理资料、总结经验、参与出版社的再版工作，我觉得这是一个很可贵的队伍。其中一个代表就是王家龙先生，那么请他说两句。

王家龙（连环画收藏家）

我读贺老的作品已经50多年了，可以说是经贺老艺术的乳汁哺育出来的。我认为贺老是新中国连环画的骄傲，原因有六点：一是他创作了许多具有里程碑意义的经典之作；二是他创作出了一系列典型的人物造型，为中国人物画廊增添了许多栩栩如生的典型形象；三是为连环画的理论建设做出了重要的贡献；四是将中国的连环画推向了世界，让世界公正地、全面地认识到中国，特别是新中国的连环画创作；五是贺先生培养了很多人才，不仅在学院里授课培养，而且在自己的工作室也口传心授；六是当前很多连环画家出于各种原因都已经转行，但贺老却一直坚守于连环画的岗位，默默无闻地为连环画事业继续发挥自己的光和热。

贺友直（著名连环画画家）

对于刚才王家龙先生所讲的话，我需要做一个声明。1976年，北京荣宝斋寄给我一封信，让我画人物画，上海朵云轩也曾经请我画扇面。我当时就想，以后的艺术创作要转型。不过当我冷静下来，认为自己不是这块料。首先，如果我对这个人物不了解，该如何去画。他们让我画李白读图，我对李白的思维不了解，根本不知道怎样画。让我画竹林七贤，七贤是哪七个人我不了解，所以我觉得自己吃不了这碗饭。我是社会底层出身，所以很了解这些人，于是我转型到风俗画。艺术转型就像自行车转弯，要慢慢地转，如果转得很急是要摔跟头的。在连环画界就有这样一位画家，他的连环画创作很出色，不过后来转型到仕女画创作领域，结果却很糟糕。有人说我，你死抱着连环画，难道是想为自己立贞节牌坊么？我对此很恼火，认为是对我的一种侮辱。有人说，你的《白光》不是国画么？一听就是外行话，连环画是连环画，独幅画是独幅画，我的作品是摆在桌子上看的，不是挂在墙上欣赏的。这些我都明白，我是个明白人。

安远远（文化部艺术司文学美术处处长）

我对贺友直先生心怀一份敬意，因为从小看着连环画长大，后来又在美院接受了教育。贺先生对我们这代人的滋养，这份感情我们是不会忘记的。社会上总有一些人，非常坚定、执著地守着自己的信念，他们为历史成全了一片灿烂的星光。贺友直先生在连环画这个行业里为我们留下了非常永恒的标准。如今动漫行业发展得很快，不过目前它还只作为一项产业，并没有上升到事业的高度，也没有相应的学术标准。今年10月底文化部要举办一场全国的动漫大展，这次展览是由文化部产业司和艺术司合作的。在合作的过程中，经过几次讨论，大家达成了一个共识，那就是在这次“首届中国动漫艺术展”上，一定要把我国连环画和动画的成就全面展示出来。以此表明连环画对动漫创作的影响。

中国优秀的连环画传统，在动漫产业中却没有得到很好的发挥，这是我们的一大遗憾。不过随着各方面事业的发展以及产业投入的增加，一个新的机会即将来临。我们的连环画、漫画这些历史的积淀，会有一个更全面的展示机会。它会在新时代得到一种认可，而不仅仅局限于专业人士的圈子内，我认为这就是坚守的意义。走了这么多年的弯路，新的篇章也许就要开启，希望我们的努力能达到这样一种效果。此外，贺友直先生将他大部分作品捐献给上海美术馆，这让我非常感动。只有经过美术馆这种公共服务系统的保存，作品的历史意义和文化价值才能得到最大程度的发挥，使更多的人在其中受益。

李树声（中央美术学院教授）

20世纪30年代就有人预言说连环图画会产生伟大的画手，这个画手确实在20世纪下半叶就出现了，那就是贺友直先生。中国连环画的历史并不长，它是随着印刷术的改变才出现的。最早画连环画的是吴友如画室的成员，直到1925年世界书局出版了一系列连环画作品，这种艺术形式才最终以“连环画”定名。不过后来由于商家掌握了连环画这种普及读物，从而导致当时大部分连环画作品可以说是粗制滥造。

中国的连环画有着自己的特点，那就是从章回小说演变而来，并且后来吸收了电影、戏剧的表现方式，再后来中国的连环画艺术创作受外来因素的影响比较大。那时受外来影响的还有连环漫画艺术，像叶浅予的《王先生》和张乐平的《三毛流浪记》。解放以后，虽然在北京还有像任率英这样的连环画家，不过连环画创作的大本营还是在上海。且高水平的连环画手仍要以贺友直先生为代表。如今有一个很不好的现象，就是对外来文化，对他人风格的照搬硬抄。现在打开电视，会发现很多中国自己制造的动画片，其中的人物造型和国外的极为相似，完全没有了中国的特点。希望有关领导对这一问题加以重视。

姜维朴（中国版协连环画艺委会主任）

今年是建国60周年，各行各业、各种艺术都在发挥自己的功能，我们连环画界不能落后。正如刚才李树声所说，如今的连环画正处于瓶颈状态。不过我们还应看到连环画优良的历史传统，这是不可以丢掉的。在过去，文化部、中宣部的领导，上至国家总理对连环画事业的发展都很重视。但就目前看来，国家有关部门领导对这一问题的重视程度明显不够。

贺友直的展览在北京开幕，可以说王明明院长做了很重要的工作。贺友直作为老一辈连环画家的代表，我们应该把他的作品、他的艺术风格、他的创作精神传承下去。同时我建议，今天的会议精神要向中宣部、党中央反映。在此呼吁中央有关部门领导，加强对连环画的重视力度。目前对动漫产业的重视是应该的，但程度上有些过了。现在的动漫总是以经济盈利为目标，这样下去会有很大风险。我希望中央部门要加紧对青少年读物的关注。连环画一方面既要和动漫合作，另一方面我们也不应该望洋兴叹，而是要努力将它更好地发展起来。既要走向世界，也要走向广大的农民群众。农村的休闲娱乐还是很空洞的，我们应该有计划地让连环画逐步走向农村。所以说，现在的连环画再版工作不要搞得太豪华，要让农民能够消费得起。在建国60周年之际，希望上海人美和北京人美继续再版一批连环画作品，从而带动连环画读本的普及工作。

贺友直：我觉得中国连环画走到现在这个地步，这是它的命运。因为它有一个致命的弱点，即非原创性。连环画如果仅仅靠改编，那么油画家、版画家都可以进来吃这碗饭。像法国的连环画，故事是画家自己写的，这样一来油画家、版画家、雕塑家就无法涉足这个领域。这就是为何中国的连环画经不起外国动漫的冲击。上海人民美术出版社作为美术出版社的四大家族之一，现在也只能靠着再版连环画来混饭吃，处境是很悲惨的。我斗胆说一句，要想让连环画重新振作起来，只有靠文化政策的转变才能实现。就像现在，一些社会问题是没人敢画的。如果国家允许画家反映这些社会问题，一定有画家会跳出来以此为题材进行创作。

主持人：很高兴各位领导以及连环画界的朋友能够出席本次研讨会，我认为它的意义主要在于对今后的启示。很多人说现在的连环画就是炒冷饭，把过去的事重新提一提。我不认为这是炒冷饭，应该叫做总结。人类的进步就在于总结，延续好的事物，淘汰不好的事物。对于连环画，我认为好的事物可以归结为一点，那就是传统，是可以留给后人的。经典作品的意义是永恒的，这种永恒就在于它的传统。中国的传统文脉延续了几千年不曾断裂，这在世界上也是少见的，所以我们中国的传统需要代代传承。

"造化天工——吴作人写生作品展"研讨会

(根据会议录音资料整理)

时　间 > 2008年8月10日

地　点 > 北京画院美术馆五层学术报告厅

主持人 > 邵大箴（中国美术家协会理论委员会主任、中央美术学院教授）

主持人：吴先生是20世纪非常重要的一位艺术家，他在油画、中国画的创造方面做出了突出的贡献。连接他的油画和中国画的一个重要方面就是写生。此次展览汇聚了吴作人先生比较优秀的写生作品，这些作品平时不太容易见到，反映了吴作人先生在写生方面取得的成就。写生问题是美术史范畴内经常讨论的问题，特别是中国画方面尤其热烈，其中涉及到怎样写生、如何写生的问题等等。在油画方面写生也是一个重要问题，所以今天我们借本次展览的机会来讨论这个话题是很有意义的。首先请陈履生先生发言。

陈履生（中国美术馆学术一部主任、研究员）

“写生”问题是在20世纪50年代提出来的，经过一代艺术家为之努力，成就颇多。实际上写生问题是20世纪绘画史一个非常重要的话题。站在吴作人先生的作品面前，我们感到“写生”在当下的意义是尤为必要的。这些写生作品表现出来的瞬间感觉以及画家对瞬间景象的捕捉，与空调房中慢条斯理地对照照片画出来的感觉是不一样的，因为它充满了感情，充满了一个艺术家的智慧，以及他特有的一些技巧。

我们看到在二层展厅有一把阳伞，它其实告诉了我们这些作品充满了阳光、雨露和汗水。并非空调房中所诞生的慢条斯理、静穆的绘画。那种写生的状况和感觉，对于当下绘画具有启发和意义。写生和创作的关系不需要我们今天在这里继续去论述，但是我认为这个展览给我们的启示，尤其是作品本身表现出来的力量，它的绘画性正是我们今天需要特别关注的话题。目前我正在参加全国美展北京地区的评选工作，其中就发现有一批作品完全是对照相片创作。今天看到吴作人先生这些写生作品，我有一种特殊的感受，就是希望艺术界的同行们能够向吴先生看齐，创作出具有真情实感的作品，谢谢大家。

詹建俊（中央美术学院教授）

今天展览的作品，有些看过，有些还没看过，感触很深。在座的很多我想曾经都受到过吴先生的教诲。多少年之后，尤其是经历过改革开放，很多年轻学生对于画素描，对于创作与写生的关系存在疑问。看过展览，我感觉一个艺术家，尤其是从事写实油画的艺术家，如果不经历写生的练习，很难有较高的成就。吴先生不仅把写生作为一种练习，一种研究自然的手段，而且还把写生变成了一种对生活的态度、对艺术的态度。现在有些年轻人认为照相可以代替生活了，其实相机根本不能代替艺术家的双眼去观察生活。

我很欣赏吴先生三四十年代的作品，这些作品反映了艺术、写生与照相的区别。古人云：“师造化，夺天工。”仅仅有造化、自然，没有艺术家的加工是不行的。展览中有一幅先生画的《驼蹄》，是一只骆驼的蹄子。但即便是平凡的事物，吴先生都会花很长时间去观察、研究，最终创作出精彩的作品。展厅一层的人体素描，概括且到位，是经过对描绘对象仔细分析、研究之后用精炼的艺术语言表现出来的。在自然物象面前，如果没有分析、研究是画不出来的。照片仅仅有形象，而没有对自然的提炼和研究。从相片中提炼和在自然里提炼是完全不同的概念。因为自然为我们提供了丰富的绘画因素：形体、色彩等各个方面。而再好的相机也只能是把自然真实地反映出来而已，相片是平面的，想要从其中得到生活的感受是不可能的。我常常说要到生活中去画速写，在自然之中感受自然精神，体会自然的丰富性，此外还要提高表现生活的艺术语言的能力。

展览中的素描作品都是经过形体分析的，色调和手法很单纯，没有太多细小的东西，但是非常丰富。仅仅用几根线条就把形体表现得如此洗练，并且用线表现出客观对象丰富的变化。目前很少有人具备这种能力了，首先是不具备这种态度，其次是不具备这种能力。吴作人先生的艺术能够在生活中提炼出绘画的本质精神，用艺术家的心和手来把自然中富有灵性的、本质的事物画下来。我们年轻的画家要注重锻炼自己，使自己能够在艺术作品中反映出现实生活的丰富性。

我年轻的时候常常画速写，随着年纪的增长也就不愿意再去四处奔波。现在条件好了，很多人会派专车来拉材料、画箱、画布和颜料，既然有这么好的条件我们就应该好好珍惜。当时我们写生的时候，这些工具都要自己背着、扛着，爬山也是背着工具徒手攀登。

生活里有吸引我们的精神，这是我们从这些老先生身上得到最大的益处。今天的展览让我有一个感想：写生不仅仅是技术层面的问题，同时也能锻炼我们对生活的感受，锻炼自己的身心，锻炼艺术语言的能力，它是任何现代化工具取代不了的。现在很多当代艺术，不再以绘画为媒介，这个另当别论，不过只要是从事绘画的艺术家，就要注意“师造化，夺天工”的精神。

靳之林（中央美术学院教授）

我和侯一民老师的人体素描都得到了吴先生的教导，我想在这里简单地说几点：第一，吴先生的油画民族化问题是在写生中完成的。不仅如此，他的很多艺术理念都是从写生中完成的；第二，吴先生中国画的成就，是西方写实传统和中国笔墨书法相结合起来的。中国画的意境、笔墨，也都是在写生中完成的；第三，吴先生始终没有离开过社会生活，始终都在关注国家的命运、人民的命运。从抗日战争到解放初期佛子岭水库的建设，再到1958年“大跃进”时期的画家入乡，吴先生一直是和社会生活紧密联系在一起的。他对社会生活有感而发，然后用过笔墨、速写，通过各种手段表达出自己的真实感受。吴作人先生主张写实，但是反对逼真，这是他多次跟我强调过的。所谓“夺天工”并不是逼真，而是有感而发的艺术表现。这也是后来我们常讲的艺术“源于生活、高于生活”。 吴先生主张画速写，但并不是强调要画得快。速写是对运动中的现实对象的把握，是中国绘画中“意”的抒写，因此不能以速度快慢定优劣；第四，我们现在把写生和创作分开，对此我始终不同意。写生是有感而发，在画室中创作也是有感而发，为什么要把二者割裂开来？艺术家的作品可以在写生中完成，当然也可以在画室中完成。因此不存在写生和创作的区分。所以我希望下一代人在进行艺术传承的时候，能够改变这种现象。

梁　江（中国美术馆副馆长）

展览很亲切，作品让人感动。吴作人先生的作品中有一种来自现实世界的真情实感，这是很多照片虚构作品所无法代替的。今天的展览展出了大量严谨的作品，从中我们可以充分地看到吴作人先生坚实的基本功、高超的造型能力，还有他对艺术的执著，以及所投入付出的巨大劳动。在这些作品中，他清晰地表达了自己的艺术理念和艺术态度。我在广州美院读书的时候，曾经临摹过吴先生的素描，也关注过他的骆驼和金鱼，但在今天的展览中有一些令我感到我意外的作品。比如他的《驼蹄》和《驼头》，作品画得非常认真、细致。吴作人先生的这些作品相当程度上代表了中国的美术学院在教学上的严谨精神和良好传统。我们目前的教学很多时候已经不采用这样的方法，也不再坚持这样的艺术态度了。吴先生的作品现在看来就像是一个远去时代的象征，通过展览我们又回忆起那个年代，获得些许启发。吴先生的展览向我们展示了一个绘画大家的艺术之路，对此我们应该思考与内省，如何才能走上艺术的成功之路，我想这正是展览的意义。

潘世勋（中央美术学院教授）

我在吴先生的学生中间算是进入师门比较晚的。不过幸运的是，美院在1959年实行画室制，成立了吴作人画室，而我正是这个画室的学生。这段时间因为有比较好的政治气候，所以也是吴先生传达其教学主张和艺术思想最充分的阶段。

近代有三位大师，强调写生和速写，而且作品又卓有成就：叶浅予、吴作人和黄胄。吴先生非常强调画家要“夺天工”，他在上课时常说，“夺天工”基于“师造化”，只有很好地研究自然、研究生活，在这个基础上才能达到“夺天工”的境界。

上次纪念吴作人先生百年诞辰的时候，我整理过先生的教学笔记。他很少给学生讲方法，甚至避讳讲方法。他画画的时候不太讲自己是如何画的，而是主张学生要用自己的眼睛去观察自然，自己的方法去绘画，他很反对用别人的方法画画。他说每个人的生活经历不同，走的艺术道路也不同，自己应该在观察、写生、体会的过程中找到适合自己的方法，这是他教学思想的核心。

吴先生的动物速写是画得最好的，可以说是前无古人、后无来者。特别是他画的羚羊，别人很难模仿得来。我们拿自己画的作品给他看，他对我们说，不能一开始就画得很草率。吴先生在法国留学时，因为法国美术学院没有助学金，所以未能入学。他曾到法国的马戏团里去画马，其中有几张画得非常精细，马腿的局部极为细致、耐看。不过后来开始画速写，一笔勾一个轮廓，画得很轻松。老师常常拿他的画给我们看，为的就是让我们认认真真地去研究生活、研究自然。

一次他和叶浅予先生讨论构图，叶先生说“合理方合法，合法便成章”，这也是他对构图的看法。“合理方合法”，是指首先要符合生活之理，他所强调的“生活之理”不是生活的表象，不是长、短、光线的比例、解剖这些，而是强调生活的道理。展览中的一幅《骆驼》让我想起一件事，当时我们班画骆驼，吴先生看了一位蒙古同学的作品，说骆驼的嘴画得不对，看着不太像。他说，问题就在于骆驼嘴部的肌肉是非常松弛的。在哺乳动物中反刍类的动物里，牛有四个胃，骆驼有三个胃，他们的消化系统不同于其它哺乳动物。它们需要不停地倒嚼，所以嘴部的肌肉是非常松弛的。吴先生常教导学生善于观察生活，虽然他只教了我半年，但对我来说是终身受益的。

吴作人先生要解决的是画家创作与观察的很多根本性关系，他不太主张学生走他的路子，只是偶尔提醒一下。比如画松树时颜色不对，他不说颜色要如何调，而是告诉你这个绿里面也有红。有时他会说，我画松树时暗部里是有暖色的，但仅此而已，绝不多言。从中可见吴先生作为一位美术教育大师是如何以一种高屋建瓴方式引导你掌握艺术的方法。现在有些老师教你“长了、短了”，虽然也是写生，但是达不到“夺天工”的地步。我很怀念吴作人画室的那个时代，当时他的速写，包括一些大的油画就放在画室里，我们随时都可以看，可以临摹。不过吴先生是反对我们临摹，反对我们戴别人的眼镜，即便是大师的眼镜也不能戴，而是要我们自己去画。

尚　辉（《美术》杂志执行主编）

吴作人先生是我们耳熟能详的一位20世纪油画大师。对于他的创作过程的研究，尤其是他如何油画民族化或者说油画本土化问题的探索和研究，我认为是不足的。这次展览无疑为弥补我们的研究不足提供了一次良好的契机。

写实油画的本土化在第一代人身上体现得还是很鲜明的，或者说第一代油画家和我们今天所谈的油画本土化在任务和对象的处理方式上还是有区别的。因为第一代油画家身上兼备着国学和西学的传统。正如吴作人先生，刚刚从欧洲留学回来马上进入到中国，那么在这个时候他是怎么进行油画本土化的改良呢，这是和我们今天看到的他的写生活动和写生作品紧密相连的。很多油画家在欧洲留学的时候，在人体的造型方面接受了西方教育的头身比例1：7的说法。欧洲人比中国人的身材要高，头身比例自然不一样，同时肤色也不同，这些都是一些细微、具体的东西。但是在谈到民族化、本土化的时候，往往正是由这些细微的元素所决定的。展览中吴作人先生画的藏族妇女，包括兰州的黑土房、江南的稻草房，这些都和他留欧期间所画的对象有别。所以我认为在谈到本土性的时候，由于对象不同，所以色彩体系和造型方式上也要发生转化。

另一个重要问题，吴作人先生的国学功底比较深厚，这和我们今天所讲的对中国文化的理解还是有很大区别的。实际上吴作人先生画过很多中国画，他对中国写意性的理解，以及对中国诗词格调的理解与把握与我们现代人是不太一样的。所以他在进行油画本土化的时候带有中国人内在的诗情，因此可以把很强烈的灰调转化为带有甜美的诗意。比如那幅《甘孜寺复道》，天是西藏的蓝天，同时天与藏房之间又具有内在的协调。也就是说他在看到对象并进行色彩系统转化的同时，也包含了中国文化和中国格调的渗入。我认为这是第一代油画家在进行本土化创造时与我们今天所存在的区别，这种区别同吴作人那一代人关注写生密切相关。

另外我想说的是，吴作人先生当年进行的写生也是和当时的政治环境紧密联系的。正因为有抗日战争，一大批文人、画家进入到中国的腹地，进入青藏高原，开展西北之旅，才开启了20世纪40年代以来中国画家去表现青藏高原的历史，而吴作人无疑是其中的开拓者。

孙美兰（中央美术学院教授）

首先要感谢北京画院组织了“20世纪中国美术大家”一系列展览，每次看完我都很受教育、很受启发。我已经在内心将其视为20世纪或者21世纪初中国美术的顶级殿堂。对于老一辈先生的作品，不是短时间内能领悟的，要反复看，反复去消化。展览中经常会有很多导引性的引言、序言包括对作品的解释，我认为这是对学术、对艺术水平的注重。

有时在回想和吴先生的交往过程，有一点很不能理解。当时他执教于中央美术学院的时候，总是特别提倡美术家和史论家都要认真去读《文心雕龙》。我一直不能领会他这样做的缘由，后来在吴作人百年展览之后，我又把吴先生任院长期间送给我们的《文心雕龙》拿出来读，现在有了一些体会，在这里想要和大家分享。

刘彦和为什么能把整个中国美学建立得这么完整、这么系统，而为什么吴作人先生所画的一张速写、一张小油画，哪怕是一张人像或者一张很小的风景，都能得到一种别人所得不到的儒雅，给人一种别人无法达到的人格精神。我通过在《文心雕龙》中寻找，发现吴先生提倡“意象”，技巧要表现“意象”。而刘彦和最强调四个字——“澡雪精神”，元代的王蒙也提到这一点。“澡雪精神”用经典的现代语言解释就是“灵魂洗澡”， 由此可见刘彦和提倡对灵魂的洗礼。刚才很多同志都提到“师造化，夺天工”，“夺天工”要基于“师造化”，同时又是“师造化”的升华，它要升华自己的人格、精神和心灵。吴先生的写生是他美学思想体系的一部分，是他画中国画和油画的基础，在这个基础上，我们可以看到很多闪光的地方。这些作品，我们或耳熟能详，或目观能详，但是看过还是想看，这是因为随着我们精神的成长和升华，慢慢体悟到其中的高妙之处。

由此我又想到了石涛。石涛对20世纪的画家有着广泛而深刻的影响，那么他与刘彦和、与《文心雕龙》又有什么关系呢？我们知道石涛提出了著名的“一画论”。 他的“一画”思想与刘彦和的“澡雪精神”是有联系的。“一画”强调“搜尽奇峰打草稿”，而且在这个过程中他强调“洗心”、强调“脱俗”。他说“一画”并不是人们所理解的一条线，或者是“形而上”的老庄思想，它是一个主体和个体，心和物相接而构成的图画。吴先生的写生，动物也好，风景也好，人像也好，不管他画什么，他都会把自己的心灵投放进去，所以他的画有儒雅之气，有别人达不到的境界。

正如潘先生刚才所说，“师造化”是“夺天工”的基础，“夺天工”是“师造化”的升华，但在这个过程中，我们要学会“排障”。 做理论研究也好，画画也好，都要排障。这个“障”不除，很难画出好的境界。即使技巧再熟练，如果心灵的境界达不到，还是无法“夺天工”。 所以我联系到《文心雕龙》，再联系到石涛的“一画论”，对吴先生的教诲慢慢悟懂了一些，那就是“古今法障、一画不明”。如果心灵有障碍，则一画不明。一画明，则从心，画从心，则障自远已。所以如果有障，那么画就达不到境界。“从心”一定要清净心灵，清洗灵魂。做到这些之后才能谈师法造化，若能有所领悟，画家便不会用相机来代替自己的眼睛，更不会代替自己的心灵。“夺”要有广泛的修养，其中包括中国画的修养还有西画的修养，既有古代的广博，也有现今的精神，这些就是我的体悟。

李树声（中央美术学院教授）

“写生”的概念不是今天才有的，唐代的张璪就已谈到“外师造化，中得心源”。五代时期，荆浩在其《笔法记》中说自己在太行山中携纸写生松树万株，方得其真。太行山的自然景观令人惊叹，“因惊其异，遍而赏之。明日携笔，复就写之。凡数万本，方如其真”。第二天，他遇到一老者，老者对他说画画要“度物象而取其真”。就这一点而言，我认为在吴作人先生那里得到了出色的继承。

明代王履说“吾师心、心师目、目师华山”，还有董其昌的“行万里路，读万卷书”，以及石涛的“搜尽奇峰打草稿”，可见从古至今我们“师造化”的传统，写生的传统始终没有断。只是“五四”、“新文化运动”之后，由于借鉴了西方的写生方法，从而纠正了中国画明清以来程式化、闭门造车的局面，也就是吴先生讲的“人造自然山水”。明清的山水画将笔墨和客观对象分开，因为当时的山水画已经积累了前人大量的经验，总结出了《芥子园画传》，总结出各式各样的画法，因此画家不需要到自然中去就能画画，而且很快就能掌握绘画技巧，于是写生从此与绘画脱离开来。

西画强调写实，因此需要艺术家直面对象。而明清以来的中国画讲究胸中丘壑，强调艺术家的主观感情，因此忽略掉了到自然中，到最原始的对象中去感受和体会。只要按照前人总结出来的规律去画，这样创作的画就变得非常程式，变成失去了灵魂。近代的“写生”概念摆脱了明清以来的程式绘画，再次回到自然中去，回到所要表现的对象中去。作品是直观自然所得，然后以客观为依据再进行艺术加工，所以“五四”以后“写生”概念的提出对近代中国画的发展起到了非常好的作用。

吴先生很喜欢“师造化，夺天工”这六个字，还将此刻成印章。他说这六个字总结出古人优秀的传统，很辩证地把主客观的关系都解决了。只有“师造化”才可以“夺天工”，这是由客观到主观的过程。吴先生批评西方现代画家只“夺天工”而不“师造化”，他说这样完全是搞主观的东西。今天的展览以“造化天工”为题，我想也是看到了这一点。

杨　礼（原中央美术学院党委书记）

我的老师是李桦先生，他同吴先生一样都提倡要画速写。那时候我写报告到三门峡去搞毕业版画创作，打算做一套三门峡组画。吴先生去的时候三门峡刚开始动工、钻井，我去的时候三个岛的墩子已经建起来了，时间先后差了一年多。可惜的是我到那儿没多久就接到电报赶回来，后来学校开始“反右”斗争，我的创作也半途而废。10年之后，我在中国美术馆看到这幅作品时，感觉非常震撼。因为我亲自去过三门峡，黄河在这里有个很宽的河面，接着突然一个大转弯又变成一个很窄的峡谷道，几十里外的地方都可以听到黄河怒吼的声音。如果不亲临现场，是不会感受到黄河水在这个地方转弯之处的力度和力量，感受到它的奔腾，那是很稠的黄泥在奔腾。三门峡有三门：神门、鬼门、人门，三岛：人岛、鬼岛、神岛。那时候，苏联专家说花岗岩是世界上最坚硬的岩石，即使几万年的冲刷，那些棱角也是冲刷不掉的，而中流砥柱石正是迎面对着山门的那块岩石。我看着吴先生这幅画久久说不出话来，他给我的感受没有任何一张作品可以超越。三门峡工程结束以后曾经出版了一本摄影集，里面没有一张可以传达出这种力量。由于三门峡工程的失误，这个地方已经没有了，可吴先生有作品将它记录下来，这是任何摄影作品都无法捕捉的力量。

我于1953年考入中央美术学院版画系，那时徐先生已经去世。版画系的李桦先生、古元先生都是提倡写生的，后来我由于工作调整脱离了艺术创作，整整30年没有画过画，不过在此期间我依然坚持画速写。有一次我生病住院，身体略有好转就开始画速写，画抢救病人的情景，画值班的护士，画病友康复的愉快场景。吴先生到医院去看我，对我说“精神可嘉”。30年来，我虽无法从事版画创作，但速写一直没有停。现在我退休了，又能画画了，经常和一群离退休老干部一起画画，参加文化部、文联举办的展览。前年，我在电视中看到袁隆平的报道，突然生起要画他的念头。我认真读完了他的传记，看他的照片，后来慢慢形成我的构思，画了一幅袁隆平的素描像，还参加了文化部老干部的展览。后来农展馆馆长想要收藏这张作品，虽然没有收藏经费，但我认为很有价值。作品一经展出，一些同行说，杨礼的素描还是过关的，这张素描画得很传神。我想我能于30年之间没有丢下画笔，有赖于吴作人先生、李桦先生对我的教诲，我很感谢他们。

朱青生（北京大学教授、北京大学视觉与图像研究中心主任）

北京大学有一个视觉与图像研究中心，其中有三个工作板块：当代艺术、世界艺术和古代艺术。对于吴作人先生档案的整理就是当代艺术研究的一个重要组成部分，这个工作已经做了四年。这次展览我们做了一些仔细的工作，比如画册中有一些照片是在北大拍的，有一些画的记录是在我们这个项目中逐步完成的。不过相对于北京画院和王明明院长，我们的工作实在是微乎其微。

目前，对于写生展有一个比较重要的课题，在这里向各位老师汇报一下。实际上我们今天遇到了一个大问题，就是所谓民族文化的复兴问题。如今民族文化的复兴中有一个矛盾，即学院式教育从西方引进的体系。倘若我们强调了学院式的教学方法和写生方法，那么在这个系统中实际上包含了一个历史上的状态。然而这个系统遮蔽了中国以前的美学系统，也就是说今天的学院式系统并非中国古代美学和文化的必然延续。

中国的写生概念并非后来美术学院强调的写生概念。中国文化博大精深，可以吸收西方绘画精髓，整合为自己的资源，为我们的审美和精神文明服务。另一方面，如果这个核心价值转变的话，我们今天又该如何完成民族文化的伟大复兴？如果在复兴的过程中自己的核心价值得不到体现又该怎么办？这对文化发展来说是一个共同的问题。我们能做的就是对一些艺术家的档案进行整理，在这一工作中，我们找到了一些问题的关节点。比如为何徐悲鸿、吴作人等人到了西方之后没有学习西方的现代派，而是学习西方的学院派，并将其引入中国，建立了中国的学院系统。这是一个绕不过的问题，为此我们在调查基础之上进一步开展研究工作。我们开始研究油画的技法，例如比利时在荷兰这个系统中间，它之前的油画是用何种技法和观念建立起来的，这又和它自身的美学系统逻辑有什么关系。

此外，如果沿着《文心雕龙》这样的理论继续研究中国对于自然的讲法是不是一样的？我们发现同样是说造化、说自然，但二者是不同的，二者的区别非常关键。如今知道了这个区别我们就可以去选择，但却不能对此全然无知。于是，我们对写生这件事情赋予了极大关注。写生不是直接去写现实的自然，而是将人和文化投射到外界中去，然后才能看到它。先有人的眼睛，才有被眼睛看到的自然；先有文化，才有被画出来的作品。艺术永远是文化的反映，并不是单纯的事物就能映射到心灵，映射到艺术中。如果这个问题说不清，我们就无法回答目前世界学术界对中国艺术的一大评价。世界学术界对中国3000年的文化传统很尊崇，但同时他们又称对中国近30年来的艺术成就很重视，因此有了“3000年、30年”的说法。这个说法的出现与中国当代艺术的问题有着密切关联，它是我们不能回避的问题。因此，如何解决这30年出现的情况与一代代老一辈艺术家包括徐悲鸿、吴作人先生做出贡献之间的关系，就是我们研究的重点。经过我们比较仔细的学术工作，使得很多问题在论证过程中证据确凿、进一步深化。在这里我想说，只有把基础的工作做好，才能为民族文化的复兴问题奠定理论上和科学上的基础。

唐　辉（《荣宝斋》杂志主编）

今天如此近距离地欣赏了吴先生的原作，我想谈两点感受：第一，他的作品给人以强烈的内心震撼。虽然都是小画，但亲切之后有一种震撼。吴先生写生的高度，是我一辈子都难以企及的。他对生活的观察和对细节的把握，他的艺术修养以及他的技法，是后人很难达到的。第二、他的作品具有怎样的意义，对我们有怎样的启发？“外师造化”从唐代就已提出，经北宋范宽一变，又经清代石涛一变，到了近代的齐白石可以说他把“外师造化，中得心源”的理论发挥到一种极致。如今21世纪当代艺术的发展与传统、学院派教学是怎样一种传承关系，我觉得今天的展览带给我们很多启发。荣宝斋画院一些高研班的学生基本上还是在画照片，他们对山水、对造化的理解存在一定差距，我想吴先生的所作所为能让现在的艺术家得到反省。北京画院的功劳很大，对我们当代的画坛有非常重要的意义和价值。

李　松（中国美术家协会编审）

我们把个案的研究积累起来会使我们的理解更深入。展览的作品有些就已构成了我们当代的美术史。比如那幅《涿县》，那里就有古元的壁画。《永靖石窟群勘察现场》描绘了考古学家、文物学者还有美术家一起勘察的情景。当时的条件极其艰苦，吴先生将其画了下来。除此之外，便没有其他对这一事迹记录的作品。还有《麦积崖石窟群》，当时的形貌与现在完全不同，这些都是很珍贵的历史，被吴先生在写生中记录了下来。我想倘若有人愿意研究这些作品背后的故事，也是很有意思的事情。

靳之林：我认为我们对美术史上一些老先生的研究还是远远不够的。今天的年轻理论家可能有一个思想障碍，就是如今绘画进入到现代绘画时代，如何去看待这些老先生的地位，这可能是研究的一个瓶颈。虽然对他们的历史成就给予肯定，但还是停留在简单的概念上，没有更深的研究。我觉得可以抛开这些问题，去做一些具体研究。比如吴作人先生是在比利时学画的，现在一般认为他在比利时学画继承了弗拉芒画派的传统，我的老师艾中信先生在文中如此写到。但我认为，凡·代克代表的弗拉芒画派在19世纪的比利时已经不流行了，它的一些技法在当时已经失传了，所以怎么能说吴先生继承了弗拉芒派的传统。我认为他的老师巴斯天更多是受巴黎画派的影响。经过仔细研究我们发现吴作人先生的油画技法更多元素是来源于库尔贝的。吴作人先生在《三门峡》这件作品中使用了刮刀，显示出更多的库尔贝元素。库尔贝的刮刀使用得很强烈，效果很好。吴先生的刮刀用得很潇洒，这与他的传统文化修养是分不开的。当年艾先生专门给我们讲这个“水”怎么用刮刀画，当时詹先生也在旁边，请他也讲两句。

詹建俊：其实在这件写生作品里，用刮刀画的这个水的感觉已经有了。他在大画上又做了一些经营，那种水的漩涡感在《三门峡》这件写生稿中已经体现得非常充分了。他到底从欧洲继承了何种技法，又如何与中国本土的感受相结合最终诞生了这件作品。我想所谓的“夺天工”就是指这点。吴先生的《齐白石》画出了齐白石的气质，这点他人难以超越。至于他对现今艺术的启发，我想还要做更深入、细致的研究。

吕　晓（北京画院学术研究部副研究员）

首先我代表北京画院感谢各位的光临。这次画展是王院长去年在河南写生时萌发的一个想法，他非常敏锐地感觉到当下的写生出了一些问题，大家都是画照片，缺少一些真情实感，缺少一些自己的体会。所以他想通过一系列20世纪著名画家的作品来重新引发大家对写生与创作的思考，于是策划了本次展览。其次，还要感谢吴作人国际美术基金会的支持，尤其是吴作人的家人，吴宁小姐、商玉生先生和萧慧女士的支持，如果没有他们的支持，我们的展览和画册不可能顺利地举办和出版，并获得大家的肯定。谢谢大家！

主持人：今天，欣赏吴先生的展览，参加他的研讨会，感觉好像吴先生就在我们身边。因为我们从中感受到一种气息，这种气息就是吴先生的文化修养和他的儒雅之气。不管我们相隔的距离有多遥远，我们都能感觉到这种气氛。我们在讨论会中怀念了吴作人先生对中国艺术、对中央美院美术教育、对全国美术教育的贡献。今天来了很多朋友，由于时间关系有些人未能发言，不过我想我们都表达了对吴先生的缅怀之情。最后，我要感谢北京画院，感谢吴作人国际美术基金会以及吴作人先生的家属。谢谢大家！

“国风境界——纪念董希文诞辰九十五周年写生作品展”研讨会

（根据会议录音资料整理）

时　间 > 2009年9月8日

地　点 > 北京画院美术馆五层学术报告厅

主持人 > 邵大箴（中国美术家协会理论委员会主任、中央美术学院教授）

安远远（文化部艺术司文学美术处处长）

这些老先生，他们的创作背景、创作过程，他们的文化积淀以及他们对于中西方文化的认识与态度，是我们这个时代特别需要认认真真地去研究和总结的。我想随着几次大规模的展览和60年庆典的相关展览活动，北京画院美术馆所举办的“二十世纪中国美术大家系列展”给梳理20世纪的中国美术史、美术创作，对今天创作的影响带来更深远的意义和更好的作用。谢谢！

李秀实（原中华美术研究院副院长）

看了董先生的画展我很激动，感触也很多。董先生的成就大家有目共睹，不必我再多言，今天在此仅做一点历史事实的补充和更正。董先生的工作室成立于1961年，实际上是1959年。当时成立的还有吴作人工作室和罗工柳工作室。可能当时社会不提倡突出个人，因此将三个工作室改名为第一工作室、第二工作室和第三工作室，董希文工作室即第三工作室。

董先生才华横溢，但是因为政治运动以及各种原因，他的才华没有得到施展。我经常开玩笑地说，吴作人工作室是统战工作室，罗工柳工作室是革命工作室，而董希文工作室是“白砖”工作室，因为从老师到助教再到学生，几乎个个都挨过批，基本上都有“只专不红”的嫌疑。

常沙娜（原中央工艺美术学院院长）

我在1943年的时候认识了董先生和张林英老师。当时甘肃敦煌的艰苦可想而知，但是为了艺术事业，董先生一直很支持、呵护我父亲，他从1943年一直坚持到1945年。他画北魏时期的壁画时，总是情不自禁地甩起来，这点给我印象很深。后来张林英老师即将临盆，那是他们第一个儿子——董沙贝（沙漠的宝贝）。父亲想尽一切办法，不管驴车还是牛车，从莫高窟一直拉到敦煌县，整整25公里的路，就这么一直守护着。后来敦煌又陆续来了很多人员，形成了一个团队，他们都非常支持我父亲的事业，支持对敦煌艺术的保护与研究。

我看展览中有一幅董先生临隋代的“舍身饲虎”，他还临过北魏的“舍身饲虎”，当时创作的情形给我很深刻的印象。他的笔触是活的，每一笔不是在蹭，而是有一种感悟、一种灵感在里面跳跃。这次展览的作品都是五六十年代在西藏画的。董先生追求油画的民族风，他在敦煌的那两年，得到了很多启迪和感悟。他后来的发展以及所建立的教学传统都与敦煌临摹期间的感悟有关。

今天的展览一是对他艺术成就和作品的感悟，再一个又让我感觉时光倒流，回到了几十年前。敦煌那么艰苦、那么困难，这些画家和知识分子在那里追求和坚守的这份精神，历史不应该忘记。1945年，抗战胜利以后在重庆的国民政府要复原，董先生犹豫了很久后对我父亲说，我想回家乡了。离别的时候，父亲很难受，如此好的艺术家又是他的学生要离开他了。再后来国民政府要撤销敦煌研究院，父亲就去了四川，归为中央研究院名下。董先生在敦煌生活、生子，并且在敦煌经历了一个非常重要的艺术探索时期。他的笔触是活的、跳跃的，画面闪闪发光，给人感觉是新画的，有写生的感触在里面。他用色很沉着，被点亮的远景，让人看了很感动。

人，一辈子所要经历的过程是多方面的。他画的《开国大典》既有很高的艺术水准，同时也在政治上服从了国家需要。只可惜他英年早逝，如果他能活到现在，将有难以估量的成就。

邵伟尧（广西艺术学院美术系教授）

董先生是一位伟大的美术教育家，他善于启发学生，根据学生的特点来引导他们。我们作为董先生的学生，没有谁能超越他，但是他的教育思想一直影响着我们。他有一个观点，认为缺点亦是优点，只要有信心，根据特点发展自己的长处，从而给学生引出一条很宽广的路。他从思想上教育我们该如何去走，每个人的道路不同，方向也不同，所以我认为这个方面是值得研究的。

刘秉江（中央民族大学美术学院教授）

今天的展览意义非常重要。我一直在想，现在媒体如此发达，学术研究如此广泛而深入，为何对于老一辈艺术家，尤其是对董希文教授的艺术成就和艺术人生研究得如此浅显。后一辈人对董先生的艺术成就也知之甚少。当时中央美院全部实行工作室制，国、油、版、雕各系全由导师的名字来命名工作室，油画系就有吴作人、董希文、罗工柳三个工作室。后来因为这些老先生有的去世了，有的因病不能工作了，还有一些社会观念的问题，所以改成了一、二、三工作室。

今天的研讨会在时间上有些仓促，我们将来应该专门腾出一段时间，集合一些有关的艺术家、理论家来系统研究董先生的艺术成就。董先生不仅在教室里教导我们，在家中、在画室、在去敦煌的路上，以及我们毕业之后，他一直都在教导我们怎么作画、怎么为人。董先生是我们这个时代，这一辈画家之中的一个悲情人物。他的志向那么大、成就那么高，可受到的打击和迫害却那么严重，生命的历程又那么短。“文革”刚开始的时候，我在公共汽车上看到董先生，见面的时候很尴尬，只是很简单地打了招呼，他说他要到社会主义学院去学习。后来我到中央美院，“文革”斗争进行得如火如荼，走廊、院子都是大字报。在教务处门口，罗列着董先生的种种“罪行”。其中一条就是他培养了坏学生，第一名是袁运生，第二名就是我，后面还有一系列人。当时我就一愣，很震惊。这时又有一位同班同学留校当老师，他看见我硬要我把董先生讲课的笔记交出来，从此之后，我再不去中央美院了。每逢春节我都去看望师母，九几年那一次去，张老师和我说了很多董先生挨斗的情况，很惨很惨。

最后我想说，董先生是一个悲剧人物，当代的理论家应该关注他的人生和他的艺术。现在的理论家仅仅局限在他的艺术、理论和画法方面，我认为一个人的艺术和他的人生经历是相关联的，理论家要更多留心于艺术家的经历，这对其艺术特点的形成是很有影响的。

李秀实：如今中国油画的蓬勃发展，中国油画在世界范围的影响力，这些成绩离不开中央美术学院油画系的老先生们。第一任院长徐悲鸿对中国油画的发展贡献卓著，油画系的三个工作室成为中国油画界的一支中坚力量。我认为要宣扬中国的油画艺术，在世界上把我们的品牌打出去，不应该用数字来代替艺术家的名字，就像前苏联有列宾美院一样，这对宣扬中国的油画艺术事业会更好一些。

龚产兴（中国艺术研究院美术研究所研究员）

70年代的时候，我对董先生产生了很大兴趣。我于1956年来到美院，当时很多老师会去找董希文先生，还去他家中看他创作。那年冬天，美院在讨论印象派，董先生拿来几本印象派的小画册，看了之后，我便随他进了办公室。我问：“您对印象派有什么看法？”董先生告诉了我他的观点，这是我们的第一次相识。后来我开始做董先生的年表，也拜访了很多人。后来接到文化部的一个任务，需要到中央美院学习两年理论知识，于是得到多次接触董先生的机会。董先生为人坦率，并和我讲了很多他与学生间的故事。在我写《董希文》这本书时就得到姚钟华先生的大力支持。但是由于有些人对董先生有意见，给人美施加压力，不同意出版这本书，一下就拖了十几年。后来广西美术出版社找到我，希望出版这本书，不过由于中间校对工作的失误，有一些错误。我记得80年代拿去初校，直到2002年才得以出版。

董先生起先和同事们的关系都很好，但是随着他声名显赫，很多人起了妒忌心，在文艺界这种妒忌心还是存在的。在董先生遭受最猛烈的批判时，我问他，您的绘画基础为何如此扎实。他说这得益于在敦煌期间的临摹，还说敦煌的人物画并不比文艺复兴的差，东方有东方的审美，西方有西方的审美，西方讲究明暗光线，而中国对此并不太注重，但这不能代表东方艺术不如西方。董先生的艺术修养是现在的年轻画家应该学习之处，他热爱传统，喜欢收藏，对中国的青花瓷很有研究，同时对书法也很青睐。董先生还为中央美院去广东搜寻艺术作品，很多国画，包括任伯年的作品都是董先生出力收藏的。

董先生的修养令我非常敬佩，不过《董希文》这本书我写得还不够深入，对此我很惭愧，希望以后有更好的研究。

潘世勋（中央美术学院教授）

董先生是对我影响非常大的导师之一。我上三年级的时候，董希文先生是我们班的指导教师，对我们有一些直接的教导。那一年长征写生回来，在美院举办了展览，社会上也广受好评，当时的报刊反复发表。这次本是为历史画《红军不怕远征难》收集素材，但是这幅画却在党内受到了严厉的批判，说画面太灰暗，说他缺少革命乐观主义精神。我认为董先生的悲剧在于，他不但是一个真诚的艺术家，也是一个真诚的革命知识分子。他参加革命或者入党，完全不是为了个人的地位和名利，而是因为他真心相信革命。后来受到迫害和挫折之后，从1957年起他就一直郁郁寡欢，心情非常不好，到“文革”的时候当然就更厉害了。当时有的艺术家不像他这样，华君武先生在“文革”挨整、挨斗的时候就对别人说：“该干什么干什么，延安整风运动就是谁交代得好给谁吃鸡蛋挂面。”这种时期还能有这样的心态，可见他是一个老“运动员”，对这些事情是非常清楚的，当然这和他的漫画幽默也是有关的。华君武当时的罪名都快顶天了，但他因为心态好，能够轻松地挺过来。但董先生却不能对此轻松面对，他在艺术上非常胆大，在生活中却谨小慎微。他一直表示自己不要犯错误，就连“交代”材料也全部是用颜体的工楷认真书写的。

运动开始还带有点文艺整风的性质，到后来就变成闹剧了。当时“文革”初期批判他的历史问题，就是追查他与复兴社的关系。董先生年轻的时候在杭州美专参加过几天复兴社，但复兴社后来成为国民党的一个特务组织。其实当时有很多青年学生参加，况且他也不是骨干，结果因为此事遭到了各种审问。董先生因患癌症去世，病情与他的这段遭遇关系很大，仅仅59岁就离开了我们。

三年级的时候一次董先生邀请我们去他家，他拿出一打儿自己收藏的任伯年白描人像，差不多二三十张，都没有裱。通过这些作品我第一次看到中国的白描在原理上与西方其实是很相近的，这对我后来画素描有很大影响。所以当时那个年代的油画家应该追求一种民族气魄，也就是提出所谓的油画民族化。当时提出这种口号的人很多，董先生的观点不同于别人，因为他对中国传统文化有着深入研究，比如敦煌壁画、任伯年的白描。他不仅提出了口号，并将口号贯彻在艺术创作之中。我也曾画过西藏题材的作品，但都画不出董先生那种效果。

北京画院陆续举办了一些20世纪画坛大师的展览，我认为很好，不像社会上的某些展览，并不能推动学术研究。王院长做得非常好，希望能在这个基础上对这一代人有更深入的研究。从时代背景来看艺术家的成就，看他在当时的社会环境下希望实现或者未能实现的艺术理想。董先生的艺术思想，以及艺术教育上的明确看法，在今天看来无疑是超前的。比如他的个性化培训方法，他称之为“顺水推舟”，虽然这个词在“文革”时期很敏感，但他还是坚持这样讲。无论在弘扬中国文化传统方面，还是推进绘画的现代探索，董希文都是一个先行者。

靳之林（中央美术学院教授）

今年是董先生诞辰95周年，作为董先生的学生，感谢北京画院，感谢王明明院长，能够举办他的作品展。这是我多少年来期待的一个展览，今天看到展览我的心情非常激动。另外，北京画院能够为老一辈艺术家举办一系列的展览，把他们的艺术遗产继承下来，这也是非常好的。希望5年之后，在董先生诞辰100周年的时候，能够举办一个更大规模的展览，包括他大幅的主题性创作和他的西藏写生，还有他的国画、篆刻、书法，做一个整体性的展示，再用一周时间开一场系统的研讨会，我想这对中国文化的发展是非常有意义的。

我想本次展览之后，搞艺术实践的会感到望尘莫及，搞艺术理论的会感到苍白无力。董先生关注的不只是中国油画在世界上的地位，他更关注中国文化艺术在这个时代的发展，所以他的油画也好，国画也好，都表达了这个理想，他代表了整个时代的艺术高峰。我认为我们应该立足于中国本土文化的发展，倘若自己的文化不能伟大复兴，又谈何贡献世界。不仅仅是油画民族化的问题，还有中国艺术在这个时代应该怎么发展，这个问题应该提出来。在我的印象中董先生首先提出油画民族化的问题。当时筹建工作室的时候，我们的工作纲领有两点：第一，中国油画民族化；第二，在油画民族化的基础上百花齐放。董希文先生说民族化的问题是有没有中国人的血液，你的血液里是否有中国文化，是否有对中国的感情，对中华民族和人民的感情是至关重要的。这不是艺术手法的问题，也不是艺术形式的问题。

董先生小时候就喜欢玻璃画，线描精彩极了，构图也气势饱满，他还临摹过这些作品。1956年，我和董先生带着学生到农业生产合作社，回来之前老乡请我们留下一些艺术作品，董先生就留了画的菊花，功底尤为深厚。老百姓还评论哪一笔精彩，怎么精彩。董先生每天都在坚持练书法，具有一定的文化学养。他的床头还摆着磁州窑的梅瓶，他综合了中国绘画的笔法与墨韵，并融会贯通为自己的方法。他作画时完全是以情作画，就像他最后一批西藏写生作品，完全是情感的抒发。他画《生产自救》、《抗美援朝》、《红军不怕远征难》，一年画一幅。他画《开国大典》的时候我去看过，房子很小，画到上面要弯着腰画，可见他对绘画创作的激情。这次写生展中，《拉萨河边》描绘了藏族姑娘在河里洗头发的情景，表现了奴隶情感的舒展。《千年土地翻了身》描绘了百万农奴站起来的情景，情绪饱满、一气呵成。董先生每次外出写生都会带回来一身病，因为他表达的事物完全是有感而发的，感情上来要连续创作，因此体力过度透支了。他的作品是通过他的情感，通过他的生活态度，对生活的热爱表达出来的，让我们感受到他的作品中不仅有民族文化的修养，还有对生活的热爱，完全是情感的抒发。他的画不是具象也不是抽象，这两个概念都是西方的。董先生是自己理念的一种抒发，理念通过情感，获得了高度的抒发，所以其艺术成就之高是我们望尘莫及的。他的去世让人遗憾和痛心，他给中国文化的发展留下了极其重要的文化遗产，那么我们该如果对这份文化遗产进行更深地了解研究。我想我们该了解他的人生，继承他的遗产，使中国艺术能够更好地往前发展。

杨先让（中央美术学院教授）

中国画家悲剧的典型就是董希文，他的《开国大典》无疑是被政治的蹂躏、糟蹋。他的《红军不怕远征难》被称为没有革命的情调，当时的社会把一个那么有感情的知识分子蹂躏得不成样子，这是不公平的。董先生、徐悲鸿、鲁迅都只活到58岁左右，但是他们的成就太重要了，他们的成就需要在历史上重重地画上一笔。今天很感谢北京画院，工作做得很好，只是希望研讨会的时间能够再为充分一些。仅仅是一幅《开国大典》就有很多可说。徐悲鸿当时看了《开国大典》情绪非常激动，虽然董希文不是他的学生，但他很重视董先生。董先生是中央美术学院的一个高峰，可是赶上一个荒唐的时代。一个知识分子被这么糟蹋，我们确实很痛心。

李化吉（中央美术学院教授）

董先生是我的老师，我还给他当过助教，我虽没有在董希文工作室学习过，但受他的影响还是最大的。董先生在油画上，在文艺方向上，在油画教学里经常讲他喜欢印象派以后的美术。而文艺复兴及之前的美术他并不是很感冒。那个年代对印象派后期及以后的美术思潮是否定的，可见董先生在教学上的胆略还是非常大、非常正确的。他没有盲目崇拜西方，把西方当作方向。他重视西方美术在后期的发展，并认为这是具有实验性的。

他的艺术之路很明确，在此我主要讲讲壁画方面的成就。我在文章中谈到一点，董希文是中国现代壁画的先驱者、启蒙者。当时有两条线，一条线是董先生，一条线是张光宇。他强调莫斯科与中国的结合，强调和中国传统特别是敦煌壁画相结合。所以常常有人说董先生搞民族化是从敦煌出发的，并不无道理。我们于2002年编了一本《中国壁画百年》，当时我和侯一民商量应该收集一些老先生的作品，董先生的作品自然必不可少。可找了半天却找不到，人民大会堂的那两幅说是卷起来打不开了，所以很多人就认为董先生没有画过壁画。展厅展板中有一幅《北平入城式》，这当然是壁画风格。另外，前年中国美术馆的敦煌大展中，有一幅董先生画的苗族舞蹈，很长，现在藏于敦煌研究院。还有一幅是描绘马帮的长卷，也是壁画风格，因为很长，一直没发表过，这也是用的壁画手法。董先生对壁画是有很多思考的，1958年油画系成立了三个工作室：架画工作室、年画工作室、壁画工作室，董先生主持壁画工作室。我手中有一篇董先生的讲稿，讲述了他大胆的教学。当时正值大跃进，董先生刚在反右斗争中得到处分。即便这样，他还是大谈教学改革。他的教学方式与别人不同，他把很多敦煌临摹的线稿、素描、色彩稿都拿出来，用这些开展教学，而不让学生去模仿大跃进里那些虚夸的内容。可是这个工作室从9月成立到第二年1月份就结束了，但董先生却倾注了大量精力。董先生常说想有个机会画壁画，1965年人民大会堂邀他画画，他很高兴，还说两面墙一面画《喜马拉雅山颂》，另一面画《雅鲁藏布江之歌》，还为此画了手稿。但由于某些原因，人民大会堂不能挂油画，所以这件事就耽搁了。董先生虽然自己没画，但他的好多学生后来都在从事壁画创作，包括袁运生、刘秉江都画了很多很好的壁画。

董先生无论教学还是文艺思想，无论他的油画还是壁画，甚至于国画方面都有很深造诣。

展厅中他在苏联画的那批画是用高丽纸画的，他当时常讲，我这个是乾隆时候留下的高丽纸。他非常注意绘画材料，重视写生。今天就讲这么多，谢谢大家！

袁运生（中央美术学院教授）

1962年，董先生从西藏回来后，我在他家看到了《喜马拉雅山颂》和《雅鲁藏布江之歌》两幅稿子。当时看到特别感动，画不大，但却非常精彩。后来展览中看到一幅，与之前的稿子完全不一样了。《雅鲁藏布江之歌》画了一群藏女在江边上扬青稞的场景，画得非常灿烂。《喜马拉雅山颂》画了一个孩子在吹笛子，前面的羊都睡了，他后来将此发展为给人民大会堂创作的壁画手稿。但是因为一些荒唐的原因，这两幅被否定了。董希文先生秉承强烈的艺术理想和愿望画出的作品，就因某个人说了一句话就否定了，这种情况在现今不会再有了。

董先生是一个特别负责任的人，他常常在课上提到一句话："一笔负千年重任！"这句话讲得很重，给自己的许诺非常高。我们可以从他西藏写生的作品中看到他的风格，力求把所有要表达的东西用最简约、最清晰的方式表达出来，绝不多画一笔，他在这方面所做的，我想很难有人能够超越，这和他的理念有关。中国古代画论中有一句话："有一小失，则神气与之俱变矣。"意思是不能有一点小的失误，否则画的神韵和气度都会变化。董先生对"一笔"的在意，恰恰反映出他那种深入的、最有中国文化精神的态度，以及要做好一切，做到最高要求的准备。一代代的艺术家总要有一个立足点，而董先生这句话具有重大的意义，需要涉及到诸多准备，只有具备了所有的准备，创作出的作品才能成为具有历史意义的、能够流传后世的作品。

董希文先生对美术史了如指掌，无论是壁画、中国画、书法他都了解，这在很大程度上是源自他的家学渊源。他对学生的关怀也是无微不至，我们上三年级的时候去海岛写生，回来后他就蹲在那里一张张地看，一边看一边把他认为好的放在一边，把认为有毛病的放在另一边。一个大艺术家对学生有这样的耐心、这样的态度让我非常感动。他是用他的人格，用他的情感，用他对艺术的态度，感动着一代代的学生。在我们的教学当中，我觉得这是中国特有的一种传承，也就是师道。董希文先生没有吸收某个人的笔法，而是深入到中国文化的精髓。他对中国文化的价值，认识是十分深刻的，并将这份感悟与领会融入到自己的艺术创作中。所以，对董先生的研究不能仅仅局限于他的作品上，而是要全面的研究。尤其在我们当代"金钱挂帅"已经成为一种非常重要的风气时，董先生应该成为所有老师和同学的楷模。

王　路（北京画院画家）

"一幅好画远看惊心动魄，近看奥妙无穷。"董先生的一生也可以用这句话来概括，他的坎坷、他的经历也堪称惊心动魄。"近看奥妙无穷"，我觉得他的很多东西还是谈得不够。如果他曾经的同事、朋友能够把董先生更全面的一些感悟都谈出来，然后汇集成册，这是对董先生最好的纪念。

刘秉江（中央民族大学美术学院教授）

当年我们在中央美术学院读书的时候，学校各个系科的老师，无论国、油、版、雕都是在全国最顶尖的人物。随着时间的流逝，这批人有的老了，有的去世了，这个高峰过去之后，现在美院的老师在全国的位置和当年这批人不可同日而语。这么说虽然不敬，但却是公平的判断。这个现象不只是在美术界，在全国各行各业都是存在的。比如京剧那批名角现在也没有了，现在的人没有哪个有前辈那种功力。靳之林先生说这个问题要作为一个重要的问题来探讨，这个现象为什么存在，的确应该深入思考。另外，董先生的艺术人生比较复杂，他的艺术思想虽然是一贯的，但也是很丰富的。理论家对他评论最多的还是《开国大典》、《百万雄师过大江》、《红军过草地》等挂在博物馆里的巨幅历史画，固然这些作品在中国的写实主义、现实主义中是经典作品，但我觉得这次展览的作品，他几次在长征路上、西藏路上写生的东西更精、更重要。因为一个画家受命于某人或某机构而创作的东西，和发自于内心所感触、感动而创作的作品，其价值是不一样的。那些历史画多数是受官方委托，而这批西藏写生完全是他发自于内心的抒写，是对生活、对大自然的热爱。这批写生作品尺幅虽小，虽然没有《开国大典》般的宏大构图，但是更反映了艺术家情感的寄托，反映了董先生的精神追求，是非常真实的，而艺术也应该表现最真的东西。展厅中的作品如此鲜活，是他内心的光明、灿烂而致。我相信在西藏的写生是他最开心最适合自己表现的写生。我去过西藏很多次，每次都会想到董先生，他画得太真实了。全国画藏族题材的画家不知有多少，但唯有董先生的画在表现西藏的风土人情上，无论人物画还是风景画都是最真实的。

我觉得一个人的思路可能会非常复杂，“文革”期间，他因病从中央美院的干校回来，一个人呆在大雅宝胡同的小屋里。当时光线比较暗，油画架还支着，上面放着给人民大会堂画的《喜马拉雅山颂》的画稿描绘了一个藏族的牧童在吹笛子，下面是一群羊，远处是雪山。这幅画跟他以往所创作历史题材的那种炮火连天、情绪激昂的画不同，而是很抒情、宁静的。董先生说我真正的感情是在这里，我以后还要画这样的画，这句话我到现在都记着。他渴望画优美、抒情的作品，可一生之中都在画炮火连天的历史画，所以董先生的艺术思想很复杂，他尽管画了一生的历史画，画了一生表现革命动荡的战争题材作品，但内心却饱含着一种对宁静、舒缓景色的渴望。

董先生对学生非常好，1959年中央美院在批判“白砖”。此后系里开了一个总结会，会上宣布了对“白砖”学生的三条政策：第一，走廊不挂画；第二，分数减一档；第三，课堂不辅导。我作为当时被批判的对象，已经被系里打为另类，上课时其他老师都不理我们这些“白砖”学生。董先生对我们一视同仁，一下子拉近了师生间的距离。同学常到他的家中去，他拿出糖果招待我们，还把早期的作品从箱底里翻出来，一张一张地谈，谈自己的历程，探索的过程，还有对艺术的认识。那时的作品没有《开国大典》这般精致，而是自由挥写的笔触。他说，我年轻的时候曾经经历过这样一个阶段，而且我也可以画非常精细的肖像。后来抗战期间在贵州的那段时间，还曾跟着马帮画了一些速写。他还画了敦煌沙漠的骆驼和《哈萨克牧羊女》。不过与马帮的这段经历他并没有讲，后来又讲到苏联，他在飞机上写生，画下面的层层群山，讲到这时他说，我一只手拿着好几支笔转着圈地来画。他画《红军过草地》用的是暗蓝的调子，火光是用一团乱麻蘸着颜色来画的，可见他在艺术上是“不择手段”的。只要能更好地表达对象，表达艺术家的感受，不管是何种材料都可以用来作画。他去苏联画的格鲁吉亚老头，当时挂在我们班的教室里，只可惜后来丢掉了。董先生的艺术是很完整的，需要作为专题，有专门的班子去研究。他的个人魅力和人格品行，也是感动我们这些学生和晚辈的。

闻立鹏（中央美术学院教授）

我没有上过董先生的课，但实际上他是一位对我影响很大的画家。我觉得董希文的意义就像袁运生说的：他所坚持的路，他的整个文化理念，是现在非常缺乏的，需要我们重新认识，仔细研究。董希文先生的的确确是一个非常典型的悲剧人物。1957年以前他很受重视，还得到例如政协委员这样的荣誉。但1957年之后，他的人生彻底改变了。董先生的悲剧在于他是一位非常有才能、有见解、有抱负的画家，但他的抱负没有完全实现，即使实现的部分也是经历了许多困难与批判。我到他家访问过好几次，特别是1962—1963年这段时间。因为我一直在油画系，我们是一个党小组的，所以经常要谈一下自己的思想。“反右倾”的运动给他带来了巨大的思想压力，把很多问题重新翻出来，结果被扣上了“严重右倾”的帽子，留党察看。此后他非常矛盾、非常压抑，他说当时他真的是跟党交心了，但为何党员和艺术家的身份会这么矛盾。本来一个真正的共产党员和真正的艺术家应该是一致的，他入党的原因只是为了更好地发挥自己的才能。但后来他发现自己的才能得不到发挥，这是最大的悲剧。

1958年美院招收了一批工农兵学员，这种行为虽没有错，但他们并没有这方面的才能。对于这批学生，董希文一方面很爱护，另一方面出于因材施教的原因，对于没有天分的学生，有些练习董希文就没有让他们去做。因此触及了阶级感情问题，很多学生开始提意见，董先生也很压抑。有段时间，他好像很谨小慎微，尽量避免说话，少惹是非。原本很坚定的一个人，却变得很怯懦似的。

当时对于西方的艺术，学院里只选择文艺复兴之前的部分，至于现代主义流派是被排斥的。可董希文认为，要想民族化，也要学习这些内容。现在看来这么做很正常，但在当时叫做反潮流。要是没有坚定的认识，没有开阔的胸襟，是无法形成这种认识的。正是因为他敢于表达自己的艺术主张，因此反右斗争中，董先生受到了处分，即使是写检讨，也不认为自己做错了，这在当时也是需要勇气的。

在董先生诞辰95周年的时候，北京画院筹备这次展览。展览很好，但对于董先生的艺术人生和成就我们做得还远远不够。他的艺术，他的艺术创造道路应该好好总结，应该郑重地组织大型展览，组织大型的研讨会来分析，并把这些材料保存下来。而且我们既然要纪念他、研究他，就无法回避历史的错误。他最受肯定的《开国大典》历经曲折，可想他的内心是多么痛苦。自己想画的不让画，满意的画又大加批判。他的成就是在非常困难的环境中，挣扎着、奋斗着做到的，他的去世完全是精神抑郁的结果。像董希文这样的艺术家，应该得到学界和社会乃至政府的重视和支持。只有及时的总结经验，我们国家的艺术才能更好地发展。

李小可（北京画院艺术委员会主任）

当时我家与董希文先生家同住在大雅宝胡同甲2号，董先生家中虽不富裕却收拾得极为整洁。家里挂着任伯年、郑板桥的画，还有一幅古代用笔严谨的肖像。这说明董希文先生虽然从事的是油画创作，但由于家中传承，他对传统也有丰富的认识。此外，他还热衷于中西文化的研究，家中藏有关于各种西方绘画流派的书籍。

董先生那批西藏写生的作品，虽然距今已有50年的时间，但给人很新鲜的感觉。亚东、日喀则的街道，打着经幡，阳光灿烂，感觉这幅画刚刚画完，油彩好像还没干。这就源自先生蕴于作品的艺术生命，是这种艺术生命如今还在深深地感动着我们。在这份感动中，有董希文先生对生活的感受，也有他对艺术的探索，更有他对艺术创作的态度——真诚和他的心灵。他的绘画语言，包含了西方的色彩，也包含了东方中国画的程式化关系，所有关于中西的艺术元素都被他和谐地融入在自己的创作之中。他画的湖上面的云彩很具体，不像以往油画的大块大面，只有色彩黑白灰，而是概括了高原湖泊和云彩在特殊条件下的表现方式。还有一幅农民集会的写生，他的色彩关系已不是西方的局部冷暖，而是考虑了整体效果。在他的感受中大块的绿就是绿，天就是蓝，他把直觉和积累的艺术语言结合起来，概括得集中而简练。画面的那种阳光不是相机可以捕捉的，我想列宾、伦勃朗所画的作品也并非是相机可以捕捉的，而是艺术家当时的灵感与他掌握的艺术手段的充分利用相结合。如果仅仅有真诚、心灵和态度，没有艺术技术和艺术观念作为一种支撑，作品也不会完美。董先生的一幅画中描绘了一个小女孩，上面没有什么细节，是很概括的。因为他觉得不必去刻画细节，只要概括她的整体就好。这就是艺术家在艺术创作中的选择，当然更重要的也是他的心灵、态度和他的艺术表现。

董先生的作品饱含了一种生命感，这个生命包括了他主观的生命，还有他的艺术生命。而他的真诚不仅仅是对人的真诚，也是对艺术的真诚，这是现在年轻艺术家所缺乏的。艺术家要想表达不仅仅是一种观念，还要通过实践，通过对艺术规律的掌握才能实现。现代的画家与此还有一段距离。董希文先生的回顾展让我有感于20世纪这些艺术家的艺术生命的选择，以及他们的命运。还有就是董先生的悲剧，看他在杭州艺专的照片，他也曾像法国的艺术家一样年轻、有风度。但再看1973年的照片，感觉就像一位老人。

解放后，董希文先生想要融入时代、融入人民和祖国。最具代表性的就是他所画的那些历史画，这些都是在各个历史阶段最能代表时代要求的作品。解放后，这些20世纪的老艺术家发自内心地希望与时代融为一体。当时西藏的条件可想而知，董先生去西藏，就是希望自己成为能够融入人民的艺术家。所以董先生的悲剧性实际与时代中的这些变革相关。再者谈谈他一生之中的艺术选择。当时的杭州美专实际上是一个开放的环境，很多西方的东西都已经进入了，但是他并没有选择走西方的道路，而是选择了东方，这种自觉在那个时代是很困难的。他提出我们的油画要有自己民族化的选择，这是非常不容易的。

现在我们的条件提升了，希望通过回顾20世纪一些美术大家，让他们的思想和行为留在20世纪非物质文化遗产的记载中。这些画家心系自己民族和国家的命运，却在特定的环境下受到了不公正的境遇。如今我们可以把20世纪这些艺术家的发展、变革、选择作为一种经验来总结，使我们新世纪的艺术能够走向一个更好的道路。希望大家能够遵循前辈艺术家的优秀精神，把当前的一些事情做得更好，谢谢大家！

高振美（中央民族大学美术系教授）

我今天带着一种缅怀的心情来参加董先生的研讨会。我1959年入学考试的口试主考官就是董希文老师。我没进过央美附中，也没有任何素描基础和其他基础，是董希文先生把我这张白纸教导成人。初见董先生才知道他就是《开国大典》的作者，顿时有种高山仰止的感觉。进入美院后，我感觉自己进到了一个很高的艺术氛围里面，我是如此幸福与愉快。到了三年级选工作室的时候，我选择了第三画室。在这里补充一下李秀实刚才所说的工作室成立的问题。工作室早就建立了，1961年董先生要宣布他的工作大纲，于是找来学生一起在系办公室讨论了好几次。我想这是美院划时代的一个界限，因为之前从来没有老师找学生来商讨教学大纲的先例。后来这些讨论被整理成文字，这也是美院的第一份教学大纲。

我感觉董希文老师的成长道路凝聚了中国知识分子独有的特点：越有贡献，越有才华，他所遭受的磨难就越多。他的人格不是一个平面，而是立体的、多棱角的，总是在各个棱角里都折射着自己的光彩。董先生给我们讲素描、色彩和创作。他很严格，下乡的时候，每个月都要写信汇报创作到什么程度了。不论是素描教学还是创作教学，他一直强调要遵循美的原则。因为艺术中美是最核心的，而这个美一定要大气、要浑然、要有韵味。他是以一个很高的起点在进行一种审美教育。董先生一直在对学生进行审美教育，即在艺术中什么是美。我至今仍然记得美一定要热爱生活，对生活有激情。试想一个又盲又聋的人，对生活毫无感觉，又如何能画出激动人心的作品。我们到他家里去看他画的《静物》，他说："看见了吗？要叮叮当当！"就是说画得要有质感，"远看要有远看的叮叮当当，近看要有近看的抽象效果"。

董先生的教育不仅仅是一种技法的教育，更重要的是塑造学生具有审美的人格。董先生常常给我一种心灵的震撼，他对我的教育也让我受用终身。董希文老师的人格和他的绘画太值得研究了，无论从任何一个角度来看都具有学术价值。现在提倡创造性，我觉得董先生就具有创造性的世界观，无论何时他都本着这样的基点。当然他的家学渊源无疑也是重要的一个方面。他的深厚不是表面的，而是来自底层的一种震撼，具有很强的威慑力，所以他的画中有一种霸气，让人无法抗拒。董先生在教学时经常提醒我们，注意大气！大气！他很注意对学生思维的训练，注意绘画中追求的趣味，这与他自身的修养，与他的人格魅力和对艺术的追求是分不开的。董先生不仅仅是一个画画的人，他常常说：不要做一个画匠！而要做艺术家、画家。我常常谨记他的教诲，不管社会这样或那样动荡，始终保持董先生那样一颗清醒的心，那种清醒的心就是尊重自己，认清自己艺术的良知是什么。他画的《开国大典》因为历史原因被更改了很多次，这对艺术家是很严酷的事情。但这期间董先生常常坚持自己的意见，在"改"与"不改"之间，他选择了坚持，因为他尊重艺术家的良知。

"文革"时期，因为我父亲是教授，伯伯是国民党中将，所以大字报中都在写我是资产阶级的反动学者。为此我的老师们也受到了牵连，我常常想到美院去看看那些老师，哪怕说一句安慰的话，也能减轻我的精神负担。董先生一生留给我们的都是激情，是美好，而他带走的却是苦涩，是痛苦。他非常坦荡，能做到这一点很不易。他的画永远是新鲜的，永远像是第一次见面，那样地亲切。由于我是班里唯一的女生，董先生对我总是很呵护，他很少重重地批评我，总是说："你一定能画好，一定能画好。"所以就算在没有条件画画的时候，我也一直坚持绘画这条路。我毕业后没有进造型艺术圈，而是在出版社工作，长期与绘画实践脱离，但我却没有一天不想着再回到这支队伍中。直到1978年我才有机会到民族学院教学，刘秉江带我到学校参观，让我又感受到之前在学校那种温暖。

董先生的教学是催人奋进的，不管自己的人生多么苦涩，他永远给别人都是阳光的，都是奋进的样子。他总是和我们说，无论何时都要热爱生活、充满激情，倘若没有激情还如何作画。所以他是用心在画画，一腔热血迸发出的色彩。董先生的创作观赢得了建国以来最高的荣誉，他画的《开国大典》也是最有时代性的。董希文老师是我们的典范，他画出了我们民族的心声，是民族的代表、民族的画家。画院、美院等所有的研究机构应该研究他，给他应有的学术地位和学术价值，这是更多的年轻学者和老师们应该做的事情。

靳尚谊（中国文学艺术界联合会副主席、原中央美术学院院长）

我和董老师一起下乡写生，住在老乡家，班里的学生他每一个都会照顾到。当时有炊事员专门为他做饭，可他却一直和同学一起吃。改革开放以后，董先生已离开人世，再也没人讲过他。我认为美术界需要这么一个榜样。他虽然不是徐悲鸿的学生，却得到了徐悲鸿的欣赏。美术是需要榜样的，它树立什么人做榜样，视觉艺术大家一看就明白。希望美院的领导能够继承传统，发掘传统，像董先生这些老先生都是默默无闻的，应该大力提倡和宣传。现在美院的学生画的写生没有透视。解剖、透视这些都是从西方学来的，现在西方不用了，我们也就跟着不用了。我们不能总是跟着西方跑，把人家的宝贝当自己的宝贝。董先生是典型的悲剧人物，年纪轻轻就去世了。而我们是不是能将他的悲情色彩淡化一些，让他的在天之灵得到一些安慰。时间虽然流逝但历史不会消亡，希望我们能记住这段，好好研究这段历史。

颜越虎（浙江省绍兴县代表）

董先生之所以成为这么受瞩目、受敬仰的人，除了大家所谈到的这些原因之外，我从绍兴县的角度、浙江的角度来谈一谈。很多老师谈到了董先生是民族传统的继承者，其实他取得的成就，与绍兴的地域文化、传统文化的传承和熏陶有很大关系。绍兴是一块文化沃土，几千年的历史上产生了许许多多杰出的伟人。从传说中的大禹到越王勾践，从王羲之、贺知章到陆游，蔡元培、秋瑾、鲁迅、周恩来，北大历史上有四位校长都是绍兴人，所以说文化的传承无疑对一个人的成长是非常重要的。仅仅就绘画的领域而言，历史上的徐渭、任伯年、赵之谦、陈半丁都诞生于这片土地，董先生保存了几十张任伯年的白描，这是很寻常的。这些艺术家的思想对他的熏陶是潜移默化的，也是非常重要的。他们对董先生构成了成长的因素，而现在董先生的思想和艺术又对后来的艺术家构成了非常重要的影响。2001年，我编了一本《绍兴馆藏书画集》，当时是请靳尚谊先生写的序言。我曾多次到靳先生家拜访，他对我谈起三个绍兴人对他的影响：第一个就是董希文先生，这是他的老师，对他的艺术、人生、人格的影响都非常大；第二是周恩来，他的成名作就是画的周恩来；第三是鲁迅，他的第一个获奖作品就是鲁迅肖像。后来我也去拜访吴冠中先生，他也谈到两个绍兴人对他的影响，他一生画了好多绍兴题材的作品，有的非常有名。他说他到江苏故乡的次数还不及到绍兴的次数。好几次都是住在鲁迅故居的一个房子里面，晚上的时候仿佛能够听到鲁迅先生轻轻的脚步声，他思考的声音，看到他写作的情景。吴冠中对鲁迅佩服得五体投地，他曾多次谈到鲁迅对他人格思想的影响。吴冠中先生说他对绍兴的热爱在某种程度上和董希文先生的影响密不可分。我举这些例子是想说，绍兴历史上的这些伟人、艺术家对董希文先生产生了很大的影响，反过来董希文先生又对后来的这些年轻的艺术家产生了影响。他的思想、人格、作品将一直影响下去，而且这些影响会越来越大。

董希文先生之所以是董希文先生这与他的家学渊源有很大关系。董先生的父亲不仅是绍兴还是浙江乃至中国一位颇负盛名的收藏家。他本是贫苦出身，后来成为绍兴的富商，他的故事是有传奇色彩的。他还是一位慈善家，修桥、铺路、盖学堂这些事情，董萼清先生都做过，现在他家乡的人还踏着他出资修建的小桥来来往往，他所建的学堂虽然不再是学堂但是还保存着，而且董希文先生故居的房子现在还在。我想父亲的这些举措，对董希文先生肯定产生了很深刻的影响，这些事情充满了人文的情怀。刚才谈到董希文先生是用心作画、用感情作画，这些和父母亲的影响是分不开的。没有父亲对他精神上、人格上的熏陶，就不会有董希文先生后来的这些人文情怀、对艺术和对人生的情感。他对祖国、对家乡、对艺术都爱得非常深沉，他是在用自己的心、用情感、用自己的心血体验生活、回望故乡，思考祖国民族的命运和未来。

宛少军（北京画院学术研究部副主任）

董希文先生作为一代大家，应该有一本像样的文集。1994年曾经出版过一本文集，但是相对简单了一些。这次董一沙提供了非常丰富的资料，王明明院长也觉得应该出一本更好的文集。我们根据资料，按照作品和文章发表的年代和顺序，把这些文章编辑成册，特别是董希文先生自己写的文章和讲话的记录，讲课的记录稿都比较完整地收在这个文集里，能够比较系统地了解董先生的艺术思想。感谢董一沙给我们提供了详实的资料，使我们能够在短时间里把这些资料汇编成册，也很感谢我们本书的责任编辑，谢谢他在这么短的时间里非常辛苦地日夜加班做了大量的校对工作。

杨庚新（《艺术》杂志主编）

反思历史是我们的责任，我们每个人都要做自己力所能及的事情。今天大家讲了很多，希望能把本次研讨会的发言内容整理出来。我们为董先生做介绍、做宣传，这是一个历史和记录。董希文先生的艺术和历史贡献，已经成为一笔重要的遗产，我想在世的这些老先生也终要成为一笔遗产，所以我们应该给后人留下这笔遗产，尽我们的可能做力所能及的工作，谢谢大家！

“地之子——庞薰琹二十世纪三、四十年代作品展”研讨会

（根据会议录音资料整理）

时　间 > 2009年10月15日

地　点 > 北京画院美术馆五层学术报告厅

主持人 > 邵大箴（中国美术家协会理论委员会主任、中央美术学院教授）

主持人：现在研讨会开始，请大家踊跃发言。

乔十光（原中央工艺美院教授）

在《中国历代装饰画研究》这本书中，庞先生通过一些实际的案例，如汉代的画像石，向我们细致地分析了形式的变化规律。这本书引导我走上艺术之路与装饰之路。庞先生支持我学

习西画，我是他的研究生，他还帮我制定学习计划，在学习中不断地鼓励我，多次给我写信，是我成长之路上的良师益友。我非常感激他！

袁运生（中央美术学院教授）

庞先生是我非常尊敬的一位画家。我在青年时候就常受到他的教诲，他给我一生的影响都是很大的。我觉得庞先生所代表的思路、风格取向或者说是他所追寻的艺术之路，目前在美术史上研究得非常不够。过去我们把教育分成两条线：一条是以中央美术学院为代表的写实主义系统，一条就是工艺美术学院的系统。在两个系统的关系和并行发展的问题上，我们的认识存在偏颇。我们历来都更加重视中央美院这个系统，而对工艺美术这个系统中发生的大事认识得很不够。我上大学的时候常遇到一些问题，必须到工艺美院去找那些导师，如张焕之先生、张光宇先生、郑可先生，尤其是庞薰琹先生。其实他是在这两者之间把握得最深入的一位，他又是工艺美术系统的领头人。庞薰琹先生是一位值得当代中国艺术史认真去研究的大师级人物。今天看到庞先生很多作品，有一部分以前没有看过，比如一些小幅的水彩。庞先生是一位非常独特的艺术家，这样的人在当代的画家和20世纪的绘画史里是很少见的。他那种独特的进入方式，包括进入西方和进入中国的传统，这两条线在他身上得到了非常完美和成熟的结合，而且这种结合是以中国文化为根本的。这是我们这代人一直在追求而没有完成的事情，但在庞先生身上得到了一种完成。所以他在中国当代美术史中是非常重要的，他一生所走过的路，所取得的艺术成就对我们这个时代具有指引性的意义。庞薰琹先生所追求的这条路，其实是全方位的（从工艺美术、装饰绘画到绘画，他不是属于哪一个部分），从一个整体对艺术进行把握并且完成。他的艺术思想和实践对于今后中国艺术的发展是非常重要的。上大学的时候，我在艺术上面有很多问题，我常常会去找工艺美院的几位老师，当然中央美院也让我获得很多提高，但是我认为前者是不可缺少的一部分。过去，我们在这两者之间有一点芥蒂，我认为在当代美术史的研究和学术交流方面还不够。这种界限使得很多学生年纪都已经很大了，却对工艺美术系统内的很多艺术大师及其艺术成就缺乏了解。我觉得这造成了现在的一些问题，成为艺术不好往前走的一个原因。要解决卡壳，庞先生是一个非常好的先例，他把这些问题解决得非常好。从根本上讲，庞先生是一个中国艺术家，根子上、情感上、性格上、艺术的追求上是完全中国的，所以西方的东西进来，有一种能力去化解它，这是非常有意义的。但是如果我们没有这个能力去化解，就只能跟着人家走。所以，这个展览的意义在于向我们展现了庞先生用他的艺术实践丰富了中国艺术，更对中国艺术的现代发展指出了一条道路。

李　松（中国美术家协会编审）

庞薰琹先生是对当代中国美术事业有重大贡献和影响的一位艺术家。我想从以下几点谈谈我对他粗浅的认识。

第一，他是中国现代艺术的先驱。庞先生到法国去的年代很早，是20世纪30年代。在那个时期的很多中国画家思考的问题及其所走的艺术道路和世界美术的发展几乎是同步的。他们这些人生活在那样一个年代，对国家命运和祖国文化的思考和他们对艺术道路的选择都是有关系的。从中国现代艺术的发展来看，庞先生跟他的同辈，如倪贻德、阳太阳这些人都是先驱者。

第二，他在工艺美术事业、工艺美术教育方面，也是一位开拓者、拓荒者。像黄苗子先生讲的那样，他是个拓荒者，也是个先驱。看到展厅中对书的那部分展示我是很感动的。庞先生是在他生命中最艰苦、身患重病的情况下完成这本书的。27年的时间，我们现在从事美术研究的人有几个能花这样大的功夫、付出这样大的代价？而且他到了晚年还到敦煌去修改、补充、丰富这本著作的内容。在这点上，他是一个典范。而且他把古代的东西、历代的装饰画转化为当代的美术创作，这个“化”的过程是非常重要的，一方面要对传统的东西有非常深入的了解，一方面要有非常鲜明的现代意识，要不然很多问题是不会解决得如此好的。展厅中很多他设计的东西，是把我们熟悉的古代图案应用进去装点我们的生活，融合得很恰当，关系处理得很好，很了不起。

第三，他是研究民族民间艺术的先驱，也就是我们现在讲的非物质文化遗产。在这方面他是真正的先驱，我们现在看到的很多非物质文化遗产，有不少是假非物质文化遗产，是现代把它们改装了的，并不是原汁原味的、传统的东西。但庞先生画的那些描述贵州少数民族生活的场景是现在再也没有了的，而且文献中也极少涉及到的。他画的葬礼以及生产劳动的那些场景非常具体而且深入，还做了详细的文字记录。他是真正的研究民族民间艺术、非物质文化遗产的先驱和开拓者。在他那个时代，做这个工作是很不容易的，像那个时期的费孝通等很多人也做这种调查，有的就在这个过程中牺牲了。在这样一个艰难的条件下，庞先生是抱着什么样崇高的目标才把工作做得这样好。

此外，我想要谈谈庞薰琹的整个家族。夫人丘堤先生也是非常好的画家，他的子女，他的第三代也是非常好的画家。十几年以前，我曾想在炎黄艺术馆为他们家族举办一个展览，庞涛先生看了以后，说展厅太矮，第三代有些作品放不下，所以后来没有落实。他们整个家族对中国当代艺术所做的积极贡献是十分可贵的。

陶咏白（中国艺术研究院美术研究所研究员）

我觉得庞薰琹这样一位艺术大家是属于世界的，他的艺术成就是非凡的。但是，在当时的环境下，他与辉煌擦肩而过，我一直觉得很惋惜、很难过。我在20世纪80年代开始接触庞薰琹艺术的研究工作，主要研究他的油画。在特定的美术历史大背景下，30年代早期油画以徐悲鸿、林风眠、庞薰琹三位为代表人物，他们各自不同的价值观念选择了不同的艺术道路，徐悲鸿在当时画坛雄踞了半个世纪，林风眠则沉默了半个世纪，直到20世纪八九十年代对林风眠有了重新认识，他的艺术地位得到了一定承认，对他的艺术成就，在中国艺术向前推进过程中所起的作用也有了肯定，但是对庞薰琹的认识还没有深入下去。庞薰琹对我们中国美术的推动，这种意义和价值还没有得到相当的重视。随着工艺美术专业的衰落，对他的研究也渐渐淡忘了，看不到庞薰琹为中国艺术发展所做贡献的肯定。我觉得对他的研究应该坚持下去，不能淡忘。

庞薰琹在油画领域的贡献是一种狂飙的感觉，他探索油画技法，各种各样的路都尝试过。恰恰就是这样不断的探索才形成了他自己独特的表现风格。今天的展览让我对他在中国传统艺术研究方面的成就有了更新的认识和深切的感悟。

在庞薰琹整个人生过程中，我觉得主要有两方面的成就，一是在现代艺术方面，他所发起和创办的“决澜社”是30年代非常重要的艺术团体，是中国30年代的艺术先锋；二是在工艺美术方面，他是一位开山始祖。在他之前，中国传统工艺还没有进入到现代艺术的转换，是他建立起了新的体系，这对中国艺术是极大的贡献。现在很多艺术院校都设置这个专业，源头就是中央工艺美院的，所以庞薰琹在中国艺术史上的地位应该得到充分的肯定和发扬。

常沙娜（原中央工艺美术学院院长）

非常感谢北京画院美术馆举办的展览和活动，前一次是董希文先生，这次是庞薰琹。这是我们晚辈对前辈的追忆和怀念。

今天在这里看到老前辈庞薰琹老师20世纪三四十年代的作品展，非常激动，思绪万千！庞先生不仅是一位多才的画家、工艺美术教育家、设计家、理论家，还是一位多情的诗人。他既是一位兼文、理、艺于一身的艺术家，治学严谨、不愿苟同迁就的学者，又是一位和蔼可亲的长者。

20世纪50年代，庞薰琹参加了中央工艺美术学院的创建工作，致力于工艺美术教育，培养工艺美术设计人才，这是庞先生毕生的抱负。庞先生曾为中央工艺美术学院的筹建和发展付出了人生最宝贵的年华和心血，同时也承受了人生难以承受的血泪冤屈和磨难。庞先生曾描述自己的生涯是在若干反复的“之”字形的小径上走过来的，让我们懂得庞先生对人生的探索之路是如此地崎岖，生活的磨练是如此地艰辛，事业的追求是如此地执著。

1983年，工艺美院怀着对庞老的尊敬和对过去的慰藉与弥补，聘请庞老为学院的学术委员会顾问，并借学院成立27周年之际，为庞先生举办“庞先生执教52周年”的纪念活动。活动洋溢着热烈而崇敬的气氛。庞先生正装出席，胸前别着红色的“中央工艺美术学院”校徽，面带微笑，激动而沉稳，那时他已经是满头白发的老者了。他操着江苏乡音做了简短的致辞，原来准备好的诗句，可能由于情绪激动没有吟诵，但抒发了庞先生充实的内心情感。他写道：

五十二年，
在历史长河中，只是一瞬间的事。
五十二年，
在一个人的生活中却是占去了一大半。
五十二年，
对我来说真是不堪回首。
幸而我很少回过头去看过去，
我的心总是向往着未来。
我清楚地知道，对我来说，时间已经不多，
我清楚地知道，精力实在急速地衰退。
你们的话，
像一朵一朵大红花，
温暖了我的心，
燃烧着我的心。
在我心上，冰山是已融化，

在我身上，血总是热的。
我的脑子还没有凝固，我的智慧还没有熄灭。
我将在有限的时间内，
在祖国文化事业的土地上，
再种几株小草，
再种几株小草。

1985年1月上旬，庞先生病重住进朝阳医院，我曾多次前往探视。庞先生已感到体力日衰，难以战胜病魔，但见到我还问起学校新建的工艺楼和新教学楼的情况。听着我的汇报，庞先生虚弱地点点头，又微笑地摇着头，其表情正如他曾作的《小草》诗中结束的那一段：

小草，哪有永远不死之理？
不知在哪年哪月，
地下的老根已死了，
可在老根旁，
长出了新根，
长出了新芽，
草地仍是一片绿色
……

靳之林（中央美术学院教授）

感谢北京画院举办今天这个展览。通过举办这些老一辈艺术家的展览，给年轻人学习的机会，让年轻一代思考如何接过老一辈的光荣使命，在这个方面看，北京画院的系列展览具有不可估量的重大意义。

我与庞先生有所接触和了解。1953年，我和庞先生都住在南院。我与庞先生的教学和工艺美院的体系接触不多，但庞先生的艺术思想、深厚的学识和修养，一直给我非常深刻的印象。几千年来，在中国社会大转折时期，我们的先辈为中国文化的复兴之路，肩负使命到外国留学，从法国到日本，从古典主义到现实主义、印象主义，一直到现代主义各个流派，老一辈艺术家接受西方的艺术传统，并找到不同的艺术脉络。他们通过对社会的观察，抒发对劳苦大众的同情，这是他们艺术创作的主题。当时的中国，写实主义艺术手法有更大的市场，当然现代主义对中国也有启发，但必须通过东西方的融合才能起作用。怎样进行中西文化融合，找到自己的发展道路？在展览中也看得出来，庞先生做得很成功。

庞先生这一代艺术家，本身具有很深的中国传统文化造诣。所以从一开始，他的研究就不完全属于西方体系，不会完全是对西方文化的一边倒。加上时代背景，他们对劳动人民、下层社会很同情，带有现实主义传统，这从庞先生的代表作《地之子》看得很清楚，在他的表达里有中国文化的内涵。后来，庞先生进入了中国文化的深处，这是他艺术人生的辉煌时期。我记录了一段：1930年，他从法国回到上海，回到家乡常熟，脱下西装，换上长袍，放下外文书，看线装书，拿起中国笔墨画中国画。1937年，他到贵州云南地区进行直接的田野考察，考察中国本源文化，研究少数民族图案，后来又研究传统图案，结果出了一本书。这些年来我一直在看书，我觉得庞先生的研究是这样的体系：从中国文化、哲学的本源开始，然后直接从田野考察进入，他的研究就是从这些地方来的，最后再深入到对中国文化、哲学的研究。庞先生的《自画像》（素描）绝对是最经典的，虽然尺寸很小，数量很少，包括另外两幅《父亲遗容》，可以说，中国现代的素描还没有达到这样的高度。中国几千年的人物画历史，从古代神庙的女神，到汉画像石再到龙门、云冈石窟，都浓缩在庞先生的《自画像》里。这与西方体系的素描结构是完全不同的，带有民族的审美观、哲学观。中国艺术的源头是工艺的，不了解工艺，很难进入到中国文化，很难进入到中国造型艺术的深处。但是庞先生描绘的贵州生活，反映的生活内容更为丰富，是中国文化的一部分，与艺术的结合就形成了更加丰富的文化遗产。很难再找到这样一位杰出的艺术家。

李树声（中央美术学院教授）

我们老师一辈进行美术理论研究的方法跟我们现在的认识很不一样。过去我们美术界有些简单化，我开始学艺术和接触理论的时候，要么就是现实主义，要么就是形式主义。我们提倡的是现实主义，好像写实的就是现实主义，稍微有点偏重“色、线、形”的就是形式主义，就成为被批判的对象和靶子。在那个时代庞先生组织决澜社，决澜社的宣言就是主张“色、线、形的交错”，所以他被推为“形式主义大本营”的首领。我年轻时就开始从事研究艺术史的工作，各方面的意见都听到，我也亲自请教过庞先生，听他讲对自己的认识和对一些问题的看法，他说自己其实并不像社会上对他的认识那样，是形式主义的代表、西方的代表。他说自己可以穿西装，也可以穿长袍马褂，并不是西方的翻版和代表。他说：你们提倡“左联”，重视“左联”，那么《地之子》这张画是我30年代的代表作，我的情感除了爱国，也爱劳苦大众，从我的作品就可以看出我是非常热爱尊重人民大众、关怀民众疾苦的，《地之子》就是象征。他画这画就在“左联”时期，是在关心民众与国家。过去对庞先生的误解比较多，对他的理解不够，对他的贡献没有全面的认识。庞先生开辟的艺术道路，他到贵州画的一批画，那么写实的东西，恐怕没有人可以做到那么好，他画的那些图案非常精妙，他的线描、设计也都是高水平的。解放以后，庞先生苦心经营、建立工艺美术的教育体系，并为此付出了巨大的牺牲，经历了人生的磨难。这本《中国历代装饰画研究》也是在他最艰苦的时期写的。老一代艺术家的精神在任何时候想起来都是非常感动的，跟他们一比较，我们真是自愧不如，能做到一点就很欣慰了。老一辈艺术家对中国艺术发展做出了巨大贡献，值得我们缅怀。

何燕明（原中央工艺美术学院教授）

在今天的开幕式上，庞涛讲了几句很朴素的话，我却流泪了。在座的大部分是庞先生的学生，我作为学生之一，讲一下我的感受。今天展览的作品中有几幅是过去没有看到的，特别是那几幅素描。庞先生的作品让我们有一种美的感受，也让我再一次温习了庞先生对我的教导，他的人品、艺德更让我深深怀念。

我们这次展览的目的是什么？我们要把真正的艺术家，真正高尚的人，作为我们的榜样去学习。虽然庞先生走了，但是他的思想、他的精神、他的灵魂总在我们身边。庞先生讲，他是一个普普通通的中国人，他是一个平凡的学习者，他是一个永远不满足的人，这些话我们应该深深记在心里，当做自己的座右铭。我和庞先生一起工作过几年，深深体会到他的人品、道德和修养。1957年以后，工艺美院掀起了政治运动，我们这一代人都在那样的风雨中遭难。那个时候庞先生见到我都不敢打招呼，在公共汽车上，我见到庞先生也不敢打招呼，那是什么样的日子啊。现在好了，庞先生受的苦难、受的委屈，得到了平反，他的名誉恢复了。我们这一代人都恢复了名誉，恢复了工作，我感受到这个时代太好了。观看今年国庆庆典，我很激动，我非常爱国，我们的国家这样强盛，多好啊！

现在美术界、艺术界最大的问题是浮躁，虚荣心太强了，太好表现自己，这是艺术界、艺术家的大患。我们需要庞先生这样的人，一个普普通通的中国人，一个平凡的学习者。庞先生说他自己是学习者，没有说学者。反问自己，我能做到吗？我常常想反省，自己并没有做到很好。我有颈椎供血不足的毛病，会在不注意的时候晕倒。今天吃早饭端起碗的时候，感觉有些晕。我赶快控制自己，告诉自己不要晕，因为我要去参加今天的研讨会。幸好现在我能坐在这里发言，还能思考，能怀念我的老师庞先生！我们需要像庞先生这样真正的艺术家，而不是那些沽名钓誉、虚荣心太强的人，那些人应该被我们唾弃。

这个展览叫“地之子”。先生始终把自己放在很低的平民的位置，有一颗怜悯的心，关注着受苦受难的底层人民，我觉得这才是一个艺术家的良心。他的作品里透露出对底层人民的关爱、同情和拥抱。庞先生79岁就离开了我们，他应该多活几年。我已经83岁了，身体很弱，经常头晕，不能画画了，但是我能写诗。庞先生也是一位诗人，我觉得任何一个艺术家，都应该是诗人，是最忠诚于自己事业的诗人。有这样一首诗让我难忘：

雪白的成群的小羊，
飘在绿色的草原，
那是多么美啊！
一年如果有十二个七月，
那该多好啊！
这是牧民的音乐。

同志们啊，让我们像庞先生一样，做一个平凡但是热爱生活的人。

王璜生（中央美术学院美术馆馆长）

作为一个年轻的美术史研究者，必须谈谈我的一些思考。通过看这个展览，我想到的主要问题是，20世纪中国美术史的研究有两个方面是很不受重视和缺乏研究的。一方面是现代艺术运动，现代艺术运动可以从庞先生回国后，从1931年到1932年组织决澜社运动这个阶段，还有在这个阶段里所做的贡献。同时也有中华独立美术协会，像在上海、广州等的活动，同时中国的现代主义运动在这时候做出了很大的贡献。后来由于种种原因，包括战争原因、政治原因，包括新中国成立以后其他的各种原因，使得研究及相关的发展受到挫折。在美术史的研究这方面本身就做得很不够。第二个方面的缺失也体现在庞薰琹先生身上。那是在1939年的时候，在沈从文先生的鼓励下，1940年左右，庞先生参加了中央博物院的一些工作，在跟一些文化学者互相影响之后开始走向田野考古，走向对边区的民族学研究。这一方面的工作其实在30年代到40年代初期的中国文化史上是一个很重要的普遍现象，或者说一个很重要的活动。当时很多西北考察团，包括常书鸿先生也到了敦煌，包括刚才谈到的费孝通先生等都做了很多田野考古的工作。其实这是在中国文化史上研究方式发生变化的一个重要现象，当然这和当时西方文化艺术史研究方法的引进有关。同时令人感动的是，作为一个学者，在国难当头的时候还在国民政府的支持下（当时国民政府拨了一定资金组织学者进行考察研究），去做这样一件事。一方面是为了国难时期使我们的文物不被破坏，一方面是顺应了当时世界的潮流。当时有很多西方学者进驻到我国西部和中部来偷盗文物，抢夺我们的财富。国民政府和一些文化界人士觉得有责任去做一些文物抢救和保护的工作。恰恰这样一个很重要的文化现象，在长期以来是不受重视的，也没有得到文化和历史意义上的论证。我们作为年轻一辈的艺术研究工作者，更有责任去好好地做这些工作。庞先生的展览以及这个研讨会，最大的意义就是告诉我们年轻一辈的艺术工作者，要尊重和认定前辈们所做的贡献，并且对相关工作的缺失及时弥补。

刘曦林（中国美术馆研究员）

感谢北京画院美术馆在“二十世纪中国美术大家系列展”中又推出了一个成功的案例。庞先生是一位博学多能的大家，他留下了一种精神财富需要我们继承，那就是他如何把现代意识和民族意识融入到自己的作品当中，同时再融入时代精神。我们现在又遇到了这样一个时空，在这样的时空中，我们怎样找到自己的立足点，庞先生是一个非常成功的榜样。

庞先生的绢本作品有两类，一类是水彩，另一类是中国画。1944年，在民国时代的教育部第三次全国美展的时候，庞先生有两件作品参展，从《贵州山民图》中选了两张，送到国画处，当时国画的评委说这不是国画，他们不要；送到油画处，西画的评委又说这不是油画，也不要；送到图案部还是如此，因此遭遇了“三不管”的尴尬，不过最后还是在油画部展出了。今天看来，有几幅画是地地道道的中国画，我们应该恢复他的声誉。庞先生在《就是这样走过来的》里面记述了这段历史。我再补充一个史实，1949年7月共和国时代的第一届全国美展，庞先生入选了三幅画，一幅是《赶集》，一幅是《苗族妇女》，一幅是《苗族之舞》，但是是代表上海展区参展的。当时李可染入选4幅，关山月入选4幅，庞薰琹3幅，这次3幅画都归入国画范围内，当时入选的国画作品共有38件，这是符合庞先生心愿的。我想从这小小的分类工作上也可以提高我们对他的认识。

陈汉民（原中央工艺美术学院教授）

庞先生是我的老师，这份师生情意非常珍贵。笼统的我不讲了，讲一件具体的事例。1953年，中央美院院系调整，庞先生带着我们到了工艺美院，我调到工艺美院任装潢系主任。新官上任三把火，当时我采取了比较强硬的措施，引起系里老师的反感。庞先生知道这事后给我写了一封信，就几十个字，他说：“汉民同志，你来的信，所见甚是，我就不再重复了。团结全体同志，把学术的气氛调整好。”这封信我仍然保留着，是在发黄的再生纸上写的。由此，我努力调整工作方式，后来装潢系成为全院比较好的系，主要得益于庞先生给我的启示。当时庞先生的身份是教研室主任，我是副主任，他经常教诲我，他所做的每一件事、他所说的每一句话对我的作用都非常大。

第二件事，庞先生身体不好，当时手还有点哆嗦，他对我说："汉民，我把这些火花贴送给你，你是这个专业的，作为资料，你去研究研究吧。"他所说的"火花贴"是当时三四十年代上海火柴厂的一些火柴贴花，还有一些苏联的，大概几十张，直至今天我还保留着。从这两件小事可以看出，庞先生非常爱护年轻人，关心业务工作。他曾经劝我学传统装饰画，我没能学成，而是学了服装。在庞老师和丘堤老师的教诲下，我努力做好教学工作。所以说后来的时间，我是对得起老师的。

袁运甫（清华大学美术学院教授）

非常感激庞先生对我艺术上的指导，在我一生中的每个阶段，他都对我提出了要求，比如应该在哪个方面加以更多关注，缺少了什么，忽视了什么，丢了什么东西。他关注艺术发展的各个方面，总是站在全局的高度看问题，所以他是个高人。

今天看了他的素描《父亲遗容》，真切感受到他深厚的艺术修养。其他如花卉、人物、少数民族等题材也都有力作。在那个时候，他就已经注意到对中国画的研究和弘扬，把对艺术的探索与实践结合起来，所以他是一个勤于实践的艺术家。他不仅关注绘画艺术领域，对传统艺术也加以全方位关注，收集各个朝代的图案、资料。他在治学方面也有自己的一套方法，会去关注一些别人不太注意的东西。所以很难说庞先生是西画家，应该说，他是中国传统文化学者。

这本《中国历代装饰画研究》是我们装饰艺术专业的看家本领，是整个艺术系的基础教材。庞先生对传统的认识是从艺术最高境界来谈的，在"中西结合"这个关注点上有一个让人心悦诚服的认识，并投入到自觉的设计运用中，这一点非常重要。这本书是有针对性的。中国高等美术院校的学生要对装饰艺术有深刻认识，要认识到"装饰"是我们的基础课，艺术的技法、修养都是基础。这本教材理论和实践相结合，是一本详细、系统的教材，非常适合学生的基础训练。庞先生花了极大心血来写这本教材，他全力投入艺术，对事业的投入是少有的。《中国历代装饰画研究》出版后反响非常大，奠定了他的学术地位，可谓功德无量。

今天的展览对庞先生的艺术历程做了较全面的介绍，特别是那些重彩画、素描、人物肖像画，我觉得应该作为美术教学的示范画，无论从哪一方面都做得特别深刻、特别地道，达到了一定的境界。过去我没有机会这么完整地看到这些作品，特别是《父亲遗容》，非常了不起。

庞先生对青年人的优点常常是鼓励的，做他的学生很幸福，都愿意把作品给庞先生看看，听他指点几句。他的观点非常深刻，会在每个细节对你加以指导。他给同学评作业时一下子就能看出哪些地方不具体、不仔细，目光非常清晰、敏锐、鲜明，大家都心服口服，这在教学工作中是非常重要的。在教学训练中，学生之间要互相画肖像、漫画，抓住特点训练造型。在技法练习中，运用宽笔、窄笔、尖笔等工具，抓大关系，结构关系，也能细致深入到每根线的表现。《父亲遗容》中线的刻画，就是线的造型运用，这种艺术修养在素描教学中是一个关键问题。这个展览涉及了很多问题，如色彩问题、中国画的线的问题等等。

20世纪60年代，有一次庞先生到傅雷先生家做客访问，邀我和祝大年一起去。傅雷先生说，我的家里只挂两张画，一张是庞先生在云贵画的少数民族妇女，一张是刘海粟的油画。为什么挂这两张？因为一张是油画，一张是纯粹的中国画，并且是有革命、改革的设想，是从中国画传统走向当代性的中国画。当时我看了，确实非常有想法。傅雷说，庞老在中国绘画中对线的处理最为优秀。我原来没有这个概念，今天看了画展才真正体会到，庞先生对线的处理真是妙不可言，非常到位、非常精妙，这在人物画里都有体现。这种线条的功力，非常严格的刻画，在西画中是不太注重的，而在庞先生的作品中没有被忽视，是被他紧紧抓住的。

艺术劳动从一点一点开始积累，他的《地之子》成为了重要的代表作品。这一批权威的中国艺术家是有价值的，像庞先生这些作品，在任何时代都绝对是精品。很多像吴作人、董希文等老先生，包括庞老，他们常常被忽视，北京画院做了这样的系列展览，就是把20世纪中国的艺术检阅了一遍，慢慢深入到对艺术本质的思考。这正是我们的美术教育和美术馆需要具体来抓的，抓得越深入，对于以后艺术研究整体的提高越具有重要意义。

谷 嶙（原中央工艺美术学院教授）

庞薰琹先生是中央工艺美院创建时期的核心人物，他为学院的创建耗费心血最多，也是罹难最早、背负“右派”头衔最沉重的一位。我和庞先生生前的接触很少，但他早年的一位同乡，也是同窗好友曾是我的启蒙老师，曾对我讲述过庞先生早年的一些往事。1948年时，庞先生的好友傅雷先生全家曾居昆明，也讲述过一些他的情况。

20世纪30年代初，庞先生从法国回来，曾在上海组织过“决澜社”，顾名思义就是要在中国这块尚封闭的土地上打开一个决口，让西方的现代艺术像狂澜一样冲进这沉睡的大地。由此可以想见，那时的庞薰琹先生尚是一位二三十岁、风华正茂、风姿翩翩、潇洒的留洋青年，和今天许多醉心于现代艺术的青年人一样，对未来的憧憬是梦一般的美好绚丽。可是20世纪上半叶的中国，正是遭受日本帝国主义侵略战火蹂躏最残酷的年代，八年抗战使他离开上海，颠沛流离辗转来到大西南的湘贵苗族地区，后又到了昆明、四川，抗战胜利后又到了广东，最后到了上海。他在大西南数年的生活中，深入苗族地区，考察和研究了少数民族的民间工艺美术。

1946年，他就曾和教育家陶行知先生商谈筹办工艺美术学校的事（后因陶去世而未办成）。他的前半生是现代绘画艺术的拓荒者，后半生则是工艺美术事业的献身人，这跨度是很大的，他晚年又潜心研究中国传统的装饰艺术。

1962年，庞先生被摘掉了“右派”帽子，但是仅隔4年，在之后的“文革”中又再度遭灾，被投入“劳改”的苦海，成为所谓“被专政”的对象。这时的他已是一位满头白发、步履蹒跚的老人，被关进牛棚，每天一早就要起来做清扫卫生的劳役，听受呵斥。人是由血肉塑成的身躯，有思想情感而生命有限的高等动物，一旦肉体的某个部件被损毁，精神灵魂被侮辱，是不能像机器人那样换个部件便可以继续生存下去的。

冯 梅（原中央工艺美术学院教授）

我作为庞先生的学生、“工艺美院”的第一批学员，深受庞先生的恩泽，而且随着时间的发展，感受日益加深，回想庞先生的一生，可以概括成三大功绩：

一、庞先生最早把西方现代艺术介绍到中国。他在艺术上是一个具有超前眼光的人，而且具有很强的创新和开拓精神。他并不只是介绍者，还是身体力行的实践者和先驱者，这反映在他回国后早期的作品上。这在当时中国画坛上是极少见的，而且是当时社会所不接受的。当时被认为是搞形式主义，后来“反右”时更被批判得体无完肤。可见他那时顶着多大压力，需要付出多大的胆识和勇气才能做到。其实他那时的作品为中国画坛吹进了一股清新的画风，既具有很强的形式美感，又与中国的实际相结合，是经得起推敲的艺术佳作，历久弥新、馨香日浓。这种特点也体现在他后来去苗区所画的少数民族形象中，浓郁的个人风格和装饰韵味相结合。然而，也正是由于庞先生的这种不安于现状、敢为人先的精神、性格，注定了他命运多舛、坎坷曲折的悲怆人生！

二、庞先生最早把“设计理念”带到中国美术界。他率先在中央美术学院成立了工艺美术系，继而筹办了中央工艺美术学院——新中国第一所设计艺术的最高学府，这对推动中国的现代工商业发展以至整个社会经济的发展都起到了不可估量的作用，可以说是具有划时代意义的壮举。如今这个学院已经培养出一批又一批艺术设计领域的人才、骨干、精英，承担和完成了无数国家重大标徽、建筑装饰、染织服装、陶瓷艺术、装潢美术、环境艺术及工业产品等方面的设计任务，为美化新中国的形象和人民的衣食住行建立了丰功伟业。

三、庞先生在身遭“反右”重大政治冤案的不幸之后，仍以顽强的意志、百折不挠的精神二十年磨一剑，写出了数十万字的《中国历代装饰画研究》。我清楚地记得，在他写书期间曾对我们说：他的心脏曾几次停止跳动，又几次从死神手中挣脱，在最困难的时候是《约翰·克利斯多夫》书中主人公原型贝多芬和命运抗争的精神鼓舞了他，使他得以支撑下来。可以说，这本书是庞先生用自己的“生命”写就的。这本书首次以现代设计理念和形式美的视角去分析中国历代传统艺术的精华，使我们这些后辈学子受益终生。因为庞先生深知中国的现代设计要在世界占有一席之地，必须具有鲜明的民族特色，他在法国留学期间，德国导师对他说：“你们中国的艺术才是最应该学习的。”我认为，我在“工艺美院”5年学习的最大收获就是认识了中国传统艺术（包括古代和民间艺术）的博大精深，并从中汲取了不尽的养分。

庞先生的一生是悲怆的一生、辉煌的一生和功勋卓著的一生！他的精神会随着他的业绩永存于世！

庞　涛（庞薰琹长女、画家）

父亲之前的成绩已经成为历史，在这里我想谈谈他未完成的心愿。父亲之所以不去美国，不去其他国家，因为他想要留下来，留在中国。中国的文化源远流长，中国人又是如此聪慧的人民，在这片沃土一定能培养出世界一流、有中国特点的设计家。这就是他的心愿。如今中国经济已经起飞了，但设计界的发展还是相对滞后的。在此希望我们的设计师更加努力，达到国际一流水平，设计有中国特色的文化形象。

北京画院美术馆在很短的时间内完成了《中国历代装饰画研究》的再版工作，可见他们的专业、高效与努力。想要达到专业水平，不下苦功是不行的，要认真地、一丝不苟地去做，不要想抄捷径，弄虚作假。父亲当时所在的西南联大的规模并不大，但很多诺贝尔奖得主都是从那里走出来的，原因就在于老师教导有方。目前学院内的浮夸和不讲实效的风气很严重，作为知识分子，我们要尊重自己的良心。现在我们的建筑常常要请外国人来设计，我认为这是一种洋奴思想，应该要克制。我们中国要立志做世界的“制造者”，而不是“加工者”。

吴洪亮（北京画院美术馆馆长）

感谢各位先生及各位前辈的到来。第一次见到《地之子》是在广东美术馆，后来我在常熟美术馆看到庞先生这样惊人的作品，首先是庞先生这样的作品、这样的人感动了我，才有了今天的画展。庞先生的展览是我们“二十世纪中国美术大家系列展”的第十二个展览，我们希望用自己的工作来勾勒20世纪这些艺术大家的全貌。希望在今后的工作中，各位前辈能够给予我们帮助。我们是一支年轻的团队，希望通过我们的工作可以对前人表示一些尊敬，对后人做一点点基础的贡献，谢谢各位老师！

“我爱平凡的人——周思聪创作及写生作品展”研讨会

(根据会议录音资料整理)

时　间 > 2009年11月25日
地　点 > 北京画院美术馆五层学术报告厅
主持人 > 李松（中国美术家协会编审）

主持人：周思聪先生是一位受人敬重、令人感动，也令人难忘的画家，她的作品在当代的中国画创作发展中有着里程碑的意义，而人们更敬重的是她的人品。

她有一篇纪念李可染先生的文章，题为《一个学生的思念》。她对老师是这样评价的：他把自己的一切都给了艺术，给了学生，自己则别无所求。先生为人正直宽厚，绝不像那些浑身生满刺的棘，攀人而上的藤，而是像一颗蔽日参天的大树，深深地扎根大地，默默地伸展枝条，认真地开好每一朵小花，无保留地现出了满树的甘果。我热爱先生的艺术，我敬仰先生的人格。而我觉得这段话恰恰可以用来评价她，由此而形成了艺术传承中的一个道德原则。展览名为“我爱平凡的人”，题目很好。此外，周思聪画令她感动的人。比如《长白青松》就是为纪念潘挈兹的女儿而画，她在插队时为了救火而牺牲。周思聪画的周总理我们都非常熟悉，而总理正是感动她、触动她的人。周思聪的艺术与人品值得我们好好学习和研究，首先请蒋采苹先生谈一谈。

蒋采苹（中央美术学院教授）

我和卢沉是同班同学，周思聪比我低六班，所以我们都比较熟悉。首先要感谢北京画院王明明同志，他最近做的几场展览，从李斛先生、苦禅先生，到可染先生、庞薰琹先生，再到今天的周思聪，这些已故的画家都对新中国的美术事业做出了重要贡献，画品、人品众所共知。老院长刘迅同志曾一直在做这方面的工作，为已故的、有特殊贡献的老画家举办展览和研讨会。如今明明同志不仅对此有所继承，并且发扬得更好。

周思聪57岁就去世了，回想起来心里很难过。她确实是一位很优秀、很杰出的女画家，我的老师叶浅予先生、李可染先生很喜欢她，也都给了她一些重大的指导。今天我只想说一点，即作为画家一定要有强者意识。艺术是要一生从事的事业，从小时候的喜欢，到学习，再到后来的工作，特别是我们这一代人，经过了政治的变动，社会的动荡，文化艺术界的颠簸……倘若没有强烈的信念，和对艺术的热爱，是不可能将绘画事业一直坚持到生命的终结。很多艺术家都把艺术生命当做自己的第一生命来对待，这就是强者意识。我和周思聪接触得并不多，当时我在中央美院，她在北京画院工作，后来因为住得近，能够常常见面。1990年以后，周思聪参加了叶浅予三期行路团，我们曾经一起去爬天目山。那时她的身体情况已经不太好了，类风湿关节炎已经到后期，爬山是很困难的。但她仍坚持和我们一起爬山，她凡事都不肯落后，即使在被病痛折磨的十几年中，她在艺术上也丝毫没有懈怠。后来因为身体原因，她只能画些荷花，那时只剩下两根手指能够拿笔。在她去世前半年，我曾去过她家中，她只能扶着家具慢慢地挪动，即便这样她依然没有停笔。她的画案总是摆着笔，以便她随时都可以画画。有些人说因为病入膏肓，周思聪这时画的荷花有些鬼气，我却认为画面很清新，可以看出她平淡的心情，即使面对生命的终结仍处之泰然。她没有觉得自己的生命微弱了，没有失望与绝望的思绪，而是始终都保持着顽强的精神。这种强者意识让我感动，每次想到她我都像打了一剂强心针。如此顽强的艺术家太难得了，她用自己有限的生命创造出大量让后人敬仰和钦佩的作品。

刘曦林（中国美术馆研究员、中国美术家协会理论委员会副主任）

我在编辑周思聪纪念文集的过程中，很多人写文章来讲述周思聪先生对老师、对学生的体贴与关怀。这种情感与爱是普泛到每个人的，就像今天展览的主题，“我爱平凡的人”。周先生对她的老师，像蒋兆和先生、李可染先生，叶浅予先生都是非常敬重的。1962年的毕业创作，她画了一幅蒋兆和像，那是蒋先生教学生画《流民图》的场景。周思聪与日本画家丸木俊夫妇的友谊也是非常感人。我在日本访问的时候，结识过丸木俊夫妇，他们与我谈到蒋先生，说在绘画上受到他的影响。当他们谈到周思聪时，说周思聪不仅是中国伟大的画家、亚洲伟大的画家，也是世界反法西斯的和平画家代表。他们与周思聪经常有书信往来，还在她生病期间无偿提供了医疗器械。这几个人之间的关系构成了20世纪美术史中现实主题非常精彩的一页，他们之间的艺术经纬构成了一个非常精彩的框架，而且这个网络可能还会传承下去，发生精彩的演变。

今天在杭州还有一个历史题材的研讨会，我最终还是选择来参加周思聪先生的研讨会，是因为我对她有很深的情感。周思聪的《矿工图》在20多年前就画成这般面貌，可见在历史感伤、在中国画的技巧上，在现代构成的探索上，周思聪的超前意识。还有在中国历史画的创作中，周思聪的艺术才华和她在艺术上的分量，都是不容小视的。

周思聪这代人，因为当时的社会历史原因，画过“红光亮”、画过“高大全”，这并不可笑。因为没有这一过程，也许就没有拨乱反正后的反思与进一步的提高。这个阶段是中国美术史中不可忘记的岁月，也是对周思聪艺术研究较为薄弱的一环。即使是今天，当我们看到这些她与老画家合作表现当时新事物的作品，仍会非常感慨。

展览展示了周思聪先生的大量速写，非常精彩。现在很多人都不再画速写了，他们说八大、石涛不画速写仍创作出如此精妙的作品。但是我们知道中国古人靠默识心记，他们将眼中的丘壑转化为心中的造化。但是现在的艺术家外出采风只是拿着相机拍照，回来再画照片，有谁敢说自己养成了默识心记的本领。如果继续这样，我们如何能回归自己的传统。所以我从艺术教育的角度提出这样一个问题，希望今天的艺术青年不要丢掉速写本，它是认识生活的一个途径，同时也是一件艺术品。

吴衍休（原北京画院副院长）

今天的展览让人亲切，也让人感慨。周思聪在附中时期就打下了非常坚实的素描基础，大学时期又打下了良好的民族传统基础，跟随叶浅予先生、蒋兆和先生、刘凌沧先生临摹了大量的中国画。到了北京画院以后，我认为她打下了很好的生活基础，当时我们这代人非常强调深入生活，与农民同吃、同住、同劳动，热爱人民、党和祖国。这样的思想教育对她艺术道路的形成影响深远。改革开放以后，她又受到了西方以及日本艺术的影响，由此可见，她的艺术脉络是比较分明的。不过我认为还是她的思想、人生观、世界观还有解放后所接受的党的教育，以及新社会接受的劳动人民的教育，这些方面的影响对他艺术道路的形成作用最大。

艺术界曾经对周思聪有过两种看法：一种认为她后期的艺术变形脱离了人民，脱离了中国人的审美趣味；一种认为她的艺术之路走得更加宽阔了。我们对于前人无需苛求责备，而应该要继续前进探索，这才是艺术家良好的品质。周思聪的艺术道路，她的艺术人生，虽然短暂却涵盖了一个过程，她是那个时代中的代表画家，并且在各方面都是比较突出的。

李树声（中央美术学院教授）

展览的确将“我爱平凡的人”这个主题贯穿得很好，虽然只展示了周思聪一部分创作，但却很有教育意义。如今的人物画创作遇到了很大问题，很多画家不能抛弃自我，完全为表现别人而服务。从古至今，我们经常说人物画不留名、不流行但却画得非常好，形神兼备。后来随着艺术观的改变，一些艺术家把对象当成我爱的人来认真创作，还有一些艺术家在表现对象的同时融入了更多自我观念以及自我情感抒写的因素。古人云：鬼魅最易，犬马最难。因鬼魅无形，画家可以凭借想象任意发挥，而犬马朝夕可见，所以在形上很难把握。犬马尚如此，又何况人呢。

现在的人物画家过于强调自我，强调主观情感的发挥，将对象丑化、歪曲，人物造型千奇百怪，而他们还以此为美。

周思聪经少年宫培训，以及后来在附中、美院打下了良好的基础，是正规的科班出身，同时她又有才气，因此作品一直非常优秀。她的变形是在牢固基础上的创新和探索，而并非标新立异。我们现在的画家因为基础不稳，于是借变形的作品掩盖自己的弱点。这不是为别人、为社会服务。我们应该画对象的美，画出人的精神世界，这才是中国人物画的正宗。否则一味追丑、追怪，他们的作品是无法得到百姓认可的。

刘龙庭（人民美术出版社编审）

1982年初春，我有机会近距离地接触周思聪。那是王雪涛先生去世的时候，美协派来一辆大轿车接我们参加葬礼，我与思聪先生坐并排。期间与她的交谈，让我觉得她的平民意识很值得我们学习。虽然当时她已经很有成就了，但是却一点也没有架子。我说，您的画有些变形。她对我讲，画画是要一步步深入的，之前觉得写实很好，但我开始变形的时候就觉得写实的东西俗且无趣。展览展出了《矿工图》的习作，刘曦林认为有丸木俊的影子，我又从中看到了柯勒惠支（德国版画家）的影响。周思聪是我们这代人的杰出代表，从《长白青松》到《矿工图》，她都紧扣时代主题，她思考的是艺术。周思聪最让人留恋的就是她的平民意识，一次刘凌沧将周思聪、卢沉夫妇请到我们社画步骤图，她说，我还是回去画吧，当着这么多人我画不出来。还有一次，一位供电局的职工问周老师的薪水是多少，周思聪说一个月一二百块钱。职工就说，我们工人一个月还有五百多呢。当时周思聪的表情很平静，并没因此而羞愧、懊恼。现在的画家常常标榜自己的画价如何之高，这种风气应该要有所收敛。

周思聪默默耕耘，认认真真教学，不求闻达，不招摇、不炫耀，这点尤为值得我们学习。有志不在年高，无志空活百岁，周思聪虽然只活了57岁，但她为中国艺术事业所做的贡献却是无价的。董其昌说过“气韵必在生知”， 宋代郭若虚也称，气韵不可缺，既不可以巧以得，复不可以岁月到。因此既要有才华，还要勤努力。我说周思聪是巾帼不让须眉，对于她我们要好好地宣传，最后还要感谢王明明院长，能让我们再次记起这些已经逝去的画家。

李志远（收藏家）

我虽然不会写字也不会画画，但是喜欢和画家交朋友。我最喜欢齐白石、李可染和黄胄，但收藏最多的还是周思聪。卢沉先生看过我的收藏，并且和我讲过每件作品的生命情况、创作背景和描绘内容。最让我感动的就是这幅《长白青松》，作品描绘了潘絜兹的女儿潘纹宣，她在黑龙江虎林救火的时候牺牲了。潘老师为了给女儿争取烈士的称号曾经给中央写了好多封信，但最终未能如愿。我后来收集到很多资料，其中包括潘絜兹给江青和胡耀邦等人写的信。周思聪为了安慰自己的老师，画了这幅画，表现了平凡人、平凡事却不平凡的精神。卢沉老师讲的时候眼中含满热泪，很多在场的人都哭了。周思聪老师为平凡人创作的这种情结值得我们学习。现在很多画家喜欢画神仙、画自己，而周思聪却爱画身边的人，画他们的内心世界，这些被画的对象也愿意在作品上签下自己的名字。最后我想说，周先生是建国以来最好的女画家，也是最好的教育家，她的学生如今都已成为杰出的艺术家。

史国良（著名画家）

感谢李志远先生能把这批作品保存到现在，今天在北京画院办了展览，又出版了画册，真是对周老师在天之灵的告慰。周老师、卢老师夫妇是平凡而伟大的人，总是为我们做榜样。

1973年，我就认识了周老师，看她画《长白青松》，画《穿新鞋跳新舞》，再看她变法、创新。周老师生前已很有名气，但她仍平易近人，以身作则，用自己的行为感动你。我记得画《矿工图》的时候，她还怀着卢欣，累得都虚脱了，被我们从矿井下抬上来。

她的父亲在“文革”期间受过一些刺激，精神不太正常。周老师总要去照顾他，刚生完孩子就要在大冬天用凉水洗衣服，而且床板的稻草下还有冰霜。我想她的病一定是累出来的，积劳成疾，那么年轻就去世了。我学画画的热情很高，每天画一大卷也不觉得累，每周都要去周老师家两三次，有时11点了还不走。卢沉老师打着呵欠，老太太和几个孩子都睡着了，我还要求周老师再画一张。周老师说国良啊，今天你已经画了那么多了，要注意劳逸结合，早点回去休息吧。我说我不累，仍然坚持让周老师画。周老师最后还是画了一张给我，我才高兴地走了。后来我问老师，我当时那么不懂事，您为何不赶我走啊！周老师说你那时候对绘画正有热情，说重了会打击你的情绪。听后我特别感动，心想以后若是当老师，一定也要像周老师这样。

周老师是个勤快的人，每次我去她家，她不是画画就是在做家务。不过她家很清贫，居住条件也差，第一块手表是我帮她买的，衣服是卢老师上学时候穿的。她确确实实是一个平凡的人，一个伟大的人，一个好人。展览中很多画的创作过程我都在场，有些还参与了意见，所以今天到这里特别有感触。

徐　俊（中国人民大学艺术学院副院长）

20世纪70年代的时候我跟从周思聪老师学画，至今已有三十五六年了。每次去她家时总是有几个学生，那时周老师上班很忙，回来还要洗衣做饭，还要给学生看画，是很辛苦的。记得有一次她给学生讲画时忘了锅中炖的肉，最后肉都糊了，当时炖一次肉是很不容易的，可见她给学生讲画时的专注。周先生感人最深之处就在于她的平易近人和对学生的热情。后来我也当了老师，上课时总能想起周老师，她的热情让我至今都很感动。我们要向周老师学习，学习她在人格、人品上的这种力量。

李小可（北京画院艺术委员会主任）

我父亲过世后，陕西要出一本用宣纸印刷的书，因为是宣纸，所以用不了照片，需要一张白描人物。那是在周思聪去世的前一年，她的身体状况已经非常不好了。因为考虑到她的身体，我找到卢沉希望他来画。周思聪知道后说，这个肖像还是我来画吧。当时她还给我打电话说要几张照片，可是大概一周以后，周思聪就过世了，我的心里特别难受。后来卢沉在整理东西的时候发现了这张白描，是我父亲拿着画夹写生的肖像。据卢沉讲，那时周思聪已经无法握笔了，是用手指夹着笔画的。她根据记忆画了父亲的肖像，感觉、神态都非常到位。

周思聪和卢沉两个人最大的特点就是他们都生活在艺术当中，生活在对于生活的感受和对于艺术语言的探索当中。当代的艺术家往往在形成了自己的程式语言之后，对绘画语言继续性的研究还是不够的。周思聪早期的速写和写生或许现在的中央美术学院的学生都能画，但后来的《矿工图》我想很多人是画不了的。我在美院进修时，周思聪、田黎明都给我们上过人体课。周思聪不仅给我们讲中国的画家，也常常讲西方的画家，比如席勒和罗丹。所以她实际上是在中国文化和世界文化中不停地吸取营养，是站在世界绘画语言的系统中来研究的。她后来的绘画受到了日本画家丸木俊夫妇的影响，比如《矿工图》。作为当代的艺术家，我们应该不停地从生活中获得感悟，同时去研究绘画语言。《矿工图》把单个的形象变成整体的形象，这是中国人物画很难解决的问题。中国的人物画往往可以将一个人画得很精到，但如何组织起各种人物的关系就是我们需要面临的问题。这个问题我们可以从永乐宫壁画、敦煌壁画，还有周思聪的作品中去学习、去研究。

田黎明（中国国家画院副院长）

周老师能够在平凡中发现一种美、一种境界，实际上这就是中国文化所倡导的一种平常心。我们上课时常常讲到中国文化所倡导的平淡天真，但是流于自身浮躁的状态，并没有下功夫去理解与体验这样一种文化内涵。周老师就在她的作品中实现了温柔敦厚的人格，也实现了中国文化所倡导的平淡天真这样一种人文境界。看过展览之后，我从每一个形象、造型背后都感受到一种真实的存在。这是当我们面对一种物像时能够升华为一种精神的关照，是一种人格的魅力、一种学养的美丽。周老师正是在平凡的生活中发现了这种美感。

周老师的画给我们很多重要启示，这其中包括了创作与生活的问题。现在的人物画概念性比较强，模式性比较强，比较符号化，而对于生活中人与人的体验和体会却减弱了，这是一个重要的文化课题。还有就是笔墨与文化体验的问题，造型与笔墨对于一个人物画家来说是一生探索的学术课题，这个课题与生活、与文化是怎样一种联系，我认为在《矿工图》、《人民和总理》中都体现了学术的高度。这个高度就是周老师把自己毕生的精力都放在文化层面来关照，因此她的画特别耐看，特别能感动人。这种感动值得我们反省，我们应该反省在文化繁荣、社会发展的环境下如何克服和减少自己的浮躁。周老师的画融合了中国人的全部美，中国文化的全部美，是值得我们下大工夫去传承、体验、学习的。

韩美林（著名艺术家）

我一参军就跟着老八路，所以现在脑中还有很深的传统思想、革命思想。人死之后什么也带不走，所以我的财产要留给国家做些公益事业。在周思聪上附中的时候我们便认识了，后来开理事会的时候进场见面，她坐在我身边，不怎么说话，但她的人格魅力却感染了我，于是我们成了朋友。周思聪去世后我很难过，我一直把她的书放在案头，以此来鼓励自己。每次我都告诫自己不要画得那么甜、那么飘、那么浮，并常常以她为榜样。周思聪是美术界的一个榜样，她不炒作，为人低调，一生淡定，是很值得我们学习的。

胡　勃（中央美术学院教授）

周思聪的为人与展览的标题一样，是“平凡的人”。我举一个例子，20世纪80年代，北京市对外文化交流协会要给当时著名的画家拍纪录片，当时找到周思聪，周思聪回信说，北京市的老画家有很多，我的老师都还没拍，还是先给其他老先生拍吧。后来我去周先生家时，看她的手变形变得厉害，已经不能握笔了。她却说，我要以后拿不动笔，就把笔绑在手上来画。一天，明明打来电话说周老师不行了，结果第二天她就去世了。第二天的《北京日报》上发表了一篇文章，后来《中国艺术报》约稿，我又写了一篇。

翻开中国的历史，杰出的女性有很多，我认为周思聪应该算一位。而在美术界中，我认为她也是最为杰出的女性画家。我并不是夸张，当我翻过很多美术史、文学史，感觉她的地位在我心中渐渐清晰。此外，我感觉她的创作都是秉承中国传统文化的精神，做得尽善尽美。她的作品非常感人，往往速写中一个手腕的旋转，即使笔不到，也让人觉得自然。她的境界、修养相当高，让人看后有种美的享受，有种精神上的陶冶。今天办这场展览，北京画院又做了一件大好事。我们应该发扬这些前辈对于传统继承，对于生活的再认识。看到周思聪的作品，我感到很受鼓舞，谢谢大家！

卢　悦（周思聪之子）

感谢北京画院提供这么好的平台，还要感谢王明明院长和李志远先生为展览所做的努力。展览中的很多作品我都没有见过，北京画院和李先生的收藏是很丰富的。这次展览的定位非常好，虽然不是大而全，但却集中了母亲创作的某一时期，并且运用作品与图稿对比的方式进行展示，既有学术性，又有趣味性。

我和卢欣一直在圈外，没有继承父母的衣钵，所以对于国画，对于人物画没有太多发言权，在此仅谈谈自己的感想。我感觉像我父母辈的这些老艺术家，他们的写实能力是为年轻的艺术家所钦佩的。我现在在美院代课，教的是数码媒体。

在这个艺术作品可以通过数码随便复制的时代，学生们可能想搞什么东西随便从网上拉个资料，在这么个时代，就是有这种写实能力，能够对着真实的人、真实的物能这么胸有成竹地画，也不会觉得特别重要，因此现在美院的学生动手画的能力尤其是设计学院这边都非常有问题，可能跟美院走普及性教育，尤其是围绕着美院周围数百个考前班有关。但是艺术不管怎么样它是一个手工活，艺术家也是工匠，用工匠的态度来对待艺术可能艺术更健康。谢谢大家！

王春立（中国美术家协会理论委员会委员）

听了前面的人的发言，我是很有感触，今天这个展览我特别想看，一是本着对周思聪先生怀念的态度，一是本着学习的态度。周思聪老师并没有直接教过我，但是在我心目中她是我最崇敬的老师之一，我之所以憧憬，就是因为从她的人生的精神境界或者人格魅力对我影响是比较大的，我跟周思聪先生、卢沉先生住在一个院，可来往并不多，但是他们的作为对我发生了潜移默化的影响。我记得周思聪先生，人很平凡，但是却有一颗博大的爱心。她热爱艺术，热爱平民百姓，也热爱我们的一些国家领导人，这从作品中可以看出来。今天看了这个展览以后我有很多感触，也有很多感想，我觉得他们的精神，是今天的作品里所缺乏的，在他们的作品里却有充分的体现。第一个我觉得他们的作品有着一种非常朴实的感情，这个跟当今比较浮躁的时代，有很大差距。我看她早期60年代的写生头像感觉特别亲切。那些形象的刻画完全是塑造人的精神状态和人物性格，而且在艺术语言上很朴实，没有华而不实的东西，也没有过多的技巧上的做作，完全是在追求艺术的本质——真、善、美。我觉得这一点对今天的美术创作有很大的现实意义，对于指导当前的美院的教学是很有意义的。另外一点我觉得周老师的那种对于艺术锲而不舍的精神也是值得我们学习的。她的作品在不同的阶段都有明显的个人探索的痕迹，比方60年代非常写实的，基本功非常扎实的，另外我觉得他在做人上对我的影响是很大的，她很平凡，但是平凡当中体现很多伟大。她有一颗博大的爱心，对很多人她都很关爱。我举几个例子，就是她病得那么严重时，我和史国良、阳刚去她家看她，因为也知道她的病很重，我们一直想看，但是不愿意打扰。因为不愿意给她添麻烦，她家很小，才30多平方米，还有孩子们。那次我们去，周先生的病已经很重了，她下地行走都不方便了，还下地给我们包饺子煮饺子。另外她教育孩子也是以一种平等与尊重的角度，那个年代大家对孩子们升学都是很关注的，升不了学大家都感到很焦虑，我记得卢悦那时候考的是工艺美校，念了半年不念了，这是许多家长所不能容忍的，周思聪和卢沉不但能够容忍，还很尊重孩子们的选择，不念就不念了，孩子想做什么他们支持，卢悦喜欢搞电脑，他们就拿出来几万块钱给卢悦透支，当时的几万块钱并不容易，让他去从事他喜欢的行业，我觉得这种教育方式对我影响很大，很尊重孩子们的选择，没有那家长式的那种平凡的心态是做不到这一点的。为什么她画平民百姓，就是因为她把自己摆在平民的位置。她认为，我就是平民，我就是平民中的一员。后来她当了全国美协副主席，我从来没感到她有架子，感觉就是一个平平凡凡的画家。所以这个展览是非常感谢明明、卢悦和李先生。

王　路（北京画院画家）

回忆起周思聪，大家的心情都很难平静下来，我觉得周思聪真是苦难的一生，她考美院少女附中的时候不是直接考上去的，她是插班生，她在考美院的时候她父亲不同意。她在附中的时候就在莫斯科获奖了，成绩非常优秀，我记得周思聪在山东开会改选美协副主席，她得票比吴作人的都多，我觉得这不仅是因为她作品感人，还因为她的为人。有一次我到美院去看她，她住在很黑的屋子里，她当时告诉我说我这一辈子渴望的就是屋子里能进点阳光，我听了感到特别不愉快。为这事我就去找丽萍，说周思聪是我们国家自己培养的画家，身体又不好，能不能给她解决一下房子的问题，丽萍就说要给文化部写信、给王蒙写信，逐层反映，最后解决了。周思聪十分平易近人，画院任何一个职工任何一个普通朋友跟她要画她马上就画。

吴丽珠（北京书画艺术研究协会副会长）

我今天很激动，58年我们是同班同学，在一起这么多年，我受周思聪的影响最深，蒋兆和先生的课四川话我听不懂她翻译给我，说一句翻一句。周思聪艺术上非常顽强，生活上也很顽强，她到后来病倒没有眼泪、没有唾沫，给大家讲话她得先喝一点水，后来她到最后脚脖子溃烂，北京协和医院的大夫说要把溃烂的肉割下去，说你要疼就叫吧，但是她一声都没吭。大夫说从来都没有见过这样坚强的女同志。后来我们给京东宾馆画那幅《落叶萧萧》，她发高烧，我说算了吧，她说不行，我已经答应人家很长时间了，那张画很大，我觉得那是她的为人和对艺术的执著，她是一个非常纯的人，对任何人都没有私心杂念，后来在她追悼会上我和杭间去了。我说，思聪你放心，我们一定给你一个公平的评价。你这一生是伟大的，你放心吧。后来听到明明要办这个展览，我一定要来。可以说，在当今，周思聪是一位伟大的画家、艺术家、教育家。

胡　伟（中央美术学院教授）

我是1978年进入美院的，在美院附中，就到国画系任教，当时有两个班，水墨人物画班让姚先生教，我们的那个班是周先生教，因为周先生工作关系在北京画院，是被请过去代课，我对周先生的印象就是安静、平和、热心，来得很早，走得很晚，8点半以前就到了，中午饭开了还在那，讲话很慢，声音也细，同学陆续去吃午饭了她还在那儿辅导。还有一个印象就是热心，不管是对谁，对晚辈对同学一样。1987年我的母亲癌症复发，我当时正是在出国以前，听到周先生为治病请过一些老中医老专家，正好在操场上碰到卢沉先生，我就提了一下，当时卢先生就领着我跑到他住的楼，在楼下喊：胡伟的母亲病了。当天就带我找了一个部队领导，安排了我母亲在京就医的事宜。这位领导一直安排到我母亲过世。我对周先生的艺术是没得说，她的为人更是令人尊重。

袁宝林（中央美术学院教授）

怕耽误大家的时间，今天是带着非常崇敬和怀念的心情来看画展的，周思聪是比我早一年入美院的同学，我记得在学生时代，周思聪就是大家非常敬仰的一位优秀学生，当时她是美院的黑板报《美术兵》的编辑，薛永年也是。我记得当时薛永年就给我看他记的周思聪的一些笔记——听老师讲课和她自己的一些随感，后来贾又福在戏剧学院，离北京画院很近，他们中午就跟周思聪学画，在同学时代周思聪的为人、聪明大家都是牢记在心的。在她最后身体非常弱的时候，有一次周思聪在美院附近看荷花，很是平静，但你也能够感受到一种气场存在。温柔敦厚、平淡天真，就像她的画一样。在我们如何吸收外来传统，保持中国传统民族性问题上，周思聪为我们提供了范例，她是伟大的画家。

王明明（北京画院院长）

首先感谢大家来参加这个研讨会，因为我觉得一个艺术家的成功实际上跟他的人品是有重要关系的，我觉得一个人的人生境界决定了他的艺术境界，实际上我们要追寻这些成功艺术家的规律，才是我们需要认真学习的，这不仅仅是技法的问题，所以我们从去年做的这个“美术大家”系列，我想目的就是让普通观众、关注美术的人知道前辈大师们所走的路。我们从中寻找艺术的规律，周思聪在她几个人生不同的转折期，达到了她想要达到的境界，当然这里面有时是有意的有时是无意的，我在研究策划时每次看她的作品都是非常感动的。艺术的经典可以穿越时空，而不是我们的话语权可以掌握历史，所以我们越来越感觉到我们所追求的太狭窄了。所以这也是我们举办展览的目的所在。明年卢悦将在美术馆举办一个大展请大家关注。谢谢大家！

研究成果一览表

序　　号：001

《尺幅万象——王复羊漫画作品集》

编　　者：北京画院

编辑委员会

主　　编：王明明　朱明德

编　　委：崔振国　张占琴　徐鹏飞　徐　进　郑化改
　　　　　贺成才　李盈春　雷　波　吴洪亮　李耀林
　　　　　张亮京　柳　妍　张津津　王志农

责任编辑：马明宸　薛　良

编　　辑：郑智威　刘　潺　于　珊　王亚楠

统　　筹：高　原

设计指导：海　洋

序　　号：002

《李斛画集》

编　　者：北京画院

编辑委员会

顾　　问：廖静文　戴　泽　刘勃舒　刘曦林　李　燕

主　　任：王明明

委　　员：李　凡　李　蓉　李　芸　李盈春
　　　　　雷　波　吴洪亮　宛少军　王书灵
　　　　　海　洋　马明宸

主　　编：王明明

责任编辑：董瑞丽

作品摄影：王书灵

设计指导：海　洋

设计制作：北京锦绣东方图文设计有限公司

出版发行：文化艺术出版社

印　　刷：北京顺诚彩色印刷有限公司

版　　次：2009年3月第1版

开　　本：1/8

书　　号：ISBN 978-7-5039-3694-4

序　　号：003

《实者慧——邹佩珠　李小可　李珠　李庚捐赠李可染作品集》

编　　者：北京画院

编辑委员会

主　　任：邹佩珠　王明明

副 主 任：李小可

委　　员：李　珠　李　庚　李盈春　雷　波　宛少军
吴洪亮　海　洋　汤　苗　董瑞丽

主　　编：王明明

副 主 编：宛少军

责任编辑：董瑞丽

作品摄影：王书灵

设计指导：海　洋

设计制作：北京锦绣东方图文设计有限公司

出版发行：文化艺术出版社

印　　刷：北京印刷集团有限责任公司北京印刷一厂

版　　次：2009年5月第1版

开　　本：1/8

书　　号：ISBN 978-7-5039-3528-2

序　　号：004

《国风境界——董希文画集》

编　　者：北京画院

编辑委员会

主　　任：张林英　王明明

副 主 任：董一沙

委　　员：董沙贝　董沙雷　李盈春　雷　波　宛少军
吕　晓　吴洪亮　汤　苗　海　洋　董瑞丽
凌　漠

主　　编：王明明

副 主 编：宛少军

责任编辑：董瑞丽

设计指导：海　洋

设计制作：北京锦绣东方图文设计有限公司

出版发行：文化艺术出版社

印　　刷：北京印刷集团有限责任公司北京印刷一厂

版　　次：2009年8月第1版

开　　本：1/8

书　　号：ISBN 978-7-5039-3875-7

序　　号：005

《董希文研究文集》

编　　者：北京画院

编辑委员会

主　　任：张林英　王明明

副 主 任：董一沙

委　　员：董沙贝　董沙雷　李盈春　雷　波　宛少军
　　　　　吕　晓　吴洪亮　汤　苗　海　洋　董瑞丽
　　　　　凌　漠

主　　编：王明明

副 主 编：宛少军

设计指导：海　洋

设计制作：北京锦绣东方图文设计有限公司

出版发行：文化艺术出版社

印　　刷：北京印刷集团有限责任公司北京印刷一厂

版　　次：2009年9月第1版

开　　本：1/8

书　　号：ISBN 978-7-5039-3868-9

序　　号：006

《造化天工——吴作人写生作品集》

编　　者：北京画院

编辑委员会

主　　任：王明明

副 主 任：萧　慧　商玉生

委　　员：吴　宁　李盈春　雷　波　宛少军　吕　晓
　　　　　吴洪亮　薛　良　海　洋　汤　苗　董瑞丽

主　　编：王明明

副 主 编：吕　晓

责任编辑：董瑞丽

作品摄影：王书灵

设计指导：海　洋

设计制作：北京锦绣东方图文设计有限公司

出版发行：文化艺术出版社

印　　刷：北京印刷集团有限责任公司北京印刷一厂

版　　次：2009年8月第1版

开　　本：1/8

书　　号：ISBN 978-7-5039-3782-8

序　　号：007

《中国历代装饰画研究》（增订版）

作　　者：庞薰琹

编辑委员会

主　　任：王明明

副 主 任：庞　埼　吴洪亮

委　　员：庞　均　庞　绮　李盈春　雷　波　宛少军
　　　　　吕　晓　汤　苗　吴文雄　阎　安　于　珊

主　　编：王明明

副 主 编：吴洪亮

责任编辑：董瑞丽

设计指导：海　洋

设计制作：北京锦绣东方图文设计有限公司

出版发行：文化艺术出版社

印　　刷：北京印刷集团有限责任公司北京印刷一厂

版　　次：2009年9月第1版

开　　本：1/8

书　　号：ISBN 978-7-5039-3908-2

序　　号：008

《我爱平凡的人——周思聪创作及写生作品集》

编　　者：北京画院

编辑委员会

主　　编：王明明

副 主 编：吴洪亮　马明宸

委　　员：卢　悦　卢　欣　韩　磊　李志远　李　光
　　　　　李盈春　雷　波　宛少军　吕　晓　汤　苗
　　　　　张　蕾　薛　良　海　洋　王书灵

责任编辑：董瑞丽

设计指导：海　洋

设计制作：北京锦绣东方图文设计有限公司

出版发行：文化艺术出版社

印　　刷：北京印刷集团有限责任公司北京印刷一厂

版　　次：2009年11月第1版

开　　本：1/8

书　　号：ISBN 978-7-5039-3987-7

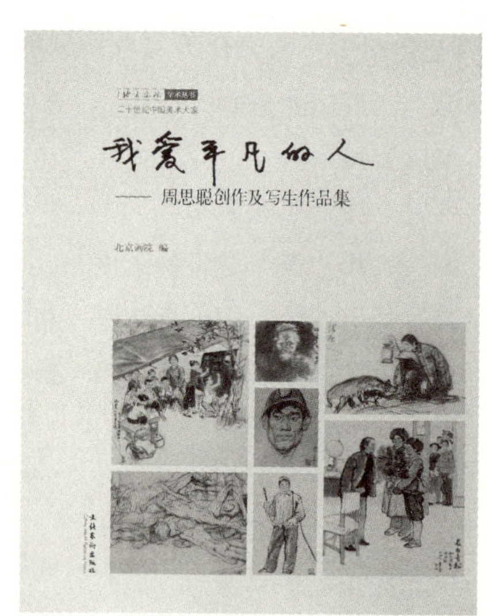

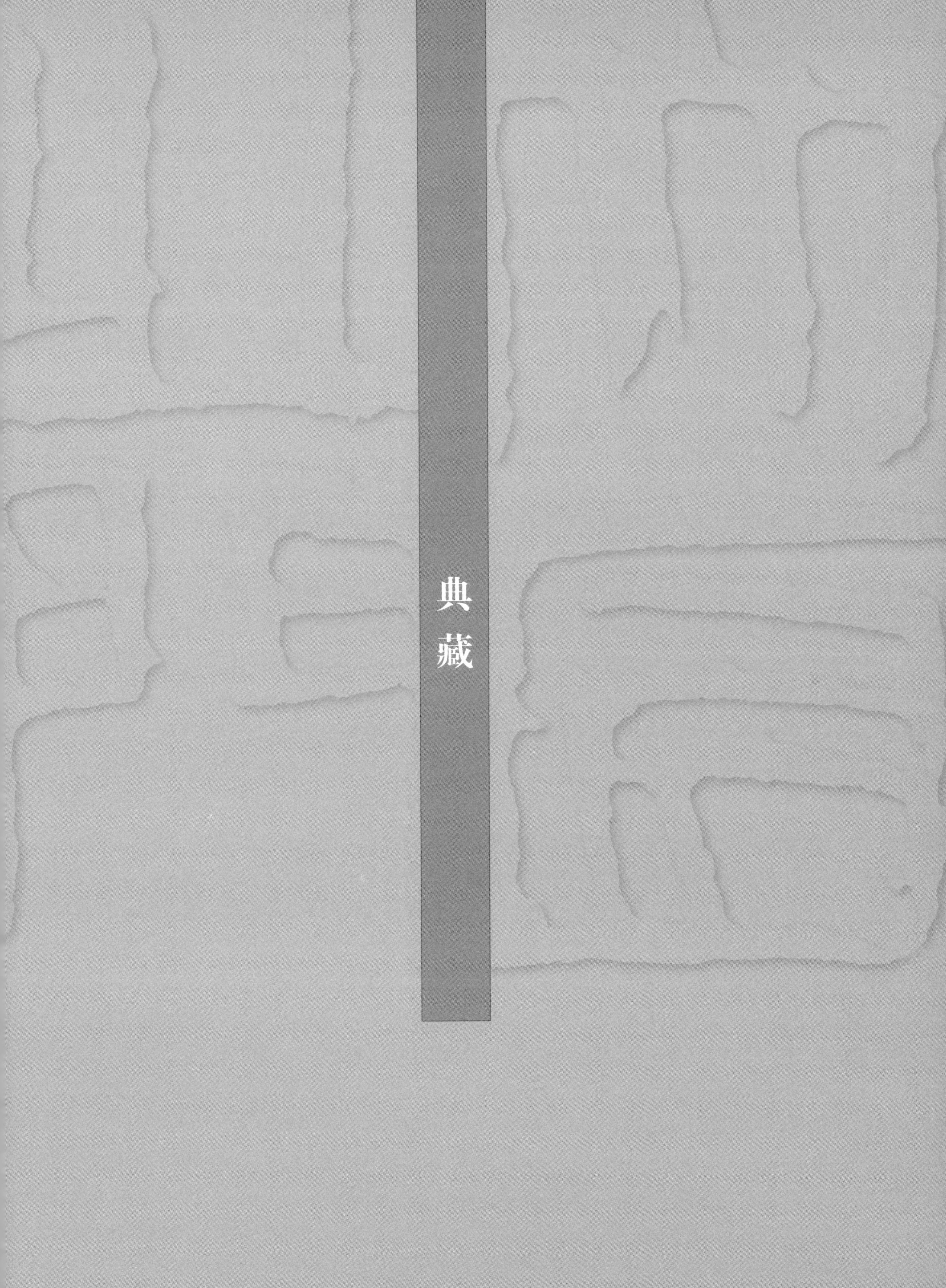

典藏

收藏一览表

序号	题目	作者	种类	尺寸（cm）	创作年代
1	鸟巢	陈毅刚、马琳、邓乐民、白羽平、雷波	油画	250×600	2009
2	绿色奥运	马琳、邓乐民、秦秀杰、雷波	油画	250×600	2009
3	CBD	白羽平	油画	250×400	2009
4	勇夺金牌	白羽平	油画	250×400	2009
5	运动比赛	马　琳	油画	250×400	2009
6	欢庆奥运	秦秀杰	油画	250×400	2009
7	志愿者	刘　一	油画	250×200	2009
8	群众欢庆奥运	白冰洋	油画	250×200	2009
9	圣火传递	雷　波	油画	250×400	2009
10	中国绘画学史	秦仲文	手稿	26×36	1958
11	仿古山水成扇	启　功	国画	18.5×49	1937
12	溪山清晓图成扇	肖俊贤	国画	18.5×47	1926
13	山水成扇	陈半丁	国画	18×50	1946
14	山水成扇	陈半丁	国画	18×47.5	1924
15	春山策杖成扇	马　晋	国画	18.5×50	1921
16	山水花鸟成扇	马　晋	国画	17.5×49.5	1920
17	山水成扇	吴镜汀	国画	18.5×50	1943
18	山水成扇	姚　华	国画	20×56	
19	山水成扇	胡佩衡	国画	17.5×52	1926
20	晴山秋色成扇	溥　儒	国画	19×57	1937

21	桐荫秋思成扇	陶一清	国画	18.5×50	1941
22	山水成扇	汤　涤	国画	19×55	1925
23	水墨肖像	蒋兆和	国画	53×37.5	1946
24	仕女成扇	刘凌沧	国画	18.5×51	1938
25	罗汉成扇	陈半丁	国画	17.5×49	1927
26	山水人物成扇	王雪涛、吴光宇 等五人	国画	18.5×50	1942
27	人物成扇	徐操、王雪涛 吴镜汀	国画	19.5×53	
28	花鸟成扇	马　晋	国画	17×45	1962
29	昂春成扇	姚　华	国画	17.5×50	1926
30	花鸟成扇	汪　溶	国画	18.5×50	
31	花蝶成扇	汪　溶	国画	20×51.5	1950
32	竹石草虫成扇	王雪涛	国画	18×51	
33	花卉成扇	王雪涛	国画	20.5×53	
34	花鸟成扇	王雪涛	国画	19×51.5	1947
35	花卉成扇	陈半丁	国画	18×49	1944
36	花卉成扇	陈半丁	国画	18.5×51	
37	端午图成扇	陈半丁	国画	18×47	1925
38	清辉佳胜麦积山	王明明、庄小雷 王文芳、李小可	国画	144.5×365	2009
39	漓江春晓	王明明、庄小雷 王文芳、李小可	国画	193×652	2009
40	蒲松龄金秋讲书图	王明明	国画	122×247	2009
41	黑牛	袁　武	国画	96×208.5	2009
42	郊外——那花路上	雷　波	油画	110×100	2009
43	天山牧场	王为政	国画	96×180	2009
44	永远的记忆	庄晓雷	国画	179×95	2009

45	天堂之恋	蔡玉水	国画	105×186	2009
46	老人肖像	王沂东	油画	100×80	2009
47	初寒	马　琳	油画	110×100	2009
48	寒云	郭宝君	国画	150×200	2009
49	腊月	纪清远	国画	179×95	2009
50	盼	卢　平	国画	180×97	2009
51	岩岫丛秀之四	彭　薇	国画	179×96.5	2009
52	晚秋	白羽平	油画	100×120	2009
53	少年游——声声慢	王冠军	国画	84×136	2009
54	微风	姚大伍	国画	237.5×95	2009
55	吕梁秋雨	谢永增	油画	180×97	2009
56	松云图	买鸿钧	国画	97×180	2009
57	浩荡光风无畔岸	莫晓松	国画	89×170.5	2009
58	废城与塔	张晓勇	油画	122×82	2009
59	福地祥云	南海岩	国画	97×180	2009
60	山村	姚　远	油画	72×100	2009
61	时间 · 剧场 · 展览	汪建伟	多媒体		2009

捐赠一览表

序号	题目	作者	种类	尺寸（cm）	创作年代	捐赠人	备注
1	幸福的时刻	李　斛	画稿	69.5×56	1958	李凡、李蓉、李芸	
2	老汉	李　斛	国画	78×54	1945	李凡、李蓉、李芸	
3	泰山颂	费名瑶	石印	8×8×10		费名瑶	
4	北京画院	费名瑶	石印	2.8×2.7×9.8		费名瑶	
5	北京画院美术馆	费名瑶	石印	3.9×3.1×3.5		费名瑶	
6	再现天地造化	费名瑶	印章	3.7×2.6×6	2009	费名瑶	
7	删除临摹手	费名瑶	印章	2.7×2.4×8	2009	费名瑶	
8	腕底有神	费名瑶	印章	2.6×2.7×8		费名瑶	
9	笔墨精神	费名瑶	印章	2.7×2.8×8.2		费名瑶	
10	心境清逸	费名瑶	印章	2.5×2.5×8.1	2009	费名瑶	
11	别有趣味	费名瑶	印章	2.6×2.6×8.4		费名瑶	
12	妙在似与不似间	费名瑶	印章	3.7×2.4×7	2009	费名瑶	
13	学我者生，似我者死	费名瑶	印章	3.7×1.6×6.7		费名瑶	
14	临宋人粉本	费名瑶	印章	3.4×1.9×6.2		费名瑶	
15	不教一日闲过	费名瑶	印章	3×2.6×5.5		费名瑶	
16	《地球的红飘带》（1—5册）	姜维朴	书籍（连环画）			姜维朴	人民美术出版社1989—1993年版
17	《地球的红飘带》（1—2册）	姜维朴	书籍（连环画）			姜维朴	中国连环画出版社1994年版
18	《地球的红飘带》（1—9册）	姜维朴	书籍（连环画）			姜维朴	陕西人民美术出版社2007年版

19	《话说姜维朴》	王　素	书籍			姜维朴	江西美术出版社2006年版
20	照片		照片			姜维朴	4件
21	华君武手迹	华君武	复印件			姜维朴	3件
22	法国版长征连环画		复印件			姜维朴	
23	晓霞齐氏六修族谱		印刷品	27.5×18		齐灵根	15卷
24	红尘	任传文	油画	91×73		任传文	
25	中国绘画学史	秦仲文	手稿	26×36	1958	李志远	
26	齐白石润格	齐白石	手稿			海兹拉尔、李玳君	
27	天王送子图（正） 天王送子图（反）	李可染	国画	223×31.8	1942	邹佩珠、李小可、李珠、李庚	
28	高士对话	李可染	国画	70×46	1943	邹佩珠、李小可、李珠、李庚	
29	执扇仕女	李可染	国画	52×30.3	1943	邹佩珠、李小可、李珠、李庚	
30	松下观瀑图	李可染	国画	79.9×47	1943	邹佩珠、李小可、李珠、李庚	
31	仿八大山人图	李可染	国画	76.5×41.9	1943	邹佩珠、李小可、李珠、李庚	
32	蜀中	李可染	国画	52×50.9	1943	邹佩珠、李小可、李珠、李庚	
33	放鹤亭	李可染	国画	57.6×34.5	1945	邹佩珠、李小可、李珠、李庚	
34	铁拐李	李可染	国画	82×37	1945	邹佩珠、李小可、李珠、李庚	
35	山亭清话	李可染	国画	68.5×46.9	1946	邹佩珠、李小可、李珠、李庚	
36	水墨钟馗	李可染	国画	45×34	1947	邹佩珠、李小可、李珠、李庚	
37	牧牛图	李可染	国画	67×34	1947	邹佩珠、李小可、李珠、李庚	
38	渔夫图	李可染	国画	70.1×34.6	1948	邹佩珠、李小可、李珠、李庚	
39	午睏图	李可染	国画	71.1×34.3	1948	邹佩珠、李小可、李珠、李庚	
40	卖唱图	李可染	国画	68×46	1949	邹佩珠、李小可、李珠、李庚	
41	岳坟	李可染	国画	47.5×44	1954	邹佩珠、李小可、李珠、李庚	

42	天都峰	李可染	国画	45.3×34.1	1954	邹佩珠、李小可、李珠、李庚	
43	春天的葛岭	李可染	国画	45×34	1954	邹佩珠、李小可、李珠、李庚	
44	雨亦奇	李可染	国画	44.4×59	1954	邹佩珠、李小可、李珠、李庚	
45	家家都在画屏中	李可染	国画	40.5×44.3	1954	邹佩珠、李小可、李珠、李庚	
46	巫峡百步梯	李可染	国画	56×44	1956	邹佩珠、李小可、李珠、李庚	
47	嘉定大佛	李可染	国画	59.5×43.9	1956	邹佩珠、李小可、李珠、李庚	
48	灵隐茶座	李可染	国画	52.3×44.8	1956	邹佩珠、李小可、李珠、李庚	
49	苏州虎丘	李可染	国画	45.1×37.8	1956	邹佩珠、李小可、李珠、李庚	
50	无锡梅园	李可染	国画	31.1×44.4	1956	邹佩珠、李小可、李珠、李庚	
51	万县让渡桥	李可染	国画	51.2×45	1956	邹佩珠、李小可、李珠、李庚	
52	钱塘江远眺	李可染	国画	34×35	1956	邹佩珠、李小可、李珠、李庚	
53	鲁迅故居百草园	李可染	国画	58×43.5	1956	邹佩珠、李小可、李珠、李庚	
54	苏州拙政园	李可染	国画	45.5×42	1956	邹佩珠、李小可、李珠、李庚	
55	夕照中的重庆山城	李可染	国画	45×53	1956	邹佩珠、李小可、李珠、李庚	
56	万县响雪	李可染	国画	57×45	1956	邹佩珠、李小可、李珠、李庚	
57	嘉陵江边村舍	李可染	国画	52.4×44.6	1956	邹佩珠、李小可、李珠、李庚	
58	横礴	李可染	国画	40×48.6	1956	邹佩珠、李小可、李珠、李庚	
59	夕照略阳城	李可染	国画	61.1×43	1956	邹佩珠、李小可、李珠、李庚	
60	颐和园后湖游艇	李可染	国画	44.2×45	1957	邹佩珠、李小可、李珠、李庚	
61	林海清溪林（德国森林之歌）	李可染	国画	45.5×30.8	1957	邹佩珠、李小可、李珠、李庚	
62	魏玛大桥	李可染	国画	55.7×43.9	1957	邹佩珠、李小可、李珠、李庚	
63	德国磨坊	李可染	国画	43×35	1957	邹佩珠、李小可、李珠、李庚	
64	北海公园濠濮涧	李可染	国画	41×48	1957	邹佩珠、李小可、李珠、李庚	
65	颐和园扇面殿	李可染	国画	43.5×52.5	1957	邹佩珠、李小可、李珠、李庚	

66	德累斯顿暮色	李可染	国画	54×44.4	1957	邹佩珠、李小可、李珠、李庚	
67	苏州东山千年银杏	李可染	国画	46.8×44.5	1957	邹佩珠、李小可、李珠、李庚	
68	麦森教堂	李可染	国画	48.9×35.7	1957	邹佩珠、李小可、李珠、李庚	
69	歌德写作小屋	李可染	国画	49×36.8	1957	邹佩珠、李小可、李珠、李庚	
70	易北河上	李可染	国画	48.5×37	1957	邹佩珠、李小可、李珠、李庚	
71	观画图	李可染	国画	69.2×44.3	1958	邹佩珠、李小可、李珠、李庚	
72	阳朔南山厄渡头	李可染	国画	60.4×45.2	1959	邹佩珠、李小可、李珠、李庚	
73	桂林阳江	李可染	国画	55.8×44.5	1959	邹佩珠、李小可、李珠、李庚	
74	漓江边上	李可染	国画	60×44.5	1959	邹佩珠、李小可、李珠、李庚	
75	画山侧影	李可染	国画	44.5×54.8	1959	邹佩珠、李小可、李珠、李庚	
76	桂林小东江	李可染	国画	49.2×35.6	1959	邹佩珠、李小可、李珠、李庚	
77	桂林春雨	李可染	国画	46.2×53.2	1959	邹佩珠、李小可、李珠、李庚	
78	雨后渔村	李可染	国画	56×46	1960	邹佩珠、李小可、李珠、李庚	
79	杨柳青放风筝	李可染	国画	57.5×46.8	1960	邹佩珠、李小可、李珠、李庚	
80	人在万点梅花中	李可染	国画	57.5×45.7	1961	邹佩珠、李小可、李珠、李庚	
81	犟牛图	李可染	国画	67.5×44.5	1962	邹佩珠、李小可、李珠、李庚	
82	赏荷图	李可染	国画	69.2×44.5	1962	邹佩珠、李小可、李珠、李庚	
83	钟馗送妹图	李可染	国画	69×43.6	1962	邹佩珠、李小可、李珠、李庚	
84	漫写漓江烟雨	李可染	国画	69.2×46.2	1962	邹佩珠、李小可、李珠、李庚	
85	黄海烟霞	李可染	国画	68×46.3	1962	邹佩珠、李小可、李珠、李庚	
86	鲁迅故乡绍兴城	李可染	国画	62.3×44.6	1962	邹佩珠、李小可、李珠、李庚	
87	阳朔木山村渡头	李可染	国画	70.1×46.6	1962	邹佩珠、李小可、李珠、李庚	
88	黄山烟霞	李可染	国画	83.2×49.2	1963	邹佩珠、李小可、李珠、李庚	
89	榕湖夕照	李可染	国画	69.5×46.9	1963	邹佩珠、李小可、李珠、李庚	

90	月牙山图	李可染	国画	78×53	1963	邹佩珠、李小可、李珠、李庚	
91	谐趣园	李可染	国画	63.1×46.3	1963	邹佩珠、李小可、李珠、李庚	
92	山亭夕阳	李可染	国画	69.4×46.8	1963	邹佩珠、李小可、李珠、李庚	
93	归牧图	李可染	国画	71.5×46.2	1964	邹佩珠、李小可、李珠、李庚	
94	清凉世界	李可染	国画	45×64	1964	邹佩珠、李小可、李珠、李庚	
95	万山红遍	李可染	国画	82×54	1964	邹佩珠、李小可、李珠、李庚	
96	青山密林图	李可染	国画	70×46.1	1965	邹佩珠、李小可、李珠、李庚	
97	巫山云图	李可染	国画	65.5×44.4	1965	邹佩珠、李小可、李珠、李庚	
98	暮韵图	李可染	国画	71.5×46.2	1965	邹佩珠、李小可、李珠、李庚	
99	阳朔	李可染	国画	69×95	1972	邹佩珠、李小可、李珠、李庚	
100	山顶梯田	李可染	国画	51.3×38.7	1974	邹佩珠、李小可、李珠、李庚	
101	山村飞瀑	李可染	国画	69.3×46.8	1974	邹佩珠、李小可、李珠、李庚	
102	井冈山（高岩叠翠）	李可染	国画	143×94	1976	邹佩珠、李小可、李珠、李庚	
103	雨中漓江	李可染	国画	71.2×47.8	1977	邹佩珠、李小可、李珠、李庚	
104	桂林襟江阁	李可染	国画	67.2×47.9	1977	邹佩珠、李小可、李珠、李庚	
105	枫林暮晚	李可染	国画	69.5×46.2	1978	邹佩珠、李小可、李珠、李庚	
106	孺子牛	李可染	国画	50.7×45.5	1981	邹佩珠、李小可、李珠、李庚	
107	牛背闲话	李可染	国画	68×45	1982	邹佩珠、李小可、李珠、李庚	
108	浅塘渡牛图	李可染	国画	68.5×45.8	1982	邹佩珠、李小可、李珠、李庚	
109	赏心喜看雨余山	李可染	国画	68×46	1982	邹佩珠、李小可、李珠、李庚	
110	黄山云海	李可染	国画	145×105.4	1982	邹佩珠、李小可、李珠、李庚	
111	树杪百重泉	李可染	国画	110.9×79.2	1982	邹佩珠、李小可、李珠、李庚	
112	无尽江山入画图	李可染	国画	67×110.5	1982	邹佩珠、李小可、李珠、李庚	
113	归牧图	李可染	国画	91×53.5	1984	邹佩珠、李小可、李珠、李庚	

114	看山图	李可染	国画	68.4×45.6	1984	邹佩珠、李小可、李珠、李庚	
115	春雨江南图	李可染	国画	68.7×45.6	1984	邹佩珠、李小可、李珠、李庚	
116	漓江天下无	李可染	国画	126.5×67.8	1984	邹佩珠、李小可、李珠、李庚	
117	井冈山主峰	李可染	国画	122.5×68	1984	邹佩珠、李小可、李珠、李庚	
118	雨后听瀑图	李可染	国画	68.7×45.8	1985	邹佩珠、李小可、李珠、李庚	
119	水牛赞	李可染	国画	68.6×137.2	1985	邹佩珠、李小可、李珠、李庚	
120	怀素书蕉	李可染	国画	86.6×52.3	1985	邹佩珠、李小可、李珠、李庚	
121	黄昏待月明	李可染	国画	68.7×46	1985	邹佩珠、李小可、李珠、李庚	
122	横云岭外千重树	李可染	国画	87×54.3	1986	邹佩珠、李小可、李珠、李庚	
123	秋趣图	李可染	国画	68.8×46.3	1987	邹佩珠、李小可、李珠、李庚	
124	王维诗意	李可染	国画	138×68	1987	邹佩珠、李小可、李珠、李庚	
125	崇山茂林源远流长图	李可染	国画	139×67.8	1987	邹佩珠、李小可、李珠、李庚	
126	秋风陡起时	李可染	国画	69×45．6	1987	邹佩珠、李小可、李珠、李庚	
127	老松若虬龙	李可染	国画	69.2×45.5	1987	邹佩珠、李小可、李珠、李庚	
128	斗牛图	李可染	国画	46.6×69	1988	邹佩珠、李小可、李珠、李庚	
129	山静瀑声喧	李可染	国画	92.7×58.8	1988	邹佩珠、李小可、李珠、李庚	
130	水墨山水	李可染	国画	68.4×46	1988	邹佩珠、李小可、李珠、李庚	
131	峡江帆影图	李可染	国画	76×104.5	1988	邹佩珠、李小可、李珠、李庚	
132	密树自生烟	李可染	国画	80×50	1988	邹佩珠、李小可、李珠、李庚	
133	千岩竞秀万壑争流图	李可染	国画	91.9×55.2	1989	邹佩珠、李小可、李珠、李庚	
134	林茂鸟竞归	李可染	国画	84.2×52．3	1989	邹佩珠、李小可、李珠、李庚	
135	夫人邹佩珠肖像	李可染	水彩	28×22.3		邹佩珠、李小可、李珠、李庚	
136	小孩肖像	李可染	水彩	26.5×22.5		邹佩珠、李小可、李珠、李庚	
137	静物	李可染	水彩	28×22.3		邹佩珠、李小可、李珠、李庚	

138	小景	李可染	水彩	18.5×28.6		邹佩珠、李小可、李珠、李庚	
139	水边风景	李可染	水彩	19.2×28		邹佩珠、李小可、李珠、李庚	
140	林中屋舍	李可染	水彩	24×28		邹佩珠、李小可、李珠、李庚	
141	维族老人肖像	李可染	水彩	26.3×18.5		邹佩珠、李小可、李珠、李庚	
142	自画像	李可染	水彩	27.5×22		邹佩珠、李小可、李珠、李庚	
143	疏林	李可染	水彩	29×25		邹佩珠、李小可、李珠、李庚	
144	林中溪水	李可染	水彩	27.8×22.8		邹佩珠、李小可、李珠、李庚	
145	瀑布	李可染	水彩	24.7×32.3		邹佩珠、李小可、李珠、李庚	
146	路边小景	李可染	水彩	24×30.5		邹佩珠、李小可、李珠、李庚	
147	绿荫	李可染	水彩	29.5×23.5		邹佩珠、李小可、李珠、李庚	
148	毛主席词《水调歌头·重上井冈山》	李可染	书法	97×180		邹佩珠、李小可、李珠、李庚	
149	毛主席词《卜算子·咏梅》	李可染	书法	135×99.5		邹佩珠、李小可、李珠、李庚	
150	毛主席诗句《七律·解放军占领南京》	李可染	书法	150×70.5		邹佩珠、李小可、李珠、李庚	
151	汉高祖《大风歌》	李可染	书法	138×69		邹佩珠、李小可、李珠、李庚	
152	毛主席词《水调歌头·重上井冈山》	李可染	书法	72.5×175		邹佩珠、李小可、李珠、李庚	
153	毛主席词《贺新郎》	李可染	书法	80.5×144.5		邹佩珠、李小可、李珠、李庚	
154	毛泽东词《念奴娇·鸟儿问答》	李可染	书法	136×69.5		邹佩珠、李小可、李珠、李庚	
155	李白诗《西岳云台歌》	李可染	书法	47.5×129.5		邹佩珠、李小可、李珠、李庚	
156	王震《谭家述词》	李可染	书法	119.5×60		邹佩珠、李小可、李珠、李庚	
157	万紫千红春满园	李可染	书法	179.5×48.5		邹佩珠、李小可、李珠、李庚	
158	万紫千红春满园	李可染	书法	163×48.5		邹佩珠、李小可、李珠、李庚	
159	美术家画廊	李可染	书法	50×140.5		邹佩珠、李小可、李珠、李庚	
160	齐白石诗句	李可染	书法	95×40		邹佩珠、李小可、李珠、李庚	
161	毛主席诗句	李可染	书法	90×49		邹佩珠、李小可、李珠、李庚	

162	杜甫诗《望岳》	李可染	书法	47×138		邹佩珠、李小可、李珠、李庚	
163	画龙点睛	李可染	书法	90×39.5		邹佩珠、李小可、李珠、李庚	
164	观题黄秋园画展	李可染	书法	104.5×58		邹佩珠、李小可、李珠、李庚	
165	毛主席词《沁园春·雪》	李可染	书法	97×181		邹佩珠、李小可、李珠、李庚	
166	对联	李可染	书法	137.5×33.5×2		邹佩珠、李小可、李珠、李庚	
167	刘禹锡诗《出鄂州界怀表臣》	李可染	书法	137×68		邹佩珠、李小可、李珠、李庚	
168	承古斋	李可染	书法	28×69		邹佩珠、李小可、李珠、李庚	
169	仙碧画廊	李可染	书法	68.5×22.5		邹佩珠、李小可、李珠、李庚	
170	丹墨斋	李可染	书法	64.5×34.5		邹佩珠、李小可、李珠、李庚	
171	神韵	李可染	书法	69×40		邹佩珠、李小可、李珠、李庚	
172	烟云供养	李可染	书法	69×44		邹佩珠、李小可、李珠、李庚	
173	东方既白	李可染	书法	39×66.5		邹佩珠、李小可、李珠、李庚	
174	金铁烟云	李可染	书法	68.5×34		邹佩珠、李小可、李珠、李庚	
175	拙者巧之极 奇者正之华	李可染	书法	69×41.5		邹佩珠、李小可、李珠、李庚	
176	澄怀观道	李可染	书法	69.5×33		邹佩珠、李小可、李珠、李庚	
177	老骥伏枥 志在千里	李可染	书法	68.5×45		邹佩珠、李小可、李珠、李庚	
178	独出心裁 意在神韵	李可染	书法	68.5×39.5		邹佩珠、李小可、李珠、李庚	
179	凝于神	李可染	书法	68×34		邹佩珠、李小可、李珠、李庚	
180	游心书画	李可染	书法	68.5×34		邹佩珠、李小可、李珠、李庚	
181	颐养之福 可得永年	李可染	书法	67.5×46		邹佩珠、李小可、李珠、李庚	
182	可贵者胆 所要者魂	李可染	书法	68×45.5		邹佩珠、李小可、李珠、李庚	
183	美在心灵	李可染	书法	69×37		邹佩珠、李小可、李珠、李庚	
184	意在神韵	李可染	书法	69×22.5		邹佩珠、李小可、李珠、李庚	
185	所要者魂	李可染	书法	22.5×67.5		邹佩珠、李小可、李珠、李庚	

186	八风吹不动天边月	李可染	书法	69 × 15		邹佩珠、李小可、李珠、李庚	
187	人杰地灵 奋展宏图	李可染	书法	69 × 45.5		邹佩珠、李小可、李珠、李庚	
188	染墨斋	李可染	书法	30.5 × 68		邹佩珠、李小可、李珠、李庚	
189	无涯	李可染	书法	26.5 × 68.5		邹佩珠、李小可、李珠、李庚	
190	春风送暖 百花争艳	李可染	书法	69 × 46.5		邹佩珠、李小可、李珠、李庚	
191	贵在奉献	李可染	书法	68.5 × 38		邹佩珠、李小可、李珠、李庚	
192	胜览	李可染	书法	28 × 69		邹佩珠、李小可、李珠、李庚	
193	乐石文房之宝	李可染	书法	65.5 × 41		邹佩珠、李小可、李珠、李庚	
194	虎卧凤阁 龙跳天门	李可染	书法	68 × 45.5		邹佩珠、李小可、李珠、李庚	
195	晚香斋	李可染	书法	32 × 77		邹佩珠、李小可、李珠、李庚	
196	我爱家乡徐州	李可染	书法	67 × 25		邹佩珠、李小可、李珠、李庚	
197	黄山幻幽	李可染	书法	26.5 × 65.5		邹佩珠、李小可、李珠、李庚	
198	一实胜千言	李可染	书法	69 × 27		邹佩珠、李小可、李珠、李庚	
199	墨团团里黑团团 墨黑丛中天地宽	李可染	书法	28 × 69		邹佩珠、李小可、李珠、李庚	
200	真知因而得 峰高无坦途	李可染	书法	55.5 × 34		邹佩珠、李小可、李珠、李庚	
201	老树新花	李可染	书法	68.5 × 32.5		邹佩珠、李小可、李珠、李庚	
202	翰墨缘	李可染	书法	69 × 36.5		邹佩珠、李小可、李珠、李庚	
203	艺海龙腾	李可染	书法	83.5 × 47.5		邹佩珠、李小可、李珠、李庚	
204	锦绣中华	李可染	书法	24 × 68.5		邹佩珠、李小可、李珠、李庚	
205	惟勤	李可染	书法	27.5 × 68.5		邹佩珠、李小可、李珠、李庚	
206	李可染画牧牛图	李可染	书法	69 × 15.5		邹佩珠、李小可、李珠、李庚	
207	山川乡国情	李可染	书法	65 × 27		邹佩珠、李小可、李珠、李庚	
208	黄山奇观	李可染	书法	64 × 28		邹佩珠、李小可、李珠、李庚	
209	富岗铁斋作品展览	李可染	书法	68.5 × 48.5		邹佩珠、李小可、李珠、李庚	

210	彭城职业大学	李可染	书法	93×35		邹佩珠、李小可、李珠、李庚	
211	宿州艺苑	李可染	书法	34.5×100		邹佩珠、李小可、李珠、李庚	
212	深圳美术馆	李可染	书法	23×92		邹佩珠、李小可、李珠、李庚	
213	黄琪翔将军纪念馆	李可染	书法	23×132		邹佩珠、李小可、李珠、李庚	
214	潘天寿竹石双禽图	李可染	书法	17.5×98.5		邹佩珠、李小可、李珠、李庚	
215	书画家之家	李可染	书法	34×116.5		邹佩珠、李小可、李珠、李庚	
216	九藤书屋	李可染	书法	34.5×108.5		邹佩珠、李小可、李珠、李庚	
217	读画楼	李可染	书法	34×100		邹佩珠、李小可、李珠、李庚	
218	为祖国河山立传	李可染	书法	115.5×35		邹佩珠、李小可、李珠、李庚	
219	师牛堂	李可染	书法	34.5×107		邹佩珠、李小可、李珠、李庚	
220	艺海楼	李可染	书法	34.5×103		邹佩珠、李小可、李珠、李庚	
221	日高出山房	李可染	书法	34×116.5		邹佩珠、李小可、李珠、李庚	
222	峰高无坦途	李可染	书法	124×28		邹佩珠、李小可、李珠、李庚	
223	俯首甘为孺子牛	李可染	书法	95.5×25.5		邹佩珠、李小可、李珠、李庚	
224	石涛花卉图卷	李可染	书法	34.5×90		邹佩珠、李小可、李珠、李庚	
225	四海崇誉	李可染	书法	34×106		邹佩珠、李小可、李珠、李庚	
226	啸风斋	李可染	书法	34.5×102.5		邹佩珠、李小可、李珠、李庚	
227	识缺斋	李可染	书法	34.5×106		邹佩珠、李小可、李珠、李庚	
228	落叶轩	李可染	书法	34.5×103.5		邹佩珠、李小可、李珠、李庚	
229	历风堂	李可染	书法	34×106.5		邹佩珠、李小可、李珠、李庚	
230	东方既白	李可染	书法	103×34.5		邹佩珠、李小可、李珠、李庚	
231	土牛堂	李可染	书法	34.5×106.5		邹佩珠、李小可、李珠、李庚	
232	百花齐放 推陈出新	李可染	书法	140.5×34.5		邹佩珠、李小可、李珠、李庚	
233	燕京书画社	李可染	书法	34.5×120		邹佩珠、李小可、李珠、李庚	

234	淡泊以明志	李可染	书法	138×34		邹佩珠、李小可、李珠、李庚	
235	宁静而致远	李可染	书法	138×34.5		邹佩珠、李小可、李珠、李庚	
236	快哉亭	李可染	书法	27×80		邹佩珠、李小可、李珠、李庚	
237	快哉亭公园	李可染	书法	34×117		邹佩珠、李小可、李珠、李庚	
238	美术家	李可染	书法	34.5×91.5		邹佩珠、李小可、李珠、李庚	
239	王羲之故里	李可染	书法	108×34		邹佩珠、李小可、李珠、李庚	
240	桂林书画院	李可染	书法	121×34.5		邹佩珠、李小可、李珠、李庚	
241	当代七家山水画卷	李可染	书法	34.5×138		邹佩珠、李小可、李珠、李庚	
242	书画第一宝	李可染	书法	35×126.5		邹佩珠、李小可、李珠、李庚	
243	南湾晓钟	李可染	书法	34.5×97		邹佩珠、李小可、李珠、李庚	
244	儿童影室	李可染	书法	31×97		邹佩珠、李小可、李珠、李庚	
245	澄怀观道	李可染	书法	34.5×111.5		邹佩珠、李小可、李珠、李庚	
246	三家村	李可染	书法	34.5×98		邹佩珠、李小可、李珠、李庚	
247	毛主席《忆秦娥·娄山关》词句	李可染	书法	133.5×63		邹佩珠、李小可、李珠、李庚	
248	义勇一曲振国魂	李可染	书法	124.5×30.5		邹佩珠、李小可、李珠、李庚	
249	传统今朝	李可染	书法	111×32.5		邹佩珠、李小可、李珠、李庚	
250	书法册页	李可染	书法	38×45.5		邹佩珠、李小可、李珠、李庚	20件（31幅）
251	速写	李可染	速写			邹佩珠、李小可、李珠、李庚	9册（658幅）
252	猫	徐悲鸿	国画	49.5×30.5		邹佩珠、李小可、李珠、李庚	
253	层岩深处屋几间	黄秋园	国画	136×87.5		邹佩珠、李小可、李珠、李庚	
254	荷花仙鹤	李苦禅	国画	147.5×39.5		邹佩珠、李小可、李珠、李庚	
255	红梅	吴昌硕	国画	138×34.5		邹佩珠、李小可、李珠、李庚	
256	秋菊图	齐白石	国画	116.5×46		邹佩珠、李小可、李珠、李庚	
257	松鹰图	齐白石	国画	178×47		邹佩珠、李小可、李珠、李庚	

258	积墨山水	黄宾虹	国画	91×48.5		邹佩珠、李小可、李珠、李庚	
259	花卉册页	李晴江	国画	20×30.5		邹佩珠、李小可、李珠、李庚	10幅
260	桔颂	程十发	国画	75×48.5		邹佩珠、李小可、李珠、李庚	
261	枇杷·鸟	赵少昂	国画	96.5×46.5		邹佩珠、李小可、李珠、李庚	
262	蟹	齐白石	国画	93.5×35.5		邹佩珠、李小可、李珠、李庚	
263	山水	黄宾虹	国画	116×48		邹佩珠、李小可、李珠、李庚	
264	山水	黎雄才	国画	105×50		邹佩珠、李小可、李珠、李庚	
265	山压茅檐树压溪	黄宾虹	国画	68×34		邹佩珠、李小可、李珠、李庚	
266	虾	齐白石	国画	97×33		邹佩珠、李小可、李珠、李庚	
267	小山水	黄宾虹	国画	27×37.5		邹佩珠、李小可、李珠、李庚	
268	小山水	齐白石	国画	29×34		邹佩珠、李小可、李珠、李庚	
269	鱼图	李苦禅	国画	87×46.5		邹佩珠、李小可、李珠、李庚	
270	山村小景	方济众	国画	23×23		邹佩珠、李小可、李珠、李庚	
271	山村小景	方济众	国画	22.5×23		邹佩珠、李小可、李珠、李庚	
272	江村傍晚	方济众	国画	23×23		邹佩珠、李小可、李珠、李庚	
273	汉江秋声	方济众	国画	23×22.5		邹佩珠、李小可、李珠、李庚	
274	齐白石赠邹佩珠对联	齐白石	书法	131×32×2		邹佩珠、李小可、李珠、李庚	
275	李可染在日本画展序	吴作人	书法	28×176.5		邹佩珠、李小可、李珠、李庚	
276	书法	来楚生	书法	76.5×36		邹佩珠、李小可、李珠、李庚	
277	书法	柳亚子	书法	65.5×32		邹佩珠、李小可、李珠、李庚	
278	书法	关山月	书法	139×38		邹佩珠、李小可、李珠、李庚	
279	书法	无墨	书法	138×33.5		邹佩珠、李小可、李珠、李庚	
280	书法	张正宇	书法	46.5×69.5		邹佩珠、李小可、李珠、李庚	
281	书法	中曾根康弘(日本前首相)	书法	61×33		邹佩珠、李小可、李珠、李庚	

282	书法	齐白石	书法	182.5×51.5		邹佩珠、李小可、李珠、李庚	
283	书法	吴昌硕	书法	164.5×40.5		邹佩珠、李小可、李珠、李庚	
284	书法	吴昌硕	书法	146×40		邹佩珠、李小可、李珠、李庚	
285	书法	朱德	书法	69.5×42		邹佩珠、李小可、李珠、李庚	
286	书法	朱德	书法	26.5×31		邹佩珠、李小可、李珠、李庚	
287	书法	于立群	书法	107.5×27×2		邹佩珠、李小可、李珠、李庚	
288	书法	邓石如	书法	138.5×29×2		邹佩珠、李小可、李珠、李庚	
289	书法	唐云	书法	136×23×2		邹佩珠、李小可、李珠、李庚	
290	书法	萧娴	书法	139.5×35×2		邹佩珠、李小可、李珠、李庚	
291	书法	黄宾虹	书法	146×40×2		邹佩珠、李小可、李珠、李庚	
292	书法	郭沫若	书法	130×31.5×2		邹佩珠、李小可、李珠、李庚	
293	书法	陶博吾	书法	136×33×2		邹佩珠、李小可、李珠、李庚	
294	书法	寐叟	书法	131×31×2		邹佩珠、李小可、李珠、李庚	
295	书法	郭沫若	书法	112.5×24.5×2		邹佩珠、李小可、李珠、李庚	

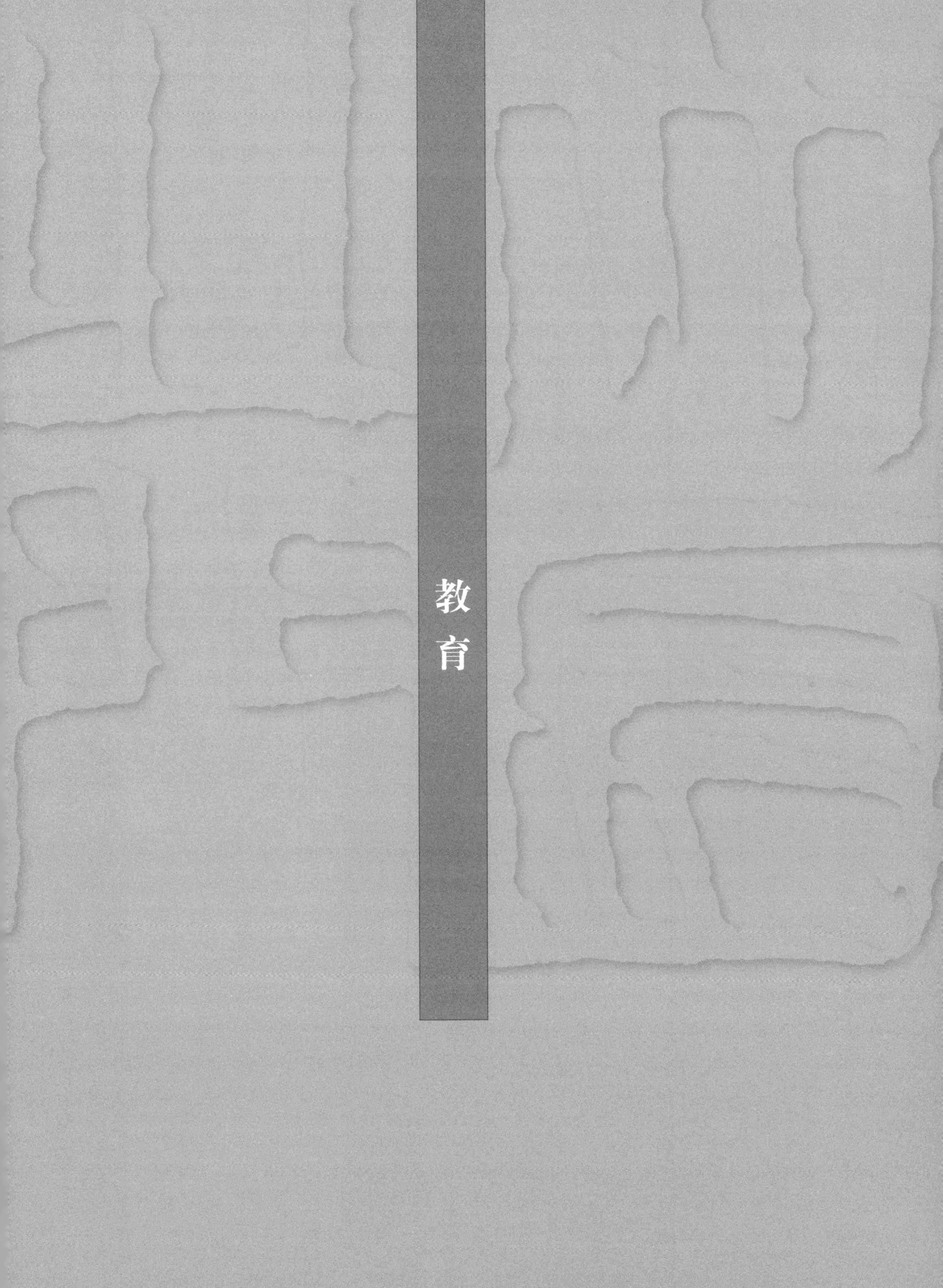
教育

“打开艺术之门——小画家夏令营”儿童教育活动纪实

高　原

北京画院张晓光书记、王宝莲副书记、雷波副院长、吕晓副研究员，中山音乐堂徐坚总经理出席了开营式。

“打开艺术之门——小画家夏令营”于2009年8月17日、19日在北京画院美术馆学术报告厅举行了两场夏令营开营仪式。“小画家夏令营”由北京画院和中山音乐堂共同举办，并成为“打开艺术之门”系列艺术活动中的重要项目之一。

“打开艺术之门”创办于1994年，15年来在北京市委宣传部、北京市文化局、北京文化艺术基金会的大力支持下，已成为首都儿童暑假活动的标志性文化品牌。作为公益文化艺术机构，美术馆的社会文化教育是其重要职能之一，青少年的学习教育更是重中之重。这次“打开艺术之门——小画家夏令营”就是一次深入的综合美术教育活动。

孩子们在用放大镜欣赏白石老人画的工笔草虫

北京画院艺术部副主任张蕾在向孩子们介绍白石老人的山水画

活动一开始就得到了广大少年儿童和家长们的热烈响应，并在短时间内报满名额。这次夏令营活动安排了丰富的内容，由“你所不知道的美术馆”、“看动画、赏水墨”、“小画家的第一幅大作”、“小画家汇报展”四个环环相扣的单元构成。针对参加活动的孩子年龄，分成4—6岁组和7—12岁组进行课程设计。

在第一单元环节中，孩子们在北京画院美术馆欣赏大画家齐白石的艺术精品和吴作人写生作品展。他们一边欣赏作品一边聆听美术研究人员对作品内容、历史背景和绘画表现等内容的介绍，整个过程将抽象的艺术理论融入参观活动。对低年龄组儿童的讲解则以手势来代替抽象名词，这样孩子能够很快理解，并自己表述出来。

整个讲解就是把一个又一个问题不断解构的过程，将问题简单化、形象化、趣味化，从而帮助孩子理解和产生新的认识。不断引导孩子用自己的眼睛去观察、用心灵去体味、用语言去表达、用小手去描绘。活动用引导式的教学方法让孩子们积极主动地发现美、表述美，更重要的是帮助他们找到打开艺术之门的钥匙，这钥匙就是自己的眼睛、心灵和小手。

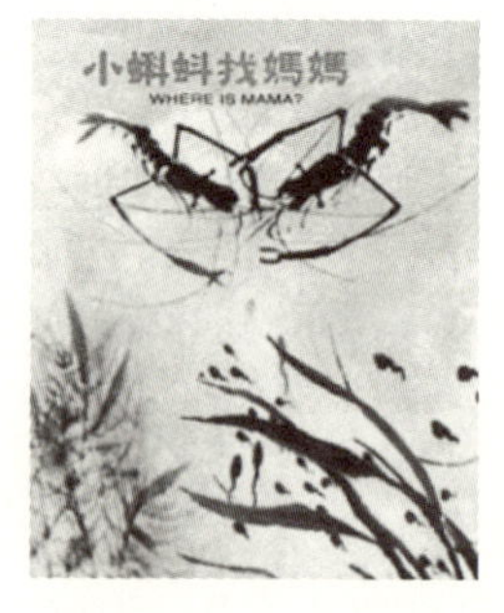

活动期间播放了三部水墨动画片：《小蝌蚪找妈妈》、《山水情》、《熊猫百货店》

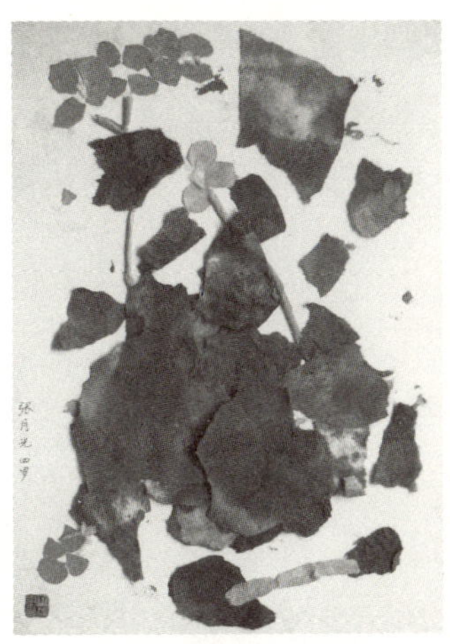

孩子们亲手制作的水墨拼贴画

第二单元是欣赏水墨动画。对孩子们来讲，动画是最能与他们沟通并引发其兴趣的方式。这一环节提升了孩子的参与热情和对绘画的兴趣，由于孩子心存水墨画如何“动”起来的疑问，所以在接下来的环节中，他们都跃跃欲试。

第三单元为中国画体验内容。面向4—6岁的儿童，我们使用了多重感官体验来让孩子们对中国画具有初步的认识。对笔墨纸砚的体会从视觉扩展到触觉、嗅觉，然后再使用“撕贴水墨”的方式让孩子对掌控画面拥有整体认识并亲自操作。孩子们在大大小小、浓浓淡淡的色块变化里，在点、线、面的组合中体会“经营位置”的乐趣。面向7—12岁的少年儿童，我们在讲述美术基本知识之外，还增加了“童年、童心、童趣”齐白石的绘画艺术讲座活动。

在接下来的活动中，孩子们进行了“玩墨”游戏，当他们看到宣纸上水与墨的流动和自然交融所产生的奇妙变化时都兴奋不已，于是挥洒笔墨想要表达自己的所看所想。初步体验后，指导老师引导孩子尝试点浓淡相异的墨点、勾形态各异的线、画相貌不同的面，并带领他们分步骤完成一幅作品的绘制过程。最后拿出大师齐白石、吴作人的线描图，让孩子在指导下进行赋色创作。

孩子们在享受水墨艺术带来的乐趣

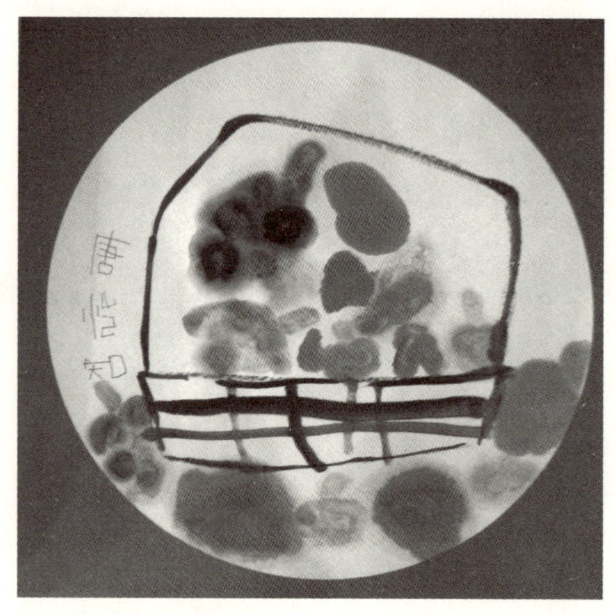

孩子们完成的作品

最后一个单元的“小画家汇报展”将两天里小画家们创作的“大作”进行展示。参观展览的家长和老师惊奇地发现每个孩子都有很大的艺术收获。其中有个孩子一直生活在国外，之前对中国画一无所知。通过本次活动，他爱上了中国画，并画出了很精彩的作品，他的妈妈激动地说：“看到孩子的画真是太惊喜了！”

为期四天的两期“打开艺术之门——小画家夏令营”在欢快的氛围中结束了。此次活动让更多的孩子走进了大师齐白石的艺术世界，体验了中国画的魅力。这次活动不仅仅是在美术馆中的参观欣赏，更将欣赏、观察、感悟、体验和动手相结合，探索出一条新颖、深入、创意有效的美术馆教育方法。其目的是在孩子心中种下一颗“美”的种子，使他们更了解美术馆、爱美术馆，能够经常来到艺术的圣地陶冶心灵。

“小画家汇报展”展出了孩子们在活动中完成的精彩作品

孩子们在活动结束后合影留念

教育活动纪要

2009年

3月20日

中国传媒大学动画学院由王雅平老师带队到北京画院美术馆参观学习。

中国传媒大学动画学院学生在展厅内学习齐白石先生的艺术

3月24日

中国传媒大学动画学院再次来到北京画院美术馆参观学习，参观期间学生们完成了学习问卷。

学生们在休息区认真填写问卷

4月2日

中央美术学院中国画学院学生来馆参观，田黎明教授就“丹青化境——李斛绘画精品回顾展”展览作品进行了讲解。

中央美术学院教授田黎明正在展厅中为学生授课

4月18日

配合“二十世纪中国美术大家系列展”之“超纵至诚——纪念李苦禅先生诞辰110周年作品展”，北京画院美术馆为广大观众组织了系列讲座，邀请李苦禅之子、清华大学美术学院教授李燕先生作为本次系列讲座主讲人。第一讲主题为“写意艺术与写意画”，到场听众达130人以上，活动中北京画院美术馆教育部进行了观众调查。

李燕先生做主题为“写意艺术与写意画”的讲座

4月21日配合“二十世纪中国美术大家系列展”之“超纵至诚——纪念李苦禅先生诞辰110周年作品展”，我馆邀请李燕先生在展厅进行导览式讲座。中央美术学院中国画学院花鸟专业全体学生、传媒大学动画专业研究生、北京画院进修学员共约40人参与了本次活动。

4月23日

李燕先生再次为在清华大学美术学院研修班学员进行导览式讲座。

4月30日

团结湖第二幼儿园全体教师来馆参观学习，李燕先生为老师们讲解李苦禅先生的艺术，之后参观了齐白石陈列展。园长表示通过这次教育活动，教师们有了很大的收获，在中国画鉴赏能力方面有一定提高。团结湖第二幼儿园是一所以中国书画为教学特色的幼儿园，此次参观学习活动对教师教学能力的提升有很大帮助。

李燕先生在展厅进行导览式讲座，讲座内容与现场作品相对应，更利于观众对作品的理解。

李燕先生在为清华大学美术学院研修班学生讲解

6月10日

清华大学美术学院高端培训部余润德老师在北京画院美术馆展厅为学生讲授“李可染作品鉴赏”知识。

6月12日

中央美术学院教授姚鸣京在展厅为学生讲授李可染的写生艺术和创作。姚教授从艺术创作角度对学生的写生和艺术实践进行指导，探讨了美术大家写生活动对创作的影响与意义。

团结湖第二幼儿园全体教师来馆参观学习，李燕先生正在为他们讲解李苦禅的艺术。

6月20日

贺友直先生应邀做“方寸回望——贺友直连环画原作展”讲座，贺先生风趣幽默的讲述给大家留下了很深的印象，使大家对方寸间的连环画艺术有了更多了解。

清华大学美术学院高端培训部师生在展厅合影

8月21日

“造化天工——吴作人写生作品展”期间，北京市吴作人美术学校的全体师生分组参观了展览，参观中多名专业教师在展厅为不同年级的学生现场讲授。活动后教师们表示在展厅上课的方式能让学生更近距离地接近原作。展览中呈现的吴作人先生当年的创作情景和大量写生稿件对青年美术学生的触动很大。

中央美术学院姚鸣京老师正在为学生讲解

8月28日

北京市少年宫美术班的孩子和家长们来到展厅进行亲子活动，共同欣赏吴作人先生的“师造化，夺天工”。

贺友直先生在讲述连环画创作的技巧

吴作人美术学校全校师生参观"造化天工——吴作人写生作品展"

北京市少年宫的孩子们在展厅学习

传媒大学学生们边欣赏董希文纪录片边进行讨论

袁运生先生在做讲座

吴洪亮馆长在做讲座

刘巨德先生在做讲座

9月15日

中国传媒大学动画学院教师带领学生参与了"在展厅上课"的活动，参观学习董希文写生作品。组织教师表示，在当今的动画艺术教学中，并非不再需要传统的绘画技巧和绘画精神。对于传统艺术，不仅需要学，更要认真地领会，尤其是董希文先生将中国民族艺术的诸多表现方法发挥到油画的技巧之中，使画面呈现单纯、鲜明的民族风格。这种绘画方式和艺术特色需要我们特别学习，从而在传统基础上创新中国动画，而在展厅上课这种形式对教学有很直接的帮助。

9月24日

"董希文工作室艺术实践与当代中国美术教育体系的重建"讲座在北京画院美术馆五层学术报告厅举行。讲座邀请了曾执教于塔夫茨大学、麻省大学、斯密斯学院、哈佛大学等院校，近年应邀回国任中央美术学院油画系第四画室主任、博士生导师袁运生教授。袁教授在中央美术学院董希文工作室学习期间正值各种运动兴起，而正是在这样的环境中他与恩师董希文先生结成了深厚的师友之情，在先生去世后袁先生做了大量的董希文艺术研究工作。作为董希文先生的学生，在这场讲座中袁教授从董希文先生的油画民族化、中国美术教育体系建构的实践等方面进行了讲授，讲述了他对董希文艺术与人生的独到见解。本场讲座由北京画院书记张晓光主持，中央美术学院、清华大学美术学院、中央民族大学、中国传媒大学、北京服装学院、北京语言大学等院校的师生和美术爱好者140余人参加了讲座。

10月29日

在北京画院美术馆五层学术报告厅举办题为《涉先河者——庞薰琹》的讲座，由北京画院美术馆馆长吴洪亮先生主讲，清华大学美术学院、北京服装学院等艺术高校的师生参加了讲座。吴洪亮先生是本次展览的重要策划人，并主持了《中国历代装饰画研究》的再版工作，对庞薰琹先生的艺术有着深入研究。讲座中，他以自己的学术研究成果为依据论述了庞薰琹这位艺术家、文化学者和文化先驱在20世纪中国美术史中的地位，以及作为研究机构对于先辈应有的态度。本场讲座为艺术专业学生和书画爱好者提供了学习艺术前辈为人、了解其艺术品格的机会。

11月5日

在北京画院美术馆5层学术报告厅举办名为《庞薰琹的艺术人生》的讲座，主讲人为清华大学美术学院教授、博士生导师刘巨德先生。清华大学美术学院、中国传媒大学、北京服装学院、北京语言大学等艺术高校的师生和艺术爱好者参加了本场讲座。刘巨德先生不仅是庞薰琹77届的研究生，也是中国画创作和美术理论的研究学者，他对庞薰琹先生以及对庞先生艺术的研究在目前都是很深入的。讲座中，刘教授讲述了庞先生的艺术和创作，庞先生的治学精神和对艺术的热爱深深感染了在场的所有人。讲座持续近三个小时，参与群众表示受益匪浅。

可儿双语幼儿园的师生和家长们在展厅参观

10月30日

可儿国际双语幼儿园由幼儿、教师、家长组成的团体来到北京画院美术馆参加“在展厅上课”活动。这些孩子的年龄在两岁半到四岁之间，他们由教师引导着在展厅进行艺术体验，感受大的艺术氛围。“看看漂亮的绘画，看看画中画的是什么，好看吗？画家是怎么画画的呢……”在一系列的引导问题中，让幼儿发现“美”，表述“美”，进而在现实生活中寻找美的存在。这些孩子分别来自7个不同的国家和地区，对中国传统艺术的学习将影响他们的童年甚至影响一生。这种教育模式也影响了随行家长，帮助他们找到更适合的教育方式，有益于孩子身心健康的发展。

孩子们正在完成“北京画院公共教育绘画纸”

11月6日

北京市少年宫美术教师带领孩子们在北京画院美术馆展厅上课。自本次活动开始，北京画院美术馆特别设计了“北京画院公共教育绘画纸”，提供给前来参观的教育机构和爱好者，作为一项参观后的课程体验，在这次活动中，少年宫的孩子们完成了一批“二十世纪美术大家庞薰琹”的艺术绘画纸作品。北京画院美术馆的公共教育工作在参观和讲授的基础上逐步深入，通过“绘画纸”让孩子们将对作品的理解进行了表达和创作，令他们既加深了对作品的深入了解，又体验了艺术表达和创作的乐趣。得到孩子们的喜爱和教师家长的一致好评。

“我爱平凡的人——周思聪创作及写生作品展”期间，孩子在绘画纸课程上完成的作品。

11月26日

中国人民大学美术学院绘画系师生到北京画院美术馆展厅进行现

中国人民大学美术学院绘画系师生在展厅上课

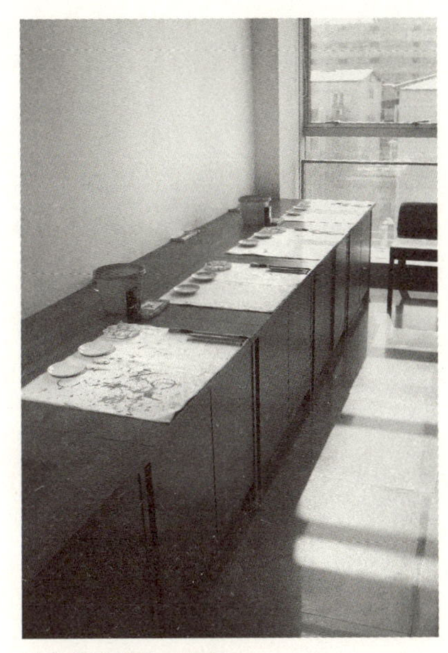
公共教育体验区场景

场教学，带队教师现场讲解周思聪的艺术人生和绘画风格。观摩之后，教师还引导学生对周思聪的艺术进行探讨。通过现场教学活动，同学们深切领会了写生对艺术创作的重要作用，收获颇丰。

“我爱平凡的人——周思聪创作及写生作品展”期间，在公共教育绘画纸的常规基础上，根据本次展览中画稿与原作对应的特别设计，相应增加了原作的“人物肖像”和“松枝”的素描写生图片，帮助孩子回味作品的创作过程，将主题创作变得更容易理解，并通过这些写生稿的呈现，帮助观众学习画家认真、严谨的创作态度。北京市少年宫美术班的教师将公共教育绘画纸带回课堂并辅导学生们完成了绘画纸课程，激发了孩子们的学习兴趣，得到了他们的喜爱。

美术馆四层特别为公众设计了艺术体验区，这里为公众提供了笔、墨、纸、砚等绘画工具，还有相关的资料和展板，可以感受到艺术创作的乐趣。

讲　座

“方寸回望——贺友直连环画原作展”学术讲座

时　间 > 2009年6月20日

地　点 > 北京画院美术馆五层学术报告厅

主讲人 > 贺友直（著名连环画艺术家）

首先自报家门，1981年，我在中央美院42号教室进行了第一次在高等院校的讲座。我说，老汉的资格很老，1937届。下面的学生把眼睛睁得很大，在想：1937届，巴黎毕业还是延安毕业？我说，1937届的小学毕业，下面哄堂大笑。我只有小学毕业，开始画连环画的时候不知道这是一门艺术，只是把它当作谋生的手段。接下来我就讲讲自己从小学毕业一直到成为中央美院教授的艺术经历。

著名连环画艺术家贺友直

“提出问题，找到答案”，这是我总结得出来的经验。要在创作实践中发现问题，这问题不管失败的还是成功的，都要站在一定的高度上，然后找到答案。这答案必定是指导你下一步行动的准则，并且是认识深刻的。我们在艺术创作中必定会遇到很多问题：笔墨的问题、结构的问题等等。

在昨天的研讨会中，有位先生说我坚守连环画阵地。我当时就声明，我不是不想转弯，我也想画单幅的中国画，可是我转不过去。为什么我转不过去，我认为是缺少一种修养。画画是画修养，不是画技巧，不过修养高也不一定技巧高。

让我困惑的是当我转到中国画创作的领域中时，我发现我找不到一条适合自己的道路，一条善于表达对象和题材的路。我一画连环画就会变聪明，构思马上就来。不过摊张白纸让我画水墨形式的中国画我就傻了，不知道要画什么。

通过总结，我认为画家毕生追求的主要有两点，一是发现，二是区别。只有发现客观事物的真谛，能够创作出打动人的作品，才会萌发创作的冲动。至于区别，现在跟风盲从的画家有很多，作品没有自己的特色，举办的展览也无法让观众可以从中吸取到营养。区别分为两种，与别人的区别、与自己过去的区别。做到与别人的区别还算容易，不过要做到与自己过去的区别则很难。有时候在创作的过程中，我经常会打自己的手，责怪自己为什么一构图就回到了从前的样式。构图一旦形成习惯就很难改变，我想大家在创作中国画的时候也会出现类似的情况：运笔、用墨都逃脱不掉一定的范式。艺术家要想形成自己的风格是很难的，不过风格形成之后的定型则是很容易的，定型之后再想突破又是很难的。连环画创作中也会出现定型的问题，人物造型定型、手法定型等等。

下面通过《山乡巨变》的创作启示和大家谈一谈。有人说周立波创作了小说《山乡巨变》，小说没有什么影响，我创作的连环画到今天还有影响，当然这是句玩笑话。通过这部作品，我总结了三句话：从生活中捕捉感觉；从传统中寻找语言；从创作实践中发现自己。这部作品被推翻了两次，第三次才形成定稿。推翻的原因在于，前两次我采用了苏联画报中黑白插图的手法，结果领导没有通过，认为没表现出作品的内容，形式上也不符合要求。我当时的感觉就是不像，不像湖南洞庭湖边的环境、气氛、人的气质、整个情调。这些都是因为艺术手法运用得不恰当，导致形式和内容不能统一。毛主席在延安座谈会上的讲话中有几点说得很对，其中就有“内容决定形式”，此外他还说过“感觉的东西不一定理解，唯有理解的东西才会被感知”。为了找到适合的手法表现这个主题，以及为了和周立波的文学语言相吻合，我一次次的探索。当时正好出了一大批精彩的艺术作品，在这时我见到了陈老莲，马上就开窍了，后来还买了许多中国古代文学插图。我照着陈老莲的线条勾了几幅作品送给社领导，领导看后对我说，你就照这种方式去画。我在创作中发现了自己，用线描的手法来表达自己的感觉是最符合我的性格以及对艺术的喜爱。从此以后一连串的创作都是遵循感觉找了相应的语言，所以后来我成了社里画农村题材的专业户，比如《朝阳沟》、《李双双》等等都是这路题材。

第二个问题是作品中各种元素的组合。我在创作实践中发现了一种技巧，叫做“艺术的加法”。这种技巧古人已有，宋代时候有一次画院考选画师出了一道题，叫做“踏花归去马蹄香”。有个考生画了一匹马行走在草地上，地上有野花。马蹄周围飞舞着几只蝴蝶，代表香的意思。香是嗅觉，要把嗅觉的东西变成视觉该如何表现，这就源自生活体验。让每个人都能理解，这就需要不同艺术元素的组合。很多东西需要理解才能记牢，就像我们过去骑自行车，自行车从把手、刹车、坐垫到车身、踏脚、链条我都能记得住，正是因为理解。我在美院教学生画速写，告诉他们不要看一笔画一笔，在这里我强调的是读对象，而不是看对象，即使对象不在了也依然能够将其记在心里。我们的思维靠语言，没有语言就没有思维。如果能把对象变成思维中的语言，就是把对象从具象当中抽象出来。所谓想，就是客观的东西进入头脑后变成语言。例如我们通常所说，站如松、坐如钟、行如风，这就是把人的形态语言抽象出来了。如果不在头脑中转化为艺术语言，那么在创作过程中是找不到感觉的。画模特的时候，我们看见对象应该在脑海里浮现出她各个部位的结构，浮现出她旋转360度时不同角度的姿态。

我用自己一个成功的例子来谈谈“艺术的加法”。《李双双》这部作品中有一个情节，就是喜旺和双双闹别扭后，离开家去外面跑交通，一走就是一个多月。回来后他觉得自己对不起双双，于是就拿起斧头开始劈柴。双双回家见到喜旺，就把家门钥匙放在女儿的小手上。女儿知道了妈妈的用意，就把钥匙递过去。于是钥匙就成了这句话的点题之笔——“家不会开除你的，钥匙是可以代表家的”。

我曾经担任中国美术家协会连环画艺委会主任，有一年我们在武汉召开了一次研讨会。会中我提出，连环画强调表演性，不是强调技术性。如果你会用画来表演故事，你就是内行。当时很多油画、国画、版画家都画过连环画，因为那时的美术还没有形成市场，而连环画有稿费，于是很多画家就通过画连环画谋求生路。例如吴湖帆、刘海粟就为连环画画过封面，陆俨少画过《牛虻》。还有一些中国画家为连环画写文字，贺天健就写过60本《三国演义》的文字。这些画家进入连环画界，提高了连环画的绘画水平。不过冯骥才认为，画家涌入连环画界不是好事，这会把连环画的特点冲淡，我觉得他很有见地。现在的连环画为什么被别人一冲就垮了呢，原因在于它不是原创的，人人都可以改编。

连环画家需要有制造情节的本领，小说里虽然没有提到，但根据内容需要，画家要开拓思路去制造情节。在这里讲一个我很得意的例子，在《朝阳沟》这部作品中，很多东西剧本并没有提及，而我把它细致化了。昨天看了齐白石的展览，虽然形式上是大写意，但很多地方还是非常精妙的。品画主要有三：一是好看；二是高雅；三是功夫，看画到最后是要看功夫。

作为一个连环画家，应该认识到：不同的主题内容，要用不同的基调去表现。就好像高水平的电影导演一定会去认真研究作品的主题，然后选择适合的手法去拍摄。连环画家创作时，作品的主题和内容是上面规定好的，容不得画家自由发挥，所以我经常说中国的连环画家只称得上“匠人”，我们做的是来料加工，是一种作坊式的生产。每一部都有不同的主题，因此要用不同的基调。例如《朝阳沟》是改编自河南豫剧剧本。这是一个舞台剧，演出背景是平面的，深度只有几公尺。于是这部作品中我的构图基本上都是平面的，在平面中制造纵深的感觉。对于构图我有一个诀窍，就是在夹缝中做文章，这样做的好处是可以省去很多笔墨，该留白的地方留白。例如表现小巷或者胡同时，门里看到一扇窗，窗里透着一个人，这样一层层进去，可以省掉纸面上的很多空间。

我的文化程度虽然不高，但我的智商不低，而且我善于思考，往往把想到的事情当做一个问题来处理。有时候画完之后发现画面中各种事物在打架，原因就在于不统一、不协调。于是我就想到数学中正正得正，负负得正，正负得负的规律。就好像一幅画，如果人物形象采用抽象的处理手法，而背景却采用了具象的手法，那么这幅画肯定是要打架的。现在很多中国画家是不讲透视的，下面画只鸟，上面画条鱼，给我感觉是鱼飞了起来。还有一个画家画山水，画了很雄伟的一座大山，但却在上面画了一只牛，于是山马上变得不像山，而像一个土堆。所以我们还是应该注重透视规律，这是心里的一种感觉。我是从解放初过来的，那时候非常强调创作和生活的关系，现在看来好像不太时兴了。不过如果没有真正领略过山川的壮丽，仅仅是通过照片来进行创作，是无论如何也画不出《谿山行旅图》这种作品的艺术效果的。

【二十世纪中国美术大家系列讲座】

董希文工作室艺术实践与当代中国美术教育体系的重建

时　间 > 2009年9月24日

地　点 > 北京画院美术馆5层学术报告厅

主讲人 > 袁运生（中央美术学院教授）

主持人 > 张晓光（北京画院党委书记）

中央美术学院教授袁运生

主持人：各位朋友，各位同学，大家下午好！

欢迎到北京画院参加公共教育活动，这次讲座是配合我们策划的20世纪中国美术大家系列展览之“国风境界——纪念董希文诞辰九十五周年写生作品展”进行的，今天很荣幸邀请到袁运生先生为我们做这场主题讲座。

董希文先生是20世纪中国油画领域里的大师，在油画民族化的道路上做了大量有益的探索。同时他又是杰出的艺术教育家，其创造性的艺术教育实践，给我们留下了丰富的经验，为建立具有我国特色的美术教育体系坚持不懈地做了很多尝试和努力，培养了一大批活跃在当代艺术领域的艺术家。袁运生先生就是其中取得了卓著成就的著名画家。

袁教授曾在中央美术学院董希文先生工作室学习，1979年创作的首都机场壁画《泼水节，生命的赞歌》在美术界产生了巨大影响。他曾先后执教于塔夫茨大学、麻省大学、斯密斯学院、哈佛大学等院校，近年应邀回国，任中央美术学院油画系第四画室主任、博士生导师，进行“当代中国美术教育体系的重建”课题研究。在中央美术学院董希文先生工作室学习期间正值各种运动兴起，而正是在这样的环境中袁运生先生与恩师董希文先生结成了深厚的师友之情，在董先生去世后袁先生做了一些董希文艺术研究工作，作为董希文的学生，他对董希文的艺术与人生有着独到的见解。本场讲座中，袁教授将从董希文先生的油画民族化、中国美术教育体系建构的实践等方面进行讲授，下面欢迎袁教授。

袁运生：今天有机会来和大家探讨艺术的问题，特别是谈谈董先生对中国当代艺术发展的重要性。首先我想说，董希文先生是中国艺术的指路人。董先生已经过世很多年，但我们所关注的仅仅是他的作品以及“油画民族化”的口号。如果仅从这两个角度入手，是无法真正了解董先生的艺术思想和艺术实践的真正价值与意义的。为何说他是中国当代艺术发展的指路人？倘若只从表面来看“油画中国化”的口号好像只是样式上的转变，但董先生所做的绝非仅是样式的变化与中国化。从他真实的目标和前瞻的意义来看，他的实践和思想是非常值得当代的理论家和艺术院校的导师、学生来认真地研究和继承的。很可惜我们对这个问题尚没有足够的认识。人的一生是有限的，他会经历过这样或那样的故事，后人可能还会对此有所议论和思考。当我们对董先生所提出的问题，他的艺术实践去认真思考的时候，我们发现他是当之无愧的中国当代艺术指路人。目前中国当代艺术的发展处于一种非常尴尬的处境，对于艺术发展的方向大家无法达成共识，即使在艺术院校里这种共识也是很难达成的。如若这般下去，我们的文化艺术很可能在长时间内会继续处于一个被边缘化的位置。现在艺术的发展延续了“五四”运动时期所建立起的近代艺术教育格局，即模拟西方格局，包括体制、教授等各种内容和说法。所以直到现在美术学院一年级的学生还要画石膏像。石膏像是西方的经典，是否目前只有以西方雕刻为经典才能建构起中国当代的艺术体系？对于这个问题，我的回答是否定的。

我们要改变这种基础教育，改变这种态势。首先我们具有一个客观条件，即由于20世纪考古学的发展对中国文化的发展和历程已经有了相当明确和清晰的了解，这使我们对自己文化的理解进入了另一个阶段。20世纪初，我们对自己民族的文化不甚了解，甚至敦煌、云冈、龙门石窟都未被重视。所以当时搞现代美术教育其处境是很糟糕的。在当时的情况下，我们的确需要用一种体系来取代科举制度遗留下来的教育格局。这时所谓的西方“现代教育”被引进来，在一定程度上符合了历史发展的趋势。所以我们也无需批判时人解决这个问题时，其方法和思路上的局限性，这是历史原因造成的。

中国第一代考古人其实也是在20世纪30年代才成长起来的，开始有了中国的考古学，现在著名的苏秉琦在“五四”时期也还是个少年。中国文明在19世纪被西方人的几次战争打得晕头转向，当时的文化处境何其悲惨，那时现代教育体系还未建成，而满清末年又是中国最衰败的时候，所以这种艰难处境是很不容易走出来的。在这时，有一批人前赴欧洲，他们看到西方油画画得如此新鲜、真切和准确，如真人一般。这些人多是文化学者，并非艺术家出身，所以他们有这样的感慨和认识也无可厚非。再加上当时中国的文人画已有衰落之势，种种条件局限了人们思考问题的宽度，未能站在历史发展的宏观角度看待中外古今，从而做出客观判断。日本对外国的了解显然比我们多，而我们对自己的了解又是何其微薄，即使石窟中的佛头被外国人盗走也没有丝毫感觉。

“五四”运动时期最重要的是救亡问题，那一代人的文化视野、经历、历史意识还有所欠缺，他们有他们的苦衷。洋人用坚船利炮把我们打垮，因此我们要“师夷长技以制夷”，学习西方先进技术与学问，以挽救民族危亡。在这种情况下，我们有了这样一个教育体系，并且至今仍在起作用。如今在科学领域，我们有很多成就可以和西方并驾齐驱，但从文化艺术的角度上，我们发现一些判断是有局限性的。既然考古学者已经为我们提供了更好的条件，我们就应该在新的条件下重新认识并建构属于自己的高等教育体系，这是我想谈的第二个问题。

董先生是先行者、先知者，他在20世纪40年代就已经意识到这个问题。他当时画的一幅《苗女背筐》就很有中国意味。当时很多著名艺术家包括常书鸿、林风眠先生都很器重他，他对“油画民族化”的问题不仅有认识还有实践，并且实践得很成功。董希文先生当时主持工作室的创作与教学工作，他的思想只能在自己的工作室内实施，未能普及全院，更不用说全中国了。这就是为什么现在我们要谈董先生在这方面的创造性思想，他的先知先觉对中国艺术今后的发展尤为重要。

在我看来，我们在艺术教育方面还处于朦胧状态，教学依然是画希腊雕刻，尚未建构自己的体系。若想构建这一体系，我们仍需要在董先生的经历中，找到一种期望。同时，再附加以考古发现中有关中国古代文明的重要成就，从而构成一个完整的文化体系。此事意义重大，以往艺术院校的学生不注意考古，认为是陈旧的东西，而考古学在任何一个文化之中都是非常重要的。因为仅仅文字记载的部分不足以复原整个历史脉络。试想如果我们没有发现古代青铜器，那么我们就认识不到青铜器在中国文明的形成中是一个象征性的里程碑。如果没有考古发现，很多事情我们都无从知晓，更不能拿中国的青铜器与希腊的雕像做对比，从而发现两条文化脉络的不同。

张光直先生是我国著名的考古学家，他出生于台湾，在北京读完高中之后便到美国学习考古。他在哈佛大学任教一生并获得了崇高的威望。他晚年提出一个重要结论，即西方整个文化发展的理论系统不能解释中国的文化。这个结论的重要性在于，他认为西方的理论来自于他们对自我文明的理解，对自我文明脉络的总结，时代不同结论也不同。而中国则有另外一套理论体系，其核心在于，在中国艺术发展的过程中，无论青铜器还是绘画，都有两条思路：一是“整体性”的思想，即无论一件作品还是人的一生，我们都可以用简短的几句话进行总结。因此，用这种角度我们就可以发现文明的主要特点。当两个文明不是在同一条脉络形成的时候，就像张光直先生所说，西方文明的理论体系不能解释中国文明，而中国的理论也无法解释西方艺术。因为二者的整体思想脉络不同，作品性质、艺术追求和成果都不相同。中国文明是一个独立的系统，几千年的历史从未间断，这是很多其他文明不具备的，例如非洲、欧洲、西亚等许多文明。四千年连绵不断的文化是中国独有的，但这种现象不大能被西方认同，因为这不符合他们历史发展的规律、不符合他们的经验和他们的实践。关于文明发展的过程，有几个不同的理论体系来表述，而中国文明是一个独立的体系，在这点上我觉得张光直先生对考古学的贡献，无论在人文还是科学的发展上都是非常重要的。另外，历史差异的原因，造成了思想脉络的差异，在这两个文明之间，无法用简单的标准加以解释。

董希文先生虽然没有提纲挈领地谈这个问题，但我感觉他已经认识到了其中问题的存在。正因为有文化体系的不同，所以他提出了“油画民族化”的口号，因为我们要和自己的文化脉络相衔接，并在其中找寻文化发展的途径。这并不妨碍我们去认识别人的艺术，我们也不排斥对西方文明的学习，但关键的是，我们要在自己的文明基础上去发展。文化作为一种资源是无国界之分的，我们可以吸取他人文明的长处，但前提是我们的文化要有独特性，要自成一体。

我们考古学常说“多元一体”，因为中国古代本有几个区系，山东一带、华北一带、江浙一带到湖南湖北或者四川。在这些区系中诞生了中国远古的文化，例如良渚文化，就是以浙江良渚地区为代表，大约出现在7000年前，之外还有大汶口文化、龙山文化等等。这片区域有一个延绵不断的文明延续，总共有6个（也有说七个）文明，而六个文明之间距离又比较近，所以具有一体性，称为“多元一体”。“多元一体”发展到秦汉时期就成为“多元一统”，这是苏秉琦的观点。到“多元一统”之后文化相互之间的结构变得更为紧密，更具有整体的文明意识，地区之间不再是对抗性，而是互补性的关系，这就是中华文明的特点。

董希文先生所讲的“一化论”，就是他在教学中经常讲的“一笔负千年重任”，这句话不能仅从字面上理解。董先生在实践中对事物的认识有一种态度，一种逼近的态度。他说，画画时不要躲藏、不要躲闪，要直逼对象，把对象的感觉直接地、精确地表现出来，在精神上不留犹豫。他还说不要只会画野外的风景，也要敢去画建筑，去面对中国古代的建筑，要训练自己敢于将其置入自己的画面中。自己真正感受到的东西，不要只画容易表达的，而不去碰那些问题尖锐的，比如中国古代的园林、建筑和树，这些是很潇洒的。如果看董先生的画，他对这类问题的解决方法非常有意思。例如《开国大典》，试想有谁敢画一串这么大的灯笼。但是当我们看画的时候从来没有觉得这串灯笼有负面影响。董先生对画面中的任何一个部分都是以极负责任的态度去画的，他在《开国大典》所画的灯笼、地毯、琉璃瓦恰到好处地表现了天安门城楼庄严的庆典场景。而这些内容是很多在绘画过程中要去躲避的。董先生在这个问题上采取直面的态度，而且智慧地把问题非常好地解决了。他用各种办法调动构图，调动色彩，调动天空、地和人占的位置、大小，用所有办法来解决这些我们在视觉表现上不好解决的问题。所以《开国大典》是非常难画的一张画，如果只画大的欢庆气氛是容易的，但董先生选择了直面问题的方式，画颜色鲜艳的地毯，画地毯上的人群。他画《百万雄师渡长江》，帆画得很大，正面走来的人却很小，很多人认为只要把人画好就行，但倘若如此就无法表现出百万大军横渡长江的气势。我们总结艺术家成就的时候，对他的全部付出我们往往理解得不够，我们常常是在研究一个结果，研究画面的气势，这些问题固然重要。但是画面中所有的细节都要变成整体的一部分，任何细节处理不当都会影响整体效果，画家运用主观能动性把这些本来是障碍性的元素变成有光彩的内容，我认为他是在把问题的性质进行转化。

董先生在长征途中写生时所碰到的事情，及其处理方式能给我们很多启示。一次他爬到二郎山山顶，那里空气稀薄，但他仍坚持用半个小时的时间画一幅画。画完成得很快，很多方面不能顾全周到，但最后的效果却很精彩，留下了他所有重要的记忆和感受。所以他画的《红军过草地》给人以身临其境的感觉，因为作品蕴含了画家最真实的感受。他在长征途中画了很多写生，这些积累的成果在他最后的创作中得以体现。可是这幅精彩的作品却因一些荒唐的理由被否定了，这对董先生是很不公平的。曾经有一家博物馆想要收藏这幅画的临本，于是学校让我去临摹。在临摹的过程中我能体会董先生的确在这幅作品上下了很大功夫，夜色中战士们的容貌、精神状态都不同，但整体的氛围却是统一的，表现出战士们坚韧的气概。不过在"文革"期间，因为没有表现"红、光、亮，高、大、全"，这幅作品就遭到了指责和无礼对待，回想起来真是让人心痛。

我为什么要做重建中国高等美术教育体系这个课题，因为我对很多问题有着深刻感触。很多艺术上含糊其辞的潜规则，影响了艺术家去发挥自己的创意，人人处处小心翼翼，以求安身立命。我在太多运动当中经历了这样或那样莫须有的罪名，这让我们的艺术家有形无形地揣着一份担心，于是胸怀变得狭窄，艺术也变得狭隘。我们常说的"文化艺术复兴"需要有一个宽容的环境，在这种环境下人们可以自由地表达和发挥自己。而现在的年轻艺术家面临的则是另一个问题——茫然，不知何去何从。我觉得这是因为他们身上缺乏董先生对待艺术严谨的态度，对待自身文化的责任感，以及对中国历史文明的高度热情和敏锐感召力，还有就是对任何好的事物发自内心的由衷喜爱。

我1996年回到中央美院研究生部，此后每年都会带学生去一些中国传统文化景点，云冈、龙门、敦煌、麦积山等等，并且带他们去看历史的留存，我希望每一个学生都能在这个过程中有所体会。如今，我们的教学非常重视对自身文化的认识和内省。现在很多院校的教学没有方向感，没有敏锐提出问题的能力，这是我们几十年教学中留下的伤痛。对于历史的留存，我们不仅要看，而且要会看。因为现在人们的脑里充满了西方的整套思路和各种标准，可却没有中国自己的东西，这是教育的失误，也是我们作为一个文化人最大的根本性失误，我们竟然不了解自己文化的价值。中华文化的营养即使再过一个世纪也不会衰落，华夏文明有着惊人的创造力，在世界范畴来看，它是无双的。对于这样广博的文化，我们怎可以无动于衷。

照搬西方，只是隔靴搔痒，因为它和我们的文化脉络不相当，而且你不具备一些客观条件。很多国际著名的博物馆不是我们今天想去就可以去的。凭着自己对西方文明的一点了解就连清晰的认识都很难，更别说继承和发展了。我们现在存在很多误区，不是亲自到希腊、卢浮宫看一下就了解了西方整个历史文明。可是我们的文明就在我们身边，我国很多地方都有历史遗存，利用身边的遗存好好做研究都会有很大的成就。山西沁县有一个很小的石刻博物馆，当时挖掘出来有1000多件石刻，但是这些文物并没有得到当地人的重视，直到70年代才保管到仓库中，1989年才建了博物馆。这些时刻的历史可以上溯到北朝至宋时期，非常精彩，但是观众却寥寥无几，大家对此没有兴趣，即便这些真迹对中国文明非常重要。我目前的课题就是把这些宝贵的遗产复制下来变成我们的教材，来取代西方的雕刻。我们自己有了不起的文明，却还把希腊雕刻当成是圣物一般供奉，真是荒唐。我在南京历史博物馆1000多件作品中选择了20多件复制下来作为我们素描课的教材。这样做并不是民族主义，也不是固步自封。现在的人们缺少的就是这种文化意识。我们对于自己文明的漠视已经达到一种悲惨的境地，却还是装作了解西方文明来压制自己，对传统的、民族的东西无动于衷。我认为改变这种状态还要从幼儿教育、从中小学教育开始，重新清理我们的文化教育阶梯，一步一步解决这个问题。

为什么说董先生是先行者、是指路人，因为他很早就意识到中国文化的博大精深。我们简单回顾一下西方从希腊时期到当代的雕刻，他们从模拟现实开始，希腊时期的模拟已经有一个理想化的对人体的看法，而且在雕刻里实施了。这是西方人对人体美的理解，人体比例研究的成果，为审美建立起一个标准，我们可以在希腊雕刻里面看到。西方人经历了极大的波折、很长的困惑和举棋不定的时期，一直到19世纪末，才从引入"个性化"概念。后来艺术借助个性化的意识去搞表现主义等等。中国文明与此不同，它是连绵不断发展过来的。我认为我们的石刻造型表现得非常精准，虽然这与西方的标准很不相同。西方人随着透视学、解剖学的发展，力求艺术造型上的准确。而中国对"准确"的理解并非如此，我们没有追求所谓的解剖与透视。例如我们的长卷，其视线和表现场景是变化的，并非西方的焦点透视可以解释。中国人讲究"读万卷书，行万里路"， 你看黄宾虹先生画的写生稿，简单几笔就勾勒出对象的形，这说明他心中有物。他用线条将心中造化挥写下来，而不是完全的模拟，不是以准确的定量与数字作为衡量标准，因为中国画不需要这种标准。至于中国画里的人物画也不是完全符合透视和解剖，而是根据艺术家心中想要表现的形象创作出来的，所以中国绘画也可以称为心画或是写意。这样艺术家的差别就可以得到尽情的彰显，他们的自由也就更多一些。正是由于我们允许有差异、有不同的标准，所以才产生了如此庞大的一支文明。我们无论绘画还是雕刻，其创作环境都比西方更自由。我常说石刻表现人的脖子时会有几条直线，像几条筋似的，其实人体结构并非如此，但却把对象的气质活灵活现地表达出来。艺术与人的关系就紧密了，和客观的关系只是对应并不是模拟，所以中国的文化传统为后人留下的自由度空间要大得多。

当我们回顾20世纪西方的现代主义，与我们刚才所说的又不一样，它的自由度看似更大。但实际上它与人的真正关系变薄弱了，人在精神需求的表达方面变薄弱了。在这之间只是好奇心的满足，是个人的一丝快意，并非真正意义上的人的精神在成长过程中所捕捉下来内容在作品上的反映。有可能艺术家的一件作品得到了社会的肯定，他就这样一路画下去，演变为自己的风格。我对风格一词心存疑问，风格真的这么重要吗？为什么有的艺术家从20岁一直到50岁要一直处于同样的风格系统中呢？艺术家难道不需要成长么？在西方，风格高于一切，人们对风格达到了一种迷恋的程度。我在美国时曾经访问过几位艺术家，其中一位是美国很有名的女画家，叫弗拉格罗纳。我去访问她的时候，她问我，你知道我这件作品背后是什么吗？我说，看不出来。因为这幅画就是几个色面组合成的画面。她说，从原始社会到现代社会人类创造的所有东西都在里面。我说，这听起来像个神话。一个人膨胀的时候什么都敢说，就像这位女画家。美国艺术现在出现了很多问题，到欧洲展览时关注的人也不多，所以美国人现在很失落。我刚到美国时，由于美国政府很重视文化交流，专门为我派了一名翻译，是从事中文研究魏晋玄学的博士，翻译和理解能力都很强。我在纽约拜访了一位名为大卫·赛利的画家，他的屋子像市场而不是艺术家工作室，人们往来不绝，我不知道他是怎么进行创作的。我问他当代欧洲有代表性的画家都有谁，他说一个都没有。我又问，那美国呢？他说只有史纳博，然后就是他自己了。从此之后，我不再关注美国的当代艺术了，我感觉他们的自信心过度膨胀了。我曾经去过迪库尼的家中，他是美国现代艺术的第一代的艺术家。我问他对中国古代艺术有什么看法，他说那是一个了不起的文化。可见20世纪四五十年代成名的画家还是要稳健得多。我以美国为例，是想我们的年轻人不要像他们一样目空一切、妄自尊大。我想这是文化发展到一定阶段必然要经历的过程。艺术家在这种状态下会不清楚自己追求的是什么，缺乏的是什么，于是用空虚显示他的强大。

这时我们反过头来看董先生，他是多么的平实。每当谈到自己的时候，无论一张画还是艺术追求，都谨小慎微。董先生其实很早就给我们指出了一条路：作为一个中国人，你要对自己的文明有责任。当后人评判我们的艺术时，我想我们更多的是一种无所适从的状态。因为我们习惯了追随西方，可现在西方的艺术也不景气，而我们对自己的文明又不了解，又或者根本没有看到自己文化的价值。要了解中国文化的意义和价值，需要我们花很多精力去认真学习。就学校而言，要有一个整体的教学思路和目标，然后各个系的教员根据这个目标去教学。可是现在的教育工作看起来却有些茫然不知所措。

目前，经济总是被放到关注点的首要位置，而且全世界都在关注中国，中国可以发展经济的机会有很多。但是我们更需要发展文化，这其中有大量问题需要一层一层解决。从艺术教育来讲，需要有较快的转变。于是研究董希文先生的思想就变得很有意义。董先生为何能够那么清楚、那么清醒，让我们来回想他的经历：他年轻时非常好学，先就读于苏州艺专，那是以素描教学严谨著名的学校。后来到了杭州美专，得到一群很有成就的艺术家的熏陶和指导。40年代他有机会去了敦煌，在那里非常专注地研究了三年，受到深远影响，以至于他在教学中的很多内容都和这段经历有关。比如“一笔负千年重任”，我觉得这句话的重要性并不只是说他对待每一笔的态度都很认真，实际上他所体会的正是中国文化的核心。一件艺术品的整体性和各个部分之间存在有机联系，有时看似松散的几笔却有内在的严谨关系。这种内在的严谨就是他所追求的画的灵魂，在表达上强有力，指向明确精炼。董先生一生都在追求画面的精炼，精炼在这个系统中要求是很高的。首先，对素描的要求高度敏感，每一块颜色的明度、色彩的纯度、相互间的配合都达到了最佳的方式。这里面涉及到判断的问题，需要艺术家去体悟。往往那些成熟的艺术家的作品中存在着解决、解答这种问题的精确性，高度整合的能力。整体性之外就是相互之间的关系，中国人讲“牵一发而动全身”，只有能感悟的人才能有这种认识。对好的作品能够体验、加深理解，同时当一件新的作品摆在面前时能够加以判断，只有做到这两点才是真正的欣赏艺术、品味艺术。现在我们对这个问题认识得并不深刻，因为它还没有系统的理论化。理论化的表述常常很难在实践中运用，而不理论化的语言又不够严密，所以艺术实践的学生在写论文的时候就经常面临两难的境地。理论老师要求明确、系统的表达，可学生又无法做到，于是出现了中间的空白。这些问题就需要我所说的判断力，判断力不仅对画家，对史论家也非常重要，因为没有判断力就没有欣赏的资格。所以判断力应该作为我们艺术普及教育的根本目的。

我认为董先生在判断力这一点上极为敏感，可是在当时的背景下他又不能对此加以宣扬。例如在给学生评画时，他总是无视党员学生和右派学生的身份，说实话、说真话，结果遭到党员学生的当面斥责。董先生在50年代的生活是非常痛苦的，原本非常好的稿子却遭淘汰。就像

《喜马拉雅》、《雅鲁藏布江之歌》两件作品，最终因为非艺术的原因没有入选。有时候一幅画可能是一个艺术家的感情交代，在他的眼中是一辈子仅有的一次机会，可以在重要的场合去表达他对艺术的理想。可惜却因为很荒谬的原因被取消了。当时的历史背景让董先生对学生的评语都要再三思索，表扬谁、批评谁，说真话还是绕圈子他都要考虑清楚。我在1957年被打成右派，所以此后与董先生的交流变少，因为担心给他增加负担。我们在画室画花卉，这是最不易引起阶级斗争的对象。董先生看了我的画非常兴奋，他说你去图书馆看看修拉的画。结果当时就有一个党员学生把董先生叫到门口说袁运生这个右派拒绝改造，你还让他看印象主义、资产阶级的东西。董先生是很有自尊的一个人，他哪里接受得了这种训斥。董先生的病和他长年的抑郁有关，可是其中最大的悲剧在于董先生对新社会充满了美好的期望，可不料自己却受到这样的凌辱。我想一个民族要想进步就必须要重温历史，对历史有清晰的判断，这样我们的社会才会进步。

今天讲座的核心问题就是对中国文化的认识、学习和研究，这恐怕是今后若干年的一项重大工程。我想美术学院的老师和学生都要为此而努力。

【二十世纪中国美术大家系列讲座】

涉先河者：庞薰琹

时　间 > 10月29日
地　点 > 北京画院美术馆5层学术报告厅
主讲人 > 吴洪亮（北京画院美术馆馆长）
主持人 > 高　原（北京画院美术馆教育部工作人员）

北京画院美术馆馆长吴洪亮

主持人：各位朋友、各位来宾下午好，欢迎大家参加我们的公共教育活动。今天我们荣幸地请到了北京画院美术馆馆长吴洪亮先生做本次讲座。吴馆长曾经对庞先生的艺术作了很深入的大量的学术研究，掌声有请吴馆长。

吴洪亮：今天的讲座名为“涉先河者”。庞薰琹这位艺术家、文化学者或者说文化先驱在美术史中是怎样一个人，应该有怎样一个地位，作为美术馆这样一个研究机构对于先辈应该有怎样的态度，用怎样的方式去研究，是今天这场讲座的主要内容。如果今天能给各位带来一些关于前人的学习和创作方法，对各位有所教益和帮助的话，那么这个讲座就实现了它的价值和意义。

庞薰琹所具有的才智和他对中国艺术各个门类所做出的贡献，使我们今天不得不对他重新加以看待和认识。本次展览的前言短短1000多字，我却用了两个月的时间。刚起笔的时候我还在俄罗斯，流连于各大博物馆之间。尤其在东宫的时候我特别有感触，东宫被称为世界四大博物馆之一，那里有俄罗斯以及全世界公认的艺术大师的作品，这些收藏使它成为世界上一个不可忽视的博物馆。然而反观中国博物馆的认识和研究工作，我们发现很多艺术家都被忽视了，庞薰琹先生就是其中一位。我在前言中这样写道：在进入21世纪的今天，中国无疑是经济全球化的受益者，俨然成为了世界的加工厂。但如何将“中国制造”变为“中国创造”，仿佛已是刚刚走过第一个甲子的共和国最应思考的问题。而且，伴随着经济的振兴，“非物质文化遗产”概念的兴起，文化寻根意识变得炙热，“工艺美术”概念在被冷落了一段时间之后，重新找回了自己的时代机遇。面对这些问题，在蓦然转身之间，我们发现有一位学者、一位艺术家在半个世纪前，就曾考虑过、触摸过，他所创造的正是今天很多历史的前传。这位20世纪在中国文化艺术界屡涉先河的人物就是庞薰琹。

两天前在国家大剧院召开了一场世界设计大会，其中有两个人的演讲令我印象深刻。一个是龙永图先生，他是中国进入WTO的关键人物，也是博鳌论坛的秘书长。他也在谈到设计概念和产业的关系时，其核心问题就是设计如何将世界上更新、更强的竞争力因素带入中国，这也是创造的前提。他关心的是如何产业化、创造新的生产力。另一个是中央美术学院院长潘公凯先生，他大力发展了中央美院的设计部分，成立了设计学院。他称设计是中国产业转型的发动机。他有一个描述令我颇为感慨，他说中国与现代设计的全盛期擦肩而过，这擦肩一过就是50年。

20世纪初，全球进入工业化的全盛时期，在这个过程中有几个很重要的因素：大家知道包豪斯的建立是一战前后的事情，并在“二战”期间转到美国。今天美国成为设计包括当代艺术一个很重要的国度，当然另一个中心在巴黎。庞薰琹正是在这个时候来到巴黎，赶上了12年一届的博览会，受到很强烈的刺激。他认识到艺术不仅仅是在架上或室内的，艺术也可以渗透到大众当中，通过工业的发展，通过媒介的传递，设计的因素会美化人们的生活，这也就是所谓的“大美术”概念。庞薰琹于是希望把这个概念带到中国，我想如果不是因为各种社会性原因的影响，诸如“二战”和“文革”，或许我们的设计在半个世纪以前就能达到很高一个水平。所以潘公凯院长很敏锐地用了“擦肩而过”四个字。当时我就在想，如果当时的庞薰琹能得到更大的支持，这个“擦肩而过”也许就没有这么大的遗憾了。我们接下来看看他在哪方面对中国艺术和文化做出了贡献。

庞先生于1906年出生在中国南部的一座名城——常熟。这个地方能诞生庞薰琹这样的艺术家并不是偶然的事情。上溯到元代，“元四家”之首的黄公望就来自常熟，被徐悲鸿先生批得体无完肤但对中国传统艺术传承有一定贡献的清代“四王”中的王石谷，写过《孽海花》并对中国启蒙性的文学、批评、出版有巨大贡献的曾朴，还有清末帝师翁同龢均来自常熟。所以这是一个出文人、艺术家和流派的地方，甚至今天的非物质文化遗产的古琴虞山琴派，也来自于此。

庞薰琹生于常熟的一个大家庭，儿时就具有很好的艺术修养。他在少年时代曾到上海震旦学校读医，不过在这个过程中，他发现艺术才是自己人生中最愿意去追求的目标，于是弃医从艺。庞薰琹从艺之后去了巴黎，在那里受到很多影响，学习了很多艺术流派和风格以及装饰艺术。那一辈人都有救国的理想，抱着满腔的热情，徐悲鸿希望以古典的复兴、对写实的科学化的认识来救国，庞薰琹则希望用另一种方式——以现代艺术的方式和生活状态以及理想来救国。所以他回国以后做了很多了不起的事情，庞薰琹是一个职业画家，今天我们所谓的职业画家是从80年代后，当计划经济转化为市场经济的过程中产生的以绘画为生的艺术家。庞薰琹堪称中国现代意义的职业艺术家的开始，而且他在上海开设了自己的画室。他是中国最早的一批设计师，设计师这个概念应该是和工业的发展与进入现代状态的社会有直接关系。他开设了一个大型的工商美术社，但是因为种种原因中途夭折了。他还是艺术的重要推动者，是中国现代美术最有影响力的社团——决澜社很重要的组织者，决澜社所具有的意义并不只是给大家呈现了与世界同步的艺术状态，而是建构了一种推动艺术发展的形式。决澜社有自己的评审体系、推广方式、展览概念以及宣言，它的宣言是如此激情澎湃。庞薰琹是中国古代艺术的研究者，他的研究方式与一些美术史研究者不同。很多从事美术史研究的人都会遇到一个问题，就是从美术史到美术史，仅限于行内研究和交流，对艺术家以及一般人来说意义不大。而庞薰琹先生的研究，是为画者、创作者、设计师而写，他的理论文章是可以付诸实践，可以体味到作品本身魅力的。因此我们在展览同期，花了几个月的时间，重新增补编撰了《中国历代装饰画研究》这本书。

庞薰琹对中国古代纹样和装饰画的研究是用一种更当代的方式进入的。比如对中国青铜器的研究可以上溯到宋代，李清照夫妇曾经很热衷于此。可那都是通过一种对文化概念和文物性的研究，没有人通过纹样进行对艺术本体的研究，庞薰琹先生在这方面是首开先河的。他还在40年代深入贵州少数民族地区去研究和收集大量少数民族的美术资料。他所开创的研究方式，其贡献不亚于费孝通等人当时做的很多关于社会学调查。

庞薰琹还是一位老师，至于他的学生我们无法计数，但是以他为主导创建的中央工艺美术学院是中国第一所现代意义上工艺美术的专门学府。如今很多设计学院的学科分类，以及学校附属公司或工厂以便让学生进行实践的方式，都来源于庞薰琹的倡导。他因为没能进入巴黎设计学院而立志在中国建立这样一所设计学院。虽然现在工艺美术学院已经不在了，可是这种思想方法和操控方式在中国已经保留下来。

庞先生不仅是一位艺术家，更是一位诗人。他曾吟唱道：

> 在我们的前面，还有无数阻路的沟渠，阻碍着我们前去。必要的时候，把自己的身躯，去填塞那些沟渠，让后来的人踏着我们的身体，迅速的向前奔去。

他确实是这样的人，用自己的身躯填埋了沟渠。正如今天很多美术方面的工作和治学方式都是在前人的基础上前行的。

这张照片很有趣，后面的外国人叫苏立文。二层展厅展示了庞先生画的工艺美术设计图稿，创作于1941年。当时得到很多人的关注和喜爱，后来由于要出版所以就被带去欧洲，从此杳无音信。直到“文革”结束，苏立文先生从美国把这批图稿完完整整地带回了中国，交给庞先生。庞先生收到之后特别感慨，经历了“二战”和“文革”，这批作品环游了半个世界，终于完好无损地再次回到庞薰琹手中。

庞薰琹先生不仅仅是一位个人化的艺术家，他也是个爱做梦的人。在他第一次展览的时候，他的好友傅雷就写了一篇文章，名为《薰琹的梦》。他做了太多梦，每天都梦想着去实现，但我认为他更是一个重要的实践者，只是因为各种社会原因，他作为一个知识分子的执著与不屈，受到很多的“创”和“痛”，也屡屡与辉煌擦肩而过，这可能是一个时代的悲哀吧。每当我阅读庞先生的故事，总是感慨那一辈人，他们手中掌握着某些今天我们看来是真理的东西，但是因为时代的原因，这些真理还未来得及彰显，留下很多惋惜。今天我们对他们的研究，也就是以此为鉴，不再犯同样的错。

我写的是字，实际上是凝固的血；我写的是学术，实际上是在和毁灭作搏斗。

这是庞先生写的一首诗，描述了他在创作《中国历代装饰画研究》时的状态。为何这么说，一本学术书怎么会和一个人的生命有连接呢？接下来我们就来认识一下这本书的写作过程，我先讲一个实例。

我们在展厅中呈现了一条路，一条《中国历代装饰画研究》的写作之路，用一种实物的方式重现了这本书的写作过程。《中国历代装饰画研究》的写作时间先后长达20多年，可以说是庞先生人生的缩影，是能延续和支撑庞薰琹生命的输氧管道。他在这本书的序言中写到：“这本书写于1958至1962年，这是人生中最艰难的时期。”我觉得他说短了，因为这本书是他于“二战”时期在西南教学和研究时期开始酝酿的。我在庞涛女士家中看到庞先生当年画的一批对青铜器和漆器研究纹样的手稿，这些手稿本在反复搬家的过程中遗失了一部分，后来庞先生又重新进行补画。我想这本书的基础就源自那个时候，而正式起笔是在1957年反右之后。1956年，庞先生及其同仁一起创建了中央工艺美术学院，这是中国第一个现代意义的工艺美术学校。可就在学校成立一年之后，反右的风潮来了。由于庞先生希望学校建成具有现代概念，能为未来及大众审美发生影响的学校，他希望将个人认知变为群体认知，所以决定从学校开始做。当时中国解放还不久，唯一能换取大量外汇的门类就是中国的传统手工艺，比如玉器、首饰等。这个时候大家都希望创办一个以工艺美术为代表的学校。但是在学校的教学主张方面却起了分歧。当时学校的资金来自手工业管理局，他们希望将学校建成生产传统工艺美术产品的培训学校。这无疑和庞先生的想法有很大差别。思想的矛盾导致了行为的矛盾，而庞先生又是有强烈的个性、有自我表达的人，他写了相关文章发表在《人民日报》上，这就成为1957年反右一个很重要的原因。庞先生第一批就被打成右派，那一年他离开了自己的工作岗位，并在著书的过程中受到了极大的打压，很快就病了。有一段时间他全身发麻，早晨起来手指都无法动弹。大夫说，这些日子得这个病的人有很多，无药可治，因此很多人很快便死掉了。庞薰琹问我如何能活下去？大夫说，你必须练就一种能力，别人手指着你批评和骂你的时候，能表现得无动于衷，这样还能再活20年。从此之后，庞先生开始锻炼身体，打太极拳，并在1958年开始了《中国历代装饰画研究》的写作。从1958年一直到1962年，初稿基本完成。其中汉代部分调整重写了10次以上。他在1960年的日记上，几乎全部是有关此书的记录。1959年，他有机会去中央工艺美院讲课，于是专门写了中国传统和中国历代装饰画的一些讲义，这些讲义也就构成这本书的蓝本。1962年到1964年，他反复修改，最终在1966年基本完成。可是“文革”又开始了，这本书稿又成为庞薰琹新的黑材料，他再次被打倒。“文革”10年，他画的画很少，还有很多作品被毁。也正是这本书陪他度过了艰难的10年。在很多老朋友的支持下，庞先生终于结稿了。1979年前后，把书稿寄给上海人民美术出版社，寄出的时候还与编辑联系，如何将书的学术性做得更强。就是这时庞先生认为自己在文中写了大量对于敦煌的研究，可自己却从未去过。于是他把书稿索要回去，踏上了赴敦煌之路，那年他72岁。敦煌之旅让他感触颇多，于是他把书稿中关于敦煌的章节移到了前面。最让我感动的是，在这本书的图注末尾处，老先生写了一句话：“为了使这本书能让更多的年轻人、艺术爱好者看得到，所以没有配很多插图，来降低一些出版费用，让大家看得起。”他在写书时关注的仍然是读者。我为这句话而感动，于是决定要帮老先生再版，并尽量找到文中提到的所有插图。这本书写得通俗且实用，它可以告诉你如何用古人的方法去画一幅装饰画。它告诉你古人的智慧，还有他们表达自己情感的方式。在再版的过程中，我们对书中一些阶级斗争的描述做了修正，只是希望能够还原庞先生最初的想法，并且增加了中西比较的问题，以及庞先生所见的全世界当年最新的关于设计和装饰的学术性内容。

自画像　庞薰琹　32×27cm　素描　1931年

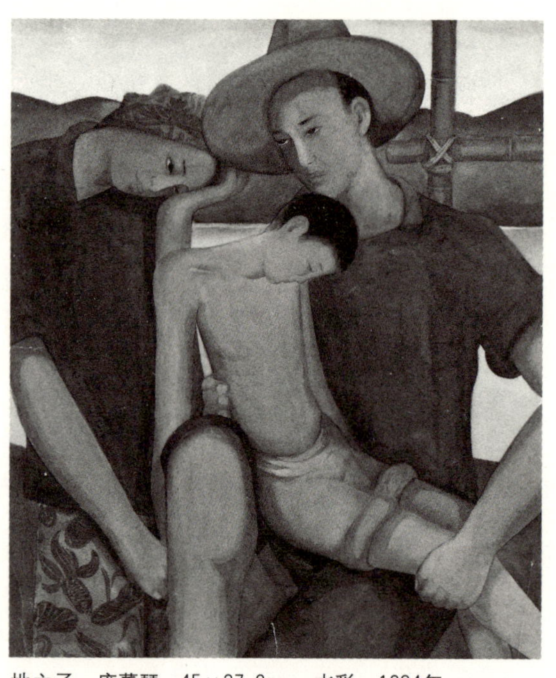

地之子　庞薰琹　45×37.2cm　水彩　1934年

因为很多原因，展览只选取了庞先生三四十年代的作品，包括一批遗失的作品，我们做了喷绘。这幅是庞先生早年的自画像，展览时我们把它与庞先生给他父亲画的遗像放得很近。两件作品都是用铅笔画的，有一点中国白描的味道，又有一点西方素描的味道。庞先生作品中所具有的一份文雅和尊严是今天很多艺术家所欠缺的。我曾在广东一届摄影双年展上看到庄学本一组少数民族题材的作品，他与庞先生有一个共同点，即那个年代对于所有劳动者和人民，在艺术方式表达的过程中保留了一个很重要的因素，那就是“尊严”。现在很多表现农民、民工题材的作品总是将对象描述得悲惨不堪。好像把写实中最难堪的东西抽取出来进行表现已成为如今艺术热衷的方式。不像20世纪30年代的艺术家和知识分子描述所有人的时候，表现的是一份尊严。

庞先生从巴黎学成后开始画的这批作品中有很强的构成感觉与现代感，比如水彩画《如此巴黎》，综合了很多流派的因素。这些天以来我经常听到他人对庞先生的评价——“他年轻的时候很强”。他的作品有很多人的影子，但他综合得很好，比如劳特雷特、莫迪里阿尼，以及野兽派、立体派。他在学习期间，几乎所有巴黎产生的伟大艺术家的方式他都去实践过，而且凭庞先生的手头功夫和他的理解能够轻松地做到位。但他认为这些并不是自己的作品。他曾找到巴黎一位著名的评论家对自己的作品给予评价，可是评论家却说，你很小就来到巴黎，你能画成什么样子我很清楚。可你了解你们国家的文化吗？你在没有把这个事情搞清楚前，是不能成为伟大的艺术家的，于是庞薰琹回国了。

庞先生回国后用很长时间研习中国艺术，并在决澜社第三次展览时，展出了一件代表作，就是《地之子》。仅此一件作品就能证明庞薰琹是20世纪中国一个很重要的艺术家。为何这样说，有几点可以评论：比如艺术本体的问题，比如色彩、构图、笔法等等，还有这幅作品所传达的不可复制的独特贡献。这幅画的背景是中国发生的一场大旱，民不聊生。庞薰琹为之所动，画了这幅画，把当时那种灾难和痛苦很清晰地表述出来。即便这样，他笔底的难民仍然很有尊严。划时代的艺术家总是对社会或当下有很多责任感和关注。我想，没有《格尔尼卡》的毕加索未必能成为今天的毕加索。如果只有蓝色时期、粉红色时期的毕加索，他只是有能力和概念的画家。如果只有立体派的毕加索，那我们只能说他在艺术本体上给大家带来一个新的风格和创作。但是正是《格尔尼卡》证明了毕加索人性的完美和伟大。同样，如果没有《地之子》的庞薰琹只是一个很好的艺术家。恰恰是这张画证明了他是一个有责任心，并且能在历史上站住脚的艺术家。中国解放以后过于重视主题先行的问题，比如政治题材。所以“文革”后很多艺术家躲避了这个方向，画了很多小花小草，他们在寻找一种纯形式美的感觉。不过当我们今天回过头来看，这些关注现实的作品无疑还是让人感动的，《地之子》就是这样的作品。

接下来谈谈“形式感”和“中国性”。在设计大会中有一位大师叫杉浦康平，他在中国培养了一批装帧设计师，如吕敬人先生。杉浦康平先生是研究印度梵学和中国老庄、儒学的大家，他不是简单的平面设计师，而是一个重要的文化学者。他在设计大会中讲到了一个方法，现在我把它运用于对《地之子》这幅作品的分析中。为什么这件作品会给我们如此强大的力量，我们来看一下作品的构图。庞先生关注装饰和工艺美术的概念，他对纹样概念有独特的爱好。他的艺术异于学传统、西方学院或写实绘画的人，因为他的构图具有很强的纹样性。例如《地之子》中，母亲的头是转过来的，父亲的头是探的，而孩子的形状成为一种连接，画面构成一个“圆”，形成一个饱满的构图。可见庞薰琹所关注的是外框与内核之间的关系。很有意思的是，在这幅作品中体现了中国的核心理念——阴阳。孩子的形状正好是一个太极的S形的延伸，我不想说这是一种巧合，因为很多东西是在骨子里生成的。其实中国人对人类的贡献有很多，季羡林先生曾经说过，中国文化对世界的贡献，最重要的就是“天人合一”。 现在这四个字使用地过于泛滥了，但想抽离出那些很庸俗的部分而只考虑它的内涵，我们就会找到很温暖人心的、真实生活状态与自然关系的思考。

我们再看他在20世纪40年代画的少数民族系列作品。抗战时期他有幸到博物馆近距离接

跳花　庞薰琹　66×45cm　水彩　1944年

触了古代器物中的装饰纹样，并有机会得到政府资金到贵州少数民族地区进行田野考察。他去的时候很多人劝他不要去，因为当时少数民族和汉族的矛盾很大，据说当时宋美玲想花重金买一套少数民族的衣服结果等了一年也没有买到。庞薰琹不顾这些最终还是去了，而且考察了很多。他在传记里写到，他和村民的关系都很好，并且收集到100多件少数民族服饰。在这个过程中他留下很多作品，有些绘画更像是田野考古的记述性图片。庞薰琹没有用照相的方式而是把它画下来，最后成为很美的作品。在展览中很多绘有漂亮服饰的作品很可能就是他收集到的图像、资料或者原物在绘画中的体现，而且他的构图所具有的装饰性是其他纯粹的国画家或油画家所不具有的。我在展厅中也听到过对庞薰琹构图批评的话语，我认为这是个人追求不同所造成的。我们对艺术品给予的开放状态很重要，更要找寻艺术家何以为之的原因。这批在贵州完成的作品其实是当年生活

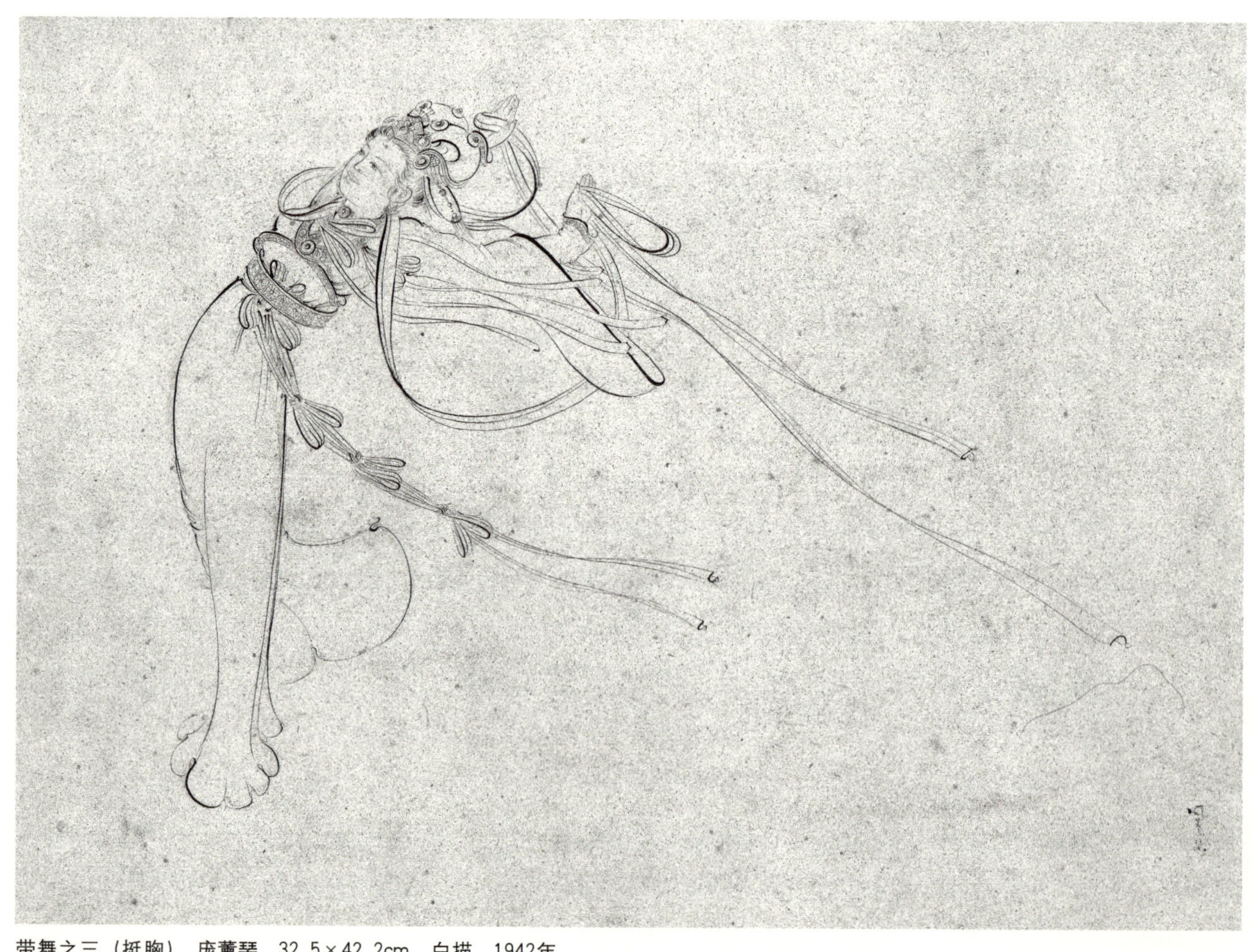
带舞之三（挺胸）　庞薰琹　32.5×42.2cm　白描　1942年

的真实写照，其间的颜色有种淡淡的悲哀，而贵州的天气也有一种阴阴的感觉。不过画面中渗透出的淡淡哀愁以及对人民的亲和更像是考古记述，真实地记录那里的状况。他在传记中清楚地记录了当地人的跳花活动，并画了这幅作品。中间这棵树，这些人的舞蹈过程，都清晰地表现出来，就像今天最时髦的人文地理学。其实现在很多时髦的学问当时庞先生的研究已经涉及了。为了真实反映少数民族服饰的真实面貌，庞薰琹舍弃了很多艺术家浪漫的书写，以至于他也觉得描述得有点“板”。不过确实很漂亮，漂亮且有尊严。像《小憩》、《捉鱼》等作品，有些细节、片段的东西画得令人愉悦。

收地瓜　庞薰琹
41.5×31.5cm　白描　1945年

《带舞》这批白描我想只能用惊叹来形容。勾线无疑是中国的传统，从吴道子的“吴带当风”到《朝元仙仗图》、《八十七神仙图卷》，至宋代的李公麟及近代的张大千无疑都是勾线的高手。庞先生的线很流畅，有艳丽的感觉，因为他的线有速度感。庞薰琹画线描是不用铅笔起稿的，直接从一个局部推画出来，一气呵成，衣带的线是贯通的。这批作品曾在“文革”期间被红卫兵抄走，当时庞先生说这是我费了很多心血画的，你要保存好。后来这批东西通过种种方式又回到了庞先生手里，能留存到今天，我觉得是大幸。例如这幅《收地瓜》，将整个收割过程描绘得这么美。我想正是对所有细节的关注，以及艺术家具有的人文关怀才能呈现出这样的作品。

这批水彩风景画是用水彩颜料画在绢本上的。当时的水彩颜料应该是进口的，而绢本则是中国独有的东西。因此在一年的全国美展上，庞薰琹的作品不知该归为中国画、西画还是装饰画部门。因为在材料和作品状态上都有点“不中不西”，而恰恰是这种“不中不西”说明了他骨子里的融合愿望。他不但掌握了西画的技术，而且熟知中国的心法和笔法。这些风景画一看就感觉很中国。我们知道水彩需要很快的速度完成，还有一种方法是要反复渲染，用水与颜色之间的关系建构出一种效果。而庞先生的绢本水彩所营造的通透感是没有经过反复渲染的，他是推着画的，从一个部分一点一点把它画完，而不是在反复的修正过程中完成的。风景画中能产生情绪的作品是很少的，而庞先生的风景画中有中国山水画的概念。中国山水画讲究寄情山水，通过山水来表达有关人心灵深处的某些情感，这是与西方风景画相区别的。这是中国人独有的表达方式和艺术特点，在庞先生的作品里，我们能够清晰地看到。

最后我们来看苏立文先生送回的这批工艺美术作品。这些作品是庞薰琹于抗战期间在油灯下画成的，因此画集的封面也画了一盏油灯。庞先生的独特贡献在于他把中国的传统纹样与实用品所做的设计结合。这些作品画于20世纪40年代初，至今我们看来仍觉得很美。我想这些设

庐山风景（牯岭旧宅）　庞薰琹　41×44cm　水彩　1947年

计如果贴上爱马仕的品牌，依然是能够达到国际水准的。

我们根据《圆盒》的设计制作了一件实物，真的很漂亮。《红色图章的匣子》这个图案曾经被中国工艺美术集团做过一些挂毯和桌布，我在高中时期曾经在王府井买过一块，价值28元，这在当时不算太低的价格，所以后来看到这个图案时特别有感触。20世纪90年代中国的设计才开始真正起步，而庞薰琹在40年代就已经完成了如此精彩的作品。

今天对庞薰琹的艺术成就进行了简短的介绍，我们的研究工作也才刚刚开始，以后还会继续深入。在这里要特别感谢庞薰琹先生的女儿庞绮老师，以及庞薰琹所有家人的支持。我们此次再版了《中国历代装饰画研究》，也算是完成了庞先生生前的一个小小的心愿。最后希望庞先生的设计都能变成实物，走进大家的生活。

主持人：感谢吴馆长精彩的讲座，他将大量的学术研究成果与我们进行了分享，使我们对庞薰琹先生的艺术，对那段历史有了更深入、更立体的认识。同时老先生这种为艺术献身的态度和治学精神深深地打动了我们。感谢大家参加我们的公共教育活动，也请大家继续关注我们今后的活动信息。讲座到此结束，最后让我们以热烈的掌声感谢吴洪亮馆长。

【二十世纪中国美术大家系列讲座】

庞薰琹的艺术人生

时　间 > 11月5日
地　点 > 北京画院美术馆五层学术报告厅
主讲人 > 刘巨德（清华大学美术学院教授）
主持人 > 吴洪亮（北京画院美术馆馆长）

清华大学美术学院教授刘巨德

主持人：各位老师、各位同学大家下午好，非常欢迎各位来到北京画院美术馆参加公共教育的讲座。北京画院美术馆在今年连续推出七位重要艺术家的展览，庞薰琹先生无疑是这几位大师中十分特别的一位。因为他所涉及的艺术门类，他所从事的教育和工艺美术学科建立的过程都是令人惊叹的。今天我们有幸请到清华大学美术学院的刘巨德教授，刘先生不仅是庞先生的高徒，同时也对中国画创作和美术理论有着深入研究。他于20世纪60年代进入工艺美术学院，1977年考上庞薰琹先生的研究生，对庞先生的了解，以其艺术成就的理解和研究在目前都是最深入的。今天我们有幸请到刘老师为大家讲座，想必大家会不虚此行。我们以热烈的掌声欢迎刘先生。

刘巨德：各位老师、同学、朋友们，大家下午好！我很高兴能和大家一起讨论和重温、学习庞先生的艺术人生及其学术思想。我是庞先生晚年最后一届研究生，他的教诲、他的指导为我在艺术研究上开辟了一条新思路，奠定了一个最基本的趋向。

今天，我想谈谈他的内心。我在学习期间总感觉他心里有一种呼唤在促使着他。我一直在想，他为何能承担这么多苦难，为何能承受22年的冤屈摧残还能充满信心。他对人性中善的本质总是充满信念，对艺术和祖国的未来也总是充满信心。当他的朋友苏立文（英国著名学者）和他交谈中国艺术问题的时候，他说我们的路才刚刚开始，我不希望你对我们的起步做任何评论，因为我们的路还很远。他把前进道路上的问题看得很清晰，对中国的艺术命运也很清晰。他有一种力量，即他内心里有中国苦难人民的呼唤，他能听得到这种呼唤，这是现在所有当代人需要学习的。

此次北京画院以“地之子”为展览命名，我认为非常准确、深刻。庞薰琹确实是祖国养育的优秀儿女，他为真理、为艺术、为祖国的命运承担了很多苦难。他生活的那个时代是中国正遭受三座大山凌辱的时代，所以他一直是在颠沛流离中度过的。在某种程度上，他堪称中国美术界的缩影。我一直在想，他心中那种坚韧的力量是什么？首先这种力量来自于他心中留存的中国苦难人民的呼唤。他希望自己的艺术能够为苦难的人民而画，希望自己的心能够贴近苦难人民的心，这是他无论何时何地都想要表述的内心话。其次，是因他内心有美神的呼唤，所以他有一种为艺术而生、为艺术而亡的精神，也因此他的以艺术强国、救国的使命感在呼唤。这呼唤使他具有了不图功利、忘我、远见卓识和自强不息的精神。

他的远见卓识是超前的，无论他所处的时代还是今天都是超前的。正因如此他所受到的苦难也是最深的，由于苦难最深，所以艺术也就最纯粹、纯净和高尚。可以说苦难造就了他，也摧残了他，这苦难在他心里既是一种力量也是一种新生的呼唤。这让我想起鲁迅讲过的故事，一个人在路上碰到一个老人和一个孩子，他问两人前方是何处，老人说是坟墓，孩子说是花园。由于年龄的不同却有了截然相反的答案，庞先生所走的路就是如此。很多人认为他走的是一条死亡之路，也正因为如此，他被打入了死亡的深渊。但后来因为他有美善的心，所以又活了过来。故事后来又讲，老人说，你脚上有很多伤口，不要走了。那人说，不行，我要走，前面有一个声音在呼唤我。老人说，那个声音也曾经呼唤过我，不理会就无事。但那个人还是坚持继续走。我想说，庞先生就是这样的人，他对人民的呼唤、苦难的呼唤、美的呼唤、用艺术救国、强国的使命感的呼唤不能不理。他要继续往前走，走到了那个无人涉足的荒原，迎着黑夜，苍苍茫茫。我们看到的庞薰琹就是这样一个身影，因为他走的是黑暗之中的路，是没人走过的路，所以他对中国美术界的印象，正如陶咏白先生所说，是20世纪走向未来之路。

谈起这件事情，我们还需要从他19岁留学法国开始追溯。1925年，他远渡重洋到法国，那时正是西方现代艺术和设计最辉煌与蓬勃发展的阶段，毕加索的《亚威农少女》刚刚诞生不久。庞薰琹来到法国恰好赶上欧洲12年一届的万国博览会，在这场博览会中他看到了西方现代设计的先进，从床上用品、室内用品到工业用品……回去后，他几天几夜无法入眠，深感“这些设计太美了”，无论造型还是设计自己都从未见过。相比之下，中国的设计是多么穷困与落后，最好的东西也只是洋火、洋蜡而已。通过对比，他敏感地发现，现代设计对一个国家和民族的生活品质、生活方式与生活境界的影响是如此之大。他了解到，巴黎之所以成为世界艺术的中心，正是因为装饰艺术、现代绘画和设计产生的巨大影响。原本他到法国是学习绘画的，因这种感慨于是转而决定去巴黎装饰艺术学院学习设计。可是在那里，中国人却是贫穷落后的代名词，学校的大门向他紧紧关闭。那时庞先生只有19岁，作为一个中国人遭受了这么大的屈辱和羞辱之后，他的内心阵痛，可同时也激起了他一定要让祖国也有一所这样的设计学院的夙愿，这个夙愿的产生就像天降大任于己，从此牢牢埋在他心底。那时在他心里，装饰艺术、设计艺术和现代艺术已经融为一体了。有意思的是，时隔70年，巴黎装饰学院院长于1995年提出希望和中央工艺美术学院签订友好院系关系的协定。可他却不知中央工艺美术学院首任院长，也是重要创建人之一的庞薰琹正是当年被他们拒之门外的中国青年留学生。我们现在和巴黎装饰艺术学院有如此多的交往是因为祖国的强大，因为中国也有了高水平的现代设计艺术教育和一代又一代的设计人才。倘若庞先生在世的话，一定会为此激动地流下眼泪。

工艺美院的建立并不是一件轻而易举的事，庞先生30年代初从法国留学回国就开始为这个梦想付诸行动。他先是创办大熊工商美术社从事现代设计，接着在北平国立艺专任商业美术系的教授从事教育工作。40年代南下时遇到陶行知，把他想在中国创建一所设计院校的蓝图详细地告诉了陶行知，包括教学大纲、学校建设、师资配备、工厂设立，甚至自给自足的农田、厂房，都规划了进去。陶行知听后非常高兴，决定回去筹备款项来成立这所院校。但是没想到就在这时陶行知突然离世。于是庞先生的理想在国民党时期没有实现，他的乌托邦计划落空了。

解放前夕，庞薰琹先生积极迎接解放，和刘开渠先生一起从事地下工作，陈伯承在文中写道，庞薰琹在迎接解放的工作上做了很多工作。这时司徒雷登知道庞先生是一位名教授，劝他去美国大学任教，且邀请他全家移居美国，却被他断然拒绝了。他说我是这片土地的儿子，要为新的设计学院的诞生去努力。解放后他立即向国务院递送报告，并得到周恩来的支持，将华东分院（现中国美院）和中央美院实用美术系的教员合并，成立了中央工艺美术学院。庞先生又通过努力为工艺美院解决了房子和人员的问题。正当这个宏愿实现的时候，没想到灾难降临了。

1956年中央工艺美术学院诞生，1957年反右，庞先生被打为中国美术界头号大右派。为何如此？我想如果撇开政治背景的话，他是一个艺术家、有远见卓识的教育家，他的思想已经超越了当时社会的现实，他的意见和主张与轻工部的部长发生了冲突。当时轻工部希望这所学校走手工艺之路，从民间艺人中间招一些学生，做象牙雕刻之类的工艺品，出口换外汇，毕竟那时的中国还很穷。但是庞先生希望学校为祖国培养一批现代的设计人才，来改变和提升中国人的生活现状，从而走向一个美的生活方式。因为庞薰琹的头脑中有西洋现代设计的坐标作对照而轻工部部长却没有，于是庞先生的坚持己见就成了反党反人民。

庞先生为此特别提出了要成立教授学术委员会，讨论制定有关学校的建制、教学大纲、学科建设等一切问题。这样是不希望在学校教育中有长官意识，可这些却成为他的反党言论。如今看来，这些问题是他超前的学术思想和理想所造成的，而他超前的思想也使他无疑要遭受这种苦难。不过他坚信真理总是会揭开的，他明白这条路是别人没有走过且也看不到的。那时他的夫人正在医院住院，通过广播知道了庞薰琹被扣上“大右派”帽子的消息，在惊恐和痛苦的摧残下，不幸而亡。这种创伤使庞先生的身心受到极大的摧残，使他光明的一颗心迅速落入无底深渊。他的头发从乌黑变得像雪一样白，所有的人都远离他而去，害怕牵连。他于1950年递交的入党申请、他的二级教授、院长职位、教师资格，一切都被撤销。即使我们没有经历那个年代，也可以想象到他所经历的痛苦。

就在这时，他开始写作《中国历代装饰画史》，在只有5平方米的斗室里，在凄风苦雨中的孤灯下，一字一滴泪，与自己的心灵对话。在他写作的过程中，汉代的装饰画写了10遍，魏晋南北朝的写了6遍，也正是在与历史的交流中，他的心安然地走到另一个耕耘的角落。这个时候，老庄思想对他起了很大作用。我读研究生的时候，他说老庄思想是中国土生土长的思想，对中国艺术的影响最大，劝我一定要学习。正如林语堂所说，中国人在入世的时候，欢愉的时候，往往是孔儒思想在起作用，当遭受苦难的时候则是老庄思想在拯救他。他在寂寞中，写下了目前中国美术史上第一部，也是唯一一部《中国历代装饰画史》。这部学术著作凝聚了他从三四十年代留学回国后对中国传统艺术、无名工匠、民间艺术研究的总结。写这本书不是他突发奇想，从三四十年代开始，他已经出版过4本《中国图案集》、2本《工艺美术集》，在这个基础上，安静地进入装饰艺术的世界。人在苦难的时候反而可以进入他的世界，这是中国传统文化的世界，是中国老庄思想的世界，是一个大美的世界，牵涉到中国美学史、社会史、哲学史，以及很多方面的画史。

庞薰琹先生的修养是十分广阔的，小时候家里就请先生教他《论语》、《左传》、《春秋》、《诗经》，年轻的时候以第一名的成绩考入震旦大学。他的文笔非常好，还是一位诗人，喜欢音乐。他的感情丰富、细腻且波澜壮阔，同时又那么善良、温厚、仁慈，他有一颗仁爱的心。可是这本书在“文革”期间又被批判，他再一次遭受了沉重的摧残。庞先生被下放到劳改队，天天挨批斗、天天写检讨。可他心里是明白的，他知道真理总会见太阳。他之所以能够坚强地活下来而没有自杀，是因为他内心有一种对人性善的本性的信念，对美的信念，对祖国的信念，对人民的信念。当人没有信念绝望的时候往往会自杀，但是他没有，他是一个命运的强者，所以这些苦难使他身心更强大，也成为他的财富，成为他那个时候艺术创作里更崇敬的美的闪现。那时红卫兵抄家把所有东西包括花盆都抄走甚至砸得粉碎。庞先生最喜欢画静物，因为没有别处可画，只能在家画静物。他养的一盆花，也被批判成资产阶级的花。我们现在听起来极为可笑，可那时候却是生命攸关。

庞先生是那么宽厚、善良。后来那位轻工部部长也遭到批斗，组织让庞先生去批判他，可庞先生却不愿对任何人做出伤害和批判，他知道部长的错误决定是因为他不懂。庞先生心境高洁，他对民族命运的关怀心切，能容忍所有的人，包括迫害过他的人。经过了22年的煎熬，在1976年的平反大会上，庞先生见到了真理总会见太阳的那一天。是他内心的力量支撑着他走到这一天的。平反大会上，他仍然说不要回头看，大家要继续往前走，而他也会跟着年轻人继续走。他的心在那样的情况下反而极为平静，这是一个艺术家的精神，这种状态是我们最难学的。庞先生有大的目标，忘我的精神的和对人民苦难呼唤的倾听。他经常说，在云南要建立一个服装学院，在上海要建立一个工业设计学院。他有很多规划，还经常鼓励学生出去学习西方的现代设计。庞先生临终的时候我们去医院看他，他还寻问学校工厂的建立情况。庞薰琹是真正伟大的教育家，他的心灵是伟大的，他从事的事业是别人没有做过的，他是真正的祖国大地之子。他为祖国着想，为真理、为祖国承担了各种苦难。这是他之所以成为现代设计先驱最简短的缩影。

庞薰琹同时也是现代绘画的先驱和开拓者，大家都知道决澜社，尽管它存在的时间比较短，只办了4次展览，但却是中国第一个有组织、有宣言、有理论、有实践、有展览组织的社团，其影响波及海内外。20世纪30年代初，中国在如此贫穷落后的状态下依然能够产生现代艺术，很大程度源自那时从西洋留学归来的留学生们。其中庞先生是组织、策划者和发起者。

决澜社的宣言到现在读起来还令人心潮澎湃，而且他们这一批人所经历的困难是我们难以想象的。那时候没有经费，庞先生经常出去筹划经费，有时候需要像乞丐一样乞讨。有一年的12月，他出去借钱无功而返，连火车票都买不起，只好把衣服当了，与别人的身体缩在一起来取暖。这时他写下一首小诗：

在我们的前面，
还有无数阻路的沟渠，
阻碍着我们前去。
必要的时候，
把自己的身躯，
去填塞那些沟渠，
让后来的人踏着我们的身体，
迅速的向前奔去。

这是一种为艺术而亡、为艺术而死的献身精神，美术史上所有的大师都是如此，他们把生命和艺术连在一起。庞先生说："生命是短的，艺术是长的，我们将以有限的生命投入到无限的艺术当中。"他知道他所处的时代是艰难和困苦的，他将是被牺牲的一代，但是他相信中国以后一定会出伟大的画家和设计家。他有这种信念，在他最苦、最难、最受罪的时候他有信念，这是一种很不得了的精神，是一种信仰——对人性善、真、美的信仰，对祖国情感的信仰，对艺术的信仰，这种精神的力量是无限的。决澜社本来是可以办下去的，但当时并不像如今当代艺术的朝气蓬勃，仅仅办了 4 次展览因为没有经费就结束了。但是它的开拓、影响对中国美术史、对现在来说就像灯塔一样照耀着。我们不可能走与他相同的路，但是可以追随他的思想，把中西艺术融合一体。庞先生在对待传统和现代的态度上是没有分别的。他有中国传统文化的立场但并不拒绝西方现代艺术。他把绘画、设计集于一身，把传统、现代融为一体，他认为民间无名工匠的艺术和文人的艺术没有分别，西方的艺术和中国的艺术也没有分别，他的心是没有分别的心、没有高下的心，不会把风格界限规定得很清楚。同时他也知道中国的现状也不可能走英、法的现代艺术之路。因此他拼命寻找中国文化的根，这个根非常庞大、非常深。庞先生将这条根献给艺术教育和现代创作，无论对绘画还是设计都开辟了一个方向。吴馆长在展览前言里写到，中国是一个制造大国而不是一个创造大国，我们多半是模仿和为别人制造，并没有中国自己的创造和自己的文化独立显现。

庞先生铺筑了一条路，但是却被人们遗忘了，因为所有人的眼睛都往外看，因为中国自己落后贫穷就习惯往外看。但庞薰琹留学回来时所运用的眼光是大不同的，他相信中国一定会走自己的路，相信中国有一定会富强，这个信念一直在他心里。这是所有超前的人的心境，是我对庞先生最大的感受。

屋顶　庞薰琹　20世纪二三十年代

画室中　庞薰琹　1931年

慰　庞薰琹　1937年

下面我结合一些具体作品谈一谈庞薰琹先生的艺术创作与风格：

这幅是他画的上海的屋顶。很多人称他为形式主义的鼻祖，或者现代艺术的拓荒者。而他受批判的最大罪状也是搞形式主义，说工艺美院是形式主义大本营。其实形式主义在那时是相对主题决定论而言的。庞先生的艺术探索、清晰的语言，对风景单纯的概括是非常有力量的。正像决澜社宣言一样，“有狂飙一样的热情，铁一样的理智，去创造新形式的构成”。

这幅画的是一位画家，平面中体现了三度空间，非常现代又含有中国绘画的风采。平面式的处理看似没有层次，但是它的层次很微妙，造型极为简练。上课时经常建议我们练习默写，很少让学生对照对象模拟，一定要经过主观的概括、简约式的处理，经常做减法，哪怕是最复杂的对象也是如此。

《地之子》创作于1934年，当初在决澜社展出的时候受到某种程度上的批判或者说迫害，引起了社会有关方面的不安。我们现在看到的这幅是水彩，此次展出的也是水彩。还有一幅油画，比这张尺幅大，但是现在没有了。当时《地之子》展出的时候在社会上产生了很大反响。闻一多先生在四川看到这幅作品后给予了极高的赞赏，这也反映出学者与当局者在态度上的极大反差。这件作品是庞薰琹看见农民苦难的逃荒现状后，心灵受到一种震撼，于是画了下来，表现了苦难人民的期待和呼唤的心理。庞薰琹也因此结识了梁思成、林徽因、沈从文、曹禺等一批学者，后来又得到闻一多先生的赏识，还推荐他评教授。闻一多看到他 4 本《工艺美术集》，惊叹中国人也能画出这么好的画，并特地找梅隆夫人为庞薰琹办了一个展览。

这幅是30年代的作品，画面中有一种隐喻、象征、抽象的思想。作品画了两个女人，作者非常注意大的阴阳结构，非常单纯，与他后来研究的汉传石刻有一种共鸣。庞先生非常崇敬不重复自己的画家，所以在自己的艺术道路上也拒绝重复。他在法国留学时，被徐悲鸿的夫人介绍到艺术研究院去上学。上午学习法国文化艺术史，下午画画，晚上学音乐，时间非常紧，可他仍坚持不重复自己。正如丹纳在《艺术哲学》中所讲，很多艺术家在其艺术风格成型之后就不断重复自己，这必将导致艺术的枯竭和死亡。庞先生经常对我们说，永远都要用最新鲜的眼光看世界。正是因为不重复，所以一些理论家认为庞薰琹没有固定风格。他还说，风格更多是人的一种气质。我们可以从这些作品中看到他的表现语言是多元的。

他不仅给艺术报写自己对于艺术的思考，同时还做封面设计，而且他的设计在当时是超前的。即便现在看来仍然也是现代的，同时又有那个时代的痕迹。这是他设计的招贴，是对反战主题的思考。这张招贴的空间布局结构很有意思。他在给学生上课的时候主要训练学生的构思和想象力，我们后来在艺术上能够重视“想象”的研究，也是因为庞先生一直强调这一点。他始终认为艺术的创作无论设计还是绘画都是人自身想象的产物，而不应该只是模仿。对传统、对现实以及他人的作品，都要用一种超越的眼光去看。不过他在一书中追求的想象自由，一旦到了现实办学中就受到了很多制约。

这是40年代庞先生在四川工艺美术专科学校任教时的作品。那时闻一多先生非常赏识他，他也是在那时被评为教授的。这件作品反映出那个时代知识分子的心境。那时他对传统纹样极为狂迷，并收集了很多样式。我记得第一节课他就把这些纹样拿出来给我们看，并一一给我们讲他是如何收集和临摹的。后来他又开始尝试做设计，此后为新中国的美术教育奠定了基础，开创出一条前人没有走过的路。

我们总是抄袭国外的设计，而对自己的研究太少。这是因为人有一个习惯，眼睛总是习惯往外看，却很少关注自己的文化。庞先生那一代人留学的人与现在的留学生有很大差别。中国美术界有三代留学人：20世纪初徐悲鸿、刘海粟、庞薰琹这批人；40年代吴冠中这批人；改革开放以后的一大批人。第一代留学生回国后一下就回到祖国文化的怀抱，就像当时常书鸿在法

这是人类文明吗　庞薰琹
广告设计　1938年

靠垫　庞薰琹　38×29.2cm
工艺设计　1941年

国塞纳河畔看到一个敦煌北魏时期的壁画，太美了。他想这与我在巴黎看到的现代艺术不是一样的么，我的祖国原来有这么好的宝贝。从那个时候他就萌生了要回敦煌的意念，后来他成了敦煌的守护神。那时常书鸿在敦煌的生活很艰苦，就连夫人也离开了他。可见，第一批留学生都有对祖国的热忱，有一颗赤子的心，从他们的创作就可以看到中国文化雍容大度之美。苏立文看了这些作品非常欣赏，希望能拿到英国出版。在那种历史背景下，庞薰琹是一位超越社会现实的艺术家。

有一次，我看到一部伊拉克的电视片。在战争中，好多艺术作品被外国人拿出来展示和抢走。可这些作品都如同西洋的拷贝，没有一点伊拉克的特色，既不古老也不现代。如果现在中国人的艺术设计，仍然要拷贝外国，那么我们是得不到国际的认可的。庞先生在那时候有发扬中国文化的精神和骨气，有自强不息的精神，他的作品远见卓识，到现在都很精美、高贵，有中国的大国之风。

吉祥寺　庞薰琹　水彩　1940年

这是他设计的床单、皮袋。这个皮袋现在看来都是如此时尚，如果一个女郎提着这样的皮袋，一定是最摩登的，外国人看了一定是很羡慕。可惜这些都被历史、被社会的灰尘淹没了，不能放出自己灿烂的光彩。

有一次我和庞薰琹美术馆的吴馆长建议，让常熟的工艺美术厂按照庞先生的设计图稿生产几件产品。可厂里却说这些东西太古老了，现代人不会接受。其实是厂里的领导欣赏不了。很多设计家都苦恼的一个问题，就是设计总要为他人做嫁衣，可是为了生存只有这样去做。所以，社会上很多新生的作品并不是设计家想要做的概念。

这是他设计的壶，现在看来仍很现代。庞薰琹是把中国传统和西洋现代主义以及自己的纯艺术和设计艺术真正做到融会贯通的人。他是中国美术教育界少有甚至是唯一的人。我们的艺术教育正需要这样的人，我们的设计行业也需要这样的人，这样才能使自己的设计更宽厚、更有文化、更有时代感和创造力。

母与子　庞薰琹　白描　1944年

40年代的庞薰琹只有三十几岁，那时他的眼睛非常好，能够画得极其细致，把自己内心博大且清秀的感觉全部融为一体。这是他在四川做研究的住所，是他深入贵州少数民族地区所创作的水彩写生。他的水彩和油画非常一致，他说自己是用最笨的方法去画这些少数民族，当时没有别的办法，都是按自己的感受去画。其实他也在画面中做了很多处理和概括。

这是他的白描作品，他画白描从来不起铅笔稿，直接用墨画。他给我们上线描课时教我们如何观察形体，让我们在画之前先用眼睛“触摸”形体，再用心灵去触摸。为了使我们养成这个习惯，他让我们闭着眼睛用手触摸自己的脸部，从侧面摸起，再从后面摸起，然后静静地用触觉感受形体的起伏、膨胀、收缩，力的转折，把结构记在心里，然后默画自己的肖像。这种训练让我们养成一个习惯，每次画画时不只是描绘对象的表面效果，还要用心、用眼去触摸。正如中国画论所言，听之以气，即不是看在眼里而是听在心里，听在心里就能感受到气。庞先生对中国画论、画学非常精通，从法国留学归来后，将中国画史、画论通读了一遍。所以他训练我们在写生的时候一定要用气、用心去品味形的味道，然后默画。画的时候不要看一笔画一笔，而是看完一次之后画得越多越好。我们经常在画的时候，画一条线看一下。他

庐山风景（绿树成荫） 庞薰琹 41×44cm 水彩 1947年

说这样不行，要连贯地从头到脚看一遍，体会到之后一笔画下来。后来我在写生的过程中，体会到这种默画的重要性，于是也常教导我的学生，不要用铅笔起好稿子再用毛笔描，要一次画上去才有意思。当时庞先生就是这样教我们，手里拿着毛笔不要哆嗦，要像握铅笔一样。庞先生教的线描成为我们最重要的基本功，面对对象时绝不会胆战害怕，不管多复杂的对象都要用毛笔、用墨去画。傅雷对庞先生的线描赞叹有加，故宫博物院还收藏了他的线描作品。他一口气勾下来是心气的涌动，画前不会想具体的风格，不要有主观理性的介入，而是凭着直觉去画，这是中国传统绘画最核心的思想。因为一旦理念介入后，用一种标准去套的话，你的心就将受阻，目光和手就会不自由，而出现另一种模仿。所以他也常教导我们，画之前不要想太多。后来郑板桥画的竹，他说："未画之前胸无一竹，既画之后胸中不留一竹，只有这样才能以阴阳二气挺然升之。"他用心里的气变成绘画中阴阳的关系生发出来，他说只有这样才能散而为枝。先生这种心境是中国画典型的绘画观，即不要有主观认识的介入，一定要在一种直觉的状态下完成。

这幅是他在庐山画的水彩，我曾问过他这幅画从哪里画起。他说画画的时候不要想太多，想太多画不好。我就从一枝画起，往外扩展，自然而然就完成了，最重要的是你的心是安静的。从他的水彩中可以看出他的心是如此宁静，对象画得如此细腻、丰富，树林里的阳光，层层叠叠的树叶既疏朗又能感觉到有空气在流动。倘若是我们去画，是很难重复这种状态的。这幅也是同时代的作品，可以看出他的处理不是千篇一律的。那天我和袁运生一起去看庞先生的画，他说庞先生的心真细腻，画的时候每一笔都不一样，一边走一边在变化，这边的树叶是重托亮，那边的是亮托重，这边的呈点，那边则朦胧的一片。他走的时候，心是在不断运动和变化的。庞先生非常欣赏西方康德、柏格森的哲学和中国的老庄思想。这些思想确实有相似之处，一切都是涌动、变化、连绵不绝的，这是一个生命的状态。所以由他自己流动、自然的变化，不刻意地去改变或者主观地驾驭，这是一个艺术家解放自己心境的最好方式。

他对色彩极有修养，雅且明亮，在工艺美院中可以说是排行第一的。他说，画色彩时每个颜色都是自己挑出来的，绝不能把调色盘里的颜色捞出来直接画上去，这是绝对错误的，画面上每个颜色都必须自己去调。他认为颜色除了色调之外还有一种品味，而色调和品味本身就决定了用色的高低。庞先生懂音乐、诗学和现代艺术，从小就特别喜欢色彩，对色彩很敏感。

这幅画的是绣球花，可以看到他画的花完全是中国传统绘画的观念，平的、线形的，画中有光但不是用光影的办法去画。那时我们对庞先生的画还不能特别理解，因为写生时他的画和对象并不一样。这幅作品我是亲见他写生的，画面中呈现的形象和实际摆放的物象相距十万八千里。我们画画一般要模仿对象，描绘其颜色、光影的变化。而他的画完全是轻描淡写，是写意的、诗化的。他只选取对象的一个因素，心里选择了某一个部分而不是全部模仿。他的画我们后来再看会觉得越看越好，可当时并不能完全欣赏，这就是他艺术的超前性。他的绘画越往后越能品味到美感，就像他的人一样。

这幅写生是在苏州留园画的，灰蒙蒙的，泛出一点绿色来。庞先生把这个景色淡化了，天、水、墙变化特别微妙。其实墙是白色的，前边是太湖石，这种石比较重，但是他把石头完全处理成湿润的绿蒙蒙一般，和景色融为一体。我们画的感觉非常硬，因为我们一心在塑造“型”，塑造那块石头、那个房顶、那棵树……所以将景的大感觉全部粉碎了。人的眼睛、思维、修养不同，看待对象的角度和方式就不同。因为这次是和老师一起写生，所以我的体会特

留园　庞薰琹　1982年

绣球盆花　庞薰琹　1975年

鸡冠花与吊兰　庞薰琹　1983年

别大，我知道绘画中不仅要有色彩和造型的修养，更重要的是对整个意境和大的气象的把握。这是心里的画外功形成的，不是可以准确描绘对象就可。现在美术学院的训练大部分是塑造对象，这只是美术中的一部分，但我们却把它当成唯一目的，从而把因大象意境带来的个性表现抹杀了。庞先生对此看得十分清楚，他认为美术教育绝不能使用统一的教材，而是想办法要解放学生的思想。

这是他晚年画的鸡冠花和吊兰，是一幅中国写意式的画，大面积白白点点的空白给我印象很深，像空气一样很松软，不僵硬。中国画的特点是松、静、自然，不像西洋画给人摸上去很硬的感觉。庞先生早期的景物很硬很结实，后来变得松、静、自然、淡薄且明亮，这是中国文化的心境。就像人的生命一样，如果这块肌肉摸上去很硬，就说明身体不好。如果摸上去像婴儿的肌肤又松又软，光泽且明亮，就会给人一种喜悦。这是中国文化特别崇尚之处。庞先生的作品越到晚年越纯粹。

这幅是在宾馆屋顶上画的乡间小景。他将对象做了取舍，画面中的河和方木空间是经过他安排梳理过的，一望无际的平行线和曲线的对比是经过了他内心的冶炼，并且画出了自己无意识的状态。他写生的时候非常主动，有时甚至会移花接木。如果按照作品去找当时的景色是一定找不到的。可以却能感觉出画的就是那个地方，虽然景色已经变动，但对象的特征和气息却已经完全表现出来了。

江南水乡　庞薰琹　1983年

下面的时间大家可以提问。

观众提问：我想了解庞先生在小时候以及留学法国期间，他所接触的文化和艺术对他产生的影响。

刘巨德：庞先生年轻时听从父母的意愿选择了学医的道路，可他更喜欢绘画。庞家在常熟是一个大家族，庞先生的曾祖父在清廷是有任职的。他小时候就能背《论语》，还能与老师对诗，且书法写得很好。他写的小楷非常精彩，现在这些作品都捐献给庞薰琹美术馆了。庞先生的书法是艺术家的书法，正如他在《回忆录》中所写，淡泊而平静。他很淡然地看待自己的人生，既没有申诉痛苦也没有歌颂快乐，更没有显示自己的成果，这是一种境界。他学过《左传》，对中国的历史很了解。他还学过中国古代画论，十五六岁的时候开始学习白描、临摹中国画，并且进展很快。中国人小时候的文学底子都打得很好，做人的规矩很严格。庞先生就是这样一个有礼貌、文质彬彬的年轻儒生。

后来他在国内上了大学学习医学，同时又跟随一个俄国教授学画画。当院长知道他要弃医去学画的时候，就说中国人不可能成为艺术家，绘画是贵族才学习的，中国人穷，学画是痴心妄想，这对庞先生的刺激很大。后来他留学法国，学习法国文化史。他的法语非常好，写作、对话都很出色，且口音地道、纯正。庞先生对西洋音乐史也很通晓，他最喜欢贝多芬的，常常在家里放一些西洋古典音乐。他还在给我们上的第一堂课中讲到战国时期的宴乐铜壶和贝多芬交响曲的对比区别，这是超前的，因为那时没有人将音乐和美术结合起来一起讲。后来工艺美院的教学沿袭了这一传统，会把同时期的绘画、音乐、文学、诗歌、哲学、美学进行同期授课。像庞先生这般修养全面的老师，能够讲诗、讲哲学美学、讲音乐绘画、讲艺术设计，同时理论与实践兼佳的老师现在几乎绝迹了。庞先生常把空间艺术和时间艺术并列起来比较，把音乐的节奏、合声与绘画里符号的反复（反复不是重复，与之前的反复存在变化）相比对。他的音乐修养很高，在法国留学时利用业余时间进修音乐。他还学过雕塑，并在朋友常玉的推荐下学习了当代艺术。

为何他在回国后能一下投身于祖国文化的怀抱里呢？这是一个文化现象，所有留学归国的人都有这样一个意识。他们在回国后对本国文化看得更加宝贵，有一种寻根意识。庞先生回国后把中国的画史画论又重读一遍，更加系统且能够对比。对中国和西洋的画学史、美学史、文化史都了如指掌。常熟是古琴之乡，庞先生的家乡有7条河，他家就住在第一条河上。他对音乐、绘画、文化和设计都非常入迷，这种狂迷是由他内心里的美、善、真引发出的动力。

观众提问:请您介绍一下他写作《中国图案集》的过程。

刘巨德：我上研究生的第一课，他就给我们讲装饰绘画。那时他已经对西洋设计做过了解，通过这面镜子的折射，中国装饰纹样的美就显得极为清晰。他先从收集开始，除了阅读文本之外，还到民间找工匠去收集，恰好那时他有在博物馆工作的机会。他把收集到的纹样在油灯下画出十几本资料，经过手绘之后那个纹样自然也就印在了心里。庞先生可谓体验、考察文化遗产保护的先行者，这是了不起的艺术家和教育家的品质和行为。他并非有意为之，而是由体内艺术家的本质所决定的。他在教我们临摹的同时，还叫我们去看同时代里其他绘画和文化背景，包括西洋绘画。让我们去了解同时期的文化背景、社会背景，以及艺术本身空间的特征、美学的特质所产生的文化价值。他要从中挖掘美的贞性（“贞”，没有污染），赞扬人性的善和纯真，他认为这就是美的。他希望他的心能够更接近穷苦民众的心，这与他的美学思想相关联。他是一个忘我主义者，不是自我表现和个性张扬主义者。虽然曾经身处西方现代艺术的环境中，但他没有以自我为中心的艺术观，这实际上是中国文化最宝贵的“大我、无我、超我”的境界。庞先生为我们做了很好的典范，他在研究的过程中会体悟敦煌无名工匠的心境，并让我们也去体悟。他的研究除了涉足音乐、社会学、美学之外，还与人性的需要连在一起，是很独特的研究方式，但我感觉他并未把所有研究成果都在《装饰绘画史》中呈现出来。尽管他多次反复修改，出版时又进行了增补，但是因为时代的局限，这本书还远远没有达到庞薰琹思想上的高度。

观众提问:非常感谢您为我们做这次讲座，让我们有机会这么近距离地了解到庞老师真实的生活和创作背景，我想问一下庞老师的绘画观念和态度对您比较重要的启示有哪些，能否和我们分享一下？

刘巨德：庞先生给我的启示我始终在慢慢醒悟与总结。当时并不能完全了解和消化，因为他是个超前的人物，他的思想和行为都是超越社会现实的，是和别人不一样的。当时以我的程度去理解他是有很大距离的。当时我接触的都是俄式教育体系和画展，头脑中形成一种既定的审美经验，所以当时看他的画会觉得很简单，与别人不同。人通过后天的训练会形成一种经验，其实这时的头脑已经被污染过了，看作品的时候不再是纯粹的客观。所以中国画强调“忘我”，注重用“贞性” 的本性去看问题。之前对庞先生的艺术高度认识不到，后来才慢慢领悟他的高妙之处，才能够更欣赏他。我想当时更多的是一种崇敬，想学但并不能领会，直到现在才能领会。这需要一个过程，通过这个过程，我发现庞先生看待世界的角度是不一样的。庞先生经常让我学习老庄思想，我也一直是这样做的。刚开始的时候看不懂，现在也未能全部看懂，不过我一直在学习，它已经成为我的案头书。庞先生对我讲述的中国美学思想、画学思想几乎都源自老庄思想。可以说是庞先生将庄子对生命个体的关怀，自由独立、超越社会、功利、现实、理智和知识的思想领进了中国艺术的大门。在这个基础上再与西方艺术比较的时候就会有一个文化的立场和根基，有中国人的视野。从美学观上、从治学方法上，他告诉我要经常做卡片、做笔记。我曾经在庞薰琹美术馆看到庞先生的笔记，字密密麻麻的非常小，七八十岁写的字还像米粒一样大。从中可见他的心灵精微、细腻、平静得就像微雕艺术。庞先生严谨治学，善用比较的方法，他总让我们把汉代和殷商、春秋战国的青铜时代作纵向比较，与国外艺术作横向比较，并和同时代的文人画作比较。临摹的时候不仅用手更要用心，特别是大师的作品都要临摹，要用心、用眼睛去看、去读。临摹不是目的，但它就像一条船，可以渡你到彼岸。他认识事物的方法也很独特，那些形而上的东西，如抽象、具象、幻象、变形、写实之间他认为是没有区别的，都是艺术的必需元素。他常说波提切利的作品是集抽象、具象、幻象、变形、写实于一体的。他很欣赏波提切利，也由此人们说他是唯美主义者，所以工艺美院被称为唯美学派。

我们原来都以为装饰就是屋里的花瓶而已，可庞先生对装饰却有着独到的解释，一种来源于中国传统文化的解释。装，藏也，有藏起来的意思。饰，物既成加以文采也，所以饰是一种文化的光彩。装之所以叫“藏”，因为“装”是“内，内在”的意思。人们常认为“装”是外在的，其实不然。因此庞先生的装饰不是欧洲的解释，也不是常人的解释，而是现代设计、现代绘画之母。他把图案、装饰、绘画、设计综合在一起，装饰不是简单的装修，而是艺术的、自然而然的生发。

主持人：刘巨德先生刚才所谈到的对“装”与“饰”的概念解释，我在一本纪念庞先生诞辰100周年的文集中读到过，当时很感慨，感慨于“装”与“饰”的解释与中国文化根源的连接。艺术能走多远决定于一个人的认知、意境和本身情智的程度，我们对庞先生的认识今天才刚刚开始，还有很多东西需要进一步研究。今天刘巨德先生的讲座为我们打开一扇现代艺术、装饰和设计等多方面的大门，再次以热烈的掌声感谢刘巨德老师。

【二十世纪中国美术大家系列讲座】

忧患之美 寂静无声：周思聪的艺术

时　间 > 12月10日

地　点 > 北京画院美术馆五层学术报告厅

主讲人 > 田黎明（中国国家画院副院长）

主持人 > 吴洪亮（北京画院美术馆馆长）

中国国家画院副院长田黎明

主持人：各位来宾、各位朋友，大家下午好！今天我们十分荣幸地请到了田黎明老师，田老师现在是中国国家画院的副院长，曾经执教于中央美术学院，同时也是周思聪老师的得意门生。下面我们就以热烈的掌声欢迎田黎明老师！

田黎明：半个月前，北京画院美术馆展出了周老师七八十年代的作品，今天的讲座我想更多是学习、感知和思考周老师的创作以及她的艺术思想带给我们的启示。周老师是一位感动时代的画家，她的每一幅画、每一个形象和造型都让我们感受到一种“真诚”。今天讲座的主题主要围绕“真诚”来谈创作问题。中国画的创作尤其是主题创作在那个年代出现了一大批优秀作品，但是在以自我人生和以自己的心性来把握主题创作的艺术家之中，周老师是最优秀的一个。周老师真正做到了平常心，以一个平凡人的平凡生活情景和人生境界创造了一个时代的境界。可以说时代的美都凝聚在周老师的作品里，凝聚在周老师的人格风范中，其中最重要的还是她对中国文化的体悟方式。可以说每个时期周老师都是以自己的文化体验和生活经历把艺术之真、做人之真、品格之真、文化之真融在一起。这造就了周老师坚实的人格情怀和作品中的力量，所以她的作品在今天看来仍非常感动，能让我们在其中自省与思考。中国画尤其是中国传统文化特别强调自省，只有在自我完善，不断反省自我的过程中完善文化的理念和自己的境界。我觉得周老师就是在这样一种进程中把握自己的创作。今天主要围绕几幅作品来谈，谈谈我自己的体会和认识。

关于主题创作有一个时代背景，在50年代新中国成立以来美术活动处在新年画创作时期，在新年画创作时期向革命历史画创作时期过渡的时候，主题创作对新中国来说并不是一个新课题。其实主题创作在传统绘画中也有出现，比如《韩熙载夜宴图》。而新中国以来的主题创作主要围绕新中国的建立、革命史、斗争史，来反映新中国建立的艰辛和付出历程，它是以革命历史画为基础的。于是出现了一批像罗工柳先生的《地道战》、董希文先生的《开国大典》以及詹建俊先生的《狼牙山五壮士》、钟涵先生的《延河边》、艾中信先生的《红军过草地》等等，这批历史画在当时的影响非常大。

1953年苏联美术开始进入并对新中国美术产生影响，这种影响主要源自中央美院办的马克西莫夫油画训练班。艾中信先生曾说，苏联的美术家善于发掘生活中的问题，善于体会生活的意义。那时的主题创作主要反映了时代以及当代人的生活，强调阶级矛盾和斗争，所以在表现主题的过程中，一定要突出革命理想和革命情操。于是出现了一批非常优秀的历史画，例如中国美术馆举办的“新中国美术60年”中的许多作品。陈履生先生编著的《新中国美术图史》中，关于刘文西先生《祖孙四代》的释文有这样一段话，我认为对了解主题创作很有意义。“1962年的第三届全国美展共展出国画193幅，成为当年国画界的一大盛事，这一年的8月8日《文艺报》发表社论，反映当前的火热斗争，要求各种岗位上的文艺工作者应根据本身的不同条件克服各种困难，采取各种不同的方式，同社会主义建设各个战线上的沸腾生活保持经常的联系，从而用多样化的形式、体裁和风格来反映人民丰富多彩的生活和斗争。”我觉得这段话比较能概括那时创作的一个趋向。这一阶段的代表作品诸如卢沉先生的《机车大夫》、李斛先生的《女民警》、刘文西先生的《祖孙四代》、姚有多先生的《新队长》、叶浅予先生的《夏河庄》等等。在这些作品中，祖国的建设者在立意和造型上都出现了与时代同步与祖国共发展的精神风貌。回顾这些经典作品对当代的中国画创作非常有意义。这一时期的创作提出了“现实主义”的口号，我在这里引用《美学辞典》中对“现实主义”的一段定义：“现实主义是一种艺术方法，按照恩格斯的定义，这种方法除细节的真实外还要真实地再现典型环境中的典型人物。”当时从“文革”时期一直到70年代末都是用这种方法进行创作，强调典型环境中的典型人物。正因为现实主义艺术家在作品中反映了典型事物，创造了典型形象，通过典型形象概括了现实中合乎规律的富有特色的本质特点，这就决定了现实主义作品的认识意义。按照恩格斯解释，现实主义就是把生活过程的逻辑本身揭示在读者、观者、观众或者听众之前，然而现实主义作品中的个性化绝对不是现实的直接再现，是作为艺术想象的结果而产生的。这里强调的现实主义作品中的个性化我理解是通过生活本身独特的和个别的形式来再现现实的本质。这里强调的艺术想象是指艺术修养和审美体验，以及更主要的品格建立，以审美的感知来把握个性化。现实主义艺术中的典型因素不仅是对生活过程中合乎规律的事物的认识，同时它也把艺术家本身的审美理想确定下来，这种审美理想就表现在选择所描绘现象的原则本身中，这就是对现实主义基本上的原则概括。

在那个时期，强调主题创作和现实主义紧密相连，而周老师一系列作品都属于现实主义创作。《电焊女工》是70年代初的作品，那时中央美术学院的基础教学注重走到生活中去，画写生、画速写，艺术工作者应该跟劳动者紧密相连，到工厂、农村或者到军队去，来体验他们的生活、熟悉他们的人、感知他们的生活方式和思想感情，以此融入自己的绘画技法中，从而产生自己的创作思想，选择创作题材。这幅作品尺幅不大，所传达的审美可以把它放在没有经过修饰和雕饰的人物肖像中。这张是生活中的人物速写，根据速写加工画成的创作中的前期稿。在这张写生中，我们感觉到周老师在深入生活的同时，她的感知在体味工人生活之中首先把握的基础分寸，即基本功如何在生活中把握人物形象的问题。这在美术学院的教学中是一个非常重要的课题，因为只有在学院里掌握了一定的人物比例、解剖、结构和技法，才能在运用这种技法来描绘或创造生活中的人物形象时做到得心应手。技法只是一个层面，很重要的还是艺术家心地的真诚、善良和感情。周老师就是从这个角度来体味、认知工厂中的劳动者。关于对象的描述，诗人可以用诗歌来表现，报告文学可以通过文字来描述人物形象，而作为美术学院的老师或学生就要通过画笔来表现。当你刻画人物形象的时候，心里要对这个形象注入一种美感，个性化与艺术想象的结合是非常重要的。所谓个性化，就是对生活本身的独特体验。它不是创作主体的主观表现，而是所描绘的对象是否能引起观者的共识。所以在人物画的造型上，应该去把握审美的理念。周老师的《电焊女工》是一种不加修饰、尊重客观的艺术表现，做到这一点是很难的。

电焊女工　周思聪　34×25cm

电焊女工　周思聪　34 × 20cm

天车司机王秀琴　周思聪　39 × 30cm

老子讲“夫物芸芸，复归其根”，其实就是讲“原本”，用古人的话也叫“平常心”、“平常人”。但是如何把“平常”转化为一种境界，关键就在于画者心底是否有这样的境界。在生活中一个工人或者农民的形象所传达出的美感是最直接、最朴素的。它不会受到束缚，而是会带着表现美的方式走到生活中去。如果要用艺术形象来套生活中的原型，可能就要变味、走形了。周老师的这批人物写生反映了什么、其意义何在，就是我们今天要思考的问题。

这幅《电焊女工》和前面一幅可能是同一个对象，她是周老师经过心里沉淀的形象。这个形象传达给我们的感受就是生活中实实在在的一个人，但又不是生活中的原型。其实也就是非直接的再现，是作为艺术想象的结果出现。这点在美院的教育中已经讲过很多遍，我想我们的老师和学生更应该学会用内心的感受来把握形象的特征，这个特征我们可以称之为本质或者真知。

这幅是《天车司机王秀琴》，周老师把劳动者的美感上升为一种质朴纯真。“质朴”两字可以作为传统绘画理念中的“立格”。质朴是一种格调，这个“格”首先就是老先生讲的做人的问题，要真诚、实在。王秀琴是现实生活中的一个人，周老师在画她的时候反映出了自己心中向往的一种美感，这个形象正是她生活中所向往的。在刻画的时候，她又经过自己文化理念的沉淀，结合了现实生活中的“这个人”，产生了这样一幅肖像画。我们仔细看脸部的色彩、面部的结构非常微妙细腻，人物内在的感觉之美，一是通过形象，另一个则通过着色的笔法和结构的融合产生的纯厚的感知。这幅原作我在展厅看了很长时间，脸部的画法看上去好像是平面的，体现了中国画中人物形象尤其是传统的讲究二维的“凹凸法”，但同时又把结构微妙化，使其变化极为细微。在结构上，从颧骨到鼻梁再到下颌、额头的颜色处理得温润微妙，不是简单的平涂，这恰恰是中国笔墨中最要紧的课题。我们不能对此做单单纯的理解，比如任伯年所画人物的脸部好像是用平涂的方法，其实它里面也见笔，只不过笔法非常微弱，就像老子讲的“上善若水”。画脸部的时候一定要把细微的东西通过笔墨这种柔弱的方式描绘出来，这种柔弱的感觉恰恰符合中国人的兴趣，叫做温柔敦厚。中国文化就是强调温柔敦厚的理念，在这样的理念下，我们所用的宣纸等材质和西方的油画布、油画笔等都不一样。中国画的材料和中国文化是一脉相承、紧紧相连的。在这个最简单、老生常谈、日常所见的绘画材料中，我们是否能对其进行文化质地的提纯，是否能感应其中的文化理念，找到中国文化里面所倡导的温柔敦厚的人文理想？这些貌似是抽象的，但放在具体写生中，像《王秀琴》肖像就把这样一种理念表现出来。原作尺幅不大，但是非常耐看。在人物形象的刻画中，周老师理解了笔墨中的精神，所以每一笔都是顺着人物的结构在焕发生命的意识。这幅肖像是生活中的“这一个”，同时又是永恒、美感的“这一个”。

先是自己内心的纯洁和洁白，才能感知到生活中的纯洁和洁白。罗宗强先生对陶渊明的一段描述对我很有启示意义。他说，在会稽名仕们的诗文言谈里，我们看到山川之美是明秀之美的内形，那是充满雅趣的士人眼里的美，而陶渊明所写的山川却是田家的，是淳朴的山民活动于其中的山川，或者是人与自然融为整体的环境，并不是对山川做纯粹的审美鉴赏。陶渊明是写山川在他生活里，在他心中的位置。陶渊明的诗和我们现在读的山水诗完全不同，很多山水诗是以山外的旁观者角度来看山的美好，从而引起感慨产生的诗。但是陶渊明的诗在于他处于山水之间，把自己置留在乡村的生活中来写他心里对生活的感受。周老师就是这样一个人，这本画册的名字叫做《我爱平凡的人》，当身处平凡人之中，以平凡人的心境感受平凡人的时候，实际上用一种理念来讲是“以物观物”。用平凡人的心态看平凡的人，在这其中多了一层传统文化给予的对于人类、生命、自然和宇宙的观照意识，古人称为“澄怀观照”。把自己放在这样的角度来观照的时候，她在看待平凡人时就可以更多地体会到什么是平凡，能够感知的文化和人性的内涵。所以用心来体悟物象和体悟基本功，在这张写生作品中是可以看到。在打基本功的时候如果能把生活中的感受阐释出来，抓住人物特征并上升到一种审美的时候，这个基本功就会成为心性中的美感。所以从这个角度我们来看基础和基本功都是非常重要的。如果有了感受之后而技术方法、造型能力没有达到一定水平，那么对于这种感受的表达是不连续的、缺失的，也因此会带来很多遗憾。

周老师把自己作为一个平凡人、普通人来感知她尊敬的人。她尊敬平凡的人，因此才能在平凡的人中去发现高妙和伟大之处。比如雷锋这个典型的模范英雄人物，我在读新版《雷锋日记》的时候，作者的阐述对我很有启发。他说雷锋这个英雄人物的产生不单纯是雷锋个人成就的伟大，他有党的培养、组织的培养、部队的培养。雷锋在做忆苦思甜报告的时候组织就发现了雷锋是一个典型，这个典型对新中国的建设有很重要的教育意义。于是组织有意识地派了一个文化层面比较高的政治干部经常定期辅导雷锋，使雷锋在觉悟、在文化层面和对事物的认知上达到了一定高度。后来毛主席看了雷锋的事迹材料说，雷锋这个人懂一些哲学。哲学是什么？是一个人的世界观和行为方式的结合体。雷锋是一个纯朴的穷孩子、少先队员、鞍钢工人、士兵，他的生命时间很短，当兵才不到两年，但是他却做了那么多好事情。这就印证了他是真正的发自内心的热爱人民、热爱党，发自内心的想为人民奉献自己。他没有夸夸其谈，只是实打实的做些事情，在做的过程中塑造了一个伟大的形象。平凡人一定是通过平凡的事在积淀着伟大理想。

周老师画平凡的人，但是每一幅创作她都特别认真。中央美院里的老一辈先生都很认真，像卢沉老师，他对学生要求很严，对自己要求也很严。他的严格建立在是否能使学生真正掌握到知识。这批老先生身体力行、身先士卒在教学第一线上为学生做示范，同时又以自己扎扎实实做人、做学问的朴实品质影响了一代又一代的学生，成为中央美院重要的学术传统和人文传统。这幅肖像写生引出了自我内心向往的境界的“真”。画家在平凡人中找到了自己的快乐，看到了自己人生目标和方向。在周老师的作品里无论大幅创作还是小幅速写，每时每刻都强调真诚和善良的心境，正是这样的心境才有一种审美的意义，于画于人是一体化的。所以中国古人讲究“天人合一”，实际上是讲人必须要把他做的事情和载体合二为一。王阳明讲“知行合一”，实际上是很有道理的，是说我们该如何体会、如何看待问题。

《长白青松》画于1973年，它起源于一个真实的事件。潘絜兹先生的女儿在东北救火时牺牲，引发了周老师创作《长白青松》的构想。主题创作可以根据事件进行虚拟创作，事件的前提需要影响和感动作者。周老师画这幅画时应该饱含情感。这幅画的人物背景是上山下乡的知识青年，上山下乡源自毛主席提出来的“广阔天地大有作为”，在这样的理念下提出了知识青年到农村去接受贫下中农的再教育，其时间段是上世纪60年代末70年代初。画里有一个背景是军装，在“文革”期间军装是一个很神圣的标志，如果能有一套军装那是莫大的幸福。因为军装里包含着很多时代因素，其中归根到底是对毛主席的崇敬和热爱。

现代学者陈良运讲，唐代王昌龄认为诗的创作有三种境界：第一物境、第二情境、第三意境。其中情境有三方面，第一是对应物，第二是情境的形态，第三是直抒胸臆。我们可以借此理论来分析这件作品。首先我们看对应物是知青抱着的青松，青松的象征意义与成长有关，它耐寒、挺拔，与成长、与人格和人的追求品质有关，是非常重要的对应物。第二个对应物是军

兵团女战士　周思聪　32×26cm　素描

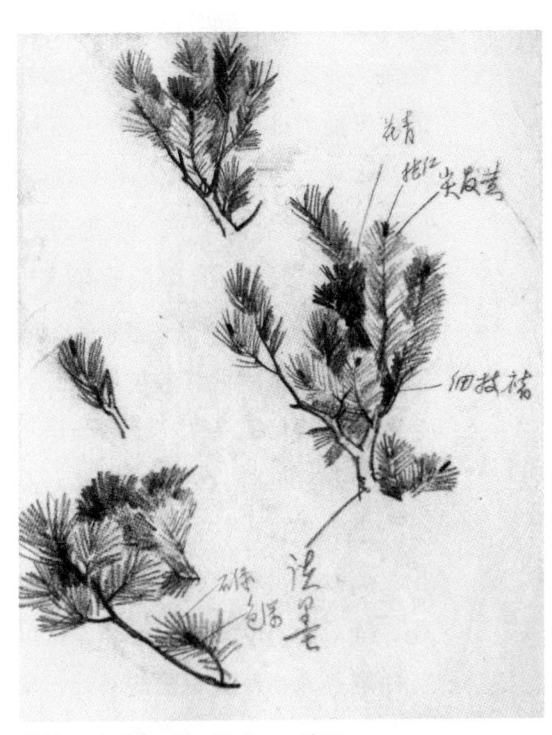

松枝　周思聪　24×16.5cm　速写

装，军装成为一种时代的寄予。青松和军装两个对应物合在一起的时候，就落在知青这个特殊事件上，构成了画面的主体。学生时代感受到教书育人和茁壮成长的两个对应。还有一个最重要的情节是母爱，周老师对母爱、父爱的表现贯穿在她的很多作品中。这幅是面对真实生活的写生，感觉特别亲切。形象和表现方法的朴素让我们看不到刻意的技巧。不过这其中有一个"大技巧"，那就是基本功和为人的真诚、对善的理解以及人文学养。

我们在兵团战士的写生头像中只看到形象的存在而没有感觉到技巧。我常常喜欢强化自己的技法，而在周老师的画中，这种技法无形中被隐去了。周老师画了很多兵团战士、青松和老师的写生习作。在写生的过程中我们体会到她对人的真诚。这种真诚必须通过一个载体，当一个人达到一种境界时，这个载体是无所不在的。如果境界没有达到就很难找到这个载体，这是个值得一谈的课题。我觉得"认真"中包含着对中国文化传统和时代人文精神提倡的境界，这里特别要提到周老师在1986年写过的一篇短文，名为《画风 师道 人品——献给李可染老师》。她是这样写的：可染老师对于学生并非教授技巧让你学会一种招数，而是赋予你一种精神使你对艺术的真谛有一种顿悟，他最反对那种捞油花的学习态度，捞几朵漂在面上的油花，自以为得了本事，像小商贩一样卖弄，他说这种人需要招魂。意思就是他们只是用技巧画画而不是用思想感情画画，没有灵魂所以要招魂，魂就是艺术的真谛。这使我们想到李可染先生一句名言："可贵者胆，所要者魂。"可染先生在教学的时候已经把"魂"提出来了。中国画系现在还有一张可染先生带着周老师这个班的学生在颐和园门前台阶的合影。可染先生展览时还曾展出过，让人看了感动。这其实就是中央美院的学术传统，是老一辈传授给年轻一辈中国画学子的传统。周老师把这个传统传承下来，在她人到中年的时候又回忆起老师的教诲，所以这个学术传统包括了技巧层面，但是最终是要学生领悟传统文化，领悟老一辈先生的人格精神和中国文化所倡导的人文境界。

蒋兆和先生也在五六十年代提出：以形写神、骨法用笔、创造技巧。这段话可以作为中国画造型的基础，同时也可以作为中国画教学的学术理念。短短几句话，已经基本把中国画中人物画关于造型和笔墨的基础都概括进来了。"以形写神"其实讲的是两个基础：一个是常规的，学院中很大一部分吸收了西方的教学理念，这是基本功中关于结构的问题。另一个是写意的基本功，中国文化倡导和强调意象的文化方式，意象的文化结构对于中国画来讲非常重要，以形写神就包括了这两个基础。

对于"骨法用笔"的解释，一是谢赫"六法"中谈到的，其实我们可以通过古人的线条方式来领略"骨法"中的意象方式。例如吴道子的"吴带当风"实际上就是骨法用笔，在描写人物造型的时候线条拉得很长，线条的速度缓急和书法里用笔的弹性提、按、转、折所产生的意象被后人叫做"吴带当风"。这是一种人格理念，骨法用笔应该上升到一种人格理念来认识。我们的古人有十八描，高古游丝描、铁线描、蚯蚓描等等，很可惜其中很大一部分没有进入到创作、进入到人格领域提炼，只是作为技术和意象层面的方法被留下来为教学所用。所以在这里，骨法用笔一方面是技巧问题，另一方面是由技进道的关于人格和品质的问题，是对事物的品评标准和态度如何通过笔法和造型方式体现的问题。蒋先生的几句话是关于中国画人物画很重要的基础，周老师在领悟老一辈先生关于基础的时候，从文化和精神层面领悟到了中国画的真谛。所以周老师的松枝写生不是技法的显现，而是一个人对事物态度的显现。它给我们带来的启示像一面镜子，它必须是中国在文化传统上或者美院的教学传统上能够承载的文化理念。所以在这件作品中，从作品素材的收集到完成，都是一件划时代的作品。在艺术方法上，人物脸部的画法使用的是高染法。周老师在这个时代通过自己的感受写自己的生活所见，只有这样的生活感受才能画出这样精彩的作品，成为知识青年上山下乡永恒的忧患或者美好定格在了历史的层面上。所以说这件作品源自一种发自内心的、充满生命力的、深层的忧患意识。

《井下告捷》表现了老、中、青矿工三代人的精神状态，这件作品的最大特点是进行了三代人形象的刻画。周老师依然从心境的纯度来把握人物朴素的结构，所以当我们仔细品味这张画的时候，每个人物形象都散发出内心美好、祥和与单纯的感情。我觉得那个年代的人可能有自己的苦难、磨砺和坎坷，但是他们所反映出来的对祖国、对生活的热爱，对党的信任，对自己工作岗位的热爱都通过肖像反映出人的纯朴的美感，这点在今天看来让人特别感动。那个时代强调老、中、青三代人的传、帮、带，尤其新学员到新工厂要有一个师傅，这个师傅之上还有一个师傅，是这样一个工作结构。在人物形象的塑造上，反映的是一个时代的画法。讲到这个画法就一定要提到方增先先生。方先生在60年代出了一本书，名为《怎样画水墨人物》。我那时还不到20岁就买来学习，这本书给我的印象很深。方增先先生在课堂上的写生和创作基本上用的都是高染法，我曾请教过方先生，这个时期脸部的刻画是怎样的感觉。方先生回答得非常简洁，他说脸部的画法讲究的是结构，要对结构熟识于心。人物画从来都是按形体结构来造型，其方法不是指水平的高低。他认为人物画在创作中虽然必须结合结构的造型技术去进行，而这种结构技巧作为中国艺术的一个因素，其发展和高度往往又是因时而异、因人而异的。不

井下告捷　周思聪　139.5×187.5cm　中国画　1974年

是看一眼画一笔就可以，这些艺术形象比生活中的更高、更强烈。熟悉结构、掌握结构的画家在表现人的形体和衣纹方面都能随手而生。方先生特别提出，形体结构作为技艺的基础讲究“分面法”（在学院教学素描课程中有两种方法，分面法即分块面画，通常在画石膏脸部时使用，有时画人物时也常常套用这种方法），是以透视的原理来寻找结构的转折，而结构学是研究固有的结构方法而得出的体积的规律，所以方先生强调写生、速写这些造型的基本功，强调要“背结构”。方先生也谈到米开朗基罗，说他的素描习作包括很多雕塑作品的结构都是背出来的，即使有写生也是和默记下来的结构结合起来。所以我们现在分析米开朗基罗一些画面的时候，发现他的素描相当生动，写生里融入了自己理解的东西。理解的结构如何与写生结合起来，一定要因时而异、因人而异，因此艺术家的修养和认知层面就决定了绘画的高度。方先生的这种方法在全国产生了很大的影响，包括卢老师都说过方先生是他的老师，那时他也学习方先生的这种画法。卢老师在70年代早期的一些头像的确受到方先生的影响，后来的写生在全国产生了很大影响。这批写生作品就与方先生的方法脱开了，转为自己的技法，遵照了画结构同时又受到对象所给予的一种启示。我们看卢老师画的太行山里的劳动者，每一张写生的画法都不一样。他运用了蒋兆和先生的理念——“以形写神、骨法用笔、创造技巧”，当意向的方法被运用于写生的时候，这个人物在写生的空间中，一定是独居的，是没有重复的。在“不重复”的理念中把握形象的时候，笔墨的技巧是借助了“这一个”的理念，但这其中又注入了艺术家自己的基本功和学养，两者的结合在用意向的方式面对各种角度和各个空间的对象产生了不同的画法和人物写生的状态，所以卢老师的很多写生不雷同。蒋兆和先生的写生完全不一样，我们现在印象里蒋兆和先生画的《流民图》成为一个时代里程碑的经典之作，看他的写生中每一个头像都是根据这个对象在这个空间里面给他的特殊感受，这种感受他利用了中国传统的意向思维方式和西方严谨的结构的科学比例方法，两者的结合产生不同的人物表现方式。意向的写生这个时候开始进入到卢老师、周老师的写生和创作中，所以这张头像的方法已经是周老师按照自己的理解、按照自己对平凡人矿工的理解，实际上是在画她心目中的形象，所以这里面每一个形象都有生活的原型，又以传统学养和学院的传承学养为底蕴，实际上是讲意象的方法而得来的，我感觉已经非常经典。原作在楼下展厅展出，大家可以再去看，你能感觉到在处理形象上的概括洗练，又反映了人的纯美，这个是非常难的，当你用方法能画出一个人物的时候能够感觉到很好，当这个人物的形象能够传达给你美感的时候难度就加大了，这一定是来自于对基本功、对学养的把握和认知，用基本功的方法来感觉自己内心的感受这是一种淳朴之美，在周老师这里是一以贯之的。我们现在画头像总想要有一种方法，在课堂上或者在生活中画写生总想有一种方法或者一种形式，或者总想表现视觉冲击力，这些元素也是现在的浮躁之因，不是说这些不好，浮躁在哪里呢？你自己的内心是否沉静下来了？是否用以物观物的、以德比物的方式来看待对象，这个时候你从对象发现美的同时也能够发现自己所具有的品质，这两个是合二为一的，缺一个都不行。所以《井下告捷》这组人物形象给我们最大的提示是我们现在要反省自己，我们现在在绘画中、在写生中怎么才能沉静下来，把中国人的美感画出来，绘画最终应该强调“境界”两个字，最终要归结到人格、人品上。今天，我们看1974年这个时期周老师的绘画感慨万千，那个时代已经把人画得这么纯美，在艺术上达到了一个高度。虽然这张画的题材受到时代的局限：井下告捷报告出煤或者超额完成生产任务。这是外观的东西，而内在的东西周老师都注入在这个群体的形象中了。

魏晋佛教有一句话“佛无定所应物而现”，我们感觉看到这个形象之后就使人平静下来，虽然是生活中的形象，但是我们在这个形象中能够安静下来，有主观的东西，但是一定是借助对象提供的空间，而把这种空间转化为文化境遇，才能发现人的美感，劳动者的美感。仔细观赏每一个人物，在年龄上有差异，但是有发自内心的一种快乐。

这是围绕这张创作的写生，我们看这些写生似乎很难在里面找到什么线条和方法。我们从周老师的速写和创作的联系当中可以看出来一张创作她要花费多少精力，她要画很多写生，我们现在的很多同学还有老师喜欢画照片，拍照片虽然作为素材的收集不能反对，这种方法有它的独到之处，但是照片绝对代替不了现场感受画速写和现场进行的笔墨写生，这两者应该结合起来效果比较好。

我记得在70年代中期，那时候我在部队上，曾经拜访过方增先先生，方先生说我们画速写不能带照相机，就带个本子到生活中去，哪怕就勾几笔几条线，画的不见得准确，但是那是你的感受，在这里面能找到贮存的你“当下”的状态。佛教里面强调“当下”，这个非常重要，如果把“当下”都作为永恒来看它就有意义。只是我们都把它一晃而过，所以实际上这个“当下”不产生意义，这个就不能叫“当下”了。在写生中如何能把对象和自己的感受结合在一起慢慢去画，慢慢去体会。画快了画慢了只要心在那个位置上，只要人沉静下来了，那么你对事物的理解沉静下来了，我想在你的画法上会发生变化，因为境界能改变一个人，境界能决定所有方法。我们看这些创作来分析，当一个创作在形成的时候，当他已经达到一种境界的时候，所有的方法都是境界，如果没有进入到这样一个境界，所有的方法都不是境界。

这张作品是《深夜》，画幅很小，表现了一种安详、平静和温暖，实际上是这幅画的格调。我们始终在讲画一张画、一张写生，首先是立格。这里面透出了人性之美，借助题材传达一种善的真意。这里有几个特点，一个是在普通农家生活的情节中能够发现情节、塑造情节。一个普通劳动人的日常事务被提出来，让人能够感受到这种真和善的感知，在这幅画中我们能看到人与动物的和谐，看到了一种善良和一种母爱，同时也看到了笔墨的载体和自己心性所在。像这样的创作我感觉周老师不会是现场画的速写，她是看到了这样一个景象，然后物识心记回来默写画出来的，像这样的创作是那个时代比较典型的代表，这个青年应该是知青的感觉，从造型上来看仍然把握的是敦厚的感觉，在人物的敦厚中我想到原来给学生讲课时讲到的有一句广告词。这里面我们看到的是善意和珍爱，但是我们现在的广告词很多类似这样的比如“真橙的爱你每一天”，“橙”是“橙汁”，是前几年大街上贴的广告词。由此我们看现在的生活，我们能够发现其中的“善”吗？善是无处不在的，不是说那个年代就有善，这个时代城市的浮躁、物质的飞速发展人变得就不善了，不是这样的，善无处不在但是我们能不能发现呢？这是一个课题。每天的事务繁忙，可以说使我们大部分人都像云一样在城市的上空飘来飘去，今天飘到那个城市去或者今天飘回来了，都在忙碌，付出很多很辛苦，但是内心里面那种感应是不能变的，人再忙善和真是不能改变的。在这里我们就看到了周老师的感觉，从她学生时代的作品有一幅在她三年级画的作品在美院庆祝60周年的藏画展展出，是清晨太阳初升大会堂前有一个清洁工在扫地，只有一个人物，整个画面干干净净，境界自然而然就出来了。清洁

深夜　周思聪　24×34cm　画稿

工的概念使这个环境变得干净，这张画在形式上大会堂用界画的方法画的，清洁工有一个垃圾桶背在身上笤帚正在扫，人物画得比较虚幻，好像是个剪影，整个画面在清晨阳光初照下，画面给人感觉很清新干干净净的感觉，是特别能够感染人的一张画。从那个时候起周老师在画创作的时候她就感受到生活是技巧的先知，她已经感受到找到一个母题，在周老师很多创作里都是有感而发，我们说写诗、写文章或者创作一定是这四个字“有感而发”。没有感受即使技巧再高出来的东西充其量也只是一件好的画而已，很难达到感染人。这里就提出我们的笔墨在消费时代相应带来了人与人之间的冷漠，人与物之间交流更多了，这个物指的不是动物（也有动物，满大街也能看到人们养的狗啊猫啊，人找到了一种在感情上的自己的生活方式，已经离不开宠物了），这里提出的问题是什么？我讲的是人与物质之间的交流更多了，人与人之间变得冷漠，这个与社会都市的高速发展等等有关，比较复杂，我们应该怎样思考怎样画这本身是一个课题。

周老师以自己善良纯净的心性感知生活。她在回忆叶浅予先生的文章里有这样一段话：记得我和叶先生初次见面是在1958年美术学院的考场上，我站在空荡荡的教室中央面对一排严肃的考官，在最中央的留着一字唇须的就是叶浅予先生，我的心正怦怦乱跳，忽听他发问道：“如果我们不录取你，你怎么办？”我心里顿时凉了，这下完了，慌乱中回答“一点办法也没有”，听了这愚蠢的实话叶先生笑了，当然我还是被录取了。周老师在报考中央美术学院的时候，叶先生口试不录取你怎么办，“一点办法也没有”这是一个很真实的回答，这种真实的回答就映现了周老师的品质。一个人不仅在画面上要纯真，要见到心性，还需要在生活中是一个诚实的人。所以周老师的话语让我们感觉到做人的真诚，确实太感慨了。

这是《纺织工人无限热爱周总理》，这幅画我感觉和井下告捷基本在一个层面上，很细微地刻画了纺织工人很纯朴的美感，每个人的形象从心底透出单纯和善良，我觉得这个在艺术里非常难得。作画中把人物形象画成这样的美感真是很不容易，我记得前几年在一个美展上（我不能指明是谁画的）题目叫《母亲》的一幅画，画得非常黑，脸上表情很凝重。现在强调笔墨，墨色凝重或者要有视觉冲击力，后来高宏先生看这张画说如果是自己母亲作者能画这么黑吗？这句话很深刻，实际上提出了一个问题，我们现在在塑造当代人物形象的时候到底从哪一个角度来塑造呢？以什么样的审美方式，从什么样的审美观来看待人物，这是一个很重要的问题。

《人民和总理》作于1979年，是周老师在70年代影响最大的一幅作品。讲这幅画之前要先介绍一下艺术典型的问题，主题创作里很重要的一点就是强调艺术典型，在这种艺术形象的个别和特殊性中体现了这一或那一社会集团、阶级、民族的代表人物所具有的特征，体现了一定历史时代甚至许多时代的许多人所共有的特征，艺术家创造的典型所具有的意义取决于典型形象中体现出来的那些特征所具有的社会意义，也取决于作品中对形象描绘的艺术性水平。特征所具有的社会意义我理解指的是审美特征、造型特征和技巧特征，艺术典型按其内容来讲始终是历史的、具体的，我理解就是要“立品”、“立真”，就是要体验生活之真和品格的立足之真一定是在心性的层面上，所以这是艺术创作的镜子，这面镜子反映了时代，一代人在这面镜

纺织工人无限热爱周总理　周思聪　148×171cm　中国画　1977年

子中看到了自己的肖像以及也看到自己前辈的肖像，所有这些典型除了体现自己时代的具体历史的特征以外，还体现了深刻和永恒的全人类的特征，这是一种共识的文化。

《人民和总理》有一个创作背景。上世纪70年代发生了很多事情：1976年，周总理1月8日去世，朱德7月6日去世，毛主席 9 月 9 日去世，7 月28日唐山大地震，10月6日“四人帮”垮台，1977年华国锋主席主持中央工作，邓小平复出，1978年十一届三中全会召开纠正“文革”中以及之前的左倾错误同时批判“两个凡是”的错误方针，停止使用阶级斗争为纲的口号，作出了把工作重心转移到社会主义现代化建设上来的策略，这是一个大的背景，正是在这样的一个背景下，周老师的题材开始转变了。我记得有一个论述中讲到，中国知识分子面临的几大问题，第一个就是政治上的变动，第二个是面临思潮的变动，第三个是提供给他什么样的生活方式，我觉得这三点讲得非常好。我们再回过头来看周老师的《人民和总理》，这个时候周老师已经开始了以苦涩为美的表述。在前面创作《长白青松》的时候那种悲痛还是含在人物的背后，这个时候已经表述出来了，这里边我们感觉到周老师她有一种悲悯的苍凉感。从这幅画的构图看，它是不完整的都是斜线，因为地震都是断壁的感觉，造型中没有一个人物是完整的，几乎人物都不完整，在笔墨中追求苍凉厚重，以墨色为主，在形象中，刻画了这一个群体的敦厚。在这幅画中人民的意义被显现出来，显现出一种忧患意识，总理是人民中的一员，周总理走到人民当中，与人民一起同甘苦共患难，每一个人都在默默无言中承受着痛苦，这里面有自然灾害也有政治上的创伤，所以在这幅画里包含的背景是很复杂的。所以说在这幅画里面提示出在高尚与平凡、伟人与平凡中寻求了平凡的力量和平凡的伟大。笔墨的苦涩更加突出了人民的坚强和刚硬，内部的力量似乎正在爆发。这张画里面蕴积了民族的力量，借助了抗震救灾的题材，在笔墨和造型、领袖人物和平凡人融为一体的时候，这里面有一种雄浑的境界。这种雄浑的境界我觉得是反虚入浑、积健为雄，成为这幅画创作的精神底蕴。这幅创作的意义带有时代性的大变化的意义，这张画在中国画的革新、开拓和创造上也产生了重大的历史性的转折意义，这张画是建国30周年的金奖或者叫一等奖，这张画中是一个时代的变革，使周老师在她纯真的心境中体会到生命的意义，在造型上、在笔墨上全部是向内心来感知。虽然我们刚才说这种苦涩和苦难的东西已经开始在画面上完全显现出来，这个时候仍然是向内的，我们看每一个人物造型都是凝炼的，这种凝炼还是前面讲的还原于质朴，把中国人的质朴感借助了地震中的村民的内容，其实这是一种理念。她是现实生活中的，但更是借助现实生活的契机把自己内心的对中国画的时代和笔墨的觉醒传达出来，其实我们又能够感觉到这幅画里也隐含着一种平淡的心性，还原到人的一种本源，因为人需要生活，要吃饭、要温暖、要生存，这张画里面包含着这些元素，但这个元素又集中在一种民族的情节，伟人与平凡的人一起承受国家的灾难，就像前一段四川大地震整个民族每个人都在承受，所以这样的一种理念真正体现了中国人温柔敦厚的情怀，让我们感到总理和这些人物都是生活中最真实的人物，这些人物呈现在画面中又需要一些高度，就是人文体验和生活经验，在这之中把握画面整体审美的驾驭，所以《人民和总理》这张画对这个时代、对中国画的转型和转折意义是巨大的。在这幅画里我们很难再看到周老师画得很清纯的内心美好的平凡人，这张画里我们更看到是一种苦涩，正是这种苦涩的感受使周老师又在《矿工图》这个方向又往前跨了一步。

《矿工图》作于80年代初，有几幅作品是与卢沉老师合作的，矿工图是以民族的悲剧通过

矿工图习作　周思聪　34×24cm　中国画　1980年

矿工图习作　周思聪　34×24cm　中国画　1980年

死亡与生命的性质的评判来表述周老师对人类苦难史的责任。邵大箴先生在一篇文章中谈到：我看她画矿工图时在心理上在美学认识上已经处于饱和状态，甚至达到超负荷的边缘。邵先生对周老师《矿工图》的评语说明她已经把苦难通过中国画的载体推到了极致，矿工图仍然保持着中国人温柔敦厚的情怀是始终如一的，在巨大的灾难面前我们看到其中的人物还是凝练的，像霍去病墓前石雕的那种造型的往里收敛的，这样人物造型才有一种力量。

北京画院王明明院长有一段话介绍了《矿工图》，谈到了它的背景，是这样说的："这是她艺术观的一个转变，大量写生活动的积累和对不同民族底层的认识，此外还有一个重要的转折点是1980年她陪刘迅去日本，见到了丸木位里和赤松俊子，看到了《原爆图》，对于她的人生启迪是非常大的，从日本回来就产生了画矿工图的想法，所以就去了辽西，现在看矿工图里面就有原爆图的影响，所以在研究她艺术风格转变的时候要看到这幅作品对她的影响，这幅作品的震撼力使周思聪萌发了要画一幅这样作品的想法，以便把抗战时期矿工的悲惨遭遇表现出来，所以从第一幅《离乡背井》的写实风格演变成有点变形的《王道乐土》，在几年的创作中，她的风格是不统一的，风格在逐渐转变。去大凉山、去西北，那边的生活对她感情上的冲击，她才自然不自然的产生了风格上转变的要求。另外对于变形，她在画院画了很多人体写生，用的是很小的毛边纸，有时候还用圆珠笔画。实际上，她的人体写生是在练形，而不是按照美院的教学传统去把握明暗关系，那个时候，她已经开始用这种小的速写去寻求一种变形了。她从习作、从体验生活开始，她的主题性创作构思就开始酝酿了，已经在做前期的准备了。"这一段明明院长介绍了《矿工图》的起因，丸木位里和赤松俊子是日本当代很有影响的现实主义画家，他们自己有一个美术馆，我记得1996年我去日本上课，卢老师托我带封信给赤松俊子，我就到他们的艺术馆看了，但是很遗憾因为他们有事外出没有见到，只是由家里的保姆带着参观了美术馆，把信留给了赤松俊子。周老师和卢老师跟日本这两位艺术家建立了很深厚的感情，在艺术上也有很大影响。

《矿工图》是典型的主题创作，关于主题创作要特别提一下主题的核心是什么，是指艺术家在艺术创作中提出的并根据一定的生活素材揭示出的问题的基本范围，内容上主题是通过题材、主要内容和情节提炼出来的，方法上主题的选择以及解释决定艺术家的阶级立场，决定于艺术家创作的主要思想，主题和思想形成作品统一的思想，从审美上令人信服的去解决主题的问题取决于艺术家的技巧，取决于艺术家能否找到最完美的艺术形式，来体现主题的本领，所以矿工图的内涵是一种内容和形式的高度统一。卢老师和周老师两位先生一如既往的保持了他们纯朴的心性，人天生的心性，那种憨厚和敦厚的心性在两位先生的身上一直保持着这样的美德，是一种高贵的品质。魏晋人僧肇有一句话“立处即真”，我理解这个“真”是当你面对任何事物的时候都能够引发心性的流露，这种心性的流露强调的还是人与自然、人与物的合二为一，强调的是一种入魂的状态，两位先生体验的至真已经被我们感受到了，而这种真就是两位先生他们日常所向往的，也是在艺术上向往的“真、善、美”，有品性的“真”也有艺术感觉的“真”，也有一种在教学中执著的“真”，这些真都是很自然的流露。

周老师在给马文蔚先生（马文蔚先生是北京人民广播电台的工作人员，在七八十年代一直和周老师有书信来往）的一封信中这样写道：“我的创作进行的不顺利，我珍惜这不顺利，这种逆境往往是令人兴奋的，《王道乐土》接近完成，在一些疑难问题上卡住了，暂放一下，现在制作《人间地狱》，卢沉因病不能画，我的压力很大，这画要表现出一种力，需要有男子的气概，我感到自己还缺少这种力量，这似乎是没有办法的事。”这里面真实地流露出周老师那种高贵的艺术品格和人格力量，看上去很文弱，好像没有办法，缺少这种男子的气概和一种力量，但是在这封信中我觉得这种真实的流露正是她人格的体现，就是说“讲真话”。80年代巴金先生写过一个大部头的很多书汇集起来的《真话集》，我们能不能把真话变成一种品质、品格或者说一种境界呢，我觉得周老师的话就印证了真话能转化成一种品格和一种境界，这个至关重要。古罗马的马可·奥勒留在他的《沉思录》里说道：“我现在是怎样使用我的灵魂呢？永远要用这句话时时问自己，并且要这样反省，是一个婴孩的灵魂吗？是一个年轻的灵魂吗……”其实这是一种反省的方式，这种方式也正是中国画的反省方式，像陶渊明、王维等我们的古人，包括魏晋时期的高士，他们的诗里面、言语里面都是在自我反省，在自省中关照世界、关照他人、关照社会、关照自然。这种文化方式已经根深蒂固地融在周老师和卢老师的血液里了。这也让我感受到鲁迅先生在《野草》的题词中有这样一段话：“当我沉默的时候我觉得充实，我将开口，同时感到空虚，天地有如此的静默，我不能大笑而且歌唱，天地即不如此静默，我或者也将不能。”我们感到伟大的心灵都是如此相近，他们在不经意当中就碰撞上了，而且他们都是在一如既往地在自省中最虔诚地珍惜着“真和善”。“真和善”讲起来非常容易，我们经常讲做人要真、做事情要善，从心底来讲我们自己的内心要自我觉醒，自醒这一天说话、行为等的方式，对自己的作品进行自醒。但是在“真和善”中是不是真正地去把握了，其实这是我们刚才讲的平常心和非平常心的关系。

《矿工图》以苦难的内容引出了苦难的形式，在画面上这些人物被撕开、被撞击、被践踏的感觉，这一组都有这样的感受出现。主题创作有一个很重要的语言就是当一个主题被鲜明的感知的时候，尤其是作者在主题创作中有一种情感投入的时候，那一切的造型语言、笔墨语言都要向着这样的感觉去靠近。这就是刚才所讲境界到了一定的程度，语言是随着境界而生发来的。不是说先有语言后有境界，应该是先有境界，这个境界有的时候很混沌，其实是在很日常当中我们就能发现什么是境界。《矿工图》使我们想到杜甫的诗："国破山河在，春城草木深，感时花溅泪，恨别鸟惊心。"现实主义的审美理想一定要深深扎根在深厚的生活与深厚的文化精神中，一方面是植根于自己的土壤，另一方面是生活土壤和文化土壤二者要融为一体，才能真正产生现实主义的理想境界，在矿工图画的造型是在苦难中挣扎，死难矿工的尸体堆积得像石头、像煤一样，其实人物的躯体是沿着苦难的索道，被挤压被扭曲了。这里面当一种创作上的境界达到一定高度的时候，语言就在自然而然中生发出来。所以周老师讲"我感到自己现在制作《人间地狱》因为卢老师病了感到压力很大，这画要表现一种力"。这个"力"怎么去表现呢，周老师谈的"力"一定是意向的"力"，人物可以塑造的是一块煤，或者是一块石头，或者是一个群体被堆成一座山，在这幅画里面她投入的心力是巨大的。所以这里面引发出在笔墨的表现、造型的表现，《矿工图》已经脱开了我们现在常规的一般主题的形式，在继《人民好总理》这幅创作之后打开了这个时代中国画的一扇大门，使我们看到了无限。

我觉得《矿工图》是打开了从20世纪末向21世纪初的中国画的大门。这种"打开"有最大的一个课题就是生命的崛起，当一个主题被确定，生命的感知应该是立足在什么上的。比如前面谈到鲁迅，他是一个在觉醒当中呐喊的人，但这种呐喊很内敛，首先是向内的，在自己的内部首先打倒了自己内心里的很多东西又建立起一个新的。邵大箴先生在一篇文章中写到周老师在本科生时候的创作状态，我们现在看这种状态和画矿工图时状态的联系不是题材而更多的是心性的联系，始终如一没有改变，作为一个人来讲一种心力的品质被确定之后会始终向着这种品质不断地完善和加强，这种人格的力量不断得到塑造的时候，学术上的精神和人格精神的力量是巨大的。邵先生在一篇文章里讲到叶浅予先生在《卢沉、周思聪作品选集》的《序言》中记述了1959年国画系师生在乡村实习，看学生创作小稿，小稿的题材均为"大跃进"期间的新人新事，比如青年突击队等，这些题材相互撞车、构思雷同，独有一幅小稿画的不是大家争着画的题材，而是画了一个女学生躺在炕上，房东老大娘坐在炕沿给她喂汤，同院妇女都来慰问，题目是《我病了》，这是周老师在1959年画的一幅创作，叶先生在《作品集》的《序言》中特别把这一段提出来，叶先生鼓励周老师从实际生活挖掘题材才是有感而发。这里我们就能看到：一幅好的创作始终离不开一个人的生活体验和精神的亲历过程，这个过程始终是伴随人的一生，如果我们的创作游离了这个坐标，就成了海市蜃楼，成为了虚幻缥缈浮动的东西而不能立足，所以说作为一个艺术家，作为一个画家，对人、对事、对自我一定要在"当下"中能够发现，或者真实、真诚地面对每一刻的"当下"，这样就可能把握住一切的机缘。艺术上很多东西是要靠缘起的，这种机缘一定是要有生活和文化的基础做铺垫的，这个时候才能在生活中哪怕是在街上走，看到一个人的形象，通过这个形象就能够感受到一种美感，甚至通过一个现象也能悟出一种笔法，通过一个静物或者一个自然景观找到一种绘画的空间和构图的方法，这些都是建立在这个基础上的。

刘曦林先生在谈到周老师的画时有这样一段话：内向者充于思，往往在默默无语中趋近于灵魂的深层。在那种层面上，她骨子里有中国古代优秀文人的血脉，从屈原、司马迁、杜甫传下来的中国文人精神，又有珂勒惠支、蒋兆和、丸木位里夫妇影响于她的人道主义的力量。我们感到生命需要承载，一幅画一定是一个生命体的自醒或者觉醒。我们看下面的作品，是围绕着矿工图做的习作，这个老人面部的感觉实际上不是完全照着石头的感觉画的，但是给我们的感觉像顽石，他的下颚到颧骨、额头都像石头的感觉，从身体里找到了很枯涩的，像倪瓒的山水干笔和湿笔的结合所带来的残山剩水的感觉，在周老师的画里面吸收了。

我们感觉他有一种雕塑感，像霍去病墓那种巨大的意象的雕塑，蕴积了她对中国传统山水中透出的忧患之美的感受，在人物造型中被生发出来，所以每一个人物都存在忧患的感觉。这种忧患感首先由一种陌生的，不再像我们特别熟悉的平常的，变成了自然中的陌生感，人变成了山水，是个边缘地带的少数民族地域人物，通过这样的服装组合，周老师把她上升为审美的情怀，当它和传统文化的审美情怀合二为一的时候，就变成了朱熹所讲的“感发意志”。中国传统的“诗”强调“兴”和“比”，“比”指的是“比类”和“取向”，在比类中以物比物的方法强调的不再是形象的刻画，而是人物像雕塑般坚实的造型，又通过柔弱的富有弹性的笔墨来皴擦勾染勾勒出来，这就是比类中的人与石，在取向中是人与山，转换为劳动人的本来面目，要还原回来，就是说把人当自然来画，最后还要把人还原成一种赞美，赞美人在自然当中，其实赞美的是自然。这个自然也是周老师心中的自然，她自己的自然。在这一组1983年的人物创作中我们能感受到。我去年去了柬埔寨的吴哥窟，它有1000多年的历史。吴哥窟的石头是一个垒一个垒起的佛像或者庙宇，在石头屋子里出家人坐在很硬的石头上打坐，尽管有一个蒲团仍然是很硬的，他们付出了很大的毅力。吴哥窟里渗透的一种古老、苍远和浑厚的文化厚度，给人一种神秘的感受。在周老师的画里面就有这种感觉，画面人物脸部的颜色基本都偏于赭褐色，赭石里面大量用墨和花青，颜色上感觉特别沉着，在衣服上是披着白色的斗篷，这种白色给人惨白的感觉，在这张画里很悲壮，尤其周老师画的《大凉山》里顶着风雪，后面是山，全景式的构图。她的忧患意识已经贯穿于她的画面。

在《荷塘》的创作中，周老师达到了真境无言的境界。《荷塘》是周老师在病中的体验，超越了自我，体验平淡，这里有一句诗，我不知道是不是能够象征周老师，是古人太上隐者的诗：“偶来松树下，高枕石头眠。山中无历日，寒尽不知年。”这一时期平淡天真是《荷塘》系列的审美中心，不经意的创造完全出自于人生的苦难的心理，也是魏晋人面对人生境界的一种深层体验，虽然他们讲清谈，但是他们所追寻的人生境界出自于放下自我面向自然。周老师的荷花不再有观赏性，不再像山水诗一样，而是自我融入其中的真知，开拓了中国画的又一个新的境界，这些作品无不是周老师的心力之作。这些转向平淡的荷，仍然是周老师在自己心性中达到的立处即真，与周老师整个人生有关。王明明院长也谈到周老师的荷花，特别讲到人生的境界决定着艺术的境界，这句话特别重要。一个人的人生境界就是面对自己的困难，面对自己的遭遇转化为一种境遇。每个人都有自己的遭遇，都有自己不愉快的事情，都有自己对人和事的种种坎坷和遭遇，这里要转化为一种境界。从艺术的角度必须转化为境界人才能超越自我，周老师就是以生命的感知来握笔，笔墨是载体，对于周老师可以信手拈来，而前提是真

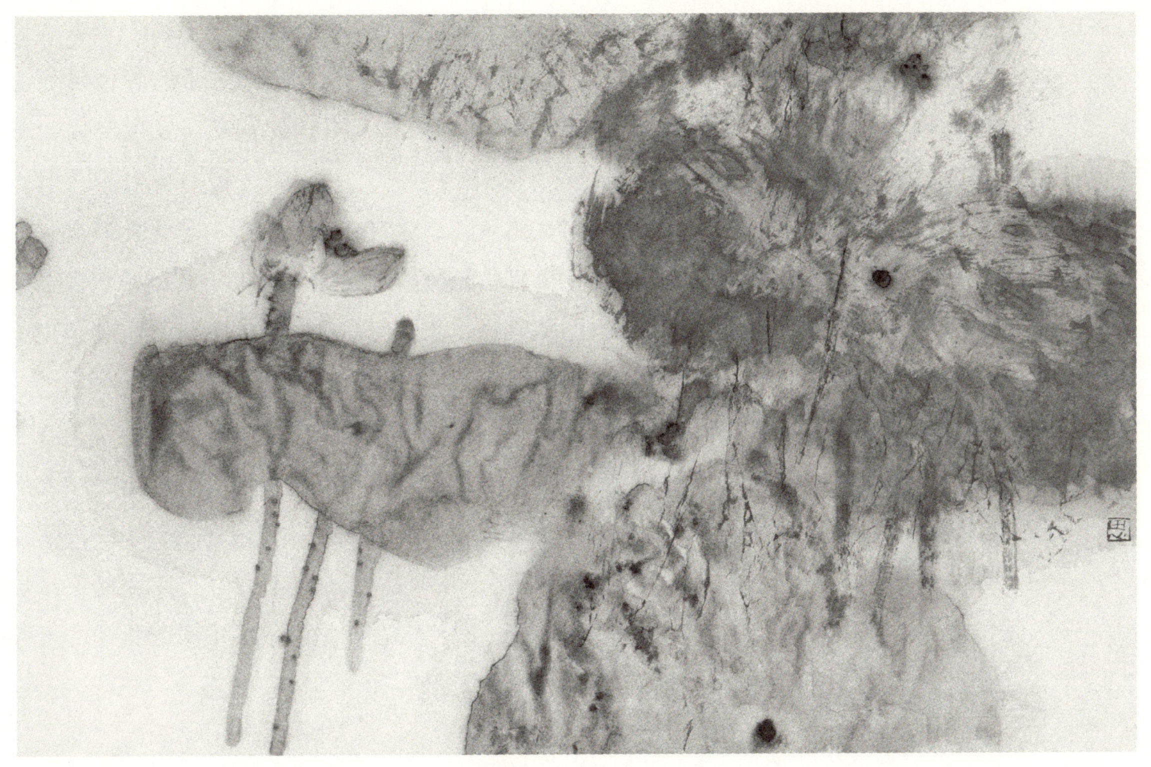

坐对荷花两三朵　周思聪　51×78cm　中国画　1992年

我、真境、真言和真心，实际上还是用“认真”两个字来概括。

米芾在《画史》中称赞五代董源的山水画“平淡天真多”，还有一位学者讲陶渊明的诗“青松在东园，众草没其姿，凝霜殄异类，卓然见高枝，连林人不觉，独树众乃奇”与周老师画荷花这一段时间的心性和境界是异曲同工。这首诗忽略了物象的具体描写而着力描写的实际上是一种气象，我觉得这个时候周老师在自己的画中主要表现自己的节操和情怀，不再留恋具体的物象或者再进行象征了，画荷花这一段本身由于身体的原因，可能手、关节都不能弯曲，只能直着笔画，对于人物画来讲要画起来相当吃力很难驾驭的。在荷花的表现中周老师以她自己的苦难的人生经历达到了这样的境界，她所呈现的美已经是真正意义上的人格的风范。

郎绍君先生在《创造是一种幸福》一文中谈到周老师的画：彝族女子系列对人生的淡淡的咀嚼在荷花中淡淡的继续着，其味儿更淡，而罩上了一层雾气般的抒情的忧郁，寂寞和热情、愁思和愉悦交织在一起融化成墨色景象，这里单纯又丰富，不带杂质的美，画家的创造力在疾病中变得更富敏感性更纯粹了。周老师的荷花的纯粹之美就是刚才所讲的是周老师人格的纯粹之美，这里的境界已经融化了一切。由此我们看到境界仍然是中国画的核心问题，是人生体验事物的核心问题，也是面向自我的核心问题。

以上做了周老师作品的粗浅的分析，只是粗浅的感知不是很细致。大概回顾一下，在60至70年代周老师的创作是时代之真和生活之真，在80年代她的《矿工图》、《大凉山》到90年代的荷花是她对人性的思考，对真知的思考，对生命的超越和对自然的回归。通过她自己的生活经历之美达到艺术的本质与显现了中国文化理念的高度。拜读周老师的创作，她的内涵之大、学术课题的启示非常多，我想这里根据中国画的教学和创作有几个课题值得我们去思考。一个是基本功与文化理念的问题，基本功与体验真善美的问题，基本功与心性的问题。在学校里主要强调基本功，作为一个老师来讲基本功也是一辈子的事，但是基本功如果跟文化理念、真善美、心性放在一起来思考的时候，基本功的意义会发生变化，所以这是一个很大的课题。

第二个是造型与文化体验、笔墨与文化体验，这有三个基础，一是文化基础，一是技能基础，还有一个是人格基础。我们谈文化基础、技能基础必须要把人格基础加上去，这是周老师的创作对我们最大的启示，就是人格的基础决定了文化基础和技能基础，也就是说境界决定了一切。

第三，生活与境界、平凡与境界引出了创作的感知和审美的境界问题，就是我们在生活与境界、平凡与境界当中怎么去画等号，这个是很难的，必须拿出一生的精力来投入去做。就像可能要用一生来体验一句话，中国画是一种境界那就拿一生来为这句话付出，周老师正是这样去做的。所以中国画的课题最终还是境界两个字。在周老师的人格、艺术中凝聚了中国文化倡导的温柔敦厚的大美，在中国文化的一切美、时代的一切美汇成中国人的大美的境界的都融在了卢沉和周思聪老师的人格、画品和学品中，谢谢！

主持人：感谢田教授给我们带来精彩的讲座。在讲座中充分体会到了周思聪先生她的这种内心的单纯、美好和祥和，而且带我们体会了来自她内心深处的一种力量和人格魅力，相信我们大家都有很大的收获，那么我们再次以热烈的掌声感谢田黎明教授，今天的讲座到此结束，感谢大家的参与！

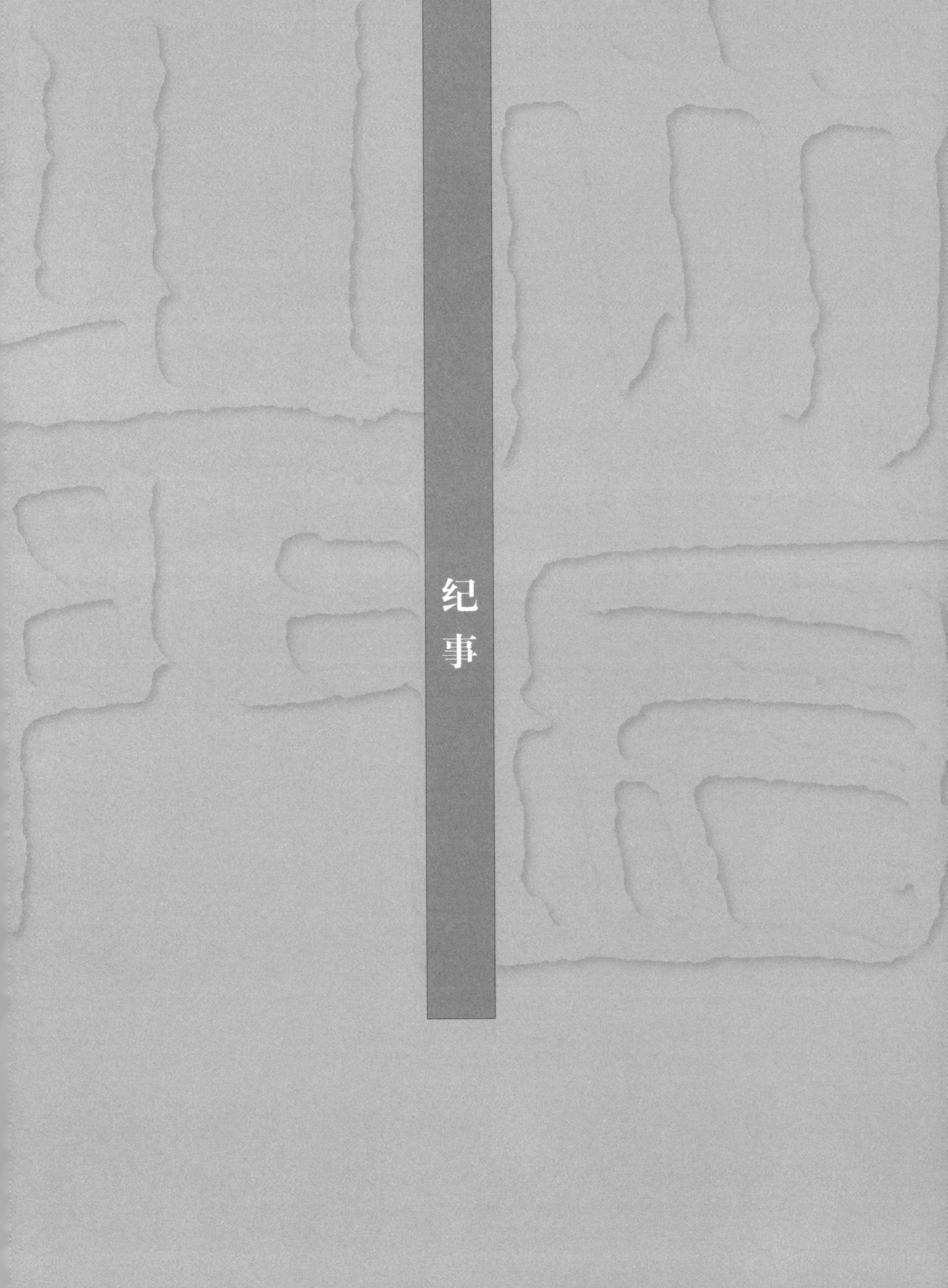

纪事

北京画院美术馆（2009）大事记

1月6日，“中国山水画研究院院展（第三回）”开幕式在北京画院美术馆举行，北京文联党委书记朱明德、院长王明明出席并讲话。此次展览展出大幅山水作品40余幅，参展画家是被称为“燕山画派七人”的陈克永、王梦湖、李春海、程振国、师恩钊、于永茂和段铁。他们立足于传统、取材于自然，作品中呈现出北方画派大山大水的共同特征，又不乏每个人的鲜明特色。

王明明院长在“中国山水画研究院院展（第三回）”开幕式中致辞

1月13日，“尺幅万象——王复羊漫画艺术回顾展”开幕式在北京画院美术馆举行。北京市文联、中国美协、北京美协、《北京晚报》领导，以及在京漫画界人士和新闻媒体参加了开幕式。院长王明明出席并讲话。这一展览是在漫画家王复羊先生逝世一周年之际，由中国美术家协会漫画艺委会、北京美术家协会、北京画院、《北京晚报》共同举办的。展览精选出能够代表王复羊先生艺术风格特色的漫画作品百余件，此外还配合活动印行了《王复羊漫画作品集》，举办“王复羊与新时期的漫画艺术”学术研讨会。这次展览不仅是对王复羊漫画艺术的一次全面回顾，而且也是对中国漫画艺术事业发展的一次反思。

1月22日，“笔韵国风——北京画院院藏山水画精品展”在北京画院美术馆开展。展览汇集了北京画院50年来珍藏的20世纪不同时期著名艺术家的山水画精品共计50余幅。这些作品留存了中国山水画现当代转型的轨迹，展示了艺术家的摸索过程，呈现了20世纪中国山水画的发展过程，也为新春的首都文化活动增添了一笔亮彩。

“尺幅万象——王复羊漫画艺术回顾展”展厅现场

安远远处长与王明明院长针对“笔韵国风——北京画院院藏山水画精品展”参展作品进行艺术交流与探讨

2月11日，"笔韵国风——北京画院院藏山水画精品展"研讨会在北京画院美术馆五层学术报告厅召开。副院长雷波、学术研究部副主任宛少军、美术馆馆长吴洪亮，以及全体在职画家出席了会议。研讨会由艺术委员会主任李小可主持，与会人员轮流发言，就此次展览以及创作体会发表了自己的体会和见解。

2月27日上午，在北京画院美术馆五层学术报告厅举行了"北京画院2009年职工学习培训（一）——安全管理知识"讲座，党委副书记王宝莲、副院长李盈春与全体在职行政人员参加了讲座。讲座由办公室主任杜军山主讲，对我院的安全管理、设施以及大家应掌握的安全知识进行了介绍和讲解。

3月4日，为迎接"三八"国际妇女节，"时代芳华——中国女艺术家系列作品展之一"在北京画院美术馆开展。本次展览的策展人为文化部艺术司美术处处长安远远女士。展览精选出包括何香凝、溥韫娱、胡絜青、周思聪在内的20世纪中国美术史上著名的12位女艺术家，集中向观众展示她们的绘画作品50余幅，从而管窥20世纪中国女性画家的艺术面貌，以及她们在20世纪中国美术史上做出的特殊贡献。北京画院将从今年的"三八"妇女节开始，相继推出一系列的女艺术家作品展，此次展览是该系列展的第一回展。

党委书记张晓光、副院长李盈春、副院长雷波以及美术馆馆长吴洪亮在北京画院阳光大厅会见了来我院访问的外事办嘉宾，之后双方参观了北京画院美术馆的展览。

3月18日，"北京画院2009年竞聘上岗职工大会"在美术馆五层学术报告厅召开，全体在职画家和行政人员出席了会议。会议由工会主席马双春主持，院长王明明和党委书记张晓光分别作了讲话，对竞聘工作进行动员。党委副书记王宝莲全文宣读了《北京画院2009年竞聘上岗实施方案（征求意见稿）》和《北京画院未被聘任上岗人员管理办法（征求意见稿）》。随后，大会投票表决通过了两份文件。

3月18日，李铁映同志来到我院，参观了北京画院美术馆展览，院长王明明、副院长李盈春、美术馆馆长吴洪亮陪同参观。

李铁映同志来北京画院美术馆参观展览

3月20日，"丹青化境——李斛绘画精品回顾展"开幕式在北京画院美术馆举行。全国政协委员、文化部副部长陈晓光、文化部副部长王文章、中国文联、北京市文联的领导和来宾出席了开幕式。中国文联副主席冯远、院长王明明分别致词，孙家正、戴泽、邹佩珠三人共同为展览剪彩。开幕式之后，在美术馆五层学术报告厅举行了学术研讨会。在京的美术理论家、画家以及李斛先生生前友好、学生、媒体记者等人参加了研讨会。大家纷纷发言，就李斛绘画艺术的成就和意义进行了探讨。展览在著名画家李斛诞辰90周年之际，由全国政协书画

孙家正主席与邹佩珠老人在王明明院长的陪同下，悉心欣赏李斛所创作的精彩作品。

室、中国美术家协会、中央美术学院、北京画院、徐悲鸿纪念馆等单位联合主办，北京画院美术馆具体承办。展览共计展出李斛绘画精品80余件，包括了国画、油画以及素描等，此外还有李斛生平年表图版以及部分文献实物。

3月20日，"北京画院2009年竞聘上岗演讲大会"在美术馆五层学术报告厅召开。院长王明明、党委书记张晓光、党委副书记王宝莲、副院长李盈春、工会主席马双春及所有行政人员参加了会议。参加竞聘的人员依次发表竞聘演讲，对竞聘的岗位、理由和自身条件进行了阐述。演讲结束后，全体与会人员填写并上交了《民主测评表》，表格由竞聘小组负责整理、统计，其结果将作为聘任工作的重要依据。

3月23日，根据北京画院职工大会表决通过的《北京画院2009年竞聘上岗实施方案》，以及竞聘演讲和民主测评的情况，经北京画院竞聘工作领导小组集体研究，确定了北京画院行政岗位竞聘结果，并从3月23日至3月30日进行公示。从4月1日起，被聘任上岗人员执行所聘岗位要求并享受相应待遇；未被聘任上岗人员执行《北京画院未被聘任上岗人员管理办法》并享受相应待遇。

北京画院网站经过全面改版、更新后正式投入使用。旧网站由于制作时间较久，板块内容已不适合新时期的美术事业发展情况。新网站由美术馆部门主持建设，建设工作吸取了大量国内外相关网站的成功经验，在形式和内容上较以往有了很大改进，展现出以下优势：1.信息量大、资源可利用性

新版网站页面

高、互动性强，具备更加多元、实效、权威的学术研究资源；2.具备更为珍稀、丰富、系统的作品收藏；3.提供更为直接、便利的信息获取方式；4.加强美术馆板块建设，利用网站对其各项功能进行充分的扩展和延伸。新网站的使用搭建了更加广阔的平台，可以充分向外界展示、介绍北京画院及美术馆的收藏、展览、教育、研究的各项成果，同时也使广大网民有了一处欣赏、了解、学习我国传统绘画艺术的网上场所。

4月7日，中共中央政治局常委、全国政协主席贾庆林来我馆参观"丹青化境——李斛绘画精品回顾展"。中国文联副主席、全国美协副主席冯远、李斛家人以及北京画院副院长李盈春、雷波、办公室主任杜军山、美术馆馆长吴洪亮陪同参观了展览。

贾庆林主席来我馆参观"丹青化境——李斛绘画精品回顾展"，著名画家马振声在为其讲述李斛的艺术人生与绘画精髓。

4月8日，"彩墨生活——潘一杭近作展"开幕式在北京画院美术馆一层举行。开幕式由吴洪亮馆长主持，中国文联副主席、全国美协副主席冯远出席并剪彩。随后在美术馆六层会议室举行了研讨会，会议由中央美术学院余丁副教授主持，邵大箴、梁江、杭春晓等理论家参加了研讨。此次展览由北京画院美术馆主办，以"彩墨生活"为主题，共展出旅美画家潘一杭近年创作的彩墨作品50余幅。

4月15日，"地球的红飘带——沈尧伊大型长征连环画原作展"开幕式在上海美术馆举行，副院长李盈春、学术研究部副主任宛少军、美术馆馆长吴洪亮出席了开幕式。此次展览为庆祝建国60周年，

回顾中国共产党艰苦奋斗、奋发图强的精神而精心筹备，是上海美术馆“庆祝中华人民共和国成立60周年系列展”之一。展览由北京市文化局、上海市文化广播影视管理局、北京美术家协会、上海市美术家协会主办，北京画院美术馆和上海美术馆承办。

“地球的红飘带——沈尧伊大型长征连环画原作展”在上海美术馆隆重开幕

4月16日，经院长办公会决定，任命艺术室副主任张蕾兼任北京画院美术馆办公室主任一职。

4月17日，“超纵至诚——纪念李苦禅先生诞辰110周年作品展”开幕式在北京画院美术馆举行。全国政协、中国美协、北京美协、中央美术学院，山东李苦禅家乡的代表及在京的美术理论家、画家和媒体人士出席了开幕式。王明明、唐勇力、李燕分别致词。郑万通、廖静文、邹佩珠、李慧文四人共同为展览剪彩。开幕式之后，在美术馆五层学术报告厅、六层会议厅举行了研讨会。大家纷纷发言，就李苦禅绘画艺术的成就和意义进行了研讨。此次展览是由全国政协书画室、中国文学艺术界联合会、中国美术家协会、中央美术学院、北京画院联合主办，汇聚了北京画院以及李苦禅家属收藏的艺术精品80幅，展现了李苦禅先生辉煌的艺术成就。

郑万通、廖静文、邹佩珠、李慧文出席了“超纵至诚——纪念李苦禅先生诞辰110周年作品展”开幕式

4月18日，配合“二十世纪美术大家系列展”之“超纵至诚——纪念李苦禅先生诞辰110周年作品展”，李苦禅之子、清华大学美术学院教授李燕先生在美术馆五层学术报告厅举行主题为“写意艺术与写意画”的讲座，到场人数达130人以上。

李燕教授激情洋溢地讲述中国写意画的奥妙与精深

4月20日，北京画院副院长李盈春集合艺术室和美术馆全体工作人员召开工作会议，主要就工作程序以及美术馆与各部门之间的协调问题进行了进一步的明确，对各部门今后的工作提出了要求。

4月21日，配合“二十世纪中国美术大家系列展”之“超纵至诚——纪念李苦禅先生诞辰110周年作品展”，北京画院美术馆邀请清华大学教授李燕先生在展厅进行导览式讲座。中央美术学院中国画学院花鸟专业全体学生、传媒大学动画专业研究生、北京画院进修学员共约40人参与了本次活动。

李燕教授在展厅现场为学生做导览式讲座

4月24日，全国政协副主席，中共中央统战部部长杜青林来到北京画院美术馆参观“超纵至诚——李苦禅先生诞辰110周年纪念展”。北京市委统战部部长尤蓝田、北京画院院长王明明、副院长李盈春等陪同参观。

杜青林部长在王明明院长的陪同下欣赏李苦禅大写意的笔墨精髓

4月27日，北京市副市长孙安民来我馆参观“超纵至诚——李苦禅先生诞辰110周年纪念展”。院长王明明、副院长李盈春等陪同参观了展览。

4月29日，中共中央政治局常委、全国政协主席贾庆林来到北京画院美术馆参观“超纵至诚——李苦禅先生诞辰110周年纪念展”。全国政协副主席兼秘书长钱运录、中国文联副主席、全国美协副主席冯远、李苦禅家人以及北京画院院长王明明等陪同参观了展览。

贾庆林主席来我馆参观并留影

5月5日，庆祝中华人民共和国成立60周年特展“地球的红飘带——沈尧伊大型长征连环画原作展”在常熟美术馆开幕。中国美术家协会连环画艺术委员会主任沈尧伊先生及副院长李盈春、美术馆馆长吴洪亮出席了开幕仪式。

著名连环画家沈尧伊在“地球的红飘带——沈尧伊大型长征连环画原作展”（常熟巡展）开幕式中致辞

5月8日，在美术馆五层学术报告厅进行了“北京画院2009年职工学习培训（二）——美术理论知识”讲座，党委副书记王宝莲、副院长李盈春与全体在职行政人员参加了讲座。讲座的题目为：“现代主义：从西方到中国”，由学术研究部副主任宛少军主讲，对西方和中国现代主义美术的形成和发展、特点及意义等知识进行了介绍和讲解。

5月12日，“大爱无疆——北京、什邡心连心书法作品展”开幕式在北京画院美术馆举行。北京市文联党组书记、常务副主席朱明德，副书记、驻会副主席黎晶，北京书协主席林岫，北京画院副院长李盈春、雷波，以及什邡文联代表殷萍等领导出席了开幕式。此次展览在四川汶川大地震一周年之际，

“大爱无疆——北京、什邡心连心书法作品展”开幕式中，到场嘉宾为“5.12”地震遇难同胞默哀。

由北京市文联、北京书法家协会、北京画院、四川什邡市文联、什邡市书协共同举办，共展出北京书协作品49件，什邡书协作品26件，其中还有一部分抗震英雄的书法作品参展。

5月15日，"实者慧——邹佩珠、李小可、李珠、李庚捐赠李可染作品展"新闻发布会在北京画院美术馆五层学术报告厅召开。李可染基金会名誉理事长邹佩珠女士、北京画院艺术委员会主任李小可出席，会议由王明明院长主持，60余家媒体参加了此次发布会。

"实者慧——邹佩珠、李小可、李珠、李庚捐赠李可染作品展"新闻发布会现场

5月19日，在北京画院美术馆五层学术报告厅举行"走进瑰丽的音乐世界（一）"音乐欣赏讲座。本次讲座由艺术委员会主任李小可主持，邀请到文化部特聘专家、音乐评论家、中国音像协会会员陈立主讲。院长王明明、党委副书记王宝莲、副院长李盈春、雷波、工会主席马双春，以及全体在职的画家和行政人员参加了讲座。讲座分为"轻松愉快的音乐"、"抒情优美的音乐"、"撼动人心灵的音乐"三个部分，通过对10段经典音乐的赏析，较为全面地介绍了各种古典音乐的特点和欣赏方法，并对音乐和绘画的区别与联系进行了分析。讲座结束后，大家都表示音乐与绘画是相通的艺术。音乐赏析活动使大家丰富了知识，愉悦了视听神经。

5月20日，由北京画院美术馆主办，本·色画廊及东京银座ARTONE画廊协办的"本·色2009——孙向阳、莫大风、姜建忠、张利、李晓刚、何大桥、匡剑油画展"开幕式在美术馆一层举行。中国美术家协会主席刘大为先生、中国油画学会副会长兼秘书长张祖英先生等美术界人士及北京画院副院长雷波出席了开幕式。参加展览的7位艺术家全部出生于

"本·色2009——孙向阳、莫大风、姜建忠、张利、李晓刚、何大桥、匡剑油画展"展厅现场

20世纪五六十年代，共同的时代背景和解放军艺术学院的学艺经历是他们作品共性的土壤。在追求艺术的道路上他们始终如一，恪守着绘画的语言，在具象油画的框架内进行探索。本次画展是对7位画家30年历程和追寻最淳朴而准确的概括。

6月1日，由全国政协书画室、北京画院主办，北京画院美术馆、李可染艺术基金会承办的"实者慧——邹佩珠、李小可、李珠、李庚捐赠李可染作品展"在北京画院美术馆隆重开幕。全国政协、北京市政协、文化部、北京市文化局、中国文联、美协的领导，在京的美术理论家、画家以及李可染亲属、生

"本·色2009——孙向阳、莫大风、姜建忠、张利、李晓刚、何大桥、匡剑油画展"开幕式

前的友好、学生、媒体记者等出席了开幕式。院长王明明主持开幕式，北京市文化局副局长王珠和李可染先生夫人邹佩珠分别致词。此次展览以李可染夫人邹佩珠及其子女的捐赠活动为契机，是继成功举办于非闇、陈半丁、李苦禅等8位艺术家的精品展览后，北京画院隆重推出的又一力作。展览涵盖了李可染这位中国山水画艺术大师自20世纪40年代至80年代的精品。

6月1日，由文化部艺术司召集的全国画院院长座谈会在北京画院美术馆六层会议室召开。出席会议的有文化部艺术司副司长刘中军、文化部艺术司美术处处长安远远、中国国家画院院长杨晓阳、北京画院院长王明明、上海画院院长施大畏、江苏画院院长宋玉麟、广东画院院长许钦松、深圳画院院长董小明等。

6月3日，中国国家画院院长杨晓阳率国家画院画家、理论家一行20人参观了正在北京画院美术馆举办的"实者慧——邹佩珠、李小可、李珠、李庚捐赠李可染作品展"，并在美术馆五层学术报告厅与北京画院领导、画家、理论家进行了交流座谈。出席座谈会的领导有院长王明明、党委书记张晓光、党委副书记王宝莲、副院长李盈春及雷波等。

6月9日，中共中央政治局常委、全国政协主席贾庆林，中共中央政治局委员、北京市委书记刘淇，全国政协副主席兼秘书长钱运录一同来到北京画院美术馆，参观了正在展出的"实者慧——邹佩珠、李小可、李珠、李庚捐赠李可染作品展"。贾庆林、刘淇、钱运录等人在李可染家属邹佩珠、李小可、李珠的陪同下仔细欣赏作品，并对家属无私的捐赠表示赞扬，同时叮嘱同行的北京市有关负责同志要抓紧建设北京美术馆，对李可染这样的艺术精品进行妥善保管和展示，以向全社会大力宣扬我国优秀的传统文化。

贾庆林主席、刘淇书记、钱运录秘书长来我馆参观"实者慧——邹佩珠、李小可、李珠、李庚捐赠李可染作品展"，邹佩珠女士、王明明院长、李小可主任陪同参观。

6月14日，中共中央政治局委员，国务委员刘延东来到北京画院美术馆，参观了正在这里展出的"实者慧——邹佩珠、李小可、李珠、李庚捐赠李可染作品展"。李可染家属邹佩珠、李小可，中国美协、中央美院代表以及王明明院长陪同参观展览。

刘延东委员从邹佩珠女士手中接过《实者慧——邹佩珠、李小可、李珠、李庚捐赠李可染作品集》

6月19日，由中国美术家协会、北京美术家协会、上海市美术家协会、北京画院和上海美术馆共同主办的"方寸回望——贺友直连环画原作展"在

中国连坛两大巨匠——贺友直、沈尧伊在"方寸回望——贺友直连环画原作展"开幕式相聚

北京画院美术馆隆重开幕。院长王明明、上海美术馆副馆长王新华、中国出版家协会连环画艺委会主任姜维朴、著名连环画艺术家贺友直出席并致词。贺友直先生是20世纪代表性的连环画大家，他所创作的作品成为当时时代精神的艺术象征，影响了一代人。此次展览由北京画院与上海美术馆通力合作，从上海美术馆贺友直专题收藏中甄选原作包括草图150余幅。这些作品涵盖了贺友直各个时期的连环画创作，力图在宏观上呈现画家创作的整体风貌。开幕式之后，在五层学术报告厅举行了研讨会，众多美术理论家、画家等对贺友直连环画的艺术地位和意义进行了探讨。

6月20日，在北京画院美术馆五层学术报告厅举办了《方寸回望——贺友直连环画原作展艺术讲座》，由我国著名连环画艺术家贺友直主讲。他结合自己的创作经历，对美术创作过程中的规律进行了分析和讲解。院长王明明主持讲座，副院长李盈春、雷波、党委副书记王宝莲、工会主席马双春，以及全体在职画家和行政人员参加了讲座。

6月23日，在美术馆五层学术报告厅举行了“北京画院2009年职工学习培训（三）——执行力知识”讲座，由党委副书记王宝莲主讲。讲座对行政事业单位人员执行能力的概念及如何提高执行力等知识进行了介绍和讲解。

7月15日，《北京画院藏齐白石全集》编辑出版研讨会在北京画院美术馆六层会议室举行。参加会议的有齐白石全集顾问委员会成员：邵大箴、李松、

《北京画院藏齐白石全集》编辑出版研讨会现场

李树声、薛永年、郎绍君、龚产兴、陈履生、刘曦林，画院人员：党委书记张晓光、副院长李盈春、美术馆馆长吴洪亮、学术研究部副主任宛少军、学术研究部副研究员吕晓、设计单位代表海洋，出版社代表董瑞丽。会议广泛听取了专家们对《北京画院院藏齐白石全集》编辑出版等工作的意见和建议。

7月30日，在美术馆五层学术报告厅举行了“北京画院2009年职工学习培训（四）——展览策划知识”讲座，由北京画院美术馆馆长吴洪亮主讲。讲座以北京画院美术馆的展览策划为例，对美术展览策划筹备等知识进行了介绍和讲解。

7月31日，“纸上新月——王冠军、彭薇、买鸿钧、姚大伍绘画作品展”在北京画院美术馆开幕。展览集中展示了北京画院四位青年画家的60余件纸本中国画作品，均是他们进入画院后的新近力

“纸上新月——王冠军、彭薇、买鸿钧、姚大伍绘画作品展”展厅现场

作，全面反映了他们各自的艺术追求和最新的艺术成就，是他们在继承传统的基础上对中国画领域的探索与创新。同时展览也是对他们进入北京画院这一阶段创作的回望和总结。为进一步总结四位画家的创作情况，交流对其艺术创作的评价、意见和建议，在美术馆五层学术报告厅召开了“纸上新月——王冠军、彭薇、买鸿钧、姚大伍绘画作品研讨会”。 院长王明明、艺术委员会主任李小可、副院长李盈春，以及中央美院教授出席了会议。

8月10日，“造化天工——吴作人写生作品展”开幕式在北京画院美术馆隆重举行。著名画家闻立

鹏主持开幕式，中国壁画学会会长、吴作人国际美术基金会名誉理事长侯一民、中央美术学院教授邵大箴、吴作人国际美术基金会秘书长商玉生分别致词。廖静文、邹佩珠、靳尚谊、詹建俊、侯一民、邵大箴、李牧、冯远为本次展览剪彩。开幕式之后在五层学术报告厅举行了研讨会，众多美术理论家、画家等人对吴作人写生绘画的艺术地位和意义进行了探讨。此外为配合展览，北京画院还编辑出版了《造化天工——吴作人写生作品集》。

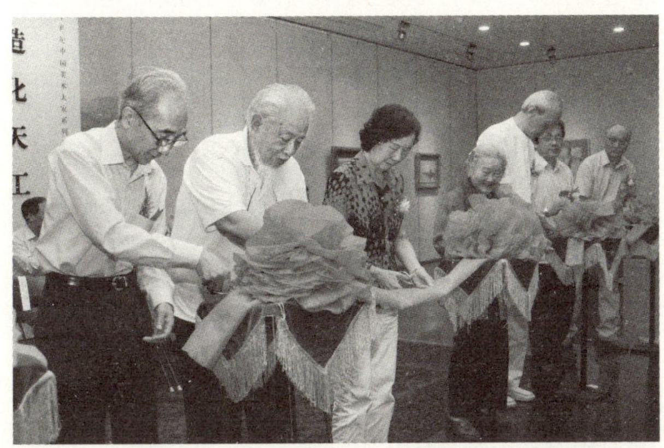

廖静文、邹佩珠、靳尚谊、詹建俊、侯一民、邵大箴、李牧、冯远为"造化天工——吴作人写生作品展"开幕式剪彩

8月17日至20日，由北京画院和中山音乐堂共同举办的"打开艺术之门——小画家夏令营"的两场夏令营开营仪式在北京画院美术馆五层学术报告厅举行。北京画院党委书记张晓光、副书记王宝莲、副院长雷波、学术研究部副研究员吕晓、美术馆办公室主任张蕾、中山音乐堂总经理徐坚出席了开营式。"小画家夏令营"是"打开艺术之门"系列艺术活动中的重要项目之一，北京画院艺术室和美术馆的相关人员为营员进行了美术知识讲解并组织了趣味美术体验活动。

小朋友在用放大镜仔细观看齐白石的草虫作品

9月8日，由全国政协书画室、中国美术家协会、中央美术学院、中国油画学会、北京美术家协会、北京画院联合主办的"国风境界——纪念董希文诞辰九十五周年写生作品展"开幕式在北京画院美术馆举行。全国政协、美协、中央美院的领导，在京的美术理论家、画家以及董希文亲属、生前的友好、学生、媒体记者等人参加了开幕式。开幕式由艺术委员会主任李小可主持，詹建俊、侯一民、袁运生以及董一沙为展览致辞。展览开幕后，在北京画院美术馆五层学术报告厅举办了以"董希文与油画中国风"为主题的学术研讨会。大家就董希文先生所提出的"油画中国风"这一学术思想的重要影响与意义，以及写生活动在绘画创作中的重要性进行了研讨。此外，北京画院在展览同期还编撰推出了《国风境界——董希文画集》与《董希文研究文集》。

中国油画学会主席、中央美术学院教授詹建俊在"国风境界——纪念董希文诞辰九十五周年写生作品展"开幕式中致辞

9月24日，"二十世纪中国美术大家研究系列讲座——董希文工作室艺术实践与当代中国美术教育体系的重建"在北京画院美术馆五层学术报告厅举行。讲座由中央美术学院教授袁运生主讲，党委书记张晓光主持。

10月15日，由中国美术家协会、常熟市人民政府、清华大学美术学院、北京美术家协会、北京画院联合主办，北京画院美术馆、庞薰琹美术馆共同

清华大学美术学院教授刘巨德在“地之子——庞薰琹二十世纪三、四十年代作品展”开幕式上致辞

承办的“地之子——庞薰琹二十世纪三、四十年代作品展”于北京画院美术馆开幕。此外，北京画院还以展览为契机，增补再版了凝聚庞薰琹20余年心血写就的《中国历代装饰画研究》。展览同期，在北京画院美术馆举办了学术研讨会及教育讲座活动。

10月21日，在北京画院美术馆五层学术报告厅举行了“走进瑰丽的音乐世界（二）——音乐风情画”音乐欣赏讲座。讲座由艺术委员会主任李小可主持，邀请了文化部特聘专家、音乐评论家、中国音像协会会员陈立主讲。讲座通过对11段经典音乐片段的赏析，进一步介绍了古典音乐丰富多彩的表现手法和特点，并对音乐与绘画在表现形式上的区别与联系进行了分析。

10月27日，在美术馆五层学术报告厅举行行了“北京画院2009年职工学习培训（五）——《朝元仙仗图》与《八十七神仙卷》”讲座，由学术研究部吕晓副研究员主讲。讲座详细介绍了《朝元仙仗图》与《八十七神仙卷》的情况，对其鉴定和艺术性进行了对比和讲解。

10月27日，由北京画院美术馆馆长吴洪亮主讲的“涉先河者——庞薰琹”讲座在美术馆五层学术报告厅举行。吴馆长论述了庞薰琹在20世纪中国美术史中的地位，以及研究机构对于先辈应有的态度及研究方式。清华大学美术学院、北京服装学院等艺术高校的师生参加了本次讲座。

11月5日，在北京画院美术馆五层学术报告厅举行“二十世纪中国美术大家研究系列讲座——庞薰琹的艺术人生”。讲座由清华大学美术学院教授刘巨德主讲，美术馆馆长吴洪亮主持。清华大学美术学院、中国传媒大学、北京服装学院、北京语言大学等110余人参加了讲座。

11月12日，在北京画院美术馆五层学术报告厅举行了题为“艺术家风格的形成与演变”的艺术讲座。讲座由王明明院长主持，邀请北京画院艺术委员会主任李小可主讲，全体在职画家和行政人员参加了讲座。李小可通过对李可染等艺术大师丰富艺术经历和背景的描述，分析了在不同阶段其艺术所呈现出的不同特点，并对艺术家艺术风格形成、发展、变化和成熟的原因进行了探讨。

11月18日，“游刃金石——费名瑶篆刻艺术展”在北京画院美术馆开幕。此次展览是由北京美术家协会、上海美术家协会、北京书法家协会、北京画院共同主办的，也是北京画院美术馆承办的首次篆刻艺术展览。

“游刃金石——费名瑶篆刻艺术展”中，篆刻艺术家在介绍自己的艺术。

“心诗自书——齐白石笔下的书法意蕴”在北京画院美术馆第三、四展厅开展。此次展览从北京画院收藏的齐白石作品中遴选出50余幅书法作品，辅以具有长跋和故事情节的40余件绘画作品，对白石老人在书法领域的探索和追求进行了脉络上的梳理，也展示了白石老人在书法方面的探寻。本次展览也是北京画院美术馆继齐白石草虫、人物、山水、梅兰竹菊、水族、花卉专题展之后推出的第七个北京画院秘藏齐白石作品系列特展。

11月25日，由中国美术家协会、北京美术家协会、北京画院主办的"我爱平凡的人——周思聪创作及写生作品展"在北京画院美术馆开幕。此次展览是北京画院筹办的"二十世纪中国美术大家系列展"在2009年度最后一个专题，也是为纪念周思聪诞辰70周年美术界的重要活动之一。展览精选了周思聪上个世纪六七十年代的代表性主题性创作12幅，此外还囊括了66幅画稿以及速写作品。在展示方式上采用了作品与画稿对照陈列的形式，手法新颖、构思奇特，具备一定的艺术与学术价值。同期北京画院还推出了《周思聪创作及写生作品集》，举办了学术研讨会。

北京画院副院长袁武主持"我爱平凡的人——周思聪创作及写生作品展"开幕式

12月11日，在北京画院美术馆五层学术报告厅举行了"忧患之美　寂静无声——周思聪的艺术"讲座。本次讲座由中国国家画院副院长田黎明主讲。中央美术学院、首都师范大学、北京服装学院、中国国家画院研修班、北京画院研修班、北京市老干部大学、美术爱好者等180余人参与了本次活动。

12月17日，由《美术》、《清华美术》联合提名举办的"2009·四季水墨——当代优秀艺术家中国画提名展"在北京画院美术馆开展。参展画家为李宝林、姜宝林、杜大恺、张培成、田黎明、吴长江、刘进安、刘文洁、周京新、何加林、徐华翔、方向。院长王明明出席了开幕式。展览展出了12位艺术家近期创作的水墨新作90余幅，作品注重学术品味，追求

"2009·四季水墨——当代优秀艺术家中国画提名展"开幕式剪彩

艺术感染力，用自己的语言方式诠释着中国绘画的当代性。

12月29日，"北京师白艺术研究会成立二十周年娄师白师生会员书画展"开幕式在北京画院美术馆举办。本次展览为庆祝北京师白艺术研究会成立20周年，由北京画院、北京中华文化学院、北京师白艺术研究会主办。其中展出92岁高龄的著名画家娄师白在各个时期的大幅经典绘画作品，时间跨度达40年，展现出其走过的创作历程。

"北京师白艺术研究会成立二十周年　娄师白师生会员书画展"展厅现场